JN421584

책임지고 돈 버는 기업들

전략적 CSR로 사회적 가치 창출하기

Strategic Corporate Social Responsibility

David Chandler 지음 | 김종대 옮김

율곡출판사

| 간략한 차례 |

| 자세한 차례 |

| 표와 그림 차례 |

제7장 시장과 이익

제8장 준수와 경영책임

사례연구 : 투자

제9장 전략 + CSR

제10장 전략적 CSR

| 용 어 |

일관성 있는 정의, 수사적 표현 그리고 단어는 모든 학문 분야에서 이해를 높이기 위한 출발점이 되지만 CSR 분야에는 여전히 파악이 쉽지 않고 격렬한 논쟁을 불러일으키는 용어가 많다. 그와 같이 상호경쟁적으로 사용되는 용어들은 CSR 임원, 학자, 언론인 그리고 학생들에게 혼란의 원천이 될 수 있다. 겉으로 보기에 동일하지만 CSR이란 용어가 매우 다양한 방법으로 언급되는 것을 흔히 볼 수 있다.

- "기업 책임" 또는 "기업 시민주의"
- "의식적 자본주의" 또는 "지속가능한 비즈니스"
- "기업 지역사회 참여" 또는 "전략적 자선"
- "지속가능성" 또는 "기업 환경책임"
- "기업의 사회적 성과" 또는 "기업의 사회전략"

사람들은 다른 용어를 유사한 의미로 사용하는 경우가 많으며, 이러한 미묘한 의미론적 차이로부터 열띤 논쟁이 발생할 수 있다. 본서는 그 혼란을 다소 줄이기 위해 일관성 있게 사용하는 단어를 포함하여 핵심 개념의 간단한 정의를 '용어' 설명 부분에 제시한다.

CSR 용어

이 용어들은 CSR 문헌에서 논의되고 있으며(용어에 따라 중요도는 다르지만), 본서 전반에 걸쳐 인용된다.

Accountability(경영책임) : 기업이 이해관계자의 요구와 수요에 주의를 기울이는 정도(투명성 참조).

Activism(행동주의) : 사회적 · 정치적 · 환경적 목표를 증진하기 위해 설계된 개인, 비영리조직 또는 NGO의 행동(예를 들면 캠페인, 보이콧, 시위).

Advocacy advertising(지지광고) : 사회적, 환경적 또는 정치적 입장에 대해 이해관계자와 의사소통하기 위한 기업의 노력(명분 마케팅 참조).

Anthropocene(인류세) : 인류의 행동이 지구에 미치는 영향 때문에 시작된 새로운 지질학적 시기로 홀로세(holocene)를 대신하여 1950년대 시작된 것으로 추정된다.

Aspirational recycling(흡인재활용) : 재활용 불가능함에도 재활용 가능할 것이라 희망하거나 믿으며 따로 모아 두는 것(재활용 참조).[1]

Attention economy(주의 경제) : 앱과 같이 사용된 시간에 따라 운영되는 비즈니스 모델로서 종종 광고수입에 의존한다.

Badvertising(혐오광고) : 사회적 무책임 행동을 촉진하여 때로는 이해관계자의 반발을 불러일으키는 기업의 광고, 마케팅 또는 PR 활동.

Balanced scorecard(균형성과표) : 복수의 이해관계자에 대한 비즈니스 영향을 측정하는 수단.

B Corp(비콥) : 비영리 조직인 B랩(http://www.bcorporation.net/)이 특정 투명성 및 경영책임을 충족하는 기업에게 부여하는 인증.

Benefit corporation(베네핏 기업) : 미국에서 베네핏 기업 법률이 통과된 주에서 그 조건을 충족한 기업에게만 허용되는 법률적 비즈니스 구조의 한 유형(http://benefitcorp.net/).

Behavioral biometrics(행동 생체인식) : 전화나 키보드를 이용하여 비밀리에 수집한 개인적 행동에 관한 정보 수집 행위로 개인의 신원을 확인하는 데 사용된다.[2]

Biodiversity(생물다양성) : 지구상 생물종의 다양성.

Bottom of the pyramid(피라미드 저층) : 빈곤 사회에서 기업의 잠재적 시장에 대해 논의하는 개념으로 프라할라드(C.K. Prahalad)와 하트(S.L.Hart)가 제시하였다.[3]

Brand hijacking(브랜드 하이재킹) : 반사회적 또는 기타 공격적 · 주변적 집단이 기업의 명시적인 허락 없이 제품이나 서비스와 연관되는 경우를 말한다.

Business citizenship(기업시민주의) : 사회의 건설적 구성원으로서 자신의 역할을 보여주기 위해 고안된 기업의 사회지향적 행동.

Business ethics(기업윤리) : 비즈니스와 그 의사결정에서 윤리 이론의 적용.

Cap-and-trade(배출권거래) : 탄소배출권 매매를 위해 설립된 시장. 대기 중 탄소배출 총량을 제한하기 위해 설계되는 것으로 정부 발행 배출권에 의해 보증된다.

Carbon budget(탄소예산) : 지구 기후에 대한 손상이 지나치게 심각하게 되기 전에 모든 국가가 안전하게 배출할 수 있는 탄소량.

Carbon capture(탄소포집) : 대기권에서 탄소를 제거하기 위해 고안된 다양한 기술혁신.

Carbon footprint(탄소발자국) : 기업의 탄소환산 온실가스 배출총량으로 흔히 탄소 또는 이산화탄소의 톤으로 측정된다(온실가스 참조).

Carbon insetting(탄소삽입) : 탄소배출에 대한 책임을 지기 위해 기업이 지속가능한 실무를 공급망에 직접 통합시키는 것(탄소상쇄 참조).

Carbon intensity(탄소집약도) : 탄소배출량을 연간매출액으로 나누어 계산한 기업의 환경영향 척도.

Carbonivore(카보니보어) : "탄소를 저장하거나 유용한 제품으로 바꾸거나 재활용함으로써" 대기배출량보다 더 많은 탄소를 제거하는 조직 또는 기술.[4]

Carbon negative emissions(네거티브 탄소배출) : 태양지구공학과 같은 기술을 이용하여 이전에 대기 중에 배출된 탄소를 추출하는 기법.

Carbon neutral(탄소 중립) : 기업의 제로 순탄소배출량을 보장하기 위한 노력(net positive 참조).

Carbon offsetting(탄소상쇄) : 제3자에 의한 환경혜택 행위에 대해 대가를 지불함으로써 기업의 탄소발자국을 감소시키는 것(탄소삽입 참조).

Carbon trading(탄소거래) : Cap–and–trade 참조.

Cash mob(캐시몹) : 지역 비즈니스를 지지하기 위해 소셜 미디어를 이용하여 주어진 날짜와 시간에 모여 돈을 쓰는 지역주민 그룹.

Cause–related marketing(명분 마케팅) : 고객의 재화나 서비스 구매를 기업의 자선행위와 연계시킴으로써 고객을 확보 또는 보유하려는 노력(지지광고 참조).

Circular economy(순환경제) : 보다 높은 효율을 통해 또는 재사용, 수선 또는 재활용을 이용하여 경제 내에 폐기물을 감소시키는 수단(요람에서 요람까지 참조).

Civic engagement(민간 참여) : 지역사회 향상을 위한 기업의 노력.

Clicktivism(클릭티비즘) : 소셜 미디어를 통해 온라인상에서 수행되는 사회 및 환경 시위의 한 형태(예를 들면 온라인 청원서 서명).

Climate change(기후변화) : 인간의 경제활동이 지구 기후시스템에 미치는 영향을 묘사하기 위해 사용되는 용어.

Climate finance(탄소금융) : 탄소 중립 결과를 달성하도록 고안된 투자.

Closed-loop recycling(폐루프 재활용) : 품질의 저하를 가져오는 다운사이클링에 대비해서 품질을 유지하면서(예를 들면 플라스틱 병을 재활용하여 더 많은 플라스틱을 만드는 것) 제품을 다시 그 제품으로 재활용하는 것(다운사이클링 참조).

Closed-loop sourcing(폐루프 소싱) : 제로 폐기물 달성을 위해 기존 재료를 활용하는 것(순환경제 참조).

Coalitions(동맹) : 공동의 목표 달성을 위해 협력하는 조직, 이해관계자 또는 개인의 집단.

Cobot(코봇) : "협업 로봇"[5]을 줄인 말로 사람을 대신하기보다 사람의 일을 보완해주도록 설계된 로봇.

Compliance(준수) : 기업이 기존의 법과 규제를 지키기 위해 취하는 행동.

Conscious capitalism(의식적 자본주의) : 가치기반 비즈니스 개발을 장려하는 4가지 원칙, 즉 보다 높은 목적, 이해관계자 상호 의존, 의식적 리더십 그리고 의식적 문화에 기초한 경제시스템(가치기반 비즈니스 참조).

Conscious consumer(의식적 소비자) : "불매운동과 그와 관련된 행동의 사회, 환경, 생태 및 정치적 영향을 고려"[6]하는 고객.

Conspicuous virtue(눈에 띄는 미덕) : 부를 과시하기 위한 것이 아니라 ("눈에 띄는 소비") "본성적 선량함"[7]을 보여주려는 의도를 가진 소비.

Consumer activism(소비자 행동주의) : 자신의 견해를 기업의 정책과 의사결정에 반영하려는 고객의 노력. 조직화된 행동주의는 소비자 관련 법률의 보다 급진적 변화를 옹호하는 "소비자 운동"으로 불려질 가능성이 높다.

Consumer boycott(소비자 불매운동) : 성과측정치나 자신들이 가치를 부여하는 이슈에 기초하여 특정 산업, 기업 또는 제품을 회피하는 고객들.

Consumer buycott(소비자 구매운동) : 성과측정치나 자신들이 가치를 부여하는 이슈에 기초한 구매 의사결정을 통하여 특정 산업, 기업 또는 제품을 지지하기 위해 적극적으로 노력하는 소비자.

Corporate citizenship(기업시민주의) : business citizenship(기업시민주의) 참조.

Corporate philanthropy(기업 자선) : 이해관계자와 지역사회에 혜택을 주는 기업의 공헌활동으로 종종 비영리조직에 대한 재정적 또는 현물 기부를 통해 이루어진다.

Corporate responsibility(기업책임) : CSR과 비슷한 의미이지만 사회적이라는 단어를 강조하지 않기 때문에 이를 선호하는 기업도 있다.

Corporate social opportunity(기업 사회 기회) : CSR을 비용으로 인식하지 않도록 기업의 CSR 도입의 효익을 강조하는 관점.[8]

Corporate social performance(기업 사회 성과) : CSR 실행으로 기업이 얻는 효익(전통적인 재무적 또는 회계 측정치로 측정되는 경우가 종종 있다).

Corporate social responsibility(CSR) : 이해관계자들의 요구를 충족시킬 기업의 책임과 그 행동을 하게 만들 이해관계자의 책임.

Corporate social responsiveness(기업 사회 대응) : 특정 이해관계자 그룹의 수요에 대응하여 CSR 목표를 달성하기 위해 기업이 취하는 행동.

Corporate stakeholder responsibility(기업 이해관계자 책임) : 자신들의 기대를 충족하는 기업 행동에 대해 보상하고 그렇지 않은 행동은 응징해야 할 이해관계자들의 책임.

Corporate sustainability(기업 지속가능성) : 생태 환경을 저하시키지 않으면서 장기간 지속될 수 있는 비즈니스 운영(지속가능성 참조).

Cradle-to-cradle(요람에서 요람까지) : 제로 폐기물과 순환경제의 폐회로 개념을 포착하는 윌리엄 맥도나우(William McDonough)가 도입한 개념(순환경제 참조).[9]

CSR deficit(CSR 적자) : 이론적으로 가능한 이해관계자 가치와 실제로 기업이 창출한 이해관계자 가치의 차이. 그 차이는 모든 이해관계자의 총계로 계산될 수도 있고 각 이해관계자 집단 내에서 계산될 수도 있다.

CSR threshold(CSR 문턱) : 기업이나 산업의 생존을 위해 광범위한 이해관계자에 대한 대응이 필수적이 되는 시점.

Deindustrialization(탈산업화) : 한 경제의 산업이 쇠퇴해 가는 과정으로서 때때로 다른 지역으로부터의 외주생산에 기인하기도 한다.

Digital philanthropy(디지털 자선) : 인터넷 기술 그리고 때로는 이동통신 기기에 의해 가능해진 자선적 명분이나 재난구호에 대한 기부.

Downcycling(다운사이클링) : 시간의 경과에 따라 재활용된 재료의 질을 저하시키는 재활용 과정(재활용과 업사이클링 참조).

Eco-efficiency(환경효율) : “적은 자원으로 많은 것을 만들” 필요에 의해 이루어지는 특징을 가지며, “감소, 재사용, 재활용” 문구로 유명해진 비즈니스에 대한 접근방법.

Ecopreneur(환경기업가) : “환경, 사회 그리고 경제적 목표에 의해 주도되고 사회적 의지를 가진 혁신적 벤처를 이끌어가는 환경 및 사회적 기업가들”(사회적 기업가 참조).

Ecosystem(생태계) : 자급자족 공동체.

Enlightened self-interest(문명화된 자기이익) : 비즈니스가 재무적 성공이라는 경제적 목표를 희생시키지 않으면서 사회적으로 양심 있는 방법으로 운영될 수 있다는 인식.

Ethics(윤리) : 사회적 규범과 옳고 그름에 대한 문화적으로 내재된 정의에 기초한 도덕적 행위에 대한 지침.

E-waste(전자폐기물) : TV, 컴퓨터, 휴대폰과 같은 버려진 소비자 가전제품의 부산물인 유독성 오염원.

Extended producer responsibility(포괄적 생산자책임제도) : 공급망의 상하류에 걸쳐 제품과 그 환경적 결과에 대한 생산자 책임.[10]

Externality(외부효과) : "전략용어"에 있는 외부효과 참조.

Fair trade(공정무역) : 생산자들의 생활임금을 보장하기 위해 시장의 힘에 의해서 결정될 가격보다 높은 가격에 재화를 무역거래하는 것(생활임금 참조).

Freecycling(프리사이클) : 더 이상 필요 없는 물품을 생산적으로 사용할 수 있는 다른 사람에게 기부하는 과정(재활용 참조).

Garbology(가볼러지) : 인간이 버리는 것에 대한 연구.[11]

Gig economy(긱 경제) : 온라인 거래를 통하여 자영업 프리랜서나 극소형 기업가에 의해 수행되는, 단기적이며 불안정한 임시직(gigs)의 특징을 가지는 진화하는 일자리의 한 형태에 대한 은유법적 표현(공유경제 참조).[12]

Glass cliff(유리절벽) : 성공에 대한 제약인 유리천장과 비슷하게 "상황이 매우 나쁘고 성공가능성이 매우 낮은 경우에 여성에게 권력을 행사할 수 있는 지위가 주어진다는 이론."[13]

Global change(글로벌 변화) : 기후와 토양이나 해양과 같은 서로 다른 지구 특성의 복합적 변화(기후변화 참조).

Global compact(글로벌 컴팩트) : 기업이 글로벌화의 도전을 제기하는 여러 개의 원칙을 지키겠다고 약속하게 만들기 위해 UN이 지지하는 노력.[14]

Globalization(글로벌화) : 사람, 생각, 거래 및 금융의 전 세계적 자유로운 흐름.

Globlal Reporting Initiative(GRI) : 기업의 CSR 노력을 통일적으로 측정하기 위해 고안된 다수 이해관계자 조직.

Global warming(지구 온난화) : 기후변화 참조.

Glocalization(글로컬라이제이션) : "수없이 많은 작거나 개별적인 행동을 통해 거대한 글로벌 문제를 다루는 것."[15]

Grassroots(풀뿌리 운동) : 개인들 사이에 시작되어 위로 향하는 사회 운동.

Greenhouse gas(온실가스) : 열을 가두어서 평균 기온을 상승시켜 대기를 오염시키는 가스(예를 들면 이산화탄소, 탄소발자국 참조).

Green noise(그린노이즈) : "지나치게 많은 분량으로 지나치게 긴 기간 동안 [환경에 대해서] 긴급한, 가끔은 성가신 또는 심지어 모순적인 정보에 의해 초래된 잡음."[16]

Greenwash(그린워시) : "회사의 환경실무나 제품 및 서비스의 환경효익에 관해 소비자를 오도하는 행위"[17](핑크워시 참조).

Gross national happiness(국민총행복) : 경제의 건강과 복지에 대한 주요 척도로 GDP(국내총생산)를 대체하기 위한 시도이며 부탄이 가장 높게 나타난다.[18]

Human rights(인권) : 인간 존재의 중심 요소인 자유.[19]

Impact investing(임팩트 투자) : 이전에 시장의 힘으로는 해결되지 않았던 사회문제 해결을 통하여 투자자에게 재무이익을 창출해주는 다양한 투자 수단(예를 들면 뮤츄얼펀드, 저이자 대출채권 및 주가지수펀드)(사회금융참조).

Inclusive capitalism(포용적 자본주의) : "권력과 수단을 가진 사람이 그러지 못한 사람을 위해 더 강력하고 포용적인 사회를 만들도록 도움을 줄 책임을 진다는" 아이디어.[20]

Individual social responsibility(개인의 사회적 책임) : CSR 개념을 개인에 적용

시킨 것.

Integrated reporting(통합보고) : 기업의 경제, 환경 그리고 사회적 성과를 통일된 하나의 문서로 출간하는 것(triple bottom line 참조).

Intrapreneurship(사내혁신기업) : 대규모 관료주의 조직 내에서 혁신활동을 포착하기 위해 만들어진 혁신과 기업가정신의 합성어.

Iron law of social responsibility(사회책임의 철칙) : 사회의 시각에서 볼 때 권력을 남용하는 사람은 그 능력을 궁극적으로 상실할 것이라는 격언.[21]

Islamic finance(이슬람 금융) : 이슬람 율법을 따르는 투자 철학. “이슬람 율법 준수 펀드는 술, 돼지고기 제품, 포르노, 도박, 군사장비 또는 무기 판매로 이익을 얻는 기업에 투자하는 것을 금지하고 있다.”[22]

Leanwashing(린워싱) : 어떤 제품을 건강제품이라고 잘못 말하는 식품 기업 또는 영양제품 기업이 하는 홍보 또는 다른 마케팅 행위(예를 들면 라벨에 '자연'과 같은 용어를 사용하는).

Lifecycle pricing(전과정가격) : 제품과 서비스의 총원가를 가격에 포함시켜 고객에게 전가함으로써 폐기물을 최소화하는 경제시스템.

Living wage(생활임금) : 최저생활 수준 이상으로 종업원의 기본적 생활수준을 충족시키도록 고안된 수준의 임금. 생활임금은 문화적으로 내재되어 있으며, 보통 법률적으로 정의된 최저임금보다 높은 수준에서 결정된다(공정무역 참조).

LOHAS(로하스) : “건강과 지속가능성을 위한 생활양식”을 나타내는 약어.

Microfinance(미소금융) : 빈곤층 소비자의 특정 수요를 충족시키고 기업가정신을 고취시키기 위해 소규모로 제공되는 다양한 개인 금융 서비스(예를 들면 대출, 계좌개설, 보험 및 송금).

Moral hazard(도덕적 해이) : 개인의 이익을 위해 위험을 감수하며, 그 결과에 대해 개인이 책임지지 않는 것. 그 결과는 이익의 사유화와 손실의 사회화로 나타난다.

Natural capital(자연자본) : 자연환경에 존재하는 모든 자원의 존재량.

Natural corporate management(NCM, 자연주의 기업경영) : "행위, 조직적, 생태환경적 관계를 포함하여 기업경영을 추진하는 데 도움을 주고 그 바탕이 되는 유전적 · 진화적 · 신경과학 구성요소에 기초한"[23] 경영 철학.

Net positive(넷포지티브) : 기업의 운영과정에 비재생 천연 자원을 거의 또는 전혀 사용하지 않도록 하기 위한 기업의 노력(탄소 중립 참조).

Nongovernmental organizations(NGOs) : 이익을 창출할 필요 없이 정치적 · 환경적 그리고 사회적 목표를 추구할 수 있도록 허용되는 법률 및 회계 구조를 갖고 운영되는 조직(비영리 조직 참조).

Nonprofits(비영리조직) : 비영리 조직은 NGO와 유사하지만 가끔 국제적이라기보다 국내적 초점을 가진다는 점에서 차이가 있다(NGOs 참조).

Organic(유기농) : 생태균형을 촉진하고 생물다양성을 보존할 목적으로 살충제, 화학비료 또는 다른 산업보조식품을 사용하지 않고 식품을 생산하는 방법.

Pastorpreneur(파스토프레너) : 비즈니스 원칙을 교회나 관련된 종교 활동에 적용하거나 종교 원칙을 비즈니스에 적용하는 종교적 인물.

Peak oil(원유 정점) : 원유의 최대 가능생산량으로 그 수준에 이르면 생산이 감소함.[24]

Philanthrocapitalism(자선자본주의) : 자선활동에 통상의 비즈니스를 반영하여 보다 투명하고 측정가능한 성과를 추구하는 접근방법.[25]

Philanthropreneur(자선기업가) : 자선적 기부를 목표로 하며(종종 사회 또는 환경지향적인 신생기업에 대해), 그러한 기부의 관리(예를 들면 조직에 대한 홍보 또는 이사회 참여)에 활동적으로 개입하는 사람.

Philanthropy(자선) : 자선 또는 자선 명분을 위한 개인 또는 조직의 기부.

Pinkwash(핑크워시) : "어떤 기업이 질병이나 상해와 연계된 제품을 판매하는 동시에 핑크리본 제품을 촉진하거나 유방암에 대해 관심을 갖고 노력한다고 주장하는 것"[26](그린워시 참조).

Planetary boundaries(지구경계) : 인류가 생존할 수 있는 지구의 한계.

Public policy(공공정책) : 사회에 혜택을 제공하기(또는 해악을 방지하기) 위해 행동 규칙과 가이드라인 수립을 목적으로 하는 정부의 의사결정.

Recycling(재활용) : 폐기된 재료로부터 자원을 회수하여 생산적 용도로 투입하는 공정(다운사이클링과 업사이클링 참조).

Renewable energy(재생가능 에너지) : 비탄소 기반 에너지 원천(예를 들면 태양, 풍력 또는 조력 에너지). 대체 에너지 또는 그린 에너지라고도 불린다.

Resilience(회복력) : 기후변화에 적응하는 개인과 조직의 능력.

Responsibility(책임) : 무엇인가에 책임이 있다는 것은 그 결과를 설명할 의무가 있다는 것을 의미한다. 무엇인가를 하든 하지 않든 결과가 없다면 책임도 없다. 이해관계자는 자신들이 좋아하는 기업의 행위에 보상을 주고 그렇지 않은 행위를 응징함으로써 기업의 책임을 정의한다.

Sharing economy(공유경제) : 기업이 아니라 개인이 소유한 "공유자산"을 개인 간에 교환하거나 온라인으로 단기간 빌려주는 것(긱 경제 참조).[27]

Shwopping(슈와핑) : 소비자들이 중고 의류를 바우처와 교환하여 그것을 새로운 의류 구입에 사용할 수 있게 하는 교환 프로그램. 영국에서 옥스팜과 막스 앤 스펜서가 순환경제 내에 재활용을 지지하기 위해 도입하였다.[28]

Slow money(슬로우머니) : 지역식품에 초점을 두는 대신 지역 비즈니스에 대한 임팩트 투자를 강조하는 것으로 "슬로우푸드"에서 파생된 용어.[29]

Social cost of carbon(탄소의 사회비용) : 탄소배출의 결과를 모두 반영한 탄소 배출 관련 비용으로서 현재 톤당 40달러로 추정된다.[30]

Social entrepreneur(사회적 기업가) : 영리기업 실무를 활용하여 사회적 · 환경적 목표를 달성하려 하는 기업가(환경기업가 참조).

Social finance(사회금융) : 다양한 기준(예를 들면 윤리적, 신념 기반 그리고 환경적)으로 측정한 사회적 투자수익률을 강조하고 동시에 투자자에 대한 재무적 수익률 확보를 추구하는 자금조달 접근방법(임팩트 투자 참조).

Social innovation(사회혁신) : 기업이 고객들의 기술적 요구뿐만 아니라 시민으로서 갖는 보다 넓은 열망을 충족하기 위한 비즈니스 접근방법.

Social license(사회면허) : 기업 활동에 대해 이해관계자의 승인을 받아 기업이 계속적으로 운영할 수 있는 능력.

Socially responsible investing(SRI, 사회책임투자) : CSR 관련 목표를 추구하는 기업이나 프로젝트에 투자함으로써 수익을 추구하는 포트폴리오 투자전략.

Social value(사회적 가치) : 각각의 기업 이해관계자가 정의한 대로 비화폐적 측정치로 측정한 기업 활동의 효익(또는 해악).

Sofapreneurs(소파프레너) : 긱 경제의 일부분으로서 온라인 연결로 인해 집에서 일하면서 돈을 벌 수 있게 된 사람들(긱 경제 참조).[31]

Stakeholder(이해관계자) : 기업의 영향을 받고(자발적으로 또는 비자발적으로) 기업에 영향을 미칠 능력을 보유한 개인 또는 조직.

Strategic corporate social responsibility(전략적 CSR) : 중장기에 걸쳐 가치 최적화를 통해 광범위한 이해관계자들의 이익을 위한 기업경영이 될 수 있도록 전략계획과 핵심 운영 내에 CSR 관점을 통합하는 것.

Surveillance capitalism(감시 자본주의) : 광고주에게 판매하기 위해 때로는 비밀리에 개인정보 수집에 의존하는 비즈니스 모델을 가진 기업들로 가득 찬 경제시스템.

Sustainability(지속가능성) : "지속가능 발전은 미래 세대가 자신들의 필요를 충족시킬 능력을 저해받지 않고 현재 세대의 요구를 충족시키는 발전이다."[32](기업 지속가능성 참조)

Sustainable Development Goals(SDGs, 지속가능발전목표) : 새천년개발목표(MDGs, Millennium Development Goals)를 대신하여 유엔이 제시한 17개 목표와 169개 세부목표).[33]

Sweatshops(노동착취 공장) : 아동을 고용하거나 인권 존중이 거의 없는 근로 기준을 적용하는 공장. 보다 풍요로운 사회에서 수립된 최소한의 법률적 조건에 비교하면 때때로 안전하지 못하고 불공정한 근로조건으로 운영된다.

Techlash(테크래쉬) : 대형 기술기업의 비즈니스에 제약을 가하려는 의도로 그들의 지배에 대해 이루어지는 정치적 · 사회적 대응. "악의적인 준독점기업으로 민주주의를 약화시키고 경쟁을 저해하고 일자리를 파괴하는 행동을 하는 거대 기술기업으로 말미암아 21세기는 테크래쉬 반독점 시대가 될 것이다."[34]

Transparency(투명성) : 기업의 의사결정과 운영절차가 개방적이거나 외부 이해관계자에게 보일 수 있도록 하는 정도(경영책임 참조).

Triple bottom line(TBL) : 기업의 환경적 · 재무적 그리고 사회적 성과를 포괄하여 전체 비즈니스에 대해 평가하는 것(통합보고 참조).

Upcycling(업사이클링) : 시간의 경과에 따라 재활용된 재료의 품질을 증가시키는 재활용 과정(재활용과 다운사이클링 참조).

Values(가치) : 적절한 목표, 행동 그리고 조건에 대한 신념.

Values-based business(가치기반 비즈니스) : 전략적 CSR 관점으로 정의된 비전과 미션에 기초를 둔 영리기업(의식적 자본주의 참조).

Whistle-blower(내부고발자) : 조직의 잘못된 행동을 알리고 그것을 기업 내부 및 외부의 미디어, 검찰 또는 다른 사람들에게 알리며 의사소통하는 내부인.

Woke capitalism(깨어난 자본주의) : 시장에서 성공하기 위해 기업이 핵심 이해관계자의 진보적 가치(그리고 관련 명분)와 자신들을 일치시킬 필요성.

전략 용어

CSR과 기업 전략의 교차점이 전략적 CSR의 중심이 된다. 앞에서 설명한 CSR 용어 외에도 본서 전반에 걸쳐 기업의 전략과 전략적 의사결정을 설명하기 위해 사용한 많은 전문용어들이 있다.

Agency(에이전시) : 개인이 자유의사를 가지고 행동할 수 있는 능력.

Agent(대리인) : 다른 사람을 대표하여 행동하도록 지정된 개인(본인 참조).

Board of directors(이사회) : 기업의 CEO와 임원이 궁극적으로 책임을 지는 공식적 권한을 가진 기구(기업지배구조 참조).

Business(사업) : 조직이 이해관계자의 요구를 충족시킴으로써 재무 이익을 창출하려 노력하는 경제적 교환과정(회사 참조).

Business-level strategy(사업전략) : 지속가능한 경쟁우위를 창조하기 위해 저원가 또는 다른 요소(예를 들면 우월한 기술, 브랜드, 고객서비스)에 기반하여 다른 기업의 제품과 차별화할 수 있게 해주는 기업 내 특정 사업단위의 전략(기업전략, 차별화 그리고 저원가 참조).

Capabilities(능력) : 생산과정에 가치를 부가하는 방법으로 기업이 할 수 있는 청구서 지급과 같은 행동.

Company(or corporation)(회사 또는 기업) : 상업적 비즈니스에 참여하도록 허용된 법적 조직 형태. 회사라는 이름은 라틴어 cum과 panis의 합성어에서 왔는데

말 그대로 번역하면 본래 "빵을 함께 자르다"를 의미한다(사업 참조).[35]

Competencies(역량) : 기업이 매우 잘할 수 있는 일.

Competitive advantage(경쟁우위) : 경쟁자와 자신을 차별화하고 시장에서 성공할 수 있도록 해주는 기업의 능력, 자원 또는 기능(지속가능한 비교우위 참조).

Core competence or capability(핵심 역량) : 기업이 아주 잘할 수 있을 뿐만 아니라 그 수행능력이 탁월해서 다른 기업으로 하여금 이 영역에서 성과를 따라잡기 어렵게 만드는 기업의 운영 과정.[36]

Core resource(핵심 자원) : 독특하고 따라하기 어려운 기업의 자산.

Corporate governance(기업지배구조) : 기업의 법률적 책임을 다하도록 작용하는 구조와 시스템(이사회 참조).

Corporate−level strategy(기업전략) : 기업의 전략. 이 차원에서의 전략은 기업이 경쟁할 사업 영역을 확인하고 조인트벤처, 합병 또는 인수를 통하여 다른 기업과 파트너십을 맺을지 등을 경쟁적 환경에서 탐색할 수 있도록 해주는 의사결정을 포함한다(사업전략 참조).

Creative destruction(창조적 파괴) : 시장이 구제품을 파괴하고 신제품을 창조하면서 혁신하는 과정을 서술하기 위해 슘페터(Joseph Schumpeter)가 창시한 개념.

Differentiation(차별화) : 가격 외의 구성요소에 기초하여 다른 기업 제품과 자신의 제품을 구분하게 만들어주는 사업전략(저원가 참조).

Economic value(경제적 가치) : 각각의 이해관계자가 정의된 대로 화폐로 측정한 기업 활동의 효익(또는 해악).

Externality(외부효과) : 주요 교환과정에 참여하지 않은 제3자에게 미치는 거래의 효과(긍정적 또는 부정적).

Fiduciary(수탁책임) : 한 당사자가 다른 당사자와 공식적 관계(법률적 또는 윤리적)의 결과로 지게 되는 책임. 그 책임은 신뢰에 기초하고 있으며 때로는 재무적 거래를 포함한다.

Firm(기업) : 희소하거나 가치 있는 자원을 통제하며, 재화와 서비스를 생산하여 생산원가보다 높은 가격에 판매하는 사업조직.

Five forces(다섯 가지 세력) : 기업이 속한 산업의 경쟁구조에 대한 거시적 분석(산업 관점 참조).[37]

Governance(지배구조) : 조직 행동을 형성하는 감시와 균형의 시스템.

Human capital(인적 자본) : 직장에서 성공할 수 있게 해주는 기능과 지식.

Industry perspective(산업 관점) : 기업의 시장성공의 주요 결정요인으로 작용하는 환경구조(특히 산업). 기업의 외부 관점(다섯 가지 세력과 자원 관점 참조).

Internality(내부성) : "사람들이 담배를 피거나 설탕이 많이 든 스낵 등 건강에 해로운 식품을 먹을 때와 같이 미래 자신에게 발생할 원가를 간과한 부분"[38](외부효과 참조).

Lifestyle brand(라이프스타일 브랜드) : 고객의 열망가치에 대한 호소에 보다 기초한 평판.

Low cost(저원가) : 기업이 보다 효율적 운영을 기초로 다른 기업 제품에 대한 경쟁력을 확보하는 사업전략(차별화 참조).

Market segmentation(시장 세분화) : 소비자를 유사한 특징별(때때로 인구 통계학적 정보를 기초로) 그룹으로 나누는 과정.

Mission(미션) : 기업의 비전 달성을 위해 해야 할 일을 선언한다. 기업이 수행하고자 하는 활동의 유형을 제시한다(비전 참조).

Net present value(순현재가치) : 미래에 만기가 될 투자의 오늘의 가치.

Offshoring(해외이전) : 낮은 인건비를 찾아 해외로 사업장을 옮기는 것.

Onshoring(or reshoring) : 보다 유동적이며 반응적인 공급망을 창조하기 위해 본국에 더 가까운 곳으로 사업장을 되돌리는 것. 해외이전(offshoring)의 반대.

Operational Effectiveness(운영효과성) : "유사한 행동을 경쟁사보다 더 잘하는 것"[39](전략적 포지셔닝 참조).

Opportunity cost(기회 원가) : 대체적인 행동을 선택했더라면 창조되었을 효익.

Price premium(가격 프리미엄) : 소비자가 달성 가능한 가치를 얻기 위해 (인식되거나 실현된) 원가 이상으로 지급할(본질적으로 제품의 이익) 의사가 있는 화폐 금액.

Principal(본인) : 자신을 대표하여 행동할 누군가를 지명하는 개인(대리인 참조).

Profit(이익) : 수익에서 비용을 차감하여 구한 기업 거래의 잔여 가치(긍정적 또는 부정적).

Prosumer(프로슈머) : 정보(예를 들면 설문을 완수하는 것)를 제공하거나 관측(예를 들면 소셜 미디어를 통하여)을 통하여 기업 제품을 향상시키는 소비자.[40]

Resources perspective(자원 관점) : 자원, 능력 그리고 핵심 역량을 지속가능한 경쟁우위의 주요 결정요인으로 파악하는 기업의 내부 관점.

Social capital(사회적 자본) : 직장에서 성공할 수 있도록 해주는 사람들 간의 연계(인적 자본 참조).

Strategic analysis(전략 분석) : 전략의 기초로서 운영 맥락을 분석하기 위해 기업이 실행하는 과정(전략 형성 참조).

Strategic planning(전략계획) : 기업이 미래 운영을 위해 계획을 만들거나 재구성하는 과정(때로는 연간).

Strategic positioning(전략적 포지셔닝) : "경쟁사와 다른 행동을 수행하거나 유사한 행동을 다른 방법으로 수행하는 것"[41](전략 형성 참조).

Strategy(전략) : 기업이 그 미션을 어떻게 수행할 것인지 결정한다. 그것은 지속가능한 비교우위 달성을 위해 어떻게 경쟁 환경에 대해 협상할 것인지를 설정한다(전술 참조).

Strategy formulation(전략 형성) : 기업의 고위 임원에 의해 통상적 계획 기간 동안(때때로 연간) 이루어지는 기업 전략 수립.

Strategy implementation(전략 실행) : 기업 전략을 실무에 적용하는 것. 정상적 운영에서 일상적으로 조직의 모든 종업원에 의해 수행되는 것이 이상적이다.

Sunk cost(매몰 원가) : 이미 투입되어 되찾을 수 없는 자원의 투자.

Supply chain(공급망) : 제품 생산을 위해 필요한 원재료를 기업에 공급하는 조직들 간의 관계에 의해 형성된 연계(가치사슬 참조).

Sustainable competitive advantage(지속가능 경쟁우위) : 기업으로 하여금 경쟁자와 차별화하고 일정 기간 동안 시장에서의 성공을 유지할 수 있도록 해주는 역량, 자원 또는 기능(비교우위 참조).

SWOT analysis(SWOT 분석) : 기업의 내부 강점과 약점 그리고 환경의 외부 기회와 위협요인을 확인하는 데 사용되는 수단. 그 목표는 기업의 강점을 기회로 연결시키고 약점을 이해하고 위협을 회피하는 것이다.

Tactics(전술) : 기업의 전략 실행을 위해 이루어지는 일상의 경영 의사결정(전략 참조).

Value(가치) : 희소성과 개인의 가치체계에 의해 결정되며 때때로 화폐금액으로 표시되는 어떤 사물의 주관적 중요성.

Value chain(가치사슬) : 가치 부가의 각 단계를 확인하는 생산과정에서의 연계 분석. 이 분석은 기업 내(가치사슬) 또는 기업 간(공급망 또는 가치체계) 내에서 가능하다.[42]

Value creation(가치 창조) : 개인과 그룹이 정의한 대로 인식된 효익의 생성.

Value system(가치체계) : 기업의 공급망과 본질적으로 동일(가치사슬 참조).

Vision(비전) : 기업의 존재 이유에 대한 해답으로 고안된 선언서. 그것은 기업이 열망을 갖고 해결하고자 하는 요구를 확인해준다(미션 참조).

VRIO : 자원이 기업의 지속가능한 비교우위 원천이 되기 위해서 가져야 하는 4가지 특징의 약자. 그 자원이 가치가 있는가(V)? 그것이 희소한가(R)? 흉내내기에 비싼가(I)? 그 기업이 이 잠재적 가치를 포착하기 위해 조직되었는가(O)?

| 들어가는 글 |

금융위기 이후 10년 이상이 지나고 엔론이 망한 지 거의 20년이 지난 시점에 전략적 CSR 5판이 출판되었지만 여전히 기업의 불법행위는 매일 신문의 주요 기사로 실린다.[1] 기업들은 우리의 주목을 받기 위해 치열한 경쟁을 하고 계속해서 망각적인 행위로 전 세계 정치인들의 분노를 유발하거나 우리를 충격에 빠트리고 있다. 배기가스 검사를 피하기 위한 소프트웨어를 만든 폭스바겐이나 더 많은 판매수수료를 부과하려고 유령계좌를 개설한 웰스파고, 처방 진통마취제의 중독성을 속인 퍼듀파마 또는 광고비 수익을 위해 개인 정보를 거래한 페이스북 모두 단기이익 추구를 위해 이해관계자의 분노를 살 위험을 감수하였다. 그들에게 사회복지는 전략적 필수과제가 아니라 뒷전이며, 그것이야말로 자본주의에 대한 공공의 인식을 해치는 비즈니스 접근법이다.

> 약 1년 전 하버드정치연구소의 조사 결과 18세에서 29세 사이 응답자의 절반 이상이 우리 경제를 떠받치고 있는 자유시장경제, 즉 자본주의를 지지하지 않았다. 놀랍게도 1/3이 사회주의를 지지한다고 말했다 …… [미국에서] 자본주의는 이제 다수의 희생으로 소수를 배불리는 엘리트주의로 비난받고 있다.[2]

동시에 기업들이 우리의 생활수준을 향상시키는 제품을 창조하고, 혁신하고 그리고 시장에 내놓음에 따라 사회 전체가 계속 진보하고 있다. 전역 군인과 이민자 고용을 약속한 스타벅스, 호텔 산업에 혁명을 가져온 에어비앤비, 당뇨병 환자의 혈당을 측정할 수 있는 콘택트렌즈를 개발한 구글, 사회적 행동주의와 "소용돌이 평화"[3] 아이스크림에 대한 약속을 한 벤앤제리스 모두 장기이익을 추구하면서 이해관계자를 위한 가치 창조를 계속하고 있다. 간단히 말해서 "비즈니스는 인류를 앞으로 나아가게 하는 위대한 창조적 힘 중 하나이다."[4] 오늘날 인공지능, 우주여행, 핀테크, 글로벌 통신, 의약과 바이오텍, 탄소포집 그리고 다른 많은 영역에서 혁신이 넘쳐난다. 이런 발견 중 많은 것이 영리기업에 의해 이루어지고 있고 그것을 외주조달하는 경우에도 보통 영리기업에 의해 추가적 절차를 거친 후 출시된다.[5] 그 결과 부와 복지가 전 세계적으로 놀랄 정도로 증가한다.

> 세상은 200년 전에 비해 100배 이상 더 부유해졌고 일반 대중이 믿는 바와는 반대로 그 부는 보다 평등하게 배분되고 있다 …… 가난한 미국인 중 아주 많은 사람들이 150년 전 명문 반더빌트나 아스토어 가문이 누리지 못한 전기, 에어컨 및 컬러 TV와 같은 사치품을 즐기고 있다. 남수단의 행상들은 1987년 영화 월스트리트에서 고든 게코가 과시한 것보다 더 나은 이동전화기를 가지고 있다.[6]

무엇이 사실인가? 기업들이 매번 우리를 이용하는 악의 전달자인가? 아니면 사회에서 창출되는 대부분 가치의 원천인가? 이익 추구가 우리의 모든 문제의 근원인가 아니면 그 문제에 대한 잠재적 해결책인가? 본서는 이런 의심스러운 영역에서 방향을 제시해준다. 보다 구체적으로 기업의 사회적 책임(CSR)이라고 알려진 영역을 철저하게 탐구한다.

왜 CSR이 중요한가?

영리기업이 선진 사회의 초석이기 때문에 CSR 이슈는 우리 사회 전반에 만연해 있다. 기업은 희소하고 가치 있는 자원을 우리의 삶이 의존하는 제품과 서비스로 변환해주는 가장 효율적인 실체이다. 그러나 기업이 동시에 우리 사회의 많은 잘못된 것을 나타내준다는 것도 명백하다. 비즈니스가 객관적으로 좋은 것을 많이 생산하는 반면에 동시에 오염, 해고, 산업재해 및 경제위기 등 많은 해악을 끼친다. 따라서 CSR의 중심에는 기업이 우리 사회 구조에 적절한지의 이슈가 있다. 기업은 사회와 독립적으로 존재하지 않는다. 기업은 사회의 중심이다. 한편으로 기업은 법률적 · 사회적 구조물이자 진보를 위한 도구로 우리가 고안한 수단이다. 우리가 창조했기 때문에 우리가 원하면 바꿀 수 있다. 어찌 되었든 기업은 우리의 존재와 우리가 되고자 하는 바의 중심에 있다. 우리가 직면한 가장 중요한 질문은 사회에서 비즈니스의 역할은 무엇인가이다. 이 질문은 실존주의적 질문이다. 그 대답이 오늘, 내일 그리고 다가올 미래에 우리의 집합적 생활수준을 결정할 것이다. 또한 우리가 그 결과를 만들 수 있다. 물론 간단한 대답은 기업이 가치를 창조하기 위해 존재한다는 것이다. 그러나 어떻게 그리고 누구를 위해 가치를 창조하는가가 중요하다. 이 때문에 CSR이 복잡하고 애매하며 동시에 기업의 전략과 일상 운영의 중심이 된다.

CSR이 더욱 복잡해지는 것은 기업이 사회의 한 부분에 지나지 않기 때문이다. 정부는 기업과 사회의 운영 규칙과 매개변수를 결정하기 때문에 중요하다. 게다가 비영리 또는 NGO 조직은 법률이나 시장기반 해결책이 없는 경우에 그 간극을 메우기 위해 존재한다. 그들은 정치와 이익 동기가 미치지 않는 사회의 영역에 개입한다. 그럼에도 불구하고 시장에 의해 영감을 얻는 혁신이 없으면 사회적 · 경제적 진보는 이루어지지 않을 것이며 언젠가 우리의 생활수준을 원시 상태로 되돌려 놓을 것이다. 간단한 사고 실험이 이것을 강조해준다. 주위를 둘러보고 비즈니스가 생산한 모든 것을 빼고 생각해 보라. 무엇이 남는가?

그처럼 CSR은 비즈니스의 모든 측면을 포괄하기 때문에 중요하다. 그리고 비즈니스는 우리 삶을 압도하기 때문에 중요하다. 그리고 기업은 우리가 대부분의 시간을 보내는 장소이기도 하며, 우리가 구매하는 대부분의 제품을 만든다. 기업은 우리에게 소득을 제공하고 우리가 삶을 영위하는 지역사회의 기초로 우리를 둘러싸고 있다. 지배구조, 공급망 관리, 환경오염, 부패 그리고 종업원 안전 및 급여(간단히, 기업이 행하는 모든 것)와 같이 다양한 이슈를 포괄함으로써 CSR은 오늘날 비즈니스 그 자체이다. 기업의 운영목표와 사회적 기대의 이상적 조합이 끊임없이 진화하고 있기 때문에 그것은 아주 동적이며 복잡하다. 그런 맥락에서 우리는 어려운 질문에 직면한다. 비즈니스의 존재 이유는 무엇인가? 이익이 무엇을 나타내는가? 비즈니스는 사회에 어떤 의무를 지는가? 이 의무가 자발적인가 아니면 법에 의해 강제화되는가? 기업은 누구에게 책임을 지는가? 달리 말하면, 기업의 사회적 책임 행동이 무엇을 뜻하는가? 보다 정확히 말해서, 책임을 지는 행동이 무엇인지를 누가 결정하는가?

본서는 독자가 이 질문에 대한 답을 탐색할 수 있도록 체계를 제공한다. 본서는 논쟁을 위한 핵심 이슈를 확인하고, 개념적 체계를 중심으로 모형화한 후 이 매우 복잡한 주제에 대한 논의에 착수할 수단과 자원을 제공한다. 이러한 탐색이 흥미롭고 연구할 가치가 있는 이유는 CSR이 어디에나 적용되기 때문이다. 일자리와 실업, 구제금융과 이익, 부패와 과학적 돌파구, 오염과 기술혁신, 개인적 탐욕과 기업 자선 등 비즈니스라는 이름의 이익 추구에서 무한한 혁신이 촉진되며 거기에서 발생하는 모든 것이 CSR과 관련이 있다. 그와 같이 CSR은 기업 운영의 심장으로서 연구되어야 하며, 그 경우 기업이 상호 경쟁할 수 있도록 해주는 비즈니스 전략을 형성한다. 그리고 기업이 시장에서 경쟁할 때 CSR은 방만한 자본주의와 엄격하게 규제된 경제 사이의 지속가능한 경로를 제공해준다. CSR은 기업의 광범위한 이해관계자를 위한 가치창조 목표와 함께 이익이란 목적과 실행의 수단을 최적화하도록 도움을 준다.

CSR과 가치 창조

따라서 본서는 로드맵으로서 기업이 복잡하고 동적인 비즈니스 환경에서 방향을 찾을 수 있게 체계를 제공한다. 갈수록 효과적인 경영자들은 오늘날 이해관계자들이 원하는 것이 무엇인지 그리고 더욱 중요한 것은, 그들이 미래에 무엇을 원할 것인지 이해하면서 상충하는 이익 간에 균형을 맞추어야 한다. 본서는 영리기업이 사회의 가장 중요한 문제들에 대한 주요 해법으로서 정당한 위치를 차지할 수 있도록 보다 반응적인 비즈니스 문화를 창조하고자 하는 희망에서 쓰여졌다. 그러나 기업이 해야 할 일이 너무 많으며 명백한 것은 CSR이 그 모든 노력의 중심이 된다는 것이다. CSR은 선택적 부가 사항이 아니다. 오히려 기업이 중장기적으로 성장(그리고 이익)의 최적화를 추구하기 위한 운영철학이며, 시장모형에 대한 중요한 개선이다. 전략적 필수항목들은 운영에 있어서 중심이 된다. 또한 CSR은 기업이 가치를 창조하는 방법에 관한 것으로서, CEO가 매일 직면하는 핵심 사항이다. CSR은 비즈니스를 행하는 다양한 방법 중 하나가 아니라 우리가 살고 있는, 무선통신으로 연결된 글로벌 세계에서 비즈니스를 수행하는 유일한 방법이다.

따라서 본서는 영리기업이 우리 생활에서 수행하는 긍정적 역할을 찬양하며, 동시에 어떻게 그 역할이 개선될 수 있는지 자세히 설명한다. 본서는 이익 동기와 자본주의를 지지하지만 경쟁력이 가치체계에 내재되었을 때 가장 큰 복지를 창출해 낸다고 주장한다. 시장은 모든 이해관계자가 개인적 윤리와 도덕(고객, 종업원 또는 우리가 매일 받아들이는 모든 다른 역할)에 따라 행동할 때 가장 잘 기능한다. 달리 말하면, 본서는 혁명보다는 진화를 지지한다. 즉, 현실적이고 실현 가능한 것을 만들어 내려 노력하며, 손에 닿지 않는 이상적인 것을 염원하지 않는다. 우리의 경제시스템이 현재와 같은 모습으로 진화되어 온 이유가 있다. 본서는 이것을 인지하고 있으며, 인간 심리와 경제적 교환에 관한 우리의 지식으로부터 출발하여 비즈니스 리더들이 끌어안을 수 있는 변화를 위한 성명서를 구축한다. 그것은 최선의 관점 및 접근방법인 전략적 렌즈의 제공을 통해 가능하다. 왜냐하면 조직으로 하여금 사회, 문화 그리고 경쟁적 현실에 적응하게 해주는 것은 전략적 재편이기 때문이다.

따라서 전략적 CSR은 이해관계를 갖는 복수의 구성원 그룹(내부와 외부)으로 이루어진 운영 환경을 기업의 이익추구 활동에 포함시키는 이해관계자 관점으로 보는 것이 가장 옳다. 그것은 운영 맥락과 관련하여 CSR을 정의하고 CSR 관점을 전략계획과 조직 전반에 통합시키는 것의 가치를 보여준다. 상황은 변화하지만 질문은 계속된다. 누가 주요 이해관계자인가? 어떠한 주장이 합법적인가? 상충하는 이해관계 간에 어떻게 우선순위를 매길 것인가? 누구를 위해 어떤 가치를 창조하고 있는가? 우리 비즈니스는 지속가능한가? 그러한 질문들에 답하기 위해 경영자들은 각 기업의 운영 맥락 내에서 이해관계자 관점으로부터 CSR을 이해해야 한다.

기업의 최악의 위반 행위에 수반되는 해악을 피하고 여러 세대에 걸쳐서 지속될 수 있는 성공을 구축하는 것이 본서의 목표이다. 그런 의미에서 본서는 중장기에 걸쳐 대부분의 이해관계자들을 위한 가치를 어떻게 창조할 것인가를 설명한다. 달리 말하면, 본서는 이해관계자 가치 창조를 기업의 전략계획과 일상 운영의 중심에 위치시키는 체계를 제공한다. 명백히 말해서, CSR은 선택이 아니다. 그것은 기업이 하는 모든 일이다. 이해관계자(자신의 요구와 필요를 마음대로 전달할 수 있는 강력한 수단을 점점 더 많이 갖추게 된)의 필요와 수요에 효율적이고 효과적으로 대응하는 것은 오늘날 글로벌 비즈니스 환경에서 성공과 생존의 핵심요소이다.

가치창조 측면에서 CSR을 얘기하는 것은 이미 CSR이 CEO와 고위 임원의 책임이 되었다는 것을 의미한다. 가치 창조는 기업의 모든 기능적 영역에서 핵심이 된다. CSR과 지속가능성에 대한 각자의 인식과 생각 때문에 그것을 거부하거나 그것에 편견을 가진 CEO가 있을지 모르나 가치 창조를 피할 수는 없다. 사실 그것을 포용해야 한다. CSR을 기업의 비용으로 보는 사고를 반박하기 위해서는 CSR을 지지하는 주장의 근거가 운영 및 전략적 적합성에 내재되어야 한다. 그 과정에서 CSR은 선택적 부가 사항에서 중심 무대로 옮겨 가게 되고 그것이 가능한 이유는 CSR이 기업의 내외부 모든 이해관계자를 포괄하기 때문이다. 따라서 기업이 CSR을 하기로 또는 무시하기로 결정한다는 말은 틀린 말이다. 반대로, 모든 기업이 실제로 CSR을 하고 있다(가치를 창조하고 있다). 단지 어떤 기업이 다른 기업보다 더 잘할 뿐이다.

전략적 CSR의 주장을 기업 임원이나 경영대학들이 아직 이해하지 못한다는 것이 오히려 그 존재 이유이다. CSR이 무시되는 경우가 많은데 그 이유 중 하나는 최소한 표면적으로 CSR이 실패한 경우에야 CSR의 중요성이 명백하게 드러나기 때문이다. 이미 발생한 해악은 사후적으로는 쉽게 명백해지지만 창조된 가치는 측정하기 어렵다. 그 예로서 2010년 멕시코만 원유 누출사건은 이해관계자 이익이 무시되었을 때 기업과("610억 달러의 정화비용, 연방법에 의한 벌금 및 개인과 기업에 대한 손해배상")[7] 사회("11명의 노동자 사망과 3개월에 걸친 멕시코만의 320만 배럴에 이르는 원유 누출")[8]에 미치는 결과를 보여준다. 마찬가지로 "수천만 명의 미국인들에게 만족스러운 회복을 달성하지 못한 시스템에 대한 좌절"이 핵심적 경제, 사회 및 정치제도에 대한 분노와 불신을 잉태함에 따라[9] 금융위기의 파괴적 효과가 오래도록 남아 있다. CSR은 추상적 개념이 아니라 현실적이며, 우리가 하는 모든 행동의 중심에 있다.

CSR 공부하기

본서가 이러한 환경에서 독특한 길잡이가 되는 이유는 그 접근방법과 기초에 깔려 있는 논지 때문이다. 탐색은 최선의 학습방법이다. 자신의 견해를 가지기 원하는 사람들을 위해서 본서는 가이드 여행을 제공한다. 본서는 일련의 질문, 사례 그리고 해결책 모색에 지침을 제공할 사례연구를 제시하고 있다. 자료를 참조한 공부가 핵심적 접근방법이다. 이러한 접근방법을 통하여 창조에 이르는 블

출처 : Lorin W. Anderson & David R. Krathwohl (Eds.) *A Taxonomy for Learning, Teaching, and Assessing : A Revision of Blppm's Taxonomy of Educational Objectives* (Newyork : Longman, 2001).

〈그림 1〉 블룸의 학습 분류

룸(Bloom)의 학습과정(〈그림 1〉)의 모든 단계를 섭렵하는 것이 본서의 목표이다. 저자의 조사에 의하면 간단한 대답은 없으며, 절대적 사실도 거의 없다. CSR은 일단의 정책과 실무가 아니라 기업의 이해관계자에 의해 결정된 가치 창조이다. 따라서 그 목표는 구체적인 답을 제공하기보다는 넓은 관점을 고려하고 활기찬 논쟁을 불러일으키고 추가적 연구를 촉진할 최선의 질문을 만들어 내는 것이다. 모든 주제를 다 다룰 수는 없지만 본서는 탐색을 위한 수단(추가적 자료와 참고문헌을 통해서)과 함께 논의의 출발점을(핵심개념을 통해) 제공한다.

따라서 본서의 교육방법의 핵심은 해답과 해결책을 강요하지 않는다는 것이다. 대부분의 CSR 관련 서적과 달리 본서에서 제시된 주장은 규범적이 아니라 서술적이다. 그것은 세상을 있는 대로 이해하려 하고 뭔가 다른 것으로 가정하지 않는다. 인간이 되고자 하는 바가 아니라 인간의 있는 그대로의 모습을 인식한다. 열망적 사고가 있는 것은 확실하지만 본서의 목표는 경제학, 사회학 및 심리학 지식에 기초하여 어떻게 영리기업과 경제가(그리고 궁극적으로 사회가) 작동하는지를 이해하는 것이다. 일단 그 주장이 현실에 바탕을 두게 되면 우리가 바라는 기업의 설계를 시작할 수 있다. 그러나 이러한 근거가 없다면 CSR 논쟁의 많은 부분이 선한 의도와 결합된 희망에 찬 생각으로 구성될 것이다. 이러한 구분이 왜 중요한가? 현실과 이상의 차이는 좋은 해결책과 나쁜 해결책과의 차이와 같다.

만약 이 모든 것이 혼란스럽게 들린다면 전략적 CSR 세계에 온 것을 환영한다. 이 책에서 자세히 설명된 체계를 완전히 이해하기 위해서 사회와 경제시스템이 작동하는 복잡성에 대한 당신의 생각을 정리해야 한다. 영리기업이란 무엇인가? 그 목적은 무엇인가? 이익이 무엇을 나타내는가? 기업이 시장에서 어떻게 성공하거나 실패하는가? 기업과 그 기업의 운영 환경 간의 관계는 무엇인가? 이 모든 질문이 전략적 CSR을 이해하기 위한 핵심이다. 또한 그것은 정보를 가진 시민과 비즈니스 리더로서 당신의 미래에도 핵심이 된다.

임원과 경영자들은 이러한 복잡성을 포착하고 의사결정 지침을 제공할 체계를 갖추어야 한다. 간단히 말해서 전략적 CSR, 즉 중장기적으로 광범위한 이해관계자를 위한 지속가능한 가치 창조를 이해할 필요가 있다. 현재 경제시스템은 지속가능하지 않은데 그것은 곧 중대한 변화가 일어나야 한다는 것을 의미한다. 본서의 5판은 이러한 변화를 가져오는 데 도움을 줄 수 있지만 그것은 여러분의 도움이 있어야만 가능하다. 본서는 가능한 미래의 어렴풋한 모습을 제공하지만 당신의 전적인 지지와 참여로 그것을 현실화할 수 있게 될 것이다.

행운을 빈다!

David Chandler

2019년 7월

| 본서의 계획 |

본서는 여섯 부분으로 구성되어 있으며, 전략적 CSR에 대한 포괄적 개요, 핵심 개념, 혁신적 모델 그리고 실무적 도전을 제공한다. 본서에 소개된 유용한 강의 도구, 관련된 보조 자료, 온라인 자료 그리고 토론과 논쟁을 위한 도전적 질문은 강의실에서 손쉽게 적용할 수 있다.

각 장의 내용

I부의 2개 장에서는 본서의 기초를 제공한다. 1장에서는 그 주제가 어디서 왔으며, 어떻게 진화되어 왔는지에 대한 자세한 내용을 제공하면서 CSR을 정의한다. 역사적 논의와 함께 전통적 CSR 교육의 폭과 깊이를 강조하면서 CSR에 대한 4가지 주장 근거(윤리적, 도덕적, 합리적 그리고 경제적)를 제시한다. 이를 기초로 2장에서는 오늘날 CSR의 핵심 동인—물질적 풍요, 지속가능성, 글로벌화, 의사소통 그리고 브랜드—을 논의한다. 그 각각이 비즈니스를 규정하는 특징이 됨에 따라 점점 더 이해관계자의 기대 수준을 변화시킨다.

II부에서는 전략적 CSR을 지지하는 지적 체계에서의 이해관계자 관점의 중요성을 설명한다. 비록 기업이 특정 운영목표 달성을 위해 존재하는 경제적 실체이지만 오늘날 이러한 목표 달성을 위한 가장 효과적인 방법은 기업의 이익 추구에 이해관계를 갖는 광범위한 집단의 요구와 가치를 고려하는 것이다. 3장에서는 이해관계자를 정의하고 그들이 기업과 가지는 관계를 설명하는 핵심 모형을 제시한다. 나아가 3장에서는 이해관계자들 간 이해 상충이 있을 때 경영자가 우선순위를 부여할 수 있게 해주는 모형을 제시한다. 4장에서는 이해관계자에게 귀를 기울일 기업의 의무와 마찬가지로 중요한 (더 중요하지 않을지 몰라도) 이해관계자 책임, 즉 이해관계자가 기업에게 책임을 물어야 하는 의무를 주장함으로써 이해관계자 이론을 확장한다.

Ⅲ부에서는 CSR의 법률적 관점을 제시한다. 5장에서는 기업 지배구조 맥락에서 기업의 권리와 책임(기업이 무엇을 할 수 있으며 무엇을 해야 하는가)의 진화를 고찰함으로써 이 토론을 개시한다. 이러한 역사적 · 법률적 체계를 이해함으로써 우리는 기업의 동기와 지도원칙을 더 잘 이해하게 된다. 6장에서는 주주 이익을 위한 기업운영이 경영자와 이사의 주요 책임이라는 신화가 이해관계자 관점의 광범위한 채택을 방해하고 있다는 사실을 설명하고 그러한 믿음에 도전하기 위해 기업의 역사를 고찰한다. 이러한 널리 확산된 신념은 최소한 미국에서 법률적 현실에 기초를 두고 있지 않다.

Ⅳ부에서는 행동적 관점, 즉 조직 행동에 대한 비합리적(즉, 인간적) 설명과 함께 CSR을 탐색한다. 특히 7장에서는 우리의 현재 경제모델에서 개혁이 필요한 범위를 고찰하면서 금융위기 이후 대두된 폭넓은 자본주의 논쟁과 함께 이익의 역할에 대해 논의한다. 또한 기업은 오랫동안 경제적 가치 생산에 초점을 맞추어 왔으나 오늘날 사회적 가치도 생산해야 한다는 상투적 주장에 도전한다. 실제로 경제적 가치나 사회적 가치는 존재하지 않는다. 오직 가치가 존재할 뿐이며 기업은 각각의 이해관계자들을 위해 가치를 창조하거나 또는 파괴한다. 8장에서는 행동경제학 개념을 소개하고 이 흥미로운 분야가 어떻게 가치창조 과정을 증진시키는지 논의한다. 또한 기업으로 하여금 CSR 성과에 책임을 묻는 것을 가능하게 하는 핵심 수단인 다양한 측정방법을 살펴본다. 그러나 효과적 CSR 측정치를 개발하기 전에 생산과정에 발생한 모든 원가가 포함되어야 한다. 이것은 전과정가격의 개념을 통해 달성될 수 있다.

Ⅴ부에서는 전략적 CSR의 기원을 설명한다. 비록 본서에서 논의한 사고가 경영의 모든 기능적 영역에 걸쳐 적합하다 할지라도 가장 자연스러운 영역은 전략경영이다. 9장에서는 전략의 3가지 축인 분석, 공식화 및 실행을 고찰함으로써

전략과 CSR의 교차점에서의 토론을 소개한다. 그리고 왜 전통적 분석 수단(주로 자원관점과 산업관점)이 오늘날 더 이상 비즈니스 성공에 충분조건이 아니며 CSR 관점이 갈수록 더 중요해지고 있는지 논의한다.

나아가 전략 분석과 공식화에 도움을 주는 CSR 문턱 개념을 소개하고 CSR 필터를 통해 어떻게 CSR 의사결정이 전략 실행의 일부분이 되는지 설명한다. 10장에서는 기업이 중장기에 걸쳐 가치 최적화를 통해 광범위한 이해관계자들의 이익을 위해 경영될 수 있도록 전략계획과 핵심 운영 내에 전체적 CSR 관점을 통합하게 해주는 CSR의 기본적 특성을 자세하게 설명하면서 전략적 CSR의 개념을 정의한다.

VI부에서는 기업이 다양한 이해관계자들의 이익에 봉사하는 가치기반 비즈니스 구축을 통해 조직 전반에 걸쳐 CSR 관점을 내재화하는 방법을 보여주면서 본서의 결론을 맺는다. 11장에서는 오늘날 지속가능성의 기원과 기업에 대한 적합성을 고찰함으로써 VI부를 시작하지만 동시에 환경적으로 지속가능한 경제 창조와 관련하여 지금까지 행해진 부적절한 노력을 강조한다. 12장에서는 전략적 CSR의 궁극적 결과인 지속가능한 가치 창조 측면에서 본서에서 논의된 아이디어를 요약한다.

또한 5판은 부록에서 기업 전반에 걸친 전략적 CSR 관점의 실행이라는 도전과제를 다룬다. 본서는 I부~VI부에 걸쳐 전략적 CSR 체계의 핵심 구성요소를 자세히 다루지만 궁극적으로 본서는 실무적 도구이다. 본서는 경영자와 임원들이 광범위한 이해관계자의 이익을 위해 기업을 운영할 때 필요한 지식을 갖추는 데 도움을 주고자 하는 의도를 가지고 있다. 이 목적을 위해 전략적 CSR이 무엇인지 아는 것만큼 중요한 것은 그 실행방법을 아는 것이다.

사례연구

본서의 첫 5개 부 각각을 완성하는 사례연구들은 CSR이 기업 운영의 모든 측면에 영향을 미치는 정도를 반영한다. I부는 비즈니스와 사회에서 종교의 중요성과 이슬람 금융의 대두에 관한 토론으로 마무리된다. II부의 이해관계자 관점은 금융위기 여파로 발생한 자본주의의 위기에서 대두된 사례연구로 보완된다. 새로운 III부는 미디어(특히 소셜 미디어)에 대한 우리의 진화하는 인식과 페이스북과 같은 기업의 부상이 프라이버시 이슈에 가지는 시사점을 살펴보는 사례연구를 담고 있다. 사회영향채권(임팩트 투자) 사례연구는 오늘날 이해관계자 관점이란 렌즈를 통해 어떻게 비즈니스의 모든 측면을 이해할 수 있는지 예시함으로써 IV부를 마무리한다. 그리고 V부는 공급망 전반에 걸쳐 전략적 CSR을 효과적으로 실행한 기업인 스타벅스의 사례와 함께 완성된다.

VI부는 '맺는 말'로서 본서를 마무리한다. 본서의 지침이 되는 질문은 "사회에서 기업의 역할이 무엇인가?"이다. 이 질문에 대한 전략적 CSR의 대답으로부터 우리가 비즈니스를 이해하는 방법, 비즈니스를 행하는 방법을 배울 수 있으며, 그와 함께 비즈니스를 가르치는 방법에 깊이 있는 시사점을 얻을 수 있다.

| 보조 자료 |

CSR 뉴스레터

전략적 CSR의 동적인 특성과 본서의 정적인 특성 때문에 본 학기와 가을학기 내내 뉴스레터를 써서 배포하였다. 그 목표는 사례연구를 확장하는 매일의 뉴스자료와 논쟁을 위한 질문 그리고 본서 전반을 통해 제공된 온라인 참고문헌을 갱신하는 것이다. 각각의 뉴스레터가 다루는 주제는 나의 블로그(http://strategiccsr-sage.blogspot.com/)에 저장되어 있는 과거 이슈의 완전한 자료에 대한 접근권과 함께 폭넓은 CSR 논쟁을 섭렵하고 복잡한 이슈에 대한 강의실에서의 토론과 학생들의 조사를 위한 새로운 차원의 시각을 제공해준다.

CSR 뉴스레터를 신청하려면 David.chandler@ucdenver.edu로 이메일을 보내면 된다.

추가적 온라인 보조자료

본서의 보충자료로 강사를 위한 온라인 자료 도서관과 학생들을 위한 세이지 출판사 웹사이트(study.sagepub.com/chandler5e)가 있다.

강사를 위한 자료

- 문제 은행
- 파워포인트 슬라이드
- 강의 노트
- 강의 계획서 샘플

- 이행 지침(transition guide)
- 비디오와 멀티미디어 자료

학생을 위한 자료

- eFlashcards
- 비디오와 멀티미디어 자료

| 감사의 글 |

본서의 5판은 1995년 일본에서 시작된 긴 여정의 가장 최근의 발자국이다. 내가 당연하게 생각했던 기업에 대한 기대에 의문을 제기한 것은 내가 나고 자란 사회에 대한 익숙함을 버렸을 때 비로소 시작되었다. 일단 사회를 구축하는 다양한 방법이 있다는 것을 알고 난 다음에 최적의 결과를 생성하기 위한 방법을 탐색하는 것은 자연스러운 진전이었다. 그 결과 사회에서 기업의 역할이 무엇인가에 대한 답을 찾는 데 내 평생을 보낼 것을 다짐했다. 그러나 이것이 고독한 노력은 아니었다. 그 과정에서 많은 동료와 친구들의 조언과 도움이 없었더라면 이 지점에 이르지 못했을 것이다.

무엇보다도 본서의 1~3판까지 공동 저자였던 마이애미 대학의 William B. Werther에게 감사하고 싶다. 그가 처음부터 관여하지 않았더라면 본서는 존재하지 않았을 것이다. 내가 80페이지 워드 문서와 아이디어를 갖고 그에게 처음 접근했을 때 그는 지식과 네트워크 그리고 인내심을 갖고 지금의 프로젝트가 가능하게 나를 도와주었다.

마찬가지로 나는 본 프로젝트가 가능하도록 도움을 준 마이애미 대학의 경영 및 법학과의 Anita Cava의 핵심적 역할에 감사를 표하고 싶다. 그녀는 동료로서 지지를 보내주었으며, 강의실에서 영감을 주는 등 계속해서 윤리의 실천을 구현하고 있다. 그녀가 자신의 학생들에게 심어주는 가치와 교훈은 평생 동안 그들이 갖고 갈 자산이 된다ㅡ나 자신도 확실히 그렇다는 것을 알고 있다.

넓게 보면 CSR 분야에서의 많은 선도적 학자들의 지속적인 연구가 있었기에 본서가 나올 수 있었다. 초기에 나의 중요한 멘토는 피츠버그 대학의 William C. Frederick이었다. 내가 박사과정을 지원할 때 그를 처음 만났다. 낯선 이에 대한 그의 관대함은 평생 갚지 못할 은혜였다. 그는 높은 수준의 지적인 힘을 갖고 있을 뿐 아니라 아마도 우리가 만날 수 있는 가장 친절할 사람일 것이다. 그는 2018년 3월 세상을 떠났다. 그의 영향력은 CSR 분야에 영원히 기록될 것이다.

내가 개인적으로 다 알지는 못해도 나의 작업에 많은 정보를 준 많은 CSR 리더들이 있다. 특히 아이오와 대학의 Howard Bowen, 조지아 대학의 Archie B. Carroll, 펜실베니아 대학의 Thomas Donaldson과 Thomas Dunfee, 버지니아 대학의 R. Edward Freeman, 코넬 대학의 Stuart L. Hart, 보스턴 대학의 Laura Pincus Hartman, 미시건 대학의 Andrew Hoffman, 워싱턴 대학의 Thomas M. Jones, 하버드 대학의 Joshua Margolis, 보스턴 대학의 Jim Post, 미시건 대학의 C. K. Prahalad, 코넬 대학의 Lynn Stout, 보스턴 대학의 Sandra Waddock의 선구자적 작업에 감사를 표하고 싶다. 그들의 작업은 많은 다른 영향력 있는 학자들과 함께 본서가 공헌하고자 하는 CSR과 비즈니스 및 사회 분야의 기초를 제공해 주었다.

세이지 출판사와 나는 본서의 5판을 위해 4판을 친절하게 검토해 준 동료들에게 빚을 지고 있다. 아크론 대학의 Terrence B. Dalton, 위스콘신-파크사이드 대학의 Michelle Gee, 로버트 모리스 대학의 Marcel Minutolo, 스태튼 대학의 John Tichenor, 아크론 대학의 Marry Williams, 이타카 대학의 Cory Young에게 감사한다. 추가로 보이시 주립대의 Mark A. Buchanan이 소중한 통찰력을 제공해주었다. 본서의 4판에 대한 이들의 건설적인 피드백이 본 저서의 5판을 현저히 향상시켰다.

또한 내 일생의 경력 동안 내 수업을 들은 수백 명의 학생들에게도 감사한다. 나는 주로 대학에서 MBA 학생들에게 전략경영이라는 캡스톤 과목을 가르친다. 그러나 만약 전략의 핵심이 시장에서 지속가능한 경쟁우위를 구축하는 것이라면 오늘날 그 방법은 기업이 폭넓은 이해관계자의 가치를 창출하는 것이라 믿는다. 달리 말하면 내가 전략을 가르치지만 전략적 CSR을 가르치고 있는지 모른다. 둘 사이에는 차이가 없으며 점점 더 많은 경영대학에서 지속가능한 가치 창조의 중요성을 이해함에 따라 그 둘은 점점 중복될 것이라 믿는다. 나의 학생들은 내가 이것을 깨닫고 내 생각과 주장을 수업시간에 제시할 때까지 인내심을 가지고 기다려 주었다. 그 토론의 결과 나의 생각과 주장이 개선되었으며 그만큼 전략적 CSR 체계를 개선할 수 있었다. 그들 모두에게 감사한다.

마지막으로 본서를 적절한 시기에 개정해주면서 항상 믿을 수 없을 정도로 지지를 보내준 세이지 출판사의 편집, 미디어 그리고 생산 팀에 따듯한 감사를 표하고 싶다. 구체적으로 5판의 출판을 전문가 입장에서 감독해준 경영학 교재 편집인인 Maggie Stanley에게 감사한다. 그리고 세이지 마케팅 부서의 Sarah Panella와 Andrew Lee, 표지 디자이너 Candice Harman, 판매 지원 Jody Cook, 강사와 학생을 위한 보조자료를 담당한 Lauren Holmes와 타우슨 대학의 Rodney Carveth에게 감사한다. 또한 나의 원고에 주의를 기울이고 또 유연하고 지극히 효율적인 작업으로 나의 작업을 놀라운 완성품으로 변환시킨 Laureen Gleason과 세이지 출판사의 Tracy Buyan에게도 감사한다.

마지막으로 대학출판부 디렉터인 Reid Hester, 세이지 출판사의 편집인 Bob Farrell, 코윈의 출판 및 전문가 학습 그룹의 부사장인 Lisa Cuevas Shaw의 비전과 전문성 덕분에 전형적인 교재가 아님에도 불구하고 본서를 지속적으로 출판할 수 있었다. CSR에 투자할 뿐만 아니라 본서에 자세히 서술된 가치와 실무를 일상적으로 행동에 옮기는 출판사와 같이 일하는 것은 기쁜 일이다.

| 옮긴이의 글 |

사회적 가치 시대를 준비하는 경영자에게

한국 사회에서 CSR(Corporate Social Responsibility)만큼 오해를 받고 있는 용어도 없을 것이다. 산업계의 많은 사람들과 심지어 사회공헌 담당자들도 CSR의 정확한 의미를 파악하는 데 어려움을 겪는 경우를 본다. 그것은 우리나라에 CSR이 도입된 초기에 엄격한 논의와 고민을 거치지 않고 CSR을 단순히 기업의 사회적 책임만을 의미하는 소극적 의미로 사용하는 경향이 있었으며, 그에 대한 기업의 대응을 사회공헌의 주류를 이루고 있는 자선, 기부 또는 사회적 후원 등으로만 이해했기 때문이다. 이러한 혼동은 비단 우리나라만의 현상이 아니다. 선진국의 산업계나 학계에서도 CSR의 정의와 의미에 의견 일치를 보지 못하고 있다. 그러한 배경에서 최근에는 비전략적 CSR과 전략적 CSR을 구분해서 사용하는 경우가 늘어나고 있다. CSR을 단순한 기업의 사회적 책임으로 해석하기보다는 기업의 사회적 책임을 강조하는 이해관계자들의 요구와 압력에 기업이 전략적 · 전향적으로 대응함으로써 사회 문제 해결과 동시에 기업의 경쟁력 강화 및 경제적 이익 추구가 가능하다는 인식이 높아지고 그 성공 사례가 많이 나타나고 있다.

전략적 CSR이 중요한 이유는 전략적 CSR을 활용하면 기업의 사회적 책임 수행과 경제적 지속가능성이라는 두 가지 목표를 동시에 달성할 수 있기 때문이다. 이 두 가지 가치는 경우에 따라서 서로 상충하지만 어느 것도 소홀히 할 수 없다. 예를 들면 본서는 엔론이 고객을 기만하고 불법적인 금융 관행을 일삼아 금융시스템과 자본주의의 본질에 위기론을 촉발하였으며, 기업의 단기적 이익극대화 추구가 결국은 사회적 가치를 파괴한다는 사례를 제시한다. 반대의 극단적인 예로서 본서에서 소개되는 몰든 밀스 사례가 있다. 그 사례에서와 같이 경영자가 개인의 철학 때문에 종업원 가치를 경영의 최우선에 두고 다른 모든 가치를 희생함으로써 결국 파산에 이른다면 경제적 지속가능성에 실패하게 되고 종국적으로 종업원을 포함한 모든 이해관계자의 가치를 파괴하게 된다. 그렇기 때문에 사회적 가치와 경제적 가치를 동시에 창출하는 전략적 CSR이 21세기 새로운 경영 패러다임으로 대두되었다. 예를 들면 40억에 이르는 개도국 저층 인구의 삶의 질을 향상시키면서 유니레버에게 엄청난 이익을 가져다준 BOP(Base-of-pyramid) 전략이나 공급망의 상류에 있는 커피농가의 소득수준과 삶의 질을 향상시키면서 동시에 품질 높은 원두를 공급받고 매출을 증가시킴으로써 기업과 사회에 공유가치를 창출한 네슬레 사례 등은 지속가능한 사회를 지향하는 21세기 기업 경영의 방향을 보여주는 전형적인 전략적 CSR 성공 사례이다.

그 외에도 본서는 타일형 카펫으로 환경과 경제를 동시에 살린 바닥재 제조업체 인터페이스, 진정성 있는 환경주의 경영으로 경제적 성공을 거둔 아웃도어 의류업체 파타고니아, 종업원이 파트너로서 의사결정에 참여함으로써 생산성 향상과 기업가치 증가를 가져온 영국 유통업체 존루이스, 자연주의 이미지를 구축하고 최근 바디샵을 인수한 브라질 화장품 업체 내츄라 그리고 종업원 유급 지역봉사 프로그램으로 일하고 싶은 직장을 만든 신발업체 팀버랜드 등 수많은 전략적 CSR 사례를 소개하고 그 성공요인을 분석한다. 동시에 폭스콘, 나이키, 탐스 슈즈 등과 같은 실패 사례 또는 논란의 소지가 많은 CSR 사례를 소개하며, 아마도 CSR 측면에서 지구상에서 존재하는 기업 중 가장 큰 논란의 소지를 가진 월마트의 사례를 심도 있게 논의한다.

본서의 원제목은 "전략적 CSR－지속가능가치 창조"이다. 번역서의 제목을 "책임지고 돈 버는 기업들－전략적 CSR로 사회적 가치 창출하기"로 정한 이유는 선진국에 진입하는 우리나라에게 전략적 CSR이라는 새로운 패러다임으로의 전환이 절대적으로 필요하며, 동시에 본서가 우리 기업들에게 21세기 새로운 경영의 방향을 제시할 것이라는 믿음 때문이다. 선진국으로 진입하는 우리 기업들의 경쟁력 원천은 전략적 CSR을 통한 경제적 · 사회적 가치 창출이다. 본서에서 저자는 21세기 전략적 CSR이 그 어느 때보다 중요해지는 배경으로 다섯 가지 동인, 즉 물질적 풍요, 지속가능성, 글로벌화, 커뮤니케이션, 브랜드 가치를 들고 있다. 이 다섯 가지 모두 우리 기업들에게 가장 중요하면서도 현실적인 경영 환경을 만들고 있다. 특히 1인당 국민소득 3만 달러를 넘어선 우리 사회에서는 이해관계자의 의식과 행동 변화가 향후 기업의 기회와 동시에 위험을 증폭시킬 것이라 역자는 믿고 있다.

우리나라는 1999년, 2010년, 2018년을 거치면서 대략 10년의 기간을 두고 1인당 국민소득이 1만 달러, 2만 달러, 3만 달러로 성장해 왔다. 인하대 지속가능경영연구소의 미디어 조사에 의하면 국민소득 1만 달러를 초과할 즈음 물질적 풍요를 반영한 언론의 주제어는 '웰빙'이었으며, 2만 달러를 초과할 즈음에는 '힐링'이 사회적으로 대유행하기 시작하였다. 물질적 풍요와 정신적 행복의 갈망이 소득수준에 따라 나타나는 사회현상이라는 것은 흥미롭다. 역자는 2018년 3만 달러를 넘은 우리나라가 어떤 사회적 트렌드를 만들어낼 것인지에 주목하고 있다. 아직 실증적으로 검증하지 못하지만 우리나라가 진정한 선진국으로 성장하고 향후 1인당 국민소득 4만 달러, 5만 달러를 달성하기 위해서는 개인과 사회의 요구가 균형을 이루고 기업의 경제적 가치와 이해관계자의 사회적 가치가 동시에 달성되어야 한다고 생각한다. 그것을 통하여 진정한 의미에서의 지속가능한 사회로 진화할 것이라 믿는다. 아니 어쩌면 희망하고 있을지도 모른다. 3만 달러 사회에서 소비자, 투자자, 종업원은 기업의 장기적 존속과 성공을 좌우할 가장 중요한 이해관계자이며, 많은 전략적 CSR 성공 사례에서 보듯이 이들과의 관계를 성공적으로 유지함으로써 기업은 그 자체로서 사회적 성과를 달성하고 그 결과로서 경제적 성공을 누리게 될 것이다.

본서는 그 방법을 제시해준다. 기존의 CSR 저서가 보여주지 못하는 체계적이며 흥미로운 사례 분석이 본서의 장점이다. 자칫 협의의 CSR 해석이나 사회공헌의 용어에 매몰되어 놓치기 쉬운 전략적 CSR의 본질을 빠짐없이 그리고 예리한 분석으로 균형 잡힌 시각을 제공해준다는 점에서 역자는 CSR 관련 저서 중 본서가 가장 훌륭한 저서임을 믿어 의심치 않는다. 이제 전략적 CSR의 시대가 열린다. 우리나라의 경영자들이 이러한 메가 트렌드의 선두에 서서 세계적으로 경쟁력을 가진 기업을 만들 수 있기를 기원한다.

본서가 출간되기까지 많은 분들의 헌신적인 노력에 감사를 표한다. 번역 및 교정 작업을 도와준 고순현, 김상혁, 김진경, 김진희, 따찌아나 강, 류영우, 명재규, 민미연, 박종혜, 박태양, 배성미, 안형태, 윤 희, 율리아 리, 이혜리, 전정규, 정승욱, 정유진 그리고 본서의 출판을 허락해주신 율곡출판사 박기남 대표님과 직원들께 고마운 마음을 전한다. 본서는 방대한 자료에 기초해서 집필되어 많은 참고문헌을 갖고 있다. 분량을 고려하여 독자들의 부담을 덜기 위해 미주는 본서에 포함하지 않고 율곡출판사 홈페이지에 게재하였다(www.yulgokbooks.co.kr).

모쪼록 우리 사회가 역자가 추구해 온 지속가능한 사회로 발전해 나가고 우리 기업이 21세기에 세계적 경쟁력을 가진 진정한 지속가능한 기업이 되고자 노력하는 여정에 본서가 도움이 되기를 바란다.

2020년 4월

김종대

본서의 I부에서는 기업의 사회적 책임(CSR)의 폭과 깊이를 보여준다.

1장과 2장에서는 이 주제가 어떻게 진화되어 왔는지 개괄적으로 설명하면서 CSR과 관련 개념을 정의함으로써 본서의 기초를 제공한다. 1장에서는 핵심 개념을 제공하고 CSR에 대한 여러 가지 주장 근거를 확인하며(윤리적, 도덕적, 합리적 그리고 경제적), 기업 규모에 상관없이 CSR이 점점 더 중요해지는 이유를 보여준다. 그리고 2장에서는 오늘날 CSR의 핵심 동인인 물질적 풍요, 지속가능성, 글로벌화, 커뮤니케이션, 브랜드 가치에 대해 논의한다. 각각의 동인이 오늘날 비즈니스와 삶을 정의하는 특성이 됨에 따라서 그들은 기업에 대한 이해관계자의 기대 수준을 변경시킨다. 비록 기업이 이익을 창출하기 위해 존재하지만 그들은 관점을 넓히고 단기의 자멸적인 초점을 회피함으로써 그 목적을 가장 효과적으로 달성할 수 있다. CSR이 내재되어 있는 보다 넓은 맥락에 대한 이해 없이는 기업이 중장기에 걸쳐 생존에 필요한 사회적 합법성을 잃어버리고 착취적이거나 반사회적일 수 있으며, 부패할 수도 있다.[1]

I부는 조직화된 종교와 자본주의의 관계를 논의하는 사례연구로 마무리된다. 특히 종교와 같은 폭넓은 비경제적 요인이 기업의 의사결정에 어떻게 영향을 미치는지 보기 위해 이슬람 금융의 부상에 초점을 맞춘다.

[I]

기업의 사회적 책임

제 1 장

CSR이란 무엇인가?

사람들은 공동의 목적을 추구하는 과정에서 집합적 자원 사용의 효과를 높이기 위해 조직을 만든다. 조직은 그 목적을 추구하기 위해 사회라는 보다 큰 맥락에서 다른 사람들과 교류하게 된다. 조직은 목적에 따라서 영리조직, 정부 또는 비영리조직으로 분류된다. 기본적으로 영리조직은 이익을 추구하고, 정부는 모든 조직 운영을 위한 사회의 규칙과 구조를 정의하며,[1] NGO를 포함한 비영리조직은 정치적 의지나 영리 동기가 사회의 요구를 충족시키기에 충분하지 않은 경우 그 간극을 메우기 위해 대두되었다.[2] 사회 전체적으로 통합해 보면 이렇게 서로 다른 유형의 조직이 각 자원 활용 주체를 대표한다. 예를 들면 미국에서만 현재 150만 개의 면세기관이 정부나 민간이 채우지 못하는 요구를 충족시키기 위해 운영되고 있다.[3]

이처럼 사회 속에는 다양한 조직 형태가 혼재해 있다. 각각의 조직이 서로 다른 역할들을 수행하고 있지만 동시에 사회 기능 수행에 필요한 제품과 서비스, 재무적 및 사회적 자본 등 자원을 교환하고 상호작용하면서 각자의 맡은 기능을 수행한다. 그 예로 주식회사, 회사, 기업 또는 개인 회사 등 다양한 명칭과 관계없이 영리기업은 정부, 산업협회, 공급업체, NGO 그리고 지역사회의 기타 그룹과 끊임없이 긍정적 또는 부정적인 상호작용을 한다. 따라서 각각의 그룹이나 구성원들은 기업 운영에 이해관계를 가지고 있다. 어떤 사람은 더 많은 혜택을 받고 보다 직접적으로 관여하기도 하고, 어떤 사람은 기업 행동에 의해 해를 입을 수도 있지만 모두가 기업의 일상적 행동에 어떤 식으로든지 연결되어 있다.

기업의 이해관계자에 대한 정의는 다양하다(이는 II부에서 보다 자세히 논의될 것이다). I부에서는 기업의 이해관계자는 기업운영에 이해관계를 가지는 모든 개인과 집단을 포함한다고 알고 있는 것으로 충분하다. 간단히 말하면 기업의 이해관계자는 기업 운영에 이해관계를 가지고 있는 모든 개인과 집단을 포함한다.[4]

이해관계자는 기업과 공생하며 존재하지만 경영자가 그들의 이해관계에 관심을 기울이는 정도는 가변적이다. 사회경제적 진보 수준 등 요인에 따라 기업이 주목하는 이해관계자 관심사의 범위는 변해 왔다. 19세기 초 기업은 정부의 명령에 의거해 존재하는 법적 실체였지만 20세기에 들어서면서 주주 권리에 초점을 두고 정의되는 좁은 시각으로 전환되었다. 그 후 20세기 중반 관리주의(managerialism)의 대두를 거쳐 1970~1980년대에 다시 대리인이론의 부상과 함께 주주에게 지나친 초점을 두는 견해로 변천되어 왔다.[5] 이후 기업의 역할에 대한 사회의 기대가 진화됨에 따라 기업은 다시 지역사회나 자신이 관심을 가지고 있는 이슈를 포함하는 보다 광범위한 이해관계자 관점을 채택하고 있다. 그 결과 경영자들은 자신과 각 이해관계자 그룹 간의 상호의존 정도를 더 잘 인식하게 되었으며 그들의 관심과 압력을 무시할 수 없게 되었다.

그러나 개인이나 집단이 "이해관계를 가지는 구성원"이라는 정의를 충족시킨다고 해서 기업이 그들의 모든 요구를 들어주어야 할 (법률적 또는 논리적) 의무는 없다. 그러나 이해관계자의 어떤 요구를 수용하고 거절할지와 그 우선순위를 정하는 것은 어려우며, 이해관계자들의 의견 및 감정이 소셜 미디어를 통해 전 세계에 퍼지기 때문에 이들의 요구를 무시할 수는 없는 상황이다. 이해관계자들은 그들의 요구가 오랜 기간 무시될 경우 제품 불매운동, 정부에 구제 요청, 유튜브에 영상을 올리는 등 기업에 저항하는 행동을 취할 것이다.[6] 이러한 저항은 기업

브랜드에 피해를 줄 수 있으며, 그 문제가 널리 알려진 후에도 해결되지 않는다면 더욱 심각한 영향을 미친다.[7]

민주 사회에서는 법 적용을 받는 사람들의 대체적인 합의를 반영하여 법률(예 : 헌법의 차별금지 조항), 규제(예 : 비영리조직에 대한 국세청의 면세 규정) 및 사법부의 결정(예 : 임원과 이사들의 수탁의무)[8]을 통해 기업 운영에 관한 최소한의 틀을 제공한다. 그러나 첫째, 정부가 많은 이슈들을 다 예상할 수 없고, 둘째, 입법과정에 시간이 걸리고, 셋째, 일반적 합의 형성이 때때로 느리게 진행되기 때문에 법률이 사회적 합의와 기술 변화에 뒤처지는 경우가 발생한다. 생명윤리학이나 인공지능(AI)과 같이 고도의 복잡성을 가지고 빠르게 혁신이 일어나는 영역에서 특히 이런 현상이 빈번히 발생한다. 따라서 기업의 경영자가 매일 직면하는 기대와 법률적 조치 사이에서 재량적인 의사결정이 요구된다. 따라서 CSR 연구의 필요성에 대한 두 가지 질문이 제기된다.

1. 사회에서 영리기업의 역할은 무엇인가?
2. 이익추구 이상으로 기업이 사회에 광범위한 책임을 지는가?

따라서 CSR은 중요하면서도 논란의 여지를 가지는 개념이다. 모든 자유 경제 사회에서 영리 부문이 가장 큰 비중을 차지하고 가장 혁신적이기 때문에 CSR은 중요하다. 기업은 사회와 상호 밀접한 관계를 가지고 발전하며, 사회 번영을 위해 일자리, 소득, 혁신 등을 창조한다. 기업은 식량, 주거, 보건 및 다른 생활 필수품을 제공하는 가장 기본적인 시스템이다. 기업이 없다면 정부와 비영리조직을 지지해주는 일자리, 세금, 기부 및 다른 자원은 현저히 감소하여 일반적 복지는 위축될 것이다. 비즈니스는 우리를 보다 나은 미래로 나아가게 해주는 사회의 엔진이다. 그러한 사실에 근거하여 다음과 같은 흥미로운 실험적 사고를 제안할 수 있다. 만약 당신이 가장 큰 사회적 선을 행하기 원한다면 공적인 영역(정치 또는 비영리조직)에서 일할 것인가 아니면 비즈니스 부문으로 갈 것인가? 50년 전이었다면 이 질문에 대한 최선의 답은 공공부문이었을 것이다. 오늘날에는 비즈니스가 사회적 선을 위한 보다 효과적인 수단이다.

동시에 CSR은 여전히 논란의 여지를 가진다. '기업이 존재하는 이유는 무엇인가?', '이익은 무엇을 나타내 주는가?' 등의 질문에 대해 많은 사람들이 서로 다른 생각을 가지고 있을 것이다. 기업은 자신이 달성한 경제적 성공을 통해 이미 사회에 혜택을 제공하였는데 그 이상의 사회적 책임을 져야 하는가? CSR의 중요성이 부각되고 있지만 아직도 많은 사람들이 노벨상 경제학자 프리드만(Milton Friedman)의 견해처럼 기업이 오직 재무적 성공에 집중할 때 사회에 가장 큰 혜택을 준다는 주장에 의존하고 있다.[9] 반대로 휴렛패커드의 공동 창립자인 패커드(David Packard)의 보다 넓은 견해에 주목하는 이들도 있다.

> 많은 사람들이 기업이 단순히 돈을 벌기 위해 존재한다고 가정하는 것은 잘못된 것이라 생각한다. 비록 돈을 버는 것이 기업의 중요한 존재 이유이지만 우리는 더 깊이 들어가 우리의 존재 이유를 찾아야 한다. …… 혼자서는 불가능한 사회 공헌을 다수가 모여 집합적으로 달성하기 위해 소위 기업이라는 기관을 만든다.[10]

본서는 이러한 관점을 바탕으로 기업의 이해관계자에게 제공하는 전략적 가치와 사회적 혜택을 모두 인식하고 있는 CSR의 각 관점을 전반적으로 개괄할 것이다. CSR에 대한 포괄적 평가를 제시하는 것이 본서의 목표이며, 그 과정에서 프리드만과 패커드의 견해가 실제로 각각의 지지자들이 가정하고 있는 것만큼 서로 다른 개념이 아닐 수도 있다는 점을 제시한다.

CSR의 새로운 정의

전체로서의 CSR은 그 문구를 구성하는 각각의 단어와는 구분되어야 한다. CSR은 기업(또는 다른 영리조직)과 사회 간에 상호작용하는 관계를 다룬다. 그것은 유대관계를 가지는 양측에 모두 내재해 있는 책임에 초점을 둔다. CSR은 사회를 가장 넓은 의미로 정의하며 기업 경영에 지속적인 이해관계를 유지하는 모든 이해관계자와 구성원 그룹을 포함한다.

CSR

이해관계자를 충족시켜야 하는 기업의 책임 및 기업들로 하여금 책임을 이행하도록 만들어야 하는 이해관계자의 책임.

이해관계자 그룹은 명확하게 정의되는 소비자, 종업원, 공급업자, 채권자 및 규제기관을 비롯하여 미디어와 지역사회와 같이 명확히 정의되지 않는 다른 구성원을 포함한다. 기업 입장에서는 이들 간의 경쟁적인 이해관계 사이에 상충관계가 있기 마련이다. 이들과의 관계에는 합법성(legitimacy)과 경영책임(accountability) 이슈가 존재하는데, 특히 비영리조직이 특정 분야에 전문성을 주장할 때나 심지어 그 비전을 지지하는 사람들이 불확실할 때 그 이슈들은 더욱 중요해진다. 궁극적으로 각 기업은 자신의 경영 환경을 구성하는 핵심 이해관계자들을 확인하고 그들의 전략적 중요성 수준에 우선순위를 매겨야 한다. 기업은 경영전략에 이해관계자 그룹의 관심사를 통합하여 계획할 필요성이 높아지고 있으며, 실패할 경우 기업은 사회적 합법성을 잃을 위험에 처하게 된다. CSR은 기업이 이러한 의사결정을 수용하고 내부 전략계획 과정을 조정하여 조직의 장기적 생존 가능성을 향상시키는 데 도움이 되는 체계를 제공한다.

그러나 이러한 체계는 광범위하며, 그 이해관계와 책임의 결합 형태에 대한 정의는 시간의 흐름에 따라서 변해 왔다.[11] 예를 들면 1979년 캐롤(Archie Carroll)

은 다음과 같이 CSR을 정의했다. “기업의 사회적 책임은 일정한 시점에 사회가 기업에 대해 갖고 있는 경제적 · 법률적 · 윤리적 그리고 재량적 기대 수준이다.”[12]

CSR 계층구조

캐롤은 조직 책임의 종류를 구분해 제시한 초기 학자들 중 한 명이다. 그는 이 구분을 “기업의 사회적 책임 피라미드”라고 부른다.[13]

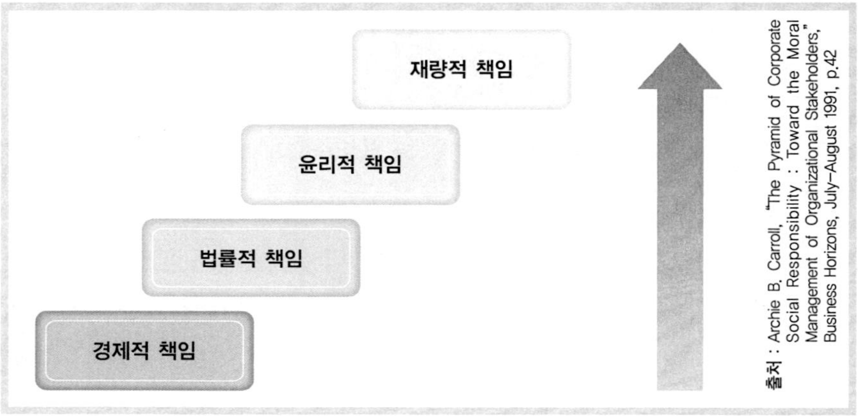

그림 1-1 CSR 계층구조

- 기본적으로 기업의 경제적 책임은 수용할 만한 이익을 투자자들에게 제공하는 것이다.
- 그러나 법치 사회 안에서 경제적 이득 추구의 기본 요소는 법적 책임이다. 이는 기업이 정부와 사법부가 만든 법과 규제의 틀 안에서 행동해야 함을 뜻한다.
- 한 단계 더 나아가서 기업은 윤리적 책임을 가진다. 이는 기업의 운영과정에서 이해관계자들에게 해를 끼치는 일을 하지 않는 것이다.
- 마지막으로 기업은 재량적 책임을 가진다. 이는 기업과 사회에 기여하는 보다 전향적이고 전략적 행동을 취하는 것을 의미한다.

캐롤의 피라미드 단계가 올라갈수록 기업의 책임은 자연적으로 점점 재량적 성격을 띤다. 캐롤의 시각에 따르면 사회적 책임기업은 문화, 가치, 일상 운영 내에서 위의 4가지 책임을 모두 진다.

그러나 이러한 유형 구분은 유용하지만 그리 엄격한 것은 아니다.[14] 본서의 핵심 주장 중 하나는 캐롤 모형에서 윤리적이거나 심지어 재량적이었던 것이 기업에 대한 이해관계자의 기대 변화로 인해 점점 더 필수적인 것으로 변해 간다는 것이다. 과거의 윤리적 책임이 오늘날 빠른 속도로 경제적 · 법률적 필수 요소가 되고 있다. 오늘날과 같은 글로벌 환경에서 기본적인 경제적 책임을 달성하기 위해 기업은 자신의 전략계획에 이해관계자 관점을 통합해야 한다. 기업에 대한 사회적 기대 수준이 높아지면서 CSR 관련 위반이 발생할 경우 상상을 초월할 정도의 벌칙이 부과될 수 있다.

따라서 CSR의 정의는 진화할 수 있으며 실제로 진화하고 있다. 지금까지 공개된 CSR의 많은 정의 중 최소한 5가지 차원에서 견해차가 현저하다. 환경, 사회, 경제, 이해관계자 그리고 자발성이 그것이다.[15] 그리고 이는 국가와 문화에 따라서 차이가 있으며 심지어는 한 국가 내에서도 시간적으로 차이가 있다.

CSR 정의의 문화적 차이

EU : "CSR은 기업이 사회적 영향에 대해 책임을 지는 것을 말한다. EU는 CSR이 EU 기업과 경제의 지속가능성, 경쟁력 및 혁신에 중요하다고 믿는다. CSR은 위험관리, 원가절감, 고객관계, 인적 자원관리에 도움이 된다."[16]

ASEAN : 아세안 CSR 네트워크의 미션은 "지속가능하고, 공평하며, 포용적인 사회, 환경 및 경제 발전을 달성하기 위해 아세안 국가에서 책임 있는 기업 행동을 촉진하고 가능하게 돕는 것이다."[17]

UN : "CSR은 기업 운영에서 사회적 · 환경적 관심사와 기업의 모든 이해관계자들과의 상호작용을 통합하는 과정이자 그에 대한 관리의 개념을 나타낸다."[18]

이러한 정의들이 표면적으로 유사해 보이지만 구체적인 실행에서 CSR 관련 논쟁이 있음은 아주 명백하다. 잠재적 위험은 CSR이 실제로는 서로 다른 사람에게 다른 의미를 가지는 만큼 행동이 비효과적이거나 최악의 경우 반생산적일 수도 있다는 것이다.

> 지금 우리는 어떤 기업이든 자신이 원하는 대로 CSR을 정의하는 무질서 상태에 있다. 같은 티셔츠를 입고 1년에 다섯 시간 동안 벽에 페인트 칠을 하도록 종업원을 내보내는 것에서부터 재활용이나 공급망 상황 개선 그리고 다양성과 포용성에 이르기까지. 이 때문에 CSR이 무엇인지에 대한 적절한 대화가 어려운 것이다.[19]

본서의 목적상 CSR은 목적이자 동시에 수단이라는 점을 강조하는 것이 중요하다. CSR은 기업전략의 중심 요소이며 기업이 제품과 서비스를 시장에 제공하는 방법이다(수단). 동시에 CSR은 이해관계자의 관심사를 전면에 내세워 사회에서 기업 행동의 합법성을 유지하는 방법이기도 하다(목적). 다른 말로 표현하면 CSR은 과정이자 동시에 결과이다. 어떤 경우든 CSR은 기업이 이해관계자의 집합적 요구에 대응하는 과정을 나타낸다. 또한 CSR은 이해관계자가 요구하는 바에 따라 정의되는 일련의 행동이다. 시간이 지남에 따라 과정은 여전히 동일한데 사회의 규범과 가치 및 사회적 기대가 모두 진화한다면 기업에게 요구되는 행동은 변화할 수밖에 없다(기업은 항상 이해관계자 관심사에 대응해야 한다). 본서에서 설명하는 CSR은 때로는 과정을, 때로는 일련의 행동(또는 결과)을 의미할 것이다. 그러나 양자 간의 관계를 결정하는 근본적 원칙은 변하지 않을 것이다.

궁극적으로 기업의 성공은 이해관계자의 관심사를 비즈니스 모델에 통합하는 능력과 직접적으로 관련되어 있다. CSR은 기업, 이해관계자 그룹, 경제시스템 그리고 지역사회 간에 존재하는 상호의존 관계에 가치를 부여함으로써 이러한 목적을 달성하는 수단을 제공해준다. 이러한 상호의존 관계와 관련된 도전은 1974년 피터 드러커(Peter Drucker)의 발언에 명백하게 나타난다.

> 기업은 사회와 경제의 창조물이며 사회는 어떤 기업을 하룻밤에 망하게

> 할 수도 있다. …… 기업은 사회의 용인 하에 존재하며, 사회가 기업이 유용하고 생산적이며, 사회가 필요로 하는 일을 수행한다고 믿는 경우에만 기업은 생존할 수 있다.[20]

그와 같이 본서는 시간의 경과에 따라 CSR의 중요성이 달라지며 동질적이지 않은 여러 이슈들을 다룬다. 달리 말하면 동일한 이해관계자라도 그들을 움직이게 하는 이슈는 변한다. 예를 들어 임금 수준, 헬스케어, 동성 파트너 혜택 등 이슈에 상관없이 종업원은 기업 성공의 중심에 있다. 종업원의 합법적 요구를 지속적으로 무시하는 기업은 파산에 이른다. CSR은 기업이 내부와 외부 이해관계자에 대한 책임을 논의하는 수단이 되는데 서로가 얻게 되는 혜택을 확인해줄 뿐 아니라 그러한 책임을 완수하기 위한 방법을 개발해준다. 간단히 말해서 이해관계자와의 관계가 기업의 생존과 궁극적 성공의 핵심이기 때문에 CSR은 이해관계자 관리를 적극적으로 권장한다. 따라서 CSR을 실행하기 위해 다음의 내용을 인식해야 한다.

> 시장은 공동체 사회에 뿌리를 둔 경우에만 성공적으로 작용할 수 있다. 신뢰와 협력은 시장경제에 반대되는 개념이 아니라 오히려 필수적인 것이다. 혁신의 동인은 다원주의와 실험정신이지 탐욕과 독점이 아니다. 기업은 사회에 대한 공헌을 통해서만 합법성을 획득할 수 있다.[21]

CSR은 기업의 경제적 성과에 영향을 미치는 경제, 법률, 윤리 및 재량적 활동을 모두 포괄한다. 물론 기업은 일상적 운영활동과 관련한 법규의 요구를 준수해야 한다. 이러한 규제 위반은 불법이며 사회적으로 책임 있는 행위가 아니다. 그러나 법규준수는 단순히 CSR의 최소 조건에 지나지 않는다.[22] 본서는 이러한 의무를 당연한 것으로 보고 윤리와 재량적 책임에 초점을 둘 것인데, 윤리와 재량적 책임은 비교적 덜 정확하게 정의되어 왔고 또 가끔은 명확한 사회적 공감대가 없더라도 기업이 반드시 제기해야 하는 이슈이다. 기업은 전폭적으로 CSR을 수용하고 기업의 전략계획 과정에 통합함으로써 경쟁 위험을 최소화하고 잠재적 효익을 극대화해야 한다.

CSR의 진화

기업에 대한 사회책임 요구는 새로운 개념이 아니다. 특정 이슈는 변할 수 있을지 몰라도 항상 기업에 대한 사회의 요구가 있어 왔다. 간단히 말해서 "소크라테스가 인간이 돈을 벌 생각을 할수록 미덕(virtue)에 대한 생각을 덜 하게 된다고 선언한 이후 이익 추구는 별로 사랑받지 못하는 개념이 되었다."[23] 그 결과 고대 중국인, 이집트인 그리고 수메르인의 문헌에는 상업 거래의 규칙을 서술하고 있으며, 그 경우 보다 광범위한 이해관계를 고려하도록 정하고 있다. 그 이후로 기업과 사회의 상호작용에 관한 공공의 관심이 경제활동 증가와 비례하여 커져 왔다.[24]

> 영국에서는 150년 동안 박애적 자본주의 전통이 이어져 왔다. 엥겔스(Engels), 모리스(Morris)와 같은 사회주의자뿐 아니라 바클레이즈(Barclays), 캐드베리(Cadbury)와 같은 퀘이커교도들이 사회적 책임이나 가치에 기반을 둔 기업 유형을 실험적으로 도입하였다. 그리고 오늘날 구도심의 상당 부분이 빅토리안 전통의 자선활동 결과라고 말할 수 있다.[25]

조직행동에 영향을 주기 위한 사회적 행동주의의 증거 역시 몇 세기를 거슬러 올라간다. 그러한 노력의 결과로 기업의 법률적 · 상업적 개발활동이 추진되어 왔는데 그것은 기업이 자신을 시장경제 사회의 동력으로 역할을 정립해 왔기 때문이다. 그러한 기업이 사회에 혜택을 주기보다 해를 끼칠 때 사회가 주기적으로 개입하였다. "최초의 대규모 소비자 불매운동은 1790년대 영국에서 일어난,

노예노동으로 수확한 설탕을 대상으로 한 불매운동이다."[26] 비록 오늘날 소셜 미디어보다 정교하지 못하고 덜 효율적인 커뮤니케이션이었지만 초기의 소비자 주도 저항이 오늘날 "소비의 정치학"[27]에 길을 열었다는 것은 명백하다. 저항운동은 효과적이었다. 초기에 이는 공공의 인식을 제고하였으며 그 후 곧 가시적인 법규 변화를 가져왔다.

> 수년 내에 30만 명의 영국인이 서인도의 노예 플랜테이션으로 생산한 주요 제품인 설탕에 대한 불매운동을 벌였다. 거의 40만 명이 의회에 노예 거래를 금지하는 입법 탄원에 서명하였다. …… 영국 의회는 1792년 노예 거래를 금지한 세계 최초의 입법기구가 되었다.[28]

보다 최근에 1950년대 초기 CSR 주제에 대한 학문적 관심은 보다 넓은 사회적 인식으로 이어졌고 기업에 대응을 요구하는 압력으로 발전하였다. 특히 『침묵의 봄』(1962), 『어떤 속도로도 안전하지 않다』(1965), 『여성성의 신화』(1963)와 같은 책들은 "각각 환경운동, 소비자운동 그리고 여성인권운동의 촉매로 인정받고 있다."[29] 이러한 외부의 힘이 기업 의사결정에 미치는 영향은 경우에 따라 다르겠지만 CEO들이 사회의 기대 수준에 부응하라는 압력에 항상 직면해 왔음은 명백하다. 오늘날 가장 주목할 만한 것은 그러한 이슈가 얼마나 빨리 대두되고 확산되는지이다. 이런 의미에서 인터페이스(Interface Carpets)사의 회장이었던 고 앤더슨(Ray Anderson)[30] 이 자신의 환경경영에 대해 한 말은 교훈적이다.

> 어느 날 내가 인터페이스를 경영해 온 방식이 약탈적이었다는 것을 깨달았다. 즉, 내가 아니라 지구상의 모든 생물이 소유한 것을 약탈한 것이다. 나는 나에게 말했다. 오! 이런 행위가 불법이 되고 약탈이 허용되지 않으며, 나와 같은 사람이 감옥에 가는 날이 반드시 올 것이다. 지구상에서 가장 규모가 크고 가장 돈이 많으며 가장 강력하고 널리 영향을 미치는 기관이 바로 기업

과 산업이다—기업은 오늘날 파괴의 도구이기도 하다. 그런 관행은 변해야 한다.[31]

앤더슨과 같은 리더들은 기업의 주요 이해관계자, 기업의 번영을 가져다주는 사회, 가치 있는 재화 및 서비스 생산을 가능하도록 원재료를 제공해주는 환경 간의 상충관계를 고려한 균형 있는 행동을 해야 한다. 기업과 그 리더들이 적절하게 행동하지 못한다고 사회의 구성원이 판단할 때 행동주의를 초래하게 된다. 그것은 18세기 영국이나 오늘날이나 마찬가지이다.

오늘날에는 사회책임 의식이 결여된 조직에 대응하는 사회행동주의의 사례가 아침 신문이나 TV 뉴스 쇼에 나오며 온라인상 소셜 미디어, 블로그와 웹사이트를 통해 퍼져 나간다. 유해 제품에 대한 정부의 규제, 공개적으로 종교적 원칙을 옹호하는 기업에 대한 소비자 불매운동, 개도국의 노동착취 공장(sweat shop)을 근절하기 위한 NGO 주도의 캠페인 등 그 반응은 다양하게 나타나지만 그 형태와 상관없이 이러한 사회적 관심은 기업 이사회, 경영대학 강의실 또는 일반 가정의 거실에서도 점점 더 적합한 대화 주제가 되어 왔다. 〈그림 1-2〉는 수세기 동안 CSR의 역사와 그 진화과정을 정의해 온 주요 사건들을 보여주고 있다.

이러한 지속적 진화는 사회의 기대 충족이 정적인 목표가 아니라는 것을 확실히 보여준다. 이전에는 오래된 산업 실무 중 재량적 또는 윤리적 문제라고 널리 통용되던 실무가 공격적인 형사 기소나 새로운 사회적 행동주의에 의해 불법이거나 또는 사회적으로 용인될 수 없는 실무가 될 수도 있다. 예를 들어 거래에서 불공정한 차익을 얻기 위한 단타 거래 알고리즘을 사용하는 투자자에 대해 비판의 목소리가 높아지는 것을 보면 과거에 용인되던 실무가 계속 인정될 것이라 가정하는 것은 위험한 일이다.[32] 이해관계자의 분노를 불러일으키는 마리화나의 합법화에 대한 지속적 반대나 더 나아가 인공지능의 확산에 대한 반대가 미래에 있을 수도 있는 일이다. 기업들은 사회적으로 책임 있는 행동이라고 간주되는 것들이 지속적으로 변화하고 있는 환경에 대응하여 영업을 한다. 이처럼 지속적으로 변

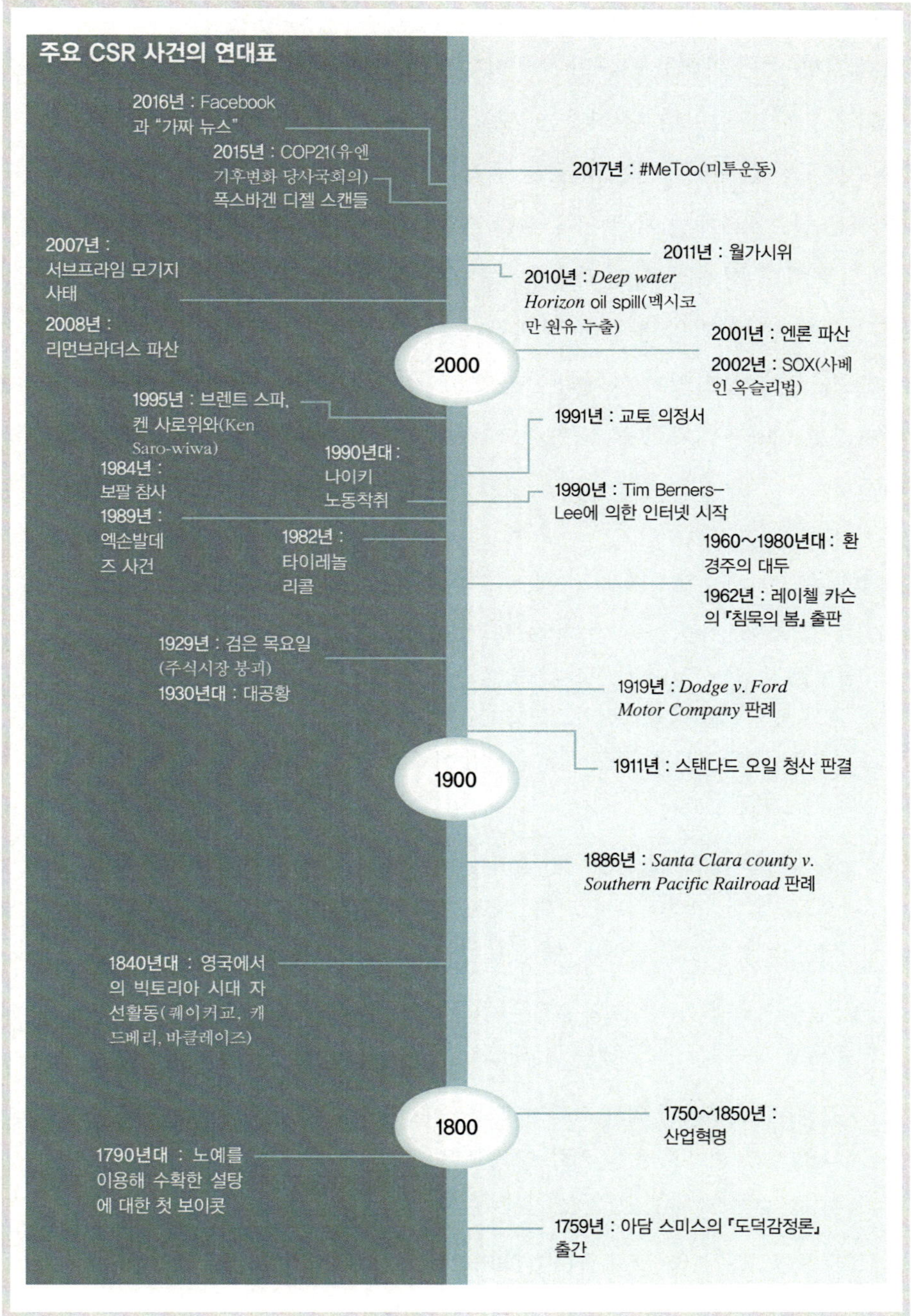
주요 CSR 사건의 연대표
2016년 : Facebook 과 "가짜 뉴스"
2015년 : COP21(유엔 기후변화 당사국회의) 폭스바겐 디젤 스캔들
2017년 : #MeToo(미투운동)
2007년 : 서브프라임 모기지 사태
2008년 : 리먼브라더스 파산
2011년 : 월가시위
2010년 : Deep water Horizon oil spill(멕시코만 원유 누출)
2000
2001년 : 엔론 파산
2002년 : SOX(사베인 옥슬리법)
1995년 : 브렌트 스파, 켄 사로위와(Ken Saro-wiwa)
1991년 : 교토 의정서
1984년 : 보팔 참사
1989년 : 엑손발데즈 사건
1990년대 : 나이키 노동착취
1990년 : Tim Berners-Lee에 의한 인터넷 시작
1982년 : 타이레놀 리콜
1960~1980년대 : 환경주의 대두
1962년 : 레이첼 카슨의 『침묵의 봄』 출판
1929년 : 검은 목요일(주식시장 붕괴)
1930년대 : 대공황
1919년 : Dodge v. Ford Motor Company 판례
1900
1911년 : 스탠다드 오일 청산 판결
1886년 : Santa Clara county v. Southern Pacific Railroad 판례
1840년대 : 영국에서의 빅토리아 시대 자선활동(퀘이커교, 캐드베리, 바클레이즈)
1800
1750~1850년 : 산업혁명
1790년대 : 노예를 이용해 수확한 설탕에 대한 첫 보이콧
1759년 : 아담 스미스의 『도덕감정론』 출간

그림 1-2 CSR의 진화

화하는 기준과 기대는 기업의 의사결정자들이 직면하는 복잡성을 더 악화시킨다. 더 심각한 것은 이러한 기준이 사회마다 다르며 심지어 사회 내에서 문화 간에도 차이가 있다는 점이다. 진화하는 기준의 변화무쌍한 배경에 직면하여 경영자가 마주한 도전은 이해관계자가 오늘 무엇을 원하는지 이해하고, 아마도 더욱 중요한 것은 앞으로 6개월 후 무엇을 원할 것인지를 이해하는 것이다.

그럼에도 경제적 이익 추구는 여전히 필수적이다. CSR은 (사회에 혜택을 주기 위한) 영리기업 운영에 경제원칙을 허용한다. 아래의 몰든 밀스(Malden Mills)사 사례는 기업이 경제적으로 생존 가능하지 않으면 비록 최선의 의도라 할지라도 이해관계자의 목적 달성과 사회적 가치 창조가 불가능하다는 것을 보여준다.

몰든 밀스

몰든 밀스(1906 창립, 가족 소유회사)[33]의 CEO인 포에스틴(Aaron Feuerstein)은 최고의 고용주였다. 그는 "자신의 근로자들을 성공의 열쇠로 보는 사장으로 파업이 없는 노조를 가진 공장"[34]을 운영하였다. 그러나 1995년 매사추세츠주 북부의 경제적으로 궁핍한 도시인 로렌스에 위치한 주요 섬유 공장이 화재로 파괴된 후 그는 다음과 같은 의사결정에 직면하였다.

> 포에스틴은 화재보험금 약 3억 달러를 손에 쥐고 저임금 국가로 이전하거나 은퇴할 수도 있었다. 그러나 그는 그 대신에 재건을 위해 로렌스에 새로운 공장을 건설하였으며, 그동안 종업원들에게 계속해서 급여를 지급하였다.[35]

공장 문을 계속 열겠다는 그의 결정은 종업원들이 자신을 가장 필요로 할 때 그들에 대한 의무를 계속해서 준수하려는 결정이라고 미디어의 찬사를 받았다.

> 포에스틴의 행동에 대한 전국적 관심은 기업윤리 교수들의 극찬을 받은 것만이 아니었다. 그 회사 제품 중 카탈로그 판매업계의 인기 상품인 경량 플리스 제품 폴라텍(Polartec)에 대한 수요도 증가하였다.[36]

포에스틴은 모든 종업원에게 급여뿐 아니라 전적인 의료 혜택을 지속적으로 제공하였으며 공장이 생산을 재개했을 때 일자리를 보장하였다.

그 후 포에스틴은 "나는 블루칼라와 화이트칼라 노동자들 모두에게 책임을 지고 있다"고 말했다. "나는 지역사회에 대해서도 동일한 책임을 가지고 있다. 3천 명을 [크리스마스에] 길거리로 내모는 것은 비양심적이며 로렌스시와 메튜엔(Methuen)시에 치명타를 날리는 일이다. 아마도 서류상으로는 우리 회사가 [지금] 월스트리트에서 가치가 높지 않을 수 있으나 [사실] 그보다 훨씬 더 가치 있다고 말할 수 있다."[37]

그러나 포에스틴의 행동이 불러일으킨 폴라텍 의류 수요증가는 공장이 재건될 때까지 든 1억 달러의 부채를 상쇄하기에 충분하지 못했다.[38] 게다가 시장에 넘쳐나는 보다 저렴한 플리스 대체제품뿐만 아니라 시장의 침체 때문에 상황이 더 복잡해졌다. 몰든 밀스사는 2001년 11월 파산보호를 신청했다.[39]

폴라텍 사례는 CSR의 복잡성을 선명하게 보여준다. 이익은 기업 성공의 불완전한 척도이긴 하지만 필수적이라는 것은 명백하다. 기업의 목적이 가치창출이라면 기업은 계속해서 살아남아야 한다. 몰든 밀스사가 종업원의 절반을 해고하고 다른 곳으로 공장을 옮겼다면 파산을 피할 수 있었을까? 기업이 고객들에게 가치 있는 제품을 지속적으로 제공하기 위해서 어떠한 책임을 져야 할까? 그리고 그것이 종업원에 대한 의무보다 우선하는 것일까? 이러한 질문에 대한 대답은 쉽지 않으며, 현안 이슈에 따라 달라질 수 있다. 선한 의도가 효과적인 비즈니스 모델에 대한 필요를 대신할 수 없으며 동기와 상관없이 기업의 소유가 아닌 돈을 무한정 쓸 수 있거나 또는 써야 하는 기업은 없다는 것은 명백하다. 어떤 행동을 취할 것인가는 기업, 그 기업이 속한 산업 그리고 사회의 특수한 많은 요인들에 달려 있다. 예를 들면 해외의 저비용 환경에서 생산활동을 하는 것은 특히 글로벌화된 세계에서 여전히 유효한 전략적 결정이다. 어떤 기업(예를 들면 애플)[40]에게는 그 결정이 경쟁우위를 주기 때문에 전략적이라 할 수 있지만, 자라(Zara)와 같은 다른 기업[41]은 비용증가와 보다 짧고 효과적으로 반응하는 공급망이란 장점 때문에 국내 영업에서 전략적 가치를 발견할 수 있다.

> 중국의 임금 수준 상승 때문이 아니라 이제 고객 요구의 변화에 보다 빠르게 대응할 수 있도록 기업들이 고객에 더 가깝게 있기를 원하기 때문에 해외 생산이 점점 더 부유한 국가로 되돌아가고 있다. 그리고 어떤 제품은 너무 정교하기 때문에 제품 설계자와 생산자를 같은 장소에 두게 한다.[42]

모든 경영 의사결정은 경제적 · 사회적 결과를 동시에 가져온다. 이해관계자들의 요구와 관심을 충족시키기 위해 그들 간에 상충하는 이해관계를 관리하는 것이 성공을 위한 계책이다. 사회 진보와 경제적 진보 간의 균형을 사회가 다시 생각함에 따라서 CSR의 중요성과 복잡성은 계속해서 진화해갈 것이다. 그리고 이러한 복잡성이 부를 창출하기 어렵게 할지라도 이렇게 진화하는 기대 수준에 대한 인식이 CSR 선도기업에게 경쟁우위를 창출할 잠재력을 가져다줄 것이다. 위의 사례들은 사회책임의 개념을 인지하고 평가하는 문화적 맥락이 절대적으로 중요하다는 것을 보여준다.

기업과 사회의 관계에 대한 정의는 사회마다 다르다. 부유한 사회는 더 많은 자원을 가지고 있으며, 그 부가 가져다주는 더 많은 대안들에 대해 보다 높은 기대 수준을 가지고 있을 것이다. 그 이유는 단순하다. 가난한 민주주의 국가에서 일반 대중의 복지(well-being)는 삶의 기본적 요구에 초점이 맞춰져 있다— 식품, 주거, 교통, 교육, 의약품, 사회 질서, 일자리 등. 생활임금이나 환경보호와 같은 사치품은 감당하기 어려운 비용을 요구하여 그 실현이 지연될지 모른다. 그러나 사회가 발전함에 따라 기대 수준은 변하게 되고 일반적 복지가 재정의된다. 중국의 대기오염이나 공공교통 수단의 사례가 보여주듯이 기업이 대응할 수 있는 수준도 그에 상응하여 변화해간다.

칠레 산티아고

1980년대 칠레 산티아고 시내의 대기오염은 캘리포니아 로스앤젤레스에서처럼 중요한 이슈였다. 그러나 서로 다른 경제발전 수준 때문에 위의 두 오염된 분지에서 이 이슈는 다르게 제기되었다.
로스앤젤레스에서는 엄격한 법률이 발효된 반면, 칠레에서는 빈곤 때문에 생필품(저가의 운송 수단을 포함하여)이 더 높은 우선순위였다. 그러나 10년 이상의 경제 성장 이후 칠레 사람들은 산티아고로 진입하는 차량의 수를 제한하기 위해 민주적 과정을 거쳤으며, 보다 엄격한 오염 기준을 부과하였다. 이러한 우선순위의 변화는 새로운 규칙과 법률적 행동을 수용할 여유를 주는 부의 수준이 성장함에 따라 달라지는 사회적 요구를 반영하였다.

가난한 사회와 부유한 사회 간의 기대 수준 차이는 우선순위 문제이다. 예를 들면 사회가 부유해짐에 따라 무공해 교통 수단으로 사회의 기대가 진화해간다. 부유한 나라와 마찬가지로 가난한 나라에서도 깨끗한 공기가 가치 있지만 그보다 중요한 우선순위(저비용과 같은)가 존재한다. 사회가 번영함에 따라 달라진 기대 수준이 생산자로 하여금 저공해 차량을 생산하도록 강요한다. 즉, 우선순위가 변화하는 것이다. 시간이 지남에 따라 이러한 우선순위는 재량적인 것에서 강제적인(법적인) 요구 사항으로 진화한다.

간단히 말해서 어떤 조직(영리, 비영리 또는 정부)이든 이해관계자의 변화하는 요구를 예측·반영하고 이를 충족시키기 위해 노력하는 것이 최선의 이익에 부합한다. 영리기업의 경우 주요 이해관계자 그룹은 종업원과 고객인데 그들의 지원이 없으면 기업은 실패하게 될 것이다. 그러나 다른 구성원, 즉 공급업체, 주주 및 지역사회 역시 중요하다. 기업이 장기적으로 생존하기 위해서는 이들 핵심 구성원을 만족시켜야 한다. 서로 다른 구성원들의 기대가 상충할 때 CSR은 회색 지대로 들어서게 되며 경영자는 서로 경쟁하는 이해관계 속에서 협상해야 한다. 그러한 상충관계의 중요한 부분은 서로 다른 기대로부터 발생하며 그것이 다시 CSR에 대한 서로 다른 접근방법을 반영한다.

CSR의 기초

전략적 CSR은 기업의 경제적 이해관계에 대한 주장을 대표하며, 이해관계자 요구의 충족은 사회적 합법성(그리고 따라서 재무적 생존 가능성 달성) 유지의 중심이 된다. 그러나 CSR 공동체에서 서로 다른 관점으로부터 철학적이며 이상적인 논리에 따라 주장을 펼치는 선한 의도로부터 CSR 사회에서 많은 논쟁과 비판이 제기된다. 그러므로 이러한 서로 다른 관점(윤리적, 도덕적, 합리적, 경제적)을 이해하는 것은 CSR의 폭과 깊이를 이해하는 데 중요한 요소이다.

CSR에 대한 윤리적 주장

기업에 대한 전략적 가치에 주로 초점을 둔 CSR 관점을 추진하다 보면 CSR 논의의 뿌리가 되는 윤리적 · 도덕적 기초를 무시하는 위험에 직면한다. CSR 성공 사례를 만드는 것은 기업의 책임범위 확대에 회의적인 사람들에게 확신을 줄 수 있고 따라서 CSR 실행을 촉진할 수 있다는 장점을 가진다. 달리 말하면 전략적 성공 사례는 가능한 가장 많은 독자들에게 어필하여 가장 큰 잠재적 이득을 가져다주는 편리한 방편이 된다. 그러나 윤리적 · 도덕적 요소를 경시하여 많은 사람이 CSR의 본질이라고 생각하는 지적 · 철학적 기초를 무시하는 위험을 안고 있다.

기업 경영의 윤리 개념에는 3가지 기본적인 구성요소가 압축되어 있다. 규범적 · 서술적 · 실무적 윤리가 그것이다. 규범적 윤리는 특수한 상황에서 개인의 행동을 옳거나 그르다고 구분하는 도덕적 철학에 의지하고 있다. 서술적 윤리는 개인이 왜 옳고 그른 행동을 하는지 설명한다. 그리고 실무적 윤리는 옳고 그름을 결정하는 윤리적 원칙을 일상적인 의사결정에 적용한다. 물론 이러한 각각의 핵심 구성요소를 뒷받침하는 근거는 옳고 그름을 판단할 수 있다는 가정이다. 이러한 가정은 윤리적 가치가 상대적인가 절대적인가의 이슈에 대해서 답을 주지 않는다. CSR에 대한 윤리적 주장은 윤리적 가치가 상대적이라기보다는(즉, 개인과 문화에 따라 다른) 절대적 개념구조라 말한다(즉, 모든 문화에 일관성 있게 적용되는 양도 불가능한 권리이며 모든 인간에게 적용 가능한). 절대적 가치는 쉽게 정의할 수 있으며 따라서 행위를 평가할 수 있는 기준으로 존재한다.

비록 CSR을 둘러싼 많은 논의가 윤리적 구성요소를 가정하지만 윤리와 CSR의 정확한 관계는 구체화되지 않는 경우가 많다. 키더(Rushworth Kidder)는 다음과 같은 본질적 질문을 제기한다. "사회적 책임을 다하는 기업이 비윤리적일 수 있는가?"[43] 이에 대한 답변에서 키더는 윤리의 부분집합으로 CSR을 정의한다.

> 책임은 …… 종합적으로 볼 때 윤리를 정의하는 5가지 구분된 핵심 가치 중 하나이다. CSR은 윤리의 필요조건이지만 충분조건은 아니며, 다른 4가지 가치, 즉 정직, 존경, 공정성 그리고 열정으로 더 보완할 필요가 있다. 윤리는 이러한 5가지 요소를 모두 요구한다. 그렇다면 개인이나 기업이 정직하지 않고서 강한 윤리의식을 가질 수 있는가? 그렇다. 반대로 철저하게 정직한 사람이 무책임한 경우도 생길 수 있다. 그 이유는 그 두 가지가 서로 다른 생각이기 때문이다.[44]

CSR에 대한 윤리적 주장은 결과주의적 추론 또는 정언적 추론이라는 두 가지 철학적 접근 중 하나에 기초하고 있다.[45] 결과주의적(즉, 목적론적) 추론은 행동에 의해 야기된 결과에서 윤리성을 찾는다. 이러한 사고의 흐름은 실용주의와 궤를 같이하고 있는데 18세기 영국의 정치철학자 벤담(Jeremy Bentham)의 주장이 유명하다.

> 행동은 사회의 선을 증진시킬 때 또는 보다 구체적으로 다른 모든 대안과 비교해서 그 행동이 사회에 가장 큰 효용(즉, 가장 낮은 순비용)을 주도록 의도되었을 때 결과주의에 따라 윤리적이라고 간주된다.[46]

반대로 정언적(즉, 의무론적) 추론은 "사람의 책무(duty) 또는 의무(obligation)

에 대한 고려를 반영한 행동의 구현"[47]으로 윤리를 정의한다. 그와 같이 결과주의적 추론의 결과 지향성에 비해 정언적 추론은 보다 과정 지향성을 나타낸다. 이러한 관점은 칸트(Immanuel Kant)의 정언적 명령(지상명령)에 가까우나 동시에 종교적 교리나 신뢰성, 정직, 충성, 책임(accountability) 그리고 광의의 시민정신(즉, 공공재에 대한 책임감 있는 행동) 등의 핵심 가치와 같은 지도원칙을 포함한다.

CSR에 대한 윤리적 주장

> CSR은 두 가지 형태의 윤리적 추론인 결과주의론(실용주의)과 정언론(칸트주의)에 기초한 주장이다. 결과론적 추론은 생성된 결과의 측면에서 (최대 다수를 위한 최대 선) 행동을 정당화하는 반면, 정언적 추론은 그 행동이 수행되는 원칙(결과와 관계없이 핵심 윤리원칙의 적용)의 측면에서 행동을 정당화한다.

예를 들면 사회정의, 인권 그리고 환경적 수탁책임 등에 관한 윤리적 원칙이나 사회의 문화적 유산을 위배하는 것은 비윤리적이며, 사회적으로 무책임한 일로 보일 수 있다. 이러한 논리는 "사회계약"의 기초가 되는데 그것은 법규준수가 사회적 운영허가(license to operate)와 직접적으로 관련 있기 때문에 기업을 구속한다는 사회적 기대에 기초를 두고 있다. 따라서 그 두 가지 윤리적 관점은 규범, 즉 "조직, 산업, 직업 또는 사회가 기업의 적절한 기능을 위해 필요하다고 인정하는 기준"으로 실현된다. 그것은 조직 내에서 행동강령 또는 윤리강령의 형태로 제도화되어 기업이 "전통적인 기준에 따라 윤리적으로 행동하는지"[48]를 결정하는 지침으로 작용한다. 이러한 암묵적인 윤리의 경계 내에 머무르는 것은 기업의 사회적 합법성과 장기적 생존 가능성에 직결되어 있다.

CSR에 대한 도덕적 주장

비록 이익이 모든 기업의 생존에 필요하긴 하지만 기업은 사회가 없으면 이익을 얻을 수 없다. 기업의 모든 이해관계자(종업원과 같은 내부 이해관계자도 포함)는 주요 사회 구성원으로 존재한다. 따라서 그러한 사회적 맥락이 없으면 기업이 경쟁할 수 있는 시장도 존재하지 않는다. CSR은 기업과 사회 간의 이러한 공생관계에서 대두된다. 그것은 오늘날 옳고 그름의 기초가 되는 도덕성에 대한 개인적 및 사회적 기준에 의해 형성된다.[49] 이는 보웬(Howard Bowen)이 1953년 그의 저명한 저서에서 경영자들에 관해 말한 것과 같다.

> 그들은 직업의 사회적 시사점을 받아들여야 한다. 궁극적으로 기업은 이익, 권력 또는 개인적인 지위상승이 아니라 사회에 봉사하기 위해 존재한다는 것을 인식해야 한다. …… [기업 경영에서 오는 자유와 권력은] 적절하게, 양심적으로 그리고 전반적인 사회의 이익을 위해 사용되어야 한다.[50]

그렇다면 기업이 기업 활동을 수행할 기회(그리고 지속적으로 성공할 기회)를 위해 사회에 지고 있는 부채의 범위는 어디까지인가? 즉, 사회가 준 혜택에 대한 보답으로 기업은 어떤 도덕적 책임을 지고 있는가? 그리고 기업이 창출하는 이익, 제공하는 일자리, 납부하는 세금이 그러한 책임을 얼마만큼 충족하는가? 학문으로서 CSR은 이러한 질문에 대한 체계적 접근을 나타낸다. 실무로서 CSR은 진화하는 사회적 기대에 따른 기업의 의무를 충족함으로써 누리는 이점을 나타낸다.

CSR에 대한 도덕적 주장

CSR은 기업과 사회의 관계를 반영하는 도덕적 사고에 근거한 주장이다. 그 주장의 근거는 기업이 진공 상태에 존재하는 것이 아니며, 기업 운영과 지속적 성공을 달성할 능력이 내부 요소만큼이나 사회적 자원(예를 들면 사회 기반시설, 법규, 교육받은 종업원)과 사회의 동의(예를 들면 사회 계약, 운영허가)로부터 온다는 것을 비즈니스가 인식하고 있다는 것이다.

드러커(Peter Drucker)는 이러한 정서 — 즉, 이익만을 추구하는 것에 도덕적 정당화는 존재하지 않는다 — 에 대해서 "기업의 이익은 사람에게 있어서 산소와 같다. 그것이 충분히 없으면 게임에서 물러나야 한다. 그러나 생명이 숨쉬는 것만

의미한다면 당신은 정말 큰 것을 놓치고 있다"라고 그의 견해를 표명하였다.[51] 이와 유사하게 핸디(Charles Handy)는 이익과 주주의 주요 이해관계에 초점을 둔 좁은 사고를 넘어서 기업은 도덕적 의무를 가져야 한다고 제안한다.

> 기업의 목적은 이익창출이 아니다. 즉, 더 나은 많은 무엇인가를 할 수 있도록 이익을 창출하는 것이다. 그 무엇이 바로 기업의 진정한 정당성이 되는 것이다. …… 그것은 도덕적 이슈이다 …… "어떤 조직이 존재하지 않을 때 우리가 그것을 만들어야 하는가?"에 대한 답은 "그것이 다른 누구보다 더 유용하고 더 나은 무엇인가를 할 수 있는 경우에만 그렇다"는 것이다. 그리고 이익이 그러한 보다 큰 목적을 위한 수단이 될 수 있을 것이다.[52]

어떤 면에서 CSR에 대한 도덕적 주장은 기업과 사회의 상호의존 관계에 대한 인식에 기초를 둔 상호양보(give-and-take) 접근방법을 반영하고 있다. 사회는 기업 활동을 가능하게 해줄 뿐 아니라 제품에 대한 활발한 소비자 시장은 말할 것도 없고 교육받은 건강한 종업원과 안전하고 안정적인 물리적 · 법률적 하부구조에 이르기까지 기업의 성공에 필요한 모든 것을 제공해준다. CSR에 대한 도덕적 주장은 기업이 사회의 기여로 유지되기 때문에 기업이 사회적 책임을 지고 사회에 혜택을 주는 방식으로 운영할 호혜적 의무를 가지고 있다고 가정한다. 그리고 기업이 사회적 맥락 내에서 운영되기 때문에 사회는 그 경계 내에서 기업을 운영하는 사람들에 대한 기대 수준을 정의할 권리를 가지고 있다.

> [자유시장경제 경제학자들은] "부를 생산하는" 기업 활동을 거래가 일어나고 있는 사회와 관계없이 재능을 부여받은 것으로 묘사하기를 좋아한다. 성공적인 기업을 만들어 내는 지적 · 인적 · 물리적 하부구조는 사회적 산물로서, 사회의 공적인 의사소통의 특징에 의해서 그리고 효과적인 사회적 기관 및 과정을 구축하는 역량에 따라 그 모양이 정해진다.[53]

기업 활동의 동기로서 돈만을 강조하는 것은 많은 사람들에게 실망을 안겨준다. "이익이 필수적이긴 하지만 사람들이 갈망하는 성취감을 주기에는 부족해 보인다."[54] 이러한 논리로 볼 때 돈이란 기업이 사회로부터 부여받은 혜택으로 번 경제적 이득의 일정 부분을 사회에 환원할 도덕적 의무를 수반하는 사회적 선이라는 말이 된다. 스미스(Adam Smith)가 쓴 『국부론』에도 이러한 내용이 설명되어 있다.[55]

> 모든 국가의 신민들은 정부에 대해 각자의 능력에 맞게 가능한 모든 지지를 보내야 한다. 즉, 국가의 보호 하에 각자가 누리는 수익에 비례해서 헌신해야 한다. 정부의 비용은 거대한 부동산에 대한 공동소유자의 경영 비용과 같다. 즉, 모두가 국가에 대해 가지는 각자의 지분에 비례해서 기여할 의무를 가진다.[56]

보다 깊은 의미에서 사회는 종교, 전통, 규범의 합류지점에서 발생한 문화적 유산에 의존하고 있다. 이러한 유산으로부터 참여자들이 사회적으로 수용가능한 행위로 받아들이는 경계를 정의할 신념체계가 생겨난다. CSR의 도덕적 주장에 의하면 사회의 모든 구성원이 공공의 선을 위한 이러한 규칙을 지킬 도적적 책임을 가지고 있다.[57]

CSR에 대한 합리적 주장

사회적 합법성 상실은 파업(종업원), 행동주의(NGO), 불매운동(소비자), 입법(정부), 또는 언론의 공격 등 기업의 행동능력을 제한하는 다른 저항 세력의 발생으로 이어질 수 있다. 이해관계자 기대의 위반은 중대한 사안이며, 그만큼 가능한 한 피해야 한다는 것이 CSR의 합리적 주장 근거이다.

이해관계자 기대를 준수하려는 노력은 윤리적이나 도덕적 추론과 관계없이 합리적이다. 윤리적 또는 도덕적 기대를 준수하는 것이 상당히 주관적인 가치에 기초를 두고 있다면 합리적 주장 근거는 조치 회피에 근거를 둔다. 예를 들면 이슈를 자발적으로 제기하는 것이 보다 비용 효과적일 수 있다. 사회가 법률적 강제 사항을 부과하기를 기다렸다가 비로소 반응하면 윤리적 · 도덕적 책임을 무시하고 단기적인 이익창출에만 집중하게 만든다. 그러나 이는 필연적으로 심한 비난으로 이어져 법규를 준수해야 할 뿐 아니라 때로는 기업이 선호하지도 않거니와 효율적이지도 않는 방식으로 수행할 수밖에 없게 된다.[58]

그보다 더 불리한 것은 완전히 예상치 못한 행동이 요구되거나 관련 분야의 역량을 기를 시간이 필요한 경우 즉각적인 투자나 장기적인 평판 위험과 관련하여 극단적인 비용이 들 수도 있다는 것이다. 전향적 행동을 통하여 단기적 논의에 영향을 미칠 수 있는 기회를 무시한다면 기업 운영이나 전략에 장기적으로 더 큰 제약을 받게 될 가능성이 커지게 된다. 이러한 행동에 대한 합리적 근거는 미국의 차별철폐조치(affirmative action)의 진화에서 알 수 있다.

차별철폐조치

1960년대 이전 기업들은 업무 성과가 아닌 인종, 성별, 종교, 나이, 국적, 장애, 성적 성향 또는 다른 어떤 이유로도 종업원들을 차별할 수 있었다. 그것이 윤리적이지는 않을지라도 법적인 재량권에 속했다. 그런 상태에서 사회적 행동주의에 의해 이러한 윤리적 · 재량적 의사 결정이 공공의 논의 영역이 되었으며 그 후 법률적으로 금지되었다. 차별의 범죄를 저지른 많은 기업들은 직장에서 불평등을 바로잡는 차별철폐 행동계획의 저촉을 받게 되었다. 뒤처진 조직들은 새로운 법률의 제도화에 초점을 맞춘 소송의 시범 사례가 되었다. 케네디(Robert Kennedy)가 인권운동 과정에서 변화를 꺼리는 기업들에게 말했듯이 "만약 당신이 옳은 일이라는 이유로 차별적 실무를 중단하지 않더라도 비즈니스에 이익이 된다는 이유에서라도 차별을 중단하라."[59]

오늘날 동성 파트너 혜택이나 종업원의 성별 유동성(gender fluidity)을 부인하는 일부 기업들에서 이와 유사한 저항이 명백히 나타난다. 이러한 저항이 단기적 혜택을 줄지 모르나 사회가 움직이고 있는 방향은 명백하다. 기본적 준수에 저항하는 기업들은 궁극적으로 자신들의 의사에 반하여 사회의 진화하는 기준을 준수하도록 강요당할 것이며, 저항에 따른 높은 경제적 대가를 치르게 될 것이다. .

기업으로서는 합법적으로 차별할 수 있도록 로비를 하는 것이 하나의 대안이기는 하지만 특정 이슈에 대한 사회적 공감대를 뒤집는 것은 기업의 합법성을 위험에 빠트리는 윤리적 · 도덕적 실수이다. 대신에 합리적 주장은 불가피한 충돌을 피할 수 있다는 효익을 가져다준다.

CSR에 대한 합리적 주장 근거

CSR은 외부 제약요인을 회피함으로써 얻게 되는 혜택에 초점을 두는 합리적 주장이기도 하다. 사회적 이슈에 대해 최소한으로 저항하는 길을 택하는 것이 상식적이고 비즈니스 측면에서도 말이 된다. 개인과 조직이 변화를 만들어낼 권한을 가지고 있는 오늘날의 글로벌 세계에서 CSR은 운영 및 재무적 제재조치를 최소화하기 위해 참여와 사회적 관심사 반영의 수단이 된다.

CSR에 대한 합리적 주장은 사회적 책임에 관한 철칙으로 요약될 수 있는데 그것은 자유 사회에서 사회적 책임의 자의적 남용은 궁극적으로 강제적 보복으로 이어진다는 것이다.[60] 다시 말하면, 민주주의 사회에서 권력을 남용하는 이는 권력을 빼앗기게 된다. 영국의 크롬웰, 미국과 프랑스 혁명, 이란 왕조와 소련 공산주의 정권의 전복으로부터 비롯된 사회적 · 정치적 폭동은 권력과 특권을 남용한 자들이 스스로를 파괴하는 결과에 이른다는 것을 보여준다. 21세기로 들어서면서 엔론(Enron), 월드컴(WorldCom), 아델피아(Adelphia), 헬스사우스(HealthSouth) 그리고 미국의 다른 아이콘 기업들의 재무 스캔들이 사베인 옥슬리(Sarbanes-Oxley)법(2002)과 같은 재량적 권한을 제한하는 법과 규제를 불러왔다. 이와 비슷하게 최근의 금융위기가 2010년에 미국 의회에서 통과된 도드 프랭크(Dodd-Frank) '월스트리트 개혁 및 소비자보호법'을 초래하였다.

따라서 CSR에 대한 합리적 주장은 기업이 자발적으로 이해관계자의 요구와 우려를 충족시키려 한다는 생각을 뒷받침한다. 강제로 준수해야 할 상황이 올 때까지 기다리는 기업은 감당할 수 없는 비용을 부담하게 될지 모른다. 예를 들면 오늘날 금융 산업에서 글로벌 은행인 HSBC가 "258,000명 중 종업원의 10%에 해당하는 25,000명이 법규준수 부서에 근무하고 있으며 준수가 영업이익 5% 증가의 주요한 동인이었다고 발표했다."[61] 궁극적으로 기업의 위반 행위들이 감시의 강화를 가져와서 이전에는 재량적 · 윤리적 이슈였던 것을 법률적인 영역으로 만들고 있다.

CSR의 합리적 주장을 받아들인 기업들은 변화하는 사회적 가치와 이해관계자 기대를 해석하려 노력하고 향후 예상되는 제재를 피하기 위해 행동하게 된다. 그에 대한 예로서 미국에서 여론의 흐름이 탄소배출을 규제하는 방향으로 움직이고 있음을 느낀 기업들이 변화를 위해 정부에 대한 로비 그룹을 형성하였다. BICEP(Business for Innovative Climate and Energy Policy)는 전향적 CSR 기록을 가지고 있는 다섯 개 기업 — 리바이스(Levi Strauss), 나이키(Nike), 스타벅스(Starbucks), 선마이크로시스템(Sun Microsystems), 팀버랜드(Timberland) — 에 의해 설립되었다.[62] 이와 유사하게 NACB(National Association of Cannabis Businesses)는 자신을 "미국 대마산업에서 최초이며 유일한 자율규제기관"이라고 마케팅하고 있다. 그 조직은 NACB 회원사가 된다는 것은 "규제기관, 소비자 및 전체 산업 구성원에게 규제준수를 넘어서서 최고 수준의 윤리와 책임을 진다는 것이라"고 주장한다.[63] 합리적 관점에서 이러한 기업들은 자신들이 보기에 불가피해 보이는 규제에 저항하기보다는 규제에 참여하는 것이 자신들의 이익에 부합하는 것이라는 점을 깨닫게 되었다. 듀크에너지(Duke Energy)사의 CEO인 로저스(Jim Rogers)가 기후변화에 미치는 화석연료의 영향을 말하면서 분명히 밝혔듯이 "이러한 협상이 진행될 때 당신이 협상테이블에 앉지 않으면 당신은 메뉴가 될 것이다."[64] 다시 말하면 권리 침해를 피하거나 미래의 법규를 만드는 데 협조하기 위해 진정성을 가지고 전향적으로 참여하는 것은 합리적 기업 활동의 일환이라 할 수 있다.

CSR에 대한 경제적 주장

경제적 주장은 앞에서 말한 CSR에 대한 3가지 주장을 기반으로 한다. 윤리적, 도덕적 그리고 다른 사회적 조치를 피하는 것에 추가로 기업 운영과 전략계획에 CSR을 통합하는 것은 미래 성공의 기반이 되는 차별성과 시장에서의 비교우위를 제공해준다.[65]

CSR에 대한 경제적 주장

CSR은 비즈니스를 통한 경제적 이익창출을 위한 주장의 근거가 된다. CSR은 다양한 이해관계자 집단의 요구와 관심사를 반영하기 때문에 기업에 가치를 부가한다. 이를 통해 기업은 보다 큰 가치를 창조할 가능성이 높아지며, 그 결과 이해관계자들의 관습과 충성도를 유지한다. 간단히 말해서 CSR은 이해관계자 가치와 끊임없이 진화하는 기대수준을 기업 운영과 매칭시키는 방법이다.

CSR은 기업의 모든 일상적인 운영 측면에 영향을 미친다. 기업이 하는 모든 일은 복수의 이해관계자 그룹과 상호작용을 일으킨다. 그 결과 기업은 광범위한 이해관계자와 긍정적 관계를 구축함으로써 최고의 혜택을 누린다. 기업의 매력 및 성공은 고용주, 생산자, 구매자, 공급자 또는 투자자 등의 가치 및 문화와 갈수록 연계되어 간다. 예를 들면 "미국에서는 전문 펀드 금액의 5달러 중 1달러—87억 2천만 달러 이상—가 사회책임투자 SRI 전략에 따라 투자되고 있다."[66] 기업의 유일한 목적이 주주의 부를 증가시키는 것이라고 믿는 사람들은 사회적으로 무책임하다고 인식되어 성장하는 투자자 자본에 대한 접근을 잃게 될 위험을 감수하게 될지도 모른다.

본서는 CSR을 지지하기 위해 경제적 주장에 대해 자세히 설명한다. 경제적 주장은 인간 심리와 경제 이론에 관한 우리의 지식에 부분적으로 의존하기 때문에 윤리적 · 도덕적 · 합리적 그리고 경제적 주장 등 CSR을 지지하는 4가지 근거 중 가장 강력한 것이다. CSR에 대한 경제적 주장은 수세기 동안 진화되어 온 경제적 교환원칙의 패턴을 뒤집으려 하기보다 기업의 자기이익 추구와 사회의 보다 넓은 복지(well-being)의 교차점에 있다. 사실 그 둘 사이에는 궁극적인 차이가 없다. 기업이 자신들이 원하는 행위를 했을 때 이해관계자가 기꺼이 보상을 주려

한다면, 이해관계자의 요구에 부응하는 것이 기업 이익에 가장 부합된다. 이러한 기본 공식이 양쪽에 적용되는 한 가치는 최적화되고 사회 전반에 걸쳐 배분될 것이다.[67] 물론 이를 실천하기 어려운 경우가 많다. 기업이 모든 이해관계자의 말을 경청하고 그들 간에 상충하는 이해관계를 충족시키며, 복잡한 과정을 해결할 수 있는 체계를 구축하도록 하는 데 본서의 의의가 있다.

모든 기업에 맞는 넓은 의미에서 지속가능한 모델과 효과적인 비즈니스 모델 간의 중요한 구분이 경제적 주장의 가치를 설명하는 데 도움을 준다. 다시 말하면 개별적인 활동에 초점을 맞추기보다는 경제 전반에 걸친 전략 수립이 보다 효과적이다. 예를 들면 바디샵(Body Shop)은 CSR에 대한 도덕적 주장에 속하는 성공적 비즈니스 모델을 실행하였다. 이러한 행동주의적 조직은 진보적인 사회 의제를 알고 있으며, 그것에 효율적으로 대응하는 소수의 인구 집단으로부터 지지를 이끌어내어 경제적 성공으로 전환하는 능력을 가지고 있다. 그러나 이러한 놀라운 비즈니스 모델을 모든 기업이 따라할 수는 없다. 벤앤제리스(Ben & Jerry's)와 파타고니아(Patagonia) 역시 성공 사례로 꼽힌다. 이들은 모두 위대한 기업이지만 경제나 세계 전반에 걸쳐 의미 있는 변화를 일으킬 수는 없다. 이러한 변화는 대규모 기업들이 함께 할 때 충분한 결과를 이끌어낼 수 있다. CSR의 경제적 주장은 도덕적 행동주의 적용의 한계를 인지하고 대규모 영리기업에 적용 가능한 모든 기준을 탐색하고 광범위한 비즈니스 모델을 구축하려 노력한다. 결과적으로 CSR은 광범위한 이해관계자 가치 창출을 추구하는 기업에게 CSR과 이해관계자 관점의 전략적 효익을 확인해주는 비즈니스 접근방법을 제공해준다.

전략적 CSR 논쟁

발제 제안 : 절대적인 윤리적 · 도덕적 기준은 없다.

토론과 검토를 위한 질문

1. 영리기업의 목적은 무엇인가? 사회를 위해 영리기업은 무엇을 창출하는가?
2. CSR을 정의해 보라. CSR을 지지하는 주장 중 어떤 것이 가장 중요하다고 생각하는가? 이러한 요인들이 오늘날 기업들에게 일반적인가 아니면 드문 현상인가?
3. 캐롤(Archie Carroll)의 CSR 피라미드에서 제시된 기업의 4가지 책임은 무엇인가? 각 수준을 기업의 사례와 함께 정의해 보라.
4. 프리드만(Milton Friedman)은 "기업 경영자가 주주를 위해 가능한 많은 돈을 버는 것 외에 다른 사회적 책임을 받아들이는 것보다 자유주의 사회의 기초를 완전히 저해하는 사회 트렌드는 거의 없을 것이다"[68]라고 주장했다. 프리드만의 주장을 지지하는 두 가지 논거와 반대하는 두 가지 논거를 제시하라.
5. 본서는 왜 CSR의 경제적 주장 논거에 찬성하는가? 이것이 윤리적, 도덕적 또는 합리적 근거보다 나은 이유는 무엇인가? 당신은 이에 동의하는가?

제 2 장

CSR의 동인

CSR은 기업 운영의 모든 측면과 동일할 정도로 본질적인 개념이다. 소비자는 자신이 신뢰하는 기업의 제품을 구매하기 원하고, 공급업체는 의지할 수 있는 기업과 같이 일하기를 원하며, 종업원은 자부심을 느끼는 기업에서 일하기를 원하고, 대규모 투자펀드는 우수한 관리능력을 가진 기업에 투자하기를 원하며, 비영리조직과 NGO는 공동 목적에 대한 실질적 해법을 가진 기업의 파트너가 되기를 원한다. 이러한 이해관계자 그룹을 만족시킴으로써 가치창출과 사회에의 배분이라는 궁극적 목적을 달성하게 된다.

그러나 보다 명확한 정의를 위해서는 CSR을 오늘날의 관점에 맞게 실질적인 적용 사례로 만들어야 한다. CSR은 비즈니스 성공에 중요한 요소인데 그 이유는 기업이 CSR을 통해 다양한 이해관계자들과 협력하여 일련의 운영원칙을 마련할 수 있기 때문이다. 이러한 주장이 특별히 적절하게 여겨지는 합류지점이 있다. 특히 5가지 확인가능한 트렌드로 인해 CSR은 전략의 핵심 구성요소로 더욱 적합성이 높아지고 있으며, 21세기에 이러한 흐름은 더욱 강해질 것이다.

CSR의 전략적 가치를 확신하지 못하는 경영자들은 본 장에서 언급할 동인(물질적 풍요, 지속가능성, 글로벌화, 커뮤니케이션 및 브랜드) 중 일부를 간과할 수도 있다. 그러나 그러한 동인들이 집합적으로 작용하여 이해관계자 그룹에 권한을 부여함으로써 기업 환경을 재형성하고 있다. 그리고 이러한 동인들이 중복효과를 가지므로 끊임없이 변화할 뿐 아니라 더 빠른 속도로 변화할 것이 확실하다.

물질적 풍요

사회적 이슈는 물질적으로 풍요로운 사회에서 더욱 확산되는 경향이 있으며, 그러한 사회에서는 사람들이 일자리를 갖고 안정된 삶을 누리며 저축을 할 여유도 있다. 예컨대 오염을 유발하는 비싼 스포츠카와 그렇지 않은 비싼 전기차 중에 선택할 수 있는 사치를 누릴 수 있다. 투자유치와 경제발전을 필요로 하는 가난한 사회에서는 단순히 구성원들에게 기본적 운송 수단을 제공할 방법을 찾기 위해 규제와 처벌을 엄격하게 강화하며, 규제가 없으면 본래 목적에 맞지 않게 운영하는 기업을 처벌하기 쉽지 않다. 반면에 선진국 소비자들은 높은 생활수준을 유지하며, 기업에게 많은 것을 요구한다.[1]

간단히 말해서 사회적 풍요는 사회의 기대 수준을 높인다. 따라서 물질적으로 풍요로운 사회에서 기업은 이해관계자들을 위해 가치를 창출하고 있다는 것을 보여줄 보다 높은 문턱에 직면한다. 물질적으로 덜 풍요로운 사회에서는 제조업체가 환경을 오염시킴으로써 사회에 생산원가 일부를 외부화시킬 수 있다. 대부분의 사람들이 가족을 먹여 살릴 일자리가 절박한 경우 환경오염과 같은 외부효과에 대한 관심은 제한적이며, 보다 높은 차원의 관심사는 사치이다. 그러나 사회가 점점 더 물질적으로 풍요로워짐에 따라 환경오염과 같은 사회적 이슈에 대한 대중의 이해가 증가하며, 동시에 효과적 해법을 수용할 수 있는 능력도 커지게 된다.

물질적 풍요가 CSR을 촉진하지만, 잘 산다는 것의 개념은 기본적으로 상대적이다. 달리 말하면 우리는 다른 사람의 부와 비교를 통해 우리 자신의 부를 판단한다—사람들의 부유함에 대한 생각은 자신들의 절대적 소비금액보다는 상대적 구매력에 달려 있다."[2] 비록 부의 수준을 객관적으로 측정할 수 있지만(즉, 우리는 100년 전보다 잘 살고 있다는 것을 알고 있다) 이러한 상대적 측정치도 우리에게 중요하다.[3] 글로벌화로 인하여 다른 지역 사람들의 생활수준을 쉽게 인지하게 되고 각 경제권 내에서나 경제권 간의 소득 불평등이 이슈로 등장하고 있으며, 이에 대한 적절한 행동이 요구되고 있다.

국가 내 소득불평등

오늘날 세계는 그 어느 때보다 훨씬 부유하다. 절대적인 수치를 이용하여 그것을 가장 잘 보여줄 수 있다.

> 록펠러는 지구상에서 가장 부자였다. 그러나 그는 평생 전기등, 에어컨 그리고 선글라스를 사용해 본 적이 없다. 그뿐 아니라 그는 페니실린, 선크림 또는 진통제를 구경도 못했다. 고대 역사에 관한 얘기를 하는 것이 아니다. 록펠러가 죽기 전에 태어난 미국인은 20명 중 한 명에 불과하다.[4]

우리의 부와 진보의 결과로 역사상 처음으로 "못 먹어서 죽는 사람보다 많이 먹어서 죽는 사람이 더 많으며, 병으로 죽는 사람보다 나이가 들어 죽는 사람이 더 많으며, 군인, 테러분자, 범죄에 의해 죽는 사람보다 자살로 죽는 사람이 더 많다."[5] 그러나 전례 없을 정도의 부의 수준에도 불구하고 그 분배는 평등하지 않다. 그리고 앞에서 설명한 바와 같이 상대적 부가 절대적 부만큼 중요하다(비록 더 중요하지는 않을지 몰라도). 그와 같이 부의 불평등은 명백히 만족감보다는 적대감을 만들어 낸다.

> 만약 전 세계의 부가 평등하게 분배된다면 모든 가구가 56,340달러를 가지게 될 것이다. 그러나 실제로는 상위 1%가 전 세계 부의 50% 이상을 소유하고 있다. 전체 한가운데 위치한 가구의 부가 3,582달러에 불과하다. 당신의

부가 그 이상이라면 당신은 상위 50%에 속한다.[6]

불평등과 사회적 안정은 강한 상관관계를 가지고 하나가 다른 하나를 강화시키며, 불평등이 심화될수록 사회적 안정성은 낮아지므로 중요하다.

> 전반적으로 결혼율이 낮아지고 있으며, 결혼할지 않을지의 결정은 그 어느 때보다 사회경제적 지위에 달려 있다. …… 현재 가난한 성인의 26%, 노동계급의 39%, 18세~55세의 중상위 계층 성인의 56%가 기혼이다.[7]

중요한 것은 공공정책을 활용하여 그러한 추세가 급격히 통제범위를 벗어나지 않도록 하는 것이다. 기업(특히 CSR)이 그 과정에서 해야 할 역할이 있다. 부의 수준이 높아짐에 따라 사회가 기업에 더 많은 것을 요구하며, 부의 감소(예를 들면 불황) 역시 CSR을 촉진한다.[8] 특히 상대적 부의 감소(즉, 소득·부의 불평등)은 사회 구성원 간 분노를 증가시켜 국가 내의 힘의 균형을 변화시킬 수 있다. 자료에 의하면 최소한 미국에서 대공황 이후 불평등이 현재보다 심각하지는 않았으며 그러한 기조 하에 현재의 정치구조가 형성되어 왔다.[9] 증거에 의하면 인터넷과 글로벌화에 의해 양분화가 좁혀진 것이 아니라 오히려 악화되고 있는데 이는 좋지 않은 일이다.

> 디지털 혁명은 숙련되고 부유한 소수와 사회의 나머지 구성원 간에 큰 격차를 만들고 있다. 과거의 새로운 기술은 보통 생산성을 향상시켜서 임금 수준을 올렸으며, 그로부터 발생된 이득을 숙련 노동자와 미숙련 노동자가 그리고 자본의 소유주, 노동자 및 소비자들이 나누어 가졌다. 이제는 이전과는 비교할 수 없을 정도로 재능을 가진 개인들이 권한을 가지고 있다. 숙련 노동자와 미숙련 노동자, 자본 소유주와 노동자 사이에 큰 격차가 생기고 있다.[10]

따라서 CSR이 풍요로운 사회에서만 적용된다고 가정하는 것은 근시안적인 주장이다. 사회에 대한 심각한 위법 행위는 "우리 대 그들"이라는 생각을 부추기고 항상 지역 이해관계자들의 저항에 부딪치게 된다. 예를 들면 세계적 석유 회사들의 운영 기준이 그 인근 지역사회에 특히 해롭게 여겨질 때 저항이 발생한다. 나이지리아에서 석유산업이 환경오염과 삼림파괴를 지속적으로 초래하면서 그로부터 발생한 이익을 나이지리아 정부가 주민들에게 분배하지 않았기 때문에 나이저 삼각주(Niger delta)의 주민들은 지속적으로 석유 회사 노동자를 공격하고 장비를 파괴했다. 비록 쉘(Shell)을 비롯한 석유 회사가 나이지리아 법을 어기지는 않았지만 그러한 회사들이 해를 끼치고 있다고 믿은 사람들은 본국과 나이지리아에서 석유 회사에 공격을 가한 것이다.

국가 간 불평등

그러한 저항 사례는 물질적으로 풍요로운 사회에 살고 있는 이해관계자들이 글로벌 기업들에게 지역의 관심사뿐 아니라 자신들의 가치를 기꺼이 강요한다는 것을 보여준다. 국내 이해관계자의 압력의 결과로 나이키, 갭, 애플과 같은 기업들이 이제 하청기업들에게 그 지역의 기준보다 나은 임금과 근로조건을 제공할 것을 요구받고 있다. 나아가 사회운동가들은 미국과 같은 선진국에서 적용되는 기준보다 낮은 근로조건을 지역사회에 적용하는 하청기업의 급여 수준과 근로조건을 비난하면서 보다 높은 기준을 적용할 것을 지속적으로 주장하고 있다.[11]

그러한 행동주의 때문에 선진국 생활수준(그리고 그에 따른 기대 수준)이 전 세계를 통해 빠른 속도로 파급되고 있으며 CSR도 확산되고 있다. 세계 인구가 계속 증가하고(2015년 72억 명에서 2060년 95억 명으로 증가할 것으로 예상됨)[12] 보다 많은 사람들이 중산층으로 진입하기를 요구함에 따라서(주로 중국과 인도의 경제발전에 따라서 향후 40년 동안 20억~30억의 인구가 증가할[13] 것으로 예상됨)[14] 사람들은 지역에서 사업을 영위하는 기업(다국적 기업 포함)에게 더 많은 것을 기대한다. 자연스럽게 사람들은 다른 사람과 동일한 생활수준을 원하거나 또는 최소한 그것을 달성할 수 있는 동등한 기회를 가지기 원한다. 그러나 개도국 경제의 사람들이 선진국 경제가 걸어온 것과 같은 경로를 따르는 데 한계가 있다는 것을 이해하고 있는지는 명확하지 않다. 그것은 환경파괴뿐 아니라("델리는 북경을 대체하여 세계에서 가장 오염된 도시가 되었다")[15] 경제성장의 제약요인 측면에도 적용된다.

> [오염]은 국가 이미지를 손상시킬 뿐 아니라 능력 있는 사람, 관광객 그리고 투자자를 끌어들일 유인을 저하시킨다. 또한 대기오염은 치료비, 노동력과 농업 생산활동 상실 및 영아 사망 등의 심각한 손실을 초래한다. 세계보건기구(WHO)는 인도와 중국에서 대기오염으로 인한 사망이 연간 수백만 명에 이르는 것으로 추정하고 있다. 전반적으로 세계은행은 인도 경제에서 매년 최소한 550억 달러에 이르는 생산물이 노동력 손실로 새어 나가고 있다고 추정한다.[16]

결론적으로 물질적 풍요가 가능하게 해준 보다 큰 선택과 도전에 의해 기업에게 요구되는 변화하는 기대 수준을 고려해야 경쟁우위를 확보할 수 있다는 것은 명백하다. 사회가 점점 복잡해짐에 따라 이러한 과업이 점점 어려워질 것이다.

> 2000년을 돌아보면 세상이 얼마나 짧은 기간에 많은 변화를 겪는지 알 수 있다. 그때는 오늘날의 15%에 비해 개도국 인구의 30%가 극도의 빈곤 상황에 살고 있었다. 12%만이 자동차를 소유하고 있었지만 지금은 60%로 증가하였다. 페이스북은 없었다. 이와 함께 많은 변화가 소비자의 생활, 사고 및 소비 행태에 변화를 가져왔으며, 그 변화는 갈수록 가속화될 것이다.[17]

간단히 말해서 물질적 풍요가 사회운동에 적극적으로 참여하는 시민사회로 이어졌으며, 그것이 주요 관심사인 여러 이슈에 대한 공공의 관심으로 이어졌다. 이전에는 다루기 어려웠던 이슈에 대한 사회적 인식이 현재는 빠른 속도로 진화하는데 이를 눈치채지 못한 기업들이 많다. 예를 들면 미국 사회에서 인종 간 결혼, 금주, 여성의 참정권, 낙태, 동성결혼 및 마리화나 허용 등과 같은 다양한 이슈에 대해 금지하는 분위기에서 짧은 시간 동안에 광범위한 수용으로 변화해 왔다.[18] 기업들은 이것을 이해하고 여기에 적응해야 하는데 특히 성공에 가장 심각한 위협이 되고 최악의 경우 생존을 위협하는 이슈들에 대해서는 더욱 주의해야 한다.

지속가능성

환경에 대한 우려가 높아짐에 따라 물질적 풍요와 변화하는 사회적 기대 수준의 영향이 보다 커지게 되었다. 1970년대에 알래스카 파이프라인을 건설하는 과정에서 노동자들이 1년 내내 일해야 딱딱한 영구동토층을 뚫을 수 있었다. 오늘날 기후변화 때문에 그 영구동토층이 기록적인 속도로 녹기 시작하였으며,[19] 1981년 이후 빙하의 거의 30%가 녹았다고 과학자들이 밝히고 있다.[20] 해운 회사들은 머지않은 미래에 이전에는 통행할 수 없었던 북극과 태평양 간 해로를 통하여 정기적으로 운항이 가능해질 것으로 기대하고 있다.[21]

극단적인 기후와 가뭄, 산불, 생물다양성 축소 등이 모두 지구가 생태적 한계를 가지고 있다는 직관을 뒷받침하고 있다.[22] 그 한계에 이르는 속도와 우리 행동의 잠재적 결과는 전문가들도 합의를 보지 못할 정도로 복잡한 이슈이다. 그러나 인간의 경제활동이 우리 지구의 자원을 고갈시키고 지구의 대기에 극적인 변화를 일으키고 있으며, 그것을 가까운 미래에 되돌릴 수 없다는 것은 의심의 여지가 없다. 가장 최근 데이터에 의하면 인류의 위기를 초래할 한계선인 9개 경계 중 4개, 즉 기후, 생물다양성, 산림파괴, 그와 연관된 질소 및 인의 순환은 이미 그 한계를 넘어섰다.[23] 자원의 한정된 공급(우리는 하나의 지구를 가지고 있다)에도 불구하고 수요는 빠르게 증가하고 있다. 2011년 가을 세계 인구는 70억 명을 넘어섰으며 그 증가는 둔화될 조짐을 보이지 않고 있다.

수십만 년 전 인류의 시초로부터 1800년대 초까지 완만한 속도로 증가하여 세계 인구가 처음 10억 명에 이르렀다. 이후 10억 인구가 더해지기까지 120년 남짓 걸렸으며, 마지막 50년 동안 인류가 2배로 증가하였고, 1959년 30억에서 시작하여 1974년 40억 명, 1987년 50억 명, 1998년에 60억 명에 이르렀다. UN의 인구 전망에 따르면 2025년까지 80억 명, 2043년 90억 명 그리고 2083년에 100억 명에 이를 것으로 예상된다.[24]

이러한 인구 증가의 규모와 속도는 세계 자원(깨끗한 물, 에너지 공급, 이용 가능한 식량, 소비자 가전제품 생산에 필요한 희토류에 이르기까지)에 엄청난 압박을 가하고 있으며 이 때문에 얼리치(Paul Ehrlich)와 같은 비평가들은 '세계문명의 붕괴'를 예측하고 있다.[25] 그것은 세계 인구가 단순히 증가하고 있을 뿐 아니라 동시에 집중되고 있기 때문이다. UN에 따르면 최근에 우리는 압도적으로 도시 인류가 되었다. 인구통계학자들은 인구의 절반이 도시에 거주하기까지 대략 20만 년이 걸렸지만 2050년까지 인류의 3/4이 도시에 거주할 것으로 예상하고 있다.[26] 자연은 인구 집중 심화에 따른 자원 고갈을 감내해야 할 것이다. 특히 기후변화는 최근 몇 년 동안 가시적으로 대두된 이슈인데, 그에 대한 논의는 2015년 후반 파리에서 열린 UN 회의인 COP21(21번째 기후변화 당사국 회의)에서 절정을 이루었으며 그 후 전 세계 도시, 지역 및 국가에서 더욱 급속하게 진행되고 있다.[27] 이러한 인식이 높아짐에 따라 지속가능성은 CSR을 더욱 촉진시킬 것이다. 또한 이해관계자들은 환경 책임에 무관심한 기업들을 응징하게 될 것이다. 2010년 BP(British Petroleum)의 멕시코만 원유 누출사건(Deepwater Horizon)에 의한 손실(정화비용, 개인과 기업에 대한 연방정부의 벌금과 배상 610억 달러)[28]은 대두되는 사회적 합의를 무시하고 기업이 이해관계자들이 요구하는 행동을 하지 않을 경우 위험에 처하게 된다는 사실을 가장 극명하게 보여주는 한 가지 사례에 불과하다.

기후변화 행동을 지지하는 논거

아래 동영상은 기후변화에 관한 매우 복잡하면서도 열정적이며, 때로는 당파적인 논의를 압축하여 직설적인 주장으로 바꿔 준다.

https://youtu.be/zORv8wwiadQ[29]

이 자료는 기후변화와 지구온난화 배후의 과학 논쟁에서 갈등을 제거하고 대신 위험 관리에 대한 주장에 초점을 맞추는 것을 목적으로 하고 있다. 달리 말하면 당신이 과학을 믿든 안 믿든 (사실은 믿어야 하지만) 행동하지 않는 것의 위험이 행동과 관련된 어떠한 위험보다 훨씬 더 크다.

의미 있는 변화의 실행에 필요한 행동 범위와 문제의 본질을 내부화시키는 것이 우리의 전체 경제시스템에 시사점을 가진다는 것 또한 명백한 사실이다. 특히 지구로부터 더 적은 자원을 채취하고 우리가 사용하는 자원 중 훨씬 많은 부분을 재활용(이상적으로는 업사이클)함으로써 자원을 보다 효율적으로 활용할 필요가 있다.[30] 폐기물은 GDP 성장에 내재적인 것이며(우리의 경제모형은 자동차를 10년이 아니라 3년마다 바꾸는 것을 더 선호하고 있으며, 재사용보다는 일회용 제품을 사는 것을 더 선호한다), 원재료 공급은 유한하기 때문에 우리는 반드시 자원을 효과적으로 사용해야 한다.[31] CSR 옹호론자 중 일부는 폐기물을 우리 경제모형의 결함으로 보고 혁명적 변화를 요구하고 있다. 그러나 본서는 CSR 관점을 기업의 전략과 운영 전반에 광범위하게 통합하여 현재 시스템이 가치를 창출할 수 있도록 개혁하고 진화를 추구해야 한다고 주장한다. 지속적인 변화가 일어나기 위해서는 시스템 전반에 초점을 맞추어야 한다.

그 위협에 대응하여 스타벅스(지속가능한 해법),[32] 유니레버(지속가능한 생활)[33] 그리고 텔사(지속가능한 에너지 생태계)[34] 등 다양한 기업들이 혁신을 통한 이해관계자 요구 충족이 이점을 가진다는 것을 인식하고 있다. 그와 유사하게 애플은 "전 세계 모든 사업장에 100% 신재생에너지를 사용할 것"이라고 발표했으며,[35] "1,200개 글로벌 기업 중 일부인" 디즈니, 쉘 그리고 GM은 내부 예산 수립과정에서 탄소가격제도(배출권거래)를 수용하고 있다.[36] 나아가 COP21 회의의 준비과정에서 알코아, 애플, BOA, 버크셔 해서웨이, 카길, 코카콜라, GM, 골드만 삭스, 구글, 마이크로소프트, 펩시콜라, UPS 그리고 월마트가 "탄소배출량 감축 노력에 1,400억 달러 이상을 투자하기로" 약속했다.[37]

아직까지는 지속가능성에 대한 이해관계자들의 인식이 부족하지만 인식 개선이 된다면 진보적인 기업들이 전략계획과 일상 운영에 CSR을 통합함으로써 시장점유율을 확보하고 차별적 경쟁우위를 확보할 수 있을 것이다.

글로벌화

기업들은 갈수록 글로벌하게 생각한다. 복수의 국가와 문화에서 기업 활동은 기하급수적으로 복잡해진다. 더 많은 법규를 이해해야 할 뿐 아니라 더 많은 사회적 규범과 문화적 민감성을 살펴보아야 한다. 게다가 다국적 기업은 다양해지는 이해관계자의 기대 및 요구에 책임을 져야 하기 때문에 그만큼 서로 상충하는 이해관계자 요구 간의 갈등이 커질 가능성이 많다. 글로벌화가 여러 국가에 걸친 기업 운영으로 잠재적 효율성 증가를 가져온 반면에, 기업의 행동이 이해관계자들의 필요와 기대 수준을 충족시키지 못할 때 글로벌 무대에서 노출될 잠재적 위험도 역시 증가되었다.

따라서 글로벌화는 CSR의 전략적 가치를 추진하는 또 다른 요인이다. FAANGs(페이스북, 아마존, 애플, 넷플릭스, 구글)가 되었건 BATs(중국의 바이두, 알리바바, 텐센트)가 되었건 대기업들은 그 규모와 활동 범위가 크기 때문에 글로벌 환경이 제공하는 잠재적 이점을 누구보다 잘 이용할 수 있는 위치에 있다. 대기업들은 글로벌화로 이득을 얻을 수 있지만 동시에 이해관계자 관심사에 관한 보다 큰 표적이 된다. 이러한 글로벌 환경을 촉진하는 인터넷은 의사소통, 운송, 무역 및 국제적 자금흐름의 강력한 이행 수단이다. 그러나 장거리를 연결하는 과정에서 인터넷은 가까운 지역사회에 대한 감각을 축소시켰다. 그것이 다시 기업의 자기이익 추구(self-interest)에 대한 생각에 영향을 주었으며, 지역사회와의 강한 유대를 유지하기 위한 자율적 규제유인을 느슨하게 만들었다.

> 18세기 스미스(Adam Smith)가 제시했던 자본주의 유토피아에서 자기이익 추구는 상호 경쟁하는 시장과 지역사회의 수요에 의해서 적절히 조절되었다. 그러나 글로벌화가 진행됨에 따라 매일 보는 이웃과 함께 비즈니스를 한다는 생각은 옛날 일이 되었고 이제 회복될 가능성은 없다.[38]

스미스의 18세기 세계에서[39] 모든 경쟁은 지역 내에서 이뤄졌으며 대부분의 제품은 동일한 사회에서 생산되고 소비되었다. 이러한 환경 속에서 기업은 지역사회 내에서 평판과 영업권을 위협받을 수 있기 때문에 정직한 행동으로 자기이익을 추구하는 것은 자연스런 일이었다. 그러나 기업 규모가 커지고 더 멀리 있는 시장에 제품을 판매하고 효율 제고를 위해 다양한 지역에 분산하여 영업함에 따라 스미스의 근본적인 가정이 무너졌다. 서구 소비자들은 자신들이 구매하는 제품의 생산환경에 대해서 알 수 없었기 때문에 미국이나 유럽에서 제품을 판매하는 기업들이 베트남에서 악덕 고용주가 될 수 있었으며, 중국에서 쉽게 환경오염기업이 될 수 있었다. 불만을 가진 베트남의 종업원과 중국의 지역 주민들은 이런 비즈니스 모델에 위협이 되지 않았다. 다국적 기업 공장의 최악의 일자리도 지역 일자리와 경제발전에 최선의 원천이 되는 경우가 많았기 때문이다.

글로벌화가 진전됨에 따라 정보는 보다 효율적으로 전파된다. 5천만 청취자에게 정보가 전달되는 데까지 라디오는 38년, 텔레비전은 13년이 걸렸지만, 인터넷은 불과 4년, iPod는 3년, 페이스북은 2년밖에 걸리지 않았다.[40] 그 결과 세계는 점점 더 좁아졌으며, 사회는 자기이익 추구가 효과적으로 인간의 행동을 규제할 것이라고 스미스가 처음 제시한 환경으로 회귀하고 있다. 인터넷이 널리 보급되어 누구든 전 세계에서 일어나는 일을 개인 휴대폰으로 방송할 수 있게 됨에 따라 다시 한번 "모든 비지니스가 지역화"되었다.[41] 중국에서만 "이제 7억 3,100만 인구가 스마트폰을 가지고 있으며",[42] "매초마다 세 명 이상의 인도 사람들이 처음으로 인터넷을 경험하고 있다. 2030년까지 10억 명 이상이 온라인에 접속하게 될 것이다."[43]

이러한 변화는 〈그림 2-1〉에 정보에 대한 이해관계자 접근의 4단계에 제시되어 있다—산업화부터 국제화, 글로벌화 그리고 가장 최근의 디지털화. 20세기 글로벌화는 전 세계에 걸쳐 사람들의 생각을 자유롭게 전달해주었던 컴퓨터와 인터넷의 발전에 의해 주도되었지만 현재의 디지털화 단계는 빅데이터, 가상현실 및 인공지능에 의해 주도되고 있다. 아담 스미스가 살았던 단순한 시대에는 모든 정보가 지역적이었으며 그것이 기업을 정직하게 만들었다. 산업화와 국제무역이 먼 거리에서 거래가 이루어지도록 촉진함으로써 이해관계자의 정보 접근을 억제하였다. 그러나 글로벌화와 특히 디지털화로 미시적 수준에서 정보에 대한 접근이 다시 점차적으로 가능해지고 있다. 기술혁신이 개인의 의사소통과 활동능력을 부여함에 따라 기업이 자신의 행동에 대한 이해관계자들의 인식을 조작할 수 있는 능력은 감소하였으며 앞으로 더욱 감소할 것이다.

따라서 기업에 대한 시각이 더 이상 국내 관점에서만 머물러 있지 않기 때문

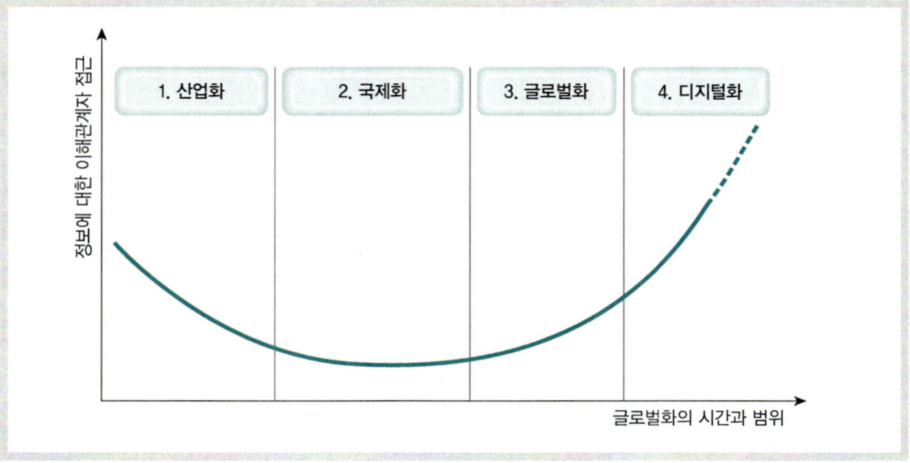

그림 2-1 이해관계자 정보 접근의 4단계

에 글로벌화는 CSR 논의를 변화시키고 있다. 오늘날 이해관계자가 어디에 있든 상관없이 광범위한 이해관계자를 무시할 수 있는 다국적 기업은 없다. 예를 들면 유럽의 소비자가 제품을 구매할 때 다른 지역에 있는 판매 기업의 운영 상황을 조사할 것이다. 영국의 바클레이즈(Barclays) 은행은 1980년대 인종차별이 만연한 남아프리카공화국에서 영업을 계속하면서 그 교훈을 얻었다.[44] 다국적 석유 기업 쉘은 1990년대 작가이자 활동가인 사로위와(Ken Saro-Wiwa)를 처형한 나이지리아 정부와의 관계로부터 그 교훈을 얻었다.[45] 그리고 독일의 엔지니어링 그룹인 지멘스 역시 2000년대 해외 수주를 따기 위한 뇌물과 부패 혐의에 대해 합의하기 위해 대략 16억 달러의 벌금을 내야 했을 때 교훈을 얻었다.[46]

글로벌화는 다양한 문화에 걸친 이해관계자들로 하여금 자신들의 관심사를 직접적으로 표현하게 해준다. 한 문화에서 수용가능하거나 심지어 요구되는 행동들이 다른 문화에서는 금지될 수 있다. 그것이 공정한지와는 상관없이 기업은 점점 더 이러한 변화하는 기준을 충족시켜야 할 것이다.

차별

법의 집행 정도에 국가별 차이가 있지만 선진국에서는 일반적으로 성차별이 금지되어 있다. 그러나 사우디아라비아와 같은 문화권에서는 여성이 남성 근로자로부터 격리되며, 성별에 따라 일할 수 있는 유형의 한계가 있다. 유럽과 사우디아라비아에서 동시에 운영되는 기업이 동일한 인적 자원 정책을 모든 사업장에 걸쳐 적용할 경우 사회적으로 무책임하고 문화적으로 무감각한 기업으로 간주될 수 있다. 그러나 만약 여성이 사우디아라비아에서 다른 지역과 다르게 대우받는다면 유럽이나 다른 나라에서 비판이 일어날 수 있다. 스웨덴의 가구 업체 이케아(IKEA)는 지역의 문화적 민감성을 존중하여 사우디 카탈로그에서 여성의 사진을 지워버렸던 일이 있었는데, 이때 그 교훈을 깨닫게 되었다.[47] 기업 실무에서 비일관성 이슈를 무시하는 다국적 기업은 곤란한 입장에 놓일 수 있다. 한편 다국적 기업은 지역의 기대 수준에 맞게 전략을 수립해야 한다. 반면에 다양한 기준에 근거한 전략은 자국에서 부정적 언론, 소송 또는 다른 해로운 결과에 직면할 수 있다.

이러한 글로벌화 과정은 〈그림 2-2〉에서 보는 바와 같이 구분되는 두 단계를 거쳐 진화하는 것으로 도식화된다. 처음에는(〈그림 2-2〉의 1단계) 글로벌화가 기업으로 하여금 전 세계를 기반으로 영업을 확장하고, 제조 기반을 해외로 이전하며, 공급망 관리를 혁신하고, 강력한 글로벌 브랜드를 개발하게 해준다. 인수합병 활동이 활발하게 일어나며(기업이 신속하게 성장하는 방법), 그를 통해 기업의 영향력은 증가한다. 기업 활동이 국경을 초월함에 따라 대기업의 권력은 확장되어 기업들은 자유롭게 해외영업을 통합하거나 회계 전환(accounting inversion)을 통하여 공식적인 본사를 해외로 재배치한다—두 가지 모두 자국 내에서 높은 세금을 피하는 방법이다.

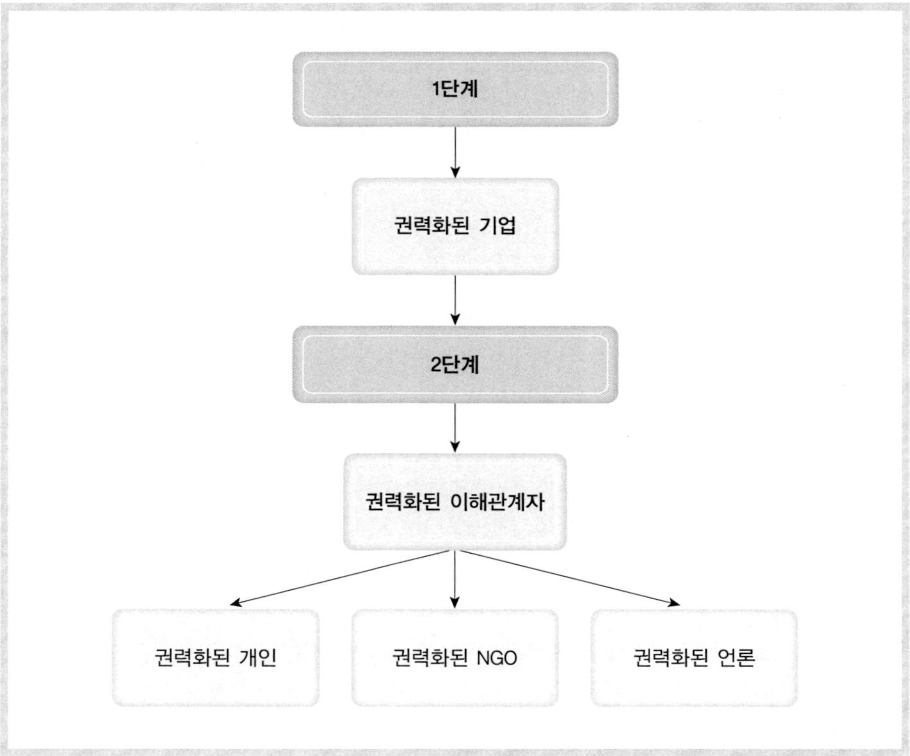

그림 2-2 글로벌화의 두 단계

그러나 글로벌화(그리고 이제는 디지털화)는 궁극적으로 반발을 불러 일으켜 기업의 권력을 축소시켰다(〈그림 2-2〉의 2단계). 이해관계자들이 소통하고 행동할 수 있게 권한을 부여하는 정보의 흐름에 따라 기업은 빠른 속도로 통제력을 잃어가고 있다(〈그림 2-2〉 참조). 소셜 미디어 캠페인이 "기업윤리와 관행을 형성할 거대한 메가폰을 소비자에게 부여하여 …… 갑자기 광고 메시지보다 당신의 친구들이 그 기업에 대해 어떻게 생각하는지가 더 중요하게 되었다."[48] 기업들이 더 이상 자신들에 대한 정보의 질과 양 그리고 그러한 정보가 사회적 논의에 미치는 영향을 규정할 수 없다는 것을 보여주는 사례들이 늘어나고 있다. 갭[49], 코카콜라[50], 구글[51] 등은 글로벌한 정보 흐름이 소비자 불만에 하루 단위가 아닌 분 단위로 대응을 하도록 강요함에 따라 손실을 입은 몇 가지 사례에 불과하다. 정답은 자유로운 정보 흐름이 자신에게 불리하게 돌아가기 전에 이해관계자들을 보다 잘 이해하고 그들의 요구를 예측하기 위해 보다 적극적으로 의사 소통하는 것이다.

> 우리의 중국산 운동화 수요가 남미의 빙하를 녹게 만들 오염을 생산하고 그리스의 조세 회피가 유로화를 약하게 만들어 스페인 은행의 안정성을 위협하고 다우(Dow)사를 완전히 망하게 하는 세상에서 궁극적으로 시장과 마찬가지로 우리의 가치와 윤리 시스템이 조화를 이루어야 할 것이다. 다른 식으로 표현하면 갈수록 다른 사람들의 무책임한 행동으로부터 자신을 보호하기가 더 어려워짐에 따라 우리 모두 보다 더 책임감 있게 행동하는 것이 좋을 것이다.[52]

이처럼 글로벌화의 자급순환주기(self-feeding cycle)는 CSR이 갈수록 기업의 전략적 사고가 되고 특히 글로벌 기업들에게 중추적 역할을 하게 된다는 것을 시사한다.

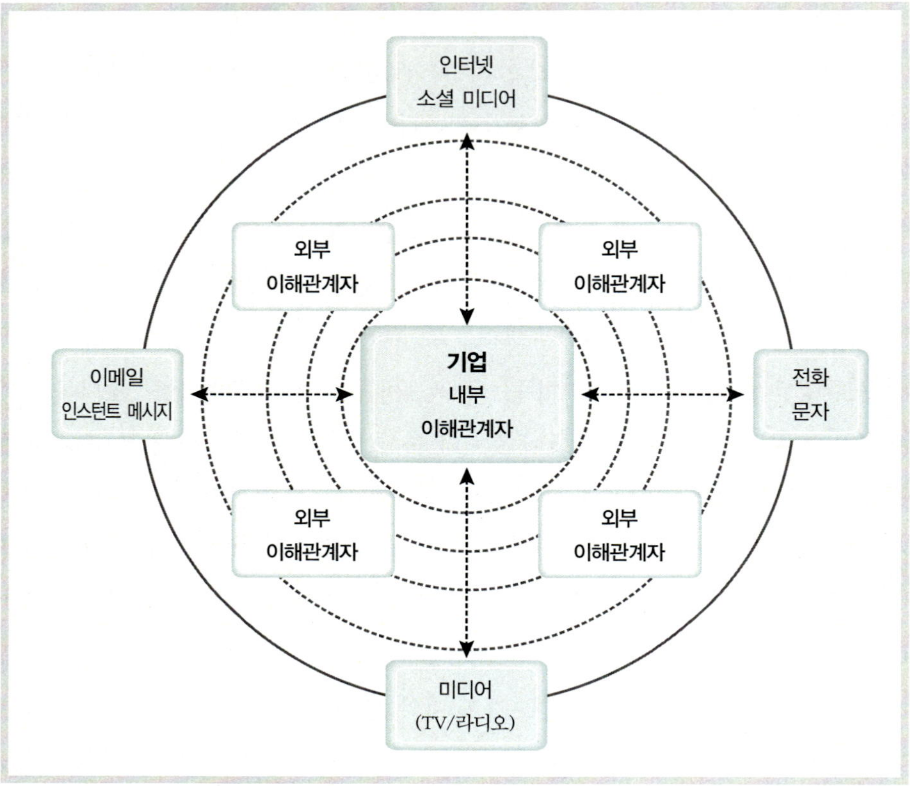

그림 2-3 정보의 자유로운 흐름

커뮤니케이션

글로벌화는 정보통신기술이 발전하면서 정보 확산 속도가 빨라지고 있으며 기업의 운영 환경이 그에 따라 결정된다는 것을 보여준다. 이러한 정보 교환은 따라잡기 어려운 수준까지 증가하였다.

매일 100테라바이트 이상에 해당하는 약 3억 개의 사진이 페이스북에 올라온다. 매분 2억 4백만 개의 이메일이 전송되며, 50억 개의 이동통신 장비가 이용되고 있는 것으로 추정된다. 이러한 새로운 콘텐츠 세대는 계속해서 빠

른 속도로 성장할 것이다.[53]

달리 표현하면, "'디지털 우주'(매일 만들어지고 복사되는 데이터)는 2025년에 180제타바이트(180에 21개의 0이 붙어 있는)에 이를 것이다."[54] 즉각적이면서 글로벌한 커뮤니케이션이 이러한 혁명을 추진하고 있다. 대중의 불안이 신상품만큼이나 빠르게 확산되기 때문에 이는 패션이나 사회운동에도 큰 파문을 가져온다. 이러한 환경에서는 기업이 지역사회의 접촉에서 멀어지는 것처럼 보이면 그만큼 이해관계자들의 반발에 직면하게 될 것이다. 마찬가지로 사회의 주장에 잘 반응하고 적응하는 것으로 보이는 기업들은 점점 더 성공하게 될 것이다. 인터넷의 영향력이 증가함에 따라 특정 기업의 CSR 위반 행위도 빠른 속도로, 때로는 즉각적으로 대중들의 관심을 끌게 될 것이 확실하다. 정보력이 없던 과거와 달리 오늘날 정교한 카메라와 비디오 성능을 갖춘 비디오카메라와 휴대전화가 일반적으로 보급되었는데 이는 10년 전만 해도 상상할 수 없는 일이었다.

> 스마트폰의 규모와 연결성은 엄청난 사회변화 능력을 가진다. 가장 기본적인 모형마저도 1969년 NASA가 인간을 달로 보냈을 때보다 더 많은 데이터를 계산하거나 고속으로 처리할 수 있는 능력과 접근성을 가지고 있다.[55]

이러한 기술은 활동가 그룹이나 비슷한 생각을 가진 개인들 간에 커뮤니케이션을 가능하게 해서 메시지를 전파하고 행동을 조직할 수 있는 수단을 제공해준다. 그러한 기술은 이란이나 레바논과 같은 나라에서 개인들로 하여금 운동단체를 조직하고 저항할 수 있게 권력을 분산시키고 있다. 그런 나라에서는 "오늘날 이란과 레바논에서 보다 세속적인 중도세력이 페이스북, 플리커, 트위터, 블로그, 문자 메시지와 같은 기술을 사용해 사람들을 모아서 국가의 통제권 밖에서 지지자들을 동원하고, 계획하고, 정보를 주고 또 힘을 북돋을 수 있는 버츄얼 사원(mosque)을 세웠다."[56]

〈그림 2-2〉의 글로벌화 2단계에서 전반적인 이해관계자들과 특히 두 가지 중요한 구성요소 그룹에게 되돌아간 정보 흐름을 보면 정보 흐름 통제력에 대한 권력의 균형이 변화하였음을 알 수 있다. 첫째, 어떤 이슈에 대한 관심이 증가하여 미디어가 아주 중요하게 생각할 정도가 되었을 때 인터넷이 아주 많은 양의 정보에 대한 접근권을 제공할 수 있기 때문에 개인들의 권한을 엄청나게 증가시켰다. 예를 들면 "우리는 2분마다 인류가 1800년대에 찍은 모든 사진만큼이나 많은 사진을 찍고 있는 것으로" 추정된다.[57] 오늘날 인터넷은 우리 뇌가 가진 염색체접합(synapsis)만큼 많은 하이퍼링크를 가지고 있다. 인터넷 연결을 끊는 것은 이미 사실상 불가능해졌다.[58]

둘째, 글로벌화는 NGO를 비롯한 다른 활동가 그룹의 영향력도 증가시켰는데 그 이유는 그들 또한 쉽게 접근하여 커뮤니케이션 혜택을 받을 경제적 능력을 가지고 있기 때문이다. 이러한 수단들이 지역적으로 분산되어 있는 개인들과 부문별 소비자에게 정보를 주어 끌어들이고 동원할 수 있도록 함으로써 NGO들에게 권한을 주고 있으며, 사회적으로 비도덕적 행위를 한 기업이 세계적으로 노출되도록 만든다. 이러한 두 그룹이 힘을 얻게 되어 오늘날 기업으로 하여금 피상적인 PR 캠페인 뒤에 숨을 수 없도록 만들고 있다.

우리는 정보의 절대적 투명성이라는 이론적 상태에 가까워지고 있다. 비밀을 지키는 것은 누구에게나 전례가 없을 정도로 어려워지고 있다. 진실은 스스로 드러나거나 누군가에 의해 밝혀지게 될 것이다. 궁극적으로 미래는 당신을 찾아낼 것이며, 마지막에는 당신의 행위가 알려지게 될 것이다.[59]

아래의 두 가지 추세가 미래 인터넷 성장과 사회적 담론을 지배할 것이 명백하다. 첫째, 사람들은 이동통신기기와 수단을 통해 인터넷에 접속할 것이며, 둘째, 사람들은 소셜 미디어를 통해 정보를 공유할 것이다.

이동통신기기

휴대폰과 무선통신기기들은 대부분의 나라에서 사용되며, 인터넷 접속을 통해 사람들이 선호하는 수단을 제공해주면서 더욱 확산되고 있다—무선통신기술(문자 메시지, 블로그, 소셜 미디어).[60]

> 스마트폰 회사들의 신규 고객이 줄어들고 있다. …… 미국에서는 100명당 100개에 조금 못 미치는 스마트폰이 있으며 유럽에서는 100명당 92개가 사용되고 있다(한 개 이상의 스마트폰을 사용하는 사람도 많다). 2020년까지 세계적으로 100명이 84개의 스마트폰을 사용할 것이다.[61]

많은 사고가 운전 중 문자를 보내는 등 이동통신기기 사용과 관련이 있고,[62] 부모들의 주의를 산만하게 만들어[63] 아이들을 응급실에 가게 하는 횟수가 증가하고 사람들을 외롭게 만들긴 하지만[64] 이동통신은 삶을 편리하게 만들어주기 때문에 여전히 매력적이다. 그렇기 때문에 "미국 성인의 거의 절반이 스마트폰 없이는 살 수 없을 거라고 말하며, 젊은 성인은 하루에 80번 이상 스마트폰을 사용한다."[65] 이동통신기기는 뉴스를 접하거나 인터넷에 접속하는 등 삶의 많은 측면에서 갈수록 중요한 수단이 되고 있다.[66]

이동통신기기 사용이 급속도로 확산되는 이유는 고객들에게 편리함을 제공하기 때문이기도 하지만 선진국의 경우 인터넷 서비스의 기반으로서 데스크탑 컴퓨터나 유선통신망보다 무선통신 기반이 되는 안테나와 같은 설비가 훨씬 더 저렴하기 때문이다. 사회의 기본 설비를 구축하기 위해 노력하고 있는 개도국에서도 이동통신기기가 빠르게 확산되고 있다. 그 예로 인도에는 "화장실 수보다 휴대폰 수가 더 많다."[67] 이러한 추세는 전자상거래에 특히 유리하게 작용하며("연간 평균 20% 확대되고 있으며,"[68] 중국에서만 "미국의 신용카드와 직불카드 사용액의 두 배에 이르는 11조 달러에 이르고 있다"[69]), 개도국에서는 이전에는 "은행거래가 없었던" 사람들의 금융거래에 도움을 주고 있다.

> 모바일 화폐 서비스는 아프리카에서 10년 이상 사용되어 왔다. 아프리카

전체 인구에서 열 명 중 한 명에 해당하는 약 1억 명의 성인이 모바일 화폐 서비스를 사용한다. 케냐에서는 최초의 주요 모바일 화폐이면서 가장 성공적인 기술 플랫폼으로 알려져 있는 엠페사(M-Pesa)를 케냐 인구의 절반가량인 2천 6백만 명이 사용하고 있다. 전 세계의 절반 이상인 282개 모바일 화폐 플랫폼이 사하라 이남 아프리카에서 사용되고 있다.[70]

증가하는 모바일 기기 적용의 또 다른 사례로 "디지털 기부"를 들 수 있다. GoFundMe, CrowdRise, YouCaring 등과 같은 사이트는 "기업과 재난구호와의 관계를 재정의하는"[71] "스토리텔링 플랫폼"을 통하여 기부자와 명분 간에 개인적인 관계를 형성함으로써 전통적인 기부 모형을 파괴하려는 의도를 갖고 있다. 이 모든 경우에 모바일 기기는 이전에 불가능했던 연결사회를 가능하게 해줄 뿐 아니라 없어서는 안 될 필수 아이템으로 빠르게 자리를 잡았다. 재화, 서비스와 화폐 거래 외에 모바일 기기가 사람들을 연결하는 주요 수단은 소셜 미디어이다.

소셜 미디어

사람들은 이동통신기기를 통해 인터넷에 접근하며, 정보교환을 위해서 소셜 미디어를 사용한다. 소셜 미디어는 "사회적 기술"로 묘사하는 것이 아마도 더 정확할 것인데 그것은 두 가지 유형을 가진다. 즉, 사람들의 생각을 방송할 수 있게 해주는 트위터나 중국의 시나(Sina)와 웨이보(Waibo)와 같은 웹사이트가 첫 번째 유형이며, 다음으로 사람들의 관계를 맺게 해주는 웹사이트(예를 들면 페이스북과 기업을 위한 linkedIn)가 있다.[72] 이러한 플랫폼들이 배분하는 데이터량은 엄청난데, 2018년 페이스북을 적극적으로 활동하는 사용자가 22억 5천 명에 이르며 "월 3억 2천만 트위터 사용자가 하루에 수억 건의 트윗을 주고받고 있다."[73] 이러한 정보 대부분은 일상적인 진부한 내용이지만 그중 일부는 혁명적인 힘을 가지고 있다.

트위터 혁명

일반적으로 소셜 미디어, 특히 트위터는 21세기에 거의 모든 대중 운동에 중요한 역할을 수행해 왔다. 해시태그(#)는 온라인 인구의 주목을 받는 지극히 복잡한 이슈들의 속기 수단이 되었다. 이러한 추세가 얼마나 큰 영향을 가져올지는 명백하지 않다. 미투(#MeToo)가 몇몇 창의적 산업 분야에서 소요사태를 불러왔고, #BlackLivesMatter가 (큰 변화를 가져오지 못했지만) 인식수준을 제고하였으며, 유나이티드 항공은 초과예약을 이유로 한 승객을 비행기에서 끌어내린 후 만들어진 소위 #BoycottUnited 캠페인 이후 즉각적으로 분기이익에 "49% 타격"을 입었다.[74] 마찬가지로 우버는 일련의 공공 PR 참사 이후 만들어진 #BoycottUber 영향으로 전년 대비 150% 증가가 예상되는 상황에서 순매출이 "17억 5천 달러"로 상승하는 데 그쳤다.[75] 정열적인 온라인상의 저항 운동과 열의가 없는 오프라인의 대조가 소셜 미디어 캠페인의 한계를 제시하고 있다. 그래도 트위터가 불만을 확산시키고 저항 운동을 가능하게 해주는 수단을 제공한다는 것은 논쟁의 여지가 없다. 이것을 인식시키는 중요한 해시태그와 그것을 촉발한 명분의 예는 다음과 같다.

- 2006년 3월 : 최초의 트윗("내 트위터를 개설함"), Jack Dorcy, Twitter의 CEO, @jack
- 2009년 6월 : 이란의 그린 운동(#iranelection)
- 2011년 1월 : 튀니지의 자스민 혁명(#jasminerevolution)
- 2011년 2월 : 이집트의 타흐리르 광장 시위(#Jan25 #Tahrir)
- 2011년 9월 : 월스트리트를 점령하라(#occupywallstreet)
- 2013년 7월 : 흑인의 삶을 존중하라(#BlackLivesMatter)
- 2014년 8월 : 미주리주 퍼거슨(#Ferguson)
- 2015년 1월 : 오스카상 후보(#OscarsSoWhite)
- 2017년 1월 : 우버서비스 불매(#BoycottUber)
- 2017년 4월 : 유나이티드 항공 불매(#BoycottUnited)
- 2017년 10월 : 미투(#MeToo)

위의 사례들이 말해주듯이 이러한 두 가지(이동통신기기와 소셜 미디어)의 상호작용이 변화의 잠재력을 제공해준다. 그것이 비록 중동의 전체주의를 전복시키기 위한 목적이거나 또는 단순히 뉴욕의 거리에서 GPS 기술을 이용해서 포켓몬GO

게임을 하기 위한 것이든 상관없이 낯선 사람들을 움직이게 하고 공동의 목표를 추구할 수 있게 단결하도록 해주는 기술의 힘은 날로 커져가고 있다.

> 수십억의 사람들이 페이스북, 왓츠앱, 위챗, 인스타그램, 트위터, 웨이보와 여러 다른 서비스를 사용함에 따라 소셜 미디어는 점점 더 강력한 문화적, 정치적 세력이 되어 왔다 …… 이러한 서비스는 사람들 간 자유로운 의사소통을 가능하게 하기 때문에 한때 미미한 세력이었던 그룹들이 놀라울 정도로 영향력 있는 사회 조직으로 성장할 수 있었다. 미국의 극보수주의 백인우월주의자, 영국의 브렉시트 옹호론자, 중동의 ISIS 그리고 동유럽과 러시아의 해커집단에 이르기까지. 그러나 각각은 각자의 방식으로 이제 이전에 상상할 수 없었던 힘을 가지게 되었으며 결과적으로 예측불가능하며 때로는 지극히 불안한 지정학적 돌발 상황이 되었다.[76]

이러한 힘은 〈그림 2-3〉에서 보는 바와 같이 이해관계에 위험을 예고하는 일들이 도처에 깊이 자리 잡고 있는 글로벌화된 세계에서 더욱더 확산되는 무료의 정보 흐름으로부터 나온다. 기업들은 "소셜 미디어 정책"을 서둘러 만들어 빠른 시일에 통제불능 상태로 확산될 수 있는 소문, 불평 및 불만에 대응할 수밖에 없게 된다.

> 알래스카(Prince William Sound)에서 1989년 엑손밸디즈호의 원유 누출사건이 발생한 지 2주 만에 엑손의 주가는 3.9% 떨어졌으나 금방 회복되었다. 2010년 멕시코만의 원유 누출사건이 일어난 지 2달 만에 BP의 주가는 절반으로 떨어졌다.[77]

이러한 정보의 힘을 활용하면 잠재적으로 어떤 기업에게도 중요한 손상을 입힐 수 있다. Copwatch(http://www.copwatch.com/, 경찰 활동을 감시하고 경찰력 남용을 막기 위해 온라인에 동영상을 올리는 조직)[78]가 얼마나 쉽게 그러한 기술과 지역사회 사람들의 동기를 반영하여 특정 기업들에 대항해서 캠페인을 벌이는 Corpwatch(http://corpwatch.org/)가 되었는지 이해하는 것은 어려운 일이 아니다. 이제 부족한 정보가 아니라 "으르렁거리는 폭풍의 소리 속에 유용한 정보의 속삭임"[79]을 찾아내는 능력이 위험을 좌우한다. 이해관계자와 증가하는 정보집합은 반복적 상호작용을 한다. 이해관계자들이 보다 많은 정보의 양에 접근하게 되고 서로 의사소통하게 됨에 따라서 이슈에 대한 공동의 지지를 구축하고 다른 이해관계자들에게 자신들의 의견을 전파한다.[80] 이러한 트렌드는 유튜브나 플리커와 같은 사용자 생성 콘텐츠와 함께 웹사이트의 빠른 성장에 이미 반영되어 있다. 이러한 추세가 공유경제(우버, 에어비앤비 또는 블라블라카를 생각해 보라)의 발전으로 한걸음 더 나아가고 있으며, 사용자들이 서비스에 대한 평가와 리뷰를 할 수 있도록 만들어주므로 심지어 정부가 이러한 형태의 경제적 교환활동을 규제하기 위해 노력하고 있다.[81]

그 결과 점점 더 많은 소비자들이 실시간으로 기업들과 상호작용하며 구매의사결정에 영향을 미치고 있다. 소비자들은 많은 정보를 가지고 있으며 기꺼이 좋은 뉴스를 널리 퍼뜨릴 의사가 있고 동시에 수백만의 다른 사람들과 공포 스토리를 기꺼이 공유하기도 한다.[82] 그 결과 기업은 더욱더 자신들의 평판에 불안정한 통제력을 가지게 되며, 자신을 보호하기 위해서 이해관계자들의 관심사에 유의하여 반응할 필요가 있다.

> 이제는 인터넷의 도움을 받은 소비자가 복수하는 시대이다. 치과 진료나 개 산책(dog-walking)과 관련된 산업에서 멸시당한 고객이 자신들의 불만을 디지털 플랫폼을 이용해 방송함에 따라 힘의 균형이 구매자 쪽으로 현저히 기울어지게 되었다.[83]

정보와 의사소통의 성장이 소수의 골리앗으로부터 다수의 다윗으로 권력을 이전시키고 있는 것이 명확하지만[84] 이러한 역량을 이해관계자들이 어떻게 완전히 이용할 수 있을지는 불확실하다. 예를 들면 'Change.org'는 스스로를 "세계에서 가장 선도적인 변화 플랫폼"이라 자처하지만 거기에 등록된 이해관계자들의 우려에 기업들이 어떻게 대응해야 할지 아는 것은 매우 어려운 일이다. 만약 5천 명이 온라인 탄원서에 서명을 한다면 그것은 무엇을 뜻할까? 그들은 해당 기업으로부터 더 이상 제품을 구매하기를 거부하는 것일까? 가게 앞에서 항의시위를 할 것인가? 만약에 그렇다면 어떻게 할 것인가? 대형 브랜드에게는 널리 분산되어 있는 5천 명의 사람은 전체 고객 중 작은 비율에 불과하며, 5천 명의 사람이 대의명분을 위해 희생하겠다는 개인적인 확신 또는 자발적 의사를 갖고 마우스를 클릭한 것으로 보기도 어렵다.

그럼에도 불구하고 지난 십 년 동안 부각된 온라인 참여로 나타난 극적인 변화를 무시한다면 그는 아주 용감한 경영자이다(애플의 아이폰은 2007년에 처음 출시되었다). 기업의 전략적 접근을 전향적으로 재검토함으로써 투명성과 사회적 관여에 관한 외부 압력에 대응할 수 있는 기업은 더 이상 정보 흐름을 통제할 수 없는 비즈니스 환경에서 가장 좋은 위치를 차지할 것이다. 간단히 말하면, CSR은 기업이 지속적인 성공을 누리도록 하기 위해서 전략과 운영의 중심적 구성요소와 특히 기업의 평판과 브랜드 관리시스템을 구축하게 해줄 것이다.

브랜드

CSR의 이러한 모든 동인은 기업의 평판과 브랜드의 중요성 측면에 집중된다. 브랜드는 기업 성공의 핵심이다. 기업들은 소비자들의 마음 속에 유명 브랜드를 만들어 높은 판매와 이익으로 귀결되는 경쟁우위를 확보하려 노력한다 —소비자들은 자신이 알고 신뢰하는 브랜드에 더 많은 프리미엄을 지급하려고 한다. 그러나 오늘날 글로벌 환경에서 기업 활동의 복잡성이 증가하고 그 어느 때보다도 기업의 잘못된 행동을 즉각적으로 확산시키는 이해관계자들의 능력이 증가됨에 따라 사회적 기대 수준이 높아져 기업의 평판은 쉽게 나빠질 수 있다. 즉, 구축하기는 어렵지만 잃기는 쉽다. 브랜드는 기업의 이해관계를 향상시키기 때문에 CSR을 촉진한다. 모든 조건이 동일하다면 이해관계자들이 신뢰하는 브랜드는 그렇지 않은 브랜드에 비해 성공 가능성이 높다.

> 만약 당신이 과거 10년 동안 세계에서 가장 가치 있는 브랜드로 투자 포트폴리오를 구성했다면 …… S&P500 지수수익률보다 75%, MSCI월드 지수수익률보다 400% 초과수익률을 달성했을 것이다.[85]

인터브랜드(Interbrand)는 매년 브랜드를 조사해 기업의 브랜드 가치를 계량화하고 있는데, 이는 그 어느 때보다 브랜드가 가치 있음을 보여준다. 예를 들어 인터브랜드의 조사에서 세계 1위인 애플의 브랜드는 1,700억 달러의 가치가 있는 것으로 추정되고 있다.[86] 페이스북의 유형자산은 140억 달러에 불과한데(브랜드 가치의 1/3 이하) 브랜드 가치는 480억 달러로 추정되고 있다.[87] 달리 말하면 기업들은 자신들의 지속적인 성공의 핵심인 투자를 보호하기 위해 더욱 적극적으로 조치들을 취할 필요가 있다. 브랜드를 보호하는 가장 좋은 방법은 기업이 전 운영과정에 CSR 관점을 통합시키는 것이다. 그렇게 함으로써 기업들은 자신들의 브랜드를 구축하고[88], 브랜드를 보호하고[89], 위기 상황에서 브랜드를 복구하는 데 도움을 받을 수 있다.[90]

브랜드는 이해관계자 가치에 호소하는 인식, 이상, 개념에 기초하여 구축되기 때문에 CSR의 중심이 된다. 특히 라이프스타일 브랜드(열망가치로 소비자들에게 더욱 호소)는 자신들이 추구하는 이상(ideal)을 가지고 소비자를 겨냥할 필요가 있다. 이해관계자의 가치가 끊임없이 진화하고 있는 시점에서 CSR은 기업의 운영과 이해관계자 가치를 일치시키는 수단이다. 그처럼 일반적으로 브랜드는 기업이 이해관계자들, 특히 소비자와 직접적으로 소통하는 수단이다. 물론 빠르게 변화하는 소비자들의 분위기와 기업이 구축하려고 하는 서술적 메시지가 서로 일치될 때 비로소 효과가 발생한다. 스타벅스는 이러한 활동을 가장 효과적으로 해 왔는데 이는 하워드 슐츠(Howard Schultz)의 신념에 따라 추진되었다.

> 시민 사회와의 조화를 촉진하는 것이 스타벅스가 커피나 차를 얘기하지 않으면서 자신을 정의하는 방법이다. 그리고 현실을 말하자면 우선 5달러짜리 프라푸치노가 특별히 미덕이 될 만한 일은 아니다. 그보다 오히려 그 회사는 소비자들로 하여금 에토스(ethos), 즉 좋은 의도에 초점을 맞추도록 권고하고 있다. 플라스틱 뚜껑을 씌운 종이컵에 담은 향을 가미한 물이 아니라 바로 그런 것이 브랜드이다.[91]

태도와 관련된 브랜드

그러나 최근에 기업과 이해관계자의 관계는 변화하고 있으며, CEO는 다양한 사회 이슈에 대한 입장을 밝히도록 압력을 받고 있다. 그것은 아마도 우리가 살고 있는 다원화된 편파적인 환경의 결과일 수도 있고 또는 서구 사회가 점점 물질적으로 풍요로워지기 때문일지도 모른다. 어떤 경우든 이전에는 마음대로 무시했던 주제들에 대해 입장을 취하도록 강요당하고 있다.

> 정치에 관해서 기업의 리더들은 위험을 회피하려 한다. 그들은 안정과 현상유지를 최우선으로 한다. 변화하는 것은 현상유지의 정의이다. 성소수자의 권리 그리고 기후변화 대응은 한때 진보주의의 명분이었다. 이제는 거의 주류가 되었으며, 특히 교육받은 근로자들이 갈망하는 대도시에 본사가 위치하고 있는 경우에는 더욱 그렇다.[92]

그 결과 이제 라이프스타일 브랜드의 세련된 진화가 논란을 끌어안고 있다. 이것은 예컨대 과거 게스나 아메리칸어패럴 같은 기업들의 지나치게 성적인 광고에 대한 피상적 논란이 아니라 사람들의 삶에서 중요한 이슈에 대한 기업의 보다 실질적인 입장이다. 기업의 목적은 이해관계자 가치 창조이다. 따라서 기대가 변하면 기업은 새로운 현실에 목적을 맞추어야 한다. 1970년대와 1980년대 바디샵과 벤앤제리스와 함께 시작한 사회적 행동주의는[93] 1980년대와 1990년대 베네통의 급진적 광고로 이어져서[94] 2018년 나이키의 획기적인 "just do it" 광고 슬로건 30주년 기념일을 기념하는 광고 캠페인에서 다시 제자리로 돌아왔다.

> 분열적인 정치적 담론으로 가득 찬 시대에 대부분 주요 기업들은 소비자를 화나게 만들 수 있는 견해를 표시하는 것을 피하며, 특히 과격한 미디어 캠페인을 통해 기업의 어떠한 의사결정도 보다 큰 사회적 입장발표가 되어버리는 때는 더욱 그렇다. 그럼에도 나이키는 아마도 현 동세대에 가장 논란이 되는 미국의 운동선수 캐퍼닉과 거액의 새로운 계약에 서명하였으며 그의 이름과 이미지를 새긴 브랜드 의류를 생산할 것이다.[95]

그 캠페인 슬로건은 "모든 것을 희생하더라도 믿는 대로 행동하라"였으며 사회적 행동주의 때문에 NFL(미식축구협회)에게 고용을 거절당한 전 샌프란시스코팀 쿼터백 콜린 캐퍼닉(Colin Kaepernick)을 광고 모델로 내세웠다.

> 캐퍼닉은 2016년 미국 국가가 울려 퍼지는 동안 인종주의에 저항하기 위해 무릎을 꿇었으며 몇몇 다른 선수들도 그를 따라 무릎을 꿇거나 팔짱을 끼거나 또는 주먹을 들어올렸다.[96]

광고에 캐퍼닉을 내세울 뿐 아니라 그와 장기계약을 하여 논란을 불러일으킴으로써 나이키는 잃어버릴 고객보다 더 많은 새로운 고객을 유치할 것이라는 계산된 위험을 감수한 것이다.

나이키의 전략은 캐퍼닉의 성조기 저항이 불경스럽다고 믿는 많은 고객

> 을 소외시킬 위험을 감수한 것이었다. …… 그러나 그것이 나이키의 젊은 고객층과 팬들로부터는 보상이 있을 수 있으며 …… 어떤 브랜드에서는 정치적 입장을 취하는 것이 승리를 가져다줄 이슈가 될 수도 있다는 신호가 되기도 한다. 미국에서 나이키를 사용하는 소비자의 2/3 이상이 35세 이하이며, 그들은 베이비부머 세대보다 훨씬 다양한 견해를 가지고 있다.[97]

오늘날 기업은 모든 이해관계자와 관련해 치밀한 브랜드 구축을 필요로 한다. 고용인, 생산자, 공급자 또는 투자자 등 어떤 입장이든지 기업의 매력은 브랜드의 힘과 직접적으로 연계되어 있다. CSR은 이해관계자를 구성하는 각 그룹의 요구를 고려해야 하기 때문에 기업 운영의 모든 측면에 영향을 미친다. 각각의 기능적 영역은 브랜드를 통하여 모든 다른 영역에 기초하여 이해관계자에 대한 기업의 복합적인 이미지를 창출해 낸다. 기업이 브랜드 창조를 위해 투자하는 어마어마한 양의 자원을 생각하면 CSR 관점으로 보는 브랜드 가치가 그 투자로부터 이익을 창출하는 데 핵심적인 구성요소가 되었음을 알 수 있다. 브랜드는 장기간에 걸쳐 시장에서의 호소력을 만들어 내는 핵심적 수단이 된다.

전략적 CSR 논쟁

발제 제안 : CEO는 사회적 의제를 진전시킬 의무를 가진다.

토론과 검토를 위한 질문

1. 오늘날 기업들에게 5가지 CSR 동인은 무엇인가? 이러한 5가지 동인 중 당신이 생각할 때 다른 것보다 더 중요한 한 가지는 무엇인가? 당신의 경험과 지식에 근거하여 사례를 들어 당신의 선택을 정당화해 보라.
2. 각각의 동인에 의해서 일어나는 변화를 잘 이용할 수 있도록 전략적 입지를 구축한 기업을 생각할 수 있는가?
3. 각각의 동인에 의해 변화하는 동적인 환경변화에 취약한 기업을 생각할 수 있는가?
4. 각각의 동인이 지금으로부터 10년 후에도 CSR 활동을 촉진할 것으로 생각하는가? 당신은 본 장에서 논의된 5가지 동인과 같은 정도로 미래의 CSR을 재형성할지 모르는 새로운 동인(예를 들면 종교와 기술)을 알고 있는가?
5. 소셜 미디어가 사회의 진보에 도움이 되는가, 아니면 방해가 되는가?

[I]

사례연구

종교

직장에서 종교의 역할은 CSR을 둘러싼 이해관계자의 관심사가 얼마나 다양한지 보여주는 좋은 사례이다. 기업에서 종교는 조직의 단합(분열이 아니라)에 얼마나 도움이 되는가? 기업이 운영 및 전략계획에 종교를 통합할 수 있는 방법은 무엇인가? 종교와 관련해 기업이 사회적 책임을 진다는 것은 무엇을 뜻하는가? 관용을 넘어서서 기업이 이슈별로 입장을 바꾸거나 또는 구성원 간 차별을 보이지 않으면서 이해관계자들의 종교적 요구에 어떻게 대응할 것인가? 종교에 관해서 사람들이 서로 동의하지 않는 경우 기업은 모든 사람들의 이익을 위해 어떻게 그 다양성을 존중해줄 것인가?

미국에서 인구통계조사를 통해 국가 단위의 종교 분포에 대한 확정적 통계를 수집하기란 어렵다. 종교는 민감한 주제이다. 그 예로서 연방법은 자발적인 경우를 제외하고는 어떠한 경우에도 통계조사에서 종교를 물어보는 것을 금지하고 있다. 그와 같이 많은 경우 자료는 자발적 보고의 결과이기 때문에 실제 행동에 대한 지표로 신뢰하기 어렵다.[1] 그러나 갤럽과 같은 다른 자세한 통계를 종합적으로 맞춰보면 미국의 종교 분포를 알 수 있다.[2]

> 인터뷰에 응한 미국 성인 중 49%는 신교도로 여전히 가장 많은 수를 차지하고 있다. …… 다음으로 카톨릭교도는 23% 그리고 모르몬교도는 대략 2%를 차지한다. 통계는 전체적으로 미국인의 약 3/4이 기독교 신앙을 가지고 있음을 의미한다.[3]

이러한 숫자들에 추가로 갤럽 보고서에 의하면 미국 성인의 6%가 비기독교인이라 응답했으며 약 20%는 무교였다. 갤럽은 이 자료를 근거로 "이전에 나타났던 변동이 안정화되었으며 특히 무교가 증가하고 있다"고 결론지었다.[4] 보다 최근에 이것이 더 사실일지 모르나 〈그림 I-1〉은 과거 15~20년을 되돌아보면 가장 큰 추세는 신교도나 카톨릭은 감소하였으며 그만큼 무교인 사람이 증가했음을 나타낸다. 그럼에도 불구하고 "기독교 미국의 종언"[5]이라는 과거의 주장과 반대로 다른 선진국에 비해 미국에서 종교가 더 큰 역할을 한다고 말할 수 있다. 자신의 삶에서 종교가 "매우 중요한" 영향을 가진다고 대답한 미국 성인의 수가 과거 35년 동안 지속적으로 50%를 넘고 있으며 1998년과 2003년에는 가장 높은 61%를 기록하였다. 그러나 그 후 감소하여 가장 최근에 나온 2017년 조사에서 51%(갤럽 조사 중 가장 낮은)를 기록하였다.[6]

"1/3 이상(1억 명 이상)이 복음주의자로 판단되며"[7] "절반 이상(55%)이 매일 기도한다."[8] 미국에서 종교는 사회 구조에 깊이 뿌리내리고 있다. 숫자가 요약해서 보여주듯이 다른 국가의 종교와 비교하면 보다 자세한 그림을 파악할 수 있다.

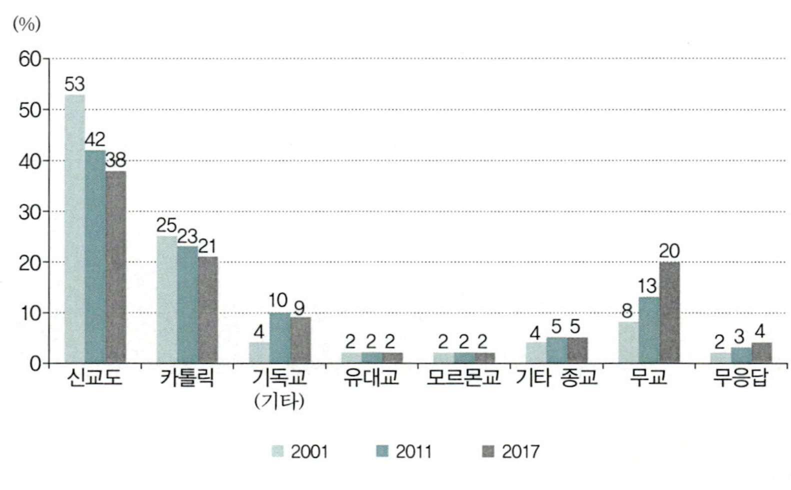

출처 : Gallup, Religion, https://news.gallup.com/poll/1690/religion.aspx.
주 : Survey of adult population in answer to the question "What is your religious preference?"

그림 I-1 미국에서 종교(2001~2017)

예를 들면 영국 인구통계조사에는 종교에 대한 질문이 포함되어 있다. 그 때문에 종교에 관한 정확한 정보가 보다 쉽게 이용 가능하지만(다음 인구통계조사는 2021년 예정) 영국 성공회 입장에서는 쉽게 해석할 수 있는 부분은 아니다.

> 대략 영국인의 3% 정도가 한 달에 최소한 한 번은 예배에 참석한다. 2011년 인구통계조사에 의하면 59%만이 자신을 기독교인이라고 말했는데, 그것은 10년 만에 13% 감소한 수치라는 사실이 보다 중요할 것이다. …… 기독교 세상(Christendom)의 개념, 즉 콘스탄틴 대제 이후 지속되어 온 기독교 세상은 영국에서 죽어가고 있다. 무신론자가 가장 많은 대륙에서 영국은 가장 세속적인 국가 중 하나이다.[9]

〈그림 I-2〉에서 최근의 인구통계조사 결과가 나타내듯이 영국에서 아주 많은 사람들이 종교가 없다고 밝히고 있다(41.5%). 2017년 영국 사회태도조사가 “영국 성인의 53%가 종교가 없으며 그 숫자는 2015년 48%에서 증가한 것”을 발

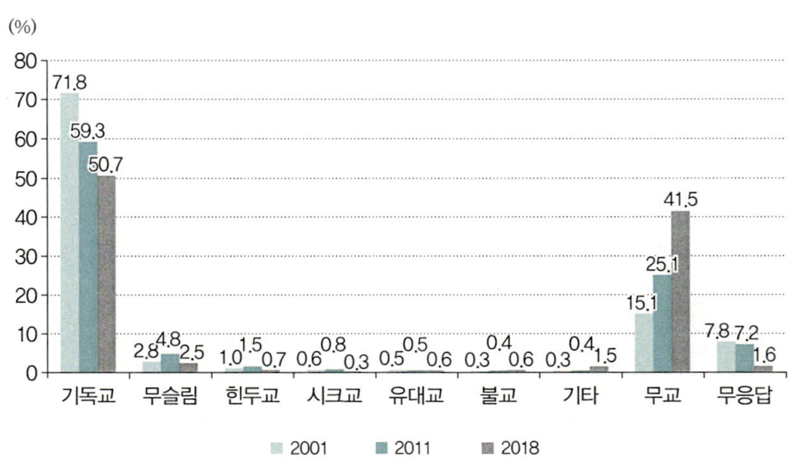

출처 : Office for National Statistics(UK), Census 2011, December 11, 2012, http://www.ons.gov.uk/ons/rel/census/2011-census/key-statistics-for-local-authorities-in-england-and-wales/rpt-religion.html.

그림 I-2 영국의 종교(2001~2018)

견하였지만 그 숫자는 보수적인 추정치이다.[10] 지난 15년 동안 "세례는 12%, 교회 결혼은 19% 그리고 교회 장례식은 29% 감소하였다."[11] 그러나 아마도 영국 성공회 입장에서 가장 우려하는 것은

> 24세 이하 성인의 오직 3%만이 자신이 복음주의자라고 밝히고 있으며 그것은 카톨릭 신자의 5%에도 못 미치는 숫자이다. 18세에서 24세의 성인 중 거의 3/4이 종교가 없으며 그것은 2015년 이후 9% 포인트 증가한 숫자이다.[12]

대조적으로 미국에서는 종교가 없다고 주장하는 사람들과 자신을 무신론자 또는 불가지론자라고 부르는 소수의 사람을 합친 숫자가 증가하고 있지만[13] 아직 높지는 않다. 이러한 차이가 일상생활에 반영되어 있는데 많은 영국인들이 이해하기 어렵다고 할 정도로 미국에서는 종교가 상당한 역할을 하고 있다.

> 애틀란타의 칙필레(Chick-fil-A) 본사 현판에는 치킨버거를 제공하기와 일요일에는 1,600개 매장의 문을 닫고 "신을 찬양하기"라는 미션이 쓰여 있다. 창업자 캐시(Truett Cathy)는 한때 "칙필레에서 일하기 위해 기독교 신자일 필요는 없지만 일을 할 때 성경의 가르침에 따르면 도움이 되므로 그렇게 해주길 바란다"[14]라고 말했다.

그 기업의 새로운 CEO인 캐시(Dan Cathy)[15]는 과거에 "일요일 휴점" 정책에 대한 질문에 다음과 같이 대답하였다.[16]

> 1946년 우리가 첫 식당을 개점했을 때는 이슈가 되지 않았다. 그러나 생활수준과 삶의 양식이 변함에 따라 사람들은 일요일에 보다 많은 활동을 하게 되었다. 다른 점포주인이 7일 동안 생산하는 것보다 우리는 6일 동안 더

많은 것을 생산했다. …… 우리는 이러한 과정을 계속할 생각이다. …… 모든 사람에게 공감을 얻기 어렵다는 점을 우리는 알고 있다. 그러나 우리는 가치를 공유하고 성경의 가르침에 따라 가게를 운영할 수 있는 나라에 살고 있다는 것을 신에게 감사한다.[17]

역설적으로 나라의 수반인 여왕이 동시에 성공회의 수반인 영국이 보다 무신론적이고 불가지론적인 반면에 헌법상 종교와 국가가 명백하게 구분되어 있는 미국[18]이 보다 공공연하게 종교적인 나라이다.[19] 그럼에도 영국에서도 미국에서만큼 많은 이슈가 제기되고 있다. 그 이슈들은 서로 다른 성격을 띤다. 예를 들면 영국에서는 성공적인 정치 경력에 종교가 치명적이다. 언론 보좌관인 캠벨(Alastair Campbell)이 블레어(Tony Blair) 영국 총리가 기독교에 대한 질문을 받았을 때 개입하여 "우리는 종교를 얘기하지 않는다!"[20]라고 말한 사례는 유명하다. 그와 반대로 미국에서는 정치적 후보가 신에 대한 믿음을 공공연하게(그리고 자주) 기꺼이 밝히지 않으면 대통령으로 선출된다는 것을 상상하기 어렵다. 결국 "미국인의 40% 이상이 무신론자 대통령 후보를 결코 찍지 않을 것이라고 말하며," "몇 개 주에서는 아직도 무신론자가 공직에 나가는 것을 금지하고 있다."[21]

미국의 정치 생활에서 종교의 성행은 특히 카톨릭에 적용된다.

1986년 거의 200년 만에 안토닌 스칼리아가 7번째 카톨릭 대법관으로 임명되었다. 브렛 카바노프가 6번째였다(카톨릭으로 자랐지만 영국 성공회 교회를 다녔던 네일 고수츠를 포함하면 7번째). …… 하원 위원 3명 중 1명이 카톨릭으로 역사적으로 가장 높은 비중이다. 2016년에 6명의 카톨릭 후보가 공화당 대통령 후보로 출마하였다.[22]

일상생활에서 종교의 강한 역할을 환영하는 많은 사람들의 열정은 논란이 많은 정치적 · 사회적 논쟁에까지 확대된다. 그처럼 정부가 종교적 자유의 범주에 대해 도를 넘게 개입하는 경우에 법원이 헌법상 권리를 지키기 위해 개입할 수 있다. 유명한 대법원 판례 Burwell v. Hobby Lobby(573 U.S., 2014)에서 종교적 신념에 기초를 둔 가족회사가 종업원 건강 보험혜택에서 피임을 제외할 것을 대법원이 허용하였다.[23]

> 동성 커플에게 결혼증서 발급을 거부한 켄터키주의 법원 서기를 포함한 일련의 작은 충돌(특히 정치적 반대자들 간의)이나 헤드스카프를 썼다는 이유로 에버크롬비 앤 피치(Abercrombie & Fitch)사에 일자리를 얻지 못한 무슬림 여성의 사례처럼 미국에서도 종교 자유에 관한 많은 분쟁이 있다.[24]

미국에서 종교 논쟁의 민감한 특성은 비록 사소한 것이라도 중대한 결과를 불러온다는 것이지만 영국에서는 종교를 둘러싼 사안들에 대한 민감성 결여가 이슈이다. 예를 들면 이전에 영국항공의 종업원이 "작은 십자가상" 목걸이를 했다는 이유로 정직을 당한 사례가 언론의 집중 조명을 받았다. "종교적 차별"이라는 비난에 대한 반박으로 영국항공은 "유니폼 정책"이라는 말을 앵무새처럼 반복하였다.

> 유니폼 정책에 따르면 종교적 상징을 가진 보석을 종업원이 착용할 수는 있지만 유니폼 아래에 숨겨야만 한다. 그러나 터번, 히잡 그리고 뱅글과 같은 아이템은 "유니폼 아래에 숨기는 것이 현실적으로 어렵기 때문에" 착용이 허용된다고 말했다.[25]

비슷한 시기에 영국 정부의 한 장관이 수업 시간에 베일을 쓴 무슬림 교사를 비난하여 영국 사회의 세속적 특성에 관심을 집중시켰다.[26] 그는 그 베일이 영국 내에서 "평행사회(parallel communities)"[27]를 만들어낼 것이므로 만약 가능하다면 "무슬림 여성이 얼굴을 가리는 베일을 쓰지 않았으면 좋겠다"라고 제안하였다.[28] 종교적 상징에 대한 유사한 논쟁은 최근에 유럽[29], 캐나다 퀘벡[30] 그리고 러시아[31]에서 대두되었다. 그 대립으로 인하여 미국의 고용기회위원회(Employment Opportunity Commission)와 영국의 평등과 인권위원회(Equality and Human right Commission)와 같은 기구에 차별에 대한 많은 불만이 신고되었다.[32]

영국에서 신을 믿지 않는 사람들이 높은(그리고 증가하는) 비중을 차지하고 있다는 것은 종교적 민감성이 결여되었음을 보여준다. 반대로 미국에서는 종교에 대한 민감성이나 인식 부족보다는 종교의 고압적 태도의 영향에 대해서 우려하는 경향이 강하다. 기독교 우파(Christian Right)의 정치적 영향력은 잘 알려져 있다. 그들은 로비를 통해 기업 정책에도 영향을 미치려 시도한다. 예를 들면 폭스 뉴스와 다른 우익 논평[33]이 "크리스마스의 전쟁"이라 비난하는 영업정책 때문에 매년 스타벅스는 함정에 빠진다.

> 휴일 시즌의 스타벅스 컵 설계에 대한 논란은 매년 추수감사절과 설날 사이의 5주 동안 이루어지는 종교의 역할과 자유주의에 관한 문화전쟁의 하나의 단면에 불과하다. …… 2015년에 스타벅스는 사슴이나 크리스마스 트리와 같은 전통적 휴가기간의 상징을 제거하고 보다 최소화된 붉은 디자인으로 바꾸겠다고 발표하였다. 그 당시 스타벅스는 성명서를 발표해 "소속감, 포용 및 다양성의 문화를 창조하기를" 원한다고 말했다. …… 그것을 정치적 정당성을 주장하는 미친 행위라고 생각해 화난 사람들은 온라인에서 반발을 일으켰다.[34]

그러나 미국의 CSR 논의에서 종교는 보다 가벼운 측면도 가지며 평론가들은 자신들의 메시지를 전달하기 위해 유머를 섞기도 한다. "예수는 어떤 자동차를 몰 것인가?" 캠페인이 만들어진 것이 그 예이다. 기독교 정통 환경 단체인 복음환경네트워크(Evangelical Environmental Network)가 그 캠페인을 후원하였다. 그 캠페인의 목적은 미국의 도로를 달리는 SUV, 밴, 픽업트럭의 환경 영향을 줄이고자 하는 것이다.

> 오늘날 교통 수단은 도덕적 선택이자 기독교적 성찰의 한 이슈가 되었다. …… 그래서 예수는 어떤 차를 몰 것인가? 우리는 미국 자동차 산업에 보다 연료 효율적인 차를 만들기를 요구한다. 그것은 가치에 관한 일이다.[35]

교통 수단 이슈를 확대한 예로서 영국에서 무신론을 확산시키기 위한 무신론자 런던 빨간 버스 캠페인이 시작된 일을 들 수 있다. 그 광고는 도킨스(Richard Dawkins, *the God Delusion* 저자)[36]와 같은 널리 알려진 무신론자의 지지를 받았는데 "아마도 신은 존재하지 않는다. 걱정을 멈추고 이제 인생을 즐겨라"[37]라고 말하고 있다.

종교와 자본주의

뿌리 깊은 신앙을 가지고 있거나 또는 느슨하게 연결되어 있거나 상관없이 이해관계자들 중 많은 사람에게 종교는 중요한 일이기 때문에 기업이 그것을 무시하긴 어렵다. 따라서 CSR 논쟁에서 중요한 질문은 다음과 같다. 종교와 비즈니스는 어느 정도 양립 가능한가?

프란치스코 교황은 그의 첫 번째 사도권고(Apostolic Exhortation)인 『복음의 기쁨』(Evangelii Gaudium, *the joy of gospel*, 2013)[38]과 환경에 관한 교황의 회칙인 『찬미받으소서』(Laudato Si, *Be Praised*, 2015)[39]에서 이 토론에 참여하였는데, 해당 자료들에서 교황은 자본주의의 착취에 대해 매우 비판적이었다. 이것은 레오 13세 교황의 회칙인 *Rerum Novarum*(『노동헌장』, 1891)[40]으로 거슬러 올라가는 카톨릭 교회 내의 전통을 이은 것이었으며, 그 회칙에는 "이익을 추구하기 위해 인간을 사물과 같이 취급하거나 또는 물리적인 힘을 위해서만 사람의 가치를 매기는 것은 진정으로 부끄러운 일이며 비인간적인 것이다"[41]라고 쓰여 있다.

시장경제의 결과와 종교의 목적이 일치할 수 있는 잠재력을 찾으려 노력하는 사람들이 있다. 프란치스코 교황의 'Laudato Si'에 대응하여 뉴욕타임즈의 브룩스

(David Brooks)는 자본주의가 사회 진보를 가져올 수 있는 힘과 영감에 대해 다음의 견해를 제시하고 있다.

> 그 회칙 전반을 통해 시사하고 있는 도덕적 전제는 가장 받아들이기 어려운 것인데 유일한 합법적 인간관계는 열정, 조화 및 사랑에 근거를 두고 있으며, 자기이익 추구와 경쟁에 기초를 둔 계약은 내재적으로 파괴적이라 주장하고 있다. …… 우리가 인간 역사에서 빈곤을 가장 크게 감소시키는 생활을 해왔다는 것을 회칙 어디에서도 결코 찾아볼 수가 없다. 역설적으로 세련되지 않지만 생동감 있는 자본주의가 아시아에서 중산층의 엄청난 확산과 인간 존엄성의 큰 진전으로 이어졌다. 미국에서와 같이 세계 많은 지역에서 강과 하늘이 보다 깨끗해지고 있다는 것을 결코 알 수 없을 것이다. 역설적으로 부자가 되기 위한 경쟁은 환경을 깨끗하게 만드는 데 사용할 부를 생산해 낸다.[42]

실제로 종교는 비즈니스와 오랫동안 복잡한 관계를 유지해 왔다. 그 사례로 영국의 퀘이커교도('친구들의 종교 사회')를 들 수 있는데 그들은

> 정부, 교회 또는 법률기관의 취업이 금지되어 있으며, 병역을 거부하는 평화주의 때문에 상업에만 종사하도록 강요되었다 …… 그들은 높은 수준의 윤리 기준 때문에 술, 도박 또는 무기를 만드는 일에는 관여할 수 없었다. 따라서 식료품 거래가 자연스럽게 그들의 대안이 되었다. 영국의 대형 초콜릿 왕국인 캐드베리(Cadbury), 프라이(Fry) 그리고 론트리(Rowntree)는 모두 퀘이커교도였다. 형제에 대한 그들의 믿음은 후견적인 고용 관행으로 이어졌다. 그들은 종업원들을 위해 보육시설, 운동시설과 헬스케어 시설을 갖춘 정원도시를 건설하였다 …… 그들은 협력과 사회적 봉사가 돈을 버는 데 필요할 뿐 아니라 동시에 자연스러운 부가물이라고 믿었다.[43]

미국에서 "뉴잉글랜드의 청교도 정착민들은 청교도 정신과 자본주의라는 두 가지 아이디어로 미국을 이끌고 나갔다." 그 결과 많은 사람들이 비즈니스가 "사람과 마찬가지로 종교적 보호를 받을" 권리를 부여받았다고 믿고 있으며[44], 기업들은 직장 내 종교적 다양성을 수용하도록 압력을 받고 있다.

> 연방민권법은 공기업과 사기업이 종업원의 종교적 요구가 최소한의 원가를 초과하여 부담이 되지 않는 한 수용하도록 요구하고 있다. …… 거대 회계법인인 EY는 …… 근로자들을 위한 포용적 환경 구축에 성공하였다. 그 법인은 뉴욕 본사와 모든 캐나다 사무실에 종업원이 쉬고, 사색하고, 기도하거나 약을 복용할 수 있는 "격리실"을 만들었다. 또한 그 법인은 일정표에 회의나 행사 때 고려할 수 있도록 제한적 식단을 설명한 정보지뿐 아니라 작업 스케줄 작성에 도움을 주기 위해 주요 종교 및 문화적 휴일을 포함시켰다.[45]

메인주의 탐스(Tom's)사 CEO인 채플(Tom Chappel)은 매일의 일상생활에 어떻게 종교를 통합시킬 수 있는지 보여주는 좋은 사례이다.[46] 그는 회사에 휴가를 내고 하버드 신학교에서 보낸 시간에 대해 "그 시간은 '내 인생의 모든 경우에 적용할 수 있는 세계적인 시각'을 제공해주었다. 보다 철저히 자신의 비즈니스에 가치를 통합시키는 것에 대해 더 이상 사과하지 않아도 된다는 것을 느꼈다"라고 말했다.[47] 이와 유사하게 도덕 및 사회 철학자인 마이클 노박(Michael Novak)은 "자본주의의 신학적 · 도덕적 케이스"를 만드는 것에 문제를 느끼지 않았다.

> 『민주자본주의의 정신』(1982)에서 그는 자유, 개인의 가치 그리고 유대기독교 원칙에 기반한 조적적으로 우월한 시스템으로서 자본주의 방어를 개시하였다. 자본주의는 가난한 사람들을 비참한 상황에서 구하고 도덕적 성장을 촉진할 수 있는 유일한 경제시스템이라고 그는 주장하였다.[48]

일반적으로 자본주의와 종교 간에 갈등이 존재하는지에 관한 논쟁은 신념을 가진 사람들에게 도덕적 도전을 제기하는 비즈니스의 다양한 측면으로 확장된다. 예컨대 평론가들은 금융업에서 성공하면서 동시에 도덕적 · 종교적인 강력한 나침반에 대해 진실되기는 어렵다고 말한다. UBS 은행의 부회장인 코스타(Ken Costa)[49] 같은 사람들은 "지난 30년 동안 직장에서 기독교도로 사는 것이 오히려 갈수록 어려워지고 있다. 금융시장은 보다 변동성이 커졌고 의사결정은 보다 복잡해졌다. 직장은 살벌한 현장인데 거기에서 매일 마주치게 되는 현대 사회의 상거래와 스트레스와 모호함에 의해 신념이 검증받고 더욱 단련된다"라고 주장한다.[50] 이와 유사하게 저스틴 웰비(Justin Welby, 캔터베리 주교)가 은행업 기준에 대한 정부조사 위원장을 맡으면서 말한 바와 같이 "인간의 죄와 실패에 관한 기독교인의 관점에서 보면 효율적 시장시스템은 작동하지 않고 있다. …… 사람들은 특히 시장에서 합리적 의사결정을 하지 않는다."[51] 그러나 UBS의 코스타는 종교와 금융의 양립이 불가능하다고 실망하기보다는 자신이 선택한 경력을 지지하는 많은 근거를 성경에서 발견하고 있다.

> 재능에 관한 우화(누가복음 19 : 11 – 27)에서 주인의 돈으로 투자한 두 하인은 상을 받았지만 반면에 자본을 지키기 위해 아무런 위험을 감수하지 않았던 한 명의 하인은 벌을 받았다. 그리고 그는 추종자들에게 다음과 같은 말을 한 감리교도 웨슬리(John Wesley)를 언급하고 있다. "너가 얻을 수 있는 모든 것을 얻으라. 단, 너 자신과 이웃을 해치지 말라."[52]

보다 넓게 보면 비디오 게임 회사 일렉트로닉 아츠(Electronic Arts)의 공동창립자인 에반스(Dave Evans)는 "단순히 교회 일이 아니라 모든 일이 신성하다. …… 일 그 자체가 가치를 가지고 있다. 일을 위한 일을 하도록 자신을 훈련하거나 또는 그것을 신에 대한 봉사로 보는 것은 크나큰 반문명적 행위이다"라고 말했다.[53] 그러나 금융 산업에서는 서로 다른 종교 간에 참여와 성취에 대한 모든 종교적 장애물을 극복하기 위해 가장 공개적인 노력을 기울여 왔다.

이슬람 금융

종교세계와 금융이 양립 가능하다는(또는 최소한 충분한 잠재적 이익이 있는 경우 시장이 종교적 요구에 적응할 수 있다는) 증거는 이러한 신념에 근거를 둔 뮤추얼 펀드의 급속한 성장과 사회적 수용에서 찾을 수 있다.

> 신념에 기초를 둔 뮤추얼펀드는 주어진 종교 또는 종파의 교리를 위반하는 회사의 주식을 걸러낸다. 예를 들어 무슬림 자금은 돼지고기 생산과 관련된 기업에 투자하지 않고 카톨릭 자금은 피임도구 제조 회사를 회피할 수도 있다.[54]

따라서 어떤 면에서 종교와 자본주의가 잘 맞을 수도 있다. 자본주의가 유대와 기독교 정신에서 형성되었으며, 자본주의를 "도덕적 노력"[55]이라고 간주하는 미국에서는 특히 그러하다. 더구나 돈은 항상 있게 마련이다. 22억 명의 기독교인[56]과 20억 명의 무슬림[57]이 있어 종교는 수익성이 매우 높을 수 있다. 미국의 무슬림 인구는 2050년까지 8백 십만 명에 이를 것으로 예측되며 …… 이미 "약 천억 달러의 소비능력을"[58] 가지고 있다. 그 때문에 기업들은 할랄 음식[59]과 "이슬람 패션"[60]과 같은 무슬림 인구에 어필할 수 있는 맞춤형 제품의 출시를 가속화하고 있다.

> 라마단은 이제 영국의 슈퍼마켓에게 큰 비즈니스이다. 그것은 크리스마스와 부활절 축제 다음으로 큰 판매 행사이다. 테스코는 최근에 무슬림 소비자 시장을 표적으로 하기 시작했으며, 그 혜택을 수확하고 있다. 그 회사는 영국 슈퍼마켓의 할랄 음식 총 매출의 절반을 차지하고 있으며, 올해 라마단

세일 기간에 약 3천만 파운드(4천 3백만 달러)의 매출을 기대하고 있다.[61]

그러나 종교와 금융이 항상 행복하게 공존했던 것은 아니다. 전통적으로 주요 종교는 고리대금업(과도한 이자를 부과하는 것)을 거부해 왔다. 초기 기독교 교회는 이자의 수령 또는 부과를 금지했으며, 단테는 고리대금업자들의 업보에 대해 파문이라는 형벌[62]로서 '지옥'의 세 번째 단계에 특별한 재앙을 예약해 두었다.[63] 정해진 기간 동안 빌려준 돈에 대해 다른 사람에게 이자를 부과하는 것은 "재화를 거래하는 것이 아니라 시간을 거래하는 것이며 그것은 신의 일이다"라고 생각되었다.[64]

성경의 구절에 근거하여 — 넘어진 자들은 (이마의 땀으로) 살아야 한다(창세기 3 : 19). "돈을 빌려주되 그 대가로 아무것도 기대하지 말라"(누가복음 6 : 35)라고 예수는 추종자들에게 말하였다. 중세의 신학자들은 이자를 받고 돈을 빌려주는 것을 죄악으로 간주하였다. 아리스토텔레스의 말에 근거하여 토마스 아퀴나스는 남색처럼 고리대금업이 자연을 거스르는 일이라고 생각했는데, 그것은 "돈 그 자체가 아니라 자연 재화부터 돈이 증식되는 것이 자연과 합치되는 것"이기 때문이다.[65]

물론 지나치게 높은 이자가 무엇인지는 문화와 시간에 따라 다른 상대적 질문이다. 그리고 "얼마가 적당한지"는 논쟁거리가 될 수 있다.

고대 바빌론의 통치자였던 함무라비는 연간 이자 한도를 33.5%로 정하였다. 줄리어스 시저의 암살자인 브루투스는 법정 한도가 12%였음에도 불구하고 48%의 이자를 부과해서 비난을 받았다. 아리스토텔레스는 이웃에게 소를 빌려준다면 빌려간 동안에 소가 송아지를 낳을 수도 있지만 돈은 "과실을 맺지" 않기 때문에 빌린 돈에 대한 이자는 지급하지 말아야 한다고 주장하였

다.[66]

돈(또는 돈을 추구하는 것)은 부패의 영향력을 지니는데 그러한 돈은 본질적으로 3가지 목적에 부합해야 한다. 즉, 교환 가능해야 하고 안정적(시간에 따라 가치를 유지해야 함)이어야 하며, 가치측정이 가능해야 한다. 여러 가지 서로 다른 형태로("차, 소금 및 가축이 화폐로 사용되어 왔다")[67] 돈은 수천 년 동안 인간 사회에서 사용되어 왔다. 서양 사회에서 터키가 BC 650년 이전부터 금과 은을 교환 수단으로 사용해 온 반면, 종이 화폐는 대략 서기 천 년이 되어서야 중국에서 유통되기 시작하였다.[68] 그러나 화폐가 존재하는 한 그것을 가진 사람들에 대한 반감이 있어 왔다.

> 예수는 환전상들을 사원에서 축출하였다. 티모시(Timothy)는 "돈을 사랑하는 것은 모든 악의 근원이다"라고 말한다. 무하마드는 고리대금업을 금지하였다. 유대인들은 이자를 'nesba'(물어뜯기)라고 불렀다. 카톨릭 교회는 1311년에 이자를 금지했다. 단테는 대여업자들을 7번째 지옥에 넣었는데 그곳은 소돔의 주민들과 "다른 부자연스러운 악덕업자들"[69]이 있는 곳이었다.

이자는 신용의 파트너이다. 오늘날 이자는 신용에 근거하여 이루어진 대출에 부과되는데 차입자가 대출을 미래에 되갚을 의무를 떠안겠다는 상호이해 하에 이루어진다. 예수가 "'대가를 바라지 말고 빌려주어라'(누가복음 6 : 35)라고" 제자들에게 말했을지 모르겠지만[70] 대출업자들은 그렇게 이타적이지 않다. 차입자는 빚을 갚는다는 약속과 함께 대출인이 차입자에게 돈을 빌려주면서 떠안게 되는 위험 수준에 대해 수수료를 지불할 것에 동의한다. 이러한 위험은 대출상환의 가능성 및 자금 수요에 대한 경쟁과 같은 변수들에 따라 변동한다. 그뿐만 아니라 서로 말하지 않는 상호신뢰라는 요소가 있다. 즉, 당신이 갚을 것이라고 내가 믿기 때문에 돈을 빌려준다. 국채가 액면을 보장해줄 거라는 믿음 때문에 자금대여자는 은행어음을 지급한다.

금융용어 어원

우리가 당연한 것으로 받아들이고 있는 단어의 어원을 이해하는 것은 그 단어의 원래 의미에 대한 통찰력을 주기 때문에 가치가 있다. 달리 말하면, 오늘날 어떤 단어가 어떻게 쓰이고 있는지와 관계없이 처음에 어떤 의도로 사용되었는지 이해하는 것은 교훈적이다.

은행 : "이 단어는 탁자 또는 벤치를 의미하는 이탈리아어 'banco'에서 유래되었는데 그것은 옛날에 금융업자가 탁자에 모여 앉아 어떻게 거래하였는지를 말해주는 것이었다."[71]

회사 : 회사란 단어는 라틴어인 'campino'에서 왔는데 직역하면 원래 "빵을 같이 나누다"[72]를 의미한다.

신용 : "신용이라는 단어의 뿌리는 라틴어 '나는 믿는다'이다."[73]

금융 : 이 단어는 "프랑스어 finir(끝내다)"에서 왔다. 본래 돈은 "목적을 위한 수단으로 이해되었으며, 거래를 성사시키거나 잘못에 대한 보상을 위한 한 번의 거래를 의미한다. 돈거래 비즈니스 그 자체가 목적이 된 것은 몇 세기에 지나지 않는다."[74]

돈 : 이 단어는"화폐를 찍어 내는 화폐주조 장소, 주조된 돈, 돈, 주조화폐"를 의미하는 라틴어 'moneta'로부터 유래되었다. 본래 로마의 여신인 주노(Juno)의 사원에서 돈을 주조했는데 Moneta는 그 여신의 직위 또는 성[75] 을 의미한다.

위험 : 이 용어는 돈을 빌려줄 때 비용을 보상하기 충분하다고 생각되는 금액, 즉 이자의 완곡한 표현인 토스카나어 'rischio'에서 유래되었다.[76]

급여 : "병사들은 아주 소중한 사람들이어서 로마 군대에서 가끔 돈 대신에 소금으로 월급을 받았다. 그들의 월 수당을 'solarium'이라 불렀다('sal'은 라틴어로 소금을 뜻한다)."[77]

금융위기가 명백하게 보여준 바와 같이 신뢰가 없으면 우리 경제시스템은 붕괴한다. 오늘날 세계 경제시스템은 신용에 기초를 둔 서로 맞물려 있는 금융시스템에 기초를 두고 있다. 신뢰가 이러한 모형을 뒷받침하고 있지만 이익 유인이 차입자와 대여자 간의 관계를 왜곡해 왔다는 것 또한 사실이다. 금융위기를 일으킨

원인이 '고리대금업의 합법화'[78]였다고까지 주장하는 평론가들도 있다. 이러한 주장에 따르면 미네소타주가 다른 주에서 온 은행이 신용카드 대출에 부과하는 이자에 엄격한 한도를 강제화하는 것을 금지한 1978년 미국 대법원 판례가 문제의 근원이다.[79] 그에 대응하여 다른 주들도 전국 은행이 다른 지역으로 옮겨가는 것을 방지하기 위해 유사한 법들을 신속하게 폐지하였는데 그것이 오늘날 신용카드 회사와 은행이 원금을 갚을 수 없는 소비자에게 무제한의 신용을 제공하고 이자를 부과하는 유인을 가지게 만들었다.

> 만약 당신이 "It's A Wonderful Life"의 Mr. Potter이며 당신이 빌려준 돈의 6~7%만 이자로 받을 수 있다면 그 대출을 회수하길 원할 것이다. 도덕적 특성은 중요하다. 모든 사람을 매우 주의 깊게 살펴보길 바란다. 그러나 만약에 당신이 30%를 부과하거나 또는 급여 가불대여의 경우 200% 또는 300%를 부과할 수 있다면 많이 신경 쓰지 않을 것이다. …… 사실 당신은 그 대출을 회수하려 하지 않을 것이다. 당신은 사람들이 채무자가 되기를 원한다.[80]

오늘날 서구 사회의 금융과는 반대로 이슬람법(즉, 'sharia', 문자 그대로 '방법'을 의미하며, 'shriah' 또는 'shari'a'로 알려져 있는)[81]은 이자('riba')[82]를 금지하고 있다. 돈은 비즈니스와 재화의 거래를 가능하게 하기 위해서만 사용해야 하고 그 자체로 거래 대상이 되는 상품이나 투기 수단이 될 수 없다. 달리 말하면 돈은 더 많은 돈을 벌기 위해서가 아니라 무언가를 창조하기 위해 사용해야 한다. 그것은 "선지자 무하마드가 부채는 처음에 빌려준 금액만큼 되갚아야 한다. 제공된 돈에 대해서는 담보가 제공되어야 하며 금융상품이 거래되는 경우에는 액면금액에 거래하여 은행이 부채를 재포장하여 팔지 못하게 해야 한다"[83]라고 말했기 때문이다. 그 결과 112개국의 20억 신도로 이루어진 총 수조 유로에 이르는 할랄 시장이 독실한 무슬림 투자자들에게 엄청난 새로운 시장이 된다.[84] 그들은 자신들의 신념과의 갈등 때문에 자신의 원칙에 대해 타협하거나 또는 현대식 금융을 피하도록 강요받아 왔다.

따라서 이슬람 금융은 무슬림들이 자신들의 종교적 원칙에 충실하면서도 현대 금융에 참여할 수 있는 방법을 제공한다.[85] 이자 지급 대안에 기초하면서도 이와 유사한 수익을 제공하는 은행들이 개발한 이슬람법 준수 금융상품이 이것을 가능하게 하였다. 이러한 대안들은 "단순한 대출이 아니라 기업가정신을 포함함으로써 이슬람 사회에서 허용되는 거래, 이익배분, 리스 등에 기술적인 기초를 두고 있다."[86] 투자의 이슬람법 준수조건 충족을 위해 은행들은 발행 당시 이를 준수하는 상품을 개발하고 검증하는 데 도움을 줄 이슬람법 학자(무슬림 성직자)로 구성된 이사회를 임명한다. 현재 헌신적인 무슬림들은 이슬람교 율법학자와 같은 인정된 이슬람법 학자가 파트와(이슬람 법에 따른 결정이나 명령)를 발행하여 승인한 경우에만 그러한 금융상품을 산다.[87]

모든 금융상품과 같이 이슬람법 준수 투자상품은 모기지, 채권(sukuk)[88], 뮤추얼펀드 및 주식에 이르기까지 다양하며 각각 이슬람법 준수를 보장하는 규칙을 가지고 있다. 예를 들어 독실한 무슬림이 이슬람법을 준수하기 위해서는 보통 '이자라(ijara)'라는 방법으로 모기지를 사용한다. 일반적으로 은행이 주택구매자에게 재산 구입 자금을 빌려주고 그 부채를 갚을 때까지 이자를 부과하는 것과는 달리 '이자라'에서는 은행이 주택구입자를 대신해서 재산을 구매하고 주택구입자는 일정 기간에 걸쳐 원금을 갚게 되며 동시에 그 기간 동안에는 재산 사용 대가로 리스료를 지급한다.[89] 이와 유사하게 이슬람 채권(sukuk)이 이슬람법을 준수하여 '이자 지급 대신에 그 채권을 보증하는 기초 비즈니스로부터 발생하는 이익을 투자자들에게 준다'는 것이 중요하다.[90] 주식에서도 무슬림 투자자들은 (직접 또는 간접적으로) 이슬람법 준수 뮤추얼펀드를 통해서만 기업에 투자할 수 있다.

> 이슬람법 준수를 위해서 기업들은 카지노를 운영하거나 담배, 술, 돼지고기 또는 음란물을 팔 수 없으며 부채는 지분의 30%를 초과할 수 없다. 그러한 규칙을 적용하면 마이크로소프트, 사우스웨스트 항공, 나이키 등과 같은

S&P500 지수에 속하는 기업들의 절반 이상이 제외된다.[91]

이슬람 금융을 떠받치고 있는 원칙이 7세기부터 있었지만 현재 이슬람법을 준수하는 투자는 1960대에 처음 개발되었다.[92] 그 이후 이슬람 금융시장의 규모는 기하급수적으로 성장하여 "지난 10년 동안 매년 10~12% 성장하여 2조 달러를 기록하였다."[93] 이슬람 금융의 높은 성장률을 예측할 수 있는 한 가지 이유는 "글로벌 금융시장 자산규모에 차지하는 비중이 아직 1%에도 못 미치기 때문이다."[94]

이슬람 금융 산업의 급속한 성장은 페르시아만 산유국들의 확산으로 생긴 돈에 의해 처음 점화되었으며[95], 서구 사회의 은행(씨티은행, HSBC 및 골드만삭스와 같은)은 시장 잠재력이 명백해진 후에야 비로소 관심을 갖게 되었고 점점 높아지는 인식 수준이 서구 사회의 무슬림 커뮤니티에 변화를 촉진시켰다. 그러나 이슬람 국가들 중 비록 두바이 이슬람 뱅크('세계 최초의 이슬람 은행')[96]가 1975년에 설립되었지만 이슬람 금융의 확산과 상품 혁신의 선도적 원천이 된 것으로 알려진 곳은 말레이시아이다.[97] 1983년에 말레이시아 정부가 이슬람 금융법을 통과시키고 뱅크이슬람을 설립하였는데 그 은행의 첫 대출 10여 년 후에 "사우디아라비아 성직자가 그 전례를 따른 것이었다."[98] 다양한 측면에서

> [말레이시아]는 세계에서 가장 중요한 이슬람 금융센터이다. 자산 기준으로 이슬람법 준수 금융의 규모는 말레이시아 국내 금융의 20%를 조금 초과한다. 이슬람 국가의 평균은 대략 12%이며 때로는 그보다 훨씬 적다. 말레이시아는 이슬람 채권의 글로벌 시장을 지배하고 있다. 말레이시아는 2002년에 세계 최초로 국가 이슬람채권을 발행하였다. 말레이시아는 또한 국제 기준 기구인 이슬람 금융서비스 보드(Islamic Financial Services Board)의 본부이기도 하다.[99]

서구 사회에서는 영국이 '세계적으로 이슬람 금융 산업의 중심'이 되기 위해 적극적으로 마케팅해 왔다.[100] 1980년대부터 이슬람법을 준수하여 거래를 해 온 "영국은 전통적 금융과 이슬람 금융이 똑같은 환경에서 경쟁할 수 있도록 하기 위해 재정 관련 법률을 수정한 최초의 EU국가였다." 그리고 비이슬람 국가 중 처음으로 100% 이슬람법 준수 소매금융은행인 영국이슬람은행(Islamic Bank of Britain ; IBB)[101]을 설립하였으며, 2014년에는 이슬람 세계 외에서 이슬람 채권을 발행한 최초의 국가가 되었다.[102]

이슬람 금융 시장의 급격한 성장에 상응하여 FTSE('이슬람법 준수로 완전히 인증받은' 일련의 이슬람법 준수 지수를 출범시킨)를 포함한 이슬람 고객들을 위한 조직들도 성장하였다.[103]

> 싱가포르 정부는 2014년에 이슬람 채권(sukuk)을 발행한 최초의 비이슬람 금융기관 중 하나였으며 영국, 룩셈부르크 및 홍콩이 그 뒤를 이었다. …… 기업들도 바로 이를 따랐는데 골드만삭스나 GE캐피탈 역시 과거 몇 년 동안 이슬람 채권을 판매하였다.[104]

이슬람 금융 옹호자들은 금융위기의 여파로 신용과 이자에 기초를 둔 글로벌 금융시스템의 재구성을 원하는 사람들에게 발전의 길을 제시하였다고 주장한다.[105] 세계 금융 산업과 마찬가지로 이슬람 금융도 세계적 불황에 부정적 영향을 받았지만 "금융위기 동안 이슬람 은행은 하나도 망하지 않았다."[106] 이와 함께 이슬람 금융은 규모뿐만 아니라 제품(예를 들면 "이슬람 미소금융")[107] 및 기술(예를 들면 "이슬람 핀테크")[108] 측면에서 그리고 지역적으로(예를 들면 "아프리카 이슬람 은행") 성장하고 있다.

> 사하라 이남 아프리카는 총 이슬람 금융의 2%도 안 되는 비중을 차지하고 있지만 특히 유망한 지역이다. 그 대륙의 무슬림 인구는 2억 5천만 명이며

증가하고 있다. 세계은행에 따르면 3억 5천만 명에 이르는 아프리카 인구가 은행계정을 갖고 있지 않다.[109]

그러나 또 다른 사람들은 이슬람 금융 산업이 사실은 서구 금융과 다르지 않으며 단순히 이익 추구를 위해 규칙을 뒤엎는 것이라고 생각한다.[110] 금융상품의 이슬람법 준수 여부를 인증해주는 무슬림 성직자들이 종교와 자본주의 간의 내제된 긴장관계를 뒤집기 위해 전 세대에 걸쳐서 취해진 조치에 따라 행동하고 있다고 비평가들은 주장한다.

대략 1220년에 교회법학자 히스파누스(Hispanus)는 비록 고리대금업이 금지되었지만 차입자가 늦게 상환한 경우에 대여자가 수수료를 부과할 수 있다고 제안하였다. 상환 예정일과 실제 상환일 사이의 기간, 즉 히스파누스가 'interesse'라고 부른 것은 말 그대로 "in between is"를 의미한다.[111]

이러한 사고들이 제안하는 바는 이슬람 금융이 액면금액에 대한 엄격한 제한에 맞게 설계되었으나 사실은 "전통적 부채 및 모기지 계약과 수학적으로 동일한 가짜 이슬람 금융상품을" 만들어 내는[112] 최근의 진화된 금융상품에 불과하다는 것이다. 이 비평가는 "오늘날 금융 산업은 이슬람 금융의 원칙에 충실하게 따르기보다는 전통적인 금융상품을 역설계하여 이슬람법 준수 상품으로 전환하는 데 초점을 맞추는 전통적 은행가들이 주류를 이루고 있다"[113]라고 말하고 있다. 노골적인 상징주의를 넘어서서 합법성에 대한 주요 장애는 "이슬람 금융이 여전히 공유하고 있는 기준이 없다"는 것이다.[114]

이슬람 율법 준수에 대해 글로벌 기준이나 지배적인 권위 있는 기관이 없다. 말레이시아와 같은 일부 국가에는 중앙 이슬람 금융위원회가 있다. UAE를 포함한 다른 국가들은 그러한 위원회가 없이 유명한 학자의 거래 심사 지도에 발행기관과 투자자를 맡기고 있다. 그들 간에 때때로 의견 불일치가 일어나곤 한다. …… [교리에 대한 최근의 갈등은] 일관성 있고 합의된 기준 제정의 필요성을 강조하였다.[115]

전략적 CSR 논쟁

발제 제안 : 종교는 직장에 속하지 않는 사적인 영역이다.

토론과 검토를 위한 질문

1. 당신의 인생에서 종교는 어떤 역할을 하고 있는가? 당신이 살고 있는 사회가 점점 더 또는 덜 종교적으로 변하고 있다고 생각하는가? 그것은 좋은 것인가 또는 나쁜 것인가? 그것이 중요한가?
2. 무신론자 버스 캠페인의 런던버스 광고 사진을 찾아보라. 그리고 https://humanism.org.uk/about/atheist-bus-campaign/를 보라. 당신은 어떻게 반응했는가? 당신은 그 버스가 도발적이라고 생각하는가? 그 이유는 무엇인가?
3. 금융 산업 경력에 관심이 있는가? 당신은 금융 산업에서 일하는 것에 대해서 종교적인 혹은 도덕적 우려를 가지고 있는가? 당신의 도덕적 또는 종교적 가치에 기초하여 피하고 싶은 직업이나 산업이 있는가?
4. 이슬람 금융 산업이 "이름만 다를 뿐이지 이자부 대출"을 생산해낸다는 비난에 대한 당신의 생각은 무엇인가?[116] 이 사례 연구에서 당신이 배운 것에 기초하여 이슬람 금융상품이 이슬람법을 준수한다는 것에 동의하는가?
5. "예수는 어떤 차를 몰 것인가?" 캠페인의 전면 광고를 보라(http://adage.com/images/random/jesus_ad.gif). 예수는 무슨 차를 몰 것인가? 그 이유는?

CSR을 정의하고 그 중요성을 보여주는 5가지 동인을 확인하는 것을 넘어서서 CSR이 실무에서 잘 적용된다는 것을 보여줄 필요가 있다. CSR은 이해관계자 관심사를 충족시키기 위한 경로로 작용할 뿐만 아니라 기업의 번영을 가져와야 한다. 그러나 기업이 어떻게 핵심 이해관계자들을 확인하고 그들 간의 상충하는 이해관계에 대해 우선순위를 매길 것인가? 어떤 상황에서 이해관계자들은 자신들의 견해를 기업에 요구하고 또 기꺼이 참여할 것인가? 달리 말하면 이해관계자들이 기업 행동을 형성하는 데 얼마나 책임이 있는가? 그리고 기업이 CSR 관점을 어떻게 자신들의 전략계획과 일상 운영에 통합할 것인가? 본서에서 제시된 주장들에 대한 이해관계자 이론의 중요성을 II부에서 자세히 설명한다.

III부에서는 CSR의 법률적 관점을 논의할 것이며, IV부에서는 행동적 관점(넛지 경제학과 전과정가격과 같은 중요한 개념에 대한 토론을 포함하여)을 탐색한다. V부에서는 CSR을 전략적 관점으로 보고 CSR의 증가하는 중요성과 기업 전략에의 영향으로 논의를 확대한다. 마지막으로 VI부에서는 CSR의 지속가능성 관점을 탐색한다. 기업이 어떻게 전략적 CSR의 궁극적 목표로서 CSR 관점을 조직 전반에 내재시키고 지속가능한 가치 창조 비즈니스 모델을 수립할 것인지에 대해 논의한다.

II부의 논의는 전략적 CSR을 지지하는 지식체계에 대한 이해관계자 관점의 중요성을 반영한다.[1]

비록 기업이 특정 운영목표를 달성하기 위해 존재하는 경제적 실체이지만 오늘날 이러한 목적을 달성하기 위한 가장 효과적인 방법은 기업의 이익 추구에 이해관계를 갖고 있는 광범위한 사람들의 요구와 가치를 고려하는 것이다. 3장에서는 이해관계자가 누구인지 그리고 그러한 개인이나 그룹이 기업과 갖는 관계를 묘사하는 모델을 자세히 설명함으로써 이러한 주장에 대한 근거를 마련한다. 단순한 이해관계자 확인을 넘어서서 경영자로 하여금 상충하는 이해관계자들 사이에 우선순위를 정하는 데 도움이 될 체계를 개발한다. 4장에서는 기업 이해관계자 책임이라는 사고를 개발함으로써 이해관계자 이론을 더욱더 확장한다. 이해관계자들의 말에 기업이 귀를 기울여야 하는 의무와 마찬가지로 이해관계자들이 기업의 행동에 대해서 책임을 물어야 하는 주요한 (더욱 중요하지는 아닐지 몰라도) 의무가 있다고 주장한다. 이것이 전략적 CSR의 핵심이다.

최근의 자본주의에 대한 도전을 살펴보는 사례연구로 II부를 마무리한다. 본서의 전략적 CSR 체계는 사회에서 가치최적화는 시장기반 경제시스템에 의해 달성된다는 가정에 기초한다. 다수의 희생으로 소수에게 특혜가 돌아가는 시장의 왜곡은 사회적 불평등과 정당한 불만으로 이어졌다. 그러나 시스템 자체라기보다 그 실행이 잘못된 것이라는 점을 기억해야 한다.

[Ⅱ]

이해관계자 관점

제3장 이해관계자 이론

제4장 이해관계자 책임

사례연구 : 자본주의

제 3 장

이해관계자 이론

금세기에 걸쳐 기업을 둘러싼 동적인 환경을 고려하는 방향으로 글로벌 비즈니스가 진화해감에 따라 CSR이 전략계획 과정에 더욱 핵심적인 구성요소가 될 것이다.[1] CSR과 전략의 통합을 위한 이상적 수단(전략적 CSR)은 기업의 이익 추구에서 이해관계를 갖는 모든 개인과 집단에 기업이 대응하기 위한 복수 이해관계자 관점을 채택하는 것이다. 이러한 광범위한 이해관계의 존재가 CSR이 기업의 일상 운영의 모든 측면과 관련이 있다는 사고를 지지해준다. CSR은 주변적 활동이 아니라 기업의 모든 활동의 핵심이다. 이해관계자 관점을 채택함으로써 기업 활동의 환경을 총합적으로 구성하고 끊임없이 변화하는 이해관계자들의 수요를 예측하고 대응할 수 있게 된다.

이해관계자 이론이 영리기업을 구성하는 일련의 복잡한 관계를 이해하는 데 효과적인 방법을 제공하지만 실무에서 경영자들에게 그것이 의미하는 바를 이해시키기 위해 필요한 두 가지 근본적 질문이 있다. 이해관계자는 누구인가? 그리고 이해관계가 상충할 때 어떤 이해관계자가 우선순위를 갖는가?

이해관계자 정의

이해관계자가 누구인가에 대한 정의가 경우에 따라 다르게 강조될 수 있지만 대체적 정서에는 일반적 공감대가 있다.

이해관계자 정의

조직에서 이해관계자는 자신의 개인적 목표를 달성하기 위한 개인이나 집단이다.

Eric Rhenman(1964)[2]

조직의 이해관계자는 정의상 조직의 목적 달성에 영향을 미치거나 그에 의해 영향을 받는 집단이나 개인이다.

R. Edward Freeman(1984)[3]

활동에 자발적으로 또는 비자발적으로 기여하는 잠재적 수혜자이면서 또는 위험감수자인 개인과 구성원이다.

Post, Preston, and Sachs(2002)[4]

3가지 정의 중에서 현재의 이해관계자 이론은 보통 프리맨(Freeman)의 공로로 인정되고 있다.[5] 오늘날 경영의 영역 내에서 프리맨의 영감적인 아이디어가 이해관계자 이론이 누리고 있는 우수성에 직접적으로 연결되었지만 경영자가 폭넓은 구성원에 대해 책임을 갖고 있다는 생각은 20세기 중반에 그 기초를 두고 있다. 예컨대 1945년 스탠다드 오일사의 이사인 피어스(Frank Pierce)는 경영자는 "산업의 산출물에 이해관계를 갖고 있는 세 그룹의 이해관계자 – 즉, 소유주, 종업원, 일반 대중의 이해관계와 관련하여 균형을 이루는 바퀴 역할을 할" 의무를 갖고 있다고 주장하였다.[6] 1951년에 그 회사의 CEO인 아브람스(Frank Abrams)는 다음과 같이 말했다.

> 기업은 사람이 만든 사회의 도구이다. 기업은 주주, 종업원, 고객 및 일반 대중 등 다양한 이해관계자 그룹의 주장 중에 조화로운 균형을 발견해 내며, 경영자가 이에 성공할 때에 가장 위대한 사회적 유용성을 달성할 수 있을 것이다.[7]

이와 유사하게 1953년 보웬(Howard Bowen)은 "노동자, 고객 그리고 가능한 다른 집단의 기업 의사결정에의 참여"[8]라는 생각을 논의하였다. 그리고 위에서 말한 바와 같이 1964년 렌만(Eric Rhenman)은 조직 내의 이해관계자를 "자신들의 개인적 목표 달성을 위해 기업에 의존하고 기업은 자신의 존재를 위해 그들에게 의존하는 그런 개인과 집단"으로 정의하였다.[9]

이처럼 이해관계자에 대한 논의는 존재해 왔지만 다음의 이유로 프리맨의 기여는 핵심적이었다. 첫째, 그는 이해관계자의 행동이 경영자들에게 갖는 실용적인 의미를 부여했으며, 둘째, 그는 일반적으로 학문적 영역과 특히 경영 분야에서 그 개념을 촉진시켰다. 그 결과 오늘날 이해관계자는 기업의 활동에 대해서 스스로 정의한 이해관계를 갖는 집단이나 개인을 의미하는 것으로 이해되고 있다.[10] 이와 같은 맥락에서 전략적 CSR을 추진하는 지적인 주장의 핵심은 가능한 넓은 범위의 이해관계자들의 요구와 기대를 충족시키는 것이 기업의 이익에 가장 도움이 된다는 것이다.[11]

새로운 정의

이해관계자가 누구인가에 대해서는 현재 경영학 분야에서 잘 정립되어 있지만 경영자 관점에서 보면 "누구나 원하면 이해관계자이다"라는 생각은 별로 도움이 되지 않는다. 말하자면 프리맨의 이해관계자 정의는 여전히 "질 높은 경영학 저널에서 가장 폭넓게 받아들여지는 정의"이지만[12] 그것은 자기 스스로 이해관계자라고 지정하는 모든 사람을 다 포함할 수 있을 만큼 지나치게 넓은 개념이다. 이러한 포괄성이 편리하긴 하지만 기업의 우선순위를 반영하지 않으며, 보다 중요한 것은 경영자가 누구에게 주의를 기울여야 하고 희소한 자원을 어떻게 배분할 것인지를 결정하는 데 필요한 지침을 거의 제공하지 못한다.

이런 의미에서 모든 사람이 잠재적 이해관계자이기 때문에 모든 사람에게 집중하라고 경영자에게 요구하는 것은 의사결정 불능의 위험을 감수하는 것이다. 프리맨이 인지하였듯이 그 결과는 "이해관계자 정의가 무의미하게 될 위험"이다.[13] 본질적으로 만약 모든 사람이 이해관계자라면 아무도 이해관계자가 아니다. 이러한 교착상태를 벗어나기 위한 시도로 저자는 다음과 같은 보다 협의의 정의를 제안한다.

이해관계자

기업으로부터 (자발적으로 또는 비자발적으로) 영향을 받고 기업에 영향을 미칠 의도와 능력이 있는 모든 개인과 조직

요약하면 이해관계자는(프리맨의 정의와 유사하게) 이해관계를 갖는 모든 집단과 개인이지만 동시에 자신들의 이익을 증진시키기 위해 행동할 역량과 의도를 가진 사람이다. 이러한(프리맨보다 더 구체적인) 정의가 행동하지 않는 실체(환경 또는 어린이와 같이)를 공식적 이해관계자에서 제외하고 있지만 기업의 관심 대상에서 제외하는 것은 아니다. 그것은 단지 기업의 운영에 영향을 미치고(본질적으로 의미 있는 이해관계자) 자신의 이익을 방어할 수 없는 사람들을 대리해서 행동할 개인이나 집단에 경영자의 주의를 집중시키는 것이다.[14] 그와 같이 환경 그 자체는 이해관계자가 아니지만 환경을 대변하는 모든 행위자(예를 들면 그린피스)는 이해관계자에 포함된다.

이해관계자로서 환경

비독립적 행위자로서 자연 환경이 기업의 확인 가능한 이해관계자로 포함되어야 하는가에 대한 논의가 흥미롭다. 많은 사람들이 그렇게 되어야 한다고 생각하며,[15] 사실 환경은 법률에 의해 보호되어야 하는 권리를 갖고 있으며,[16] 나아가 동물[17]과 새[18]도 포함되어야 한다고 주장한다. 이와는 달리 다른 사람들은 환경 그 자체가 말하거나 느끼거나 행동할 수 없기 때문에 포함되어서는 안 된다고 주장한다. 오히려 환경의 질 저하가 다른 이해관계자 집단(예를 들면 NGO 또는 정부)에 영향을 미치므로 그들이 환경을 대신한다고 주장한다.[19]

기업의 사회적 이해관계자 중 하나로 환경을 포함하는 주장의 근거는 환경이 자신의 보호를 위해 다른 행위자들로 하여금 자신을 대신하여 말하고 행동할 것을 요구한다는 것

을 인식하면서 CSR 논의 내에서 지속가능성의 중요성을 강화해야 한다는 것이다. 그러나 〈그림 3-1〉에서 환경은 대리인의 결여 때문에 제외되어 있다. 환경은 자신을 위해 말을 할 수 없기 때문에 경영자의 우선순위는 (지속가능성 이슈와 관련하여) 환경을 대신하여 가장 열렬하고 박식하게 대변해줄 이해관계자에게 주의를 기울이는 것이다.

그것이 동물이나 어린이가 지적이지 않다거나 이해관계가 없다는 것을 의미하지 않는다는 것은 명백하다. 그러나 경영자 의사결정에 도움을 제공하는 데 초점을 둔 모형에서 중요한 것은 관련 이해관계자가 자신의 이해관계를 이해하고 파악할 능력이 있으며, 그것을 추구하고 옹호할 수 있어야 한다는 것이다. 그 경우 그들이 경영자 입장에서 볼 때 이해관계자가 되는 것이다. 그럴 능력이 없으면 경영자는 대리인인 이해관계자에 초점을 맞추어야 한다.

이러한 불완전한 대리관계라는 특성이 오염이나 아동학대와 같은 문제가 왜 지속되고 있는지를 설명해준다. 그러한 집단은 자신을 직접적으로 방어하고 옹호할 능력이 없기 때문에 남용이나 학대에 더욱더 취약하다. 솔직히 말해서 환경이 그렇게 오랫동안 오염되어온 이유 중 하나는 환경은 자신이 무엇을 원하는지 말할 수 없어서 그와 같이 "자신의 이익"을 갖고 있지 않기 때문이다. 이와 마찬가지로 어린이들이 권리와 이해관계를 갖고 있다는 것은 의심의 여지가 없지만 어린이들은 그것을 표현할 수 있는 능력이 적기 때문에 자신들의 이해관계를 해석하고 그에 따라 행동할 때는 다른 사람에게 의존할 수밖에 없다.[20]

사회의 어떤 그룹(그것이 어린이든 환경이든 또는 "극빈층"이든)이 권리를 박탈당한다는 것[21]은 대표권을 갖지 못한다는 것이다. 그와 동일한 원칙이 민주주의와 관련한 일반적 토론에도 이용되며, 동시에 일반적인 사회적 참여에도 적용된다. 그들을 대변하기 위해 나서는 옹호자가 없다면 사회는 실패하게 되며, 그 결과 우리는 모두 더 못살게 된다. 그러므로 이러한 이해관계를 위한 대리인(예를 들면 부모, 그린피스, 정부, 미디어 등)은 해당 그룹을 대변하고 그들의 관심사를 (알려져 있거나 또는 파악가능한 경우) 확실히 표현하게 해줄 중요한 역할을 맡는다.

이해관계자라고 간주되는 사람들은 기업에 영향력을 행사할 능력이 있는 이러한 대리인들이다.

일반적 정의가 도입되고 나면 기업은 이러한 그룹을 분류할 필요가 있다. 분류한 후, 핵심 이해관계자들의 이익을 이해하기 위해서 그 구성원들을 3가지 범주로 나누는 것이 도움이 될 수 있다. 조직적 이해관계자(기업 내부), 경제적 및 사회적 이해관계자(기업 외부). 이러한 3가지 종류의 이해관계자들을 합해 원의 집합 형태로 나타낼 수 있는데 경제적 이해관계자를 의미하는 보다 더 큰 원의 중심에 기업과 그 조직적 이해관계자가 있다. 이 2가지 원 모두 가장 큰 원 안에 있는데, 이는 사회와 모든 사회적 이해관계자를 나타낸다. 이 모형이 〈그림 3-1〉에 제시되어 있다.

〈그림 3-1〉에 나타나듯이 기업의 이해관계자는 3가지 범주로 나뉜다. 첫째는 기업 내부의 이해관계자이다(조직적 이해관계자). 그 집단의 사례로는 종업원,

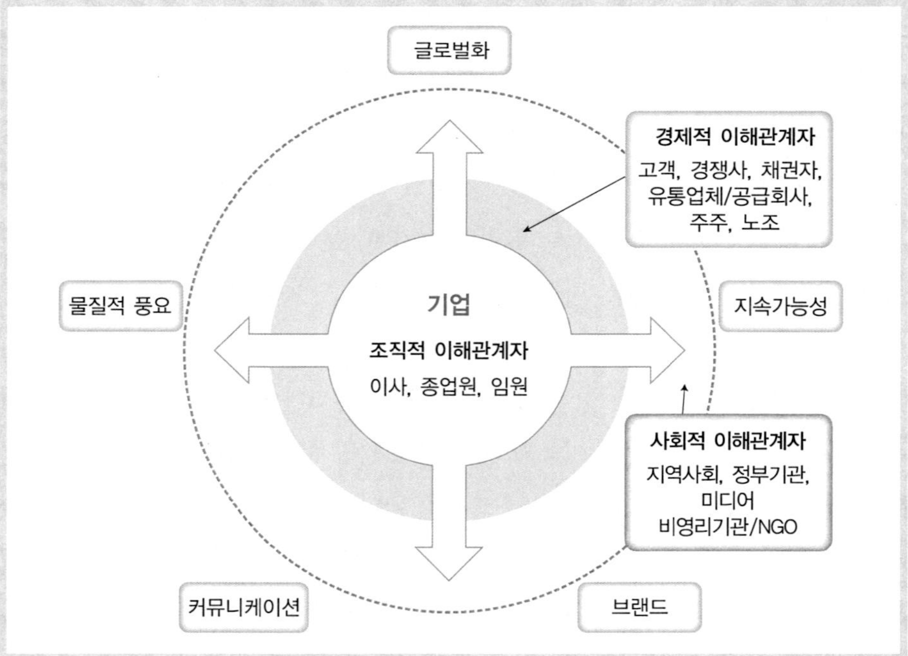

그림 3-1 이해관계자 동심원

경영자, 이사들이 있다. 그들의 집합인 내부 이해관계자들이 전체적 조직을 구성한다 – 이들은 기업이 제공하는 제품과 서비스 생산에 가장 직접적으로 관여하고 있으며, 따라서 기업의 최우선 관심 사항이다.

두 번째는 기업과 경제적 관계를 가지는 이해관계자(경제적 이해관계자)로 소비자, 주주[22] 및 경쟁사가 포함된다. 경제적 이해관계자들은 주로 경제적 동기를 가지므로 그들은 조직과 그보다 큰 사회적 환경 간의 인터페이스로서 중요한 역할을 수행한다. 따라서 그 집단은 기업의 재무적 · 경제적 복지에 영향을 미칠 뿐만 아니라 기업과 그 운영 맥락에서의 구속력 있는 경영보고책임을 창출해낸다.

세 번째는 기업 운영을 둘러싼 보다 넓은 비즈니스 및 사회적 환경을 구성하는 이해관계자들이다(사회적 이해관계자). 여기에는 미디어, 정부기관 및 규제기관 그리고 지역사회 등이 포함된다. 사회적 이해관계자들은 중장기적으로 기업이 생존해 나가는 데 필요한 합법성을 부여한다는 측면에서 매우 중요하다. 광범위한 사회로부터 가치를 인정받는 일반적 공감대 없이는 어떠한 조직도 영원히 존속할 것이라 기대할 수 없다.

마지막으로 이해관계자의 3가지 층은 CSR의 5가지 동인(물질적 풍요, 지속가능성, 글로벌화, 커뮤니케이션, 브랜드)이 규정하는 보다 큰 비즈니스 맥락 내에 자리잡고 있으며 동심원 모형을 형성하고 있다. 최근에 이러한 세력의 부상으로 기업의 운영 규칙이 바뀌었으며, 자유로운 정보에 대한 통제력이 기업으로부터 이해관계자들에게로(2장 참조) 이동되었다는 것이 전략적 CSR의 핵심 주장이다.

비록 대부분의 이해관계자가 기업과의 관계뿐 아니라 서로 간의 네트워크 연결로 인해 동시에 복수 이해관계자 유형[23]으로 존재하기는 하지만 이러한 전반적 분류 내에서 모든 행위자가 3가지 집단 중 하나에 우선적으로 배치된다.[24] 예를 들면 종업원은 일차적으로 조직적 이해관계자이다. 그러나 동시에 기업을 둘러싼 사회 구성원이며, 경우에 따라 고객이기도 하다. 그러나 기업에 대항하는 캠페인을 전개하는 NGO는 오직 사회적 이해관계자인데, 기업 운영의 특정 측면에 저항하는 조직이나 그 구성원이 기업을 위해 일하거나 경제적 관계를 가지는 것은 위선적일 수 있기 때문이다. 마찬가지로 고객들은 우선적으로 경제적 이해관계자이다. 그들은 조직적(내부) 이해관계자가 아니며 기업을 둘러싼 사회의 일부분을 이루고 있다. 또한 그들은 기업이 제품을 제공하고 사회와 상호작용을 하는 중요한 수단 중 하나이다. 경제적 접속이 없으면 조직은 경영책임 메커니즘을 잃게 되며 장기적 합법성도 잃게 된다. 이것은 조직 형태가 비즈니스이든, 정부 또는 비영리 기관이든 상관없이 적용된다.

기업이 이해관계자와 갖는 상징적 관계를 이해하는 것은 중요하다. 기업은 혼자 행동할 수 없다. 모든 이해관계자의 총합적 이해관계를 반영하는 것은 지각이 있는 행위자가 아니라 복수의 계약(공식적 그리고 비공식적)이다. 만약 우리가 임원, 이사, 주주, 고객, 정부, 공급업체, 유통업체뿐 아니라 종업원도 이해관계자라는 것에 동의한다면 기업이 이러한 그룹들과 독립적으로 존재할 수 없다는 것을 이해할 수 있다. 만약 기업의 모든 이해관계자(특히 임원, 이사 및 종업원)를 제외해 버리면 행동할 사람이 아무도 남지 않는다. 기업의 실질은 기업을 구성하고 있는 사람들에 의해 도출된다. 그것은 기업의 일상적 운영에 개입하여 특정 이해관계(때로는 경쟁, 때로는 상호보완)를 추구하는 이해관계자들의 행동에서 시작된다. 모든 CSR 관점에서(사실 기업에 대한 모든 견해) 이해관계자 이론이 중심이 되는 이유가 바로 여기에 있다. 또한 경영자가 이러한 이해관계를 탐색할 능력을 가지는 것이 핵심적인 이유도 여기에 있다. 지속가능한 기업을 위한 의사결정을 할 때 경영자들은 그 결과에 대해 이해관계를 갖고 있는 서로 다른 집단들 간에 우선순위를 정할 수 있어야 한다.

이해관계자 우선순위 부여하기

효과적 이해관계자 모형은 단순히 이해관계자를 확인하는 것 이상이어야 한다. 그 모형이 실무적 유용성을 갖기 위해서 이해관계자들 간에 우선순위를 정할 수 있는 능력이 마찬가지로 중요하다. 달리 말하면 이해관계자가 누구인가라는 질문 외에 이해관계자 이론을 실행하는 경영자들에 대한 추가적 도전은 이해관계가 상충할 때 어떤 이해관계자가 우선순위를 갖는가 하는 질문이다. 이해관계자 이론은 비즈니스가 행해지는 동적인 환경을 충분히 설명해낼 수 있을 때만 경영자에게 진정한 가치를 가질 수 있다. 이러한 목적에 비추어 볼 때 이해관계자 이론은 다양한 이해관계에 대한 방향을 제시할 로드맵을 제공하지 못했으며 특히 이해관계가 상충할 때는 더욱 그러했다. 그 이유는 그것이 때로 의사결정을 상당히 복잡하게 만들기 때문이다.

> 이익 극대화와 같은 단일의 목표는 단순하고 상당히 구체적이다. 그러나 많은 목표가 도입되고 경영자가 선택해야 하는 상황(예를 들면 보다 큰 즉각적 이익 대 보다 큰 기업의 안정성 또는 좋은 노사관계 대 저비용 생산 또는 높은 배당금 대 높은 임금)에서는 불가피하게 혼동과 의견 불일치가 나타나는 경우가 종종 있다.[25]

간단히 말해서 이해관계자 간 우선순위를 정하는 것은 지극히 어려우며 이해관계자 이론은 대체로 이 핵심 이슈에 침묵해 왔다. 부분적으로 그 과정이 특이하기도 하지만 주로 그 이해관계가 아주 강력하거나 때로는 상충되기 때문이다(서로 다른 기업은 서로 다른 이슈와 함께 서로 다른 이해관계자들을 갖고 있다). 따라서 이런 맥락에서 어떻게 그리고 언제 우선순위를 둘 것인가에 대해 경영자들에게 지침을 줄 체계가 요구된다.

경영자가 우선순위 결정을 하기 위해서는 진화하고 있는 이슈들의 환경과 서로 경쟁하는 이해관계자들을 정의하는 것이 필수이다. 기업의 전략 체계 내에 이러한 동적인 맥락을 고려하는 것은 경영자가 지금 당장 현안 이슈들에 따라 이해관계자들 간 우선순위를 정하는 데 도움을 준다. 이것이 필수인 이유는 기업 운영의 모든 측면에 걸쳐 발생하는 활동들에 대해서 이해관계자들이 청구권을 갖고 있기 때문이다. 이해관계자 이론이 이러한 수준의 복잡성을 감안하고 단순히 홍미로운 지적 훈련 이상이 되기 위해서는 홀푸드 마켓의 창립자이자 공동 CEO인 맥키(John Mackey)[26]가 기업에 대한 이해관계자들의 끊임없는 주장이라고 묘사한 것을 떨쳐버려야 한다.

> 고객은 낮은 가격과 높은 품질을 원한다. 종업원은 높은 임금, 보다 좋은 복지와 근로환경을 원한다. 공급업체는 보다 적은 금액할인과 주문량을 늘려주길 원한다. 지역사회는 보다 많은 기부를 원한다. 정부는 높은 세금을 원한다. 투자자는 보다 높은 배당과 주가를 원한다—이해관계자들 모두가 무언가 더 많은 것을 원한다.[27]

달리 말하면 이해관계자들 간에 이익이 상충하기 때문에 그들 간의 우선순위를 정하는 것은 중요하다. 맥키가 계속해서 말했듯이 각각의 이해관계자 집단은 "자신들의 욕구와 욕망 측면에서 비즈니스의 목적을 정의한다. 그리고 각각의 관점은 유효하고 합법적이다."[28] 각각의 이해관계자들이 기업 운영에 관해 자신의 특정 이익을 중심으로 반복되는 상대적으로 좁은 관점을 갖고 있다는 것은 이해할 만하다. 이것은 신뢰에 바탕을 두고 이해관계자들과 지속적인 관계를 기꺼이 형성하려고 하는 기업들에게 기회를 제공한다.[29] 마찬가지로 유대관계를 형성하거나 그러한 이해관계를 수용하기를 꺼리는 기업들에게는 잠재적 위협을 창출한다.

> 몇몇 산업들은 잘 조직된 압력단체와 오랫동안 씨름해 왔다. 많은 세계적인 주요 제약 회사들은 개도국에 저가로 약품을 판매하도록 압력을 받아 왔다. 갭과 나이키는 인도에서 아동 노동착취로 공격을 받아 왔다. 코카콜라, 크래프트 그리고 다른 식품음료 회사들은 선진국에서 아동 비만에 원인을 제공했다고 비난받았다. 그러한 주장을 인정하지 않는 기업들은 평판 손상의 위험에 부딪히게 된다.[30]

오늘날과 같이 빠르게 진화하는 글로벌 환경에서 가장 성공 가능성이 높은 기업은 다수 이해관계자들의 상충하는 이익 간에 균형을 맞춤으로써 환경에 가장 잘 적응할 수 있는 기업들이다. 이것은 기업뿐만 아니라 경영자에게도 적용되는 말이다. 기본적인 "경영자의 책무는 기업 영업에 직접적으로 영향을 받는 이해관계자 집단의 다양한 주장 간에 평등하고 유용한 균형을 유지하는 것"이라고 주장할 수도 있다.[31] 더 다양한 이해관계자와 일련의 유대관계로서 기업을 이해하고 있는 경영자가 보다 좁게 기업을 바라보는 경영자에 비해서 잠재적 기회를 보다 더 잘 확인하고 이용할 것이다(잠재적 위협을 감소시키거나 회피함과 동시에). 프리맨(Ed Freeman)이 다음과 같이 말했듯이,

> 이해관계자 접근은 비즈니스가 관계의 조합으로 이해되며, 경영자는 이러한 관계 형성에 도움을 주는 역할을 한다고 하는 새로운 비즈니스 개념을 제시한다. 비즈니스는 소비자, 공급업체, 자금제공자, 지역사회와 경영자가 어떻게 가치 창조를 위해 상호작용하는지에 관한 것이며, 이해관계자 간 균형을 맞추거나 우선순위를 부여하는 단일의 공식은 존재하지 않는다. 그 균형을 맞추는 일은 경영의 본질 중 하나이며, 각기 다른 시점에서 다른 기업들에게 서로 다른 해법이 있을 것이다.[32]

그렇지만 이해관계자 목록에 포함된다고 해서(법률적으로 또는 논리적으로) 기업이 이해관계자들의 모든 요구를 충족시키는 것은 아니다. 또한 기업이 이해관계자들의 서로 다른 수요를 찾아내고 극단적으로 반대되는 요구조건을 가진 이해관계자들 간에 협상을 하느라 시간을 보내는 것은 비생산적이다. 이해관계자 관점을 기업의 전략 체계에 통합시킴으로써 경제적 · 사회적 가치를 동시에 극대화시키는 방식으로 이해관계자 요구에 대응할 수 있으나, 절대적으로 이슈별로 이해관계자들 간 우선순위를 정하는 능력이 이러한 과정의 중심 구성요소이다.

조직적, 경제적 및 사회적 이해관계자

〈그림 3-1〉에 제시된 조직적 · 경제적 및 사회적 이해관계자들의 동심원은 우선순위 결정을 위한 대략적인 지침을 제공해준다. 각각의 3가지 범주 내 핵심 이해관계자들을 확인함으로써 경영자는 어떤 그룹의 요구와 이해관계가 다른 그룹보다 더 우선순위를 갖는지 정할 수 있다. 그리고 기업 입장에서 향후 중요성이 일반적으로 감소하는 이해관계자는 핵심 운영에서 멀어진다. 따라서 조직적 이해관계자는 그 자체가 기업과 동일하기 때문에 그들이 기업의 가장 중요한 구성원이라는 생각이 〈그림 3-1〉에 내포되어 있다. 조직적 이해관계자 다음으로 중요한 것이 경제적 자본을 기업에 제공해주는 경제적 이해관계자이다. 마지막으로 사회적 이해관계자들은 기업의 합법성과 장기적 유효성을 제공하는 중심이지만 그들이 제공하는 사회적 자본은 일상 운영과 즉각적 관련성은 적다.[33]

그러나 이해관계자 간 우선순위 결정에서 경영자는 두 가지를 염두에 두어야 한다. 첫째, 이해관계자가 속한 집단이 이해관계자 상대적 계층 구조에 낮은 위치를 차지하고 있거나 기업의 일상 운영에서 배제된다 하더라도 어떤 조직이든지 지속적으로 강력한 이해관계자 이익을 무시할 수는 없다. 정부가 좋은 사례인데, 정부는 이해관계자 모형에서 사회적 이해관계자에 속하므로 이론적으로는 조직적 또는 경제적 이해관계자에 비해서 덜 중요하다. 그러나 광범위한 사회적 지지를 받고 있는 이슈와 관련하여 반복적으로 정부를 무시하는 것은 어리석은 행동이다. 정부는 입법을 통하여 산업을 극적으로 제한할 힘을 갖고 있기 때문에 기업이 정부의 기본적 요구와 요청을 준수하는 것이 합리적이다.[34] 이러한 논리는 지속적으로 적용되며, 정치인이 자신의 선거구민으로부터 행동을 강요받고 있어 특별히 주의를 기울여야 하는 특정 이슈에 대해서는 더욱 그러하다.

둘째, 이해관계자의 상대적 중요성이 기업이나 이슈 그리고 시간에 따라 달라질 수밖에 없다는 것을 기억해야 한다. 그리고 이러한 요소들에 따라서 상대적 순위가 극적으로 변할 수 있다. 그와 같이 이해관계자들의 변동하는 요구를 파악하고 가능한 한 언제나 그 요구를 충족시키는 것이(전향적인 대응이 이상적이지만 반응적으로라도) 기업 생존을 위해 필수적이다. 이를 위해 경영자는 주어진 이슈에 대해 이해관계자 이익의 우선순위를 부여하고 이러한 평가를 통합하여 전략적 대응을 수립할 수 있는 체계를 가져야 한다.

진화하는 이슈

어카운터빌리티(AccountAbility)[35]의 창립자이며 CEO인 자덱(Simon Zadek)은 가장 큰 잠재적 기회와 위협을 주는 이슈들을 평가하는 유용한 수단을 개발하였다.[36] 먼저 자덱은 조직이 '기업의 책임감을 개발해야 할 때' 거쳐야 하는 5단계 학습 모형을 확인하였다.[37] 그것은 방어(책임을 거부), 준수(최소한의 요구 수준 수행), 관리(CSR을 실무에 통합하기 시작), 전략(CSR을 전략계획 과정에 장착) 그리고 시민사회(산업 전반에 걸쳐 CSR 실무를 추진)로 이뤄져 있다. 자덱은 이러한 5단계 학습을 '사회적 이슈의 성숙도와 이를 둘러싼 일반 대중의 기대 수준을 측정하기 위해' 4단계의 집중도와 결합하였다.[38] 그것은 잠재적(활동가 사이에만 인식), 부상하는(정치 및 미디어 사회에 인식이 스며듦), 병합(광범위한 인식 수립) 그리고 제도화(강

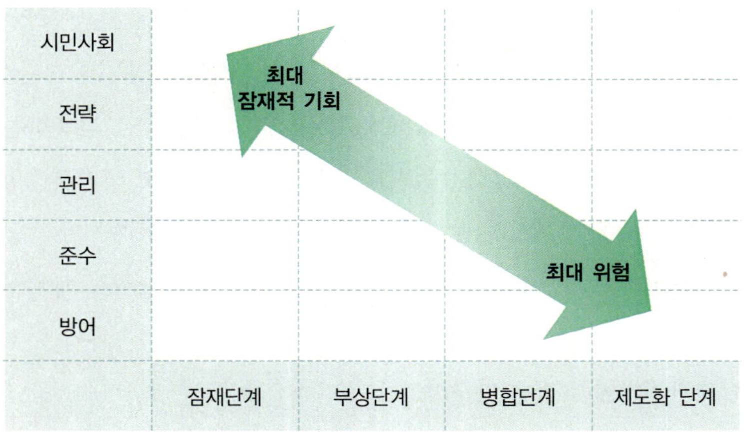

출처 : Simon Zadek, "The Path to Corporate Responsibility," *Havard Business Review*, December 2004, p.129.

그림 3-2 이슈 분석하기

력한 이해관계자들부터 가시적인 반응)로 구성되어 있다. 이러한 학습의 5단계와 강도의 4단계의 가능한 상호작용 범위가 〈그림 3-2〉에 제시되어 있다.

제도화된 이슈에 대해 방어적 태도를 갖는 기업이 가장 큰 위험을 겪게 되는데 자덱은 그 경우 충분한 일반 대중의 지지를 받고 있는 이슈에 저항함으로써 비즈니스가 위협에 직면하게 될 것이기 때문이라고 주장한다. 기후변화 이슈의 존재 자체를 공공연히 계속적으로 부정하는 기업이 이 범주에 속한다. 반대로 새로 떠오르는 이슈와 관련하여 산업 전반에의 표준적 실무 채택을 추진하는 기업들은 최대한의 잠재적 기회를 얻을 수 있다. 소매업에서 탄소발자국(carbon footprint)을 측정하여 제품 라벨에 그 정보를 보고하는 표준화된 과정을 도입한 기업이 이 범주에 속한다. 그러한 기업은 그 노력에 대해서 최대한의 사회적 · 경제적 가치를 얻게 된다. 그러나 아직 널리 인정되지 않은 논란 거리가 있는 생각이나 실무의 조기 도입 기회가 잠재적 기회에 그칠 수도 있다. 논란이 되는 이슈를 조기 도입하는 것 역시 잠재적 위험을 제기한다. 특히 그 아이디어가 결국 제도화되지 않는다면 기업은 이해관계자들과 거리가 멀어질 위험에 노출될지 모른다.

이슈와 이해관계자 우선순위 모형

기업은 집중도와 전반적 수용 정도와 같은 척도에 따라 이슈가 변동될 수 있다는 것을 필수적으로 이해해야 하지만 자덱 모형의 한계는 다양한 이해관계자들과의 상호작용을 포함하지 않고 특정 이슈와의 상호작용에 초점을 맞춘다는 것이다. 사실 기업은 특정 이슈가 더 중요하거나 또는 덜 중요하다고 생각하는 다양한 이해관계자들을 동시에 고려하지 않고서는 환경을 이해할 수 없다.

〈그림 3-3a〉와 〈그림 3-3b〉에 제시된 모형은 이런 복잡성을 제기하고 있다. 그 모형은 주어진 맥락에서 기업과 환경의 관계를 정의하는 3가지 요소인 기업, 이슈, 이해관계자에 초점을 맞춘다.

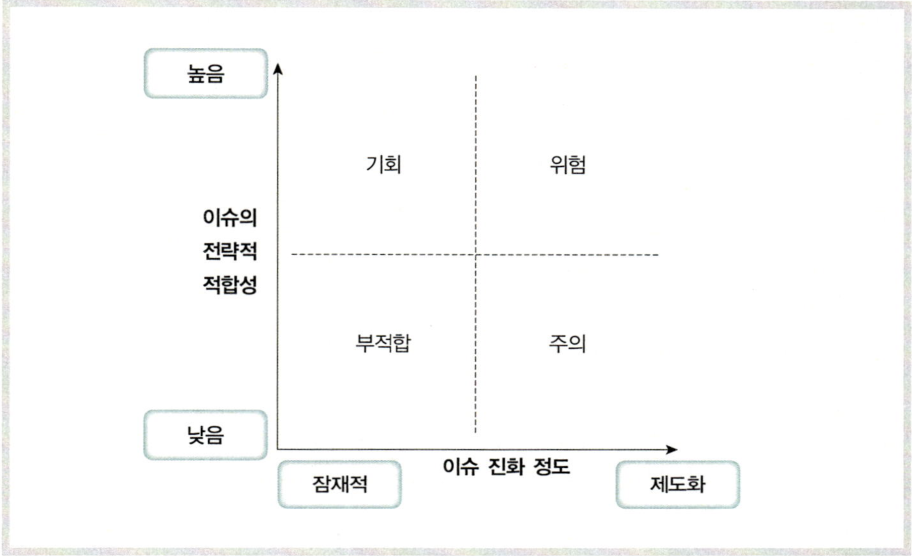

그림 3-3a 이슈 간 우선순위 정하기

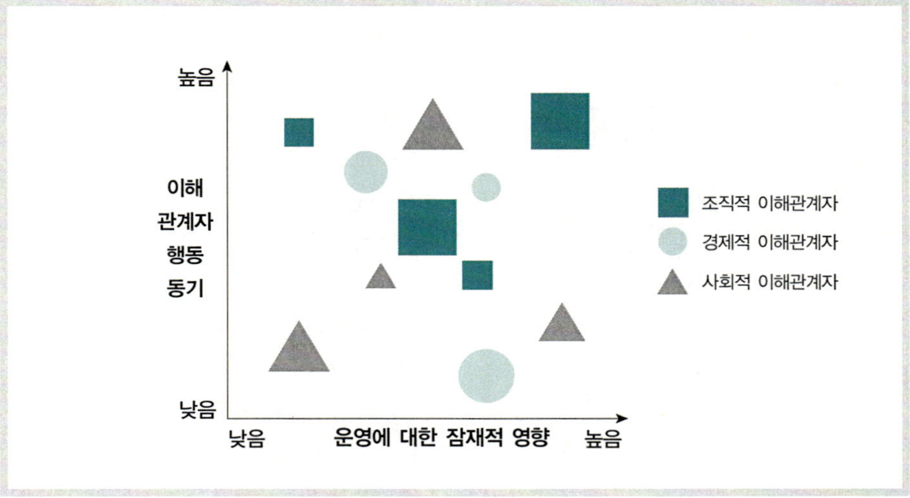

그림 3-3b 이해관계자 간 우선순위 정하기

기업

영리기업은 어떤 산업에서 어떤 제품을 생산할 것인지를 전략적으로 결정해야 한다. 추가로 그 기업은 달성 가능하면서 동시에 바람직한(예를 들면 시장점유율 또는 총 매출액 수준) 성과목표를 가져야 한다. 이러한 전략목표와 성과목표를 모두 고려하여 우선순위를 결정한다. 경영자들은 대두되는 모든 이슈의 적합성을 이와 비교하여 측정할 수 있다.

이슈

모든 이슈에 대해서 그 이슈가 어느 정도 잘 정립되어 있는지 파악하는 것이 핵심이다. 자덱이 말했듯이, 이미 제도화된 이슈에 대해 기업이 방어적일 때 잠재적인 위협(또는 기회)에 저항하는 것은 모든 사람이 동의하는 잠재적 위협에 저항하는 것이기 때문에 최대의 위험을 발생시킨다. 그와 반대로 대두되는(그러나 법에 의해서 아직 공식화되지 않은) 이슈와 관련하여 산업 전반에 걸친 표준실무 채택을 추진하는 기업들은 최대의 경제적 · 사회적 가치를 얻을 수 있다. 그보다 좋은 것은, 논쟁적인 이슈에 대해 기꺼이 과감한 입장을 취하는 기업은 그 이슈를 중요하게 생각하는 이해관계자들로부터 차별화 효과를 얻을 수 있다는 것이다.

이해관계자

일단 경영자가 어떤 이슈가 중요하고 동시에 기업에 관련이 있다고 결정하면 다음 단계는 가장 많은 영향을 미치는 이해관계자를 확인하는 것이다. 즉, 그 이슈에 기업의 행동을 요구할 확률이 가장 높은 이해관계자를 확인해야 한다. 그러나 이슈에 따라 이해관계자의 공감을 불러일으킬 시기가 다르다. 사건이 발생한 후 미디어의 관심을 희석시키고 소비자 불매운동과 같은 잠재적 이해관계자 행동(소비자 불매운동과 같은)을 감소시키기 위해 친사회적 캠페인을 시작하기보다는 가능한 이른 시기에 이슈에 개입하여 갈등이 발생하기 전에 문제를 회피하고 해결하는 것이 효과적이다. "그 이슈가 얼마나 큰 것인지, 얼마나 빨리 확산되는지 그리고 목소리 높이는 사람들이 얼마나 영향력이 있는지를 계량화하는 것"이 목표이다.[39] 그 후 기업은 전향적 대응계획을 수립할 수 있다.

일단 이러한 3가지 요인(기업, 이슈, 이해관계자)을 독립적으로 고려하고 나면 경영자는 이들을 결합하여 적절한 대응을 결정해야 한다. 그를 위해 〈그림 3-3a〉와 〈그림 3-3b〉의 4가지 축의 측면에서 3가지 요소를 고려해야 한다. 그것은 경영자가 (1) 기업의 전략적 이해관계(이슈별로), (2) 각 이슈의 진화, (3) 이해관계자 행동의 동기, (4) 그러한 행동의 운영에 대한 잠재적 영향에서의 변동성을 설명할 수 있게 해줄 다단계 과정 수립을 목적으로 한다. 결과적으로 그 분석 수단은 경영자로 하여금 이해관계자 관심사에 어떻게 최적의 우선순위를 부여하고 언제 행동할 것인지 알게 해준다. 〈그림 3-3a〉의 핵심 질문은 "어떤 이슈가 2×2 매트릭스에서 어디에 위치하고 있는가?"이며 〈그림 3-3b〉의 핵심 질문은 "각각의 이해관계자는 현안 이슈에서 (기업의 관점에서 다른 이해관계자에 비해) 어디에 위치하고 있는가?"이다.

전략적 적합성은 그 이슈가 기업에 얼마나 중요한지, 달리 말하면 기업의 핵심 역량 또는 경쟁우위의 원천에 얼마나 핵심적인 것인지를 나타낸다(〈그림 3-3a〉의 y축). 이슈의 진화는 그 이슈가 어느 정도 제도화되었는지, 달리 말하면 그 이슈가 비즈니스 실무로 받아들여진 정도를 나타낸다(〈그림 3-3a〉의 x축). 이 두 가지 축을 결합하면 4가지 가능한 4분면, 즉 기회(높은 전략적 적합성과 잠재적 이슈), 위험(높은 전략적 적합성과 제도화된 이슈), 부적합(낮은 전략적 적합성과 잠재적 이슈) 그리고 주의(낮은 전략적 적합성과 제도화된 이슈)가 만들어진다. 전략적 적합성이 높은 경우에는 항상 행동이 요구된다. 진화의 정도에 따라서 그 이슈가 기업에 기회를 줄지 아니면 잠재적 위험이 될지가 정해진다.

일단 경영자가 이슈의 전략적 적합성과 그것의 사회 전반에 걸친 진화 정도(〈그림 3-3a〉)를 결정하고 나면 기업에 대한 이해관계자의 요구에 우선순위를 정하는 것이 필수적이다. 이 단계에서 이해관계자 동기는 그 이슈가 각 이해관계자에게 얼마나 중요한지, 즉 그 그룹이 행동할 확률이 얼마나 높은지(〈그림 3-3b〉의 y축)를 포착한다. 운영에 대한 영향은 특정 이해관계자 그룹이 기업 운영에 미치는 영향, 즉 이해관계자가 기업 평판의 손상, 이익 감소 또는 종업원 동기저하

(〈그림 3-3b〉의 x축)를 초래할 능력의 정도를 포착한다. 3가지 다른 모양이 〈그림 3-1〉의 3가지 포괄적인 이해관계자 그룹을 나타내며(정사각형 = 조직적 이해관계자, 원 = 경제적 이해관계자, 삼각형 = 사회적 이해관계자), 각각의 크기는 이해관계자 그룹 내에 서로 다른 소그룹이나 이해관계 측면에서 기업에 대한 전략적 적합성을 나타낸다. 예를 들면 미디어는 집합적으로 이해관계자이지만 그것이 뉴욕타임즈와 월스트리트저널이 동일한 이해관계(또는 심지어 TV 방송국, 라디오 방송국 또는 인터넷 방송과 유사한 이해관계)를 가진다는 것을 의미하지 않는다. 따라서 기업에게 광범위한 이해관계자 그룹 내의 서로 다른 소그룹은 현안 이슈에 따라 그 중요성이 다를 것이다. 각 모양의 크기는 이러한 추가적 우선순위의 계층을 반영한다. 이해관계자 간 차이가 있을 때(예컨대 종업원과 고객이 서로 다르다), 이해관계자 그룹은 상대적 지위에 따라 규모로 구분하여 그릴 수 있다.

특정 이슈에 대한 변화를 요구하는 이해관계자에 어느 정도 실질적인 행동으로 대응해야 하는지는 이 두 축의 교차점에서 결정된다. 궁극적으로 중요한 이해관계자의 동기가 강하고 그들의 잠재적 행동이 기업 운영에 미치는 영향이 클 때(즉, 〈그림 3-3b〉의 우상향 쪽 모양의 크기가 클 때) 기업은 자신의 이익을 보호하기 위해(위협을 회피하거나 또는 기회를 활용하기 위해) 반드시 그리고 신속하게 행동해야 한다.[40]

이해관계자 관리 모형

이러한 3가지 요소(기업, 이슈, 이해관계자)의 결합으로 어떤 특정 이해관계자가 특정 이슈에서 기업의 이익에 어느 정도 중심 역할을 하는지 그리고 그에 따라 어떤 이해관계자 요구에 기업이 가장 우선적으로 대응해야 하는지가 결정된다. 본서는 경영자들이 이 체계를 실행하기 위해 기업의 동적인 운영 환경을 지속적으로 평가하고 대응할 힘을 실어주는 5단계 과정지향적 모형을 제안하고 있다.

이해관계자 우선순위 부여의 5 단계

1. 기업에 적합한 이해관계자 조합을 확인하고 분석한다(〈그림 3-1〉).
2. 각 이슈가 어떻게 기업 운영과 관련되어 있으며 이슈의 진화 중 어떤 단계에 있는지 알기 위해 이슈의 성격을 분석한다(〈그림 3-2〉와 〈그림 3-3a〉).
3. 현안 이슈와 관련하여 서로 경쟁하는 이해관계자 이익과 요구 중 우선순위를 결정한다(〈그림 3-3b〉).
4. 우선순위에 따라 가능한 많은 이해관계자를 충족시키려 노력하면서 신중하고 신속하게 행동한다(어떠한 이해관계자에게도 지나친 해를 끼치는 것을 피하면서).
5. 기업과 이해관계자들의 결과를 최적화하기 위해 취한 행동의 효과를 평가한다. 필요하다면 그 과정을 반복한다(〈그림 3-4〉).

이런 5단계 모형을 활용하여 기업은 이해관계자 관점의 실무적 가치를 최적화한다. 그 결과 발생하는 이해관계자 관리 모형은 〈그림 3-4〉에 제시되어 있다.[41]

이 모형의 가장 중요한 가치는 기업으로 하여금 광범위한 이해관계자의 이해관계를 이슈별로(즉, 단일 이슈와 복수의 이해관계자들) 분석할 수 있게 해준다는 것이다. 그뿐 아니라 어떤 이해관계자의 이해관계가 이슈에 따라 어떻게 변하는지(즉, 단일 이해관계자와 복수 이슈) 분석하는 데도 적용될 수 있다. 예를 들면 기후변화에 관한 엑손(Exxon)의 입장은 많은 이해관계자들에게 적절하지만 특히 그린피스에게 적절한 것이다. 또한 그린피스가 중요하게 생각하는 많은 이슈 중 하나가 기후변화에 관한 엑손의 입장이다. 엑손이 〈그림 3-4〉를 이용해 모든 이해관계자와 관련한 기후변화 이슈를 분석할 수 있지만 동시에 엑손은 NGO에게 중요하며, 자신과의 관계에 영향을 미치는 여러 가지 이슈 측면에서 그린피스를 분석하는 데도 동일한 체계를 적용할 수 있다.

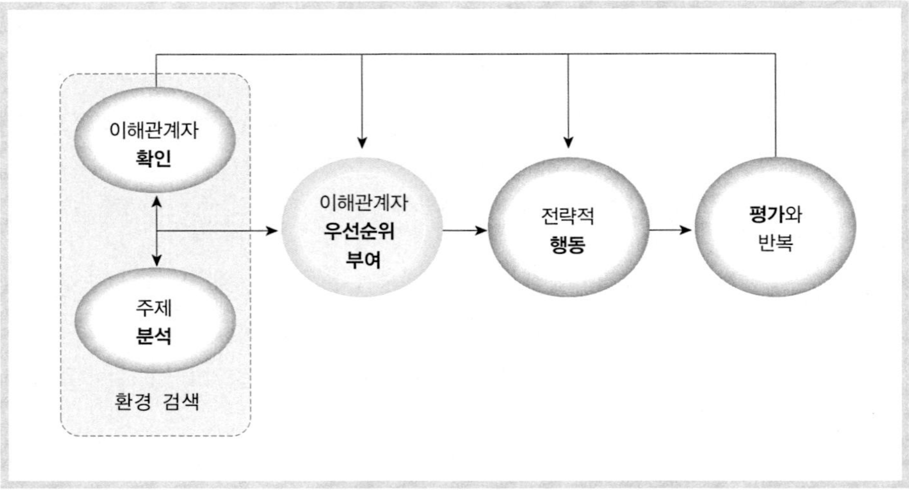

그림 3-4 이해관계자 관리의 5단계

이 체계가 효과적이기 위해서는 지속적으로 기업이 진화하는 관심사를 이해하고 이해관계자에 대한 각 이슈의 중요성을 평가하도록 해주는 이해관계자 지원 문화 내에 융합되어야 한다. 무엇보다 이 모형의 의도는(이해관계의 상충이 있을 때) 경영자의 우선순위 부여를 도와주기 위해 이해관계자의 동기와 이해관계를 매핑하는 것으로 이 모형은 단지 의사결정 지원 도구에 불과하다는 것을 이해하는 것이 중요하다. 이 모형은 기업의 다양한 이해관계자의 요구를 충족시키려 할 때 필요한 창의적이고 세심한 사고를 대신해주지 않는다. 달리 말하면, 이 모형은 의사결정을 도와주는 것이지 의사결정을 대신해주지 않는다. 실제로 기업은 항상 대부분의 이해관계자를 위한 가치 창조를 위해 노력을 다해야 한다. 때에 따라서 비록 〈그림 3-3b〉에서 두드러지게 중요해 보이지 않아 등한시된 이해관계자 그룹의 요구에도 주의를 기울일 것이 요구된다.

추가로 이 모형이 전향적이며 동시에 반응적이라는 것을 강조할 필요가 있다. 이 모형은 기회와 위협, 2가지를 고려하여 이해관계자 관심사 예측과 대응을 위해 기업이 사용할 수 있는 수단으로 구성되어 있다. 또한 경영자로 하여금 잠재적 기회를 확인함으로써 부가가치를 창출하게 해주며 동시에 잠재적 위협을 확인함으로써 운영 손실을 피할 수 있도록 해준다.

본질적으로 이해관계자 우선순위 결정모형은 경영자가 이해관계자 이론을 채택하고(상대적으로 추상적인 개념) 일상적 의사결정에 적용할 수 있도록 해준다. 폭넓은 이해관계자들의 복잡하고 때로는 상충하는 이해관계를 관리하는 어려운 과업이 경영자에게 중요한 역할이 되고 있다. 그것을 수행하기 위해 구성원 집단을 확인하는 것뿐만 아니라 그들 중에 누가 기업에 일차적인 전략적 중요성을 갖는지 결정하는 것도 필수적이다.

전략적 CSR 논쟁

발제 제안 : 자연 환경은 기업의 이해관계자이다.

토론과 검토를 위한 질문

1. 당신은 이해관계자를 어떻게 정의할 것인가? 개인이나 집단이 자신을 이해관계자라고 스스로 지정할 수 있는가? 또는 기업이 그들을 이해관계자로 인정해줄 필요가 있는가?
2. 인공지능(AI)과 컴퓨터 학습의 등장으로 만약 컴퓨터가 양심을 가진다면 그것도 기업의 이해관계자가 될 잠재력이 있는가?
3. 상충하는 이해관계 중에 우선순위를 부여하기 위해 적용할 3가지 주요 요소는 무엇인가?
4. 이해관계자 관리의 5단계 중에서 어떤 단계를 빠뜨릴 경우 효과적인 이해관계자 관계를 구축하는 기업의 능력에 가장 부정적 영향을 가질 것인가?
5. 실제 기업 사례와 〈그림 3-4〉의 모형을 이용하여 이해관계자 우선순위를 부여해 보라(기업 관점에서).

제 4 장

이해관계자 책임

CSR은 누구의 책임인가? 기업의 사회적 책임이라는 용어는 그것이 기업의 책임이라는 것을 시사한다. 즉, 기업이 사회에 책임을 진다는 것이다. 이러한 생각이 CSR에 대한 최선의 사고인가? 그것이 최적의 결과를 만들어 내는가? 실제로 사회적으로 책임 있는 행위에 대한 동기는 어디서 오는가?

보다 구체적으로 기업이(자신들의 행동에 따른 재무적 시사점과 관계없이) 도덕적 또는 윤리적 주장 근거에 대한 확신 때문에 책임을 갖고 행동해야 하는가? 또는 자신들의 이익에 부합되기 때문에 책임감 있게 행동해야 하는가? 만약 핵심 이해관계자들이 기업의 행동과 관련하여 가격 프리미엄을 충분히 지불하려 하지 않는다면 책임감 있는 기업의 행동이 무슨 의미가 있는가? 1장에서 몰든 밀스사의 사례가 보여주듯이 기업이 파산하면 그러한 최선의 의도가 이해관계자들에게 도움이 되지 않는다.

CSR에 대한 경제적 주장 근거에 따르면 기업이 경제적 유인을 갖고 행동할 때 가장 효과적이다. 경제적 주장은 영리기업이 보수적이라고 가정하고 기업의 행동이 시장에서 보상을 받을 것이라는 증거가 거의 없으면 변화를 시도할 의지가 적으며 경제적 자극에 더 큰 반응을 보인다고 주장한다. 중요한 것은 기업의 목표와 사회의 기대가 일치할 때 CSR 관점이 가치창출을 최적화할 수 있다는 경제적 주장의 가정이다. 그러나 무원칙한 행위 – 심지어 CSR에 대한 무시 – 가 항상 직접적이고 즉각적인 영향을 갖고 오는 것은 아니다. 때로는 다른 이슈들이 보다 긴급하기 때문에 사회적 책임 행위를 기꺼이 무시한다. 예를 들면 종업원이 경멸하는 수용하기 어려운 고용실무를 갖고 있는 기업일지라도 일자리가 지역사회 복지에 절대적으로 중요하고 다른 좋은 대안이 없다면 그러한 고용실무라도 부정적 결과를 갖고 오지 않을 수 있다. 정의상 기업이 지역에 가장 좋은 일자리를 제공한다면 어느 정도 가치를 창출하는 것이다. 기업이 자신의 행동에 대한 반발이 없다고 해서 광범위한 이해관계자 우려를 고려하지 않고 현상유지를 해나가도 된다고 해석할 수 있는가?

CSR 관점이 기업과 이해관계자의 이익을 일치시키지 못할 때, 즉 이해관계자의 이해관계가 상충될 때 보다 어려운 문제가 발생한다. 일부 이해관계자들이 사회적으로 무책임한 행위를 요구할 때, 어떤 일이 일어날 것인가? 만약 소비자가 자신들에게도 나쁠 뿐만 아니라(예를 들면 담배, 술 또는 패스트푸드) 사회를 위해서도 좋지 않은(예를 들면 보다 높은 헬스케어 비용) 상품을 원한다면 어떤 일이 일어날 것인가?[1] 제품을 만드는 공장의 조건, 환경오염 또는 기본적 고객 서비스와 같은 다른 요인들을 배제하고 가장 낮은 가격에만 소비자들이 관심을 가진다면 무슨 일이 일어날 것인가?[2] 만약 기업이 그런 요구에 대응한다면, 사회적 책임을 지는 것인가? 또는 CSR이 중요하지 않다(또는 최소한 항상 중요한 것은 아니다)는 것을 의미하는 것인가?

많은 경우 CSR 논의의 초점은 사회적 또는 도덕적 의무로부터 기업이 행동하기를 강요해 왔다. 책임감 없이 행동하는 기업에게 의미 있는 결과가 없다는 것을 이해하지 못하고 사회적 책임 그 자체에 관해 CSR 논의가 이루어지는 경우가 종종 있다. 사실 기업이 CSR을 추구하지 않음으로써 오히려 보상을 받는 경우도 있다. 기업이 자신의 행동의 결과로 손해를 입지 않는다면 변화를 기대할 수 있겠는가? 보다 구체적으로 책임 있는 행위가 무엇인지 그리고 어떤 것이 무책임한 일인지를 누가 결정할 것인가?

책임감을 가진다는 것은 무엇을 의미하는가?

무엇인가에 책임을 진다는 것은 설명할 수 있다(accountable)는 것이다. 무엇인가를 하거나 하지 않는 것의 결과가 없다면 책임도 없다. 이해관계자들은 자신들이 좋아하는 기업의 행동에 보상을 제공하고 싫어하는 행동을 응징함으로써 책임을 규정한다.

CSR을 둘러싼 토론은 기업 행위에 대한 이해관계자들의 책임을 무시하고 기업의 책임에만 거의 전적으로 초점을 맞추고 있다. 무엇이 먼저인가? 기업이 자신들의 행동이 보상을 받을 것이라는 희망을 갖고 보다 책임감 있게 행동하기 위해서 자신의 행위를 변경할 것인가 또는 이해관계자 기대가 충족되는 경우 기업에 보상을 약속하면서 이해관계자 자신이 원하는 행위를 기업에게 보여줄 것인가? 문헌적 증거에 의하면 소비자들은 가능한 가장 낮은 가격에 가장 높은 품질의 제품을 원한다. 만약 그러한 제품이 윤리적 메시지와 우연히 일치한다면 좋은 일이겠지만 그렇지 않다면, 소비자들은 운동화를 10달러 더 싸게 살 수 있다면 기꺼이 모르는 체한다.

> 영국의 윤리소비에 관한 데이터에 의하면 대부분 소비자가 환경이나 사회 이슈에 관심을 갖고 있지만—정기적으로 윤리적 행동을 할 의도가 있는 경우는 83%, 사안에 따라 윤리적으로 행동을 하는 경우가 18%인 반면, 5% 이하의 소비자만이 일관성 있게 윤리적 · 친환경적 구매 행위를 보인다.[3]

이를 감안할 때 기업이 책임감 있게 행동하지 않는다면 누구의 잘못인가? 이해관계자가 지불하지 않을 원가를 기업이 부담해야 하는가? 달리 표현하면 만약 정부가 의미 있는 법률을 통과시키고 그것을 강제화하기 시작한다면 또는 미디어가 기업에 책임을 묻거나 소비자가 요구하는 최소한의 기준을 기업이 준수하지 않는 경우 다른 곳에서 상품을 구매하겠다고 한다면 경제는 어떻게 될 것인가? 기업은 경영 실무를 신속하게 바꾸거나 또는 업계에서 퇴출될 것이다. 그러한 적극적인 이해관계자 참여가 없는 경우, 이해관계자가 그 의미를 정확히 모른다면 어떻게 기업이 책임감 있게 행동할 것이라고 예상할 수 있겠는가?

이를 보다 복잡하게 만드는 것은 이해관계자 반응에는 한계가 없다는 것이다. 사회적으로 무책임한 행위에 대해 즉각적인 시장 결과가 없다고 해서 그 행위가 용납되었거나 또는 용납되어야(즉, 그들의 행동에 대해서 다른 비시장적 결과가 없을 것이다) 한다는 것을 뜻하지는 않는다. 사회가 진화해감에 따라 과거에 용인되었던 행위가 변화한다. "100년 전 규범으로 생각되던 것 중 많은 것이 이제는 인종주의라고 간주된다. 50년 전 규범이라 생각되었던 것이 오늘날 전체주의라고 불린다."[4] 어떤 기업이든지 변화하는 사회적 관심사에 너무 앞서지는 말고 전향적으로 대응하면서 사회의 기대에 최첨단에 서 있는 것이 목표가 되어야 한다. 오늘날 이익을 창출하는 비즈니스 실무가 내일도 반드시 수익성이 있다는(심지어 합법적이라는) 보장이 없다. 단기의 성공이 의미하는 바는 지금은 다른 이슈가 더 우선적이라는 것이다. 상황이나 기대 수준이 변화함에 따라서 CSR의 실패는 기업의 전망을 바꿀지 모른다.

금융위기

중개업자들은 수수료를 벌기 위해서 여유도 없는 투자자들에게 변동금리모기지(adjustable mortgage) 상품을 판매하였다. 그 이후 금융기업은 이러한 대출 상품을 잘 포장하여 (연간 보너스를 추구하는) 투자자들에게 판매하였는데, 투자자들은 그것과 관련된 위험을 모르고 있었다. 신용평가기관이 이 증권에 AAA등급을 주었고(기업 고객을 확보하기 위해서) 금융기업들은 보다 많은 사람들에게 이 모기지 상품을 계속 판매하였다. 규제기관의 불충분한 감시와 함께 이러한 무책임한 행동은 몇 년간 계속되었다. 주택가격이 하락하고 모기지에 대한 지급불능이 급증하였을 때 중개업자, 은행, 신용평가기관 그리고 월스트리트의 이러한 행동의 결과는 전반적인 파산과 주택 압류로 나타났다.

이러한 일련의 기업 행동과 이해관계자 반응의 결과로 오늘날 금융 산업은 가장 규제를 많이 받는 산업이 되었으며, 금융기관의 고위 임원들은 과도한 정부 감시에 의해 부과된 제약조건들에 대해 항상 불평을 하게 되었다.

> 미국 연방준비위원회가 감독과 규제 대상을 3천 명에서 5천 명으로 늘였는데 이것이 감시를 대폭 확대했다는 증거이다 …… 그 결과, 지난 10년 동안 …… 67개 대규모 금융기관이 …… 219개 벌금과 합의에 2,430억 달러를 지급했는데 그것은 31개 미국 은행과 36개 글로벌 은행의 핵심계층 1 자본(tier-one capital)의 각각 12%와 6%에 해당하는 금액이다. 이 금액은 1억 달러 미만의 벌금을 포함하지 않은 것이다.[5]

비록 제이미 디먼(Jamie Dimon)이 이러한 규제가 미국답지 않다고 말했지만,[6] 사실 이들 임원들이 비난할 수 있는 대상은 자신뿐이다. 정부가 다소 늦게 자신의 기준을 기업에게 강요한 결과, 도를 지나치고 난 후 기업들의 책임을 물은 것에 불과하다.

그러므로 본 장의 처음에 제기한 질문, 즉 CSR은 누구의 책임인가라는 질문은 중요한 논의이다. 기업이 이익을 창출하는 한 개혁에 대한 요구를 무시하는 것이 안전한 일인가? 정의상 비록 이해관계자의 이익에 대한 요구가 부정적 결과를 나타내는 경우에도 이익을 창출하기만 하면 이해관계자들에게 충분한 가치(인식된 또는 실현된)를 준다고 말할 수 있는가? 기업의 변화를 촉진함에 있어 이해관계자의 역할은 무엇인가? 그리고 변화를 시작하기 위한 기업의 역할은 무엇인가? 본 장은 이러한 질문을 제기하며 그 과정에서 전략적 CSR의 기초를 구축한다.

이러한 생각의 중심에는 정의상 사회적 책임은 사회에 의해 정의되며, 사회는 기업의 모든 이해관계자라는 사고가 자리 잡고 있다. 달리 말하면 이해관계자가 보상해주는 기업의 행동은 자신들이 좋아하는 행동이다. 다른 종류의 행위를 해서는 안 된다는 것을 의미하는 것은 아니지만 그에 대한 책임은 없다는 것이다. 실무에서 책임 있는 행동이 무엇인가를 정의하는 것은 이해관계자이며, 기업은 그에 대응할 뿐이다.

소비자는 사회책임 제품과 서비스를 구매해야 한다. 종업원은 사회책임 기업을 직장으로 선택해야 한다. 공급업체는 사회책임 구매기업을 선택해야 한다. 투자자는 사회책임 투자를 해야 한다. 그리고 지역사회는 사회책임 기업을 유치하고 사회책임 기업이 지속가능하도록 도와야 한다. 책임자본주의는 기업과 이해관계자 모두의 책임 있는 행동에 의존한다.[7]

경영자가 직면하는 도전은 첫째, 때로는 상충하는 이해관계자의 기대를 이해하는 것이고, 둘째, 그것이 언제 변할 것인지 아는 것이다. 이를 위해 필요한 신뢰에 기초하여 관계를 형성하기 위한 진정성 있는 약속을 하는 것은 엄청난 노력을 필요로 한다. 실패할 경우 지금이 아니더라도 언젠가는 파급효과가 클 것이라는 위험이 따른다.

CSR : 기업의 책임?

대부분 CSR 논의의 초점(기업의 사회적 책임에 포착된)은 기업이 이익 외에 다른 목표를 추구할 책임을 갖고 있다는 가정이다. 본 장에서는 이 가정을 보다 자세하게 탐색한다. 특히 CSR 공동체는 기업에게 너무나 많은 것을 요구하고 있다 – 기업이 변화를 시작하기보다 변화에 더 잘 대응해야 하며, 만약 사회가 기업에게 다른 행동을 요구하면 이해관계자도 이러한 행위를 기업에게 요구해야 할 동등한(비록 더 크지는 않을지 몰라도) 책임을 가진다는 것이다. 이해관계자들이 그러한 행위를 지지하고 그를 통해 기업의 대응에 경제적 논거를 제공하는 것이 가장 중요하다. 정의상 이해관계자의 지지를 받지 못하는(그리고 특히 고객이 요구하지 않는) 제품과 서비스를 제공하는 기업은 금방 폐업하게 될 것이다. 따라서 모든 기업 경영에서와 마찬가지로 CSR에서도 너무 지나치게 앞서 가면 보상받기 어렵다. 예를 들어 만약 소비자들이 특정 행위에 대해 가격 프리미엄을 기꺼이 지불한다고 한다면(주로 가격을 보고 구매하는 것이 아니라 기업이 보다 책임 있게 행동해야 한다고 설문조사에서 말하지만) 기업들은 이에 재빠르게 적응할 것이다. 그러나 소비자들이 이러한 프리미엄을 지불할 의사가 없다면 기업이 파산의 위험을 무릅쓰고 그러한 제품을 생산하는 것이 사회를 위해 최선의 이익이 될 것인가?

프리드만과 핸디

기업의 책임에 관한 두 개의 중요한 논문이 기업의 사회적 책임 개념에 대한 논쟁을 형성하였다. 1970년 뉴욕타임즈 매거진에 노벨 경제학상 수상자 프리드만(Milton Friedman)이 쓴 첫 번째 기사가 발표되었다.[8] 그 기사에서 프리드만은 기업 행동의 결과로서 이익은 그 자체가 목적이라고 주장한다. 기업은 존재하기 위해 이익 외에 어떠한 추가적 정당화가 필요 없으며 기업이 이익 극대화를 추구함으로써 자신의 이익 추구에만 초점을 맞출 때 사실 사회에 주는 가치가 극대화된다고 믿는다.

> 나는 "공공의 선을 위해 거래한다고 말하는 사람들"로부터 기대할 수 있는 효익에 대해 회의적인 생각을 가진 아담 스미스에 공감한다 …… 자유주의 사회에서는 …… "기업은 오직 하나의 책임을 지는데 그것은 자신의 자원을 사용하여 이익 증가를 위한 행동에 참여하는 것이다."[9]

영국의 평론가인 핸디(Charles Handy)가 쓴 두 번째 기사는 2002년 『하버드 비즈니스 리뷰』에 실렸다.[10] 프리드만과 대조적으로 핸디는 기업의 목적 그 자체로서 이익을 생각하는 것은 충분치 못한 일이라고 주장하면서 사회에서 기업의 역할에 관한 훨씬 넓은 견해를 제시하였다. 핸디는 기업이 존재를 정당화하기 위해서는 오직 이익을 내는 것 외에 다른 동기가 있어야 하며 이익은 보다 큰 목적을 달성하기 위한 수단에 불과하다고 주장하였다. 기업이 단순히 이익을 창출해서가 아니라 사회 전체가 가치를 두는 요구를 충족시키기 때문에 존재가치가 있는 것이다.

> 어떤 조직에 대해서 다음과 같은 유익한 질문을 할 수 있다—"그 조직이 없을 때 우리는 그것을 창조해야 하는가? 그에 대한 대답은 다른 조직보다 무엇인가를 더 잘 또는 더 유용하게 할 때만 그렇다"이며, 이익이라는 것은 더

큰 목적에 대한 수단이 될 것이다.[11]

표면상으로 프리드만과 핸디의 입장은 양립 불가능해 보인다. 사실 프리드만은 "사회적 책임 행동은 기업 자원의 낭비이며, 그것이 나의 책 『자본주의와 자유』에서 [사회적 책임]을 자유주의 사회에서 '근본적으로 체제 전복적인 교리' 라고 내가 불렀던 이유라고" 주장함으로써 CSR 옹호론자들을 적대시하기까지 한 것으로 보인다.[12] 그러나 보다 정밀하게 분석해 보자. 그 주장들은 실제로 얼마나 서로 다른가? 두 개의 질문을 비교하면 알 수 있듯이 전략적 CSR 관점을 통합하면 위의 두 비평가 사이의 괴리가 현저하게 줄어든다.

CSR은 근본적으로 체제 전복적인가?

- CEO가 중요한 이슈라고 생각한다는 이유로 대규모 금융 회사가 기후변화 영향을 연구하는 그룹에 기부해야 하는가?
- 정유 회사가 기후변화가 자신들의 비즈니스 모델에 위협이 되므로 가능한 대안을 조사하여 그 위험을 감소시킬 목적으로 기후변화를 연구하는 그룹에 기부해야 하는가?

두 개의 사례는 비영리조직에 기부하는 대규모 영리기업의 행동이라는 점에서 동일하다. 차이는 비영리조직의 행동이 기업의 핵심 운영에 적합한가 하는 것이다. 대다수의 신중한 CSR 옹호론자들은 첫 번째 행동은 덜 신중한 반면(기업이 전문성을 갖고 있지 않는 영역에 대한 비효율적 자원 배분을 나타내는 행동이라는 프리드만의 주장을 통합하면서), 두 번째 행동은 기업 운영에 직접적으로 관련이 있고 기업의 핵심 이해관계자 그룹 중 어느 하나에 중요한 이슈를 포함하고 있기 때문에 기업에게 전략적 가치가 있다고 말한다.

그러므로 프리드만과 핸디의 입장을 그대로 취하기보다는 그들의 주장을 보다 통찰력 있게 해석한다면 그들의 주장은 기업의 이익에도 도움이 되는 범위 내에서 핵심 이해관계자들에게 가치를 창출해야 한다는 것을 의미한다. 핸디의 관점에서 이러한 주장은 쉬운 일이겠지만 프리드만 역시 이를 인식하고 있다. 그는

"법률과 윤리적 관습에 내재되어 있는 사회의 기본적 규칙을 지키면서" 경영자의 이익 추구행위가 조절되어야 한다고 말함으로써 "가능한 많은 돈을 벌기를" 추구하는 주주에 대한 책임이 경영자의 일차적 책임이라는 자신의 주장에 단서를 달았다. 덧붙여서 기업의 행동은 "거짓이나 사기 없이 공개적이고 자유로운 경쟁에 참여하는" 경우에 한해서만 수용가능하다.[13] 둘 다 보다 넓은 이해관계자들에 대한 기업 행동의 결과를 무시해서는 안 된다는 것을 인정하고 있다. 이 시점에서 캐롤(Archie Carroll)을 자세하게 언급할 필요가 있다.

> 경제학자 프리드만은 …… 사회적 문제는 기업인들의 관심사가 아니며 이러한 문제는 자유시장 시스템의 자율적 힘에 의해 해결되어야 한다고 주장한다. 그러나 프리드만의 주장을 전체적으로 고려하면 그의 주장에는 핵심이 결여되어 있다. 대부분 사람들은 프리드만의 인용 부분 중 첫 번째 부분에만 초점을 맞춘다. 이익, 법률 준수 및 윤리적 관습이 경제적, 법률적 및 윤리적이라는 CSR 피라미드의 3가지 구성요소를 포용하고 있다. 프리드만의 주장에는 자선적 구성요소만 배제되어 있다.[14]

CSR 논쟁은 가끔 프리드만 지지자와 핸디 지지자 간 전투로 규정되기도 한다 — 마치 두 사람의 입장이 상호 배타적인 것처럼. 대부분의 사람들이 생각하는 것보다 그 둘은 훨씬 가깝다고 생각한다. 오히려 프리드만의 견해와 전략적 CSR은 양립 가능하다 — 오늘날 비즈니스에 성공하는 방법은 장기적으로 진보적이며, 이해관계자 관점을 실행하는 것이다. 이것이 얼마나 맞는 말인지는 CSR의 정의와 실행에 달려 있다. 근본적으로 진보적인 경영자는 "사회적 이슈가 비즈니스에 별 관계가 없는 이슈가 아니라 오히려 근본적 관계를 가진다"는 것을 이해하는 사람이다.[15] 그러나 본질적으로 프리드만과 핸디의 주장이 기업의 목적 측면에서 차이가 없다면 CSR은 누구의 책임일까? 보다 구체적으로 기업으로 하여금 이해관계자들의 종합적 기대에 맞는 방법으로 행동하도록 확실히 만들기 위해 이해관계자들은 어떤 역할을 할 것인가?

CSR : 이해관계자 책임?

본 장의 서두에서 제기한 질문(CSR은 누구의 책임인가?)은 집합적인 이해관계자로 하여금 자신들이 원하는 행위를 기업에게 요구하도록 도전한다. 즉, 자신들이 지지하는 기업에 보상을 제공하고 그렇지 않은 기업을 응징한다. 예를 들어 규제기관이 금융 산업의 부채 발행에 제한을 두어야 하는가? 종업원들은 패스트푸드 산업의 고용주들에게 더 높은 임금을 요구해야 하는가? 소비자들은 어린이 용품을 만드는 회사에게 보다 책임 있는 TV 광고를 기대해야 할 것인가? 기업들은 공급망 전반에 걸쳐서 보다 책임 있는 행위를 보장하기 위해 행동강령에 기꺼이 서명하는 계약자들로부터만 조달해야 할 것인가?

구체적으로 이해관계자들이 보다 나은 조건을 요구하는 것은 상대적으로 쉬운 일이지만 그 목적 달성을 위해 어느 정도 기꺼이 희생하려고 하는가? 예를 들어 패스트푸드 회사가 낮은 임금을 지급하는 이유는 그 일을 수행하는 데 필요한 기능을 가진 종업원을 낮은 임금에 고용할 수 있기 때문이다. 달리 말하면 종업원들은 대안이 없거나 또는 보다 더 낮은 임금을 받는 대안밖에 없기 때문에 그 직장을 가치 있다고 생각한다. 일부 행동가가 주장하듯이 만약 맥도날드가 시간당 15불이라는 자의적인 임금을 지급하도록 강제당한다면 경쟁자들이 현저하게 낮은 임금을 지급하고 고객들이 저가 제품을 좋아하는 상황에서 경제적 사망선고가 될 확률이 아주 높다.[16] 이런 상황이 바뀌려면 이해관계자가 정부로 하여금 최저임금을 올리도록 하든지 종업원이 그런 낮은 임금에 일하기를 거절하거나 또는 종업원에게 낮은 임금을 지급한다는 사실에 불행을 느끼며 소비자들과 같이 불매운동을 할 필요가 있다. 맥도날드의 핵심 이해관계자들 중 누군가가 심각한 메시지를 보낼 때까지 맥도날드는 정확하게 현재와 같이 용인될 수 없는 수준의 임금을 지급하는 관행을 계속할 것이다.

궁극적으로 기업은 자신의 사회적 가치를 정의하지 않는다는 것이 요점이다. 대신에 기업은 사회적 가치를 반영한다. 기업은 우리가 실제로 원하는 것(우리가 실제로 원한다고 말하는 것이 아니라)을 우리에게 제공하는 데 능숙하다.[17] 그처럼 모든 이해관계자는 자신들이 살고 싶거나 일하고 싶은 사회를 만들 의무를 갖고 있다. 만약 사회 전체가 금융위기를 회피해야 한다고 결정한다면 그것을 실현할 법안을 통과시킬 정치인을 뽑아야 한다. 마찬가지로 사회가 저원가 기업 환경을 가진 지역으로부터 모든 일자리를 외주조달하기를 원치 않는다고 결정한다면 이해관계자들은 그 일자리를 국내에 유지함에 따라 발생할 높은 가격을 기꺼이 지불해야 한다. 책임은 전적으로 어떤 한 그룹에 있는 것이 아니라 집합적으로 공유되고 있다. "우리 모두가 지은 집에 우리는 살고 있다"는 인식이 중요하다.[18]

어스셰어(EarthShare)

뉴욕타임즈에 개재된 환경활동가 그룹인 어스셰어(https://www.earthshare.org/)의 전면 광고를 생각해 보라.[19]

> 우리의 모든 의사결정에는 결과가 따른다. 우리는 호수와 강에 무엇을 넣을 것인지 선택한다. 우리가 호흡하고 있는 대기 중에 무엇을 내보낼 것일지 우리가 선택한다. 우리 몸에 무엇을 넣을 것인지, 우리 아이들이 어디로 다니고 뛰어놀 것인지를 선택한다. 우리가 살고 있는 세상을 우리가 선택한다. 따라서 옳은 선택을 해야 한다. 우리의 물, 공기, 토양 그리고 우리 자신을 위해 무엇을 할 수 있는지 배워야 한다.

이 광고가 매력적인 점은 기업이 지나치게 오염을 시킨다고 단순히 주장을 늘어놓기보다 개인의 책임을 강조하기 때문이다. 그 광고(볼드체를 포함한)의 헤드라인은 정확하게 강조하고 싶은 부분을 표현한다.

> 우리는 우리가 **지은** 집에 **살고** 있다.

개인 행동에 대한 책임의 중요성이 CSR 논의에서 빠져 있는 경우가 종종 있다. 기업은 시장에서 지지받지 못하는 행동을 하도록 기대받는 경우보다 핵심 이해관계자의 요구(특히 소비자 요구)에 대응하여 훨씬 더 신속하게 행동한다. 만약 소비자가 제품 생산 방법에 동의하지 않거나 또는 생산기업의 어떤 다른 행동에 동의하지 않는다는 이유로 소비자들이 제품을 더 이상 사지 않는다면 그 기업은 신속하게 적응해야 하며, 그렇지 않으면 망할 것이다. 달리 말하면 이해관계자들은 자신의 조직에 대한 책임과 마찬가지로 사회에서 생존하고 번창하는 기업에 대해서 책임을 가진다. 이해관계자 행동은 우리 자본주의 체제의 문제에 대한 완벽한 해법이 아니며 기업은 모든 책임으로부터 벗어날 수 없다. 만약 기업 책임만 강조되기보다 이해관계자 책임과 기업의 책임이 동등하게 강조된다면 CSR 옹호론의 측면에서 훨씬 더 많은 일이 더 빨리 이루어질 것이다.

이러한 생각은 기업 이해관계자 책임의 개념에 나타나 있다.[20] 우리가 만약 기업의 사회적 책임(기업이 이해관계자 요구에 맞게 행동할 책임)을 지지하려 한다면 그리고 특히 CSR에 대한 성공 사례를 만들고자 한다면 기업의 이해관계자 책임(기업 이해관계자가 기업의 책임을 물을 책임)을 지지할 필요가 있다.[21] 둘 중 하나가 없으면 다른 하나도 충분히 이루어지지 않으므로 둘 다 필수적이다. 마찬가지로 후자가 더 많이 이루어질수록 전자의 실행이 기업에 더 큰 이익이 된다.[22]

이해관계자 책임

기대 수준을 충족시키는 행위를 인정해 상을 주고 그렇지 못한 행위에 벌칙을 가함으로써 기업 행동에 책임을 물을 모든 이해관계자의 책임.

영리기업은 항상 시장의 힘과 경제적 유인에 대해 매우 잘 대응하지만 소비자 트렌드를 예측하거나 드러난 요구에 반대되는 방법으로 시장을 변화시키지 못하는 모습을 보여왔다. 따라서 CSR 공동체를 위한 대안적인 초점은 기업으로부터 이해관계자로 옮겨간다. 1장에서 CSR을 "기업이 이해관계자의 요구를 충족시키고 이해관계자가 기업의 행동에 대해 책임을 요구할 의무"로 정의하였다. 달리 말하면 기업이 이해관계자의 기대에 따라 행동할 책임과 마찬가지로(더 중요하지 않을진 몰라도) 이해관계자가 기업에게 책임을 물을 의무가 있다. 이러한 보다 균형 잡힌 방법이 의미 있는 변화를 만들어 내기 위한 필수적인 요소이다.

> 우리는 돈, 클릭 및 투표를 통해 신호를 보냄으로써 우리가 원하는 많은 것을 얻는다. 만약 우리의 정치가 자주 커다란 해악을 끼친다면 그것은 사회 전체가 너무나 많은 해악을 요구하고 있기 때문이다. 우리가 만약 선행을 증가시키고 보다 건강하고 생산적인 정치 환경을 원한다면 우리 각자가 보다 많은 선행을 요구해야만 한다.[23]

따라서 본질적으로 CSR은 사회가 이해관계자의 집합체로서 기업에게 원하는 행동을 하는 것을 말하며, 전략적 CSR은 중장기에 걸쳐 경쟁우위를 창출하는 방법으로 그런 행위를 하는 것을 의미한다. 달리 말해서 특정 이해관계자가 개인이든 집단이든 변화를 옹호한다고 해서 그것이 반드시 기업이 그 행동을 해야 한다는 것을 의미하지 않는다. 사실 이해관계자의 대부분이 그 변화를 지지하지 않으면 기업의 행동이 사회적으로 무책임한 것이 될 것이다(사회는 집합적 이해관계자를 대표하기 때문에). 그래서 만약 특정 주요 이해관계자(소중한 종업원이나 고객과 같은)가 변화를 요구한다면 그것이 기업의 전략적 이해관계와 맞을지 모르나 사회적으로 책임 있는 행동은 아닐 수 있다. 그러나 이해관계자가 원하는 것을 얻기 위해서는 높은 기대 수준이 때때로 높은 비용을 요구한다는 것을 알고 자신들이 진정으로 무엇을 원하는지(자신이 원한다고 말만 하는 것이 아니라)에 대해 솔직하게 말해야 한다.

비즈니스의 주요 목적은 이해관계자들을 위해 가치를 창출하는 것이지만 실무에서 그러한 가치가 어떤 것인지 결정하는 것은 이해관계자들이다. 따라서 시장체제가 최대한 잠재능력을 발휘하여 작동하기 위해서는 이해관계자들이 자신의 가치, 요구 및 관심사를 행동으로 옮겨 기준을 충족시키지 못하는 기업에 벌칙을 가하고 기준을 초과하는 기업들을 인정할 필요가 있다. 따라서 정부는 효과적으로 규제를 하기 시작하고, 공급업체가 공정하게 대우해주는 파트너를 선택하기 시작하고, 소비자가 자신들이 찾고 있는 제품을 제공하는 능력에 따라 기업들을 구분하기 시작해야 한다. 그러한 유인이 있기 때문에 기업들은 기대를 충족시키기 위해 신속하고 효율적으로 운영방식을 바꿀 능력이 있다는 것을 보여왔다.

그러나 소비자뿐 아니라 모든 이해관계자가 기업에 영향력을 갖고 행동할 필요가 있다. 예를 들면 미디어는 중요한 감시 역할을 한다. 그것은 2015년 미국에서 CBS의 프로그램 '60분(60minutes)'이 럼버리퀴데이터스(Lumber Liquidators)[24]라는 바닥재 회사의 잘못된 제품 라벨을 폭로하여 그 제품의 판매를 중단하게 만들었을 때 완벽하게 드러났다.[25] 이와 유사하게 폭스바겐이 배출가스 검사기기를 속이려는 노력을 미국 규제기관이 폭로함으로써 이해관계자들이 기업으로 하여금 자신들이 원하는 행위를 하도록 행동할 때 무엇이 가능한지를 보여주었다.[26] 폭스바겐 임원은 미국환경청(EPA) 관리에게 자신들의 차가 배출가스 검사를 통과했으며, 속이려는 의도는 전혀 없고 운전 중 "기술적 오류" 때문에 오염이 발생했다고 "1년 이상" 말해 왔다. 그들은 "EPA가 2016년 폭스바겐과 아우디 디젤 모형 승인을 철회하겠다고 특별히 위협을 가했을 때"에야 진실을 인정했다.[27] 위의 두 경우 위반 행위가 폭로된 이후 주가가 폭락했다.

일반적으로 통용되는 CSR 정의와 1장에서 제시된 CSR의 새로운 정의 사이의 차이점은 이해관계자 책임에 대한 시사점을 보면 명백해진다. 그에 수반하는 변화는 〈그림 4-1a〉와 〈그림 4-1b〉에 도표로 제시되어 있다. 이해관계자들이 기업의 행동에 대해 대응하는 방식으로 CSR이 이해되는 경우가 가끔 있다. 달리 말하면 기업은 행동하고 이해관계자는 반응한다. 그러나 이해관계자 모형을 몇 분만 생각해 보면 이것이 현실을 반영하지 못하고 있다는 것을 이해할 수 있다. 경영자, 종업원 그리고 이사가 모두 이해관계자이기 때문에 기업과 이해관계자를

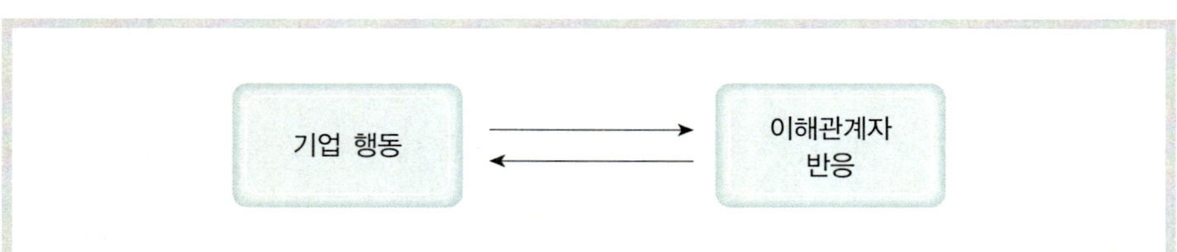

그림 4-1a 독립적 행동주체로서 기업과 이해관계자

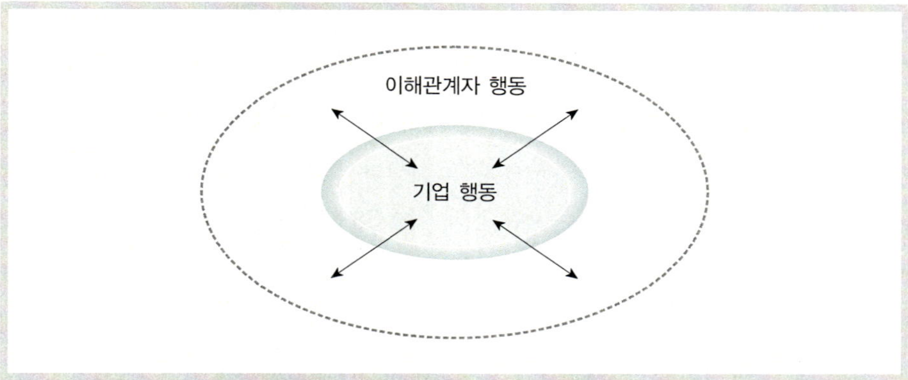

그림 4-1b 통합된 행동주체로서 기업과 이해관계자

별개의 것으로 생각될 수 없다. 기업이 행동하고 이해관계자들이 반응하는 것이 아니라 기업의 행동은 모든 이해관계자 행동에 의해 동시에 발생하는 총합적 영향을 나타낸다. 기업은 이해관계자에 의해 구성되기 때문에 그 둘은 하나이며 동일한 것이다.

달리 표현하면 주어진 시점에서 기업 환경이 이익 추구의 의미를 정의하는 경계 조건을 만든다. 게임의 법칙이 어떤 한 기업의 영업방식 중 어떤 것이 수용가능한지 여부를 결정하고 기업은 그에 대응한다. 그 법칙을 결정하는 것은 기업의 모든 이해관계자의 집합적 가치이다. 실크로드 시절의 가장 오래된 시장으로 되돌아가서 보면 기업의 목표는 항상 이익 추구였다. 그러나 그것은 시간의 변화에 따라 진화하고 문화에 따라 달라지는 규칙이었다. 그리고 기업을 더 큰 성공으로 이끌 수 있는 사람은 현재의 상황과 규칙(문서화된 것과 되지 않은 것 모두)이 언제 변경됐는지를 이해하는 보다 영리한 경영자이다. 그들은 그러한 규칙을 지킴으로써 사회로부터 기업의 영업 허가를 받을 수 있다는 것을 이해하고 있다.[28] 그러나 이러한 관계가 작용하기 위해서는 이해관계자에 의해 그 규칙이 강제되어야 한다. 그 규칙이 강제화되면 그것이 결과를 결정할 것이다.

이해관계자 참여

기업은 이익을 내도록 설계되어 있다. 이와 같이 어떤 행동이 이익을 창출하는지 아닌지의 매개변수를 정의하는 것은 기업의 이해관계자이다. 따라서 관심과 정보를 가진 투명하고 교육받은 이해관계자는 CSR 명분을 현저하게 증진시킬 것이다.

관심을 가진 이해관계자

CSR이 이해관계자 책임이 되기 위해서는 이해관계자들이 기업의 행동을 보장하기에 충분할 만큼 관심을 가질 필요가 있다. CSR을 옹호하는 주장은 자신이 기반을 두고 있는 사회에서 기업이 순기여자로 인식되면 혜택을 받게 된다고 전제한다. 최소한 이해관계자 기대에 반해서 행동하는 기업들에게 경제적 벌칙이 있어야 한다. 기업 자선활동의 사례를 강조하는 광고 캠페인에서 보았듯이 경영자들은 지역사회에서 긍정적인 영향을 갖고 있다고 인식될 때의 효익을 이미 이

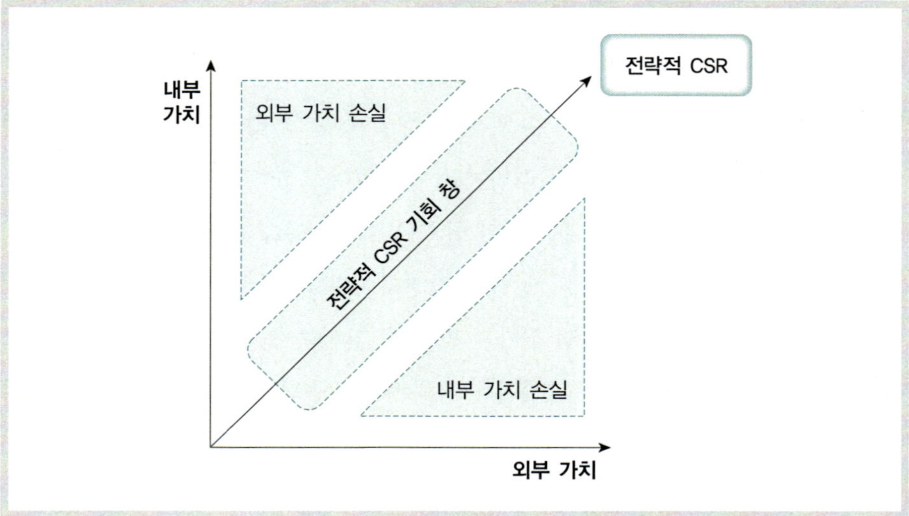

그림 4-2 전략적 CSR의 기회 창

해하고 있다. 〈그림 4-2〉에서 묘사된 바와 같이 인식된 이미지와 사회적 기대가 다른 정도에 따라 경제적 또는 사회적 손실이 정해진다. 이러한 손실은 내·외부 이해관계자의 기대와 실제 기업이 제공하는 것과의 불일치를 나타낸다.

전략적 CSR(〈그림 4-2〉에서 45도선을 나타냄)을 성공적으로 실행하는 기업은 내부 이해관계자가 추구하는 가치와 다양한 이해관계자가 찾는 보다 넓은 가치를 일치시킬 수 있다. 전형적으로 내부에서 추구하는 가치는 종업원과 같은 조직적 이해관계자에게 혜택을 주는 이익 증가에 초점을 맞춘다. 그러나 중장기에 걸쳐 합법적으로 보이기 위해서는 기업의 이익 추구가 지역사회와 같은 외부 이해관계자들에게 일자리를 보존해주거나 소비자에게 안전한 제품을 제공해주는 형태 등으로 가치를 제공해주어야 한다. 내부와 외부 이해관계자들에게 충분한 정도의 가치를 창출해 내는 기업 행위의 범위를 전략적 CSR 창이라 부른다.

이 모형의 중요성은 균형의 필요성을 강조한다는 것이다. 사회에 끼치는 영향(지나친 오염을 유발시키는 제조공정과 같은)을 고려하지 않는 무분별한 이익 추구는 사회에 손실을 가져온다. 마찬가지로 외부적 가치를 지나치게 공격적으로 추구하는 기업은(예를 들면 1장에서의 몰든 밀스) 이익창출 능력이 감소되어 위축된 경제적 활동을 겪으며 손실을 경험할지 모른다. 이익 극대화(내부) 또는 기업의 핵심 운영(외부)과 관계가 없는 자선행위에만 초점을 두는 행동은 부가가치를 창출하기는 하지만 전략적 CSR 관점이 아니다. 간단히 말해서 기업의 내부 또는 외부 가치가 결여될 때 이해관계자는 그 기업이 사회의 가치 있는 구성원으로서 적법성을 갖는지 의문을 제기할 근거를 갖게 된다.

다양한 이해관계자 그룹 간의 가치 동조화는 조직 전반에 걸친 전략적 CSR 접근방법의 실행을 나타낸다. 다시 말하면 기업은 단지 이사, 종업원 또는 다른 개별 구성원을 위해서가 아니라 복수의 이해관계자들이 가치를 부여하는 방식으로 행동해야 한다. 그러나 전략적 CSR의 기회 창을 실무에 적용하기 위해서는 이해관계자가 기업의 행동을 평가하고 손실을 수정하려고 행동하는 것이 중요하다. 주주행동주의자들이 기업에게 책임을 물음으로써 자신들의 투자를 보호하려는 것과 마찬가지로 기업의 지속적 운영에서 이해관계자들이 이익을 보호하기 위해 기업에 책임을 묻는 이해관계자 행동가가 필요하다.

> 수백 명의 세일즈포스(Salesforce) 종업원이 CEO 마크 베니오프(Marc Benioff)가 미국세관국경보호국과 계약한 것을 비난하는 편지에 서명하였는데, 그것은 정부와의 일에 관한 기술기업들의 일련의 저항운동 중 가장 최근 일이었다. …… 구글의 직원들은 AI 소프트웨어를 이용한 국방부와의 계약에 참여하지 말 것을 강하게 요구하였다. 마이크로소프트의 종업원들은 미국출입국관리국과의 계약에 대해 불만을 표시해 왔다. 그리고 백 명도 넘는 아마존 노동자들은 경찰에 대한 안면 인식 소프트웨어 판매를 중단할 것을 요구하는 편지를 CEO인 제프 베조스에게 보냈다.[29]

사회적으로 환경을 우려하는 사람 수가 증가하는 것은 명백하지만 소비자 주도 경제적 압력의 큰 구성요소를 보면 기업들이 여전히 가격이나 품질과 같은 보다 전통적인 특성으로 경쟁을 해야 된다는 것을 알 수 있다. 윤리적 제품과 그것을 기꺼이 판매하려는 생산자들이 점점 더 많아짐에도 불구하고 대다수 소비자의 의사결정에 여전히 가격이 가장 중요한 요인이다. 예를 들면 미국의 한 보고서는 안전하고 공정한 근로조건에 대해 다음과 같이 말한다.

> 청바지 한 벌의 가격에 미치는 영향은 1달러 이하이다. 그러나 구매자들은 윤리에 관심이 있다고 설문에 응답하면서도 추가로 가격을 지불하기를 거절한다. 어떤 한 연구에서 고객의 절반만이 "좋은 근로조건"이라고 표시된 양말을 선택하였는데 심지어 그 양말은 표시가 없는 양말과 같은 가격이었다. 양말 가격이 50% 더 비쌀 때 오직 25%의 고객만이 그 양말을 구매했다. 일반 대중이 소비의 진정한 원가를 인식할 때까지 보다 책임감 있는 기업 실무를 위해 투쟁하고 있는 기업의 내부 사람들은 힘겨운 전투를 하게 될 것이다.[30]

따라서 투자자, 공급업체 및 다른 이해관계자들이 장기적 지속가능가치라는 이름 하에 어느 정도 단기적 가치를 희생할 것인가?[31] 종업원, 채권자, 규제기관 및 다른 핵심 이해관계자들이 어느 정도의 영향력을 누리고 있을 때 기꺼이 그 영향력을 행사할 것인가? 프리드만(Thomas Friedman)은 정치인의 변화를 요구하는 시민들에 대한 뉴욕타임즈 칼럼에서 이러한 주장을 제시하고 있다. "그래서 우리는 무엇을 하고 있는가? 표준적인 답은 '우리는 보다 나은 리더를 원한다'이겠지만 진짜 답은 '우리는 보다 나은 시민을 필요로 한다' 일 것이다."[32] 이것은 비즈니스와 CSR에 대해서도 적용된다. 우리는 보다 더 책임 있는 기업을 필요로 하지 않는다. 우리는 보다 더 책임 있는 이해관계자를 필요로 한다.

정보를 가진 이해관계자

이해관계자들이 기업을 위한 합리적 또는 경제적 동기를 대변할 경우 보다 사회적 책임 있는 행위를 권장한다. 비록 고객, 투자자 또는 다른 외부 행동가들이 이러한 행동을 가끔 옹호하기도 하지만 내부 지지자(설립자, 리더 및 종업원을 포함)들도 자신의 이해관계를 위해 저항할 필요가 있다. 이 경우 정보를 입수하고 행동하려고 하는 이해관계자의 의지가 이슈이다.

인터넷과 글로벌 미디어 산업의 성장에 불을 지핀 커뮤니케이션 기술의 혁명으로 이해관계자들이 자신의 집합적 메시지를 형성하고 전달할 기회를 갖게 되었다. 이해관계자들은 기업 운영을 감시하고 기업이 자신들의 최선의 이익을 반영하지 않는 행동을 하면 그 정보를 전파할 수 있는데 이는 이전에는 상상하지 못했던 능력이다. 이러한 방식으로 커뮤니케이션 혁명은 기업 권력을 수평적으로 분산시켰다. 그 사례로는 Change.org(https://www.change.org/)[33], GoFundMe(https://www.gofundme.com/)[34], Tumblr(https://www.tumblr.com/)[35] 등을 들 수 있는데 그들은 정보 형성과 행동을 위한 플랫폼 역할을 하고 있다. 한편 BuyPartisan(http://buypartisan.com/)은 개별 제품별로 기업의 정치적 기부의 패턴을 보여주고 있다. 이해관계자들은 행동 수단으로 무장한 집합체로서 자신이 원하는 사회를 만들 힘을 가지고 있다. 특히 매주 월마트에서 장을 보는 소비자 집단은 더욱 그러하다.

> [월마트의 운영 실무]가 중요한가? 소비자가 옳다고 하는 경우에만 그렇다 …… 월마트는 "투표권자"에게 귀를 기울인다. 구매자들이 월마트가 공급업체들에게 더 높은 기준 준수를 고집할 때까지 월마트 제품을 사지 않을 것이라 말하면 월마트는 그렇게 행동할 것이다.[36]

많은 CSR 옹호론자들이 자신들의 명분을 위해 도덕적 주장 근거에 의존해 왔는데 그것은 기업이 옳은 일을 해야 하기 때문에 사회적으로 책임 있는 방법으로 행동해야 한다는 결론으로 귀결된다. 그러나 가치(옳고 그름에 대한 판단과 같은)는 주관적이며, 조직 내에서 이익, 매출 또는 다른 경제 성과 위주의 사고에 부차적인 것이 될 수 있다. 기업은 여러 가지 이유로 책임 있는 방법으로 행동하기를 원하거나 의도할지 모르나 그러한 행동으로부터 합리적 또는 경제적 효익이 있을 것이란 확신이 있다면 비즈니스 실무에 일관되게 그리고 진심으로 매진할 확률이 높다.

주어진 이슈에 대해 이해관계자가 반란을 일으킬 정도로 너무 늦기 전에 그들의 관심사에 대응하는 것의 중요성이 〈그림 4-3〉에 예시되어 있다.[37] 기회가 극대화되고 위험이 최소화되는 색깔 있는 부분에 기업이 머물 때 CSR의 가장 좋은 위치가 유지된다. 기회와 위험 간의 상충관계는 주어진 이슈에 대한 이해관계자의 몰입 정도를 보여주고 있다. 그 결과 기업의 핵심 이해관계자들이 당연한 것으로 받아들이는 이슈와 관련하여 위험이 기회를 능가하는 CSR 위험지역이 발생한다. 그 이슈와 관련하여 이해관계자의 기대 수준을 충족시키지 못한 기업에 대해 이해관계자가 벌을 주는 행동을 할 때 CSR 문턱(점선)[38]이 발생한다.[39]

이러한 기회와 위기의 관계는 이해관계자의 관심사를 위해 행동하는 기업에 돌아가는 혜택과 그것을 미루는 기업에의 위험을 보여준다. 일단 이해관계자가

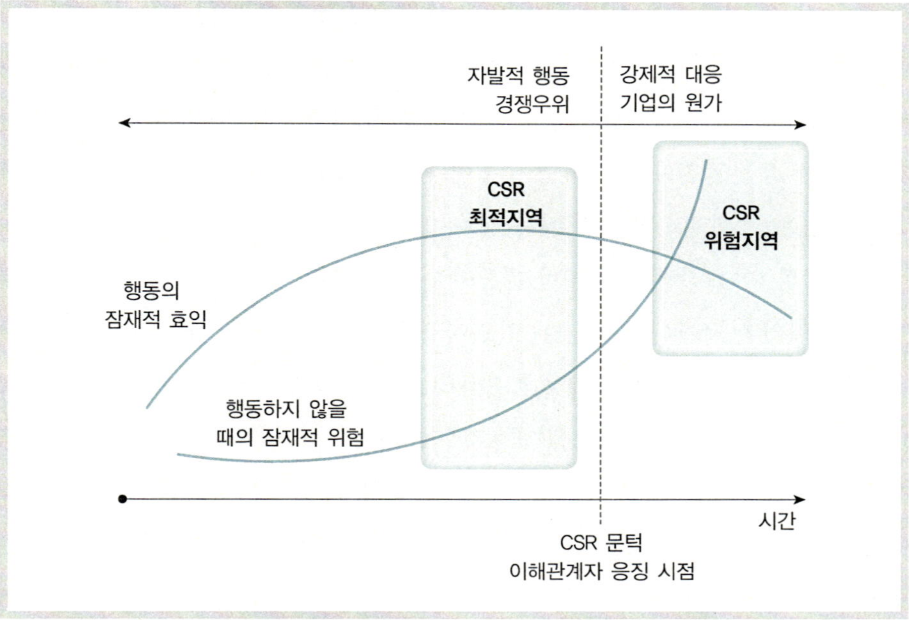

그림 4-3 CSR 최적지역과 위험지역

응징하는 시점을 지나 인내의 한계를 넘을 때까지 자신들의 관심사에 반응을 보이지 않으면 기업이 무거운 처벌을 받을 수도 있다. 그러한 이해관계자 보복의 사례로 정부의 규제, 소비자의 불매운동, 미디어의 조사, 종업원의 파업 등을 들 수 있다. 그러나 기업들의 행동을 촉진하기 위해서는 이해관계자들이 정보를 가지고 진정성 있는 행동으로 자신들의 관심사에 주의를 기울이고 반응하지 않으면 응징할 것이라는 메시지를 명백히 전달해야 한다. 사이비 불매운동과 같은 피상적 저항은 비효과적이다.[40] 이해관계자 관심사는 핵심 그룹이 그러한 의도를 기업에 명백하게 전달할 때 더욱더 명백해지고 측정이 가능해진다.

투명한 이해관계자

이해관계자들이 자신들의 마음 속 이슈를 드러내야 그만큼 의견조사가 유용한 수단이 된다. 그러나 여론조사가 전달하는 메시지가 항상 명확한 것은 아니다.

예를 들면 "21개의 다른 직업을 가진 노동자의 정직과 윤리"를 평가하는 갤럽의 "정직과 윤리 연차 여론조사"는 일반 대중이 기업의 임원들을 별로 존경하지 않는다는 것을 보여주고 있다. 〈그림 4-4〉에서 1990년부터 2017년까지의 결과를 검토해 보면 기업 임원의 윤리를 높거나 아주 높다고 평가한 미국 대중들의 비율이 25%를 넘은 적이 결코 없다는 것을 알 수 있다.[41]

"미국의 기관들"에 대한 일반 대중의 신뢰에 관한 비슷한 여론조사는 기업이 "의회에 이어 바닥에서 두 번째에 있으며, '대단히 많이' 또는 '꽤 많이' 신뢰를 갖고 있다고 표시한 응답자가 21%에 불과하다"는 것을 보여주었다.[42] 많은 비즈니스 리더들이 존경받지 못하고 있다는 것을 보다 잘 나타내주는 증거로서 "또 다른 여론조사는 미국 종업원들의 35%가 자신들의 직접 상사가 해고된다면 상당한 급여 삭감을 감수할 수 있다는 것을 발견하였다."[43] 그러한 비난에 내포되어 있는 것은 임원들의 현재 성과가 수용 불가능한 정도라는 것이다. 그렇지만 정치인들은 계속 당선이 되고 최고경영층에서 보다 이직률이 높아지긴 했지만 기업은 계속 큰 이익을 창출하고 있다.

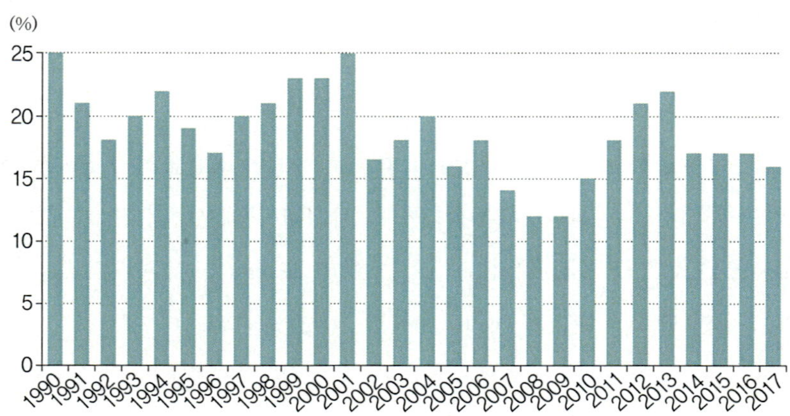

출처 : Data from Gallup, http://www.gallup.com/poll/1654/honesty-ethics-professions.aspx.

그림 4-4 기업 임원의 정직과 윤리(1990 ~ 2017)

> 포천 500대 기업에 들어가기 위해 걸리는 평균 기간이 1930년대에 70년에서 오늘날 대략 15년으로 낮아졌다. 그리고 그 기업 CEO의 평균 근속연수는 2000년에 10년에서 오늘날 5년으로 줄어들었다.[44]

비윤리적 행위를 용납할 수 없다는 사람들의 인식과 현실 사이에는 간극이 존재한다. CSR과 같은 이슈에 대한 일반 대중의 의견이 설문조사에 공통적으로 나타나고 있지만[45] 사람들의 대답은 자신이 답해야 하는 것이나 또는 여론조사가 의도하는 바를 답하기보다 자신들의 진정한 생각을 대답하는지는 명확하지 않다. "시장조사의 문제점은 사람들이 자신들이 느끼는 대로 생각하지 않고 자신들의 생각을 얘기하지 않고 자신들의 말을 행동에 옮기지 않는다는 것"이다.[46] 이러한 "사회적 바람직성 편향(social desirability bias)"은 사람들이 인터뷰할 때 자신을 형편없어 보이게 만드는(환경이나 노동자 권리에 대해서 배려하지 않는 것과 같이) 일들을 말하는 것을 피하게 만든다.[47]

수년간 다양한 설문조사와 보고서는 소비자들이 CSR에 대해 관심을 가지며, 보다 책임감 있는 기업 실무에 대해 더 많은 가격을 지불할 의사가 있다고 말한다. 〈그림 4-5〉(60개 국가 3만 명 이상에 대한 온라인 설문조사)에 제시된 설문자료가 이러한 정서를 지지하고 있는데 소비자들은 관심이 있을 뿐 아니라 점점 더 높은 가격을 지불할 의지가 있다고 나타나고 있다. 불행하게도,

> CEO들은 소비자들이 말하는 지속가능성에 대한 의지를 믿지 않는다. 말이 되는 반응이다. 소비자들이 말하는 것과 행동하는 것 사이에는 큰 괴리가 있다. 대부분의 기업들이 소비자들이 무엇에 가치를 두는지를 묻지 않는 이유가 그것이다. 기업들은 소비자의 실제 행위(그리고 그들의 뇌파)를 연구한다. 브랜드 전문가, 소매업자 그리고 시장조사원들은 가장 최신의 행위 추적 및 뇌 과학 수단이 소비자들이 원하는 것과 필요로 하는 것을 파악하는 데 도움이 되도록 설계되어 있다고 주장한다.[48]

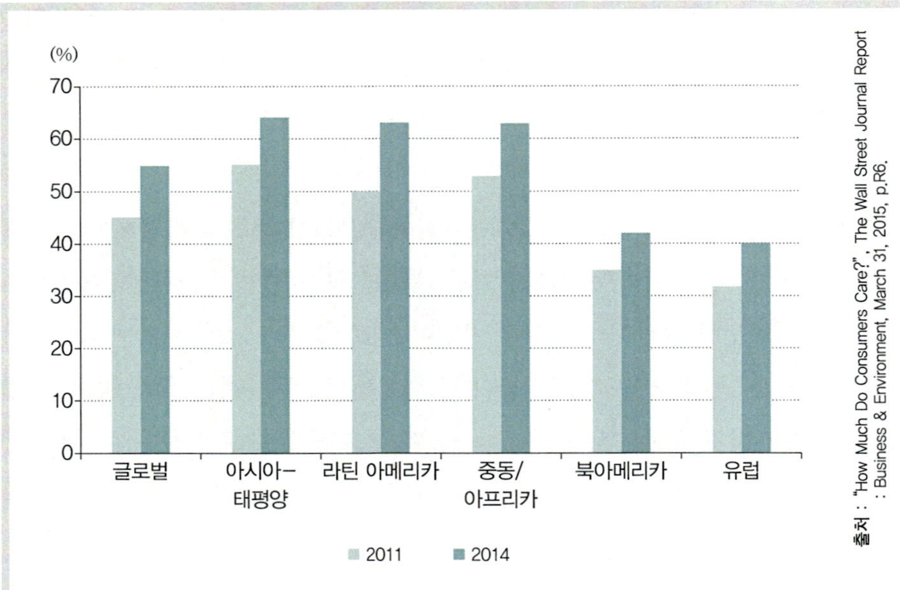

그림 4-5 CSR에 대한 소비자의 지불 의사(2011~2014)

온라인 저항운동에서도 유사한 추세를 주목할 만하다. 통신기술이 CSR 위반 행위(인식된 또는 실제)에 대응하여 빠르게 움직일 수 있게 해주며, Change.org와 같은 웹사이트가 온라인 저항운동을 촉진하는 플랫폼 역할을 한다. 문제는 그러한 저항운동이 견인력을 가지는지 또는 의미 있는 변화를 일으키는지가 명확하지 않다는 것이다.

노드스트롬과 빈(L.L.Bean) 등의 회사는 특정 소비자 집단의 불매운동 또는 사재기를 촉발할 논란에 직면하였다. 그러나 연구에 따르면 그 행동주의는 급속히 식었으며 소비자들은 기업이 이전에 비해 변화하도록 만들지 못하며, 기업은 이전의 행동으로 회귀하는 경향이 있다.[49]

기업이 이해관계자 요구에 대응하려면 이해관계자들이 관심사를 명백히 전달하고 그러한 신념에 맞게 행동해야 한다. 그렇지 않다면 기업은 사람들이 말로는 이것을 원한다고 하지만 실제로 다른 것에 보상을 지불한다는 메시지를 받고 혼란스러워할 것이다. 그런 상황은 위험할 수 있다.

궁극적으로 기업은 가치중립적 수단이다. 기업은 특정 목적을 달성하기 위해 이해관계자의 집합적 요구와 관심사를 경영에 반영한다. 우리가 더 투명할수록 기업은 보다 효과적으로 우리가 원하는 것을 제공할 수 있을 것이다. 사회적 책임을 진다는 것이 일련의 추상적 기준(오염시키지 말라, 외주조달하지 말라, 종업원들에게 시간당 15달러를 지불하라 등)이 아니라 이해관계자 집합의 가치에 의해 정의된다는 것을 이해하는 것은 중요하다. 달리 말하면 사회적으로 책임이 있다는 것은 사회가 요구하는 것을 기업이 실행하는 것을 의미한다. 이러한 견해대로라면 사회가 지구를 파괴하기를 원한다면 기업이 사회가 원하는 대로 하는 것이 사회적으로 책임 있는 일이 될 것이다. 이와 마찬가지로 만약 사회가 기업의 환경의식을 원한다면 지구를 보호하는 것이 사회적으로 책임 있는 행동이 될 것이다. 사회적으로 책임 있는 행동과 그렇지 않은 행동의 정의는 정해져 있지 않고 항상 변화하고 있으며, 그것은 이해관계자에게 달려 있다. 예를 들면 50년 전에 가죽 코트를 입는 것은 사회적으로 용인되었으나 오늘날 그렇지 않다. 가죽 코트를 입는 것에 대해 절대적으로 옳고 그른 것은 없다. 변화한 것은 그것에 대한 우리의 태도이다. 그 결과 사회적으로 책임 있는 행동(가죽 코트와 관련하여)으로 생각되는 바도 역시 변했다.

교육받은 이해관계자

CSR이 비즈니스의 보다 중요한 부분(경영자의 인식이나 이해관계자의 요구 측면에서)이 될 것이라는 미래 희망을 나타내는 한 가지 지표는 개인과 기업의 책임이 경영학 교육에 어느 정도 중심적인 구성요소가 될 것인가이다. 윤리와 CSR 교육이 경영대학 교육과정에 어느 정도 반영될 것인가? 매년 "다른 어떤 학부 또는 석사 과정보다도 더 많이 미국에서 36만 6천 명 이상의 경영학 학사학위와 19만 1

천 명의 석박사 학위가 수여되고 있기"[50] 때문에 이것은 중요하다. 전 세계적으로 경영학 학사와 석박사 학위를 받는 사람은 훨씬 더 많다. 달리 말하면 우리의 미래 기업 리더들을 어떻게 교육하는가는 아주 중요하다. 경영대학들이 학생들이 알아야 하는 것을 가르치지 않는 것은 우려할 만하다.

> 비즈니스는 인간의 발전에서 문화적 · 조직적 · 경제적 최강의 힘을 갖고 있다 …… 그렇지만 이러한 사회제도의 현 상태는 근본적 결함을 갖고 있다. 그것이 우리의 글로벌 사회에 미칠 잠재력은 충분하지 않다. 예를 들면 오늘날 지배적 비즈니스 모델이 기업으로 하여금 예측가능한 단기 주가수익률에 초점을 맞추도록 몰아가고 있는데 그것은 종업원, 지역사회 또는 보다 넓은 사회적 가치에 치명적일 수 있다. 산업이 환경 영향을 감소시킬 동기를 부여하지 못하고 있는 것이다.[51]

실무에서의 윤리

윤리는 복잡하며 가르치기 쉽지 않다. 아래의 사례는 그 복잡성을 보여주고 있다. 이 사례는 사람들의 비이성과 비일관성을 보여줄 뿐만 아니라 어떤 사람을 윤리적 또는 비윤리적이라고 생각하는 것이 핵심에서 벗어난 것임을 보여준다. 다른 복잡한 이슈와 마찬가지로 그 답은 "상황에 따라 다르다"이다.

> 만약 당신이 중고차를 사거나 또는 증인에게 증언하도록 한다면 아침에 하라. 사람들은 오후보다 아침에 다소 더 정직하다는 것을 발견한 새로운 연구가 시사하는 바이다.[52]

대학생들에게 거짓말을 한 대가로 금전적 인센티브를 준 일련의 과학적 실험으로부터 이러한 결론이 도출되었다.

> 확실히 오전의 참가자들에 비해 오후의 참가자들이 20% 더 거짓말을 하였다. 두 번째 시도에서 오후의 자원봉사자들은 인식 과제에서 거짓말을 했을 뿐만 아니라 보다 낮은 도덕적 인식을 보였다. "__RAL" 그리고 "E___C__"을 포함한 4가지 단어 조각을 완성해야 하는 상황이 주어졌을 때 오전 참가자들은 그 단어들을 "moral" 그

> 리고 "ethical"로 채워 넣을 확률이 3배 이상 높았다.[53]
>
> 이러한 발견은 형무소의 보석심사위원회가 휴식시간 직후(예를 들면 점심 또는 커피 휴식)에 보석 요청을 검토했을 때 보석허가를 해줄 확률이 훨씬 높다고 보고한 이전의 연구와 일치한다. 위원회 멤버들이 피곤하거나 배가 고프면(그리고 보다 초조하면) 객관적으로 평가할 능력이 떨어지게 된다는 것이 그에 대한 설명이다. 사람들이 자신들의 윤리적 · 도덕적 가치를 적용할 때 비일관적이라는 것은 좌절을 가져다준다.
>
> 하루가 흘러감에 따라 몇 시간에 걸친 의사결정과 자율 규제에 정신적 피로가 쌓이게 된다 …… 그것이 사람들로 하여금 "윤리적으로 의심스러운 방법으로 행동"하게 한다.[54]

이에 대한 대응으로 경영대학들이 윤리와 CSR를 보다 진지하게 받아들이고 있는 점은 희망적이다. 아스펜 인스티튜트(Aspen Institute)[55]가 2년에 한 번 실시하는 Beyond Grey Pinstripes 설문조사는 "사회적 · 환경적 수탁책임 이슈를 교과목과 연구에 통합시키고 있는 전일제 MBA 프로그램"의 진척 상황을 측정하기 위해 고안되었다. 그 기관의 최종 MBA 랭킹을 위해 4가지 영역에 대해서 학교들을 평가하였다. 적절한 교과과정, 학생의 주제 노출, 비즈니스 영향, 교수 연구. 그리고 "학생들로 하여금 비즈니스와 사회 이슈에 전념한 과목을 필수로 한 학교의 비율이 극적으로 증가하였다." 2001년 34%에서 2011년 최종 랭킹에는 79%라고 보고되었다.[56] 넷임팩트(Net Impact)는 진보의 다른 사례를 제공하고 있다. 그 자료에 의하면 "조사 대상 MBA 학생 65%가 직업을 통하여 사회적 또는 환경적 차이를 만들기를 원한다고 말했으며 18세부터 26세까지 젊은 밀레니얼 세대의 70%가 자신들의 직장 선택 의사결정에 기업의 지역사회에 대한 의지가 영향을 미친다고 대답했다."[57] 이러한 분위기를 지지하기 위해 'Students for Responsible Business'로 처음 설립된 넷임팩트는 증가하는 회원 수를 자랑하고 있다.

> 40개가 넘는 국가에 400개 이상의 회원단체를 가진 넷임팩트는 선을 행

하기 위한 다양하고 확고한 힘을 보유하고 있다. 지역에서 그들의 행동 결과는 수만 명의 개인에 영향을 미치며, 오늘날 가장 시급한 이슈들에 영향을 미치고 있다.[58]

대학에서 CSR 과목의 증가(아스팬 인스티튜트 랭킹에 반영된)와 활동 및 조직 증가(넷임팩트와 같은)에 불을 붙인 한 가지 요인은 PRME—The United Nations' six Principles of Responsible Management Education이다.[59] PRME에 가입한 기관은 현재 720개 이상이며 "PRME는 유엔과 경영 관련 고등교육기관 간 가장 큰 조직적 연계가 되었다."[60]

> 현재와 미래의 경영자를 양성하는 고등 교육기관으로서 우리는 우리 기관 내에서 우리의 역량과 미션에 맞는 것부터 시작하여 다음과 같은 원칙의 실행을 기꺼이 진척시킬 것을 선언한다. 우리는 모든 이해관계자에게 그 진척 상황을 보고할 것이며 이러한 원칙과 관련된 효과적 실무를 다른 교육기관들과 교류할 것이다.[61]

최근에 PRME의 초점은 UN의 지속가능목표(SDGs)[62] 통합으로 확장되었으며 "PRME 우수대학의 학생이 SDG/CSR 목표에 지속가능한 해법을 제공하기 위해 기업과 공동으로 노력하도록 계획된 학생 참여 플랫폼을 시작하였다."[63] 이 행동의 결과로 학생들은 경영대학의 본래 임무인 직업에 항상 연계되어 있는 의무와 책임감을 보다 더 중요하게 받아들이게 된다.

> 국가 차원에서의 문제가 많은 경우 기업과 즉각적이거나 직접적인 관련이 없더라도 그 문제를 고려하고 객관적으로 참여함으로써 일반 대중의 존경을 받는 것보다 경영자에게 더 높은 책임과 의무는 존재하지 않는다.[64]

경영자는 전문직인가?

전문직이 되기 위해서 세 가지 주요 특성이 필요하다.

1. 자신을 넘어선 의무감
2. 인증된 지식(인증기관에 의해 통제되는)
3. 윤리강령

사회가 특정 직업에 전문직 지위를 부여하는 것은 본질적으로 보호를 위한 것이다. 예를 들면 아무나 병원을 개업하고 사람들에게 의사처럼 수술을 시행하는 것이 사회적으로 허용되지 않는 이유는 많은 사람이 죽을 수 있기 때문이다. 같은 이유로 건축물이 무너지면 안 되니까 아무나 건축가처럼 건물을 설계하고 지을 수 없다. 달리 말해서 잘 훈련되지 않은 사람들이 이러한 중요한 일을 해서 발생하는 잠재적 해악으로부터 사람들을 보호하기 위해 사회는 그 위험을 최소화하기 위한 매우 높은 기준을 품질보증이라는 형태로 설정한다. 그 대신 사회는 전문직이라는 지위를 부여하고 그 특정 직무를 독점적으로 수행할 수 있게 (그리고 그 보상을 받을 수 있게) 한다.

비록 대부분의 경영대학이 MBA 프로그램을 "전문경영인 프로그램"[65]으로 부르지만 위의 기준에 의하면 명백하게 경영자는 전문직이 아니다. 사회는 기꺼이 기업 경영에서 위험과 보상의 상충관계를 결정하였다. 만약 당신이 아이디어를 가지고 시장에서 성공할 것이라 생각한다면 회사를 설립하고 거의 장벽 없이 당신 방식대로 경영할 수 있다. 물론 실패하면 기업이 사회에 해를 끼칠 수 있지만 사회는 그 회사가 구글, 아마존 또는 애플 등 삶을 변화시킬 차세대 기업이 될지 모른다는 희망에서 그러한 위험을 감수한다. 그 때문에 경영자는 전문직이 아니며, MBA는 전문직이 될 수 있는 보장된 관문이 아니다. 경영자가 진정으로 전문직이었더라면 우리가 더 잘살게 되었을 것이라 말하는 것이 아니라 경영자가 전문직이 아니라는 것을 이해하는 것이 중요하다는 것이다. 물론 많은 경영대학이 이를 이해하지 못하기 때문만이 아니라 대학이 전문직을 배출하는 곳이라 생각되는 것이 권위 있어 보이기 때문에 학생들에게 이 사실을 가르치는 학교가 많지 않다. 현실이 훨씬 더 달라졌을 수도 있었다는 것을 이해하는 것이 중요하다.

> 경영대학은 학생들로 하여금 미래 경영자로서 경력을 준비시키는 것 외에도 기업 경영을 적법성을 추구하는 초기의 직업에서 진실을 추구하는 직업으로 변화하려는 주요 노력 수단으로 역할을 하도록 의도된 것이었다.[66]

그런 일은 일어나지 않았다. 그러나 경영자가 전문직이 아니라고 해서 반드시 경영대학 학생들이 전문직이 될 수 없다는 것은 아니다. 그러기 위해서 하버드 대학의 MBA 학생

들이 만든 MBA 서약(http://mbaoath.org/)은 좋은 출발이었다.[67]

CSR에 대한 인식과 수용은 의미 있는 변화를 위해 필요하다. 이것을 미래 기업 리더들에게 가르친다면 기업 환경에서 CSR의 수용가능성은 증가할 것이다. 경영대학은 이것을 실천함에 있어 중요한 역할을 가지고 있다.

> MBA 교육은 더 이상 재무관리, 마케팅, 회계 및 경제학에 관한 것만이 아니다. 성희롱과 같은 이슈가 전국적인 대화의 압도적인 주제가 되고 최고 경영자가 오늘날 그것을 윤리 및 사회 이슈로 판단함에 따라 전국의 경영대학은 서둘러 언론의 헤드라인에서 바로 가져온 사례분석으로 교과과정을 재구성하고 있다.[68]

그러나 CSR에 대한 증가하는 인식이 이해관계자들에게 어느 정도 기업에 책임을 묻도록 동기를 부여할 것인지는 사회적 관점에서 보다 중요하다. 만약에 시장이 책임 있게 행동하는 기업에게 보상을 제공하고 그렇지 않는 기업에 불이익을 준다면 경영자들은 전략적 관점과 일상 운영에 CSR 정책을 통합할 유인을 가질 것이다.

참여하는 이해관계자

이해관계자들이 관심과 보다 많은 정보를 갖고 투명하게 행동하고 잘 교육받게 됨에 따라 사회에 보다 더 적극적으로 참여하게 되었다. 이러한 참여의 본질적 측면은 자신보다 무언가 더 큰 것에 대한 신념이다. 개인이 기꺼이 사회를 형성한다는(사회에 의해서 형성된다기보다) 것은 어떤 차원에서 그 사회가 개인보다 더 중요하다는 믿음을 포함한다. 불행하게도 최근 몇 십년 동안 그 추세는 반대 방향으로 전개되어 왔다.

> 자기 자신이 "매우 중요하다"고 믿는 미국의 10대 비율이 1950년의 12%에서 2005년 80%로 뛰었다. "내 자신의 몸을 보기를 좋아한다"와 "누군가가 나의 자서전을 써야 한다"와 같은 문장에 동의하는지 물어보는 설문에서 미국 젊은이들의 93%가 20년 전 평균보다 더 자아도취적으로 나타났다. 자기존중 증가와 함께 명성에 대한 갈망이 전례 없이 생겨났다. 1976년 조사에서 사람들은 16가지 가능한 인생 목표 중에서 유명해지는 것을 15번째로 꼽았다. 2007년까지 젊은 사람들의 51%가 유명해지는 것이 자신들의 주요 야망 중 하나였다고 말했다. 최근의 …… 퀴즈에서 두 배 가까이 많은 중학교 여학생들이 하버드 대학 총장보다 유명인사의 개인 비서가 되는 것이 더 좋다고 말했다.[69]

우리 사회에서 물질주의의 역할과 자신을 소비 행동과 동일시하는 경향은 모두 자존감과 강하게 연결되어 있다.[70] 그 예로 사회심리학 실험에 의하면 "사람들이 스스로를 소비자라고 생각하게 만드는 몇 가지 단어조차도 사람들에게 이기적 태도와 행동을 가져오고 사회적 · 환경적 동기를 낮춘다."[71] 제약 없는 자유로운 소비는 환경적, 사회적 그리고 심리적 결과를 가져온다. 만약 우리가 주로 자신을 위한 물질적 이득을 얻기 위해서만 사회에 존재하는 개인으로 본다면 우리 모두가 더 못살게 될 것이다. 반면에 만약 우리가 참여하는 이해관계자라면 우리가 찾는 사회를 만들 수 있을 것이다. 각각의 이해관계자의 책임이 〈그림 4-6〉에 제시되어 있다.[72]

조직과 그 관심사에 관한 전체적 견해(중장기 생존 목표와 결합된 이해관계자 관점을 통해서만 가능한)가 명령하는 바는 CSR 관점이 기업 전략계획의 중심이 되고 운영과정을 통해 실행되어야 한다는 것이다. 그러나 이해관계자 관심사에 관한 상식적 견해에 따르면 책임 있는 행동이 무엇인지 결정하는 것과 그에 대한 보상을 확실히 함으로써 기업으로 하여금 그러한 행동에 보다 많이 참여하도록 만드는 노력이 이루어져야 한다. 달리 말하면 기업과 다양한 이해관계자는 시너지 효

이해관계자		책임
조직적 이해관계자	이사	조직의 이해관계 보호를 확실히 하기 위해 임원의 감시에 주의를 기울일 것.
	종업원	생산적이며 윤리적인 직장을 유지할 것.
	임원	주주를 위한 단기적 가치뿐만 아니라 모든 이해관계자들을 위한 장기적 가치를 창출해낼 전략을 개발하고 실행할 것.
경제적 이해관계자	소비자	자신의 개인적 가치와 윤리를 반영하는 방법으로 생산되고 배송된 제품과 서비스를 구입할 것.
	경쟁자	지역의 법률적·윤리적 규범에 맞는 경쟁에 의해 정의된 시장을 보장할 것.
	채권자	대출기관의 모범 사례가 될 정도의 기대 수준을 강화하는 방법으로 대출 또는 투자할 것.
	유통업자	공급망 전반에 걸쳐 파트너의 비즈니스 실무에 대한 인식을 유지하고 그것이 법률적·윤리적이고 동시에 모범사례가 될 정도의 기대 수준에 일치하도록 확실히 할 것.
	주주	투자자의 개인적 가치와 윤리를 반영한 기업에 투자할 것.
	노조	노조원의 이해관계를 대표하고 신념을 갖고 경영자와 협상할 것.
사회적 이해관계자	지역사회	지역의 기업을 감시하고 지역의 윤리적·사회적 규범을 지키지 않는 기업에 압력을 행사할 것.
	교육자	이해관계자 관리의 장기적 가치를 보여주는 방식으로 비즈니스 실무의 전통적 개념을 넘어서 교육할 것.
	정부기관	책임지고 있는 법률과 규제를 집행함에 있어 부패 없이 공평하게 행동할 것.
	미디어	사회의 최선의 이익에 반하여 기업이 행한 위반 행위를 강조하기 위해 비판적 저널리즘을 수행할 것.
	비영리조직/NGO	구성원들의 이해관계를 반영한 정책과 실무를 채택하도록 기업에 압력을 넣을 것.

그림 4-6 이해관계자 책임

과를 갖는 관계이며 그것은 모두에게 유리한 결과를 만들어 내야 하는 공동책임에 반영된다. 유리한 결과를 만들어 냈는지 여부와 상관없이 그리고 그것이 경제적 또는 사회적인 효과인지와 상관없이 기업과 이해관계자는 책임을 공유하게 된다. CSR은 단순히 기업 책임이 아니다. 그것은 이해관계자 책임이기도 하다.

전략적 CSR 논쟁

발제 제안 : 월마트는 세상에서 가장 사회적 책임을 다하는 기업이다.

토론과 검토를 위한 질문

1. 누가 CSR에 대해 책임을 지는가? 기업 또는 기업의 이해관계자인가? 이유는 무엇인가? 그 책임은 동등한가 아니면 한 쪽이 다른 쪽에 비해 더 큰 책임을 가지는가?
2. 기업과 그 책임에 대한 프리드만과 핸디의 견해를 찬성하는 3가지 논거를 들고 어떤 견해에 동의하는지를 말하라. 왜 그러한가?
3. 부정행위를 한 것으로 의심되는 학우를 학교에 보고할 것인가? 그 이유는 무엇인가? 학생들에게 윤리를 가르침에 있어 경영대학의 역할은 무엇인가?
4. 이해관계자 요구에 대응하여 변화를 가져온 기업의 최근 사례에 대해서 생각해 보라. 그것이 이해관계자 책임의 사례에 해당되는가?
5. 만약 이해관계자가 기업의 무책임한 행위를 용서한다면 그 기업이 계속 이러한 방식으로 행동할 것인가 또는 변화할 것인가? 왜 그러한가?

[II]

사례연구

자본주의

본 사례는 글로벌 자본주의 경제시스템을 2007~2008년 금융위기(여기서는 금융위기라고 부른다)의 프리즘을 통해 살펴본다. 10년 이상이 지난 오늘날 우리는 무엇을 더 알게 되었는가? 그 위기가 어떻게 도래했으며, 그 결과는 무엇이었는가(단기와 장기적으로)? 그 위기가 오늘날 자본주의에 어떠한 도전을 제기하는가? 사회책임의 역할은 무엇이었는가? 그리고 가장 중요한 질문으로서 미래를 위해 전략적 CSR 관점이 어떠한 변화를 제안하는가?

금융위기

여러 가지 의미에서 2007년[1] 말 시작된 극적인 경제적 사건("1929년 대붕괴 이후 가장 심각한 금융위기"[2] 또는 "대공황"[3])의 결과로 논의의 초점이 CSR의 포괄적 특성으로 집중되었다. 개인의 탐욕과 책임 유기로부터 조직적 사기와 자원의 부실한 관리, 금융시스템에 대한 정부의 감시와 적절한 규제 실패에 이르기까지 CSR을 아주 복잡하게 만드는 이 모든 서로 얽혀 있는 요인들이 강조되기 시작하였다. 동시에 이 사건에 의한 뒤늦은 깨달음 덕분에 CSR이 얼마나 단순할 수 있는지 알게 되었다. 가장 단순하게 말하면 CSR은 로켓 과학이 아니다. 그것은 경영과 의사결정에 대한 문명화된 접근방법과 상식의 결합이다. 그러나 경제위기의 원인이 된 많은 의사결정들을 되돌아보고 왜 그것이 발생했는지 합리적 이유를 찾아 보면 분노하지 않을 수 없다.

> 1년에 14,000달러밖에 벌지 못하고 착수금이나 2년간 할부금 지급능력이 없는 근로자에게 75만 달러짜리 집을 사도록 주택담보대출을 해주고 무디스나 S&P로부터 AAA 신용등급을 받은 그 채권을 100개의 다른 상품과 묶어서 전 세계 은행과 연금펀드에 매각하는 것을 당신은 무엇이라고 부를 것인가?[4]

본질적으로 그 위기는 균형감각을 잃어버린 많은 사람들이 내린 일련의 잘못된 의사결정이 누적되어 초래되었다.[5] 그 당시 가장 놀라운 일은 "그렇게 많은 사람들이 한꺼번에 어떻게 그토록 어리석을 수가 있는지"[6] 그리고 "우리의 금융 체인의 모든 연계에 있어 책임의 총체적 붕괴에 가까운 자멸에 이를 수 있는지"[7]이다. 그 부주의와 과실의 규모는 믿을 수가 없을 정도이다.[8]

> 어떻게 이러한 [상품]을 매각한 사람들이 그렇게 근시안적으로 탐욕스러울 수 있는가? …… 그것을 매수한 사람들은 어떻게 그렇게 어리석을 수 있는가?[9]

붐의 꼭대기에서 미국의 서브프라임 모기지 산업은 균형 감각을 잃어버렸다. 그 결과는 높은 부도율로 나타났으며 그것이 높은 자산 압류율로 이어졌다.

> 서브프라임 대출의 정점이었던 2005~2007년에 25개 대형 서브프라임 대출업체들이 5백만 명 이상의 차입자들에게 1조 달러 이상을 대출해주었는데 그들 중 많은 사람들의 주택이 압류당했다.[10]

산업 전체가 거품 증세를 경험하였는데 그 후유증으로 나타난 것이 "섹스, 거짓말 그리고 모기지 거래"[11]와 같은 극적인 헤드라인이었다. 전체 사회가 보다 일찍 그것을 발견하고 확산시키기 위해 행동했어야 했다. 그와 같이 금융위기는 오늘날 글로벌 비즈니스 환경에서 CSR의 중심적 역할을 강조해준다. 그것을 통해 과도한 행동을 줄이고 위험을 최소화하며 가치가 최적화될 수 있다. 다양한 단계에서 핵심 참여자들은 그 시스템이 지속가능하지 않다고 의심하였으나 변화를 주장할 만큼 이해관계를 갖고 있지 않았다. 2007년 붕괴가 일어나고 씨티은행의 프린스(Chuck Prince)가 그해 말경 CEO 자리에서 축출되기 직전에 말했듯이 "음악이 연주되는 한 당신은 일어나서 춤을 추어야 한다. 우리는 여전히 춤을 추고 있다."[12] 기업의 CSR 관점이 결여되면 자신을 위험에 빠뜨릴 뿐 아니라 사회에 큰 해악을 끼친다.

도덕적 해이

금융위기는 다음과 같은 3가지 주요 요인에 의해 발생한다. 첫째, 낮은 금리와 주택담보대출에 대한 쉬운 접근이 촉발한 주택시장 거품(소위 "거짓" 대출[13] 또는, "닌자" 대출[14]), 둘째, 낮은 위험 프리미엄(특히 월스트리트의 투자자들에 의한), 셋째, 점점 더 유동화되어가는 글로벌 금융시장에 대한 규제 하부구조의 감시 실패(또는 무능력)가 그것이다. 달리 말하면, 매력적인 수수료이지만 상환이 불확실한 주택담보대출을 판매한 개인, 조기 감시책임과 시장의 감독에 실패한 규제자들, 아무도 (심지어 자신들도) 완전히 이해하지 못한 복잡한 증권과 다른 금융상품을 개발한 투자자들에 이르기까지 모두 위기에 대한 비난을 받아야 한다. 주택가격이 계속해서 상승할 것이라는 믿음과 1~2년 내에 어떤 식으로든지 재금융이 가능할 것이라는 확신으로 크게 부풀려진 주택가격에 계약금 지급능력도 거의 또는 전혀 없으면서 100% 주택담보대출을 활용하는 것이 현명한 일이었는지 의심해 보지 않은 사람들에게도 책임이 있다. 이러한 모든 결정이 이루어진 배경에는 많은 일상적 의사결정에서 시장이 궁극적 조정자로서 개인의 의무를 면제해줄 것이라고 지나치게 의존하는 분위기가 있었다.

도덕적 해이

자신이 위험의 결과를 책임지지 않으면서 개인적 이익을 추구하려고 위험을 떠맡는 행위. 그 결과는 이득의 개인화와 손실의 사회화이다.

시장에 대한 믿음은 배경에 깔린 규칙 때문에 설 자리를 잃었으며 그것이 수요와 공급의 동적인 상호작용을 왜곡하였다. 지난 수십년 동안 편견과 잘못된 정보를 가진 정치인들(서둘러 급조된 규제를 통과시킨)과 근시안적인 임원들(이전의 불황으로부터 배운 교훈을 너무 쉽게 잊어버리는)이 만든 이러한 구조는 위기를 불러왔고 일단 시작된 후에는 그것을 악화시켰다.

기본적으로 도덕적 해이가 만연하였다—금융 산업은 본질적으로 실패하도록 예정되어 있었다. 시간이 지남에 따라 인센티브 시스템이 정착되어 위험은 사회화되는 반면(너무나 크고 실패하기에는 너무 중요한 금융기관 시스템이 부담하는), 비즈니스에 대한 보상은 사유화된다(직접 개인에게 발생된다). 조지 소로스(George Soros)에 따르면 그것은 순수한 시장 이데올로기의 실패를 나타낸다.

> [시장] 근본주의자들은 시장이 균형을 향하는 경향이 있고 참가자들로 하여금 자신의 이익을 추구하도록 허용함으로써 공동의 이익이 가장 잘 충족된다고 믿는다. 금융시장의 붕괴를 막는 것은 당국의 개입이지 시장 그 자체가 아니기 때문에 그것은 명백한 오해이다.[15]

서구 국가 정부와 기업들은 본질적으로 지속가능하지 않은 시스템을 창조해 왔다.[16] 소로스가 말하듯이 글로벌 금융 거래자의 포지션에 토대를 둠으로써 초래된 경제에 대한 큰 손상을 피하기 위해, 정부와 중앙은행은 금융시스템에 내재되어 있는 도덕적 해이로부터 눈을 피해 왔다. "신용 팽창이 문제에 부딪힐 때마다 금융 당국이 개입하여 유동성을 주입하고 경제를 자극하기 위한 다른 방법을 찾는다."[17] 연방 합의에 의해 지지된 "비대칭적 인센티브 시스템"이 그 결과였다.

파이낸셜타임즈의 마틴 울프(Martin Wolf)는 "근본적으로 결함이 있는 금융시스템", "인센티브에 대한 합리적 대응", "인간의 근시안", 지나치게 느슨한 미국 화폐정책 그리고 전 세계적으로 "잉여자금의 대량 흐름"을 포함하는 복잡한 명분들의 상호작용으로 그림이 그려졌다고 말한다.[18] 그는 실패할 경우 경제에 미치는 영향이 너무나 큰 시스템을 유지하기 위해 정부의 역할을 강조한다. 본질적으로 모든 사람이 대형 금융기관이 망하기에는 너무 크다는 것을 알고 있지만 그에 대해 무엇이든지 할 수 있는 충분한 권력을 가진 사람들은 아무래도 상관없다.

> 합리성을 강조하는 사람들은 금융 부문으로 하여금 과도한 위험을 떠안게 만들 인센티브를 쉽게 얘기할 수 있다. 이것은 "비대칭적 정보" — 무슨 일이 벌어지는지 다른 어떤 사람들보다 내부자들이 더 많이 안다 — 와 "도덕적 해이" — 아주 많은 금융기관이 동시에 어려움에 빠지면 정부가 구출할 것이라는 인식 — 간의 상호작용 결과이다. 두 전제에는 명백한 진실이 있다. 예를 들어 만약 영국 정부가 노던록(Northern Rock)과 같은 적당한 규모의 모기지 은행을 구출할 의무가 있다고 느낀다면 도덕적 해이가 만연해 있는 것이다.[19]

글로벌 자본주의

위기는 본질적으로 미국 금융시장과 규제자들의 창조물이었지만 그것이 실제로 발생한 만큼의 글로벌 영향을 미치려면 나머지 세상이 다 용인했어야 했다. 시장이 상승하는 동안 모든 사람이 행복하였다. 따라서 그 결과 붕괴가 발생하고 현상유지에 대한 반발은 주로 미국의 자유자본주의에 의해 형성된 글로벌화 확산에 대한 도전을 나타낸다(예를 들면 규제완화, 자유로운 국제 화폐흐름, 자율조정 시장 그리고 주주 수익의 형태로 나타나는 이익의 효율적 추구).

> 앵글로색슨 자유주의 경제에 대한 이러한 의심이 보통의 정치적 경계를 넘어섰다. 우익 산업주의자들은 이것을 싫어했으나 좌익 노조도 마찬가지였다. 중국 공산당은 물론 독일의 녹색당 행동주의자들도 마찬가지로 위협을 느꼈다. …… 사르코지 프랑스 대통령, 메르켈 독일 수상, 원자바오 중국 서기장 그리고 메드베데프 러시아 대통령을 포함한 다양한 그룹이 미국 자유주의를 비판하였다.[20]

이러한 반발은 금융위기 직후 그 여파로 10여 년 이전에 시작되었지만 오늘날에도 계속 기억되고 있다. 궁극적으로 이러한 비난이 얼마나 효과적인지 그리고 자체적으로 지속가능한 것인지는 확실하지 않다. 경제적 이데올로기의 어떤 변화와 결합하여 글로벌 정치권력에 그에 상응하는 변동이 있을 것인지 역시 확실치 않다. 위기 이전에 미국 경제 모델의 압도적 특징은 지나치게 낮은 저축과 높은 부채의 결합이라는 내재적 불안정성이었다. 이러한 신용의 잉여는 지속 불가능한 소비 수준에 금융 수단을 제공하였는데 미국이 지속적으로 저축보다 많은 지출을 해 왔기 때문에 그 소비 수준은 지속가능하지 않았다. 그 돈은 어딘가 다른 곳에서 조달되었어야 했으며, 그 대부분이 중국에서 왔다. 그와 같이 위기에 대한 유일한 실질적 · 장기적 해법은 글로벌 경제 내에서 수요와 공급의 재균형을 이루는 것인데 그것은 차입자로부터 대여자로 영향력이 옮겨가는 것을 의미한다.[21]

> [위기는] 결국 자본주의나 자본주의의 특정 형태의 위기인 것만이 아니다. 그것은 동시에 미국 경제와 글로벌 권력의 위기이다 …… [위기에 대한 글로벌 대응을 논의하기 위한 회의]가 G7이 아니라 G20라는 사실이 위기에 노출된 미국 경제 권력 쇠퇴를 상징한다.[22]

이제 시대가 변하였으며, 글로벌화 배후의 추진 동력으로서 미국 자본주의도

세계를 지배할 힘을 서서히 잃어가고 있다.

> 이코노미스트와 같이 내재적으로 친기업적 신문들마저도 금융에 썩은 부분이 있었다는 것을 인정해야 한다. 진정한 위험부담자가 거대한 보상을 쥘 수 있는 자본주의 기본 원칙이라도 만약 납세자들이 그 때문에 거액의 세금을 내야 한다면 형편없는 협상인 것처럼 보인다.[23]

미래 자본주의 모습에 대해 CSR 공동체 내에서 대두된 논쟁은 글로벌 경제시스템에 대한 토론의 내용과 어조에 변화를 반영하고 있다. 예를 들면 뉴욕타임즈의 토마스 프리드만(Thomas Friedman)은 경제와 환경 위기의 교차점을 강조했다.

> 만약 2008년의 위기가 깊은 불황보다 훨씬 더 근본적인 뭔가를 나타내고 있다면 어떨 것인가? 만약 그것이 우리가 지난 50년 동안 창조한 전체 성장모델이 단순히 경제적으로 그리고 생태학적으로 지속가능하지 않으며, 2008년이 벽에 부딪힌 해이며, 자연과 시장이 모두 "더 이상은 그만"이라고 말한 시기였다면 어떨 것인가?[24]

2009년 초 "자본주의가 작동하고 있는가?"[25] 그리고 "우리가 알고 있는 금융세계의 종말"[26]과 같은 제목의 기사가 권위 있는 간행물들에 나타나기 시작했다. 파이낸셜타임즈의 주요 시리즈 기사는 이러한 지각변동에 대한 느낌이 위기와 경제질서에 미친 결과를 강화하였다. "자본주의의 미래"라는 제목의 시리즈 기사의 목표는 "1980년대 이후 지배적인 시장에 대한 포용의 가정이 현재 누더기가 되었다"는 것을 인정하고 위기의 결과를 평가하는 것이었다. 그 논쟁을 대표할 수 있는 것이 그 시리즈의 첫 번째 기사에서 마틴 울프가 한 다음의 코멘트였다.

> 그 전환점에서 우리가 어디로 가고 있는지 아는 것은 불가능하다. ……

> 그러나 비록 더욱 악화되지 않을지 몰라도 금융 붕괴와 거대한 불황의 결합이 세상을 변화시킬 것은 확실하다. 시장의 합법성은 약화될 것이다. 미국의 신뢰성은 손상을 받을 것이다. 중국의 권한이 커질 것이다. 글로벌화 그 자체는 무산될지 모른다.[27]

빌 게이츠의 『창조적 자본주의』[28](2008)와 무하마드 유누스의 책 『가난 없는 세상을 위하여』[29](2009)에 대한 요구가 결합되어 우리는 그 당시 경제 역사의 "변곡점"[30]에 서 있는 느낌이었다. 우리가 측정 가능한 변화를 즉각적으로 기대하지 못할지 모르나 그와 같은 위기에 대한 비난은 글로벌화가 어떤 모양으로 앞으로 나아갈지에 상관없이 위기 이전과는 다른 모습일 것이라는 것을 지적인 변화가 나타내 보이고 있다.[31]

월스트리트를 점령하라

그 결과로 발생한 경제 현실에 대한 저항이 처음에 다양한 형태로 나타났는데 그중 가장 눈에 띄는 것이 '월스트리트를 점령하라'(http://occupywallst.org/)이다. 그것은 광고주들의 트위터(#Occupywallstreet)에서 처음으로 시작되었다.[32] 이는 맨해튼에서 시작하여 조쿠티공원에 뿌리를 두었고 곧 전 세계로 퍼져나갔다. 이 운동의 조직화와 모멘텀 유지에 실패했다고 해서 그 사고의 힘이 약해지는 것은 아니다. 효율적 시장의 적법성에 도전한 그 운동의 배후에 있는 지적 추진력이 개혁을 위한 의미 있는 플랫폼으로 귀결될 것인지 여부가 변화의 중요한 지표이다.

이러한 맥락에서 1987년부터 2006년까지 미국 연방준비은행 의장이었던 앨런 그린스팬의 시장의 힘의 자율적 정책 역할에 관한 진화된 사고가 교훈적이다. 1963년 그는 기업이 "안전하지 않은 식품과 약품, 사기적 증권 그리고 조잡한 건물을 판다면 자멸할(따라서 매우 일어날 것 같지 않은 일) 것이며, 정직한 거래와 품질 좋은 상품이란 평판을 갖는 것이 모든 비즈니스맨에게 이익이 된다"라고 서술했다. 그러나 2008년에 이르러 하원 감독 및 정부개혁위원회 증언에서 그는 자신의 생각이 오류였음을 인정하였다.

> 우리 중 나를 포함하여 주주지분 보호를 위해 대출기관의 자기이익 추구를 조사해본 사람은 충격적 불신 상태에 빠져 있다 …… 현대의 [자유시장] 패러다임이 수십년 동안 세력을 떨쳤다. 그러나 지적 체계 전체가 작년 여름에 붕괴되었다.[33]

그린스팬의 입장 변화는 이론적으로 작동하는 견제와 균형을 현저하게 왜곡하는 인센티브에 직면하여 규제되지 않은 시장("효율시장가설")[34]의 한계를 보여준다. 파이낸셜타임즈의 사설이 요약해 보이듯이 "위기의 지적 영향은 이미 엄청나다. 화폐정책에서 '그린스팬주의자' 교리는 후퇴하였다 …… 금융은 이미 되돌릴 수 없이 변해 왔다."[35] 금융 산업에 대한 일반 대중의 분노의 정도는 은행의 잘못에 책임을 묻기 위한 규제의 측면에서 오랫동안 표출되어 왔다. 금융위기에서 그들의 역할 때문에 기소된(감옥에 간 경우는 말할 것도 없이)[36] 사람은 거의 없었지만 그들이 속한 기업은 무거운 처벌을 받았다.

> JP모건체이스 은행(JPM)과 BOA(Bank of America)를 비롯한 미국 6대 은행은 과거 5년 동안 주주에게 지급한 모든 배당금보다 더 많은 금액인 1,030억 달러의 법률비용을 금융위기 이후 부담해 왔다. 블룸버그 자료에 의하면 그 비용은 조잡한 모기지와 압류에 관한 청구를 해결하는 것뿐만 아니라 법률가들과 소송에 사용되었다. 하루에 5,100만 달러 지출에 상당하는 그 금액은 2012년 은행의 이익을 지워버리기에 충분하다.[37]

세계 16대 은행의 금융위기와 관련된 법률비용이 2천억 파운드(아마도 3천 6십억 달러에 이를 수 있는)[38]에 이를 것으로 추정되어 왔으며, 〈그림 II-1〉은 미국 6

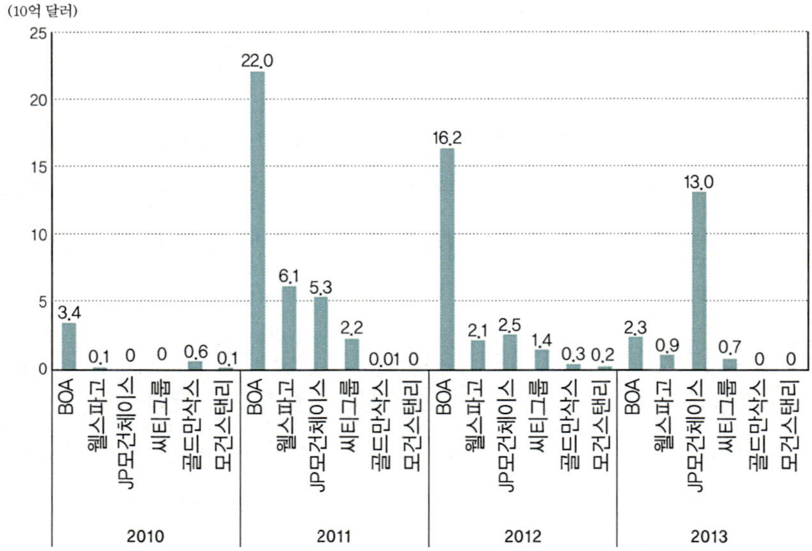

출처 : Saabria Chaudhuri, "U.S. Banks' Legal Tab Is Poised to Rise," The Wall Street Journal, October 28, 2013.http://www.wsj.com/articles/SB10001424052702304470504579163810113326856/.

그림 Ⅱ-1 미국 은행이 지급한 벌금(2010~2013)

대 은행이 연간 지불한 벌금의 범위를 제시하고 있다. 결국 "JP모건과 BOA가 총 금액의 약 75%를 차지한다."[39] BOA의 경우 총 금액 중 컨츄리와이드 인수금액이 큰 부분을 차지하는데, 그 인수 결정은 "우리가 한 결정 중 최악이었다"고 인수 결정에 찬성한 이사 중 한 사람이 말했다.[40] 2008년 이후 BOA는 "약 51건의 합의에서 총 910억 달러 이상의 벌금과 과징금을 지급하였으며, …… 그 중에는 법무부와 여러 개의 주정부에 지급한 기록적인 166억 5천만 달러도 포함되어 있다."[41] 영광의 기업에서 추락한 추가적인 표시로 2013년 BOA는 DJSI 주가지수에서 알코아 및 휴렛패커드와 함께 탈락하고 그 자리를 골드만삭스, 비자 및 나이키가 차지하였다.[42]

이와 같이 금융위기는 의사결정자들의 개인적 윤리 및 조직과 이해관계자들의 장기적 이익을 위해 최선의 의사결정을 할 수 있는 리더를 지혜롭게 양성할 필요성에 논쟁의 초점을 두게 만든다. 글로벌 정치권력의 균형과 글로벌화의 진전을 위한 자본주의의 형태가 무엇인지에 관한 논의와 함께 금융위기는 한 기업의 의사결정이 전 세계적으로 반향을 불러일으킬 경우에 복잡한 글로벌 비즈니스 환경에서 문화 간 이해가 긴급하다는 것을 일깨워준다. 특히 금융위기가 CSR의 중요성을 강조하는 많은 질문을 명백히 해준다. 널리 확산된 비즈니스 실패가 광범위한 사회적 · 경제적 해악으로 귀결될 때 그것이 사회에 어떤 의미를 갖는가? 그것은 미래 세대 일자리와 미래를 위한 창업 환경에 어떤 영향을 미치는가? 기업들에 대한 사회적 기대가 변화할 것인가? 기업들은 어떻게 대응해야 하는가? 그리고 본질적으로 미래에 비슷한 위기를 회피하기 위해 개인, 조직, 정부 또는 사회는 어떤 의무를 가지는가?

금융위기—그 후 10년

2008년 리먼 브라더스가 파산 보호 신청을 하였을 때 "그것은 사기로 가득 찬 에너지 회사 엔론의 실패 사례보다 10배 더 큰 역사상 가장 큰 파산 신청이었다." 그 붕괴는 25,000명의 실직과 "세계에서 4번째로 큰 가장 오래된 투자회사"의 멸망으로 이어졌다. 또한 그것은 "글로벌 금융위기를 촉발시켰다."[43] 그 이후 10년 만에 "모든 것을 바꾸어 놓은 순간에 이어서"[44] 반성의 시간이 찾아왔다.

> 리먼 이전에는 주택가격이 올라가기만 했고 우리 생활수준을 유지하기 위해 언제든 부채를 사용하면 된다고 쉽게 믿었다. 제조업 일자리가 사라지고 …… 중간 수준의 일자리를 얻기가 어려워져도 대수롭지 않게 생각했다. 소득 불평등에 대해 많은 얘기를 하지 않았다. 월스트리트가 돈 버는 데만 관심이 있고 그 존재 이유인 기업에 대한 자본 제공과는 거의 무관한 문화를 만들어 내도 우리는 개의치 않았다. 리먼 사태 이후에 경제적 현실이 전개되었다.[45]

금융위기가 끝난 지 10년 후 그 당시 의사결정에 가장 깊이 관여했던 사람들은 그 대응이 성공적이었다고 재확신시키려 하고 있지만[46] 다른 사람들은 거의 변한 것이 없다고 주장한다.

> 감시와 공시가 개선되었고 적정자본 규칙이 강화되었다. 그러나 이들 규칙 중 일부는 최소한 미국에서는 이제 완화되었으며, 세계 경제에서 금융 산업의 비중은 거의 변하지 않았다. 2007년 이후 미국 GDP에서 차지하는 금융 산업의 비중은 사실 조금 증가하였다.[47]

그 결과 은행산업은 높은 보상과 적은 책임으로 돈을 많이 버는 직업이다.[48]

> 위기를 초래한 금융 부문은 놀라울 정도로 변하지 않았다. 은행은 지금 아마 보다 많은 자본을 보유하고 있으며 보너스는 보다 장기적인 성과에 연계되어 있다. 그러나 보너스는 여전히 매우 높다. [2017년] 월스트리트에 평균 보너스는 최고 기록이었던 2006년보다 조금 적은 184,220달러였다. 가격 담합, 돈세탁 그리고 불완전 판매와 같은 은행의 문제 있는 행위에 관한 스캔들이 계속 밝혀지고 있다.[49]

달리 말하면 진정한 위험은 단순히 "변하지 않았다"는 것이 아니라 현재 상황이 훨씬 더 나쁘다는 것이다. 금융이 자신을 보호할 보다 혁신적인 많은 수단을 미룸으로써 심판의 날을 단순히 미루고 있다.

> 중앙은행이 응급수술로 글로벌 경제의 심장마비를 고쳤다. 그러나 환자가 흡연, 과도한 음주 및 고지방 음식 섭취 등 오래된 습관으로 되돌아갔다. 지금은 건강해 보일지도 모른다. 그러나 다음에 마비가 오면 더욱 심각할 것이며, 10년 전 효과가 있었던 처방이 두 번째에는 성공할 수 없을지도 모른

다.[50]

정부의 대응이 그 당시에 보다 깊은 불황을 방지한 것이 거의 확실하지만 충분히 극적인 행동이 취해지지 않았다고 주장할 수도 있다. 이 때문에 그 이후 소득과 부의 불평등과 같은 추가적인 사회 문제로 이어졌으며, 어떤 논평가들은 자본주의 개혁을 추구하는 행동주의가들이 진정한 변화를 도입할 기회를 놓쳤다고 말한다.

> 2008년 9월은 글로벌 자본주의에게 거의 죽음과 같은 경험을 겪게 한 시기였다. 어떤 점에서 전체 서구 은행시스템에 대한 공포가 있었다. …… 정치가들이 용감하게 명백한 사실을 말할 충분한 여건이 마련되었다. 즉, 금융위기는 1930년대 충분한 이유를 가지고 글로벌 금융자본주의에 채워졌던 족쇄를 걷어 낸 결과였다는 것이다. 그러나 사회 민주당은 용감해야 할 시점에 소심하였으며, 그 결과 큰 대가를 치렀다. 주류정당은 시스템을 수정하였지만 자신이 무시당했다고 느끼는 사람들의 분노에 별로 주의를 기울이지 않았다. 그들의 비통함은 부글부글 끓어 올랐으며, 마침내 다른 방법으로 나타났다.[51]

금융위기는 경제의 범주를 넘어서 정치에 이르는 영향의 측면에서 오늘날에도 반향을 일으키고 있다.

> 민주 사회에서 쇠스랑을 휘두르는 대중의 의견은 결국에는 통한다. 지난 몇십 년 동안 미국 정치계는 오바마와 가이트너가 보유할 수 없었던 세력에 의해 세상이 어떻게 바뀌었는지에 관해 얘기하고 있다. 은행의 파산과 구제에 관한 매일의 드라마는 결국 헤드라인에서 사라졌다. 그러나 분열의 영향은 전혀 사라지지 않았으며, 이전의 정치적 시대를 휩쓸어버리고 좌파(월스트리트를 점령하라)와 우파(Tea Party)를 해로운 이분법적 시대로 안내해준 당파

적인 에너지를 촉발시켰다.[52]

내버려 둘수록 이것은 더 어려워질 것이며, 바로잡기에 더 고통스러워질 것이다. 그러는 동안 사회의 공정분배라는 기본적 이슈 해결에 실패한 자본주의는 일부 사람들이 보다 급진적(그리고 덜 효과적인)인 대안으로 채우려 하는 진공상태를 초래해 왔다.

사회주의의 부상?

금융위기에 대한 기관들의 대응은 많은 사람들의 기대에 부응하지 못하였다. 특히 세 분야에서 그것은 명백하다. 첫째, 시스템이 대체로 변하지 않았다. 은행은 여전이 망하기에 너무 규모가 크고 JP모건과 골드만삭스 그리고 다른 은행들의 CEO가 여전히 너무 큰 비중을 가지고 있다. "비록 위기 후에 규제가 강화되기는 하였지만 대형 은행이 너무 복잡하고 투명성이 결여되어 관리불가능한 상태라는 주장이 가능하다."[53] 그 결과 금융은 과거 어느 때보다 압도적 지배력을 가지고 있다. 주식시장의 일별 성과가 모든 뉴스의 마지막에 여전히 보도되고 있으며 기업의 주가가 많은 운영 의사결정에 영향을 미친다. 라나 포루하(Rana Foroohar)가 타임지에서 말했듯이 "미국 기업의 비즈니스는 더 이상 비즈니스가 아니라 금융이다."[54]

금융업자는 최근 수십년 동안 대출과 창조적 경영에 의해서라기보다 시장의 조작과 타이밍을 통한 부의 창출에 보다 초점을 맞춤으로써 돈을 벌었다. 투자자, 자산운용사, 거래업자 그리고 다른 사람들이 돈을 벌어 줄 금융상품을 어떻게 개발할 것인지 알고 있었다.[55]

둘째, 금융위기를 초래한 만연한 부주의와 잘못에 책임을 지는 개인은 거의 없었다. 화이트칼라 범죄를 기소하기가 어렵기로 악명 높다 하더라도 2009년 이후 대형 미국 은행에 대한 미국 연방 정부의 156건의 소송(형사와 민사) 중 다음의 사실을 알게 된다면 놀랄 것이다.

> 그중 81% 사례에서 개별 종업원은 확인되거나 기소되지 않았다. 그 사례들과 관련해 총 47명의 은행 종업원이 기소되었다. 이사회 이사 수준의 임원은 1명이었다 …… 재판이나 청문회에 가서 판결을 받은 11명 중에 6명은 책임이 없는 것으로 판결이 났거나 재판이 기각되었다. 정부가 이긴 판결은 모든 수준의 종업원을 합쳐도 5건밖에 되지 않는다.[56]

셋째, 지나친 개인 부채라는 핵심 문제는 여전하다. 이제 모기지는 대체로 통제하에 있지만(우려스러운 예외가 있다)[57] 반동적 요구에 불을 붙일 잠재력을 가진 다른 부채 문제가 부상했다.

> [오늘날] 역사상 수없이 많은 위기의 주범인 모기지 차입은 제어가능해 보인다. 그러나 학생 채무 거품이 그 자리를 대신하고 있다. 고등교육을 위한 대출은 사려 깊은 정책인 것처럼 보인다. 그러나 주택 대출도 10년 전까지만 해도 쉬운 결정이었다. 학생대출 파산의 경우에도 면책될 수 없다 …… 그것은 앞으로 몇 년 동안 수백만 명의 채무자를 괴롭힌다는 것을 의미한다.[58]

시스템이 변하지 않았고 책임이 결여되어 있으며, 학생채무가 증가하고 있다는 점이 결합되어 문제가 될 수 있고 우리를 미래 위기에 노출시키고 있다.[59] 불만이 확산되고 있는데 특히 엉망인 상황을 인지하고 정리해야 할 보다 취약한 젊은 세대 사이에 불만이 크다.[60] 부와 소득 불평등이 경종을 울리는 수준으로 증가함에 따라 불의라는 느낌을 갖게 되면서 이러한 생각이 확산된다.

> 1976년 미국의 소득 상위 1%가 국민 총소득의 8.5% 정도를 차지했다.

오늘날 그 비율이 20%에 이른다. 은행, 항공, 농업, 제약, 통신 등과 같은 경제의 주요 부문에서 경제력은 점점 더 소수 기업에 집중되고 있다.[61]

그 결과 사람들은 "은행과 모기지 대출업자뿐 아니라 자본주의 자체에 대한 신뢰를 잃었다."[62] 이러한 현상은 수십년간 위기를 거치면서 형성되어 왔다. 어떤 면에서 금융위기가 새로운 문제를 야기한 것은 아니라 할 수 있다. 이미 존재하는 문제("정체되어 있는 임금, 커지는 불평등, 이민자에 대한 분노 그리고 무엇보다도 엘리트와 정부에 대한 불신")를 단순히 악화시킨 것이다.[63] 그 결과는 "오늘날 서구사회에서 국가주의, 보호주의 그리고 대중 인기 영합의 물결"이다.[64] 따라서 핵심 질문은 그 문제가 자본주의의 불가피한 구성요소인지 또는 현재 자본주의 시스템의 왜곡된 실행의 함수인지이다. 어떤 경우든 이러한 좌절감이 규모와 범위 측면에서 계속 증가해 왔으며 변화의 필요성을 제기하고 있다.

> 그리고 이 문제를 해결하지 않으면 전 세계 유권자들은 자신들이 원하는 안전을 얻기 위해 시장 메커니즘을 기꺼이 파괴할 수 있음을 보여주었다. 그들은 자유무역을 버리고, 합법적 숙련자 이민을 줄이고, 현재 금융시스템을 공격하고, 정부가 운영하는 기업을 동적인 자유시장 자본주의보다 선호할 것이다.[65]

2007년 여론조사에서 "어떤 사회에서 살고 싶은지에 대해 미국의 밀레니엄 세대는 거의 두 개의 답으로 나뉘어졌다. 즉, 44%는 사회주의 국가, 42%는 자본주의 국가였다."[66] 지난 세기 동안 서구 자본주의 사회가 창출해 온 부를 생각하면 놀라운 결과이다. 심지어 최근에는 포춘지가 "35세 이하 인구의 65퍼센트가 사회주의가 더 나은 모델이라고 믿고 있을 때 우리는 문제를 가진다"[67]고 선언하였다. 그리고 이러한 우려는 비단 미국에 국한된 것이 아니다.

> 영국에서 다음 세대가 지난 세대보다 더 부유하고 안전하고 건강할 것이라는 말에 동의하는 사람은 다섯 명 중 한 명도 되지 않는다 …… 현재 3/4은 모든 공공사업과 철도를 완전히 국유화하는 것을 찬성한다. 자본주의를 묘사하라는 말에 사람들은 "이기적", "탐욕적" 그리고 "부패" 등으로 대답하였다.[68]

(1) 서구 자유 자본주의의 약화,[69] (2) 자본주의에 대한 신뢰 상실 그리고 (3) 글로벌화의 혜택의 보다 평등한 분배의 실패의 영향은 무엇인가? 한 가지 가능성은 사람들이 "시장과 정부의 역할 배분에 대한 재고, 보이지 않는 손과 보이는 손에 대한 비중 재조정"을 시작할 것이라는 점이다.[70] 이 논의의 가능한 결과는 영리기업에 대한 요구가 장기에 있어 집단보다는 단기에 있어 개인에게 유리한 방향으로 이동할 것이다. 이러한 논리에 따르면 사회주의의 망령이 현재 자본주의 최악의 실패에 대한 해결책으로 논의되고 있다. 예를 들면 미국에서

> 사회주의에 대한 공중의 지지가 증가하고 있다 …… 미국에서 가장 큰 사회주의자 조직인 민주사회주의연합 회원이 특히 젊은 층에서 급증하고 있다.[71]

그러나 이러한 서술의 한 가지 문제점은 "사회주의"라는 라벨이 그 의미에 대한 합의가 없이 미국의 많은 정치적 논쟁에 던져지고 있다는 것이다.

> 최근 갤럽의 여론조사에 의하면 민주당원의 57%가 사회주의에 긍정적인 견해를 가지고 있다. 그러나 그 여론조사에서 사회주의를 정의하지 않아서 사람들이 지지하는 바가 무엇인지는 여전히 확실하지 않다.[72]

그럼에도 "깨어 있는 비즈니스(woke business)"의 개념이 부각되었다. 리바이

스 청바지의 CEO 칩 버거가 최근에 말했듯이 "어떤 입장을 취하는 것은 어떤 사람들에게 인기를 잃는 일일 수 있으나 아무 것도 하지 않는 것은 더 이상 선택 대안이 아니다 …… 비즈니스는 중요한 역할을 가지고 있으며, 무엇인가 해야 할 도덕적 의무를 가지고 있다." 미국총기협회는 이를 "기업가치에 대한 신호로서 부상한 특별히 슬픈 말"이라고 묘사하였다.[73] 그렇지만 배경에 깔려 있는 어조의 변화는 가시적이다. 우리가 알고 있는 자본주의는 공격을 받고 있으며, 그 결과 기업은 더 많은 것을 할 것으로 기대되고 있다. 금융위기 10주년은 잘못된 많은 것들을 우리에게 상기시키는 역할을 할 뿐이지만 아직 고쳐지지 않은 것을 우리에게 말해주고 있다. 비판과 제안된 해결책의 실체가 현실적이기보다 환상에 가까운 것인지와는 무관하게 역사적으로 수없이 많은 사람들에게 많은 부를 창출해온 경제시스템의 방어는 비즈니스의 손에 달려 있다.[74] 파이낸셜 타임즈 기사대로 "자본주의는 합법성을 요구한다. 그것은 국민들의 복지 편에 서 있다고 간주되는 경우에만 장기에 걸쳐 살아남을 것이다."[75]

개혁을 향한 이 진보를 시작할 때 자본주의는 "누구 편에도" 설 수 없다는 점을 강조하는 것이 매우 중요하다. 그것은 사회 구조를 형성하는 수단으로 개발되었다. 따라서 그것은 우리가 원하는 바대로 행동할 것이다. 만약 우리가 불평등을 줄이고 보다 평등하게 부를 재배분하기 원한다면 우리는 그렇게 할 수 있다. 그러나 그것을 달성하기 위해서는 이해관계자의 참여가 필요하다. 그러한 정책이 더 나은 결과를 가져올 것인지는 오늘날 금융위기까지 거슬러 올라가는 뜨거운 논쟁거리이다. 그러나 자본주의가 문제가 아니라는 점을 아는 것은 중요한 일이다. 만약 문제가 있다면 그것은 자본주의가 실행되어 온 방법이다. 그와 같이 목표 달성을 위해 우리가 원하고 충분히 참여한다면 우리는 그것을 다른 방법으로 실행할 수 있을 것이다. 간단히 말해서 "자본주의는 문제가 아니라 (전략적 CSR 체계 내에서) 해결책이 될 수 있다."[76]

전략적 CSR 논쟁

발제 제안 : '월스트리트를 점령하라'(http://occupywallst.org/) 캠페인은 성공하였다.

토론과 검토를 위한 질문

1. 당신은 이 사례를 읽고 나서 금융위기의 주요 원인이 무엇이었다고 생각하는가? 오늘날 바뀐 것이 있는가?

2. 1번에 대한 당신의 답변과 관련하여 주요 해법은 무엇인가? 우리는 어떤 형태의 글로벌 경제시스템을 만들기 위해 노력해야 하는가?

3. 기업이 자신의 이익을 위해서가 아니라(금융위기에 이르는 기간 동안 많은 모기지 브로커들이 한 것처럼) 고객의 이익이 되는 제품의 판매를 위해 커미션을 받고 일하도록 판매사원들을 어떻게 동기부여시킬 수 있는가?

4. 당신은 몇 개의 신용카드를 갖고 다니는가? 어떠한 대출을 받았는가? 서구 사회에서 신용으로 점화된 경제모형의 개혁이 보다 평등한 글로벌 경제를 위해 필수적이라고 생각하는가?

5. 당신은 지난 주요 선거에 투표하였는가? 그렇다면 당신의 투표가 금융위기(직접 또는 간접적으로)의 영향을 받았는가? 투표하지 않았다면 금융위기와 그 원인에 대한 더 나은 이해가 미래에 투표할 가능성을 다소 높일 것이라고 생각하는가?

본서는 CSR에 대한 규범적 주장을 넘어서서 III부에서 자세히 설명할 법률적 주장으로 옮겨가기 때문에 독특한 체계이다. 특히 5장에서는 기업 지배구조 맥락 내에서 기업의 권리와 책임의 진화를 고찰하며, 6장에서는 이해관계자 관점의 폭넓은 수용을 방해하는 신화인 경영자와 이사회가 주주 이익을 위하여 기업을 운영할 수탁책임을 가진다는 생각에 도전을 제기한다. 미국에서는 (그리고 다른 많은 선진국에서) 이러한 폭넓은 믿음에 대한 법률적 기초를 찾아볼 수 없다.

III부에 이어 IV부에서는 인간 심리와 경제 이론의 지식을 통합하여 CSR의 행동적 관점을 탐색한다. 다음으로 V부에서는 본서가 제시한 아이디어를 전략계획과 일상 운영의 모든 측면을 거쳐 통합하는 것의 중요성을 강조하면서 전략적 관점을 탐색한다. 마지막으로 VI부에서는 전략적 CSR이 궁극적 목표로서 핵심 이해관계자의 수요와 관심사를 반영한 가치에 기초한 기업의 지속가능성 관점을 제시한다.

본서의 III부에서는 CSR의 법률적 관점을 제시한다.

첫째, 5장에서는 기업의 권리와 책임의 배경과 진화과정을 고찰하고 논의한다. 씨티즌즈 유나이티드와 같은 대법원 판례와 베네핏 기업(그리고 영리기업에 대한 다른 대안)의 부상을 인용함으로써 권리와 책임 간의 긴장을 예시한다. 다음으로 6장에서는 이해관계자 관점의 광범위한 수용을 방해하는 신화, 즉 주주가 기업을 소유하며, 따라서 경영자와 이사회는 주주의 이익을 위해 기업을 운영해야 할 수탁책임을 진다는 믿음에 도전하기 위해 기업의 역사를 파헤친다. 이러한 논의가 미국 사회의 맥락에서 이루어지지만 기업과 주주의 관계는 모든 선진 경제에서 유사하다. 주주가 기업을 소유한다는 만연한 믿음은 법률적 사실에 기초하고 있지 않다. 기업운영에 관한 역사적 · 법률적 체계를 이해함으로써 그들의 동기와 지도 원칙을 더 잘 이해할 수 있다.

[Ⅲ]

법률적 관점

제5장 기업의 권리와 책임

제6장 누가 기업을 소유하는가?

사례연구 : 미디어

제 5 장

기업의 권리와 책임

CSR, 기업윤리 및 지속가능성과 관련한 본서의 논의에 바탕이 되는 신념은 우리가 직면하고 있는 가장 큰 도전을 시장이 해결할 수 있다는 것이며, 그것이 본서를 다른 논의와 차별화하는 전략적 CSR의 한 측면이다. 영리기업이 과거 문제의 일부가 되어 왔다는 것은 명백하지만 그들은 동시에 실행 가능한 해결책의 중심에 서 있다. 만약 우리가 넓은 의미에서의 가치창출을 최적화할 수 있도록 사회 이익을 증진시킬 기업의 창조적 힘을 동력원으로 활용하지 못한다면 사회적 불평등이나 환경의 질 저하와 같은 문제들은 점점 더 악화될 것이다. 변화를 위해서는 경제가 어떻게 작동하고 이러한 체제 내에서 무엇이 사람들로 하여금 상호작용하도록 동기를 부여하는지 이해해야 한다. 그때서야 비로소 기업이 우리를 실망시키지 않고 우리의 요구를 어떻게 충족시키는지에 대해 일관성 있는 대화를 할 수 있다.

달리 말하면 우리가 기업의 사회적 책임을 논할 때 무엇을 의미하는지 이해하는 것은 중요하다. '기업의 사회적 책임은 무엇인가?'라는 질문은 실제로 '기업이 사회에 가장 넓은 부문을 위해 가장 큰 가치를 어떻게 창출할 수 있는가?'를 묻는 것이라 본다. 그러나 사회를 위한 최선의 이익이 무엇인지 결정할 수 있는 것은 사회이며, 우리가 이해관계자로서 기업과 상호작용을 할 때 사회는 매일 그 역할을 수행하는 것이다.

달리 표현하면 그린피스가 어떤 기업에게 탄소배출을 줄이라고 요구할 때 실제로는 그린피스가 정의하는 가치(즉, 보다 적은 환경 파괴)를 창출해 내도록 요구하는 것이다. 이와 비슷하게 소비자가 보다 안전한 제품을 요구하거나, 종업원들이 보다 나은 근로조건을 요구하거나, 공급업체가 보다 빠른 대금지급을 요구하거나 또는 정부가 기업에게 법규준수를 요구할 때는 그 기업이 각각의 이해관계자가가 '가치창출'을 정의하는 바에 따라 운영되기를 요구하는 것이다. 안전한 제품에 가치를 두는 소비자의 요구는 기업이 안전한 제품을 제공할 때 충족된다. 마찬가지로 보다 나은 근로조건에 가치를 두는 종업원의 요구는 기업이 그러한 작업장을 제공해줄 때 충족된다. 그리고 다른 이해관계자도 마찬가지이다. 이 모든 경우 '가치창출'이 무엇인지는 이해관계자가 정의한다. 이해관계자가 가치를 기업에게 적극적으로 요구할 때 그것을 충족시킬지에 대한 의사결정은 기업의 몫이며, 이해관계자는 그 결정을 승인할지 여부를 결정해야 한다. 따라서 사회(모든 이해관계자)는 기업의 지속적 존재 여부를 결정할 힘을 가지고 있으므로 이해관계자가 원하는 행동에 대해 보상을 제공하고 그렇지 않은 기업에게 불이익을 줌으로써 어떤 기업이 얼마나 유용한지를 결정한다.

잘못된 질문을 함으로써(또는 최소한 옳은 질문을 잘못 물어봄으로써) 전통적 CSR 논쟁은 특정 개인이나 집단이 달성되어야 한다고 믿는 객관적 결과에 초점을 맞춘다(예를 들면 아마존은 종업원들에게 생활임금을 반드시 지급해야 한다). 이것은 본질적으로 규범적 접근방법인데 말하자면 미리 정해진 결과로부터 시작해서 그것을 어떻게 달성할 것인가를 위해 노력하는 것으로서 박애에 기초를 두고 있다. 그러나 그보다도 다양한 복수의 이해관계자들을 위한 가치가 창출되는 유동적 과정에 초점을 맞출 때 독단적 결과를 피할 수 있으며, 그것은 복잡한 반복적 협상과정에서 서로 다른 이해관계자들이 자신의 이해관계를 충족시키는 과정이다. 이것은 본질적으로 기술적(descriptive) 접근방법이다. 말하자면 무엇이 일어나야 하고 일어나지 말아야 하는지에 대해 고정된 견해를 강요하기보다는 주어진 시점에 이해관계자 가치에 따라서 자연스럽게 결과가 도출되고 변화하도록 허용하는 접근방법이다. 그 접근방법은 현실에 기초를 두고 있으며 인간을 되고 싶은 모습이 아니라 있는 그대로의 모습으로 보는 견해이다.

본서는 이러한 기술적 접근방법을 택한다. 본서는 목소리 높은 소수에 의해 결과가 정해지는 것이 아니라 이해관계자들이 기업에게 자신들의 가치를 제공하도록 요구할 때 자본주의가 가장 잘 작동한다고 주장한다. 달리 말하면 이 책에서의 논의는 절대적 입장을 권장하지 않는다. 외주 또는 국내 생산 중 어떤 것이 더 좋다고 옹호하지 않는다. 마찬가지로 생활임금과 최저임금 중 어느 것이 더 좋다고 옹호하지 않는다. 대신에 이해관계자 행동이 자신들이 기업에게 요구하는 행동(원한다고 말하는 것이 아니라 실제로 원하는 행동)을 나타내는 신호(signal)로 변환되는 과정을 기술하려 노력한다. 직설적으로 말하면 소비자들이 월마트에서 쇼핑을 할 때 외주라는 비즈니스 모델을 지지하고 있다는 것을 이해해야 한다. 만약 그들이 외주를 지지한다면 문제가 없다. 그러나 국내 생산을 통해 미국인들을 고용하는 기업을 더 지지하는 소비자는 월마트에서 쇼핑하면 안 되며, 자신의 결정에 따른 높은 비용과 가격을 부담해야 한다. 만약 이러한 높은 가격을 지불하기 원하지 않으면 월마트의 외주 정책에 관한 불평을 멈추어야 한다. 월마트는 이해관계자들이 원하는 일을 할 것이나 그 메시지가 일관성이 있으면 큰 도움이 될 것이다.

영리기업은 우리가 찾고 있는 사회적 과정을 제공해줄 가장 효율적 수단이다. 그처럼 전략적 CSR 이해의 핵심은 이러한 기업들이 운영하고 있는 체계가 되는 권리와 책임을 이해하는 것이다. 특히 기업의 책임을 강조하는 많은 CSR 논쟁과는 반대로 다음과 같은 질문을 할 필요가 있다. 기업은 어떤 권리를 가지고 있는가?

기업의 권리

기업은 CSR 옹호론자의 결정적인 관심의 초점이다. 기업은 글로벌화와 자유무역으로부터 파생된 많은 사회적 문제에 책임이 있는 것으로 비난받고 있다. 이러한 모습은 현대 사회에서 기업에 대한 대중의 높은 관심을 반영하고 있다.

> 헤겔은 현대 사회의 기본 단위가 국가라고 예측하였으며, 마르크스는 자치정부(commune) 그리고 레닌과 히틀러는 정당이라고 예측하였다. 그 이전에 많은 성현들은 교구 교회와 봉건적인 영지, 군주제 등이 될 것이라고 주장했다. …… 그 모든 것이 잘못으로 판명되었다. 세상에서 가장 중요한 조직은 기업이다. 서구사회 번영의 기초이며 나머지 국가들의 미래를 위한 최선의 희망이다.[1]

기업의 사회적 책임을 논할 때 기억해야 할 것은 기업이 단순히 존속함으로써 종업원과 공급업체에 일자리를, 소비자에게 가치를, 주주에게 투자수익을 제공하고, 또한 정부에 세금을 납부함으로써 사회에 혜택을 준다는 것이다. 만약 그러한 혜택에 더하여 지속적 혁신을 통하여 매출과 이익을 유지한다면(수요가 있는 제품만이 판매된다는 일반적인 원칙) 기업은 건강한 사회의 지극히 긍정적이고 생산적인 구성원으로 간주되어야 한다. 캐드베리 슈웹스(Cadbury Schweppes)의 전 CEO였던 스티처(Todd Stitzer)가 주장하였듯이

> 아담 스미스의 보이지 않는 손을 기억하는가? 그것은 비즈니스 세계에서 가장 많이 반복되었던 문구이다. 그러나 비즈니스는 사회로 하여금 아주 단순한 사실을 잊어버리도록 했다. 시장을 연결해주고 공급과 수요에 균형을 맞추는 그 손은 바로 우리이다. 음식을 접시 위에 놓고 책을 선반 위에 올리고 사람들에게 음악을 들려주고 온라인 정보를 제공해주는 것은 바로 우리이

다. 우리가 분배자이면서 부를 창출하는 사람이다.[2]

그러나 기업은 사회에 해를 끼칠 수도 있다. 위에서 말한 모든 것이 기업의 장기적 생존을 보장하지 않으며, 조직 전체를 통해서 효과적 CSR 관점을 실행할 필요성을 대신해주지 않는다. 기업이 잘 팔리는 성공적인 제품을 생산하면서도 여전히 사회 전체에 해악을 끼치는 행동으로 비난받을 수 있다는 것을 보여주는 분명한 사례가 월마트이다. 그 결과 월마트 운영의 긍정적 측면[3]은 가끔 그 기업에 대한 부정적인 기사들에 의해 보이지 않게 되어 버린다.[4]

이런 모든 것을 감안할 때 CSR 논쟁에서 어느 정도로 기업이 긍정적인 요소로 다루어지는가? CSR 옹호론자가 추구하는 과제를 성취하기 위해 기업이 그 본질적인 역할을 어느 정도로 수행하고 있는가? 그리고 기업이 사회에 기여하는 보다 많은 선행을 어떻게 측정하고 평가할 것인가? 본 장에서 저자는 기업의 사회적 책임을 이해하기 위해서 기업의 권리도 이해하는 것이 중요하다고 주장한다. CSR 논의에서 또 다른 핵심 요소는 기업의 자기이익 추구이다. 기업에게 기대되는 책임이 기업의 권리를 침해하지 않고 자기이익 추구와 일치하는 만큼 의미 있는 변화를 도입하고 보다 지속가능한 경제 모델을 구축할 확률이 높아진다. 이러

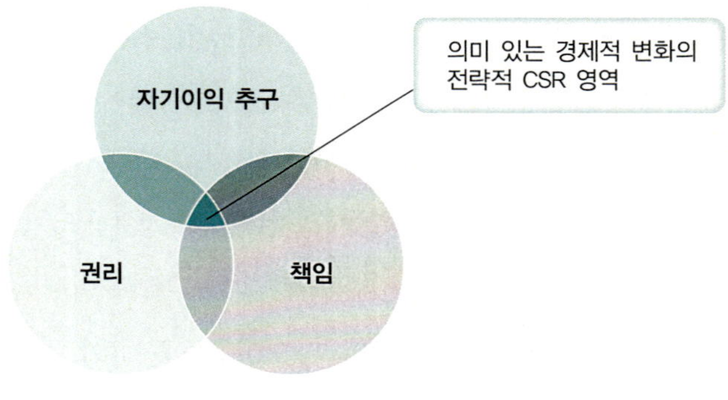

그림 5-1 권리, 책임 및 자기이익 추구

한 변화의 중첩 지점이 〈그림 5-1〉에 표시되어 있다.

사회에 대한 기업의 가치(의미 있는 진보를 만들 능력)를 논의함에 있어 우리는 사회적 계층 내에서 기업이 차지할 자격이 있는 위치를 내재적으로 결정한다. 기업에게 주어진 통합의 능력이 사회가 부여한 특권이라는 것을 고려할 때 기업의 법적 지위에 수반되는 권리가 무엇인가? 기업이 우리가 원하는 책임을 수행해야 한다고 주장하려면 그 기업의 생존권과 본래 목적인 돈을 벌 수 있는 권리를 부여할 필요가 있다.

씨티즌즈 유나이티드

기업은 인간의 많은 특성을 부여받은 가공의 법인이다. 기업은 재산을 소유하거나 부채를 질 수도 있고 소송을 하거나 당할 수도 있으며, 형사상 기소되거나 벌금을 내고 이론적으로 연방정부에 의해서 청산될 수도 있다. 미국에서 대법원이 권리장전의 일부를 연장해서 기업에게도 적용하였다(비록 시민의 책임 중 많은 부분을 덜 엄격하게 적용하기는 하였지만).

이러한 권리는 기업의 인격(corporate personhood)이라는 개념에 기초하는데, 이는 "헌법이 사람들에게 부여하는 권리를 아주 구체적으로 정하고 있어서"[5] 미국 경제의 본질적 구성요소가 되었다. 이러한 아이디어는 1819년 대법원 판례인 Trustees of Dartmouth College v. Woodward(17 U.S. 518, 1819)로 거슬러 올라간다. 이 판례는 뉴햄프셔 주의 의회가 다트머스 대학을 강제로 공립으로 전환시키려 시도하면서 생겨난 분쟁에 대한 것이다. 법원은 대학에 유리한 결정을 내리면서 공공과 민간의 설립인가를 구분하였으며, 그 과정에서 민간 조직이 계속 민간의 영역에 남을 수 있는 권리를 강화시켰다(그리고 정의상 국가의 통제 외에 있도록). 이러한 판례에 따라 법원은 기업을 법적인 개인으로 이해해 왔으며, 헌법이 보호하는 개인의 권리와 동등하게 기업이 가진 권리를 점점 더 강화시켰다.

기업이 자산 소유 또는 계약체결 등과 같은 제한된 권리만을 행사할 수 있게 되었지만 …… 생명이 없는 실체가 사람이 가지는 권리에 적합하다는 아이디어는 1886년 Santa Clara County v. Southern Pacific Railroad 판례에서 탄생되었다. 이 기업은 개인과 같은 조세 혜택을 받을 자격이 있다고 주장하기 위해 직전에 제정된 제14차 수정헌법(amendment)상 권리를 근거로 내세웠다.[6]

이미 말한 대로 Santa Clara County v. Southern Pacific Railroad(118 U.S . 394, 1886)는 미국에서 현대 기업 권리의 초석으로 자주 인용되고 있다. 그 사례는 철도회사 자산에 대한 국가의 과세 이슈를 다룬 것이었다. 서던퍼시픽 철도 회사(Southern Pacific Railroad)는 자신들에게 조세를 부과한 그 규칙이 개인의 과세 규칙보다 더 엄격하다는 이유로 세금 납부를 거부하였다. 법원은 기업이 개인과 같은 권리를 가진다고 특정하여 결정을 하지는 않았지만 이에 대한 가정이 판결의 출발점이 되었다. 달리 말하면 이러한 입장이 결정된 것이 아니라 언급되었으며 그것이 법률적 전례로서의 입장을 다소 불안정한 상태로 남겨 두었다. 비록 기업이 그 판결이 제공해준 기회를 재빠르게 이용하였지만 그것이 오늘날 기업의 법률적 권리를 둘러싼 많은 논쟁의 원천이 되고 있다.

14차 수정헌법이 남북전쟁 이후 흑인들의 권리를 보호하기 위해 추가되기는 하였지만 1890~1910년 사이 19명만이 그 조항의 보호를 받았다. 반면에 같은 기간 동안 기업은 14차 수정헌법에 의한 보호를 288번이나 주장했다.[7]

법인격이란 개념은 1976년 대법원 판례인 Buckley v. Valeo(424 U.S. 1, 1976)의 결과로 보다 최근에 확장되었는데, 그 판례는 가장 논란의 여지가 있는 기업 권리 중 하나인 표현의 자유를 진작시켰다.[8] 이 판례에서 대법원은 정치적 기부가 언론의 자유로운 표현에 해당되며, 따라서 헌법에 의해 보호받는 행위라고 명백하게 규정하였다. 이것은 개인의 기부뿐 아니라 조직의 기부에도 적용되었다. 그 직후 1978년에는 First National Bank of Boston v. Bellotti(435 U.S . 765, 1978) 소송으로 이어졌는데, 이 판례는 기업에게 정치적 선거운동에 현금을 기부할 권리를 부여하였다.[9] 이러한 결정들이 수년 후 논란이 많았던 2010년 대법원 판례 Citizens United v. Federal Election Commission(558 U.S. 310)에 기초를 제공해주었다.

그 사례의 세부 내용이("비영리법인인 씨티즌즈 유나이티드(Citizens United)가 민주당 후보경선 동안에 힐러리 클린턴 비난 동영상을 방송할 권리를 가지고 있는지에 관한 것을 포함하여")[10] 선거 캠페인 자금 규제의 좁은 구성요소에 초점을 맞추고 있는 반면에 법원은 "법인격"의 법률적 원칙을 위한 보다 넓은 시사점을 고려하도록 그 판례의 고려 변수를 확대할 것을 결정하였다. 그 결정에 앞서 뉴욕타임즈는 그런 결정이 사법부의 중요한 권한 초과를 나타내며 "기업들은 투표를 하거나 선거에 나서거나 또는 무기를 소지할 권리를 허용받을 수도 없으며 받아서도 안 된다"고 주장하였다.[11] 더구나 그 판례를 비판하는 사람들은 기업의 권리에 대한 좁은 해석(씨티즌즈 유나이티드에 의해 대표되는 확대 해석과 반대로)이 1819년 대법관 마샬(John Marshall)에 의한 다트머스 대학 판례(17 U.S. 518)에 자세히 나타나 있는 헌법 본래의 의도에 대한 보다 순수한 해석이라고 지적하였다.

> 기업은 인위적 존재이며 눈에 보이지 않고 만질 수도 없으며, 법률에 의해 상정됨으로써 비로소 존재한다. 기업은 단순히 법률에 의해 만들어진 존재로서 설립 시 정관이 부여한 특성만을 보유한다 …… 예를 들면 영속성과 …… 개별성이다. 그 속성에 의해 많은 사람들에 의한 영속적인 승계에도 동일한 실체로 간주되고 개인과 같이 행동할 수 있게 된다.[12]

기업이 개인과 마찬가지로 표현의 자유에 관한 제1차 수정헌법을 누릴 수 있다고 판결했다는 점에서 씨티즌즈 유나이티드 판례는 중요하다. 대부분의 대법원 결정은 헌법의 이러한 해석을 지지하는 잘 정의된 법률적 선례들을 인용하고 있지만 그 판례의 잠재적 결과에 관해서는 논쟁이 계속되고 있다. 대부분의 판결에 나타난 바와 같이 그것을 정당화시킬 이론도 있으며(방어 가능한), 현실에서 실행 가능한(남용 가능성이 있는) 이론도 있다. 이러한 결정은 기업에게 정치적 광고와 개별 후보들에 대한 자금 제공의 보다 큰 자유를 허용하고 있다. 그 결정의 결과로 정치운동의 얼굴이 변화할 것으로 예상된다. 정치자금 증가가 상대방을 공격하는 광고 빈도를 늘리고 기업을 지지하는 후보들을 옹호하는 직접적인 영향을 가져올 것이다. 주주를 포함한 많은 이해관계자들은 그 판례가 만들어낼 불확실성에 대해서 불안해하고 우려하고 있다. 예를 들면 2012년(대통령 선거에) 기업들은 정치 후보와 그들의 명분에 "27.1억 달러"를 기부하였다.[13] 보다 최근에 나이키의 주주들은 나이키의 정치활동과 지출에 대해 보다 투명할 것을 요구하였다.

> 정치적 지출은 정치 캠페인에 대한 직접 기부 외에도 로비 회사, 업종별 협회의 로비, 입법에 관여하는 비영리단체에 가는 돈을 의미한다. 보다 많은 정보 공시를 요구하는 투자자는 그 기부가 기업의 핵심 가치와 일치한다는 것을 확실히 하기 원한다.[14]

평론가들은 씨티즌즈 유나이티드 판례가 선거에 미치는 영향에 대해서 동의하지 않지만[15] 기업의 권리에 관한 대법원의 진화하는 입장이라는 보다 넓은 맥락에서 그 판례를 이해해야 한다. 권리의 범위가 시간의 경과에 따라 꾸준히 확대되어 왔음에도 불구하고 그 진척은 선형적이지도 않을 뿐더러 또 반드시 논리적이지도 않다. 기업의 프라이버시 권리에 초점을 둔 2011년 판결에서 그러한 불일치가 명백히 나타나는데 대법원은 "정보의 자유에 관한 법률의 목적에 비추어 볼 때 기업은 개인적인 프라이버시 권리를 가지지 않는다고 만장일치로 결정하였다."[16] 그 주장의 복잡한 내용이 흥미롭긴 하지만 씨티즌즈 유나이티드 판례에서 기업의 표현의 자유를 부인하는 데 동일한 논거를 왜 사용하지 않았는지는 명확하지 않다. 대법원이 기업도 표현의 자유를 가진다고 결정을 하면 동시에 프라이버시 권리와 같은 다른 개인의 권리도 가진다고 결정해야 하는 것은 확실하다.

전략적 CSR 체계의 핵심 주장은 기업은 제품에 대한 수요가 있기 때문에 존재하고 사회에 많은 혜택을 주기 때문에 건강하고 부유한 기업이 되도록 격려하는 것이 사회를 위한 최선의 길이라는 것이다. 그러나 동시에 제품에 대한 수요는 기업의 중장기 생존을 위한 필요조건이지만 충분조건은 아니라는 것도 중요하다. 경영자들은 효율적인 조직과 수익성 있는 제품의 건강한 기초를 만드는 것뿐 아니라 광범위한 이해관계자의 가치창출을 위해 지속적으로 노력해야 한다. 기업의 인격이란 개념은 이러한 목표를 가능하게 하고 시장경제의 유동적인 운영을 위한 핵심이 된다(기업은 계약을 체결하고 소송을 제기하거나 소송을 당하기도 한다). 유한책임 개념[17]이 법인격 없이 어떻게 존재할 수 있을 것인지는 명확하지 않다—이 두 가지 혁신이 선진국 경제의 급속한 성장과 번영을 위한 기초가 되었다.

> 19세기 중반까지는 정관으로 기업이 할 수 있는 일을 정하고 그 규칙에 따라 엄격하게 규제하였다. 그러나 개혁론자들은 기업이 사람과 마찬가지로 자신의 영혼의 주인이 되어야 하며 이러한 제약들로부터 자유로워져야 한다고 생각하였다. 이러한 해방의 결과로 에너지를 얻은 서구 사회의 기업들은 산업혁명을 위한 동력을 강화하였고 거대한 번영의 기초를 만들었다.[18]

그럼에도 대법원의 일관성 없는 논리는 스스로를 혼란에 빠뜨릴 위험에 처하게 한다. 법원이 개인과 기업을 구분하는 이유에 대한 명백한 이론적 근거를 가지고 있지 않으면 사법부가 개인의 권리 중 어떤 것(표현의 자유와 같은)은 기업에게 적용하고 다른 것(프라이버시 같은)은 적용하지 않기란 어렵다. 현재 이러한 이론적 근거는 명백하게 제시되지 않았으나 "기업 활동의 효율적 기능을 위해"[19] 필수적인 권리에 대해서만 헌법적인 지지를 부여하는 의도인 경우에는 서로 다른 적용이 가능하다.

만약 법인격의 논리가 확대 적용된다면 기업에 부여된 권리에 "부담스러운 책임"이 수반된다는 것이 기업 입장에서의 위험이다.[20] 이미 오늘날 기업 활동에 대한 정부의 규제는 역사적으로 과거 어느 때보다 훨씬 더 엄격해졌다고 기업 임원들이 불평한다.[21] 기업의 권리에 상응하는 의무가 없고 자신 외에는 아무도 비난할 사람이 없는 상황에서 기업에게 특권이 주어지는 것에 대해서는 지속적으로 의문이 제기될 것이다. 대법관 결정의 비일관성이 편파적(bias)이란 인식을 확산시키고 기업의 권리와 사회적 책임 간의 균형을 모호하게 만든다. Move to Amend(https://movetoamend.org/)와 Reclaim Democracy(http://reclaimdemocracy.org/)와 같은 많은 활동가 조직들은 이러한 불균형에 대해 다시 문제를 제기하기 위해 미국에서 헌법수정 운동을 벌이고 있다. 사법부 사람들 중 일부는 여기에 동정적일 수도 있다. 대법관 스티븐스(John Paul Stevens)는 "기업은 감정이나 양심 혹은 욕망이 없기 때문에 보통의 시민을 보호하는 법률의 혜택을 받아서는 안 된다"[22]면서 씨티즌즈 유나이티드 판례에 반대하였다. 다른 사람들은 기업들에게 권리를 부여하는 것의 가치를 인정하지만 그만큼 적극적으로 강제화할 수 있을 의무를 부과하기 원한다.

기업의 책임

기업의 법률적 권리와 반대로 공적인 목표 – 기업법과 설립 정관에 정해진 바의 책임과 의무는 무엇인가? 해당 이슈에 대해서 강력한 공감대가 존재하는 것은 명백하다.

> 법률에 의해 설립된 기업이면서 최소한 진정성 있는 기업이라면, 무엇보다도 기업 자신과 주주들의 이익을 최우선으로 하고 사회적 책임을 떠안는 것을 금지하도록 최고경영자들에게 강요한다.[23]

이러한 주주 관점은 미시간 대법원 판례인 Dodge v. Ford Motor Company에서 판사가 닷지 형제들의 손을 들어주면서 상법에 명시되었다고 알려져 있다.[24] 이 판결에서 판사는

> 주주에 대한 배당을 원상회복시키면서 "기업은 최우선적으로 주주 이익을 위해 조직되고 운영된다"는 것을 포드가 망각하였다고 질책하였다. "다른 사람에게 혜택을 주는 것을 주목적으로 하고 주주들에게는 단순히 부수적인 혜택을 주는 방향으로 기업이 운영될 수는 없다." Dodge v. Ford Motor Company 판례는 경영자와 이사들이 다른 모든 사람들보다 주주의 이익을 우선적으로 고려할 법률적 책임을 가지고 있으며, 주주 외의 다른 사람의 이해관계를 위해 봉사할 법률적 권한이 없다는 법 원칙을 여전히 대변하고 있다.[25]

그러나 이러한 주주우선주의 사고의 법률적 기초에는 논란의 여지가 있다(6장 참조). 명확한 판례보다 이러한 관점이 우리의 지지를 받는 가치에 부합되도록 진화해 왔다. 미국에서 기업에 관한 스타우트(Lynn Stout)의 판례 분석에 의하면 일반적인 인식과 달리 기업 경영자와 이사들은 주주 가치에 초점을 두고 경영할 법률적 의무가 없다.

> 주주가치 중심사고는 법률적 요구나 현대 기업의 실질적인 필요성이라기보다는 단지 이데올로기에 불과하다. 미국의 기업법은 상장기업 이사들에게 주가나 주주의 부를 극대화하도록 요구하지 않으며, 요구한 적도 없다. 오히려 법률은 이사회가 자신들의 권한을 사용하여 이익을 추구하지 않는 한 기업을 성장시키고 품질 좋은 제품을 생산하고 종업원을 보호하며, 공공의 이익에 봉사하는 것을 포함한 올바른 목표를 가지고 기업을 운영할 수 있는 광범위한 재량권을 부여하고 있다.[26]

법률적 기초에 관한 논쟁에도 불구하고, 주주가치 극대화가 신화("1970년대 경제학자들이 제창한 소위 대리인이론")[27]에 뿌리를 두었다고 인정되기는 하지만 그 신화는 오늘날 임원과 이사들 사이에 확고히 자리 잡고 있다. 그만큼이나 "한 설문조사에 따르면 기업 임원의 80%가 '장기적 가치 창조를 희생하여 분기 이익을 증가시킬 노력을 할 것'이라고 인정하였다."[28] 이러한 입장을 문서화된 자료에서 본다는 것은 충격적일 뿐 아니라 초기 설립 시의 요구조건인 공공 목적과는 극명한 대조를 보인다. 초기의 기업 정관은 엄격한 규칙에 따라 입법기관에 의해 허용되었다. 그것은 제한된 기간 동안만 존속되었으며(이 기간이 끝나면 기업은 사업을 접어야 했다), 사회적 필요(예를 들면 강 위에 다리나 철도를 건설하는 등)에 의해 특정 과업을 위해서만 허가되었다.

> 초기에 미국의 주들은 새로운 국가의 필수적 사회간접자본 중 일부 – 대학(1636년에 설립된 미국의 가장 오래된 기업인 하버드 대학과 같이), 은행, 교회, 운하, 지자체 및 도로 – 를 건설하기 위해 특별한 독점권을 부여한 특수 회사를 활용하였다.[29]

그럼에도 불구하고 오늘날 정치인들은 기업 리더들이 주주의 기대 수준을 충족시킬 수 있도록 현저히 큰 융통성을 부여하고 있다. 정치가에게 "사회적 요구"의 결정을 맡겨서는 안 된다고 주장하는 확실히 타당한 근거가 있다. 프리드만(Milton Friedman)이 말했듯이 "정치적인 자기이익은 어떤 의미에서 경제적인 자기이익보다 더 고상한 것이다."[30] 결국 기업의 정관에서 공공 목적 조항을 제거한 법률은 정관의 승인을 받기 위한 정치과정에 내재화된 부패를 뿌리 뽑기 위한 의도로 만들어졌다.

> 우리가 인지하는 가장 최초의 현대식 기업은 그 유명한 – 즉, 악명 높은 – 동인도 회사이다. 1600년 12월 31일 인가된 그 회사의 공공의 목적 – "무

역의 증진" – 은 사실 소유주들을 위해 돈을 버는 것 외에 어떠한 영향도 없었다.[31]

그에 따라 19세기 전반에 파트너기업이나 개인기업처럼 모든 사람에게 열려 있던 또 다른 기업의 형태로 주식회사를 정의하면서 잭슨(Andrew Jackson) 대통령은 의도적으로 특정 기업조직에 특권을 부여한 '공공의 목적'이 포함되어야 한다는 결정을 없애 버렸다. 이론적으로 모든 주식회사는 동일한 특권과 면책조항을 받게 된다.[32] 그와 같이 초기에 기업과 리더들은 기업 운영권을 받는 대가로 사회와 암묵적인 계약으로서 사회적 책임을 수용하였지만 오늘날 기업 경영자들은 기업 운영권을 특권이라기보다는 기업의 권리로 이해하고 있다. 그러나 이러한 신념은 사실이라기보다는 수십년간 진화되어 온 정치적 · 법률적 주장이다. 그와 같이 사회 전체로서 우리가 다른 결정을 내린다면 변화를 가져올 수 있다. 예를 들면 정치적 특권을 배제하는 방향으로 변화하는 상식에도 불구하고 기업들이 좁은 범위보다는 넓은 가치 창조를 위해 노력해야 하는 주장 근거는 충분하다. 만약 기업이 상호 호혜적 관계에서 사회의 명령에 따라 존재하는 것으로 인식되면 혁신에 대한 장애물은 없을 것이다. 이런 논지에 부합하는 유명한 사례가 바로 유니레버(Unilever)에 의한 벤앤제리스(Ben & Jerry's)의 합병이 진행되는 동안에 버몬트주 의회가 통과시킨 벤앤제리스법이다. 이 법은 버몬트주 기업의 이사회가 인수합병의 제안을 받아들일 것인지 결정할 때 주주가치 외에 다른 요소들을 고려할 수 있도록 허용하였다.

[그 법률은] 인수합병 제안이 종업원, 공급업체 및 주 경제에 최선의 이익이 되지 않는다고 판단되면 기업의 이사들이 거절할 수 있도록 허용하였다. 따라서 기업 인수 시 경제적 프리미엄을 제공받은 경우에도 이사들은 버몬트주의 최선의 이익에 기초하여 그 제안을 거절할 수 있다.[33]

CSR 관점에서 기업에 부여할 책임을 어떻게 결정할 것인가? 기업이 주주만을 위한 좁은 시야를 가지지 않고 보다 넓은 이해관계자들의 최선의 이익을 위해 운영할 때 방해요소는 무엇인가? 기업은 주주들에 대한 책임을 지고 있다. 그러나 주주들은 많은 이해관계자들 중에 한 그룹일 뿐이다. 그들의 이해관계도 중요하지만 그 이해관계가 다른 이해관계자들의 이해관계에 부차적일 수 있는(심지어 부차적이어야 하는) 경우가 많다.

> 사람들은 주주가 그 기업을 실제로 소유하고 있다는 것을 잊어버렸다(또는 절대로 몰랐다). 주주는 주식을 소유하고 있을 뿐이다. 이는 주주들에게 청산 시에 잔여재산을 나누어 갖고 주주총회에 의결권을 행사하고 이사들을 지명하는 데 의결권을 행사할 수 있는 권리를 부여하지만 기업에게 무엇을 하라고 말할 권리는 없다. 기업은 법률적으로 독립된 개체이며, 기업의 이사들은 기업 전체에 대해서 수탁책임을 진다 – 즉, 투자자들과 마찬가지로 노동자와 고객들에게도 의무를 가진다.[34]

기업의 정관은 어떻게 이루어져야 하는가? 그리고 기업법 중 이 부분을 규제하는 가장 적절한 권한(연방 또는 주 정부)은 누가 가져야 하는가? 기업의 책임은 무엇이며, 그것을 달성하기 위해 가장 적합한 구조는 무엇인가?

기업지배구조

현재 미국에서 기업지배구조 이슈는 연방법이 아니라 주법으로 규제되고 있다.[35] 이러한 제도를 지지하는 사람들은 그것이 주 간의 경쟁을 촉진하여(자신들의 주 내에 기업들이 설립되도록 유인한다) 효과적이고 효율적인 법안을 만들어 낸다고 주장한다. 비판론자들은 여러 주들이 기업에 대한 유화정책을 쓸 법안을 만들었기 때문에 그 결과는 바닥으로 향한 경주가 될 것이라고 주장하면서 주들 간 경쟁의 효익을 부정한다. 주들은 기업의 본사가 실제로 어디에 위치하고 어디서 대부분의 종업원을 고용하는지 상관없이 등록된 기업에 대해 비싼 수수료와 세금을 걷기 때문에 자신들의 영역 내에 기업이 설립되기를 원한다. 대신에 "기업의 설립 허가를 얻는 것이 운전면허 따는 것보다 더 쉽기 때문에 경영자들은 가장 유리한 법률조건을 찾으면서 관할권 쇼핑을 한다."[36] 〈그림 5-2〉는 대기업들이 델러웨어에 본사를 두기를 원하고 있다는 것을 보여준다.

감시, 의무, 책임 및 규제의 측면에서 델라웨어주는 미국에서 기업 활동을 하기에 가장 우호적인 장소로 간주되고 있다. 델라웨어주 판사들은 다른 주에 비해 기업 관련 법을 더 잘 알고 있으며, "기업 이사회의 결정을 방해하기 꺼려 왔다."[37] 기업 문제를 다루기 위해 1792년에 챈슬리 법원을 설립한 이후 델라웨어주는 이러한 평판을 계속 쌓아 왔다. "20세기 초에 이르기까지 델라웨어주는 뉴욕, 뉴저지 그리고 다른 주로부터 기업들을 끌어오기 위해서 우호적인 기업법과 세법을 만들어 왔다."[38] 그 결과 미국에서 회사를 설립하려고 하는 사람들은 델라웨어주를 선택하는 경향이 있다. 델라웨어주 정부의 웹사이트는 그 사실을 다음과 같이 주장하고 있다.

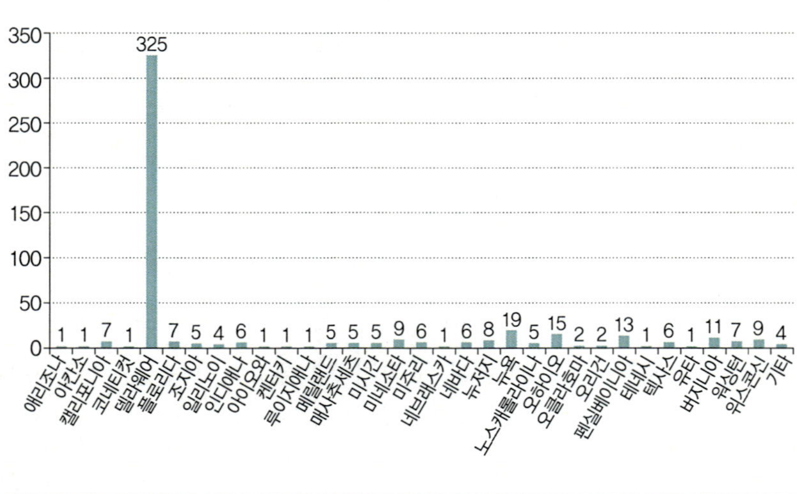

출처 : Datahub, http://data.okfn.org/data/core/s-and-p-500-companies.

그림 5-2 미국의 주별 S&P500 기업 설립 건수(2016)

> 델라웨어주는 20세기 초부터 기업들에게 가장 우선적인 주소지이다. 오늘날 백만 개가 넘는 기업이 델라웨어주를 법률적 고향으로 삼았다. …… 실제로 포춘 500 기업의 60%가 넘는 기업이 델라웨어주를 선택하였다.[39]

델라웨어주는 기업규제 시스템 측면에서 기업에 가장 유리한 곳으로 인식되고 있는데 그것은 규제가 가장 적다는 말과 같다. 더구나 그 주는(등록 기업 수는 130만 개로 대략 962,000명인 주 인구보다 많다)[40] "역외 조세 천국보다도 더 비밀보장이 되는" 등 기업에 대한 혜택을 홍보하고 있다.[41] 이러한 노력의 결과로 "기업의 수수료는 연간 15억 달러에 이르며," 그것은 델라웨어주 예산의 1/4을 차지하는 금액이며,"[42] "10년 전 예산의 21%에 해당하는 6억 6,500만 달러에 비해 크게 증가한 것이다."[43] 이러한 혜택 때문에 "대부분의 주들이 델라웨어 법을 따라하게 되었으며,"[44] 그것은 현재 자신들의 주에 본사를 두고 있는 기업들을 델라웨어주로 옮겨가지 못하게 하기 위해서라도 필요한 것이었다.

가장 우호적인 기업 환경을 제공하는 주를 찾기 위한 이러한 경쟁의 문제점은 기업들로 하여금 책임을 등한시하도록 한다는 것이다. 법률적 제약을 더 적게 함으로써 정부는 이해관계자의 본질적 기능인 기업에 대한 감시권을 포기하고 있다. 이에 대해 활동가들이 옹호하는 개혁방안은 연방정부가 기업 설립 절차에 대한 통제권을 가지는 것이다. 그 권한은 헌법 통상조항에 의해 연방정부에 있으며,[45] 그렇게 함으로써 단순히 의무를 회피하기 위해 가장 약한 규칙을 가지고 있는 주로 도망가는 기업들 걱정 없이 모든 기업들에게 기준을 높일 수 있을 것이다.[46]

주 단위에서 본사를 그대로 두게 하는 대안으로서 연방 정부가 할 수 있는 일은 기업들이 가장 대표적인 활동을 하는 곳에 기업을 설립하도록 요구하는 법을 만드는 것이다(즉, 진정한 본사가 있는 곳, 대부분의 사람들을 고용하고 있는 곳 또는 영업활동의 대부분이 발생하고 있는 곳). 이렇게 함으로써 실제로 기업들이 지역사회에 대해 보다 직접적으로 자신들의 행동에 대한 책임을 질 수 있게 만드는 것이다. 이러한 변화를 도입함으로써 정부는 미국의 높은 법인세를 내지 않기 위해 해외에 기업을 설립하도록 해주는 그런 법인세법의 맹점을 없애는 방향으로 장기적 행보를 할 수 있을 것이다.[47]

> 349파운드(560달러)만 내면 지방세도, 이사나 주주에 대한 공시도, 은행 계정을 신고할 의무도 없이 세이셸제도(Seychelles)에 기업을 하나 살 수 있다.[48]

보다 넓은 경영책임의 강화를 지지하기 위해 주 단위에서 사회책임코드를 도입하기 위한 다양한 시도가 이루어져 왔는데 그것은 임원과 이사들의 역할을 확장하는 개혁법이었다. 이러한 단순하지만 파급효과가 큰 변화는 중대한 영향을 가질 것이다. 특히 새로운 법률은 기업들의 행동과 정책에 대해 이해관계자들이 책임을 물을 수 있는 수단을 제공할 것이다. 미국 기업들에게 이러한 복수의 구성원 접근방법을 강제화함으로써 일본과 같은 아시아 국가뿐 아니라 유럽 기업들처럼 이해관계자들을 보다 광범위하고 적극적으로 정의하는 경향이 있는 국가에서와 같은 기업 활동을 촉진하게 될 것이며,

> 그 법령은 공공의 이익의 5가지 요소를 희생하면서 기업 이익이 얻어져서는 안 된다는 것을 이사들에게 확실히 하도록 요구하고 있다. 1) 환경, 2) 인권, 3) 공공보건과 안전, 4) 지역사회의 복지 그리고 5) 종업원 존엄.[49]

이와 같은 법이 실행되는 것에 대해 합법적인 우려가 존재한다. 특히 다양한 이해관계자 이익 중 기업이 어디에 우선순위를 두어야 할 것인가는 명백하지 않다. 예를 들면 만약 기업이 보다 환경 친화적인 시설로 전환하는 과정에서 경제적으로 낙후된 지역에 사는 많은 노동자들의 직업을 잃게 만든다면 무슨 일이 벌어질 것인가? 만약 보다 투자자 우호적인 주나 국가를 선호하여 투자자들이 이러한

반투자자 정책을 갖고 있는 기업의 주식을 팔기 시작한다면 그 결과는 어떨 것인가? 또한 새로운 테스트에 실패한 이사들에 대한 벌칙으로 무엇을 제안할 수 있을 것인가? 그들이 기업의 손실이나 또는 그에 뒤따르는 이해관계자 불만에 대해 개인적인 책임을 져야 할 것인가? 이러한 우려에도 불구하고 현대 사회에서 기업이 보다 넓은 사회적 책임을 반영한 공공의 목적을 명시하도록 강요해야 한다는 생각은 점점 더 큰 지지를 얻고 있다.

이러한 이슈들은 최근에 서로 다른 경제권에서 제안된 새로운 다양한 기업구조를 만들어 왔다. 예를 들면 유럽에서 Economy for the Common Good (https://www.ecogood.org/)는 "인간의 행복과 환경이 기업의 궁극적인 목적이 되는 보다 윤리적인 경제 모형"[50]을 구축함으로써 오늘날의 자본주의에서 볼 수 있는 문제점들을 해결하기 위해 노력한다. 보다 구체적으로 네덜란드에서는 "크게는 전 세계를 포함해서 단순히 주주의 이익이 아니라 모든 사람들의 이익을 위해 운영되는"[51] 이해관계자 기반 기업을 보호하는 법률이 있다. 그리고 영국에는 "이익 창출보다 지역사회의 혜택을 제공하고 '사회적 목적'으로 거래하는 "Community Interest Companies"가 있다.[52] 한편, 미국에서는 베네핏 기업의 아이디어가 인기를 얻고 있다.

베네핏 기업

베네핏 기업(Benefit Corporations)이 되어 광범위한 이해관계자들의 요구 충족을 약속함으로써 임원과 이사들의 수탁책임이 확장된다.

베네핏 기업은 전통적 기업이지만 목적, 경영책임 그리고 투명성의 높은 기준 준수를 약속하는 진화된 의무를 가진 기업이다.

1. 목적 : 베네핏 기업은 이익 창출 외에도 공공의 혜택과 지속가능한 가치 창출을 약속한다.

2. **경영책임** : 베네핏 기업은 모든 이해관계자를 위하여 장기적인 지속가능한 가치를 창출하기 위해 사회와 환경에 미치는 영향을 고려할 것을 약속한다.
3. **투명성** : 베네핏 기업은 대부분 상황에서 매년 제3자 기준에 따라서 사회적 및 환경적 영향을 주주와 대부분의 경우에 이해관계자에게 보고해야 한다.[53]

비록 베네핏 기업 아이디어가 최근에 들어서야 정립되었지만(메릴랜드에서 2010년에 처음으로 필요한 법안이 통과되었다) 그것은 이미 많은 영향을 끼쳐 왔다. 2019년 초까지 미국의 34개 주가 베네핏 기업의 설립을 허용하는 법안을 통과시켰으며 6개 주는 법안을 고려하고 있다.[54] 일단 주의회가 새로운 법안을 통과시키면 기업에게는 구조조정을 통하여 이해관계자 모형을 실행할 법률적 요구가 부과되며, "의사결정 때마다 환경과 사회적 요인을 고려해야 하고 특정 사회적 및 환경적 성과목표를 달성하기 위한 이사회의 결의를" 확실히 하도록 요구한다.[55] 2012년 파타고니아가 캘리포니아주에서 처음으로 베네핏 기업이 되었다. 파타고니아의 설립자 쉬나드(Yvon Chouinard)에 따르면

> 파타고니아와 같이 미션에 따르는 회사가 설립자의 가치, 문화, 과정 및 높은 기준을 제도화함으로써 상속, 유상증자 그리고 심지어 소유주 변동에도 불구하고 계속 유지될 수 있도록 해주는 법률적 체계를 창출해 내는 것이 가장 중요한 동기였다.[56]

새로운 유형의 조직인 베네핏 기업을 설립하기 위한 법률 변화의 필요성은 논란의 여지가 있지만 이해관계자들에게 더욱 명백하게 신호를 보내고 싶어하는 기업들에게는 보다 넓은 이해관계를 위한 경영을 할 수 있도록 해주는 확실한 장점이 있다. 그렇게 함으로써 본질적으로 조직 전반에 내재되어 있는 투명성과 경

영책임(accountability)에 대한 새로운 운영 기준을 수립할 수 있다. 기업은 계량적으로 표시할 수 있는 목적을 위한 미션을 공식화할 수 있는 구조를 제도화함으로써 보다 넓은 이해관계자 관점을 구축할 수 있다. 그와 같이 설립자가 퇴직하거나 다른 기업에 의해 매수된다 하더라도 기업의 미션은 보호될 수 있을 것이다. 그린앤블랙(Green & Black)이 캐드베리(Cadbury, 현재 Kraft)[57]에게 매각되었을 때나 바디샵이 로레알(L'Oreal)[58]에 매각되었을 때와 같이 다국적 기업이 사회적 기업을 매수할 때 항상 이러한 승계에 관한 도전이 등장한다. 앞에서 말한 바와 같이 파타고니아를 베네핏 기업으로 전환할 경우 가장 중요한 혜택 중 하나는 "기업의 사회적 미션을 법률적 구조 내에서 명백하게 만듦으로써 새로운 사장이나 소유주가 그것을 포기하는 것을 보다 어렵게 만든다"[59]는 것이다. 벤앤제리스가 2000년에 유니레버에 매각되었을 때 벤앤제리스(2012년 B-Corp 인증을 받은)에게 이러한 자산은 가치 있는 것이었을 텐데, "창업주인 코헨(Ben Cohen)과 다른 몇몇 이사들의 반대에도 불구하고"[60] 그 일이 발생하였다.

베네핏 기업을 허용하는 주에 본사를 두는 것과 상관없이 지구상의 모든 기업이 어디서든지 비콥(B-Corp) 인증을 받을 수 있다. 비영리조직인 비랩(B-Lab)은 영업 결과가 이해관계자들에게 확실히 공시되어야 한다는 요구조건을 포함하여 엄격한 자체 조사를 거쳐 특정 성과 기준을 통과한 기업들에게 이 인증을 준다. 그 인증 기준은 "개인들이 보다 큰 경제적 기회를 가지고, 사회는 긍정적인 환경 달성에 보다 가까워지고, 보다 많은 사람들이 훌륭한 직장에서 일을 할 수 있도록 고용되고 국내・외에서 보다 강한 커뮤니티를 구축할 수 있도록"[61] 확실하게 설계되어 있다. 이러한 방법으로 비랩은 커피와 바나나가 공정무역 인증을 받거나 건물이 LEED(Leadership in Energy and Environment Design) 인증을 받는 것과 비슷한 방법으로 기업들에게 인증을 주고 있다.

베네핏 기업과 비콥의 차이는 무엇인가?

동일한 비영리조직인 비랩이 조직했지만 베네핏 기업(http://benefitcorp.net/)과 비콥(http://www.bcorporation.net/)을 혼동해서는 안 된다. 전자는 또 다른 법적 실체(새로운 종류의 기업)이며, 특정 법률이 통과된 주의 기업들에게만 자격이 주어지지만 후자는 어떤 기업이든 받을 수 있는 인증과정이다(기업이든 아니든 상관없이).

> 베네핏 기업 지위는 비즈니스를 위한 법적 구조의 한 유형이다. 그것은 인증이 아니며, 관련 법을 통과시킨 주의 기업들만 이용 가능하다. 베네핏 기업이 되기 위해서는 해당 주에서 기업으로 설립되어야 한다.

인증받은 비콥이 되기 위해서 근로자, 지역사회 그리고 환경을 측정하는 B 영향평가(B impact assessment)에서 특정 점수를 충족시켜야 하며, 비영리조직인 비랩이 설정한 높은 수준의 성과, 투명성, 경영책임을 충족시켜야 한다. 기업 구조, 규모, 위치와 상관없이 어떤 기업이든 인증받을 수 있다.[62]

2019년 초 기준으로 비랩은 60개 국가와 150개 산업에 있는 2,778개 이상의 기업에게 비콥을 인정하였으며[63], 2018년에 "다논 북미법인이 …… 가장 규모가 큰 비콥 기업이 되었다."[64] 이러한 과정이 보다 나은 기업 운영의 이해에 도움을 주는 것이 명백해짐에 따라 인증에 대한 관심이 증가하고 있다. 2012년 발표된 벤앤제리스의 B 영향평가에 나타난 바와 같다.

> 요약 보고서에 따르면, 캐어링 데어리(Caring Dairy) 프로그램을 통하여 매출원가의 45%가 소규모 공급업체 지원에 투자되고 있다. 가장 낮은 시급을 받는 노동자가 생활임금보다 46%를 더 받고 있으며, 직원의 2분의 1 내지 3분의 2가 작년에 조직적인 커뮤니티 프로그램에 참여하였다. 직원의 65% 내지 80%가 "만족하거나" 또는 직장에서 "참여적이며", 가장 높은 임금을 받는 사람이 가장 낮은 임금을 받는 전일제 노동자보다 16배 내지 20배의 소득을 벌고 있다 …… 전반적 성과 측면에서 벤앤제리스는 지배구조에서 93%, 환경에 대해서는 55% 그리고 지역사회에 대해서는 45%의 점수를 받았다.[65]

비콥 인증을 받으려 노력하는 기업이 점점 증가한다는 것은 현 상태를 개혁하려는 관심과 함께 보다 적극적으로 이해관계자에 반응하는 기업이 되려고 노력하는 기업이 증가하고 있음을 나타낸다.[66] 비슷한 목표에 기초를 둔 기업구조에 관한 다른 법률적 대안이 증가한 것이 비랩이 시의적절하다는 것을 말해주고 있다.

> 캘리포니아의 비콥 법률은 "유동 목적 기업(flexible purpose company ; FlexC)"의 설립에 관한 새로운 법률과 함께 효력을 발생하였는데 그것은 비콥의 보다 광범위한 의무와 달리 특정한 사회적 또는 환경적 목표를 채택할 수 있도록 허용해준다. 미국에게 또 다른 대안은 저이익유한회사(low-profit limited-liability ; LC3)인데, 그것은 이익을 거의 또는 전혀 남기지 않으면서 사회적으로 혜택을 줄 목적으로 자본금을 모집할 수 있도록 허용해준다.[67]

이러한 확장된 기업의 형태는 상원의원인 엘리자베스 워렌과 버니 샌더스에 의해 추가되었다. 샌더스의 법안은 노골적으로 '보조금을 중단하여 나쁜 고용주를 막는' 법안(즉, "Stop BEZOS"법)으로 명명되었는데 대기업들이 식품 스탬프, 주택 바우처 및 저소득층 의료지원을 포함하여 자신의 종업원이 누리는 안전망 혜택에 해당하는 금액만큼 과세를 하는" 목적을 가지고 있다.[68] 이와 관련하여 워렌은 월스트리트 저널에서 자신의 책임자본주의법(Accountable Capitalism Act)에 대해 설명했다.

> 그것은 거대한 미국 기업이 미국의 이익을 지키려 노력해야 한다는 사고를 되찾기 위한 것이다. 매출액이 연간 10억 달러 이상인 기업은 연방 기업허가를 취득해야 할 것이다. 새로운 허가는 기업 의사결정에서 기업 이사들에게 주주뿐 아니라 모든 주요 이해관계자의 이해관계를 고려할 것을 요구한다 ······ 또한 나의 법안은 대기업이 의사결정에 노동자의 목소리를 보다 더 반영할 것을 요구할 것이다. 종업원이 최소한 이사의 40%을 선임할 것이다.

기업의 어떤 종류의 정치적 지출에도 최소한 75%의 이사와 주주의 승인이 필요할 것이다.[69]

수탁의무가 확장된 이해관계자 이익을 포함할 수 있는 범위(정도)는 2005년에 발간된 중요한 보고서인 UN의 프레시필드(Freshfield) 보고서에 포괄적으로 고려되었다.[70] 많은 사법 관할에 걸쳐서 경영 의사결정에 보다 광범위한 이해관계자 이익을 포함하는 것이 상대적으로 융통성이 있어 보이지만 그것이 기업의 이익을 감소시키는 것으로 간주되는 경우에는 그러한 행동들에 상당한 법률적 도전도 동시에 존재한다고 그 보고서는 결론을 내리고 있다. 기업을 베네핏 기업으로 설립하면 어느 정도 그러한 도전을 경감시킬 수 있지만 비콥 인증을 받은 보통 기업들이 어떻게 될 것인지는 명백하지 않다. 그처럼 이러한 새로운 조직구조와 확장된 초점이 법정에서 도전을 받을 때 어떤 일이 벌어질 것인지 알아보는 것은 흥미로운 일이다. 보다 넓은 시각에서 이러한 기업구조가 주주가치에 초점을 둔 현재의 좁은 견해에 대한 합법적 대안이 될 수 있도록 하는 것이 비랩의 목표이다. 기업 정관의 개혁으로 그러한 변화가 시장경제의 폭넓은 개혁을 일으킬 것으로 기대되고 있다.

사회적 기업, 즉 베네핏 기업과 지역사회와 이해관계가 있는 기업들이 특정 규모에 도달할 수 있게 하려면 어떻게 경영해야 하는지가 핵심이다. 어떻게 그것을 달성할 것인가 – 규모가 커지는 것이 모든 기업에게 최선인가, 꽤 많은 기업이 소규모 조직을 모방할 정도로 만드는 것이 최선인가?[71]

그러나 그만큼 중요한 질문이 있다. 새로운 형태의 조직을 만들어낼 필요가 있는가? 또는 아마도 보다 효과적으로 표현하면, 이미 규모가 커진 우리가 이미 가지고 있는 현재의 기업구조모형을 수정할 수 있을 것인가? 우리의 법대 동료들의 업적을 고려하면 (위에서 간단히 논의하였고 6장에서 자세히 논의할) 주주지

상주의 사고는 이미 불안한 법적인 기초 위에 서 있다. 그게 사실이라면 베네핏 기업 구조는 기업의 책임에 논의의 초점을 맞추거나 기업 운영 전반에 걸쳐서 이해관계자 원칙을 제도화하는 데는 유용할지 모르나 본질적으로 개념적 중복이다. 보다 구체적으로 그 사고는 기업법에 대한 기본적 오해에 기초하고 있다. 베네핏 기업은 광범위한 이해관계자들의 이익을 위해 행동할 것을 약속하지만 그것은 보통의 기업들이 현재 법률과 지배구조 내에서 할 수 있고 해야 하는 약속이다. 달리 말하면 기업으로 하여금 보다 큰 사회적 책임을 지도록 약속하는 것을 방해하는 것은 조직 형태가 아니라 경영자의 의지이다. 베네핏 기업은 존재하지 않을지 모르는 문제에 대한 해결책이다.[72]

그러나 베네핏 기업이 혁신으로 인식되고 있다는 사실이 기업 설립과정이 원래의 초점인 공공의 목적으로부터 얼마나 벗어나 있는지를 보여준다. 그것은 반드시 근본적인 구조가 바뀌어야 된다는 것보다 그러한 구조들에 대한 우리의 현재 해석이 왜곡된 우선순위를 반영하고 있다는 것을 의미한다. 조직의 초점 변화에 필요한 CSR 관점을 가지지 않는 CEO와 임원들을 설득시킬 수 있는 경우에만 비랩이 베네핏 기업을 통하여 의미 있는 변화를 가져올 수 있을 것이다. 파타고니아나 벤앤제리스(이미 CSR의 모범 사례가 되어 있는)와 같은 기업으로 하여금 베네핏 기업이 되도록 확신시킨다고 해서 지구를 구할 수는 없을 것이다! 고집스러운 기업이 자신들의 기본인 정관을 변화시킬 가치가 있다고 결정할 때 베네핏 기업이 계속될 것이라는 것을 우리는 알고 있다.

전략적 CSR 논쟁

발제 제안 : 기업은 모든 시민과 같은 확대된 법률적 권리를 가져야 한다.

토론과 검토를 위한 질문

1. 기업의 권리와 의무의 목록을 만들어 보라. 어떤 것이 더 긴가? 왜 그렇게 생각하는가?
2. 기업이 없는 세상을 상상할 수 있는가? 우리는 무엇을 잃게 될 것인가? 우리는 무엇을 얻게 될 것인가?
3. 씨티즌즈 유나이티드에 대한 당신의 의견은 무엇인가? 그것이 대법원의 옳은 결정이었는가? "돈은 연설이 아니다. 그리고 기업이 아니라 인간이 헌법적 권리를 가지게 된다"[73]로 미국 헌법이 수정되어야 한다고 생각하는가?
4. 주가 아니라 연방 수준에서 기업 지배구조가 규제되어야 한다는 주장의 근거는 무엇인가? 이러한 주장을 당신은 지지하는가?
5. 기업이 베네핏 기업으로 설립되면 장점과 단점이 무엇인가? 이러한 새로운 조직 형태가 필요한가? 만약 당신이 기업을 설립할 때 그 주에서 허용한다면 베네핏 기업으로 설립할 것을 고려하겠는가?

제 6 장

누가 기업을 소유하는가?

누가 공개된 유한책임회사를 소유하는가? 누가 애플을 소유하는가? 누가 월마트를 소유하는가? 그리고 누가 맥도날드를 소유하는가? 현재 대부분의 임원과 이사들(그리고 그 문제에 관해서는 대부분의 비즈니스 저널리스트와 경영대학 교수들)이 주주가 소유주라고 믿고 있기 때문에 소유권에 관한 질문은 CSR 논의의 중심에 있다. 대리인이론의 영향을 받아 기업 경영자들은 주주들의 최선의 이익을 위해 기업을 운영할 수탁책임을 갖고 있다고 믿게 되었다. 더구나 경영자들이 경영에서 다른 데 초점을 두면 책임 수행에 실패하게 되며 아마도 소송을 당할지 모른다고 믿고 있다. 이러한 신념이 때로는 기업에게 최선의 이익이 아닌 방향으로 의사결정을 왜곡한다.

공개 기업의 최고재무경영자(CFO)를 대상으로 한 2003년 설문조사에서 연구자들은 임원의 78%가 분기 이익 목표를 달성하기 위해 장기적 가치를 희생할 수 있다는 것을 발견하였다. 또한 많은 CFO들은 단기이익 기대를 충족시키기 위해 지출을 줄이거나 가치를 증대시키거나 수익이 예약되어 있는 프로젝트를 연기할 수 있다는 것을 인정하였다.[1]

그러나 만약 이러한 믿음이 법률적 사실이 아니라 신념에 불과하다면 어떠할까? 그렇다면 그 신념은 또 다른 신념으로 변화할 수 있다. 즉, 실제 입법과 법률의 선례에 기초한 보다 정확한 법률적 해석으로 바뀔 수 있다.[2] 만약 실제로 그런 일이 발생한다면 임원들은 협의의 주주 이익을 위해 기업을 운영할 책임에서 자유로워질 수 있을 것이며, 대신에 기업의 보다 넓은 이해관계자의 이익을 위한 결정을 할 수 있을 것이다. 이러한 질문(기업을 누가 소유하는가?)은 극적인 결과를 가져올 수 있기 때문에 본 장을 그 문제 제기에 할애할 가치가 있다. 그 대답이 당신을 놀라게 할지도 모른다.[3]

따라서 본 장의 목적은 기업들이 당연한 것으로 받아들이고 있지만 엄격한 분석을 회피하는 것으로 보이는 주장들에 도전하는 것이다. 그 결과 CSR 사례가 규범적인 영역을 넘어서서 전략적 차원으로 이동하게 된다.

기업의 역사

I부에서 주장하였듯이 영리기업은 사회 복지를 증진시키기 위해 우리가 고안해낸 가장 효과적 수단이다. 그리고 II부에서 주장하였듯이 기업이 사회의 일부이며 사회는 복수의 구성요소(기업을 포함)로 이루어져 있기 때문에 기업과 사회의 이해관계는 불가분의 관계로 서로 엉켜 있다. 달리 말하면 비즈니스는 제로섬 교환이 아니라 영리기업과 다양한 이해관계자들 간의 지속적이며 호혜적인 관계이다. 집합적으로 이러한 행위자들 모두가 우리가 사회라고 부르는 보다 넓은 실체를 형성하고 있다. 따라서 우리가 직면하는 근본적 질문(사회에서 기업의 역할은 무엇인가?)에 대한 응답은 기업과 그 이해관계자들의 이해관계와 일치되었을 때 가장 잘 이루어질 수 있다.

이러한 반복적 관계는 기업의 기원과 역사에 걸친 조직 형태의 진화로부터 비롯된다. 특히 그것은 19세기 중반 유한책임 개념의 도입과 직접적으로 관련이 있다.[4] 그 이전에는 완성되어야 할 프로젝트(예를 들면 다리, 운하 또는 철도 건설)와 기업이 존재할 수 있는 기간에 엄격한 조건을 두고 국가가 기업의 설립을 승인하였다. 중요한 것은 이러한 프로젝트가 그 기업의 이익창출 능력보다는 인식된 사회적 요구에 기초하여 결정되었다는 것이다.

> 1800년대 법률적 환경에서는 기업이 공공의 이익에 부합하지 않게 행동하는 경우 기업 면허가 취소될 수 있었으며, 정기적으로 그런 일이 일어났다. 예를 들면 은행들은 "지급 불능이나 재무적으로 건전하지 못한 조건에 빠질 가능성이 있는 심각한 위반을 저질렀을 때" 미시시피, 오하이오, 펜실베니아에서 면허를 잃었다. 매사추세츠와 뉴욕에서는 "도로를 수선하지 않았다는 이유로" 고속도로 건설 회사의 면허가 취소되었다.[5]

그리고 특정 프로젝트가 완성되면 그 기업은 해체되었다. 간단히 말해서 기업은 국가를 만족시키기 위해 존재하였다.[6]

> 1848년 펜실베니아의 일반제조업법(General Manufacturing Act)이 제조기업에 대해 20년의 면허 기한을 설정하였다. 1903년에 이르러서야 절반의 주들이 기업의 면허 지속기한을 20년에서 50년으로 늘렸다.[7]

그것은 궁극적으로 기업의 합법성에 대한 근거를 '비즈니스는 사회적 운동'이라는 사회적 기원(즉, 사회의 요구를 충족시키기 위해 발명되었다는)에 두고 있기 때문이다. 그러나 유한책임의 도입은 기업의 구조와 이어서 운영 원칙에 직접적인 변화를 가져왔다. 사회적으로 승인된 프로젝트의 결과가 아니라 이익이 주요 목적이 됨에 따라 기업의 성공을 측정하는 변수가 변경되었다. 이러한 변화가 처음에는 많은 효익을 만들어 냈지만 기업이 대체적 자금원을 발견하고 경영자와 주주의 거리가 보다 공식화되고 덜 개인적으로 변화해 감에 따라 그 가치는 시간이 지나면서 축소되었다.

> 예를 들면 19세기 초 뉴욕에서 등록된 기업에서 주주의 수는 고속도로 건설업체에 고작 3명이었고 주요 은행에는 560명이었다. 이들 투자자 중 많은 사람들이 가족 관계에 있었으며, 90%는 뉴욕에 살았다. 그러나 몇십 명에서 수백 명, 수천 명으로 증가함에 따라 …… 알렉산더 그래이엄 벨이 창립한 미국 기업의 아이콘인 AT&T는 20세기 시작 무렵에 7천 명, 1920년에 14만 명 그리고 1930년에 거의 60만 명의 주주를 보유하였다. …… 경영자와 투자자가 물리적으로 상호작용할 수 없을 뿐 아니라 임원들은 때때로 투자자가 누구인지도 알 수 없게 되었다.[8]

법률이 투자자(기업 운영에 대해서 거의 모르는)의 이익을 보호하는 방향으로 옮겨 감에 따라 오늘날 임원들은 경영의 초점을 변경하여 기업의 주요 의무가 더 이상 국가나 사회에 대한 책임이 아니며, 소유주인 주주들의 이익에 맞게 기업을 운영할 법률적 책임이 있다는 가정 하에 기업을 운영하고 있다. 주주가 기업을 소유한다는 이러한 믿음이 널리 공유되고 있지만 그것이 법률적으로 정의된 사실이라기보다 사회적으로 만들어진 것임을 제시하는 강한 증거가 있다.[9]

> 공공의 주주를 "소유주"로 인식하는 것은 어떤 경우에는 도움이 되는 은유일지 모르나 그것이 기업법 하에서 그들의 권리에 대한 정확한 묘사는 절대 아니다. 주주들은 기업의 소유권을 포함한 어떠한 측면도 보유하고 있지 않으며—보유권, 통제권, 배타적 권리 그 어떤 것도 아니다—따라서 "다른 이해관계자들보다 더 많은 내재적 소유권과 기업 자산에 대한 통제권을 갖고 있지 않다."[10]

따라서 기업과 투자자 관계의 진정한 성격을 이해한다는 것은 사회 전체적으로 이익에 맞게 기업이 행동하도록 방향을 재설정하기 위해 필요하다. 간단히 말해서 그것은 기업의 경영철학으로서 전략적 CSR을 채택하기 위해 필수적이다.

유한책임과 주식시장

유한책임의 위대한 가치는 산업혁명을 촉진시킨 사회간접시설 건설을 위해 자금이 필요했던 기업들에게 자본조달을 할 수 있도록 해주었다는 것이다. 특히 유한책임은 기업으로 하여금 19세기 서구 사회(특히 영국과 미국에서) 경제발전의 중심이 되었던 철도, 운하, 교량을 건설할 수 있도록 해주었다. 그와 같이 최초 형성 과정에서 주식이 거래되는 동안 자본을 조달하고 기업이 투자자에게 투자수익을 제공하는 것이 가장 중요한 목적이었기 때문에 주주를 기업의 소유주로 생각하는 것은 어느 정도 타당성이 있었다. 그러나 시간이 지남에 따라 주주의 역할과 기업가치는 진화해 왔다.

오늘날 표면적으로는 기업과 주주 간의 관계가 변하지 않은 것으로 보인다. 많은 사람들이 주식시장의 주요 기능이 기업으로 하여금 비즈니스를 위한 자금을 조달하게 해주는 것이라고 믿고 있으며, 실제로 기업이 주식을 최초 상장할 때 이러한 자금이 투자자로부터 기업으로 이전된다. 그러나 사실 이러한 거래는 주식시장 기능의 일부분에 불과하며 주식 거래는 최초 주식 발행보다 발행된 주식의 후속적 거래를 위한 장으로 주로 진화되어 왔다. 이러한 변화는 기업이 자금을 조달하는 거래(최초 상장, IPO)와 자금조달과 무관한 거래(제3의 투자자 간의 후속 거래)의 차이를 나타내준다. IPO와 2차 시장(주식시장)은 〈그림 6-1〉에 설명되어 있다.

기업의 주식이 계속해서 거래되고 그 성과의 기록이 남게 되므로, 주가는 현재 기업의 경영팀과 미래 잠재력에 대한 확신을 갖는지에 대한 투표의 결과라 할 수 있다. 달리 말하면 애플 주식을 살 때 해당 기업으로부터가 아니라 그 주식을 매각하려는 다른 투자자로부터 주식을 사는 것이 거의 확실하다. 거래 당사자가 합의한 가격은 그 기업의 미래 성공에 대한 각각의 베팅을 반영한다. 나는 미래 가격보다 더 낮다고 생각되는 가격에 사고, 매도자는 자신이 미래가격보다 더 높다고 생각되는 가격에 판다. 따라서 우리는 각자가 베팅에 참여하고 거래가 성립된다. 오늘날 기업의 전략적 방향에 영향을 끼치기를 기대하는 것이 아니라, 이미

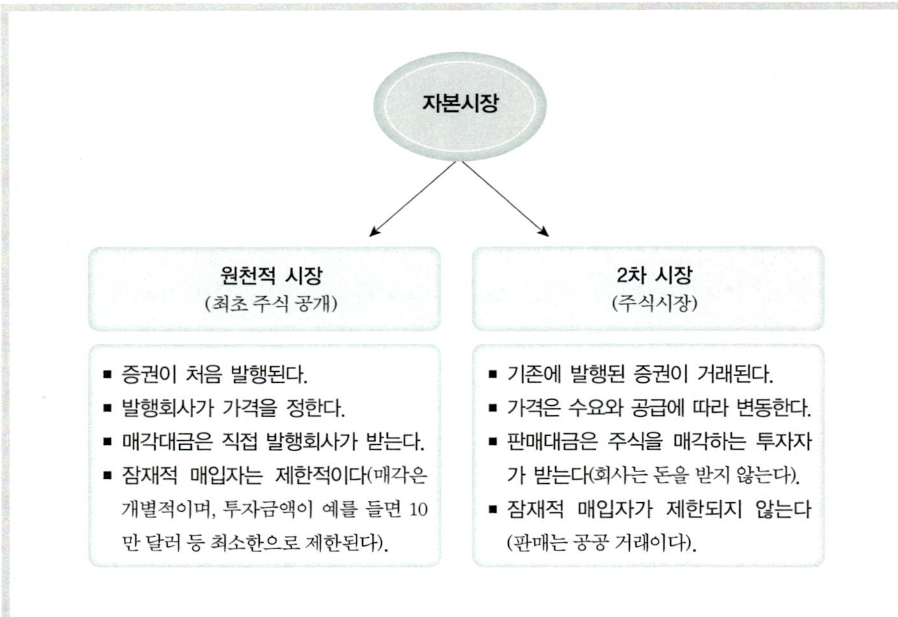

그림 6-1 증권의 발행시장과 유통시장

경영자에 의해 결정된 전략적 방향을 기초로 이익을 바라고 주식을 사고파는 주식시장에서 이러한 교환은 투자자의 목적에서 중요한 변화를 반영하고 있다. 행동주의 투자자들이 때때로 상당한 주식을 매집하여 이사회 자리를 차지하기는 하지만 이러한 투자자들은 소수이다. 실제로는 대부분 주주들이 보유, 매수 또는 매도함으로써 기업 경영자에 대한 자신들의 견해를 표시할 뿐이다.

기업과 주주 간의 기본적인 관계에서 이러한 변화는 오래 전에 기업에 대한 대리인이론의 중심 교리로 확인되었다.[11]

> 19세기 말 산업은 엄청난 자본수요를 갖고 있었다. 그들은 거래소에 주식을 상장하여 자본을 조달하였다. 문제는 시간이 지날수록 성공적인 대기업들이 이익잉여금으로부터 자체적으로 자금을 조달하고 투자자가 제공하는 자본을 거의 필요로 하지 않게 되었다는 것이다. 따라서 소유구조가 주주들에

게 유동성을 제공하였지만—그들이 쉽게 권리를 현금으로 교환할 수 있었다—회사가 그들의 지지를 유지하기 위해 자금을 필요로 하지 않았기 때문에 전통적으로 소유권에 연계된 권한을 주주에게 주지 않았다.[12]

주식시장은 효율적이지도 않고(완전하고 무료로 이용 가능한 정보에 의해 좌우되는 자금 흐름 측면에서) 공적이지도 않다(동등한 정보 접근성 측면에서). 주식시장은 혜택도 주지만(유동성과 퇴직을 위한 저축 수단을 제공한다는 측면에서) 그 전반적 가치에 대해 타당성 있는 의문이 제기되고 있다. 특히 오늘날 모든 주요 거래소에서 대부분의 거래가 컴퓨터로 운영되고 빈도가 높은 알고리즘에 의해 초 단위로 거래가 이루어지는 경우에 더욱 그러하다.

> 오늘날 아마도 주식 거래의 10% 정도인 작은 부분만이 실제 사람에 의해 이루어진다. …… 추가로 대략 40% 정도는 전체 주식시장, 전체 산업 또는 기업들의 전체 그룹에 투자된다. 즉, 지수펀드, 상장지수펀드(ETFs) 또는 다른 종류의 수동적 투자의 형태이다. 그리고 나머지 50% 정도는 다른 컴퓨터에 의한 거래로 형성되는 주가나 지수의 변동에 기초하여 컴퓨터 알고리즘에 따라 자동적으로 거래가 이루어진다. 순환논리에 의해 이루어지는 이러한 종류의 로봇 대 로봇 거래에서 근본적 경제 상황은 적절한 정보가 아니며 거래량도 엄청나다 …… 그 거래의 대부분은 신용으로 이루어진다.[13]

따라서 단타 거래의 한 가지 특징은 방대한 양의 거래활동이다. 단타 거래가 이러한 알고리즘 거래의 "자그마치 2/3"[14]를 구성하며, 평균 보유기간이 "22초"[15]에 불과하지만 "주문량의 거의 99%에 해당한다"[16](그리고 그 대부분은 그 후 바로 취소된다).[17] 그것이 가능한 한 가지 이유는 알고리즘을 이용하여 복잡성을 다룰 수 있으며, 작은 거래량의 증가로 추가 가치를 누릴 수 있기 때문이다. 그러나 한편으로는 높은 빈도의 소량 주문을 내는 것이 단타 거래자들로 하여금 시장에서 다른 거래자들의 의도를 파악하여 그 정보를 이용해 자신에게 유리하게 거래를 할 수 있도록 해주기 때문이다.[18]

거래량 외에 단타 거래의 또 다른 특징은 속도이다. 매수자와 매도자 간에 위치하여 단타 거래자들은 작은 마진과 극도로 많은 거래량으로 엄청난 이익을 만들어낼 수 있다. 이러한 경쟁우위의 중심에 있는 것이 시장에서 다른 사람보다 먼저 거래한다는 사실인데 그것의 가치는 단타 거래자들이 경쟁자들에 비해 조금이라도 우위를 얻기 위해 기꺼이 투자하는 정도를 보면 알 수 있다.

> [한] 그룹이 시카고에서 뉴욕까지 산을 관통하여 직선 거리로 지하로 케이블을 설치하는 데 3억 달러를 지출하였는데, 이를 통해 시그널을 보내는 데 소요되는 시간을 0.017초에서 0.013초로 단축할 수 있었다. 그 대가로 이 그룹은 해당 회선을 사용하는 거래자들에게 1년에 1,400만 달러를 부과할 수 있었다. 거래자들은 그러한 초 단위의 단축이 1년에 200억 달러의 이익을 창출하기 때문에 그러한 수수료를 기꺼이 쏟아 부었다.[19]

이러한 주식 거래의 대부분은 기업이 자금을 받지 않는 제3자 거래이다. 전반적 효과는 주주의 이익(ROI)과 기업 경영자(지속가능한 경쟁우위) 간의 사이를 틀어지게 한다는 것이다. 자산의 규모가 점점 더 대규모 투자기업의 집중된 숫자에 의해 관리됨에 따라 격차는 더욱 커진다. 예로 블랙록(BlackRock)을 생각해볼 수 있다. 그 회사는 뱅가드와 스테이트스트리트와 함께 3대 자산운용회사이며 현재 "미국 상장회사의 40% 이상 기업의 최대주주"이며, "10년 이내에" 200조 달러 이상의 자산을 운용할 것으로 예측되고 있다.[20] 그와 같은 회사("6조 달러 이상을 운용하는" 세계에서 가장 큰 자산운용회사)[21]는 고객들의 수수료를 최소화하면서 시장의 성과를 따라가는(초과 수익률을 내기보다는) "수동적 투자 상품"으로 상장지수펀드(ETFs)와 같은 상품에 전문화되어 있다.[22] 따라서 블랙록과 같은 회사에서 일하는 거래원들은 자신들이 투자하는 기업의 일상 경영에 거의 직접적인 관심을 갖지 않는다. 정의상 거래원들은 A기업이 B기업과 비교해 더 잘하는지 못하는지에 관심을 갖기보다는 시장에서 각 기업의 규모에 비례하여 투자함으로써 시장 성과를 반영하려 노력한다. 달리 말하면 이러한 거래원들은 시장 전반의 성과에 대해 관심을 갖지만(왜냐하면 그것이 자신들이 따라하려는 기준이기 때문이다) A기업 또는 B기업의 보유량 자체는 별로 중요하지 않다. 그들은 단순히 시장 전체의 거시적 움직임에 대응하여 한 기업에서 다른 기업으로 자산을 이동시킬 뿐이다.

초 단위 이하의 포지션을 갖는 단타 거래자들과 수동적인 거액의 포지션을 갖는 대규모 투자펀드의 결합이 주주의 의미를 재정의하고 있다. 본질적으로 금융 투기를 "평균적 의견일 것이라고 평균적 의견이 예측하는 것"[23]이라고 정의한 케인즈(John Maynard Keynes)의 말이 오늘날 그 어느 때보다 더 진실에 가깝다. 거래자들이 주주를 대표하여 행동할 때 "그들은 평균적 의견에 대한 평균적 의견을 예측할 수 있다고 다른 사람들에게 확신시키는 비즈니스를 실제로 하고 있는 것이다."[24] 그 누적된 결과가 개별 투자자가 경영 통제를 위한 모든 소유권 주장을 포기하는 것이다. 이러한 추세는 최소한 과거 50년 동안 뚜렷이 나타났다.

> 대량생산이라는 현대적 상황에서 사람들의 삶에 영향을 주는 거대한 힘이 거대 기업을 다스리는 비교적 소수의 사람에 집중되어 있다. 이러한 기업들의 주식 소유권이 분산되어 있다 하더라도 통제라는 측면에서 효과적 소유권은 경영자에게 있다.[25]

그에 대응하여 주주가 기업을 통제하지 않을지 모르나 여전히 소유하고 있다고 인정하는 사람들도 있다. 그러나 소유권이 통제능력을 포함하고 있지 않은가? 통제 또는 권한의 측면을 포함하지 않는 소유권의 정의를 생각하는 것은 매우 어려운 일이다. 예를 들면 옥스포드 영어사전에는 소유권이 "무엇인가를 보유하는 행동, 상태 또는 권리"라고 정의되어 있으며, 보유한다는 것은 "무엇인가를 가지거나, 소유하거나 또는 통제하는 것"이라고 정의되어 있다.[26] 주주가 기업을 통제하지 않는 것은 명백하다.

당신과 당신의 개 중 누구에게 소송할 것인가?

주장의 핵심을 가장 잘 이해하기 위해 다음의 시나리오를 생각해 보자. 만약 당신이 개를 산책시키는 중 당신의 개가 이웃을 물었다 치면 그 이웃이 당신과 개 중 누구에게 소송을 제기할 것인가? 개에게 소송을 제기할 행운이 없기 때문에 그 이웃은 당신에게 소송을 제기할 것이다. 당신이 그 개의 소유자이기 때문에 당신이 책임져야 한다.
이제 비유를 확장하여 당신이 회사의 주주, 당신의 개가 기업, 개가 문 행위를 환경오염 그리고 당신의 이웃이 사회라고 가정해 보자. 이제 사회는 누구에게 소송을 제기할 것인가? 회사는 법인격을 가지며, 자산을 보유할 수 있고 소송당사자가 될 수 있으므로 당신의 이웃은 회사를 상대로 소송할 것이다. 사회는 유한책임 때문에, 즉 주주가 회사를 소유하지 않아서 회사에 대한 책임이 없으므로 당신의 이웃이 당신에게 소송을 제기할 수가 없다.

주주는 주식을 소유한다

소유권에 대한 사전적 또는 직관적 정의와 상관없이 법률에서는 기업과 주주 간의 관계를 어떻게 정의하고 있는가? 주주가 "법률적으로 정의된" 기업의 소유자라는 아이디어가 어느 정도 사회에 침투되어 있다는 것을 인정하면 그러한 사실이 법률에 모호하지 않게 서술되어야 하며, 법률은 판례를 통해 그것을 보여주어야 한다.[27] 그러나 그 관계가 명확하지 않고 모호할 뿐이다.

> [주주가 회사를 소유한다]는 주장은 주식 소유권 이슈에 대한 법률적 입장에 대한 잘못된 이해에 기반을 두고 있다. 일단 주주가 기업의 주식을 신청하면 주식에 대한 대가로 지급된 돈이 기업의 자산으로 간주되고 주주는 배당, 주식 매각 그리고 다른 허용된 수단을 통하지 않고서는 투자된 금액을 자유롭게 회수할 수 없다.[28]

주주는 주식을 소유한다.[29] 주식은 종업원, 공급업체 그리고 다른 이해관계자들이 기업과 법률적 계약을 맺는 것과 같이 투자자와 기업 간의 법률적 계약이다. 주주들이 회사에 자본을 투자하지만(종업원이 시간, 노력 그리고 기능을 투자하는 것과 마찬가지로) 다른 이해관계자들보다 더 기업에 대해 큰 청구권을 가지지 않는다는 것이 점점 더 명백해지고 있다.[30] 그리고 주주의 청구권이 다른 이해관계자들의 청구권에 비해 현저하게 낮다고 믿는 파이낸셜타임즈의 울프(Martin Wolf)와 같은 평론가들이 점점 증가하고 있다.

> 자산 소유권의 경제적 목적은 통제권을 위험 부담과 일치시키는 것이다. 구멍가게 주인은 관련된 주요 위험을 부담하기 때문에 그 가게를 통제할 수 있다. 위험, 보상 그리고 통제는 일치되어 있다. [주식시장에서 거래되는 기업]에서 주요 위험 부담자가 주주라는 것이 맞는 말인가? 그렇지 않다는 것은 명백하다. 회사에 대해 이해관계를 갖고 있지만 그 위험을 헤지(hedge)할 수 없는 모든 사람들이 위험을 부담한다. 그러나 특정 기업에 맞는 기능을 갖고 있는 종업원이 위험을 부담한다는 것은 명백하다. 반대로 주주는 분산된 포트폴리오를 구매함으로써 위험을 쉽게 헤지할 수 있다.[31]

본질적으로 주주가 되면 주주총회에서 투표할 수 있는 권리를 포함하여 매우 제한적이고 특정한 권리를 부여받는다. 그러나 실제로 주주민주주의의 실질적 적용은 미미하며 제한적이다.[32] 예를 들면 주주는 명목상 이사 선임에 투표할 권리를 갖고 있지만 후보를 지명하는 것은 지극히 어려우며, 일단 선임되면 이사들은 주주의 이익을 무시할 수 있다.[33] 그리고 민주주의는 거의 허용되지 않는다. 예를 들면 1년간 이사 선임에서 "대리권 자문 회사인 Institutional Shareholder Services는 선거에서 1만 4천 명의 이사 후보 중 14명만이 다수결 투표에 의해 부결되었다"[34]고 말한다. 실제로 경영자가 추천한 이사 후보자는 거의 항상 선임된다. 주주들이 주주총회 결의를 통해 저항할 수 있지만 "합병이나 청산과 같은 특정한 종류의 주주 투표만이 전형적으로 구속력을 가진다. 대부분은 순수하게 자문의 성격을 가진다."[35] 게다가 주주는 배당을 받을 권리를 갖고 있지만 경영자가 배당을 기꺼이 주는 한에만 그러하다. 본질적으로 주주가 가진 유일한 의미 있는 권리는 자신들이 원하는 시기에 제3자에게 주식을 매각하는 것뿐이다(비록 이것 역시 그 당시 원하는 매수자의 존재에 의존하지만). 이러한 실제 주주 권리가 [표 6-1]에 요약되어 있다(그러한 권리에 대한 일반적인 신념과 비교하여).

이 권리는 기업과 주주 간의 계약적 관계를 구성하는 것이지 소유권을 구성하는 것은 아니다. 대리인이론의 창시자 중 한 사람인 파마(Eugene Fama)가 말했듯이 "자본의 소유권을 기업의 소유권과 혼동해서는 안 된다."[36]

표 6-1 미국에서의 주주 권리

대중의 믿음	법률적 현실
기업 자산에 대한 청구권	기업이 지속되는 동안 존재하지 않음. 파산의 경우로 제한되며, 그 경우에도 모든 다른 청구권과 부채가 주주 권리에 우선한다.
기업 이익에 대한 권리 (배당을 통해서)	기업이 배당을 주기로 한 경우에만 해당됨. 만약 기업이 자원을 다른 이해관계자(예를 들면 종업원에 대한 보다 높은 급여)에게 배분하기로 결정하면 주주는 배당을 청구할 권리가 없다.
주주총회에서의 의결권	실무에서 주주민주주의는 미약하며 제한적이다. 많은 경우 의결은 구속력이 없으며, 이사회 이사 지명능력은 제한되어 있다. 주주는 불참할 권리를 가진다.
원하는 시점에 제3자에게 주식을 매각할 권리	의사를 가진 매수자가 있을 경우에만 그러하다.

법인

기업의 가장 큰 장점 중 하나는 법적 관점에 따라 조직이 독립적 실체로(즉, 법인으로서) 인식된다는 것이다. 그와 같이 기업은 인위적 인격으로서 인간, 즉 자연인의 많은 권리를 가진다(5장에 설명하였듯이 비록 더 적은 책임감을 갖지만). 기업은 자산을 소유할 수 있다. 소송을 하거나 소송을 당할 수도 있다. 계약을 할 수도 있다. 그리고 미국에서는 표현의 자유라는 권리를 가진다(돈을 지불함으로써 그 권리를 행사한다). 이러한 권리들(특히 소송 당사자가 될 권리) 때문에 투자자들에게 자신의 재무적 투자 범위만큼만 법률적 의무를 지도록 허용해준다. 간단히 말해서 기업은 설계상 모든 다른 행위자들로부터 독립적으로 존재하는 법률적 창조물이며, "부채에 대해 책임을 지는 것은 개인 주주가 아니라 기업이다."[37]

기업을 법인으로 보는 이러한 개념은 주주가 기업을 소유한다는 생각이 형성된 것과 같이 사회의 무의식 속에서 성립되었다. 기업을 인격으로 보는 생각은 법적으로 정의된 데 반해 주주를 소유주로 보는 생각은 그렇지 않다는 점에서 차이가 있다. 사실 미국에서 기업의 독특한 법률적 지위는 헌법에 의해 보호된다. 독립전쟁에 이어서 해방된 미국 노예들의 권리를 보호하기 위해 제14차 수정 헌법이 통과되었다.[38] 특히 국가가 "누구라도 생명, 자유 또는 재산을 법에 따른 적절한 과정을 거치지 않고 빼앗을 수 없다"고 명기하고 있다. 기업이 스스로 그러한 권리를 책정한 것은 제14차 수정 헌법을 통해서이다.

> 1882년 14차 수정헌법의 입안자 중 한 사람인 로스코 곤클링은 그것이 기업도 보호하는 것이라고 대법원을 설득하였다. …… 1868년(수정헌법 채택 연도)과 1912년 사이 사법부는 아프리카계 흑인의 권리를 주장하는 28건의 판결을 하였는데 거의 모두 패소 건이었다. 기업의 권리에 대해서는 312건을 판결하였는데 최저임금과 아동노동법을 성공적으로 쟁취하였다.[39]

달리 말하면 미국 대법원이 기업은 법률적으로 실제 사람과 유사하며, 그와 같이 헌법적으로 보장된 유사한 권리를 향유한다는 주장에 동의해 왔다.[40] 기업 변호사들은 개인이 "적절한 과정"에 대한 헌법적 권리를 가진다는 판례를 빌어서 법인으로서 기업이 동일한 권리를 가진다는 판례법을 수십 년 동안 주장해 왔다. 다른 사람으로부터 개인의 소유권을 보호하기 위해 통과된 제14차 수정헌법에 기업의 이러한 법률적 지위가 근거하고 있다는 사실이 기업이 독립적 법적 실체라는 생각을 강화시켜 준다.

인간성은 또한 소유권의 개념과 배치된다. 사람끼리 소유를 금지한 14차 수정헌법이 정의한 대로 만약 기업이 인간이라면 기업은 누구에게도 소유될 수 없다. 이코노미스트가 말했듯이 "주주가치 모형은 실무적 문제뿐 아니라 개념적 문제를 갖고 있다. 그 옹호론자들은 기업이 사실은 자신을 스스로 소유하고 있는 '법인 기업'임에도 불구하고 주주에 의해 소유된다"고 주장한다.[41]

비즈니스 판단 규칙

기업이 사람인데 사람은 다른 사람에게 소유당할 수 없다는 법률적 현실 외에도 주주지상주의 사고는 실행하기 지극히 어렵다. 그 이유 중 하나는 주주 간에도 이해관계와 요구가 통일되어 있지 않기 때문이다. 그 결과 주주우선주의라는 개념을 지지하는 사람들조차 "주주 부의 극대화가 말로는 널리 수용되고 있지만 정책 실행으로서는 흔히 무시되고 있다"[42]고 말한다. 달리 말하면, 비록 그것이 이상적이긴 하지만 "주주 부 극대화 규칙은 실무에서 사실상 강화하기 불가능하기 때문"[43]이다. 그 직접적인 결과로 미국 기업법 하에서 법정은 사기, 자금의 유용 또는 어떤 다른 불법 행위의 명백한 증거가 있지 않는 한 기업의 경영 의사결정에 관여하기를 꺼린다. "적합하다고 판단하는 대로 기업을 운영하는 폭넓은 대안을" 갖는 이사회가 기업을 경영한다는 법률의 입장은 명백하다.[44]

> 회사의 이사들이 업무 관리의 자유를 가져야 한다는 원칙은 최소한 1880년 뉴햄프셔 대법원 판결까지 거슬러 올라간다. Charlestown Boot & Shoe Co. vs. Dunsmore 소송에서 화재로 무너진 시설에 대해 보험을 들지 않은 것을 포함하여 경영자의 의사결정에 대해 사후비판을 할 수 없다는 판결을 이사들이 받아냈다. 많은 대기업들이 본사를 두고 있는 델라웨어를 포함하여 많은 주들에서 그 원칙이 채택되었다.[45]

이러한 비즈니스 판단 규칙은 이사회와 고위 임원진을 기업의 "통제 의지와 마음"이라 부르는 영국에서의 관습법과 유사하다. 이러한 판결은 1957년 데닝(Lord Denning)에 의한 상소법원의 결정이 기업의 손과 두뇌를 구분한 판례로 거슬러 올라간다.[46] 그러나 영국법에서 그 방향은 명백하다. 즉, 보다 높은 권한을 가지는 것은 이사회이다.

> 1844년 이후 계속해서 영국 회사법이 기업의 장기적 생존가능성에 초점을 두는 것으로 이사의 법적 의무를 특정하였으나, 동시에 종업원, 지역사회 및 환경과 같은 다른 이해관계자의 이익을 고려할 의무도 포함하였다.[47]

위에서 말한 바와 같이 이론적으로 주주는 기업의 미래 이익에 대한 청구권을 갖고 있다.[48] 실제로는 기업이 원하지 않으면 배당 지급이나 주식 재매수를 요구할 권리가 없으므로 그 청구권은 미약하다.[49] 심지어 닷지(Dodge) 형제가 포드(Henry Ford)에게 배당 형태로 주주에게 더 많은 이익을 요구하기 위해 제기한 소송으로 생겨난 가장 유명한 기업법 판례에서도[50] 미시간의 대법원은 개입을 꺼렸다.

> 때때로 먼 미래를 위해서, 예상된 경쟁에 대비해서 그리고 즉각적으로 이익을 창조하는 사업뿐만 아니라 지속적인 사업을 위해서 계획이 수립되어야 한다는 것이 일반적 인식이다. …… 우리는 이사들의 동기가 비즈니스 행동에 반영되는 만큼 주주들의 이익을 위협한다는 사실에 불만을 갖고 있다.[51]

본질적으로 유한책임이 매우 중요한 이유가(기업으로 하여금 다수의 원천으로부터 자본을 조달할 수 있도록 해주면서 투자자들의 위험을 제한해주기 때문에) 동시에 주주가 소유권 측면에서 법률적으로 왜 중요한지를 설명해준다.[52]

기업은 법률시스템에 의해 존재하는 법률적 실체이며, 그 법률적 실체는 보편적으로 상호작용하는 이사, 임원, 주주 또는 다른 사람과는 별도로 독립적으로 존재하는 "법인"으로 취급된다 …… 주주는 기업을 소유하지 않는다. 그리고 그들은 기업의 자산도 소유하지 않는다.[53]

파이낸셜타임즈의 케이(John Kay)가 "주주들은 자신이 기업을 소유한다고 생각한다－그것은 잘못된 것이다"라는 제목의 칼럼에서 말했듯이 영국에서는 이사에게 명백한 의무가 있다.

구성원들의 이익을 위해 기업의 성공을 추진할 의무가 있다. 기업이 먼저이며, 구성원의 이익은 그 성공에 기반하여 따라온다. 그리고 영국의 주주들은 확실히 소유주가 아니다. 1948년 상소법원이 "주주는 법률의 눈에는 기업 소유권의 일부가 아니다"라고 선언하였다. 2003년에 상원이 그 판결을 분명하게 재확인하였다.[54]

그러나 이러한 판례가 아니더라도 실무 측면에서 주주를 소유주로 생각한다는 것은 납득하기 어렵다.

만약 내가 어떤 물건을 소유하고 있으면 사용할 수도 사용하지 않을 수도 있고 팔거나 빌려줄 수도 있고 다른 사람에게도 줄 수도 있고 버려버릴 수도 있고 도둑이 훔쳐가면 경찰에 신고할 수도 있다. 그리고 그것을 잘못 사용하였을 때 책임을 져야 하며, 채권자들의 유치권 행사도 인정해야 한다. 그러나 주식은 소유자들에게 보유 또는 사용할 권리를 주지 않는다. 주주는 그들이 "소유하는" 비즈니스가 제공하는 서비스에 대해 다른 고객들 보다 더 많은 권리를 갖고 있지도 않다. 기업의 행동은 주주의 책임이 아니며, 기업의 자산은 주주의 채무를 갚기 위해 사용될 수도 없다. 주주는 자신의 이해관계가 걸린

기업을 경영할 권리도 없으며, 심지어 기업을 경영할 사람을 지명할 권리조차 주로 이론적으로만 존재한다. 주주는 이사들이 배당을 선언할 때 이익의 일부에 대한 권리를 가지며, 기업 청산의 경우 잔여 자산을 받을 수 있는 경우를 제외하고는 기업 자산의 매각 대금에 대한 권리도 없다.[55]

따라서 임원과 이사 간의 널리 퍼져 있는 신념이나 신화와는 반대로[56] 주주는 기업을 소유하지 않는다.[57] 그 대신에 그들은 흔히 주식이라 불리는 일종의 증권(법률적 계약)을 소유한다. 이 주식과 관련된 권리는 아주 제한적이다. 사실 주식의 가치는 기업의 미래 성과잠재력에 대한 제3자의 인식에 기반하여 주식시장에서의 거래를 통하여 정해지는 재판매가격에 주로 의존한다. 주주 옹호론자도 인정하는 바와 같이 "오늘날 법률학자와 학계의 사람들 사이에 주주가 기업을 소유하지 않는다는 중대한 합의가 있는 것처럼 보인다."[58]

수탁의무

주주가 기업의 법률적 소유주라는 생각에 대한 이러한 도전과 인식은 점점 더 높아지고 있다. 그러나 아마도 더 중요한 것은 미국이나 다른 지역에서[59] 경영자와 이사들이 주주 이익을 다른 이해관계자 이익보다 우선해야 한다는 수탁책임을 갖고 있다는 생각에 대한 판례가 약하다는 것이다.[60]

일반적인 신념과는 대조적으로 기업의 이사들은 주주들의 이익을 극대화할 법률적 책무를 지지 않는다. 이것은 거의 모든 관할 지역에서 일부 비즈니스 판단 규칙을 허용하고 있는 사실에 반영되어 있는데 그 규칙 하에서는 단기적 주주가치 극대화를 추구하지 않고 정보를 가진 객관적인 이사들이 별개의 실체로서 기업의 장기적 이익이 최선이라 믿는 대로 행동할 재량권을 갖고 있다. 이사들이 장기적 이익 목표를 추구하는 경우에 그것은 보통 법률적 의무의 산물이 아니라 금융시장, 행동주의 주주, 적대적 인수합병 또는 주식 기반 보상계획에 의해 자신들에게 가해진 압력의 산물이다.[61]

위에서 논의한 바와 같이 기업법 내에 기업 운영 의사결정에 관해서 이사에 대한 존중이라는 핵심 개념(비즈니스 판단 규칙)은 영국과 같은 다른 나라에서뿐만 아니라 미국에서 확고하게 자리 잡고 있다.

미국의 법정은 많은 경우 이사가 주주의 대리인이 아니라 기업의 수탁자라고 명백하게 말해 왔다. 더구나 영국의 2006년 기업법 172항은 이사들에게 단순히 주주가 아니라 고객, 공급업체 그리고 지역사회와 같은 이해관계자들에게 자신의 의사결정이 미칠 가능한 결과에 주의를 기울이면서 기업 구성원 전체의 이익을 위해 선량한 관리자 입장에서 생각할 때 장기적 성공을 가장 잘 촉진할 것으로 믿는 대로 행동할 것을 요구하고 있다. 그 법은 심지어 이사회가 다른 이해관계자들의 이익을 주주보다 우선하도록 허용하고 있다.[62]

명확히 하자면, 미국에서 기업의 두뇌는 이사회이다. 예를 들면 미국에서 가장 중요한 기업법의 대부분이 결정되는 델라웨어에서 탁월한 지위에 있는 것은 이사회이다. 델라웨어 일반 기업법의 어디에도 주주가 기업의 소유자라는 말은 없다.[63] 반대로, 그 상법에 기업은 독립적인 실체라고 되어 있다. 이사회는 대리인이 아니라 본인이며, 조직의 최선의 이익을 위해 의사결정해야 할 수탁책임만을 가질 뿐이다.[64]

따라서 이 모든 것이 사실이라면 주주가 기업을 소유하고 임원에게 주주의 이익을 위하여 기업을 운영할 법적 의무가 있다는 생각은 어디서 오는 것인가?

닷지 대 포드

주주이익 우선주의 신념의 법률적 기초는 1919년 미시건 대법원의 판례인 닷

지 대 포드(Dodge vs Ford Motor Co.) 판례에 주로 의존하고 있다.[65]

이 판례에서 포드 주식의 10퍼센트를 소유하고 있는 닷지 형제가 배당을 주주에게 지급하는 대신 보다 저렴한 가격으로 자동차의 잉여이익을 고객들에게 배분하겠다고 한 포드의 의사결정에 소송을 제기하였다. 그 사례에서 닷지 형제가 승소하였으며, 그 결정 자체가 경영자와 이사가 주주의 이익을 위해 기업을 운영해야 한다는 생각을 지지하는 것으로 잘못 이해되어 왔다. 스타우트(Lynn Stout)가 세부보고서에서 설명한 것처럼 일반적인 인식과는 대조적으로 이 판례는 그러한 판례가 아니다.

> 닷지 대 포드 판례는 기업의 목적이 주주의 부 극대화이거나 또는 극대화이어야 한다는 주장을 옹호하기 위해 인용되기에 적절치 않은 판례이다. 닷지 대 포드 판례는 실수이며 기업법과 기업 실무에 무관한 교리상 특이현상이다. 더구나 법정과 법률 입안자 모두 그것을 적절하지 않은 것으로 취급한다. 지난 30년 동안 델라웨어 법정은 닷지 대 포드 판례를 미발표 판결 한 건에서만 인용하였으며, 그것도 기업의 목적이 주제가 아닌 완전히 다른 법률적 문제에 대해서 인용하였다.[66]

보다 구체적으로 스타우트는 판례법을 실증적으로 분석하면서 자신의 해석을 지지할 움직일 수 없는 증거를 제시하고 있다. 그 판례는 미시건 대법원에 의해 결정되었지만 델라웨어(미국 기업법의 대부분의 중요한 논점들이 확립된)에서 기본적으로 무시되었을 뿐만 아니라 그것이 대표하는 법률적 선례는 소액주주(닷지 형제)에 대한 대주주(포드)의 책임에 대한 문제로 이해하는 것이 보다 적절하다.[67] 그 결과 법률적으로 요구되지도 않으며 운영상 필요하지도 않은 경영자 의무에 대한 지지의 근거로 대학과 경영학과에서 "닷지 대 포드 판례를 가르치는 것을 중단해야 한다"고 스타우트는 주장한다.[68]

닷지 대 포드 판례가 의미 있는 법률적 선례라 주장하는 대부분의 사람들도[69]

그러한 관계가 법률적으로 정의되어 있어서 수탁책임을 강제화한다는 주장은 지지받지 못한다는 것을 인식하고 있다.[70] 기업이 공개적으로 밝힌 목표에 기초하여 의사결정을 한 투자자들이 손해를 본 경우, 비록 그것이 나중에 거짓으로 판명된다 하더라도 주주보다 이사들의 손을 들어준 판례도 심지어 존재한다.[71] 능력부족이나 정직한 실수는 기업 운영에 개입하기 꺼리는 법원의 판결을 뒤집기에 충분하지 못하다. 이사들이 부정직하거나 속이려는 의도를 갖고 행동했다고 입증하지 못하는 한, 아무리 서투른 의사결정이라도 기업은 그 결정에 기초하여 성장 또는 쇠퇴하도록 허용된다. 기업법 학자들이 수십 년 동안 이 이슈를 연구하고 논의하여 왔지만 경영대학에서는 잘 알려져 있지 않다. 이것은 중요한 일이며 변화되어야 한다.

> 이상하게도 이전의 어떠한 경영학 연구도 법률적 문헌이 주주의 기업 통제에 대해서 어떻게 말하고 있는지 연구하지 않았다. 그래서 우리는 한 세기 동안의 법률 이론과 판례를 체계적으로 분석하였다. 법률은 놀라울 정도로 명백한 답을 제공하고 있었다. 주주들은 자율적 법인격인 기업을 소유하지 않는다. 더구나 이사들이 주주가 바라는 바와 반대로 가는 경우 — 심지어 가치 손실이 문서화된 경우에도 — 법원은 거의 대부분의 경우 이사들 편이었다. 주주들은 이것을 받아들이는 것으로 보인다. 주주가 지난 20년 동안 대기업에서 소송을 통하여 이사들을 해임하려 한 경우는 24번에 불과하다. 그중 성공한 것은 8번에 불과하다. 간단히 말해서 이사들은 상당히 자율적이다.[72]

따라서 간단히 말해서 주주가 기업을 소유하지 않는다는 것은 현존하는 법률 및 판례와 함께 기업에 관한 역사 속에서도 강하게 제시되고 있다. 실제로 유한책임이 본질인 기업을 소유하는 사람은 없으며, 경영자와 이사의 유일한 수탁책임은 조직의 최선의 이익을 위해 의사결정하는 것이다. 철학적으로 기업은 복수 당사자의 행동과 이해관계를 위한 집합적 노력이며 모든 관련 당사자들이 가치 창조 과정에 이해관계를 가진다. 주주는 많은 이해관계자 중 하나에 불과하다. 이러한 현실을 강화하기 위해 경영자가 택할 수 있는 중요한 조치는 단기성과를 위한 압력에 저항하고 대신에 모든 이해관계자의 중장기 이익을 위한 의사결정을 하는 것이다.

주주 대 이해관계자

따라서 일반적인 신화와는 반대로 주주들은 기업을 소유하지 않으며, 이사는 주주이익을 우선으로 행동할 수탁책임을 지지 않는다. 이것은 미국 기업법에 대한 설명이면서 동시에 이상적 실무에 대한 규범적 설명이다. 주주 이익에 편중한 기업 운영의 결과가 반생산적이라는 것을 대기업의 CEO가 점점 더 인식하고 있다.

주주에 대한 CEO의 견해

"분기 이익 가이던스를 줄이거나 심지어 없애는 것이 그 자체로 현재 경영자가 겪고 있는 모든 단기 성과 압력을 제거하지는 않겠지만 옳은 방향으로의 첫 걸음은 될 것이다."[73]

제이미 디먼(JP모건체이스), 워런 버핏(버크셔 해서웨이)

"만약 나에게 순전히 투자수익률을 위해서만 일하기 원한다면 당신은 우리 주식을 팔아야 한다."[74]

팀 쿡(애플)

"유니레버는 100년 이상 존속해 왔다. 우리는 수백 년 더 지속하기를 원한다. 따라서 당신이 공평하고, 이해관계자와 공유하며, 지속가능한 장기 가치 창조 모형을 높이 산다면 와서 우리와 함께 투자를 하라. 그렇지 않다면 나는 당신을 인간으로서 존경하지만, 당신의 돈을 우리 회사에 투자하지는 말라."[75]

폴 폴만(유니레버)

"표면적으로 주주가치는 세상에서 가장 어리석은 생각이다. 당신에게 주요 구성요소는 종업원, 고객 그리고 제품이다."[76]

잭 웰치(GE)

본서에서는 주주지상주의에 대신해서 넓게 정의된 사회의 요구를 충족시키는 것이 기업을 움직이게 하는 목적이라는 이해로부터 수익이 발생한다고 주장한다. 이러한 주장의 중심에는 기업이 주주의 단기이익에 편파적으로 초점을 맞추는 최근의 추세를 피하고 모든 이해관계자들을 위해 중장기적인 가치 창조를 위해 노력해야 한다는 사고가 자리 잡고 있다. 그러한 협소한 초점은 때때로 심지어 조직에 혜택을 주지 않는 방법으로 다수(모든 사람)[77]에 우선하여 소수(주주)의 이익에 특권을 주기 때문에 반생산적이다.[78]

단기 결과의 극대화를 위한 주주의 압력은 "낮은 R&D 지출, 유기적 성장보다 인수에 과도한 초점을 두는 것, 장기 프로젝트에 대한 저투자 그리고 장기보다는 단기 성과를 보상하는 임원 보수 구조의 채택을 포함한"[79] 다양한 방법으로 기업 내부에서 표현된다. 주주의 최선의 이익을 위한 기업 운영의 반생산적 효과는 최근에 미국에서 일어나는 자기주식 매입과 배당의 급증에서 명백히 볼 수 있는데 그것은 보다 전략적인 장기투자를 몰아낸다.[80]

> 금융 회사를 제외하고 S&P500 기업이 창출하는 현금흐름 1달러 중 44센트는 투자되고 나머지 56센트는 자사주 매입과 배당에 사용된다.[81]

그러한 의사결정이 "임원들은 회사의 장기적 건전성보다 단기 주가 성과에 더 관심이 있다는 느낌"을 준다.[82]

> 1970년대 영국에서 100파운드 이익 중 10파운드가 배당으로 지급되었다. 오늘날 100파운드 중 70파운드가 배당으로 지급된다.[83]

그 전반적인 효과는 기업의 모든 의사결정에 왜곡을 가져온다는 것이다— 예를 들어 장기투자를 하면 보다 즉각적인 우선순위인 단기이익 달성 기회가 감소하는데 왜 장기투자를 할 것인가? R&D나 법규준수에 대한 투자의 삭감은 이익 증가라는 바람직한 효과를 가져오고 심지어 주가를 높일 수도 있다. 이러한 즉각적 회계 이익이 단기적 전망을 가진 투자자들을 기쁘게 만들겠지만 그러한 행동들은 기업의 중장기 운영을 제한하고 위험을 증가시킨다.

보다 지속가능한 비즈니스 모형에 기반한 경영에서 가장 중요한 것은 보다 넓은 이해관계자 관점을 채택하는 것이다(II부 참조). CEO 관점과의 차이는 기업 목표를 단기성과 극대화(S&P500 기업 CEO의 평균 재직 기간은 약 5년이다)[84]에 둘 것인가 아니면 가시적인 예측가능한 미래(지금으로부터 10, 15, 20년 또는 그 이상)를 위해 조직을 보존할 것인가에 집중된다. 골드만삭스(Goldman Sachs)의 전 고위 파트너인 레비(Gus Levy)가 "장기 탐욕"[85]이라고 규정한 바와 같이 단기이익보다 장기가치에 우선순위를 두고자 하는 의지에 초점이 맞춰져야 한다.

이것을 달성하기 위해 중요한 단계는 임원 보수와 장기성과 동인(종업원 복지 또는 지속가능성 관련 성과측정치)을 보다 일치시킬 수 있는 정책을 채택하는 것이다.[86] 추가로 기업은 주주들에게 분기 이익 보고서 발행을 거부함으로써 단기 결과에 대한 강조를 줄일 수 있으며("기업들의 4분의 3 이상이 여전히 그러한 [이익] 지침서를 발행하고 있다")[87], 그 대신 (블랙록의 래리 핑크가 제안한 바와 같이) "주주들에게 자세한 장기 경영계획을 제시해야 한다."[88] 특정 정책 해법의 문제를 넘어서서 주주의 이익을 위해 기업을 운영해야 한다는 것이 법률적 강제 사항이라는 생각을 파괴하는 것이 핵심이다. 일단 이것이 달성되면 다른 이해관계자들보다 주주에게 더 혜택을 주는 것에 대한 정당성이 제거된다(그리고 그와 함께 우리 경제 시스템이 단기 초점을 중시하는 이유 중 많은 부분도 없어진다).

이론적으로 소유권 이슈는 기업과 기업법 성격을 적절히 이해하는 데 필요하다. 실무적으로 그것은 기업에서 권리의 배분에 중요한 고려 사항이다. 만약 주주가 소유자라면 그렇지 않은 경우에 비해 권력의 균형이 다른 사람들보다 주주에게 유리하게 강하게 기울어질 것이다—소유권 이슈는 기업법 전체의 모양과 기업의 목적 자체를 형성할 잠재력을 갖고 있기 때문에 극도

로 중요하다.[89]

모든 이해관계자들과 신뢰에 바탕을 둔 건설적인 관계 추구를 위한 노력으로 방향을 전환해야 한다는 것을 이해함으로써 즉각적으로 의사결정 과정의 성격을 변화시킬 수 있다. 예를 들면 만약 CEO가 이해관계자들 간의 상호작용을 일시적 교환(즉, 단기 관점)으로 본다면 그는 협상과정에서 기업의 이익에 우선순위를 둘 것이다. 그러나 만약 모든 이해관계자와의 상호작용을 반복적 거래(즉, 오랫동안 지속되는 관계를 구축하기를 원한다)로 인식한다면 파트너들이 그 교환을 가치 있는 것으로 생각하지 않을 경우 미래에 함께 비즈니스를 하지 않을 것이기 때문에 파트너의 이익에 대해서도 관심을 가질 것이다.[90]

달리 말하면 논의의 핵심적인 초점은 단기 혹은 장기 관점이다. 단기이익 극대화를 위한 시도는 협소하게 주주가치에 초점을 둘 때 겪게 되는 명백한 모든 문제로 이어진다. 그러나 만약 기업이 장기가치 최적화를 추구한다면 그러한 많은 문제들이 해결되며 그 미션의 중심에는 모든 이해관계자들과 의미 있고 장기적으로 지속되는 관계를 구축하는 과정이 자리 잡게 된다. 2009년에 분기이익 지침발표를 중단한 유니레버와 같은 기업은 이것을 이해하고 있으며[91], 운영의 모든 측면에서 장기적 사고를 권장한다.[92] 투자수익률을 구성하는 것이 무엇인지에 대한 우리의 이해를 변경시키고 있는 또 다른 기업이 바로 아마존이다.

> 아마존은 앵글로색슨 자본주의에 "장기"라는 개념을 제자리에 갖다 놓은 것으로 보인다. 월스트리트가 분기 성과와 자기주식 매입에 사로잡혀 있을 때, 아마존은 이익과 새로운 영역에의 투자 중 선택을 해야 하는 상황에서 항상 후자를 선택할 것을 명백히 하였다.[93]

넓은 의미에서 이해관계자의 요구를 충족하기 위해 노력함으로써 기업이 중장기에 걸쳐 가치 창조에 경쟁우위를 가진다는 것이 전략적 CSR의 기본이다. 그러나 그 달성의 중심이 되는 것은 기업과 이해관계자 간 관계의 진정한 법률적 관계를 이해하고 임원과 이사들이 많은 이해관계자들 중 하나에 불과한 주주 이익을 위해 행동할 법률적 의무를 갖고 있다는 잘못된 믿음을 없애는 것이다.[94]

반복하자면, 미국의 기업법은 명확한 입장을 가지고 있다. "기업은 아무에게도 소유되지 않는다." 법의 눈에 기업은 독립된 인격이다. 이것은 노예제도를 폐지하고 (13차와 15차 수정헌법과 결합하여) 개인의 동등한 권리를 부여한 14차 수정헌법에 그 근거를 두고 있다. 간단히 말해서 주주지상주의의 어떠한 주장도 "그 가정에 결함이 있으며 법률적으로 혼란의 결과이며 실무에 손상을 끼친다."[95] 이 입장은 조직 외에는 누구에게도 수탁책임을 지지 않는 이사회가 기업의 본인(principal)이라 말하는 델라웨어 일반 기업법[96]에 의해 지지되고 있다. 또한 그것은 유한책임의 근거이기도 하다. 만약 당신이 내일 회사를 설립하고 당신이 그 회사의 유일한 피고용인이라 하더라도 당신은 그 회사의 소유주가 아니다. 그 회사를 완전히 통제할 수는 있으나 소유하지는 않는다. 그리고 그렇게 하기를 원해서도 안 된다. 그 회사가 자산을 소유하고 소송당사자가 될 수 있는 인격체라는 사실 때문에 당신은 그 회사의 채무를 완전히 책임지지 않아도 된다. 이것이 자본주의 초석이다.

일단 경영자가 이러한 신화적 의무로부터 자유롭게 되면 훨씬 넓은 범위의 이해관계자와 관계를 구축하기 위한 보다 폭넓은(그리고 조직의 건강 측면에서 보다 지속가능한) 접근방법을 택할 수 있다.[97]

전략적 CSR 논쟁

발제 제안 : 회사의 주주는 가장 중요한 이해관계자 집단이다.

토론과 검토를 위한 질문

1. 누가 공개적으로 거래되는 유한책임회사를 소유하는가? 왜 그런가?
2. 유한책임 개념이 왜 도입되었는가? 그것의 주요 장점은 무엇인가? 그것은 단점을 갖고 있는가?
3. 주식을 소유할 때 기업과의 법률적 계약에 수반하는 주요 권리가 무엇인가?
4. 주주가 기업을 소유한다는 믿음이 약화되는 것이 CSR 옹호자들에게 왜 중요한가?
5. 주주가 유한책임회사를 소유하지 않는다는 사고가 만약 널리 인정된다면 이것이 주식시장과 사회에 어떤 결과를 갖고 오게 될 것이라고 생각하는가? 이것이 좋은 일인가? 또는 나쁜 일인가?

[III]

사례연구

미디어

미디어 복합대기업과 TV가 우리 생활 모든 측면에 확산됨에 따라 우리가 뉴스와 정보를 소비하는 방법이 근본적으로 바뀌고 있다. 단순히 말해서, 미디어는 "모든 곳에 있으며 항상 존재한다."[1] 언론의 편재성(ubiquity)이 영향을 미쳐 뉴스 보도와 뉴스 제작 간의 구분을 끊임없이 모호하게 만들고 있다.

> 정치의 원재료로 사용되는 공공의 의견은 단순히 시스템에 의해서 만들어진 메시지를 반영하는데 지나지 않게 되었으며, 그 메시지를 생산하는 사람들이 사실 자신들이 창조한 것에 충실히 따른다고 주장하지만 우리에게 확신을 주지는 못한다 …… 우리는 대의 민주주의를 포기하고 여론이 주도하는 민주주의로 향해 나아가고 있다.[2]

오늘날 "약 93%의 미국인이 온라인으로 뉴스를 보게 됨에 따라서"[3] 인터넷이 이러한 추세를 확대시킨다. 그에 따라 정보가 우리에게 도달하는 시간이 감소되고 그 영향력이 확대되고 있으며, 전통적 미디어(신문 그리고 특히 TV)[4]가 위협을 받고 있다. 그 결과 우리의 삶은 놀라운 속도로 빨라진다. 주목할 만한 사건이 발생하면 우리는 거의 즉시 알게 된다. 2009년 1월 15일 뉴욕 허드슨강에 US 항공 비행기가 비상 착륙했을 때 승객을 구조하러 갔던 배 위의 승객이 스마트폰으로 사진을 찍어 즉시 트위터(http://twitpic.com/135xa)에 올리면서 "허드슨강에 비행기가 있다. 나는 배 위에서 사람들을 구하러 가고 있다. 이건 말도 안돼"[5]라고 말했다. 마찬가지로, 2017년 4월 9일 시카고에서 유나이티드 항공이 발로 차여 피흘리고 있는 승객을 UA3411편에서 끌어낸 장면을 다른 승객들이 찍은 비디오 영상이 빠르게 확산되었다(https://youtu.be/VrDWY6C1178). 그 얘기를 터뜨린 채널이 시청률을 높이는 경향이 있기 때문에 미디어는 그러한 일에 영향을 받는다. 그리고 오늘날 나쁜 뉴스가 특종이 되고 미디어에게는 좋은 뉴스이며 동시에 흥행이 되는 뉴스이다.

> 이러한 속도에 대한 집착이 문제를 일으킨다. 우리는 경고와 함께 소문을 퍼트리지만 실수를 한다 …… 우리는 복잡한 세계에 살고 있다. 미디어는 할 말이 많지만 그 말을 할 충분한 시간이 없다. 또한 미디어는 시청자를 확보해야 하기 때문에 선정적이며 단순한 뉴스를 생산한다. 스탈린이 말하기를 모든 죽음은 비극이지만 백만 명의 죽음은 단순한 통계에 불과하다. 그것이 각기 다른 동기에 의해 움직이겠지만 미디어가 운영되는 방법이다.[6]

뉴스는 갈수록 빠르게 확산될 뿐만 아니라 각기 다른 맥락에서 다르게 해석된다. 전 세계에서 일어나는 활동은 그 뉴스가 발생한 지역이 아니라 그 뉴스에 집중적 관심을 가진 지역의 기준에 의해 관찰되고 판단된다. 예를 들면 알 자지라는 중동에서 미국의 행동을 보고할 때 “지구상 가장 알려지지 않은 지역에서 목소리를 내지 못하는 사람들을 위한 목소리를 대변한다”[7]고 주장하면서 아랍의 시청자들에게 뉴스를 전달한다. 오바마가 대통령이 된 후 외국 미디어로는 처음으로 알 자지라 영어 채널과 인터뷰를 했음에도 불구하고[8] 미국은 바그다드나 레바논의 거리나 카페에서 미국과 그 해외 정책이 묘사되고 해석되는 방법을 통제할 방법이 거의 없다. 알 자지라 아랍방송은 자신이 “100개국 이상에서 3억 천만 이상의 가구에”[9] “포괄적 뉴스와 생방송 토론을 제공하는 아랍 세계 최초의 독립적 뉴스 채널”이라고 주장한다.

오늘날 글로벌 미디어 거대복합기업의 중요성이 증가함에 따라 비즈니스 환경의 핵심 자원으로 정보가 생산되고 있으며, 우리 생활에서 소셜 미디어가 부상함에 따라 심지어 기업이 인식하기 전에 개인이나 집단이 문제가 되는 메시지를 만들고 전 세계 시청자들에게 확산하는 것이 상대적으로 쉬워졌다. 간단히 말해서 정보는 디지털 세계의 화폐이며 제품(미디어)이고, 동시에 비즈니스 모델(소셜미디어)이자 무기(행동주의자 캠페인)이다. 브랜드 가치의 성장과 함께 사회적으로 수용되기 어려운 기업의 행동이 쉽게 대중의 반발에 노출됨에 따라 CSR 논쟁에서 미디어의 역할에 대한 질문이 중요해진다.

> 성경의 예언은 하느님 백성들의 도덕적 양심이었다. 오늘날 비종교적 의미에서 언론인들은 보다 넓은 문화의 도덕적 양심이다. 우리는 양심이 무너진 세계에 살고 있으며, 물질적 부족은 없다.[10]

미디어는 기업에 얼마만큼 책임을 묻는가? 그리고 보다 더 적절하게 표현하면, 미디어 자신이 뉴스와 우리의 일상적 상호작용을 형성하는 글로벌 기업이 되는 경우 어떤 사회적 책임을 가지게 되는가?

CNN

미디어는 민주 사회의 핵심이다. 그것은 대중에게 정보를 제공하고 권력자들로 하여금 책임을 지게 만드는 역할을 한다. 따라서 정보가 넘쳐나고 페이지당 광고수입이 부과되는 시대에 어떤 정보를 제공하고 그것을 어떻게 제시할 것인가가 미디어 산업에게 진정성의 핵심이 된다. 사람들의 주의를 사로잡기 위해 요약된 뉴스를 내보내고 싶은 유혹이 흥미 위주로 시청자를 계속 주목하게 만들 필요를 만들어낸다. 오늘날 세계의 뉴스는 날씨, 스포츠 그리고 개인적인 금융 정보 사이에 짧게 전달된다. 기업의 어려움이 다른 사람에게 흥미로운 토막 뉴스가 되는 상황에서 24시간 뉴스 매체는 관음증과 리얼리티 TV로 이루어져 있다.

> 기업은 자신이 다른 나라에서 저지른 나쁜 행위가 그 지역 캠페인 행동주의자들에 의해 포착되고 본국의 고객들에게 저녁 TV 뉴스로 방송되는 CNN 세상에 살고 있는 어려운 상황을 깨닫게 되었다.[11]

1980년에 출범한 CNN은 전 세계와 북미에서 특히 1차 걸프전 동안 가정의 거실에서 영향력 있는 채널이 되었다. 24시간 케이블 뉴스채널로서 기꺼이 새로운 한계에 도전하려는 그 방송국의 의지가 최전선의 기자들로 하여금 치열한 경쟁자들이 안전한 곳으로 대피한 후에도 뉴스 보도를 수행할 수 있게 만들었다.

> CNN은 바그다드 내부에서 TV 중계를 한 유일한 방송이었던 1991년 걸프전 이전에는 실패한 벤처 기업이었다. 그 독점 방송이 가능했던 것은 다른 모든 방송사가 특파원의 생명을 보호하기 위해 철수시켰기 때문이었다. 당시 CNN의 대표 톰 존슨도 그렇게 하기를 원했지만 테드 터너가 "사망자 모두에 대해서 내가 책임지겠다. 만약 당신들의 양심에 문제가 된다면 당신은 빠져도 좋다."[12]라고 말했다.

일반 대중에게 정보를 제공함에 있어 CNN 테스트는 오늘날 전시에 군사 폭격 대상의 선정에서 미국 정부의 합법적 고려 사항이 되었다. 그것은 폭격 대상이 민간인이거나 또는 도시지역에 위치해 있을 때 특히 그러하다. 오늘날 사회의 모든 측면에서 빠르게 발전하는 기술 덕분에 훨씬 짧은 기간에 많은 일들이 이루어진다. 전쟁에서 야전사령관이 보고받는 정보가 기하급수적으로 증가함에 따라 그들이 무엇을 할지 결정해야 하는 속도는 물론 잘못된 결정을 승인하는 빈도도 급격히 증가하였다. 나폴레옹이 "네 개의 적대적 신문이 만 개의 총검보다 더 두려운 존재다"[13]라고 불평하였듯이 오늘날 잘못된 의사결정이 내려졌을 때 그것을 세상에 알리는 것이 CNN이다.[14]

CNN 테스트

CNN 테스트는 군대 지휘관이 현대전에서 잠재적 폭격대상을 선택할 때 사용하는 평가 수단이다.

> 군대지휘관들은 오랫동안 법률자문을 받아 왔다. 그러나 무엇보다도 변호사들은 전략, 목표 그리고 심지어 사용할 무기를 선정하는 팀에 소속되어 있다 …… 그리고 법률적 이슈가 유일한 고려 요소는 아니다 …… 그 목표가 모든 선량한 생명을 희생시키고 대중의 불가피한 격렬한 항의를 감당할 만큼 가치 있는 일인가?[15]

대중의 의견은 결국 재선을 원하는 정치가에 의해서 결정되는 국가 외교정책에 큰 영향을 미치며, 대중의 의견 형성에 중심 역할을 하는 것이 미디어이다. 사람들은 자신들이 읽는 글보다 보는 그림에 더 강하게 반응을 보인다. 글을 읽을 때는 내용을 이해하기 위해 상상력과 노력이 필요하지만 그림의 경우(TV와 점점 확대되는 온라인 동영상) 상상력과 노력이 없어도 편하게 떠먹여준다. 그리고 그림이 사람들의 관심을 사로잡으면 대중의 양심에 각인될 때까지 순환적으로 반복된다. 베트남전으로부터 베를린 장벽의 붕괴에 이르기까지, 뉴욕 세계무역센터의 붕괴로부터 후쿠시마 쓰나미에 이르기까지, 아랍의 봄으로부터 IS의 부상과 세 살짜리 시리아 어린이 난민의 익사에 이르기까지[16] 모든 사진과 비디오 영상이 스토리를 개인화하고 감정을 불어넣으며, 복잡한 현실을 단순화한다. 그 결과는 24시간 과도한 정보와 "열정적 피로"[17]의 뉴스사이클이다. 뉴스미디어가 전달하는 스토리는 항상 완전하거나 정확하지는 않지만 "보급과 소비의 편의성을 위해 포장된"[18] 엔터테인먼트로 더 간주될 수 있다.

CNN이 최초의 24시간 글로벌 네트워크이었을지 모르나 오늘날에는 여러 개 뉴스채널 중 하나에 불과하다. BBC 월드부터 알 자지라와 폭스 뉴스에 이르기까지 케이블 뉴스채널이 우리가 TV를 보고 세상에 대한 지식을 받아들이는 방법을 재편해 왔다. 그러나 이러한 미디어 회사들의 성공은 그들이 어떤 사건을 보도하는가에 달려 있다. 따라서 CNN이 1차 이라크 전쟁 동안 최고로 급부상한 것과 마찬가지로 금융위기가 또 다른 케이블 방송인 CNBC의 정체를 널리 알리게 해 준 것이 놀라운 일이 아니다.[19]

> CNBC는 동영상 전쟁을 벌이고 있다 …… 그 방송사의 국내 청취자들은 신용시장에 소요가 시작됨에 따라 2007년 8월 급증하기 시작하였다. 그들은 2008년 3월 베어스턴스가 JP모건에 매각되었을 때 절정을 맞았다 ……. 다른 투자은행이 망해가던 시점인 그해 봄, CNBC는 최고점을 치고 나서 뉴스 네트워크로서 최고의 등급을 기록하였다.[20]

금융위기 여파로 CNBC로 몰렸던 청취자들 덕분에 그 모회사인 NBC가 당시 미국의 네크워크 뉴스 등급을 압도하였으며,[21] “두 자리 수의 영업이익 성장”을 성취하였다.[22] CNBC의 전문성이 사회에 적합하다는 점이 부각되어서 그 언론은 갑자기 성공할 수 있었다 …… “그것은 항상 실시간으로 만들어지는 뉴스였다.”[23] 그러나 그러한 성공은 현대 민주 사회에서 양날의 검으로 저널리스트의 의미에 도전을 제기한다. 금융위기는 확실히 현실적이고 위대한 TV를 만들어주었지만, 얼마만큼 미디어가 금융 부문을 효과적으로 감시하는 데 실패했기 때문에 위기가 발생하였다고 말할 수 있는가? 더 나쁜 것은, 미디어가 언론의 독립을 유지하기보다 기득권층의 일부가 되려고 노력한 죄가 어느 정도인가? CSR 맥락에서 언론인이 대형 사회적 기관들로 하여금 자신의 행동에 책임을 지게 만들고, 그 때문에 얼마만큼 권력기관을 친구가 아니라 적으로 만들고 있는가?

> 여기서 문제점은 특정 개인보다는 사람들의 태도인데, 특히 홍행 지향적 매체인 TV에 있어서 일부 사람들로 하여금 엔터테인먼트, 훌륭한 저널리즘 및 건전한 분석 사이에 구분을 애매하게 만드는 미디어 문화가 문제이다 …… 누구나 다 돈을 버는 상황에서 아무도 나쁜 뉴스를 듣고 싶어 하지 않았다.[24]

비편파적이고 정확한 저널리즘으로부터 벗어나서 편파적 옹호론으로 옮겨가는 만큼 우리는 민주 사회에 중심이 되는 무엇인가를 잃게 된다. 독립적이고 객관적인 미디어는 상대적으로 잃어버리기 쉽지만 한 번 잃고 나면 대체하기 매우 어렵다. "정보를 가진 유권자에 대한 가장 큰 위협은 소위 가짜 뉴스가 아니라 아마도 신뢰 있는 행동을 해야 할 미디어 조직이 자신들의 정치적 견해를 사실인 것처럼 제시하는 일일 것이다."[25] 미디어만이 "역사적으로 첫 번째 잘못된 원고"를 쓸 능력을 가지고 있다는 것은 불가피한 일이다.[26] 그래도 그 첫 번째 원고가 핵심적 기록이다.[27] 우리가 의심한 대로 미디어가 "시청자들에게 보여줄 프로그램을 갖고 있지 않다면, 즉 광고주들을 위해 청취자에게 제공할 프로그램을 만들 목적으로만 존재한다"면 사회는 더 빈곤해질 것이며, 권력자들은 면책특권을 가지고 지위를 남용할 수 있을 것이다. 그러나 미디어는 권력자들에게 책임을 묻기 위해서 사회의 지지를 필요로 한다. 불행하게도 갈수록 더 많은 시청자들이 엄격한 사실보다는 편파적인 견해를 원한다. 그 결과 뉴스는 갈수록 CNN[28]과 같은 채널을 위협하는 편파적 메시지(최소한 객관적이라고 주장하는)로 포장되며, 그로 인해 "크리스마스의 전쟁"과 같은 어젠다를 가진 채널이 고무되는 결과가 발생한다.

> 폭스 뉴스나 미국가족협회와 같은 동맹들은 크리스마스에 점포와 쇼핑몰에 보다 더 초점을 맞추도록 강조한다. 10년 이상 폭스 뉴스 호스트는 어떤 점포가 "크리스마스 정신"에 더 맞는지에 관한 정보를 계속 제공해 왔으며, 미국 전역에서 200개에 가까운 라디오 방송국을 운영하고 있는 미국가족협회는 "산타클로스 선물"에 적합한 소매업자 리스트를 유지하고 있다.[29]

미디어가 "공정성 원칙"[30]을 버린 것이 나타내는 바는 진실과 사실이 현실을 반영한 것이라기보다 정치적 어젠다에 맞게 짜여진 주관적 의견 불일치라는 것이다. 점점 더 거짓 뉴스와 진실된 뉴스의 차이가 시청자들의 눈에 좌우된다. 우리가 서로 상호 연결될수록 그리고 이미지가 보다 자유롭게 공유됨에 따라 통제할 능력이 상실되며, 그것을 회복할 수 없을지 모른다. 인터넷의 중심에는 무정부주의가 자리 잡고 있다. 그러나 뉴스와 오락의 구분이 애매해지면서 우리가 세계에서 일어나는 일을 이해하고 뉴스를 소화하는 방법이 왜곡되고 있다. 예를 들면 미국에서 "뉴스와 다큐멘터리 대신에 '오늘의 쇼'와 같은 프로그램이 젊은 세대가 현재 일어나고 있는 일에 관해서 지식을 얻는 중요한 방법이 되고 있다."[31]

뉴스를 구성하는 것이 무엇인가에 관한 정의가 넓어짐에 따라 그 뉴스의 가능한 원천의 범위도 넓어진다. 오늘날 페이스북은 온라인 소셜 미디어 계정을 가진 모든 사람들에게 뉴스의 주요 원천이 되기 위해 경쟁하고 있다. 트위터가 트윗을 통해 뉴스를 형성하며 유튜브는 사건이 일어나는 대로 그것을 기록하고 있다. 구글은 그 모든 사건의 결과에 접근할 수 있게 해주며 페이스북은 사회 전반에 걸친 이해와 행위에 중대한 영향력을 미치는 매체로 부상하였다. 페이스북은 자체적으로 뉴스를 만들고 있다. 그리고 또한 다른 원천(다양한 합법성을 가진)에서 받은 뉴스의 메뉴를 제공한다. 페이지뷰와 클릭 링크를 생성시켜 그것을 통해 세부적인 데이터세트를 만들어 광고주에게 판매하는 비즈니스 모델이 대두됨에 따라 사용자가 생성한 콘텐츠는 전 세계에게 사무실을 가지는 것만큼 중요한 일이 되었다. 21세기 미디어 권력은 소셜 미디어 기업이다. 독자와 시청자들을 향한 전쟁은 점점 더 온라인상에서 일어나고 있으며 페이스북이 그 전쟁의 승자가 되고 있다.

페이스북

페이스북은 어디에나 존재한다. 페이스북 덕분에 소셜 미디어는 현재 우리 삶에 없어서는 안 되는 존재가 되었다. 15억 명의 적극적인 사용자들과 22억 5천만 개의 계정(그리고 점점 증가하고 있음)과 함께 페이스북이 우리 일상생활에 미치는 영향력은 아무리 과대평가해도 지나치지 않는다.

> 마크 저커버그가 2004년에 하버드대학 기숙사에서 페이스북을 만들었을 때 아무도 그것이 압제 정권, 즉 글로벌 대화 기준의 결정권자 또는 해외 선전원의 검열 수단이 될 것이라고 상상한 사람은 아무도 없었다. 그러나 글로벌 교류의 광장으로 성장해 감에 따라 페이스북은 자신의 영향력에 적응할 수밖에 없었다 ……. [그 자신의 웹사이트를 감시하기 위한 노력으로] 페이스북은 매일 커뮤니티 기준을 위반한 100만 명 이상의 사용자 계정을 폐쇄하고 있다. 비록 적극적 사용자의 1% 정도가 잘못 행동을 한다 하더라도 이는 펜실베니아 인구에 해당하는 1,300만 명의 규정 위반자들이 있다는 것을 의미한다.[32]

페이스북이 성장함에 따라 창립자들은 무료 서비스를 제공하면서 어떻게 비즈니스 모델을 현금화할 것인지의 중대한 도전에 직면하였다. 그 해결책은 기업의 특성을 다시 생각하는 것이었는데 페이스북이 부가하는 가치(비즈니스 관점에서)는 우리가 선호하는 캣 비디오(cat video)를 올릴 수 있는 플랫폼을 제공하는 것이 아니라 우리가 로그인할 때마다 기업이 수집하는 데이터에 있다. 달리 말하면, 페이스북의 고객은 소셜 미디어 계정을 사용하는 사람들이 아니라 페이스북이 수집한 소비자 데이터를 구매하는 광고주들이다. 보다 노골적으로 말해서 "소비자가 제품이다."[33] 그리고 페이스북은 구글과 함께(그리고 점점 더 아마존과 함께) "1,110억 달러 시장"의 21%를 점유하면서 미국의 온라인 광고시장을 통제할 만큼(구글은 37%를 차지하고 있다) 그 제품을 놀랄 정도로 성공적으로 마케팅해 왔다.[34]

압도적 시장점유율

우리 생활에서 기술 거대기업의 압도적 지위는 그 기업들의 전문 분야에서 글로벌 시장 점유율을 보면 알 수 있다.

소셜 미디어 : 페이스북(66%)

검색 : 구글(91%)
온라인 소매 : 아마존(37%)
스마트폰 웹트래픽 : 애플(45%)[35]

이러한 비즈니스 모델의 구성은 천재적이지만 거짓 뉴스, 러시아 관여, 데이터 위반과 프라이버시 문제, 온라인에 지나친 시간을 보내는 문제 등의 해악과 같은 문제를 야기시키며, 현재 페이스북이 사용자들을 속였다는 사실이 사회에 알려져 "기술기업에 대한 반발(techlash)"에 직면하고 있다.[36] 이러한 사실의 폭로가 점점 증가함에 따라 페이스북이 성장을 멈출 정도는 아닐지 몰라도 그 평판이 손상을 받고 있다.

> 소셜 네크워크의 문제 중 그 지배력만을 강조하는 것은 이상한 일이다 … … 페이스북은 미국 시장에서 여전히 다섯 번째로 가치가 높은 기업으로 버크셔 해서웨이보다 앞서며, 그러한 손실을 경험한 다른 기업이라면 겪을지 모르는 심각한 CEO 사임 요구가 거의 없다 …… . 페이스북을 연구하는 거의 모든 사람들은 예측 가능한 미래에 문화와 광고 산업에 대한 지배력 우위를 계속 유지할 것이라고 믿고 있다.[37]

따라서 계속 그렇게 인기와 지배력이 있다면 무엇을 더 걱정할 것인가? 페이스북이 전 세계 공동체를 고무시킬 가치 있는 수단인가 아니면 사악한 "감시경제"의 중심으로서 우리 민주주의를 위협하는 "거대한 환상"이며, "기만적 외관"인가?[38] 페이스북이 직면한 세 가지 핵심 이슈가 있다. 이는 트위터, 중국의 위챗, 또는 러시아의 비콘탁테(VKontakte)와 같은 다른 소셜 미디어 기업도 마찬가지이다.

1. 가짜 뉴스 : 콘텐츠를 방송하는 미디어 플랫폼으로서 소셜미디어의 발행인이 그 콘텐츠와 대중의 신념을 왜곡하는 정도..

2. 중독 : 어떤 도구가 진정한 인적 상호작용과 중대한 교환을 저해하는 물리적 · 정신적 효과의 정도.
3. 프라이버시 : 많은 사람들이 사적이며 개인의 소유라고 믿고 있는 우리 자신과 온라인 활동 정보에 대한 통제 수준.

이 모든 경우에 실질적인 반발의 잠재력이 있다. 페이스북이 우리 온라인 삶의 중심에 남아 있을 능력은 이러한 도전을 관리할 수 있는 정도에 따라 결정된다.

가짜 뉴스

소셜 미디어의 만연과 그 결과는 다른 모든 과학적 발명품의 결과와 마찬가지로 윤리문제를 제기한다. 이러한 새로운 경계를 지남에 따라 대두되는 도덕적 딜레마를 어떻게 해결할 것인가? 그 혁신에 과학자들은 어느 정도 책임을 지고 있는가?

> 과학자들은 사회적 결과를 생각하지 않고 진실을 추구할 자유를 누리고 있다. 핵폭탄을 만들어 미국을 붕괴로 이끈 물리학자인 로버트 오펜하이머의 말에 따르면, "당신이 과학자라면 이 세상이 어떻게 움직이는지 알아내는 것은 좋은 일이라고 믿는다." 오펜하이머는 핵폭탄 사용에 대한 정치적 판단은 다른 사람의 몫이라고 말하면서 자신의 노력을 이러한 근거로 정당화하였다.[39]

핵폭탄만큼 강력하지는 않을지 몰라도 21세기 소셜 미디어와 만연한 가짜 뉴스는 사회를 변화시킬 아주 큰 잠재력을 가지고 있다. 많은 의미에서 가짜 뉴스는 새로운 것이 아니며 소문과 가식은 항상 인간 생활의 일부분이었다. 그리고 미디어는 미국, 영국, 호주 그리고 다른 모든 곳에서 독자들의 공포와 불안에 영향을 미치면서 절반의 진실, 창조적 통계 그리고 발명된 신화를 등에 업고 삶을 규정하면서 그 영향을 확대해 왔다. 이런 맥락에서 페이스북과 트위터는 미디어의 최근 반복되는 혐오스러운 단면에 불과하다. 그러나 다른 의미에서는 인터넷 때문에 소셜 미디어의 파장과 영향력이 대폭 증가한 것은 새로운 현상이며, 그것이 장애물들을 무너뜨림으로써 사실 여부가 밝혀지기도 전에 스토리가 전 세계에 퍼져나가는 것을 가능하게 만들었다.

페이스북은 자신이 기사를 만들어 내지 않고 강력한 뉴스 피드로 보급하며, 자신들의 관심과 과거 시청자 선호에 따라 특정 기사에 우선순위를 매긴다.[40] 달리 말하면, 페이스북과 트위터는 이전 오프라인 언론들보다 훨씬 더 큰 잠재적 영향력을 가지고 새로운 시대의 미디어 회사로 부상해 왔다. 인간 관계, 사회적 에티켓, 관심 지속 시간 그리고 24시간 뉴스 사이클뿐만 아니라 국가의 선거에서 그들의 역할은 흥미로울 뿐 아니라 보기에 무서울 정도이다. 이것은 2017년 라스베가스의 대량 총격 사건 이후 특히 분명해졌는데 그 위기가 발생한 후 그 당시 비주류 그룹이 자신들의 정치적 의제를 내세우기 위해 소셜 미디어를 정기적으로 사용하는 현상이 대두되었다.[41]

그 총격 사건 이후에 온라인 구글 검색, 특히 총격범의 이름 검색은 가짜 이야기를 톱 뉴스에 올려놓는 결과를 만들어 내었다. 페이스북도 역시 총격에 관해서 가짜 이야기를 촉진하는 속임수를 피할 수 없었다. 두 경우 모두 그 회사들이 "알고리즘 오류" 탓으로 돌림으로써 오늘날 우리 삶을 지배하는 소프트웨어에 대한 우려를 증가시켰다. 그것은 또한 대혼란을 일으킬 의도를 가진 그룹이 이러한 도구를 빠른 속도로 자신들에게 유리하게 사용할 수 있다는 사실을 강조해주었으며, 소셜 미디어 회사가 우리에게 믿어 달라고 말하지만 사실은 자신들의 사이트를 통제하지 못한다는 것을 보여준다. 더구나 이것은 최근의 현상이 아니라 수년 동안 정확한 정보 제공을 어렵게 만들어 왔다.

> 과거 몇 년 동안 극단주의자, 음모이론가 및 정부지원을 받은 선동가들은 검색에 최적화된 "키워드 폭탄" 및 알고리즘 친화적인 헤드라인 뉴스를 사용

하여 주요 뉴스를 집중적으로 퍼뜨리는 습관을 만들어 왔다. 이러한 조직들은 기술 플랫폼이 정보를 분석하는 방법을 역설계하는 데 능통하며, 페이스북, 트위터 및 구글뿐만 아니라 포챈(4Chan)과 레딧(Reddit)을 포함한 거대한 실시간 증폭 네트워크로부터 혜택을 받는다.[42]

소셜 미디어가 미국에서 2016년 대통령 선거(그리고 영국에서 2016년 브렉시트 투표)에 영향을 미친 정도에 대한 조사의 필요성과 함께[43] 이것은 두 가지 질문을 제기한다. 하나는 소셜 미디어 회사에 대한 것이며, 다른 하나는 보다 넓은 CSR 공동체에 관한 것이다. 첫째, 이들은 어떤 종류의 회사들인가? 만약 그것이 단순히 사람들이 의사소통을 위해 사용하는(미디어 플랫폼) 수단에 불과하다면 자신들이 전달하는 내용이 비즈니스도 아니며, 자신들의 통제 하에 있지 않다고 주장할 수 있다. 그들이 하는 모든 것은 어디서나 가능한 (전화와 마찬가지로) 의사소통을 가능하게 하는 수단일 뿐이다. 그러나 만약 그들이 정규 미디어(미디어 발행인)의 편집 기능을 떠맡고 있는 뉴스 서비스라면 그 내용에 대한 그들의 책임이 달라진다. 더 나은 결과물 생산에 도움이 되는 경우 기꺼이 편집을 하기도 했지만 이제 보다 더 조직적으로 해야 할지 모른다.[44]

둘째, CSR의 핵심 요소는 의사소통에 의해 가능해지는 투명성과 경영 책임이다. 정보의 흐름이 더 자유로울수록 아시아의 노동력 착취 공장이나 나이지리아의 원유 유출에 관한 이야기가 대기업의 이해관계자들에게 더 빨리 전달되어 그들의 행동에 영향을 미칠 수 있다. 이러한 위협이 기업으로 하여금 이해관계자와 신뢰기반 관계를 구축하도록 촉진한다. 그러나 이 모든 일이 진실이 되려면 보급되는 정보가 정확하고 신뢰성을 가져야 한다. 페이스북, 트위터와 구글(다른 어떤 언론보다)은 이제 이것을 이해하고 이에 대응하고 있다는 것이 확실하다.[45] 물론 보다 적극적으로 사회적 책임을 지는 기업들은 애초에 이러한 상황이 발생(매우 끔찍한 결과와 함께)하는 것을 막기 위해 더 많은 일을 했을 것이다. 현재 뉴스 발행인으로서 이러한 기업들을 규제하려 하는 영국 정부(그리고 다른 국가 정부) 내의 토론을 보면 조기에 행동하지 않은 경우 발생할 결과에 대한 폭넓은 시사점을 명백히 알 수 있으며, 그것은 "그들이 내용에 대해 책임을 져야 하며 전통적 뉴스 제공자와 마찬가지로 규제대상이 된다는 것을 의미한다."[46]

기술, 특히 비디오 기술이 점점 발전함에 따라 더 영향력 있는 사람들이 정치인과 유명 인사들의 말을 모르는 사이에 조작하고 변경할 수 있게 되었고[47] 그에 따라 페이스북이 가지고 있는(그리고 계속 개발해가는) 완전한 힘을 책임 있게 사용하고 인간성을 증진시켜야 한다는 압력에 의해 인터넷의 미래가 정해질 것이다. 물론 현재로서 페이스북은 이 둘을 가지기 원하고 있으나 비난을 피하기 위해 자신의 사이트에 올라오는 모든 내용을 충분히 통제하고 동시에 편집에 관한 감시 의무를 회피하려고 한다.

> 법정에서 페이스북은 통신품위법 230조를 인용해 왔는데 그에 의하면 사용자들이 사이트에 올리는 내용에 대해 플랫폼이 책임을 지지 않으며 그에 의해 현대 인터넷의 길이 열렸다. …… 페이스북은 "컴퓨터 서비스" 제공자는 다른 사람으로부터 받은 정보를 "발행하는 사람으로 취급되어서는" 안 된다고 규정하는 법률을 인용하였다.[48]

그러나 그와 상반되는 주장은 모든 가짜 뉴스에 대한 비난을 소셜 미디어 회사에 떠넘기는 것은 공정하지 못하다는 것이다. 인간이 기꺼이 잘 속아 넘어가는 본성 역시 그 과정에 중요한 역할을 하는 것으로 보이는데 그것은 인터넷뿐 아니라 다른 분야에도 적용되는 문제이다.[49] 달리 말하면 페이스북이 반드시 가짜 뉴스의 사악한 가해자가 아니며 우리도 반드시 우리 앞에 놓여 있는 모든 것을 믿는 백지 상태가 아니다. "오히려 발행인들은 독자들의 취향을 형성할 뿐 아니라 거기에 대응하기도 한다."[50] 우리는 어쩌면 지저분한 현실의 삶의 복잡성보다 깔끔한 가짜 뉴스를 더 선호할지도 모른다. 그것은 부분적으로 소셜 미디어가 "그 상반되는 뉴스를 모르는 채 비슷한 생각을 가지는 사람들이 거품처럼 모이게 해주기 때문이며,"[51] 우리는 기존의 우리 신념을 확인해주는 온라인 기사를 읽기 좋아한다. 그러나 동시에 우리가 단순함을 좋아하고 복잡함을 싫어하는 것도 한 가지 이유이다. "모든 것은 진실이기 때문이 아니라 흥미롭기 때문에 소셜네트워크를 통해 빠르게 확산된다."[52] 그리고 사람들의 주목을 끌기 위한 경쟁에서 사실과 허구가 박빙의 승부를 벌이는 것이 아니다.

> 거짓 주장이 트위터에 공유될 가능성은 진실보다 70% 더 크다. 진실된 이야기는 천 명 이상에 의해 재투입되는 경우가 거의 없지만 가짜 뉴스의 상위 1%는 보통 천 명 내지 십만 명이 공유한다. 그리고 천 오백 명에 도달하기 위해서 진실된 이야기는 가짜보다 여섯 배나 길어야 한다.[53]

현재까지 연구자들이 도달한 유일한 고무적 결론은 가짜 뉴스의 영향력이 우리가 우려하는 만큼 크지 않을 수 있다는 것이다. 그러나 연구의 시사점 중 보다 우려되는 것은 우리가 의식적으로 우리 사회를 형성해 가는 것이 아니라 우아함과 문명성과는 거리가 먼 전쟁에서 뉴스를 "무기화"하는 것을 허용하면서 우리의 가장 낮은 공통분모에 그것을 자동적으로 맡겨 버린다는 것이다.[54] 만약 대다수가 최악의 충동(게으름이나 무지를 통해서)에 굴복하고 보다 나은 사회 형성의 역할을 회피한다면 보다 지속가능한 경제의 구축과 같은 더 크고 영향력 있는 문제를 어떻게 풀어야 할지 알 수가 없다. 간단히 말해서 가짜 뉴스는 심각하지만 그 문제를 단순히 페이스북의 문 앞에 맡겨 두는 것은 우리 사회를 구성하는 방법에 너무 근본적인 문제가 될 수 있을 것이다. 보다 현실적 결론은 "소셜 미디어가 분열을 확대하는 만큼 분열을 일으키지는 않는다"는 것이다.[55] 우리가 온라인에서 어떻게 행동하고 우리 주위 사람들과 일상생활에서 어떻게 상호작용하는지가 보다 직접적으로 우리 사회를 형성한다.[56] 그만큼 페이스북은 기껏해야 인간의 특성이 나타난 한 증상을 활용할 뿐이지 그것을 만들어 내지는 않는다.

중독

우리가 온라인상의 잘못된 정보 확산을 권장하는 역할을 하고 있음에도 불구하고 금융위기 이후 은행이 첨단기술에 의해 대체되었다는 주장이 가능한데 그것은 현재 자본주의 또는 심지어 민주 사회 사고에 가장 큰 위협이라 할 수 있다. 우리 삶의 중심 역할을 하도록 특별히 고안된 수단인 소셜 미디어 때문이다. 소셜 미디어가 호소력을 가지는 가장 큰 부분이 편의성이지만 소셜 미디어 회사는 이러한 수단(그리고 그것에 접근하는 디바이스)을 특별히 매우 중독적으로 만들려고 노력한다.

> 어떤 사람들은 기술이 파괴적 중독성을 팔아서 수십억 달러를 버는 기업인 담배산업과 같다고 믿는다. 또 어떤 사람들은 수백만 명이 좋아하지만 그 과정에서 인간에게 파괴된 삶의 잔해를 남기는 것으로 모두가 알고 있는 프로미식축구연맹(NFL)과 같다고 믿는다.[57]

소셜 미디어의 내재된 위험에 관한 가장 흥미로운 언급 중 일부는 현재 남용되고 있는 것으로 보이는 기술개발을 도운 사람들인 실리콘밸리 내부자들로부터 들을 수 있다. 예를 들면 재런 라니어(Jaron Lanier, "가상현실의 아버지")는 페이스북 비즈니스 모델을 "돈을 위한 대규모의 행위 수정"이라고 묘사한다.[58] 마찬가지로 전 페이스북 부사장 샤마스 팔리하피티야(Chamath Palihapitiya)는 자신이 일해 왔던 회사가 "단기적이며 도파민이 주도하는 피드백 순환고리를 통하여 사회가 작동하는 구조를 망가뜨리는 도구를 만들어 내었다"고 주장한다.[59] 그리고 트리스탄 해리스(Tristan Harris, 구글의 전 "디자인 윤리학자")는 소셜 미디어가 인간의 주의를 빼앗아 권력을 얻으려는 매우 정교하고 의도적인 시도라고 묘사하고 있으며, "현재까지 존재한 것 중 가장 만연되어 있는 집중적 인간 주의력 조종 시스템이며 숙련된 사람들(중독적인 앱, 봇(bots), 외국 정부)이 조작적 목적으로 우리의 주의를 빼앗아 가도록 도와준다."[60]

소셜 미디어의 내용뿐만 아니라 그 내용에 접근하기 위해 사용하는 디바이스의 설계 특성도 중독적이다. 즉, "인간 심리를 이용해 중독 경로를 이용하도록 구체적으로 설계된 제품"이 그것이다.[61] 스티브 잡스도 어느 정도 잠재적 위험을 알고 있었다. 자신의 자녀가 아이패드를 좋아하는지 질문을 받았을 때 스티브 잡스는 "그들은 한번도 사용한 적이 없다 …… 우리 아이들이 기술을 사용하는 것을 제한하고 있다"고 대답했다.[62] 우리의 감각을 희생양으로 삼아 개발자들은 모바일 디바이스의 화면, 소리 및 진동에 대한 저항을 효과적으로 낮추어 왔으며, "연구에 따라 다르겠지만 스마트폰 사용자들이 대략 1분에 두 번에서 7분에 한 번씩 디바이스를 접촉한다."[63] 이것이 "620가구에 대한 조사에서 10대의 절반 정도가 …… 스마트폰에 중독되었다고 느끼며, 거의 80%가 스마트폰을 한 시간에 한 번 이상 체크하고 메시지가 오면 즉각적으로 답을 해야 된다고 느꼈다"는 것을 의미한다.[64] 〈그림 Ⅲ-1〉은 트윈 연령층(tweens, 8세에서 12세)과 틴에이저(teens, 13세에서 18세)들에 대한 데이터를 나타낸다.

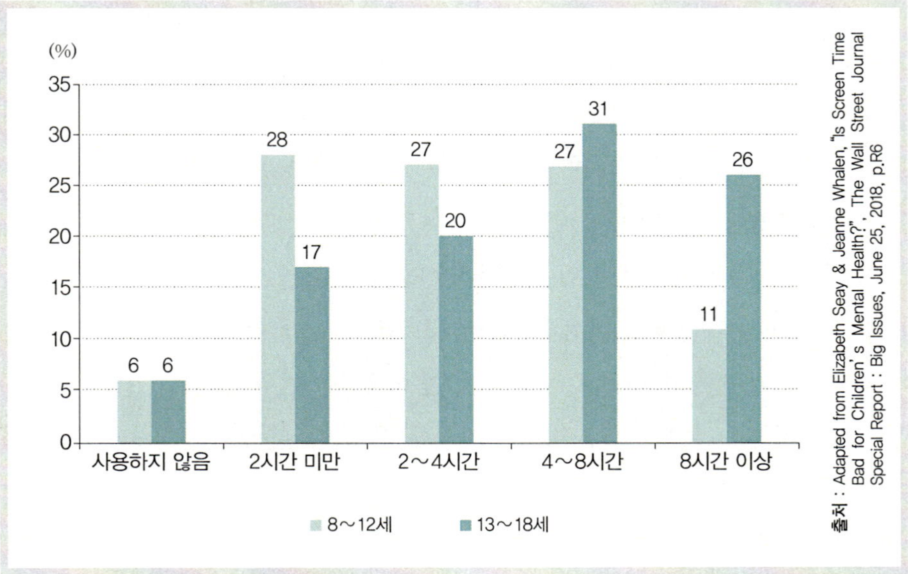

그림 Ⅲ-1 매일 온라인을 사용하는 시간(미국, 2015)

이러한 중독을 경감시키려는 압력이 증가함에 따라 애플[65]과 구글[66]이 어린이들의 지나친 인터넷 및 스마트폰 사용의 위험에 대해 교육하는 노력을 시작하였다. 그러나 기업의 기초가 되는 비즈니스 모델을 직접 분석하지 않고서 어떻게 그것을 할 수 있는지 알기 어렵다. 페이스북의 캠브리지 애널리티카 스캔들 이후 많은 평론가들이 말했듯이 정보를 뽑아내고 광고주들과 공유하는 능력은 컴퓨터 오류(bug)가 아니라 그 내재적 "특성"이었다.[67] 우리 모두에게 이러한 디자인 특성의 효과는 "고독"[68], "신뢰"[69]의 결여, "협박"[70] 그리고 다른 많은 사회적 병폐와 연계되어 왔다.[71]

> 일주일에 10시간 이상 소셜 미디어를 하는 8학년 학생들은 그보다 적은 시간을 보내는 학생들에 비해 불행하다고 말할 확률이 56% 더 높다. 그들은 또한 우울증 위험이 27% 높다. 전자 기기를 하루 세 시간 이상 사용하는 10대들은 자살 실행계획을 만드는 등의 자살위험요인이 35% 더 높다. 특히 그 영향을 많이 받은 여학생들은 우울증의 50% 증가를 경험하였다.[72]

우리는 원래 의도한 대로 해롭지 않은 방법으로 소셜 미디어를 사용하는데 익숙하지 않는 것 같다. 그것은 중독성 강하게 설계되어 있기 때문에 정치와 일상적 뉴스 토론의 특징인 편파적 양극화를 증가시킨다.[73] 그리고 이러한 추세는 기술이 인공지능과 컴퓨터 학습의 잠재력으로 활용되기 시작함에 따라 갈수록 악화될 것이다. 이미 페이스북이 신청한 특허권을 보면 기업이 어떻게 정보를 추출하고(안면인식), 삶의 변화를 예측하고(소셜 네트워크), 소셜 미디어 계정을 사용하는 사람들의 주의를 유지하는지(개인적 특성)를 탐색하는 범위를 알 수 있다.[74] 그 목표는 우리가 디바이스와 소셜 미디어 계정에 더 많은 시간을 소비하고 직접 대면하는 상호작용에 더 적은 시간을 소비하도록 촉진하는 것이다. 이것의 지속적인 사회적 효과가 알려져 있지 않지만 좋은 효과는 아닐 것이다.

> 소셜 미디어를 많이 사용하는 사람이 더 슬픈 것만은 아니다. 온라인 삶이 고통스러운 비교를 촉진하거나 자아를 과장하고 위협을 주는 것만이 아니다. 인터넷을 많이 사용하는 사람이 가까운 이웃과 접촉하여 호의를 주고받고 배려를 넓혀 갈 확률은 매우 낮다. 이웃이라는 우리 사회의 구조에 무언가 큰 일이 벌어지고 있다.[75]

궁극적으로 철학자이자 저자인 제임스 윌리엄스가 말했듯이 "인간의 주의(attention)를 자유롭게 하는 것은 우리 시대의 도덕적 · 정치적 투쟁을 정의하는 것일지 모른다."[76]

프라이버시

페이스북과 다른 소셜 미디어 회사가 우리로 하여금 온라인에 더 많은 시간을 보내게 하고 그 과정에서 발생하는 많은 양의 개인 데이터를 화폐화하는 데 성공함에 따라서 개인 프라이버시의 변화하는 특성에 대한 우려가 증가하고 있다. 온라인 프라이버시 이슈는 복잡하지만 소셜 미디어 소비자로서 우리의 역할을 중심으로 일어난다.

> 페이스북. 인스타그램. 구글. 트위터. 이들은 우리가 의존하는 모든 서비스이자 동시에 우리가 지불할 필요가 없다고 믿고 있는 모든 서비스이다. 어쨌든 현금은 지불하지 않는다. 그러나 광고로 돈을 버는 인터넷 플랫폼은 무료가 아니며 프라이버시와 통제 측면에서 그들이 뽑아가는 가격은 갈수록 더 비싸질 뿐이다.[77]

여기서 언급되는 가격은 우리의 프라이버시를 말하며, 우리가 제공하는 정보를 서비스 접근권에 대한 대가로 지불한다. 우리의 문제는 온라인 광고가 "사용자의 추적과 광범위한 정보수집에 기초하여 과대 목표화"[78]되지 않는 한 그리 효과적이지 않다는 것이다. 그러나 광고가 대상을 설정한다고 해서 많은 수익을 창출하는 것은 아니며("페이스북은 사용자 1인당 한 달에 약 20센트의 이익을 올린다")[79], 가장 많은 고객을 가진 (그리고 가장 많은 세부 데이터를 가지고 있는) 기업들만이 이러한 비즈니스 모델로부터 이익을 낼 수 있다. 따라서 이러한 기업들은 개인이 웹사이트에 머무는 시간과 계정의 수에 우선순위를 부여하도록 동기를 부여한다.

> 많은 사용자들이 정보를 제공함으로써 친구가 올리는 모든 정보를 볼 수 있다고 생각한다. 그렇지 않다. 페이스북은 10억이 넘는 뉴스 사용자가 제공한 뉴스 중 우리에게 무엇을 제공할 것인지 결정하는 독점적 알고리즘을 이용해 운영하는데 그것은 항상 변화한다. 만약 페이스북이 우리가 그 사이트에 더 오래 머물고 우리의 재생 동영상에 광고를 주입하기 위해 제공된 정보를 통제할 필요가 없다면 우리에게 이러한 알고리즘에 대한 통제권을 넘겨줄 수 있을 것이다.[80]

개인이 데이터에 대한 통제를 되찾기 위한 급진적 해결책은 블록체인 기술이다.[81] 보다 직접적 해결책은 기업이 사용자 데이터에 대해 지불하거나[82] 또는 프라이버시에 대한 통제를 희생하기 원하지 않는 사용자들이 광고 없는 콘텐츠에 대해 온라인 광고 비용과 같은 금액을 지불하는 것이다. 수수료 베이스 서비스를 반대하는 사람들은 사용자들이 현재 무료로 습득할 수 있는 서비스에 대해 비용을 지불할 필요가 없다고 주장한다. 그러나 현재 사용자들이 그 대가로 제공하는 정보의 가치를 할인하여 저평가할 경우에만 이 논리가 적용된다. 가치에 대한 보다 넓은 정의에 의해 우리의 소셜 미디어 사용과 관련된 원가에 대한 논쟁이 재구성된다.[83]

가상의 삶과 죽음

우리 자신이 구축한 온라인 세상의 매력적 측면으로 인간의 죽음과 가상의 삶에 관한 이슈를 들 수 있다.

> 우리의 온라인과 오프라인 삶의 구분이 점점 더 희미해지면서 갈수록 실제 세상에서 발생하는 일들 중 죽음을 포함한 많은 부분이 온라인 세상으로 침투하고 있다.[84]

이 인용문의 저자는 친구의 장례식에 참석한 동안 생방송으로 트윗을 하면서 이러한 관점을 제기하였으나 친구들 중 일부는 그것이 부적절하다고 생각했다. 그러나 그의 죽은 친구로부터 계속해서 페이스북 업데이트를 받았다는 사실이 더 힘든 일이었으며(가족들이 그 친구의 페이스북 페이지를 기념하기 위해서 메시지를 계속해서 보냈다), 그래서 그는 죽은 친구와 관계를 단절할 것인지를 결정하느라 고민하였다.

> 우리는 사랑하는 사람이 떠나고 나서 그들을 기억하기 위해 사진을 지갑에 넣어두거나 사진액자에 넣어 벽난로 위에 두는 경우가 종종 있다. …… 그 사람의 아바타가 페이스북 정보제공창이나 대화창에 뜨는 것을 볼 때 왜 그렇게 다르게 느끼는 것일까?[85]

이러한 정서적 이슈는 디지털 프로파일의 소유권에 관해 발생하는 법률적 갈등의 웹에 비교하면 그다지 중요하지 않다.

> 사람이 죽고 나면 그의 소셜 콘텐츠를 누가 소유하는가에 관한 이슈도 또한 있다. 페이스북이 그 사람의 페이지와 지위 업데이트 및 사진을 소유하는가? 만약 그렇다면 그들이 가족들에게는 어떤 의무를 지게 되는가? 아이튠에 대해서는 어떠한가?[86]

아마도 우리가 왜 온라인 세상이 오프라인 세계보다 더 또는 덜 복잡할 거라고 생각하는지가 보다 더 적절한 질문일 것이다. 그렇지만 더 흥미로운 것은 그 둘 사이의 경계가 얼마나 애매해지는지이다.

그와 관련하여 "페이스북이 2015년 그 문제를 처음 알고 난 후에도 그에 대해서 거의 아무것도 하지 않았다"[87]는 증거가 있기 때문에 규제기관이 온라인상 프라이버시를 보호할 방법에 대해 조사하고 있다. 미국 의회는 국가 안보를 위해 거대 기술기업에 제한을 가하려고 하고 있다(선거 관여와 가짜 뉴스). 또한 유틸리티

기업들에 대해 "소비자들이 비싼 전환 비용을 부담하는 본질적 서비스를 제공하는 독점기업"에 대한 법률 제정의 요구가 있다.[88] 그것이 연방 입법이기 때문에 "의회만이 기술기업이 발행하는 모든 것에 대한 책무를 피할 수 있도록 허용해주는 통신품위법 230조를 폐지할 수 있다."[89] 주 정부 차원에서 선도적 움직임으로서 캘리포니아가 "데이터 개인정보 보호법"을 통과시켰다.[90]

다른 지역에서는 페이스북과 구글이 디지털 온라인 광고의 지배적 위치 때문에 "사실상 뉴스 비즈니스의 규제자로 인식되고 있으며, 전 세계 정부는 그 위험을 인지하기 시작하였다."[91] 본질적으로 규제기관이 서둘러 영업허가를 제한하려함에 따라서 "페이스북이 글로벌한 권력 투쟁에서 길을 찾고 있으며", "그것이 단순히 하나의 규칙이 아니라 50개국 이상에서 지난 5년 동안 사람들이 웹을 사용하는 방법을 보다 엄격하게 통제하기 위한 법안이 통과되었다."[92] EU는 이러한 움직임에 가장 적극적이었으며 데이터 위반과 반독점 활동에 대해 "검색엔진 시장의 92%를 점유하는"[93] 구글과 같은 회사에 수십억 달러의 벌금을 부과하였다. 그리고 2018년에 EU는 일반개인정보보호법을 도입하였다.[94]

> 프라이버시법은 본질적으로 계속적으로 영업을 하기 원하는 글로벌 기업에게 보다 엄격한 EU 규칙에 따라 운영하도록 강제화한다. 그것은 우리의 정보가 하나의 플랫폼으로부터 다른 플랫폼으로 이동할 수 있게 "데이터 주체" 개념을 가능하게 해주고, 그것이 누구에 의해 어떻게 사용되고 있는지를 알게 해주며, 무엇보다도 알고리즘에 의한 의사결정에 대해 경쟁하게 해준다. 규제기관은 치외법권 영역을 포함하여 모든 영역에 영향을 미치기 때문에 기업이 이러한 규칙을 피하기 위해 보다 친화적인 사법영역을 찾아다니는 것은 어렵다.[95]

그 법률은 기업이 데이터를 다루어야 하는 방법과 사람들의 프라이버시를 보호하기 위해 취해야 하는 노력의 규정 그리고 잠재적 벌금을 포함하여 모든 오류를 수정하는 매우 구체적 규정을 가지고 있다.

> "데이터 주체"는 자신들에 관한 데이터의 복사본을 요구할 수 있고("데이터 이동성"), 정보수정을 요구할 수 있으며("수정") 그리고 또한 삭제를 요구할 권리("잊혀질 권리")를 가진다. …… 이러한 규칙을 지속적으로 무시하는 기업은 2천만 유로(2,500만 달러) 또는 연간 글로벌 판매액의 4%라는 엄격한 벌금에 직면한다.[96]

또한 유럽에서 가능한 법안의 보다 극단적 사례는 우리의 가상적 공유의 삶에 관해 흥미로운 질문을 제기한다. 프랑스에서는 현재 부모들이 "동의 없이 자녀들의 개인적 사진을 소셜 미디어에 올리면 최대 45,000유로(35,000프랑)의 벌금과 1년 이내의 징역에 처해진다."[97] 자녀들이 나중에 너무 당황스러운 사진에 대해 시정을 요구하는 시나리오를 상상하는 것은 어렵지 않다. 영국에서는 부모들이 "매년 거의 200개에 달하는 다섯 살 이하 자녀들의 사진을 올리는데 그것은 다섯 번째 생일 이전에 약 천 개의 온라인 사진을 올린다는 것을 의미한다."[98] 2018년에 프랑스 역시 "모든 초등학교와 중학교에서 스마트폰 사용을 금지하도록"[99] 제도화하였으며 영국 정부는 "구글, 페이스북 및 아마존과 같은 기업"에 연간 매출의 2%에 해당하는 "디지털서비스세"를 부과할 계획을 발표하였다.[100]

증가하는 압력에 대응하여 기술기업들은 자신의 사이트에 올라오는 콘텐츠를 통제하기 위한 행동에 착수하였다. 페이스북은 공격적 내용을 자동적으로 제거하는 소프트웨어를 만들고 있으며 수상한 내용을 감시하기 위해 "3만 명 이상"을 고용하였다.[101] 그 결과 2018년 1사분기에만 "페이스북이 8억 6,580만 건의 포스트를 삭제하였는데 …… 그중 대다수가 스팸이었으며 소수의 노출사진, 그래픽 폭력, 증오 발언 및 테러리즘에 관련된 것이었다. 또한 페이스북은 같은 기간에 5억 8,300만 건의 가짜 계정을 제거했다고 말했다."[102] 마찬가지로 트위터는 6개월 후 테러리즘과 연계된 것으로 판단하여 "전 세계적으로 거의 3십만 계정을 중지시켰다."[103]

그 작업은 콘텐츠 내용을 보고 평가해야 하는 사람들에게 콘텐츠 중재자들의 PTSD(외상 후 스트레스 장애) 보고서와 함께 엄청난 부담을 준다.[104, 105] 더구나 그것이 보다 발전된 상황인 것처럼 들릴지 모르나 영리기업에게 그들 자신, 인터넷 그리고 우리 정보를 감시하도록 요구하는 것은 언론의 자유와 관련된 많은 시사점과 함께 나쁜 의사결정을 할 위험을 제기한다. 예를 들면 적절한 콘텐츠가 무엇인지 결정할 때 "페이스북이 콘텐츠 검토를 위해 고용한 계약직 근로자 집단"이 나쁜 콘텐츠뿐 아니라 좋은 것도 차단해 버릴지 모른다.[106] 비록 그 힘이 과격하지 않은 방법으로 행사될지라도 우리는 이러한 기업들에게 거의 불가능한 일을 요구하고 있는 것이다. 그들의 규모와 범위를 생각하면 아주 낮은 실패율도 파괴적 잠재력을 가질 수 있다.

> 사용자들이 생산한 모든 콘텐츠를 걸러낼 수 있는 사람은 아무도 없다. 비록 플랫폼이 이러한 콘텐츠의 99%에 대해 옳은 판단을 한다 할지라도 나머지 1%가 여전히 수백만 개의 포스팅일 수 있다.[107]

페이스북은 오늘날 우리 삶의 가장 중심에 있다. 그것이 개별적으로 생성된 콘텐츠의 플랫폼인 것은 확실하지만 "세상에서 가장 힘 있는 통신 및 미디어 회사"[108]가 되었다. 그리고 너무나 성공적인 기업이 되었다. 따라서 그렇게 성공한 나머지 아직 겪지 못한 일이 많이 있다.[109] 계속적으로 확장되는 사용자 베이스와 함께 폭넓은 지지를 누리고 있다는 것은 명백하지만 페이스북은 전 세계에 커다란 해악을 야기하고 있다고 비난받아 왔다. 데이터 침해나 정치 캠페인에 영향을 주는 가짜 뉴스 배포뿐 아니라 유엔에 의하면,

> 페이스북은 미얀마에서 대학살의 수단이 되었고 인도, 남수단 및 스리랑카에서 폭력과 연계되어 왔다. 그리고 프라이버시 스캔들(가장 최근에 캠브리

지 애널리티카), 광고 스캔들(차별적 광고), 다수의 연방조사 그리고 페이스북 사용이 정신건강에 해악이 될 수 있다고 인정한 일 등이 있었다.[110]

여러 가지 측면에서 단순히 이러한 문제들의 규모를 봐도 페이스북이 오늘날 우리 삶에 얼마나 중심이 되었는지 확실히 느낄 수 있다. 또한 마크 저커버그가 "세계에서 가장 힘 있는 비선출직 민간인이라고"[111] 묘사됨과 동시에 다른 기술 거대 기업과 마찬가지로 페이스북에게 책임을 묻기에는 너무 중요한 이슈가 되었다고 우려하는 사람들도 있다. 이것이 사실일지 모르나 페이스북이 자신의 창조물이 무엇을 시사하는지 이해하지 못하거나 또는 원하지 않아서 현재 존재의 역설에 갇혀 있다. 페이스북은 자신을 미디어 발행인이라고 부르고 싶지 않겠지만 현재 빗발치는 비난을 분산시키는 유일한 방법은 웹페이지에 올라오는 콘텐츠에 대해 전적으로 편집 책임을 지는 것이다. 자신에 대한 감시기능을 할 수 없을지라도 "외부로부터 감시를 받을"[112] 것이 페이스북이 직면한 위험이다.

전략적 CSR 논쟁

발제 제안 : 언론 자유의 한계는 영리기업에 의해 정의될 수 없다.

토론과 검토를 위한 질문

1. 오늘날 미디어가 뉴스를 보도하는가 또는 왜곡하는가? 우리는 뉴스를 보는가 또는 엔터테인먼트를 보는가? CNN이나 BBC가 무슨 역할을 해야 한다고 생각하는가? 알 자지라 또는 폭스 뉴스는 어떠한가? 오늘날 뉴스 보도가 반드시 편파적이라고 생각하는가?
2. 무장 서비스(armed services)가 CNN이나 다른 뉴스 조직에 대한 해답이라고 생각하는가? 미디어의 힘이 전시에는 제한되어야 한다고 생각하는가? 미디어가 국가안보에 위협이 된다고 생각하는가?
3. 바닥재 회사인 럼버 리퀴데이터스(Lumber Liquidators)의 이야기를 다룬 CBS의 60 미닛츠를 시청해 보라: https://youtu.be/dWu4gO9ZhKs. 당신은 그 조사가 공정하다고 생각하는가? 이것이 미디어 회사가 기업들에 책임을 묻기 위해 해야 할 일이라고 생각하는가?
4. 다음의 인용에 대해서 대답해보라 : "우리가 기술에 대해 스마트해질수록 인간관계에서 더 멍청해진다."[113] 트위터가 사회에 도움이 되는가 또는 해가 되는가?
5. 페이스북은 사이트에 올라오는 콘텐츠에 대해 책임이 있는가?

전략적 CSR 개념은 사회의 운영방식에 대해 수세기 동안 경제학과 인간의 교환활동으로부터 학습한 내용을 뒤집기보다는 인간 심리학과 경제 이론에 대한 우리의 지식에 기반하여 기업의 목적을 이해하려 하기 때문에 CSR이란 동적인 주제에 대해 독특한 접근방법을 제시해준다. 따라서 Ⅲ부에서 자세히 설명한 법률적 관점을 넘어서서 Ⅳ부에서는 조직행동에 대한 비합리적 (즉, 인간적) 설명을 제공하는 행동적 관점을 탐색한다. 그것은 본서에서 논의하는 아이디어들의 전체적 시사점을 이해함에 있어 필수적인 개념들(넛지 경제학이나 전과정가격과 같은)을 포함하여 가치에 관한 자세한 논의를 포함한다.

이어 Ⅴ부에서는 이러한 아이디어를 전략계획과 일상 운영의 모든 측면에 통합시키는 것의 중요성을 강조하는 전략적 관점을 탐색한다. 마지막으로 Ⅵ부에서는 전략적 CSR의 궁극적 목표로서 핵심 이해관계자의 요구와 관심을 반영하는 가치에 기반하여 지속가능한 관점을 제시한다.

책임지고 돈 버는 기업들 — 전략적 CSR로 사회적 가치 창출하기

본서의 IV부에서는 CSR의 행동적 관점을 제시한다. 전략적 CSR 체계의 독특한 측면 중 하나는 경제 이론과 인간 심리에 대한 우리의 지식(인간 행동에 대한 이상적 표사가 아닌 현실적 표사)에 초점을 둔다는 것이다. IV부에서는 이러한 두 가지 중요한 영역의 교차점에서 두 개의 장을 제시한다.

구체적으로 7장에서는 금융위기 이후 대두된 자본주의에 대한 보다 광범위한 논의에서 이익의 동기부여 역할을 논의하고 현재 우리의 경제모델이 어느 정도 개혁될 필요가 있는지 고찰한다. 또한 기업들이 오랫동안 경제적 가치 생산에 초점을 맞추어 왔지만 오늘날 사회적 가치도 생산해야 한다는 상투적 표현에 도전을 제기한다. 실제로 경제적 가치와 사회적 가치란 없다. 기업이 각각의 이해관계자를 위해 창조하거나 파괴하는 가치가 있을 뿐이다. 8장에서는 행동(넛지) 경제학 개념을 도입하고 이 흥미로운 분야가 어떻게 가치창출 과정에 대한 이해를 증진시킬 수 있는지를 논의한다. 또한 기업들로 하여금 CSR 성과에 책임을 지도록 하기 위해 필수적인 과업인 CSR 측정의 다양한 방법을 살펴본다. 그러나 효과적 CSR 측정방법의 개발에 추가하여 모든 원가가 생산과정에 포함되어야 한다. 전과정가격을 통해 이것이 달성된다.

사회책임투자(SRI)의 진화와 임팩트 투자의 중요성을 강조하는 사례로 IV부를 마무리하였다. 항상 그랬듯이 투자자는 투자로부터 수익을 원한다. 그러나 동시에 자신들의 가치와 윤리적 원칙에 대해 타협하지 않으면서 그 목적을 달성하기 원한다.

[Ⅳ]

행동적 관점

제7장 시장과 이익

제8장 준수와 경영책임

사례연구 : 투자

제7장

시장과 이익

이익은 모든 영리조직의 동력이 된다고 정의할 수 있다. 이익 추구는 시장경제의 기반이며, 기업이 사회의 요구를 충족시키기 위해 끊임없이 혁신하도록 강요한다. 한편 이익은 비즈니스 리더들이 CSR을 추구하기 꺼리는 이유이기도 하다. 이런 관점에서 CSR은 이익과 투자자 수익률을 극대화하기 위해 가능한 최소화해야 할 단기비용을 의미한다. 전략적 CSR의 목적 중 하나는 이익과 CSR을 분리하는 이와 같은 인식을 극복하는 것이다.

CSR이 기업의 일상 운영과 전략계획의 필수 요소라는 주장은 CSR과 이익이 상호 배타적이 아니라는 것을 가정한다. 반대로 CSR 관점은 실제로 오늘날 글로벌 온라인 세상에서 이해관계자의 지지를 통하여 기업의 장기 생존 가능성을 확고히 하는 가장 효과적 수단이다. 기업이 파산하게 되면 경영자의 최선의 의도와 상관없이 아무도 혜택을 받지 못한다. 특히 종업원은 직장을 잃고, 고객들은 더 이상 혜택을 받던 제품을 구매하지 못하며, 정부는 더 이상 법인세를 걷지 못하는 등 이해관계자들이 피해를 입게 된다. 반면에 이익을 내는 기업은 모든 이해관계자와 많은 사람들에게 가치를 창조한다. 그것이 우리에게 혜택을 주는 위대한 부와 사회 진보의 원천이다. 영리기업과 사회 진보 간의 연계에는 의심의 여지가 없

다. 홀푸드 마켓의 창업자인 존 맥키가 말했듯이

> 1800년에는 모든 사람들 중 85%가 하루 1달러 이하로 살았다. 오늘날 그런 사람은 17%에 불과하다. 만약 현재 경제성장의 추세가 장기적으로 지속된다면 21세기에 극도의 빈곤은 거의 완전히 뿌리 뽑힐 것이다. 비즈니스는 정해진 파이를 놓고 투쟁하는 제로섬게임이 아니다. 오히려 경제는 성장하여 전체 파이를 더 크게 만들어 고객, 종업원, 공급업체, 투자자와 지역사회 등 주요 이해관계자 모두에게 가치를 창조한다.[1]

전략적 CSR은 기업의 이익 추구와 사회적 책임 간의 괴리를 메울 수 있다. 모든 이해관계자들을 위한 가치 창조를 추구함으로써 이익 기업이 동시에 사회복지에 대한 공헌을 최적화할 수 있을 것이다. 시장 자본주의는 이러한 복잡한 경제발전이 일어나는 이상적 체제이다.[2]

시장

지구는 유한한 자원의 집합이다. 경쟁시장(즉, 자본주의)은 그러한 자원을 가장 효율적으로 배분한다. 자본주의는 특히 가장 희소한 자원(즉, 우리에게 가장 가치 있는 자원) 배분에 뛰어나기 때문에 사회 질서 유지에서 다른 대체적 방법보다 성공적이다. 영리기업은 서로 경쟁을 통한 이러한 자원 배분에서 우리가 현재까지 개발한 주요 체제이며 다른 어떤 형태의 조직보다 더 효과적이다.

경쟁은 고객에게 혁신을 제공하고 이론적으로 보다 많은 회사가 매력적 산업에 진입함에 따라 가격을 낮춘다. 달리 말하면, 코카콜라는 펩시와 닥터페퍼 그리고 다른 많은 음료 회사가 존재하기 때문에 더 좋은 회사이다. 이것이 많은 리더들이 경쟁을 반기지 않는 이유이며(그것이 이익창출을 어렵게 하기 때문에), 동시에 시장이 이해관계자의 제약을 필요로 하는 이유이다(예컨대 정부가 제정하고 규제기관이 집행하는 반독점법). 시장은 자체적인 기구를 통하여 인간의 성향에 기초하며 그룹 간 차이를 만든다. 이해관계자가 기업의 행동에 책임을 묻기 위해 간섭하고 개인의 가치, 윤리 및 도덕을 요구하는 만큼 회사를 우리가 원하는 모습으로 만들 가능성이 커지며, 보다 많은 이해관계자를 위해 더 많은 가치가 창출될 것이다.

달리 말하면, 시장은 화폐단위로 표시된 상품의 교환이라고 생각되지만 가치 측정과정은 이해관계자와의 관계를 포함하되 각기 다른 방법으로 측정되도록 확장될 수 있다. 각각의 이해관계자는 기업에 기회 또는 위협으로 표현될 수 있는 방법으로 서로 다른 자원을 교환한다. 기업의 대응에 따라 다른 결과가 나타나고 궁극적으로 모든 관련 당사자의 욕망에 부합한다. 파타고니아는 이러한 상호의존 관계를 명문화한 기업의 좋은 사례이다. 이 회사의 제품전과정계획(Product Lifecycle Initiative)의 내용은 다음과 같다.

> 파타고니아는 환경책임 비전에 고객들을 포함시키는 노력을 한다. 환경 발자국을 줄이기 위해 기업과 고객들에게 약속을 요구한다고 파타고니아의 내부 문서에 명기되어 있다. 그에 따라 이 계획은 소비자들이 의류를 "감소, 수선, 재사용 그리고 재활용"하기 위한 기업과 고객 간의 상호계약으로 구성되어 있다.[3]

자본주의가 우리 개인의 윤리와 가치를 나타내는 수단이라는 생각은 운영의 모든 측면이 경제, 도덕, 윤리 및 가치에 기반한 판단을 포함한다는 생각과 마찬가지로 전략적 CSR의 중심이다. 시장을 통한 교환은 참여하는 이해관계자들로 하여금 경영책임이라는 형태로 서로 다른 행동 간에 우선순위를 매기도록 독려한다. 우리는 특정 제품과 서비스를 요구하지만 우리의 욕망은 가능한 대안들 간에 의미 있는 자발적 선택에 반영된다. 그 결과로 새로운 것을 창조하고 오래된 것을 파괴한다.[4] 투표를 통해 우리가 원하는 정치인을 선택하는 것과 마찬가지로 이해관계자는 기업과의 상호작용을 통해 자신이 원하는 기업을 선택한다는 것은 이런 의미에서다. 또한 비즈니스는 이해관계자 제약을 받는 시장의 힘에 의해 가능해지는 "도덕적 노력"[5]이라 말하는 것도 이러한 의미이다.

> 자본주의가 제3세계 경제와 사회주의 경제보다 나은 것은 다수의 가난한 사람들이 가난의 감옥을 벗어나고 기회를 발견하고 개인의 경제적 계획의 전반적 범주를 발견할 수 있기 때문이다 …… 이러한 주장에 대한 타당한 근거는 전 세계 빈곤층의 이동 패턴이다. 빈곤층은 어느 나라에서 어느 나라로 이동하는가? 압도적으로 그들은 사회주의 국가와 제3세계로부터 탈출하여 자본주의 국가에 줄을 선다.[6]

III부에서 논의한 바와 같이 역사적으로 현대 기업의 설립 기초에는 사회의 목적에 봉사하기 위한 수단이 반영되어 있다. 시간에 따라 기업과 사회의 관계는 변화해 왔지만 기업이 사회의 이익을 위해 봉사하는 수단이라는 생각은 기본적으로 변하지 않고 있다. 만약 자본주의가 더 이상 우리에게 이익을 제공하지 못한다면 이는 우리가 자본주의를 옳게 사용하지 않았기 때문이다. 즉, 우리는 우리의 집합적 가치에 직접 연관이 있는 잘못된 신호를 기업에게 보내고 있는 것이다.

5달러짜리 티셔츠의 출현에 대해 생각해 보자. 오늘날 쉽게 살 수 있는 제품이지만 우연히 나타난 것은 아니다. 이것은 우리가 살고 있는 사회의 유형에 깊은 시사점을 가진다. 예를 들어 기업이 우리에게 5달러짜리 티셔츠를 사도록 만든다는 생각은 시장의 운영 방식을 잘못 이해하고 있는 것이다. 만약 우리가 30달러를 갖고 하나에 15달러인 티셔츠를 2개 사기보다는 하나에 5달러인 티셔츠를 6개 사기를 원한다는 결정(그리고 그 물질적 가치)을 기업에게 전달하면 기업은 그러한 제품을 제공할 것이다. 그러나 그것은 단순한 경제적 의사결정이 아니라 우리가 살고 있는 사회에 엄청난 결과를 갖는 가치가 담겨 있는 의사결정이다. 즉, 질보다 양에, 전체적 복지보다 물질적 상품에, 장기적 지속가능성보다 단기적 안락함에 더 가치를 두는 그러한 의사결정이다.[7]

만약 그 반대로 우리가 15달러짜리 티셔츠 2개를 구매하고자 한다면 그 선택은 우리 경제를 혁명적으로 변화시킬 급진적 결과를 가져올 것이다(예를 들면 글로벌 의류 산업에서 수는 적지만 보다 좋은 근로조건을 가진 노동자와 높은 품질의 티셔츠). 우리가 티셔츠 하나를 5달러에 만들 수 있다고 해서 반드시 만들어야 한다는 것을 의미하는 것이 아니다. 그것은 우리의 선택이다. 그리고 이러한 선택이 "매년 제작되는 1,500억 개의 의류"[8]에 대해서 반복된다면 그 결과는 빠르게 축적될 것이다. 우리의 소비 의사결정이(기업과 모든 이해관계자의 관계에서와 같이) 행동하는 가치를 나타내준다는 것을 이해하는 것이 전략적 CSR의 기본 사고에 필수적이다. 기업은 5달러짜리 티셔츠를 우리에게 제공함으로써 단순히 제품 수요에 대응하고 있는 것이다.[9] 따라서 우리가 시장의 변화를 원한다면 시장과 영리기업의 100년 된 운영원칙을 변화시키려는 노력보다 시장이 반영하는 집합적 가치의 조합을 변화시키는 것이 보다 성공적일 것이다.

달리 말하면 본서에서 주장하고자 하는 것은(그리고 II부에서 자세히 설명한) 경영자에게 윤리적 책임을 면제해주는 것이 아니라 오히려 기업에게 원하는 행동을 요구할 집합적인 힘을 가진 이해관계자들에 의해 그 책임이 강화되어야 한다는 것이다. 쌍방 간에 주고받으면서 상호경쟁하는 이해관계 간의 긴장관계로 특징지어지는 시스템은 체제 내의 전체 부를 보다 민주적으로 분배하게 된다.

> 경쟁이 치열한 산업에서도 빠르게 성장하는 사회에서는 보다 나은 근로조건, 짧은 근무시간, 보다 높은 직업 안정성, 보다 큰 자유, 보다 나은 제품 등의 형태로 나타나는 성장의 산물 중 일부를 사회가 누리는 것은 당연한 일이다. 반드시 보다 많은 최종 상품과 서비스의 흐름 형태로 이득이 실현될 필요는 없다. 증가하는 물질적 재화와 서비스뿐 아니라 그 재화와 서비스가 생산되는 근로조건 향상 역시 생활수준의 향상을 가져온다.[10]

이해관계자로 하여금 이러한 전향적 역할을 택할 수 있게 하는 더 많은 수단이 이용 가능해지고 있다. 달리 말하면 우리가 행동하지 않는 데 대한 변명이 점점 없어지고 있는 것이다. 인터넷은 우리와 상호작용하는 기업의 정책과 운영절차 등 가치기반 판단에 필요한 정보의 접근을 가능하게 하고 있다. 더구나 의사소통의 비용이 사실상 무료이기 때문에 이전에 정부나 기업들만이 보유했던 정보를 권력에 대항하는 방법으로 사용할 수 있게 되었다. 기업이 의사소통과 데이터 증가의 혜택(예를 들면 효율 향상과 시장에서 제품 테스트)을 받게 되었지만 동시에 이러한 기술에 의해 이해관계자들이 직접 행동을 취하고 기업에 책임을 묻는 수단을 갖는 전반적 효과를 가져왔다. 우리가 기업에게 더 많은 것을 요구하고 그것을 얻기 위해 기꺼이 희생할 수 있다는 것을 보여줄 때, 영리기업은 우리의 요구를 충족시킬 가장 빠르고 효율적인 메커니즘이 된다. 모든 증거들이 이해관계자 행동주의가 효과적임을 보여준다. 전략적 CSR은 그러한 행동주의가 예외가 아니라 규범이 되도록 하기 위해 이해관계자들에게 보다 큰 책임을 요구한다. 그렇게 되면 이해관계자의 요구를 충족시키는 것이 기업이 이익을 내는 최선의 방법이 될 것이다.

시장 조성자로서 이해관계자

비즈니스와 사회가 공존하는 이상적 생태계는 비즈니스 관련 소수자의 이익과 다수의 집합적 이익 간의 끊임없는 상호작용으로 구성되어 있다. 사회의 관심사가 진화함에 따라 발생하는 기업에 대한 외부 압력이 점점 더 이러한 변화를 반영하고 있다. 이러한 압력이 증가함에 따라 그 기대에 따라 행동하는 것이 기업의 이익에 부합한다는 것이 경영자에게 명백해졌다. 마찬가지로 기업들의 혁신의 결과 비즈니스는 새로운 제품과 서비스를 사회에 제공하여 우리의 삶과 상호작용을 형성할 신제품과 서비스를 도입함으로써 기존의 규범에 도전하여 미래의 기대에 변화를 일으킨다. 우리 경제시스템 내 모든 당사자가 이러한 선순환이 동기부여에 도움이 된다는 것을 이해하는 것은 총가치를 최적화하는 경제시스템 창조에 중심이 된다. 이 체계 내에서 기업의 위반 행위는 이해관계자 감독의 실패이자 집합적 감시의 붕괴를 나타낸다. 정부 또는 미디어 감독의 약화, 소비자 무관심, 종업원 침묵 또는 공급업체 기만 등 이유가 무엇이든지 상관없이 기업의 위반 행위(옳고 그름에 대한 사회적 평가)는 이해관계자가 기업에 책임을 물어야 할 의무를 수행하지 않았음을 나타낸다. 달리 말하면 그 기업은 무엇이 책임 있는 행동인지에 대한 우리의 집합적 결정을 위반한 것이다.

기업은 사회를 구성하는 집합적 가치의 조합을 반영하여 이해관계자들이 보내는 신호에 반응한다. 그러한 신호가 혼재되어 있거나 우리가 이전에 원한다고 말한 행위를 강화할 수 없을 때 문제가 발생할 수 있다. 예로서 필요한 안전 예방과 단기이익을 맞바꾸려는 유혹이 BP의 문화를 변화시키고 알래스카, 텍사스, 멕시코만에 이르는 "미국 역사상 최악의 원유 누출사고"를 불러왔다.[11] 만약 이해관계자들이 감시(예를 들면 정부의 조사, 파트너의 운영절차, 종업원 고발 등)를 강화했더라면 이러한 거대한 사고는 피할 수 있었을지 모른다. 심지어 합법적으로 제품을 생산하는 기업(담배와 총기 산업과 같은)조차도 이해관계자의 지지가 있어야만 존재할 수 있다. 만약 우리가 이러한 기업들이 혜택보다 해악을 더 많이 끼친다고 느끼면 정부는 그들의 제품을 불법화할 책임을 그리고 소비자는 그들의 제품에 대해 불매운동을 벌일 책임을 갖고 있다. 이해관계자들은 기업을 우리 경제시스템의 구성원이 될 만한 조직으로 만들 수 있는 집합적 권력을 갖고 있다. 기업이 집합적 이해관계자들이 가치를 인정하는 제품을 판매해 이익을 취한다고 비난해서는 안 된다.

본서는 최근 10년 동안 경제적 대혼란을 초래한다고 가차 없이(그리고 정확하게) 비난받아온 자본주의의 규제완화를 옹호하는 것이 아니라 이해관계자들에 의한 확장된 형태의 규제 도입을 주장한다. 제한적인 법률(필요하지만 충분하지 못한 이해관계자 행동)을 통해서 입법기관에 의존해 비즈니스를 제약하기보다는 모든 이해관계자가 기업에게 책임을 묻는 행동을 하는 효과적이고 포괄적인 규제 형태(4장 참조)가 다수 이해관계를 가진 시장기반의 견제와 균형을 만들어낼 것이다. 이러한 복잡한 구조는 무제한의 권력을 억제할 뿐만 아니라 이해관계자 기대를 충분히 충족시키는 진보적인 기업에게 무한한 기회를 제공해준다. 그 궁극적 효과는 개인 또는 기업의 이익보다는 보다 넓은 사회적 이익에 자본주의가 맞춰지도록 보장하는 것이다.

전략적 CSR은 수동적 원칙이 아니다. 그것은 권력을 부여하는 힘과 혁명적인 잠재력을 갖고 있다. 전략적 CSR은 목적 달성을 위한 기업과 개인의 이익 추구로 활용되면서 현재 시스템 내에 작동하고 있으나 그것이 추구하는 바는 바람직한 미묘한 변화가 사회 전반에 걸쳐 매우 다른 결과를 가져오는 것이다. 기업들이 개도국에서 이익 추구 활동을 시작하는 방식에서 그 잠재적 혜택을 발견할 수 있다.

이익

시장이 우월한 힘을 가져야 하는 중요한 이유는 이익의 핵심적 역할 때문이다.

> 이익은 일단 소비자들이 원하는 가치 있는 제품과 서비스 생산에 성공한 비즈니스의 증거이다. …… 적절한 이익을 창출하지 못하는 비즈니스는 종이상자와 같다. 그런 기업은 성장할 수 없고 일자리 창출과 높은 임금 지급에 실패한다. 결국 그 기업은 생존할 수 없다. 그런 기업은 근로자와 투자자들에게 안정성, 생활보장 또는 성공 기회를 제공하지 못한다. 또한 보다 넓은 사회적 의무도 충족시키지 못한다. 이는 어느 관점에서 보더라도 실패이다.[12]

본서에서는 위의 인용을 조금 수정하여 좁은 집단인 소비자를 보다 넓은 개념인 이해관계자로 대체하고자 한다. 만약 사회(모든 이해관계자의 집합적 그룹)가 기업의 계속적 운영을 허용한다면 이는 그 기업이 부가하는 가치가 있음을 의미한다. 즉, 그 기업이 존재하지 않을 때에 비하여 존재할 때 사회가 더 나아진다는 것을 본질적으로 인정하는 것이다. 현재로서 그 가치를 측정하는 최선의 측정치가 그 기업이 만들어 내는 이익이다.

기업의 이익은 생산원가보다 높은 가격에 재화와 서비스를 판매하는 능력을 나타낸다. 그것은 거래의 혜택("소비자는 구매를 통해 혜택을 받는다. 그렇지 않다면 자신이 직접 제품을 만들 것이다. 그리고 생산자는 판매로부터 혜택을 받는다. 그렇지 않다면 그 노력은 가치가 없을 것이다"[13])이다. 그러나 생산과 소비는 기술적 의사결정 이상의 것이다. 그것은 기업이 부가한 총가치를 포괄한다. 이것이 전략적 CSR 사고의 핵심이지만 CSR 공동체에서 경제가치에 대한 협소한 측정치이자 동시에 사회적 가치와 분리될 수 있는 개념으로 이익이 논의되었던 것과는 대조적인 사고방식이다. 경제가치와 사회가치를 독립된 개념으로 표시하는 것은 이익의 개념에 대한 오해의 산물이다. 사실 경제가치와 사회가치는 분리될 수 없는 것이다.[14]

경제가치 + 사회가치

비즈니스에서 이익 동기는 가격 메커니즘과 밀접하게 연결되어 있으며 가격은 제품과 서비스의 원가에 비즈니스 운영에 충분한 인센티브를 주는 이윤을 더한 금액이다. 시장에서 가격은 교환으로 인해 발생한 부가가치 측정을 위한 최선의 방법이다. 기업 성과의 측면에서 손익은 다수의 생산 및 소비 의사결정의 총합적 결과이다. 이러한 의사결정은 원가와 효익에 대한 개인의 다차원적 평가와 부과된 가격에 대한 소비자의 지불의사를 통해 이루어진다. 만약 내가 제품에서 얻는 가치가 그 가격을 지불하기 위해 나에게 발생되는 관련 원가를 초과한다면 나는 기꺼이 그 제품을 살 것이다. 달리 말하면 내가 제품을 살 때 나는 판매 기업에게 그 제품에 가치를 느낀다는 신호를 보내는 것이다. 경쟁시장 시스템 내에서 이러한 거래가 사회 전반에 걸쳐 반복되면 비즈니스의 근간이 되는 사회적 승인에 이르게 된다.

> 경영자가 이익 동기를 따르는 것은 단순히 생산적 서비스, 원재료, 소모품과 다른 필요 생산요소의 원가와 자신의 제품 판매 가격에 반영되어 있는 사회적 가치 평가과정을 따르고 있는 것이다. …… 경영자가 이러한 시장의

신호를 따르는 것은 자신뿐 아니라 사회의 이익에 따라 행동하는 것이다.[15]

따라서 개념적으로 경제가치와 사회가치를 구분하는 것이 경우에 따라서 도움이 될지 모르겠으나 현실에서 양자는 독립적이지 않다. 반대로 그 둘은 높은 상관관계를 갖고 있으며, 기업의 생산의사 결정(예를 들면 우리가 지역 하천을 오염시키고 있는가? 우리가 최저임금 또는 생활임금에 근로자를 고용하고 있는가?)과 소비자들의 소비 의사결정(예를 들면 내가 국내생산 기업 또는 해외 아웃소싱하는 기업의 제품을 사고 있는가? 내가 보다 환경 친화적 제품에 프리미엄을 지급하고 있는가? 또는 보다 싼 일회용 제품을 구매하고 있는가?)에 녹아 있다. 이러한 생산 및 소비 의사결정이 궁극적으로 기업의 경제적 성공을 결정하는 가치 판단적 결과를 포함하고 있다.

> 경제와 금융이 200년간 이루어온 성과는 기업이 총기업가치를 극대화할 때 경제 내의 사회복지가 극대화된다는 것이다. 이러한 기준 뒤에는 소비자가 그 제품과 서비스의 생산에 사용된 투입물의 가치(공급업체에 의해 가치가 매겨진)보다 높은 가치를 가진다고 평가하는 산출물을 기업이 생산할 때 (사회적) 가치가 창조된다는 단순한 사고가 자리 잡고 있다. 기업가치는 단순히 이러한 효익들의 장기적 시장가치이다.[16]

이것을 보다 구체적으로 표현하면 내가 제품을 구매하는 것은 기술적 기능을 수행하는 그 무엇인가를 구매하는 것이 아니다 — 나를 행복하게 만들고, 나의 상황을 전달해주고, 나의 자긍심을 향상시키고 사회적 책임을 충족하는 그 무엇(내가 갖고 있는 가치와 나의 우선순위에 따라)인가를 사는 것이다. 우리는 직관적으로 그 사실을 알고 있다. 그것이 BMW와 벤츠와 같은 자동차 회사가 존재하는 이유이다. 그들 제품은 A지점에서 B지점으로 이동 수단을 제공하는 것 외에 소비자들에게 많은 것을 제공해준다.

소비자가 지불하는 제품 가격에 내재된 개인적이고 비기술적인 가치에 추가하여 창출된 사회적 가치 수준과 연계된 가치의 구성요소도 있다. 예를 들어 만약 내가 도요타 프리우스를 산다면 그 차의 엔진과 배터리에 내재되어 있는 우수한 기술 때문에 하이브리드차가 아닌 유사한 자동차보다 높은 가격을 지불할 것이다. 그리고 나의 환경의식을 사람들에게 보여줌으로써 개인적 효용을 얻을 뿐만 아니라 내 차의 배기가스로 인한 오염을 감소시킨다는 공공의 효익도 얻는다.[17] 따라서 내가 지불하는 가격 프리미엄은 대기질 향상의 비용을 포함하고 있다는 점에서 내가 사회에 주는 보조금을 나타낸다. 이것이 모든 사람에게 혜택을 주지만 가격에 내재되어 있기 때문에 내가 부담하게 되는 긍정적 외부효과이다. 보다 구체적으로 환경오염을 감소시키는 제품을 제공함으로써 도요타는 경제문제 해결에 기여하는가(자동차에 대한 수요)? 또는 사회문제 해결에 기여하는가(환경 손상을 최소화하는 운송 수단 필요성)? 물론 대답은 "둘 다"이다. 그리고 이러한 두 가지 유형의 가치가 도요타의 연차보고서의 이익(또 손실)에 포착된다.

CSR 옹호론자들은 마치 경제문제와 사회문제가 별개의 문제인 것처럼 "조직의 열정"이 자신들로 하여금 "사회문제와 사회복지 이슈에 초점을"[18] 두게 해준다고 말한다. 간단한 사고 실험을 통해 이러한 강요된 이분법의 지나친 단순함을 강조해 보일 수 있다. 사람들을 먹여 살리는 것이 사회적 문제인가? 또는 경제적 문제인가? 물론 식품을 생산해서 널리 그리고 효과적으로 유통시키는 수백 개의 영리 식품업체들이 있다(수십만 개의 식당은 말할 것도 없고). 사람들에게 옷을 제공하는 일은 어떠한가. 사회적 문제인가? 또는 경제적 문제인가? 쇼핑몰을 방문해 보면 영리기업이 가장 궁핍한 빈곤층을 제외한 모든 사람에게 의류 공급을 근본적으로 저해하는 도전에 대해 얼마나 효율적으로 대응해 왔는지를 금방 알 수 있다. 또는 모든 가게에 인터넷을 제공하는 것은 어떠한가. 경제 문제인가 사회적 문제인가? 오늘날 당신은 온라인으로 연결되지 않으면("물이나 전기처럼 기본적 유틸리티라고 많은 사람들이 생각하는")[19] 여러 가지 측면에서 사회적으로 소외될 것이라고 말하지만 대부분의 선진 경제에서 인터넷 공급은 오직 민간부문에 의해 이루어진다(식품 및 의류 산업이 영양과 의복을 제공하는 것과 같이).

영리기업이 사회문제에 이미 복잡하게 관련되어 있다는 주장에 대해 어떻게 생각하는가? 사실 모든 기업이 사회문제 해결을 위해 경제적 수단을 사용하고 있다고 말할 수 있다. 이제 이러한 기업의 비즈니스 모델이나 제품 품질을 문제 삼을지 모르나 영리기업들이 경제적 그리고 사회적 구성요소가 얽혀 있는 복잡한 문제 해결에 관여하지 않는다고 주장하는 것은 불가능하다. 본질적으로 경제적 문제 또는 사회적 문제는 존재하지 않는다. 단지 사회적 또는 경제적 결과를 가진 문제가 있을 뿐이다. 이러한 문제에 대해 사회적 해결책이 있는지(그리고 그것을 영리기업이 해결할 수 있는지)와 비영리기업과 정부가 더 나은 해결책을 제공할 수 있는지가 핵심이다.

앞의 사례들이 말해주듯이 사회적 가치(제품과 서비스의 기능적 목적을 넘어서서 도출될 수 있는 가치)라고 불리는 것 중 많은 부분이 소비자들이 자신들의 가처분 소득을 나누고자 하는 자발적 의지에 포착된다. 우리 대부분에게 가처분 소득이 희소한 자원이기 때문에 지출의사 결정은 행동에서의 가치를 반영한다. 시장의 힘이 완벽하다고 얘기하는 것이 아니다.[20] 제품의 생산(예를 들면 공장 대기 배출) 또는 소비(예를 들면 자동차 운전) 과정에서 발생하지만 기업이 책임을 지지 않는 환경오염과 같은 사례에서와 같이 부정적 외부효과는 시장이 얼마나 불완전한지를 보여주는 좋은 사례이다. 둘 다 기업 이익이 추후에 사회가 부담하는 공공비용을 제대로 반영하지 못하는 예이다. 그렇지만 지금으로서는 전략적 CSR 측면에서 문제는 "그 동기 자체가 아니라 이익 동기의 남용"이라는 것을 기억해야 한다.[21]

달리 말하면 우리가 아는 한 기업 이익은 가치기반 사회에서 기업이 창출한 총가치(경제, 사회, 도덕 등)에 대한 최선의 측정치이다. 그것은 완전하지 않지만 우리가 가진 최선의 측정치이다. 그 불완전성을 극복하는 한 가지 방법은 시장 가격에 모든 비용이 포함되도록 하는 것이다. 이것은 8장에서 자세히 논의할 것이다. 그러나 그 논의에 들어가기 전에 전반적 가치 창조 측면에서 이익의 역할에 대해 더 생각할 것이 있다.

이익 최적화

기업은 광범위한 이해관계자에게 가치를 제공하는 과정에서 필수적으로 이익을 창출해야 한다. 따라서 전략적 CSR의 개념에서도 이익창출이 중심이 된다. 전략적 CSR은 기업이 무엇을 하는가(돈을 버는 일)보다 구체적으로 어떻게 하는가(수백, 수천 개의 운영 의사결정이 매일 이루어진다)에 초점을 둔다. 그 과정에서 영리기업의 사회적 역할에 대한 논의가 본서의 목적 중 하나이다. 비즈니스가 당연히 가치를 제공해야 한다는 가정에 도전함으로써 개혁을 통한 보다 지속가능한 경제 시스템 구축이 가능해진다.이를 달성하기 위해 도전해야 할 가정 중 하나가 기업들이 이익 극대화를 위한 정책과 실무를 추구한다는 것이다. 첫째, 이 개념은 불가능하다. 둘째, 그것은 도움이 되지 않는다.

첫째, 이익창출이 극대화되었는지 또는 대체적 의사결정이 어떤 효과를 가져왔을 것인지를 결코 알 수 없기 때문에 이익극대화 사고의 증명은 불가능하다.

> 경제 이론에서 수시로 가정되어 왔지만 경영자가 기업이익을 극대화하려 한다는 단순한 서술은 거의 의미가 없다. 이익 개념은 자산의 가치 계산, 결합 원가의 배분, 개발 비용의 처리[기타 등등]를 포함한다는 점에서 전혀 확고한 개념이 아니다. …… 이익 극대화 사고는 이익이 극대화되어야 하는 기간이 무엇인가에 대한 골치 아픈 문제를 발생시키며, 경영자 또는 관찰자가 미래 비즈니스 정체성에 영향을 미칠 수 있는 행동이 이익에 어떤 영향을 미칠지 계산하는 것은 어려운 일이다. …… 극대화된 이익이라기보다 "만족스러운 이익"의 추구라는 표현이 더 현실적이다("만족스러운"은 다른 기업의 이익과 관련하여 정의된다).[22]

둘째, 이익 극대화 사고가 단기이익을 강조하여 기업 내부 의사결정을 왜곡하기 때문에 도움이 되지 않는다. 일련의 의사결정이 이익을 극대화했는지 여부를 알 수 있는 유일한 방법은 정확하게 같은 기간 동안 정확하게 같은 조건에서 반복하여 모든 가능한 의사결정의 영향을 조사하는 것이다. 실제로 기업에 방향을 제시하는 의사결정은 철학적 논의를 포함한다(예를 들면 당신은 종업원들에게 최저임금을 지급하는 것이 생활임금을 지급하는 것보다 더 큰 이익을 창출할 것이라고 믿는가?). 따라서 자신의 의사결정이 기업의 이익을 극대화할 것이라고 주장하는 임원은 최소한 솔직하지 못하다고 할 수 있다. 그들이 그 주장의 성격을 완전히 이해하지 못하고 어떤 방법으로도 증명하지 못한다는 것이 거의 확실하다.

이익 극대화는 증명이 불가능하고 의사결정을 왜곡하여 도움이 되지 않기 때문에 이익극대화 목표는 논의의 초점을 흐린다. 이에 대한 대안으로 전략적 CSR은 이익 최적화에 초점을 둘 것을 강조한다. 마찬가지로 이익 최적화에 대한 확정적 증명이 불가능할지 모르나 그것은 의사결정 과정의 주관적 특성—서로 다른 사람들이 최적이라고 생각하는 결정을 위해 서로 다른 가치를 사용한다—을 더 잘 반영한다. 더구나 최대값의 개념이 절대값(확정적 금액)을 제안하는 반면, 최적치는 보다 상대적인 상태를 제안한다. 나에게 최적인 것이 당신에게 최적이 아닐 수 있으나 나의 결정기준인 가치가 잘못됐다고 말할 수는 없다. 이와 같은 수사적 변화가 기업의 모든 이해관계자의 가치를 창조하는 단기, 중기 그리고 장기 의사결정 간의 균형을 촉진하는 데 도움이 된다.

생산가치와 소비가치

앞의 논의와 같이 사회적 가치와 경제적 가치를 정의하고 그들이 서로 어떻게 관련되어 있는지 이해하는 것은 표면상으로는 단순해 보이지만 매우 복잡한 과정이다. 이를 개념적으로 대체할 수 있는 한 가지 방법은 생산과정에서 기업이 부가한 가치와 소비과정에서 제품이나 서비스에 의해 부가된 가치를 생각하는 것이다. 어떤 단계에서든 부가가치의 평가는 중립적이거나 플러스 또는 마이너스일 수 있다. 이러한 대체적인 개념화 방법에 따르면 종업원 임금이 제조과정에서 배출된 모든 오염물질처럼 생산과정에서 부가된(또는 차감된) 총가치 계산의 일부로 포함될 수 있을 것이다. 이와는 대조적으로 자동차 운전 또는 전화기, TV 등 전자폐기물에 의한 배출은 소비과정에서 부가된(또는 차감된) 가치의 일부로 계산될 수 있을 것이다. 그것의 순효과는 이론적으로 우리의 삶의 질을 정의할 것이며 그것이 다시 필요한 개혁의 결정에 도움이 될 것이다.

> 보다 나은 근로환경 또는 보다 나은 경제적 기능으로 귀결되는 생산조건의 향상이 최종 재화와 서비스 산출의 희생을 가져온다 하더라도 완전히 정당화될 수 있는 경우가 자주 있다.[23]

따라서 사회 전체로서 우리가 직면하는 도전은 재화와 서비스의 생산에 의한 우리의 삶의 질과 그 소비로 인한 삶의 질 간의 균형을 맞추는 것이다. 생산요소는 제조 과정에서 배출된 오염과 같이 기업이 현재 외부화하고 있는 원가(제조과정에서 오염물질 배출과 같은)의 통합을 포함하는 반면, 소비요소는 소비과정(예를 들면 자동차 운전, 전자폐기물의 재활용 등 소비과정에서 배출된 오염물질 같은)에서 소비자가 현재 회피하려 하는 원가의 통합을 포함한다. 만약 생산비용을 1달러 추가하는 것이 소비에 1달러 추가하는 것보다 큰 수익을 얻는다면 생산능력의 향상에 1달러를 지출하는 것이 우리의 집합적인 최선의 이익에 부합된다.

이런 의미에서 이익의 진정한 의미와 성격에 대한 이해가 개념적으로 중요하지만 그것은 어떤 지점까지만 도움이 된다. 만약 우리가 장기이익이 총부가가치 측정의 훌륭한(비록 불완전하더라도) 척도라는 것을 인정한다면 동시에 기업이 어떻게 가치를 부가하는지 이해하는 데 여전히 도움이 되지 않는 성과측정치가 장기이익이라는 것도 인식해야 한다. 결국, 예를 들면 "축구나 미식 축구에서 골을 넣는 것의 정의가 선수들에게 게임을 이기는 방법을 가르쳐 줄 수 없다. 다만 점수를 어떻게 계산하는지를 얘기해줄 수 있을 뿐이다."[24] 달리 말하면 기업이 사회적 책임을 수행하는지 정확하게 판단하는 아주 복잡한 과정의 결과로 이익이 나타난다. 따라서 이해관계자를 위한 가치 창조와 이익 추구 간에 어떻게 균형을 맞추는지 이해해야 한다. 이를 위한 한 가지 방법은 개도국과 선진국 모두에서 이해관계자에게 진보의 수준을 제공하는 것이다.

사회 진보

이익 추구와 전략적 CSR 관점때문에 단기이익만을 추구하는 접근방법은 갈수록 지지받지 못하고 있다. 오늘날에는 기업이 일관성 있게 중장기 성과를 내도록 압력이 강해지고 있으며, 경영자들은 이해관계자를 위한 가치를 창조할 때 가능한 한 혁신적이고 진보적인 방법을 택해야 한다. 이 과업의 중심에 잠재적 고객에 대한 이해가 있다. 이런 측면에서 가장 창조적인 기업은 봉사 대상인 고객의 탐색을 위해 보다 넓은 그물을 던진다. 그 예로서 유니레버나 씨티은행 같은 기업들은 혁신의 결과 새로운 시장을 창조하고 있다.

> 유니레버는 냉장기술에 대한 새로운 사고를 통하여 인도에서 2센트짜리 아이스크림을 제공할 수 있다. 씨티은행도 역시 인도에서 25달러밖에 투자할 수 없는 인도 사람들에게 금융서비스를 제공할 수 있다 …… 그 동인은 등한시된 소비자에 대한 봉사의 필요성이다. 진보로부터 이익이 발생하는 경우가 종종 있다.[25]

기업이 빈곤으로부터 이익을 취하는 것이 수용가능한가? 그것이 사회적 책임에 부합하는 것인가? 사회적 미션의 수행과 신흥시장에서 타당한 시장 기회를 추구하는 것 사이에 구분이 가능한가? 그러한 구분을 하는 것에 장점이 있는가? 오늘날 사회적 미션을 갖고 가치를 창출하는 실체로서 기업을 생각하는 것이 보다 도움이 되는가?

미래 10억 인구 시장

빈곤과 역경은 인간 삶의 조건의 지속적인 특성이다. 인류는 대략 40억 년 동안 지구상에 살았지만 우리가 현대 인간의 삶이라 부르는 시기는 대략 2~3백만 년에 걸쳐 개발되었다. 그러나 끝없는 빈곤에서 벗어나는 것은 산업혁명(19세기 중반) 이후에야 가능해졌다. 그리고 그때에도 가장 먼저 산업화된 경제가 후발국가들에 비해 훨씬 앞섰으며 그 번영이 상대적이고 산발적이었다.

> 1960년대만 해도 대부분의 사람들이 문맹이었으며, 항상 극단적인 빈곤 상태에 살았다. 이제는 15% 미만이 문맹이며, 극빈층도 10% 미만이다. 15년 후면 문맹과 극빈은 거의 사라질 것이다.[26]

고맙게도 앞의 인용문이 제시하듯이 상황은 빠르게 나아지고 있다. 2018년에는 매일 "추가로 전 세계 29만 5천 명이 처음으로 전기를 쓸 수 있게 되었고 …… 매일 30만 5천 명이 처음으로 깨끗한 물을 마실 수 있게 되었다. 그리고 매일 추가적으로 62만 명이 처음으로 온라인에 접속이 가능하게"[27] 된 것으로 추정된다. 이러한 진보의 많은 부분이 정부 보조와 개인의 자선(그리고 UN의 지속가능 목표와 같은 움직임)[28] 등 관대한 지원에 의해 이루어졌지만 시장의 힘의 확산 때문에 가능한 부분도 크다. 특히 중국의 경제가 발전한 결과 수천만 명이 외관상 경제적 번영을 누릴 수 있게 되었다.

> 1990년에 중국인의 2/3가 극빈 상태였다. 가장 최근의 추정에 의하면 …… 불과 2%만 극빈상태에 있다. 그동안 전반적 빈곤의 상당한 감소는 중국에 기인한다. 인도, 인도네시아 및 베트남에서도 역시 빈곤이 점점 사라지고 있다.[29]

이러한 발전의 결과로 세계적으로 빈곤 퇴치를 위해 일하는 사람들이 이제 개도국과 선진국 측면에서 빈곤을 얘기하는 것은 덜 생산적이라 느끼고 있으며 오히려 세계를 4개의 소득 집단으로 구분한다. 구체적으로 빌게이츠 재단은 이제 4개 수준의 그룹으로 구분하고 각 수준을 그룹 내 삶의 질로 정의한다([표 7-1]에 제시된 바와 같이).[30]

표 7-1 글로벌 소득의 4가지 수준(2018)

소득수준	삶의 질
제1수준 (하루 수입 $2 이하, 약 10억 인구)	이 소득수준의 사람들은 "맨발로 뛰어 살아가며 불을 때서 음식을 만들고 통으로 물을 길어서 쓰며 바닥에 잔다."
제2수준 (하루 수입 $2~$8, 약 30억 인구)	이 소득수준의 사람들은 "자전거, 매트리스 또는 요리를 위한 가스통을 가정에 가지고 있을 수 있다."
제3수준 (하루 수입 $8~$32, 약 20억 인구)	이 소득수준의 사람들은 "수돗물을 사용하고 모터바이크나 차를 소유할 수 있으며, 일상적으로 풍부하고 다양한 음식을 먹는다. 또한 냉장고와 전기를 사용하여 공부하거나 다양한 영양을 충분히 섭취할 수 있다."
제4수준 (하루 수입 $32 이상, 약 10억 인구)	이 소득수준의 사람들은 "가정에 냉·온수가 나오고 차량을 소유하며 충분한 영양을 섭취할 수 있다. 또한 12년 이상의 교육을 받을 기회가 부여된다."

출처 : 4가지 수준은 Hans Rosling의 Factfulness : Ten Reasons We are Wrong about the World and Why Things Are Better Than You Think, Flatiron Books, 2018. 인용문은 Hillary Brueck의 "Bill Gates says he now jumps the world into 4 income groups," Business Insider, April 5, 2018. http://www.business insider.com/bill-gates-doesnt-like-the-term-developing-countries-instead-he-lumps-the-world-into-4-income-groups-2018-4.에서 인용.

세계은행도 유사한 분류기준을 사용하지만 보다 구체적으로 연간 소득을 각 그룹별로 수치로 표현한다. 저소득(< 995달러), 중간 저소득(996달러에서 3,895달러), 중간 고소득(3,896달러에서 12,055달러) 그리고 고소득(> 12,055달러).[31] 이러한 범위를 보면 서구 경제에서 부의 수준이 얼마나 높은지 알 수 있다. 또한 그것은 서구 사회가 받아들일 만한 생활수준이라고 생각하는 수준까지 나머지 국가들이 소득을 증가시키기 위해 얼마나 노력해야 하는지 강조해준다. [표 7-1]에서 제1수준의 경제(대략 10억 명)는 현재 경제 발전과 번영 측면에서 뒤처진 사람들이다.[32] 그러나 경제적 계층구조의 바닥에 있는 이러한 사람들을 도움에 있어서 지금까지 원조는 현재 상황에 이르게 했을 뿐이고[33] 많은 경우 혜택보다 해를 끼칠 수 있다고 많은 연구는 지적하고 있다.[34] 오히려 기업들은 이러한 사람들을 큰 시장 부문, 즉 고품질에 합리적 가격의 제품을 요구하는 소비자로 생각해야 한다. 이것이 결국 시장에 제품을 출시할 때 독창성을 요구하긴 하지만 궁극적으로 이익과 사회 진보를 제공할 것이다.

> 기업이 이익을 실현하기 위해서 이미 부자 고객에게 팔고 있는 제품을 조금 수정하는 단순한 방법으로는 이 시장에 접근할 수 없다. 그보다는 매우 다른 경제학[개도국 시장에서]을 반영하여 제품을 철저히 재설계해야 한다. 즉, 소단위 포장, 저마진 제품, 대용량 등이 그것이다. 거대 기업들은 평소의 점진적 접근방법에서 벗어나 기업가적 정신을 가져야 하는데 그것은 그러한 시장이 단순히 진입의 대상이 아니라 창조될 필요가 있기 때문이다.[35]

이 시장은 연간 가치가 "5조 달러"[37]에서 "13조 달러"[38]에 이르는 규모로 추정될 정도로 이미 인상적인 시장이며[36], 미래의 가장 큰 잠재적 시장이다. 증가하는 생활수준에 대한 완전한 대용치는 아니지만 "중국에서 스타벅스는 이미 3천 개의 점포를 운영 중인데다가 매 15시간마다 새로운 점포가 개장된다."[39] 지난 몇십 년 간 중국의 혁명으로 "2050년까지 신흥국 경제의 거의 모든 사람의 수에 해당하는 거의 30억 명이 중산층에 진입할 것이기 때문에 글로벌 잠재력을 기대하게 한다 …… 신흥 국가의 소비가 2050년에 전 세계 소비의 거의 2/3를 차지할 수도 있는데 그것은 현재 1/3에 비해 현저히 증가한 것이다."[40]

"가난한 사람들을 더 이상 희생자 또는 부담으로 생각하지 않고 회복력 있는 창조적인 기업가와 가치의식을 가진 소비자로 인식하기 시작하는 것은"[41] 다국적 기업의 노력과 의지를 요구한다. 이러한 일이 일어나면 최상의 성장, 원가절감, 혁신에 대한 영감의 측면에서 혜택을 받을 수 있다. IBM[42]과 아마존[43]과 같은 기업은 이를 알고 있다. 이러한 잠재시장을 활용하기 위해 움직이는 기업의 또 다른 사례로 화장품 회사 로레알을 들 수 있는데 그 회사는 제품의 크기에 대해 보다 창조적 생각을 함으로써 인도 시장에 존재감을 확장하고 있다.

> 그 프랑스 화장품 브랜드는 몇 년 동안 인도의 가장 부유층을 겨냥한 마케팅 캠페인을 고수해 왔다. 그러나 20년에 걸친 인도에서의 미용 및 개인용품 붐에도 불구하고 로레알은 유로모니터 인터내셔널에 따르면 4% 이상의 시장점유율을 확보하는 데 어려움을 겪어 왔다. 그래서 랑콤, 바디샵 및 다른 브랜드의 소유주는 인도에서 제품 판매에 있어서 새로운 국면으로, 즉 보다 가난한 소비자에게 더 작은 포장의 제품을 파는 국면으로 진입하고 있다고 말한다.[44]

"미래의 10억"[45] 시장규모에 대해서나 중요한 사회적 가치를 부가하는 제품을 다국적 기업이 생산할 능력(그리고 의지)이 있는지에 대해 의문을 제기하는 비판가도 있다는 것을 알아야 한다.[46] 예를 들면 로레알의 사례에서 인도 사회의 가장 가난한 계층이 직면한 보다 근본적 문제를 고려하면 화장품을 대중에게 제공하는 것이 어떻게 진보가 되는지 이해하기 쉽지 않다.

> 저소득층 시장에서 이익을 내는 많은 기업들이 기본적 영양, 위생, 교육, 주거지를 제공하는 것이 아니라 모바일 전화기와 같은 제품을 제공하고 있다. …… 추가적으로 …… 사람들에게 소비 수단을 제공함으로써 권한을 부여한다는 주장을 액면 그대로 받아들일 수 없다. 소비패턴 변화의 환경 영향 또한 살펴볼 필요가 있다. …… 그리고 만약 더 많은 외국 회사가 저소득 시장을 공략하려 온다면 지역 회사를 대신하고 지역경제로부터 더 많은 자원이 빠져나갈 수도 있다는 점도 평가할 필요가 있다.[47]

아마도 그럴지 모른다. 그러나 경제 진보가 사회 진보를 야기한다는 것 역시 명백하다. 미래 10억 명의 개도국 소비자들이 화장품 또는 휴대폰을 원하는지 또는 필요로 하는지에 초점을 맞추기보다 개도국 경제에서 소비자 요구를 충족할 민간부문의 기회가 더 커질수록 민간부문이 다른 지역에서 착수한 사회 진보를 개도국에 적용할 가능성이 더 커진다는 것이 중요한 원칙이다. 시장은 사람들의 수요를 충족시키는 재화와 서비스 생산에 유인을 제공하는 강력한 수단이다. 그리고 그 과정에서 시장은 다국적 기업과 개도국의 다른 관계를 상상한다.

> 수십 년 동안 제3세계 원조의 주요 모형은 명백하다. 수력 발전이든 잉여식품 또는 의료장비든 상관없이 가난한 사람에게 무엇인가를 주라는 것이다. 그러나 서구 국가들이 지난 60년 동안 그러한 노력에 1조 5천억 달러를 쏟아 왔지만 전 세계 10억 명 이상이 하루에 여전히 1달러 이하로 살고 있다. …… [그 대안으로] 만약 시장에서 유용한 제품을 설계하였더라면 …… 그 인구가 실제로 그것을 원하고 사용했을 가능성이 훨씬 더 크다.[48]

사회 진보와 인류 복지에 필수적인 수요가 있는 제품 제공에 열심인 기업이 바로 유니레버이다.

유니레버

기업이 생산하는 제품이(경쟁시장에서) 사람들에게 보다 나은 삶과 꿈을 추구할 수 있게 해주기 때문에 영리기업은 사회 진보를 위한 최선의 희망이다. 그 좋은 사례인 이동통신전화는 유선 통신망이 없는 개도국에서 사람들의 의사소통과 비즈니스 수행을 가능하게 해주기 때문에 점점 더 중요해지고 있다.[49] 이러한 전화를 너무 소중하게 생각하기 때문에 "사람들이 전화를 계속 사용하기 위해 끼니를 거르거나 버스를 타는 대신 걷기를 선택할 것이다."[50] 영리기업은 사람들의 열망을 충족시킬 제품을 생산하는데 그것이 바로 국제원조보다 경제발전이 개도국의 빠른 사회 진보를 위한 최선의 수단이 되는 이유이다.[51] 그리고 그것은 유니레버가 오랫동안 시장 지배력을 누려온 개인 위생과 기초 식품의 영역에서 가장 중요한 요소이다.

> 영국–네덜란드계 대기업의 19세기 창업자들은 비누를 대중화시켰다. 유니레버는 생선튀김(fish finger), 냉동 완두콩 그리고 상업화된 마가린 등을 처음으로 개발하였다. 영국 최초의 TV 상업광고는 유니레버의 치약광고였다. 오늘날 유니레버는 헬맨 마요네즈, 벤앤제리스 아이스크림, 엑스 탈취제 그리고 도브 비누 등을 만들고 있으며, 그 기업의 수백 가지 다른 제품들을 매일 25억 명이 사용한다. 이 글을 읽는 사실상 모든 사람들이 현재 집에 여섯 개 이상의 유니레버 제품을 가지고 있다.[52]

"온정주의적 비즈니스의 빅토리아 모델을 개척한"[53] 유니레버는 미래 10억 소비자를 위한 제품에 적응한 가장 최초의 서구 다국적 기업이었다. 예를 들면 힌두스탄레버(유니레버가 지배 지분을 소유한)는 "많은 인도 사람들이 대용량 샴푸를 살 여유가 없다는 것을 알았다 …… 그래서 그 회사는 몇 센트짜리 일회용 포장(머리 길이에 따라 3가지 사이즈로 만들어진) 샴푸를 만들었다."[54] 이것에 기초하여 유니레버는 점점 더 영리목적과 개도국에서 비영리 우선순위 간의 긴장 관계를 탐색하고 있다. 예컨대 우간다의 손 씻기 캠페인에 유니레버가 관여한 것은 브랜드 비누(life buoy)가 공중의 의식에 손 씻기와 점점 연계된다는 것에 기초한 것이다. 그러나 그 기업의 NGO 파트너인 유니세프는 다른 목적, 즉 단순히 사람들로 하여금 손을 씻게 만드는 것이 목적이다. 유니세프는 사람들이 어떤 비누를 쓰는가에는 관심이 없으나 유니레버가 제공하는 마케팅과 유통의 전문성 덕분에 목표를 달성해 혜택을 받고 있다.[55] 이와 같은 캠페인은 유니레버가 보다 넓은 사회적 맥락에 지위를 확보하려는 오랜 역사의 일부이다.

유니레버 창업자 중 한 사람인 윌리엄 레버는 빅토리아 시대 영국에서 청결을 촉진하고 감염병을 줄이기 위해서 라이프보이 비누를 만들었다. 오늘날 개도국에서 5세 이하 350만 명의 아동들이 설사와 호흡기 감염으로 사망한다. 어린이에게 손을 씻도록 가르침으로써 사망통계를 줄일 수 있다. 그 회사는 생명을 구하고 제품을 판매하는 기회를 발견하였다.[56]

2010년에 유니레버의 CEO 폴 폴만(2009~2018)[57]은 지속가능한 삶의 계획을 시작하였다. 폴 폴만("한때 사제가 되려고 했던")[58]은 "10억 명 이상 인구의 건강과 복지 향상에 도움을 주고 …… 우리 제품의 제조와 사용에서 환경발자국을 절반으로 줄이고 …… [그리고] 100% 지속가능한 농산물을 조달하는 것"[59]과 같은 구체적이고 측정 가능한 목표를 2020년까지 달성하겠다고 약속하였다. 비록 그 야심찬 목표가 달성하기 어려운 것으로 판명될지 몰라도 유니레버는 그 계획을 비즈니스 모델의 중심이자 시장에서의 경쟁우위 원천으로 생각한다.[60] 가치기반 접근방법에 주로 기반을 두기 때문에 유니레버는 "모든 글로벌 기업이 갖고 있는 문명화된 자본주의의 가장 포괄적 전략"[61]을 가진 회사로 알려져 있다. 폴만이 LinkedIn에서 말했듯이 유니레버는 밀레니엄 세대들에게 특히 인기가 높으며, 이들은 유니레버가 "구글과 애플에 이은 세 번째로 가장 존경받는 기업"으로 선정되도록 도움을 주었다.[62] 그리고 〈그림 7-1〉이 보여주듯이 이러한 관심이 "놀랍게도 8년 연속"[63] 지속가능한 기업으로의 명성으로 이어진다.

관심은 환영할 만한 일이지만 그것을 얻기는 쉽지 않다. 개도국에서 유니레버의 업적은 그러한 시장에 접근하고 새로운 문화와 경제환경에 적응할 때 독특한 도전에 직면한다는 것을 가르쳐 주었다. 이러한 도전은 제품 포장(패밀리 사이즈 패킷보다는 낱개포장)으로부터 가게 디자인과 진열(더 작은 아울렛)과 다른 쇼핑 습관(주 단위보다는 매일)에 걸쳐 다양하게 이루어진다. 예를 들면 "[저소득층 소비자들은] 대용량 제품을 쌓아두기보다 …… 비록 소단위 제품이 단위당 가격은 비싸지만 소포장의 비누, 세탁 세제와 기저귀를 구매한다."[64]

물론 그러한 시장에서의 가치 창조는 기업들이 기꺼이 노력하기 때문에 가

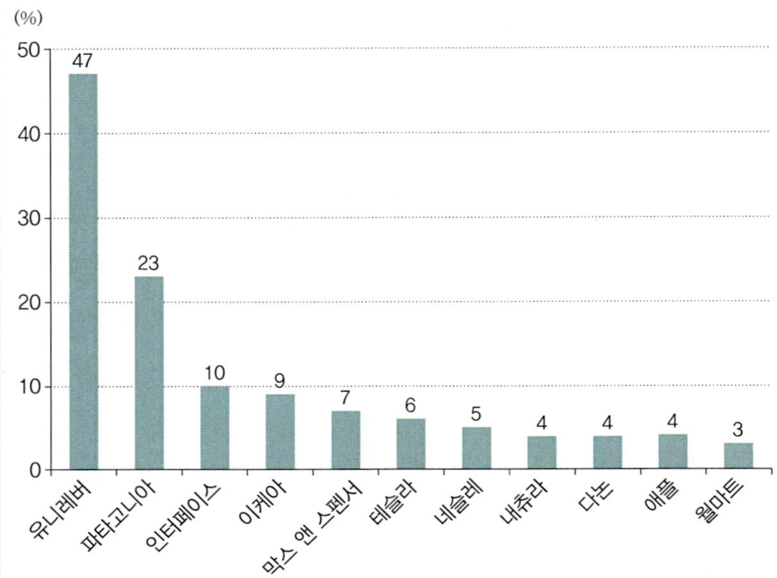

출처 : "The 2018 Globescan Sustainability Leaders Survey," Globescan, May 28, 2015, p.18
주 : This figure shows the percentage of mentions among "global experts" in response to the question "What specific companies do you think are leaders in integrating sustainability into their business strategy?

그림 7-1 유니레버—지속가능성 리더(2018)

능하다. 그러나 성공을 위해서는 가르치기보다 들어야 하고 규범을 변경시키기보다는 변화된 규범을 준수해야 한다. 이를 위하여 유니레버 파키스탄은 "얼마나 많은 선풍기, 스쿠터 또는 자동차를 사람들이 소유하는지에서부터 얼마나 자주 칫솔을 바꾸는지에 이르기까지 모든 것을 주의 깊게 조사하면서 소득수준이 아니라 20가지 다른 지출 프로파일에 따라 시장을 세분화하였다."[65] 이것이 "인도의 15개 주에서 10만 개 마을에 제품을 판매하는 여성 기업가 4만 5천 명의 강력한 군대"[66]를 만들었다. 기업의 물류를 향상하도록 보완해준 사람들 또한 성공의 필수 요소이다.

개도국 소비자들은 다른 곳의 소비자들과 같은 열망을 갖고 있지만 성공을 위해서는 기업이 존중해야 할 다른 기대와 요구를 갖고 있다.[67] 유니레버의 목표는 2020년까지 "개도국 시장이 총 매출의 70%를 차지하도록 하는 것"[68]이다. 만약 이 기업이 그 목표를 달성할 수 있다면 그것은 이익 추구에서 비롯된 혁신 때문일 것이다. 유니레버는 사실상 다른 어떤 기업들보다 더 철저히 전략적 CSR 관점을 포용한다는 점에서 독특하다.[69] 그 중심에 있는 것은 가장 사회적으로 책임 있는 기업은 광범위한 이해관계자에 대한 가치 창조의 결과로 이익을 만드는 기업이라는 이해이다.

전략적 CSR 논쟁

발제 제안 : 기업이 이익을 낼 수 없으면 사회적 책임을 지는 기업이 아니다.

토론과 검토를 위한 질문

1. "세상에서 가장 중요한 조직은 기업이다. [그것은] 서구사회 번영의 기초이며, 나머지 세계의 미래를 위한 최선의 희망이다"[70]라는 주장에 대해서 어떻게 생각하는가? 기업이 아니라면 무엇이라 생각하는가?

2. 경제적 가치와 사회적 가치는 없다—가치만이 있을 뿐이다라고 말하는 것이 진실인가? CSR 공동체에서 이러한 주장의 시사점이 무엇인가?

3. 영리 회사가 빈곤으로부터 이익을 창출하는 것이 괜찮은가? 이익추구에 제한이 있는가? 그렇다면, 그것을 어떻게 정의할 것인가?

4. 어떤 회사가 소득수준 1그룹(하루 2달러 미만으로 생존하는)의 10억 명에게 제품을 판매할 수 있는 수익성 있는 틈새시장을 찾았다고 가정하면 그러한 돌파구가 소득수준 4그룹의 10억 명(하루 32달러 이상 버는)에 대한 매출에 어떤 도움을 줄 수 있을 것인가?

5. 유니레버의 지속가능한 삶의 계획(http://www.uniliever.com/sustainable－living/)을 살펴보라. 본 장을 읽기 전에 이러한 계획을 알고 있었는가? 그것이 유니레버에 대한 당신의 인식을 조금이라도 바꾸었는가? 그 계획이 CSR인가? 전략적 CSR인가? 혹은 그 양자인가? 그리고 그 이유는?

제 8 장

준수와 경영책임

일반적으로 기업들은 이익 증가에 초점을 두고 그들의 관심사를 추구한다. 따라서 CSR 공동체에서는 이익에 대한 초점이 얼마나 협소하며, 소수의 이해관계자에게만 혜택을 주는 것인지에 대한 논쟁이 있다. 사회 전체가 기업 운영으로부터 혜택을 받을 때 가장 큰 가치가 창조된다는 것을 가정한다면 그 결과를 어떻게 달성할 것인가? 시장이 이익 추구의 자유를 가진 기업들의 행동(예를 들면 소비자와 경쟁자와 상호작용을 통하여)을 결정하도록 내버려 둬야 할 것인가? 아니면 하나의 강력한 이해관계자(예를 들면 정부)가 특정 목적 달성을 위해 설계된 제한(법안, 법률 또는 규제와 같은)을 부과하기 위해 개입해야 할 것인가? 간단히 말해서 CSR이 자발적이어야 하는가 강제적이어야 하는가?

자발적 대 강제적

사회의 요구에 있어 강제성을 지지하는 사람들은 기업이 사회적으로 수용가능한 방법으로 행동하도록 하는 유일한 방법이 강압이라고 믿는다. 그들은 이러한 주장의 증거로 "산성비 감소, 대기질 향상, 오존층 회복 등 주요 환경보전의 사례가 국가의 법률 또는 국제협약의 결과였다"라고 주장한다.[1] 이와 유사하게 정부가 설탕을 포함한 음료 판매와 같이 사회적으로 바람직하지 않은 행위를 억제하기 위해 조세("죄악세")[2]를 도입한 이후(미국의 "7대 도시"를 포함하여 "거의 40개국"에서 현재 해 오고 있는 것과 같이)[3] 생산업자들이 소비자들에게 더 높은 원가를 전가했고 이에 따라 해당 음료의 수요가 감소하였으며, 보다 건강한 대체재(생수와 같은) 수요가 증가하였다.[4]

> 멕시코의 과세는 2014년 효력을 발생하였으며, 설탕을 포함한 모든 음료에 적용되었다. …… 대규모 표본의 멕시코 도시 가계 쇼핑 자료에 기초한 연구에 의하면 첫 해의 수요 감소가 다음 해에도 이어졌다. 전반적으로 설탕 음료가 2014년에 전년 대비 5.4% 감소하였으며, 2015년에 9.7% 감소하였다(2013년에 비해).[5]

이와 대조적으로 기업이 이해관계자들에게 어떻게 가장 잘 봉사할 것인가를 (자발적으로) 스스로 정의하도록 하는 방안을 지지하는 사람들은 지나친 규제가 기껏해야 주의를 분산시키고 최악의 경우 기업에게 추가적 원가로 작용하여 최적화되지 못한 사회적 결과를 초래한다고 믿는다. 미국 헬스케어 산업의 예에서 자발적 행동 옹호론자들은 과도한 규제 때문에 환자 치료에 걸리는 최소한의 시간과 거의 동일한 양의 서류 작업이 증가하고 있다고 주장한다. 2015년 기준으로 "병원이 보험을 청구할 수 있는 질병과 상해 중 연방정부에 의해 강제화된 카테고리의 수는 18,000개에서 140,000개로 증가하였다. 그중에는 앵무새에 의한 상해와 관련된 9개의 코드가 있으며, 수상 스키에 의한 화상과 관련된 코드는 3가지이다."[6] 그리고 만일의 사태를 위해 의사들이 "환자가 악어에게 물렸는지 혹은 제트 엔진에 빨려 들어갔는지"[7]에 대해 기록할 수 있도록 하는 코드가 있다.

이는 관료주의가 변화하고 있으며, 특정 행동이 자신의 최선의 이익에 맞는다고 조직이 진정으로 믿을 때에만 그 목표 달성을 위해 충분한 자원을 투입할 것이라는 점을 시사한다. 더구나 자발적 행동 지지자들은 단순히 현대 사회가 너무 복잡하기 때문에 지나친 세부적 관리는 비현실적이라 주장한다. 국가가 우리 삶의 모든 측면을 통제할 충분한 자원을 갖고 있지 않기 때문이다. 미국에서

> 노동안전위생국(Occupational Safety and Health Administration)은 8백만 개 이상의 업무현장에 대한 권한을 갖고 있다. 그러나 3천 7백 개 작업장에 오직 한 명의 검사관을 파견할 수 있다. 환경청(EPA)은 작업장뿐만 아니라 미국의 모든 자산에 대한 권한을 갖고 있다. 2013년에 강제적 요구에 비하면 아주 적은 숫자인 1,800번의 검사만이 실시되었다.[8]

즉, 정부가 포괄적 감시를 할 자원이나 역량을 가지고 있지 않다. 과도한 규제는 복잡성 증가를 초래하고, 향상된 결과를 거의 가져오지 않으며, 규제준수를 위한 추가적인 원가를 발생시킨다. 예를 들면 금융위기 이후 통과된 도드-프랭크법은 대략 『전쟁과 평화』 15권에 해당하는 분량인 "22,200 페이지에 달하는 규칙을 가지고 있으며", 미국 6대 은행의 연간 준수비용을 "최소한 702억 달러"[9]로 급증하게 만들었다. 그러나 이것이 우리가 시장이 마음대로 작동할 수 있게 허락해야 한다는 것을 의미하는가?

유인과 강제

한 쪽 극단에는 기업의 최악의 과도한 행위를 제한하기 위한 법률과 규칙을 법제화하고 강제집행할 것을 옹호하는 주장이 있다.

> 기업들은 강제로 요구되지 않는 한 추가적인 비용이 발생하는 행동을 하지 않는다. 따라서 사회 전체에 혜택을 줄 행동을 보장하기 위한 법률이 필요하다.

반대쪽 극단에는 준수의 가치를 보여줌으로써 행동에 대한 인센티브 부여를 옹호하는 주장이 있다.

> 기업들은 지역사회에 의한 가치평가를 추구해야 한다. 최고 실무는 쉽게 정의되거나

강제될 수 없다. 어떤 행동이 성공과 연계되어 있다면 이익 동기가 필요한 혁신을 제공할 것이다.

기업이 사회에서 인정받는 정도는 이해관계자 기대의 충족 정도에 의해 규정되기 때문에 법규준수가 CSR 논쟁의 중심이 된다. 가치를 부가하는 기업들은 환영받지만, 가치를 파괴하는 기업은 비판받게 되고 궁극적으로 사회에서 거절당하게 될 것이다. 이와 같이 기업 행동이 해를 끼칠 잠재력이 있는 경우 그에 대한 엄격한 규제가 필요하다는 주장이 힘을 얻는다. 예를 들면 핵폐기물 운송기업이 핵폐기물 잔재가 자신의 기기에 남더라도 피해를 피할 수 있다고 생각했다면 그 기업은 안전한 운송 보장에 필요한 값비싼 예방조치를 회피하려는 유혹을 가질지 모른다. 그러나 마찬가지로 효과적 실행을 위해 CSR 관점에 진정으로 몰입하는 강력한 사례가 필요한데 어떠한 규제로도 강제적으로 그렇게 만들 수 없다. "법률적 의무를 넘어서 이해관계자 사고를 기업 운영의 핵심으로 통합하고 이해관계자와의 소통을 기반으로 하는 것"[10]이 CSR이라는 생각의 자발적 변화가 핵심이다. 그러나 기업의 자체적 운영 가이드라인을 결정하는 시스템이 남용될 수 있다고 상상하는 것 역시 어렵지 않다. 사적 이익을 위해 외부 이해관계자들을 속여온 기업 사례는 어렵지 않게 발견할 수 있다.

> 예를 들면 엔론(Enron)은 거대한 PR 활동으로 CSR 성과를 자랑스럽게 제시하면서 내부적으로는 그들을 배신하였다. 만약 기업이 진정한 CSR을 하지 않으면 그것은 겉치레일 뿐이다. …… CSR을 기꺼이 받아들이고 내부화하는 것이 좋은 비즈니스라는 사실을 보여주는 것이 최선의 방법이다.[11]

일반적으로 많은 사람들이 관심을 가장 크게 갖는 영역에서 규제의 역할을 찬성해 왔다. 예컨대 인도에서 모든 공공거래 기업은 "법률에 의해 지역사회에서 착한 일을 하는 것으로 대략 정의되는 CSR 활동에 이익의 2%를 지출해야 한다."[12] 그러나 어디에 선을 그을 것인지 아는 것이 핵심이다. 언제 법규가 기업의 최악의 충동적 행동으로부터 사회를 지켜줄 것인가? 그리고 언제 시장경제의 중심인 역동성과 창조성을 제한할 것인가? 언제 감시가 업무방해로 이어지고, 그 결과가 저항으로 또는 극단적인 경우 침략("금융혁신은 규제를 전후해서 돈을 버는 법을 계속해서 찾아낸다")[13]으로 나타날 것인가? 더 나쁜 것은, 죄악세는 회귀본능이 있어 사회의 빈곤층에 특히 그 영향을 미친다.[14] 그러나 과도한 행위를 제한하기 위해 고안된 규칙과 법률이 재앙을 피하게 할 수 있을지 모르나 자유로운 혁신의 결과인 많은 혜택을 제한할 수도 있다. "정부는 중력의 법칙을 폐지할 수 없는 것과 마찬가지로 최선의 실무를 위한 입법행위를 할 수 없다."[15] 즉, 밀턴 프리드만이 말했듯이 "만약 우리가 정부에 사하라 사막을 책임지라고 하면 5년 안에 모래가 부족해질 것이다."[16]

자기이익추구

'자발적 대 강제적' 논쟁의 배후에 있는 흥미로운 질문은 자기이익의 추구가 어느 정도 최적의 사회적 결과를 생산해 내는가이다. 이타주의를 법제화하는 것은 어렵기 때문에 인간은 폭넓은 가치 창조의 대가로 개인적 혜택을 부여받는 행동에 가장 크게 동기를 얻는 것으로 보인다. 이것이 신고전주의 경제학의 기초가 되는 철학이지만 금융위기 이후 앨런 그린스팬의 예에서 보듯이 이 입장에는 한계가 있다.

그린스팬과 금융위기

그린스팬(Alan Greenspan, 1987~2006년까지 미국 연방은행 의장)은 금융 산업 내에서 자율규제(자발적 준수)의 오래된 옹호자였다.

> 1963년 그는 "정직한 거래와 고품질 제품의 평판이 모든 비즈니스맨의 이익에 부합된다"고 썼다. 그는 규제는 강제적으로 평판을 경쟁으로 대체함으로써 이러한 "최상

의 도덕 시스템"을 저해한다고 말했다.[17]

그린스팬은 통화를 찍어 내고 개인 저축을 보장하는 등의 정부의 규제에 의한 개입이 "금융가의 비즈니스맨으로 하여금 신중하게 행동하게 하는 인센티브"[18]를 감소시킨다고 주장한다. 말할 필요도 없이 금융위기는 시장의 자정능력에 대한 그린스팬의 확고한 신념을 흔들어 놓았다. 그린스팬은 금융위기에 관한 증언을 위해 참석한 하원 감시 및 정부개혁위원회(House Committee on Oversight and Government Reform)에서 "나를 포함하여 주주지분 보호를 위해 대출기관의 자기이익 추구를 주의해서 관찰해 온 사람들은 불신의 충격 상태에 빠져 있다"[19]고 선언하였다.

지나친 규제는 기업가정신을 억압하고 비효율을 조장하므로 수용할 만한 행위에 대한 이해관계자의 정의가 가변적이라는 것을 인식하는 것이 기업에게 최선의 이익이 된다. 만약 기업이 진화하는 이해관계자의 관심사를 무시한다면 그에 대해 보다 큰 잠재적 손해를 가져올 광범위한 영향을 끼칠 규제의 역풍이 모든 기업의 사업환경을 억압할 것이다. 역설적으로 가장 전향적인 기업이 과거에 이해관계자의 예리한 주의의 대상이었던 경우가 종종 있다. 이러한 기업들은 사회적 관심사에 긍정적으로 대응하는 것이 자신들의 이익에 어떻게 도움이 되는지를 보다 완벽하게 이해하고 있다.

자기이익추구와 이기심

자기이익추구 개념은 가끔 이기심과 동일시된다.[20] 그러나 이것은 정확하지 않으며 도움이 되지 않는다. 이에 대한 반응은 두 가지가 있는데 이 둘을 같이 고려하면 자기이익추구가 사회를 위한 최적 결과로 이어질 수 있다.

첫째, "자기이익"은 "이기심"과 같지 않다. 나의 이익은 내 주위의 사회를 더 강하게 만듦으로써 달성될 수 있다. 예를 들면 내가 추가로 낸 돈이 사회에서 가장 필요로 하는 사람들의 교육, 헬스케어 또는 안전망 제공에 재투자될 것을 내가 안다면(그리고 내가 이러한 일들에 가치를 두는 한) 더 많은 세금을 내는 것이 내 이익과 일치한다고 정당화할 수 있다. 반대로 내가 단순히 단기적인 개인소득 증가를 원하기 때문에 공공재에 대한 기여를 거절한다면 개인적으로 나에게 해가 된다고 생각할 수 있다. 예를 들면 경찰에 예산을 제공하는 것을 거부한 결과 범죄가 증가하고 나의 개인재산(또는 안전)이 위험에 빠지게 된다면 나의 이익에 반하게 된다.
둘째, "합리적 자기이익" 아이디어는 부적절한 사고이며, 잘못된 정보에 입각한 공공정책을 가져오는 왜곡된 가정에 기초한 매우 제약적인 이론적 모형을 만들어 낸 고전주의 경제학의 핵심 특성이다. 인간은 자신의 실제 이익이 아니라 인식된 이익을 추구한다. 경우에 따라서 그 둘이 같은 것일 수 있다. 그러나 내 경험으로는 그들은 많은 경우 서로 다르다(심지어 누군가의 실제 이익이 확인될 수 있다 가정하더라도). 그 차이는 우리를 인간답게 만드는 정서, 편견 및 가치에 의해 설명된다.

고전주의 경제 이론이 합리적 인간에 대해 잘못된 가정을 하는 것과 마찬가지로 대부분 CSR과 지속가능성 논쟁은 책임감 있는 인간에 대한 잘못된 가정을 도입한다. 둘 다 인간의 행위와 행동의 동기에 대해 잘못된 인식을 갖고 있다. 개인이 자신의 이익을 위해 행동한다는 것은 사실이나 그것은 실제 이익이 아니라 인식된 이익이다. 달리 말하면 인간의 세계관을 결정짓는 정서, 가치 및 오해 등에 의해 흐려진 자기이익이다. 따라서 보다 지속가능한 경제모형을 구축하기 위해 우리는 먼저 개인이 원하는 행동이 아니라 실제로 어떻게 행동하는지 이해하는 것이 좋다. 우리는 행동금융(behavioral finance)이나 행동경제학과 같은 CSR의 행동 모형이 필요하다.[21] 간단히 말해서 "인간 사회 연구에 엄청난 영향력을 가진 경제학적 접근방법은 인간이 무엇인지를 먼저 이해하지 않으면 그리 가치가 없다."[22]

강제적인 정부 간섭과 그 결과로 발생하는 비용에 대한 인식과 함께 그 간섭을 지지하게 만드는 이론으로서 신고전주의 경제학 관점에 대한 핵심적 대안이 영향력을 얻고 있다. 행동경제학 연구는 실제 인간의 의사결정(추상적 가정이나 이상보다는)을 더 잘 반영하는 모형 구축을 위해 인간 심리학에 의존한다. 그들은 행동을 규정하되 선택의 자유를 유지함으로써 사회적으로 최적의 결과에 보다 가깝게 해준다.

행동경제학

CSR을 권장하기 위해 강제적 규제를 지지하는 사람들은 자신이 추구하는 목표 달성을 위해 항상 강압적 인센티브와 엄격한 처벌의 조합에 초점을 맞춰왔지만, 자발적 행동을 향한 길은 상대적으로 명확하지 않았다. 이 분야의 연구는 경제적 · 심리적 수단을 조합해 사용하는 것이 효과적임을 제안하고 있다. 재무적 유인(경제학)이 항상 역할을 해 왔지만 행동 연구는 동료 그룹 압력(사회심리학) 또한 사회적으로 최적의 결과를 생성하는 데 도움을 줄 수 있다고 제안한다.

넛지(nudge)

> 경제학은 사람들이 어떻게 선택을 하는가에 관한 것이다. 사회학은 어떻게 그들이 취할 수 있는 선택이 전혀 없는지에 관한 것이다. 듀젠베리(James Duesenberry)[23]

앞의 인용문이 제안하듯이 경제학자와 사회학자는 전통적으로 사람의 행동 동인에 대해 격렬한 이견을 보여왔다. 연구 분야로서 행동경제학의 대두는 두 영역 간의 연결고리를 제공하며, 전략적 CSR에서 중요한 것은 그것이 강제적 대 자발적 CSR에 관한 논쟁에 해법을 제공한다는 것이다. 이러한 흥미로운 연구 분야는 인간의 의사결정의 비합리적 성격을 설명하기 위해 경제 이론과 인간 심리학을 결합한다 — 그것은 "인간 정신의 취약성"[24]을 다룬다.

> 행동경제학자는 사람들이 어떻게 잘못된 논리를 사용하여 의사결정 체계를 구축하는지를 예측하고 설명한다. 그리고 보다 나은 행위를 촉발하는 새로운 방아쇠를 당겨서 사람들을 적절히 행동하도록 할 것인지 파악한다.[25]

넛지

공공정책에 행동경제학을 적용하면 미묘한 넛지가 극적인 효과를 가져올 수 있다. 넛지는 최적의 사회적 결과를 촉진하기 위한 정책 수립과정에 우리의 결정을 ("우리로 하여금 과거를 오해하고 현재를 잘못 해석하고 미래를 잘못 예측하도록 하는")[26] 형성하는 데 편견을 통합하지만 여전히 선택에 관한 환상을 내포하고 있다. 달리 말하면 "다른 선택을 제시함으로써 사람들로 하여금 보다 나은 의사결정을 하도록 방향을 잡아주는 것이 가능하다."[27] 넛지가 지적으로 알맞게 사용되었을 때 그 결과는 강력해진다. 예를 들면 영국에서의 한 실험에서 여러 가지 다른 표현의 편지를 자동차세를 납부하지 않은 사람들에게 보냈다.[28]

> 어떤 수취인이 받은 편지는 "세금을 납부하지 않으면 자동차를 잃을 것이다"라는 내용이 아주 평이한 영어로 쓰여졌다. 또 어떤 수취인은 문제가 된 자동차 사진을 포함한 더 개인적인 편지를 받았다. 편지의 내용을 바꾼 것만으로도 자동차세를 납부하는 사람 수가 두 배로 증가했다. 사진을 포함해서 새로 쓴 편지는 납세자를 세 배로 증가시켰다. …… 프랑스 학교에서 기술적 스케치의 교육성과를 연구한 결과 그 교육 대상을 "기하학"이라고 부르는 경우 소년들이 더 좋은 성과를 보였으나 "그림"이라 부르는 경우 소녀들이 소년들과 동등하거나 또는 더 좋은 성과를 보였다.[29]

넛지를 이용해 목표를 달성할 수 있는 공공정책의 범위는 매우 넓다. 예를 들면 선진국 사람들 대부분은 개인 소득세를 납부해야 한다는 인식을 갖지만 실제로는 많은 사람들이 납부하지 않는다. 미국에서 "납부되어야 할 세금과 실제 납부되는 세금의 차이가 연간 거의 4천억 달러이다. …… 그리고 영국에서는 대략 4백억 파운드(7백억 달러)이다."[30] 법규준수를 향상시키는 방법의 핵심은 어떻게 선택안이 제시되는가이다. 가장 중요한 문제는 바람직한 결과를 생산하기 위한 가장 효과적 방법은 무엇인가이다.

비만과 관련된 이슈를 예로 들어보자. 때로는 최선의 접근방법이 소비세(예를 들면 "설탕이 첨가된 음료에 온스당 세금 부과")[31], 또는 금지(과도한 크기의 음식 제공[32] 또는 높은 트랜스 지방 함유 음식 금지[33])이지만 가끔 사람들로 하여금 보다 건강한 선택을 하도록 동기 부여하는 것이 접근이나 선택방법의 개선만큼이나 간단한 경우도 있다.

일례로 어린이들이 학교 점심으로 무엇을 선택하는지 이해하기 위해 연구자들이 학교 식당에서 선택 행동을 연구하였다. 그들은 단순히 더 낮은 영양가 음식을 더 닿기 어려운 장소에 놓음으로써(예컨대 신선한 우유를 카운터의 정면에 놓고 초콜릿 우유를 뒤에 놓는 것) 선택을 변경할 수 있다는 점을 발견하였다. 실제로 브로콜리를 식품 라인의 맨 앞에 놓자 "학생들의 구매량이 10~15% 증가했으며", 쟁반을 사용하도록 권장하자 채소 소비량이 더 높아졌다(쟁반이 없는 학생들이 샐러드를 먹을 확률은 쟁반을 사용하는 학생들보다 21% 낮다. 하지만 그렇다고 아이스크림을 덜 먹지는 않는다).[34] 연구자들은 과일, 채소 그리고 다른 식료품에 별도의 라벨을 붙여 구역으로 표시한 수퍼마켓에서의 쇼핑카트 사용에서도 유사한 효과를 발견하였다. 과일과 채소 구역을 더 크게 표시한 결과(구분선을 카트에서 이동시키자) 사람들은 그러한 건강 식품을 더 많이 구매하였다.[35] 물론 부모들의 주의가 분산되어 가장 반대할 확률이 낮은 상황에서 어린이들이 제품을 사달라고 부모들을 조를 수 있도록 계산대 부근에 초콜릿과 캔디를 진열한 슈퍼마켓은 그 반대의 심리도 이용하고 있다.[36]

> 아담 스미스와 전통 경제학의 거장들이 합리적 경제적 행위자로서 모든 사람이 자기이익에 좋은 결과를 가져올 결정을 할 준비가 된 인간이라고 상정하도록 만들었다. 지난 수십년간 이러한 생각을 완전히 파괴해 버린 고마운 행동경제학의 창시자들이 있다.[37]

따라서 행동경제학의 목표는 이론적 가정보다 실증적 고찰을 통하여 인간 행동을 설명하는 것이다. 공공정책의 가치는 열린 사회의 필수적 구성요소인 개인의 선택을 여전히 유지하면서 사회적 혜택을 달성하도록 인간 행동을 형성할 능력이 있는지에 달려 있다.

> 당신이 운전 면허를 갱신할 때 장기 기증 프로그램에 등록할 기회가 주어진다. 독일이나 미국과 같은 나라에서는 갱신할 때 장기 기증을 원하는지 체크하는 칸이 있다. 대략 14%의 사람들이 장기 기증에 참여한다. 그러나 …… 어떻게 그 질문을 제시하는지가 정말 중요하다. 폴란드나 프랑스와 같은 나라에서는 당신이 장기 기증을 원하지 않을 때 박스에 체크해야 한다. 이 방법을 채택한 국가들에서는 90% 이상의 사람들이 장기 기증에 참여한다.[38]

이와 유사한 넛지가 사람들이 연금에 가입하거나[39] 차별을 최소화하거나[40] 비행기 충돌을 피하거나[41] 칼로리를 줄이거나[42] 또는 심지어 식당에서 팁 금액을 높이는 의사결정을 할 때 도움을 준다.[43] 여러 대안이 주어졌을 때 사람들은 자신의 이익에 맞다고 인식되는 것을 선택한다. 그러나 우리는 의사결정을 할 때 내재적으로 편견을 가지고 있으며, 심지어 우리가 독립적인 사고를 하는지도 전혀 명백하지 않다.[44] 그 결과 우리는 당혹스러운 의사결정을 하기도 하는데 그중 대다수가 전혀 논리적으로 말이 안 된다. 그 예로서 "사람들은 폭풍우가 몰아칠 때 돈을 더 주고 우산 사기를 거부한다. 저가 휘발유로 절약한 돈으로 프리미엄 휘발유를 산다. 커피 머그잔을 3달러에 사서 6달러에 팔기를 거부한다."[45]

행동경제학의 이해는 이러한 편견을 이용하여 우리가 사회에 혜택을 주는 결과를 촉진할 수 있는 의사결정을 하게 도와준다. 넛지 경제학이 공공정책에 영향을 미친 정도는 "행동경제학 적용에 기여할 세계 최초의 정부기구"로서 미국에서 사회행동과학팀(Social and Behavioral Sciences Team, https://sbst.gov/)[46]이 설립된 점을 보면 알 수 있다. 그러나 행동을 조작할 능력이 주어지면 사회적 혜택이 무엇인지를 정부가 결정할 위험이 있다. 그리고 이러한 접근방법이 민간부문에 적용될 때 어떤 기업은 그것을 소비자를 오도하는 데 사용할지도 모른다. 이를 피하기 위해 행동경제학 창시자 중 한 사람이며, 2017년 노벨경제학상 수상자[48]인 탤러(Richard Thaler)[47]는 한 논문에서 넛지의 윤리적 사용을 말해주는 세 가지 원칙을 제시했다.[49]

탤러의 넛지 세 가지 원칙

1. "모든 넛지 행위는 투명하고 절대 오도하지 않아야 한다."
2. "넛지를 배제하는 것이 가능하며 그만큼 쉬워야 한다."
3. "넛지에 의해 권고된 행동이 사람들의 복지를 향상시킨다고 믿을 좋은 이유가 있어야 한다."

이러한 원칙을 따를 때 넛지는 개인과 사회의 복지를 증진시키는 강력한 수단을 제공한다. 물론 무엇이 정확하게 우리의 최선의 이익인지에 관한 논쟁은 치열하다. 궁극적으로 우리는 자유 사회에 살고 있으며, 사회가 일상적으로 어떻게 보이고 느껴지는지 세부 사항을 결정하는 것은 우리의 집합적 의사결정이다. 행동경제학은 우리가 개인의 선택권을 보유하면서 이러한 최적의 결과를 향해 일하도록 해준다. 경영책임은 우리의 집합적 기대를 충족시키는 기업에 사회가 보상을 제공하는 (그리고 그렇지 않은 기업을 응징하는) 정도를 나타낸다. 그것은 행위를 촉진하는 동기의 이면이지만 동시에 중요한 것이다.

경영책임

1장에서 제시된 CSR 정의의 핵심적 특징은 책임의 양방향성이다. 기업은 광범위한 이해관계자에게 귀 기울이고 가능한 경우 언제나 그들의 수요를 충족시킬 책임을 갖고 있으나 그에 못지않게(더 중요하지는 않을지 몰라도) 중요한 것은 전체적 이해관계자도 기업의 행동에 책임을 물을 의무를 진다는 것이다. CSR이 효과적이기 위해서는 양쪽이 다 참여해야 한다. 즉, 전략적 CSR을 옹호하는 주장을 뒷받침하는 가정은 대부분의 기업들이 가치 창조를 추구함에 있어서 내재적인 자기이익 추구를 이해할 때야 비로소 의미 있는 변화가 가능하다는 것이다. 그러나 무엇이 기업의 이익에 맞는지 아닌지는 대체로 이해관계자에 의해 결정된다. 정의상 보상을 받는 행동은 계속되어야 하며 그렇지 않은 행동은 피해야 한다.

따라서 이해관계자가 기업에 책임을 묻기 위해서는 사회책임행동이 어떤 것인지(즉, 명확한 CSR 정의)에 대한 확실한 생각을 가지는 것이 중요하다. 그러나 또한 기업이 실무에서 사회적 책임을 수행하는지(즉, CSR의 명확한 측정) 여부를 아는 능력도 중요하다. 불행하게도 현실에서 우리는 그 둘 다 가지고 있지 않다.

CSR 정의

CSR을 측정하기 위해서 먼저 CSR을 정의해야 한다. CSR과 관련된 이슈와 마찬가지로 정의도 행동보다 말하기가 더 쉽다. 본서의 앞부분 용어해설에서 말했듯이 일관성 있는 정의, 수사적 표현 그리고 단어는 여전히 파악이 어려우며, 그에 대한 격렬한 논쟁이 벌어지고 있다.

> 바로 지금 우리는 기업들이 원하는 대로 CSR을 정의하는 자유 경기를 하고 있다. 티셔츠를 맞춰 입고 일년에 5시간 벽에 페인트칠을 하도록 종업원들을 내보내는 일부터 재활용하거나 공급망 근로조건을 향상하거나 다양성과 포용성에 이르기까지. 이것 때문에 기업의 책임이 무엇인지 그리고 무엇이 되어야 하는지에 관한 적절한 대화가 어렵다.[50]

달리 말하면 기업의 사회적 책임을 이해하려는 노력이 커짐에도 불구하고 여전히 큰 혼동과 비일관성이 존재한다. 그러나 가능한 정의가 없다기보다 위의 인용문이 시사하듯이 "문제는 오히려 너무 많은 정의가 존재한다는 것인데, 그것이 특정 이해관계를 향한 편견을 초래하여 그 개념의 개발과 실행을 방해하는 경우가 종종 있다."[51] 그 결과 "CSR 문헌은 여전히 아주 분열되어 있다."[52] 기업들 간에 사회적 책임이라 언급되는 그 무엇에 대한 광범위한 합의가 있긴 하지만 실무에서 그 책임이 어떤 것인지에 대해서는 거의 합의가 없다.[53]

만약 우리가 CSR이 무엇인지에 관해 최소한 합리적인 정의로 범위를 좁히는 데 합의하지 못한다면 CSR이 중요하다고 어떻게 주장할 수 있는가?[54] 만약 CSR이 여전히 각 기업에 특유하다면(각기 다른 사람들에게 다른 것을 의미하는) 그것은 본질적 의미를 잃고 우리의 경제 질서 구축과정에서 영향력을 잃게 될 것이다. 이 복잡한 개념에 대한 측정을 시작하기 위해 명확한 해명이 필요하다.

CSR 정의와 측정

당신은 CSR을 이분법적으로 생각하고 있는가(즉, 어떤 기업이 사회적 책임을 수행하는 기업인가 아닌가) 또는 CSR을 연속변수로 생각하는가(즉, 모든 기업이 좀 더 또는 덜 사회적 책임을 수행한다)? 만약 전자라면 CSR을 정의하고 측정하기가 상대적으로 쉽다. 그러나 만약 후자라면 정확한 측정은 말할 것도 없고 완전한 개념화조차 매우 어렵다.

일반적으로 CSR의 이분법적 측정은 다음과 같은 두 가지 이유에서 CSR의 확장을 옹호하는 사람에게 도움이 되지 않는다. (1) 조직을 평가할 때 편견(bias)을 가질 수 있으며(예를 들면 담배나 무기와 같은 특정 산업을 제외하는 것), (2) CSR은 단순히 옳고 그름의 문제이기보다는 복합적이다. 모든 기업은 착한 점과 나쁜 점을 갖고 있다. 우리의 목표는 그 순효과를 정확하게 포착하는 능력을 갖는 것이다—결론적으로 어떤 기업이 다른 기업보다 더 착한가? 악한가? 따라서 전략적 CSR 측면에서 CSR를 연속변수로 보아야 한다.

일단 CSR을 연속적으로 생각한다면 그 최선의 측정방법은 무엇인가? 수천 명을 고용하고 많은 세금을 내는 담배 회사가 종업원에게 낮은 임금을 지급하는 슈퍼마켓(식품을 판매하는)보다 더 착한가? 또는 악한가? 생명을 구하는 약품을 만드는(그러나 개도국 사람들에게 제공하지 않는) 제약 회사보다 국가 안보를 위한 제품(그러나 죄 없는 사람을 죽이는 데 사용될 수 있는)을 만드는 업체가 더 악한가? 혹은 더 착한가? 착하다는 것과 악하다는 것을 종합하여 사회책임을 일상 운영에 통합하는 순 긍정적 효과를 가져오는 것이 기업의 역할이다. 그러나 기업과 산업 간 비교가 가능하도록 모든 가능한 측정치를 포착하는 것은 복잡하다. 따라서 CSR의 측정은 오늘날 CSR 논쟁에서 가장 시급하지만 이론의 여지가 많은 영역이다.

CSR 측정

불행하게도 우리는 그간 CSR 정의에 어려움을 겪어 왔기 때문에 CSR 측정도 잘하지 못했다. 그 결과 우리는 기업의 전체적 CSR 성과가 어떤지 분별하지 못한다. 비록 어떤 기업이 좋은 기업인지 혹은 나쁜 기업인지(우리 개인의 가정과 가치에 기초하여)에 대한 약간의 직관을 갖고 있지만 우리는 현재 기업 운영의 모든 측면에 걸쳐 한 기업과 다른 기업을 신뢰성 있게 비교하지 못한다(특히 기업이 서로 다른 산업에 속한다면).[55] 물론 두 번째 이유는 사회적 기대와 같이 동적이고 다양한 무엇인가를 정의하는 (계량화는 말할 것도 없이) 것이 내재적으로 어렵기 때문이다. 그 도전은 단순한 사고 실험으로 금방 명백해진다. 개별 기업의 운영이 환경에 미치는 영향을 어떻게 잘 계량화할 것인지 생각해 보라.

> 예를 들면 세계 평균 기온의 변화로 인해 흰긴수염고래와 아마존에서 아직 발견되지 않은 곤충이 멸종에 이른다고 가정해 보자. 흰긴수염고래에 어떤 가치를 두어야 하며, 그것을 어떻게 계산할 것인가? 흰긴수염고래에서 추출할 수 있을지도 모르는 제품의 잠재적 가치에 기반하여 계산할 것인가? 그 존재를 보존하기 위해 누군가가 지불할 의사가 있는 금액으로 계산할 것인가? 그리고 우리가 한 번도 들어보지 못한 곤충은 어떠한가? 그것이 신약 발견의 비밀을 갖고 있다고 가정한다면? 동시에 그것이 실제로는 그렇지 않을 수도 있다.[56]

경제활동이 환경을 손상시킨다는 데 동의할 수 있지만[57], 그 영향 정도나 그에 대해서 우리가 무엇을 해야 할지는 여전히 불분명하다. 본질적으로 그 비용을 현재가치로 계산하는 것과 특정 기업이 지급해야 할 비율의 결정은 극히 도전적이다. 이제 이 복잡성을 모든 산업의 모든 기업의 운영에 확대 적용해 보라. CSR 측정의 도전에 온 것을 환영한다.

중요한 예로서 기업이 제품 생산과정에서 발생한 원가에 대해서만 책임을 져야 하는가? 아니면 소비과정에서 발생한 비용까지 책임져야 하는가? 자동차 회사가 사람들의 운전에 의해 야기된 오염에 책임을 져야 하는가? 아니면 실제 자동차 제조에 관련된 오염만 책임을 져야 하는가?[58] 제품 사용에 거의 환경비용을 발생시키지 않지만 폐기과정에서 상당한 손상을 줄 잠재력을 갖는 스마트폰 회사는 어떠한가? 그리고 한 기업의 책임이 시작되고 다른 기업의 책임이 끝나는 공급망은 어떠한가? 스포츠 신발 회사가 신발 제조과정에서 발생하는 비용에 책임을 져야 하는가(그 과정이 독립적 계약 업체에 의해 완성되는 경우에도)? 신발의 바닥재 제작에 사용된 고무는 어떠한가? 그것 또한 신발 회사의 책임인가? 아니면 원재료를 구매하는 계약 업체의 책임인가? 또는 고무를 처음으로 수확한 농장 책임인가? 기업에 의해 발생된 원가에 관한 이러한 질문들에 대한 쉬운 대답은 없다. 그러한 새로운 도전을 제기하는 기업과 그 기업의 제품이 제공하는 효익을 계량화하는 것은 어떠한가? 그리고 가장 중요한 문제로 이러한 효익과 비용의 순효과가 어떻게 계산될 것인가? 서로 다른 부품에 어떻게 비중을 부여할 것인가? 심지어 누가 이러한 매개변수들을 결정할 것인가?[59]

이러한 본질적 아이디어에 대해 잘못된 상관관계에 기초해 결정적 판단을 할 수 있기 때문에 우리는 이것을 바로잡을 필요가 있다. 솔직히 이 주제에 관한 수없이 많은 연구에도 불구하고[60] 포괄적으로 CSR을 측정할 적절한 자료가 없다. 오히려 우리가 CSR를 측정할 수 없을 뿐 아니라 우리가 갖고 있는 측정치가 우리를 아주 오도하고 있다고 믿을 만한 이유가 있다. 그것 때문에 엔론, BP와 같은 기업들이 파괴적인 윤리 및 환경 위반을 저지르기 직전에 CSR, 지속가능성, 윤리 관련 상을 받을 수 있었다고 할 수 있다. 옥스팜(Oxfam)은 "여성과 농부의 권리 향상 — 그리고 투명성에 대한 약속에 낮은 점수를 받았다는 윤리적 여론조사 결과" 때문에 켈로그와 펩시와 같은 기업들을 비난했지만 "그다음 달에 에티스피어(Ethisphere Institute)는 켈로그와 펩시를 세계에서 가장 윤리적인 두 기업으로 선정하고 뉴욕의 갈라 디너에서 상을 수여했다."[61] 이외에도 다른 유사한 사례를 어렵지 않게 찾을 수 있다.

[2015]년 9월 10일 모든 찬사를 받으면서 다우 존스의 대표적 지속가능성 지수에서 폭스바겐이 세계에서 가장 지속가능한 자동차 제조업체로 선정되었다. 그러나 몇 주 지나지 않아 그 명단에서 제외되었다. 배출검사를 속이기 위해 1,100만 대의 폭스바겐 차에 소프트웨어를 심어두었다는 뉴스가 기업의 신뢰성을 손상시켰으며, 그 기업의 지속가능성 자체의 명성을 훼손하였다.[62]

기업의 CSR 성과 측정이 명백하게 무익한 것이라는 점을 고려하여 우리가 그것을 포기하고 경영자로 하여금 옳은 일을 하도록 설득하기 위해 주관적인 도덕적 · 윤리적 주장에 의존해야 하지 않는가? 측정 대상에 대한 표준화된 측정방법에 도달할 수 있는 만큼 우리는 기업 간 행위를 비교할 수 있을 것이다.[63] 그러한 숫자가 100% 정확한지 여부보다 무엇이 오류인지 알려지고 그것이 모든 기업에 동일하게 적용되는 것이 더 중요하다. 그래서 우리의 측정치 중 많은 것이 주관적 해석과 가정을 포함하고 있으나 객관적 사실의 기술로 널리 인식되고 있다(예를 들면 회계사들이 브랜드 가치 또는 영업권을 어떻게 측정하는지 생각해 보라[64], 또는 심지어 GDP를 이용하여 경제의 강건도를 측정하는 측정치를 생각해 보라[65]). 흰긴수염고래의 멸종에 가치를 부여하는 것과 상용화되지 못한 의학적 발견의 잠재적 손해를 상대적으로 평가하는 것은 항상 주관성과 논쟁의 여지를 가질 것이다. 그럼에도 불구하고 어떤 기업이 더 많은 혹은 더 적은 가치를 부가하는지 측정할 상대적이고 표준화된 방법을 구축하고 기업들이 진척 상황을 이해관계자에게 보고할 수 있도록 그러한 수단을 제공하는 것은 엄청난 효익을 가진다.

CSR 보고

사회에서 비즈니스의 역할이 무엇인가라는 질문이 매우 중대하기 때문에 CSR 정의와 측정방법을 추구할 필요가 있다. 우리가 환경 질 저하 또는 사회적 유대감, 부의 분배 또는 글로벌 자유무역에 대해서 얘기하든 아니든 상관없이 그 질문들에 대한 대답이 우리의 현재와 미래 생존의 질을 정의한다. 그것은 우리가 살고 있는 사회를 결정하고 미래 세대에게 넘겨줄 것이다. 어떤 사람들은 기업이 사회적 책임을 다하는지 결론 내리는 것이 불가능하다고 믿지만[66] 보다 본질적인 질문은 상대적이다. 달리 말하면 기업들이 절대적인 책임을 지는지 무책임한지 단정적 주장을 할 필요가 없고 어떤 기업이 다른 기업에 비해 더 많이 또는 적게 책임을 지는지 확인하는 것이 중요하다. 그것의 어려움을 인정하고 보다 책임 있는 비즈니스 모델을 발견하는 능력은 가치 있는 도전이다. 그러나 비일관적 정의, 편파적 측정, 어떤 제품과 어떤 기업이 녹색인지, 윤리적인지의 판단 또는 사회책임과 관련된 라벨과 랭킹 시스템이 자아낸 혼동은 관련된 사람들의 선한 의도를 저해할 뿐이다.

CSR의 비즈니스 성공 사례를 찾아내는 것은 우리가 기업으로부터 원하는 것이 무엇인지 합의하고 기업이 실제로 그것을 하고 있는지 알아내는 우리의 능력과 직접적으로 관련되어 있다. 본서는 CSR 정의라는 복잡한 주제에 대한 우리의 이해를 현실적으로 정교하게 만들고자 노력한다. CSR 측정이라는 매우 어려운 과업을 향해 분투하는 많은 조직들이 있다. 따라서 본질적으로 CSR을 측정하는 기업에 대해서 우리는 실제로 3가지 상호 연계된 단계를 이야기하며 그 각각의 단계는 시스템 전체의 효과를 위해 명확하고 투명해야 한다. CSR 표준, 인증 그리고 제품 라벨이 그것이다.

1단계 : CSR 표준

보고과정의 첫 번째 단계는 CSR 표준을 만드는 것이다. 완전히 좋거나 나쁜 기업은 없으며 따라서 완전히 좋은 또는 나쁜 기업을 가려내는 측정치는 가치가 있다고 보기에 불충분하다. 그러나 그것이 수용가능한 최소한의 행동 표준에 동의할 수 없다는 의미는 아니다. 기업들이 CSR이라 부르는 활동의 피상적 성격을 포착하여 표준을 수립하면 관심을 가진 이해관계자가 그 행위의 유효성을 확인할 수 있게 된다. 감시자들의 능력은 끊임없이 향상되고 있지만 CSR을 둘러싼 기업

커뮤니케이션의 많은 부분에 여전히 혼란과 왜곡이 존재한다.

그린워시

그린워시 : 기업의 환경 실무나 제품 또는 서비스의 환경 혜택에 대해 소비자를 오도하는 행동[67]

그린워싱은 두 가지 기업 행동을 묘사하기 위해 1980년대 만들어진 용어이다. 첫째, 유리한 뉴스를 골라 싣는 기업(또는 나쁜 뉴스를 숨기는 기업) 그리고 둘째, 제품과 운영에 대해 속이거나 거짓말을 하는 기업이다. 그 용어는 처음에 환경에 나쁜 영향을 주는 의도를 가진 행동을 묘사하는 용어였으나 그 후 "그린워시로 나타나는 모든 것"[68]을 의미하게 되었다. 그린워싱에는 엑손이 기후변화 영향 지식에 대해 거짓말을 하는 행위와 같은 심각한 거짓말[69], 지하수가 아닌 표층수를 파는 폴란드 스프링("그 나라에서 가장 많이 팔리는 생수")[70]과 같은 사기적인 제품 주장들이 포함된다. 그린워싱이란 라벨은 너무 쉽게 쓰여지지만 그것은 이해관계자가 기업 간에 사회적 책임을 비교하기 위한 측정이 불가능하다는 CSR의 핵심 문제를 말해준다. 그러한 행동을 포착하기 위해 우리는 첫 번째로, 단순히 제품을 많이 팔기 위해 CSR을 이용하는 기업들의 행동과 질적으로 다른 방법으로 진정성 있게 비즈니스를 수행하는 기업들을 밝혀내는 방법을 찾을 필요가 있다. 두 번째로, 우리는 기대를 가장 잘 충족시키는 기업들을 찾아 보상하는 방법을 이해관계자에게 교육시킬 필요가 있다.

그러나 객관적으로 측정 가능하면서도 재무적으로 실행 타당한 방법으로 CSR 행동에 대해 어떻게 기업에 책임을 물을 수 있을 것인가? 우리는 이해관계자들이 서로 다른 제품이나 기업들의 사회적, 환경적 영향을 평가하고 비교할 수 있는(즉, 사과와 오렌지를 공통의 측정치로 비교하는 것) 정확하고 일관성 있는 CSR 측정을 개발할 수 있을 것인가? 기업의 CSR 보고서가 그에 대한 답을 제공한다. 독립적 제3자가 평가한 객관적 기준을 포함하는 CSR 감사가 추가적 정보를 제공해준다.

〈그림 8-1〉에서 보듯이 CSR 보고서는 진화되어 왔으며, 오늘날 점점 더 CSR 표준 수립을 추구하는 기업에게 중요한 수단으로 인식되고 있다. CSR 보고서는 기업이 CSR 목표를 설정하고(외부적으로 기대 수준을 형성하고 내부적으로 운영 기준 설정을 도와주고) 그 목표와 관련하여 진척도를 측정하고 그것을 이해관계자와 소통함으로써 기업의 책임을 다하게 해주는 수단이다. 샤바나, 버크홀크와 캐롤은 CSR이 세 단계를 거쳐 진화하였음을 보여주고 있다. 첫 번째는 강제적 보고로서 1990년대 갭(2003년 사회책임보고서는 윤리강령을 위반한 납품업체를 공시하고 있다)이나 나이키(2004년 사회책임보고서는 전 세계 공급업체 목록을 공시하였다)가 경험한 것과 같은 공공연한 위반 행위에 이은 외부 압력에 대응하여 개발된 것이다. 두 번째는 기회주의적 보고로 팀버랜드(2006년 '우리 발자국' 라벨링은 모든 개별 제품에 대해서 생산과정에서의 환경 및 사회적 영향을 자세하게 제시하였다)나 스토니필드 팜(2008년 클라이밋 카운츠(Climate Counts)와 파트너십을 맺어 탄소배출을 측정하였다)과 같이 이해관계자와 직접적 의사소통으로부터 가치를 발견한 기업들 사이에 부상한 것이다.[71] 마지막으로 세 번째 단계는 모방적 보고인데 앞의 두

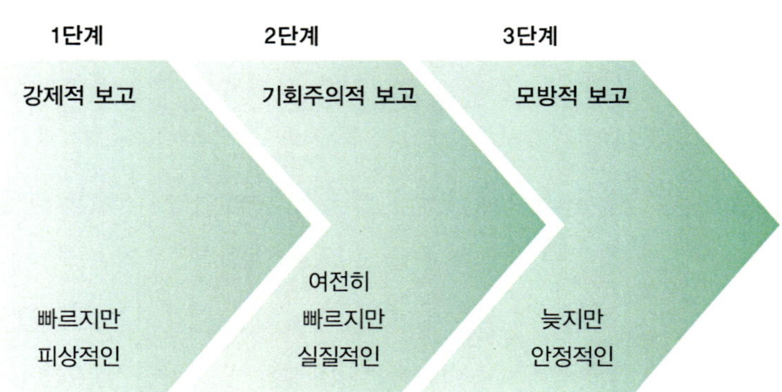

출처 : Adapted from Kareem M. Shabana, Ann K. Buchholtz, & Archie B. Carroll, "The Institutionalization of Corporate Social Responsibility Reporting," Rusiness & Society, Vol.56, Issue 8, 2017, pp.1107~1135.

그림 8-1 CSR 보고의 진화

단계 기업 보고서가 "CSR 보고의 혜택이 그 비용을 초과하는 문턱에 도달하는 임계점을 창출하기"[72] 때문에 보고서를 발간한다.

기업들이 점점 더 재무적 수치를 넘어서서 내부 감시를 수용하고 외부감사 조직과 협력함에 따라 이 분야는 GRI(Global Reporting Initiative)이라는 보편적 기준으로 수렴되고 있다. GRI는 "전 세계 기업과 정부가 기후변화, 인권, 지배구조 및 사회복지 등과 같은 중요한 지속가능성 이슈에 대한 영향을 이해하고 의사소통할 수 있도록 도와준다." GRI는 CSR 보고가 〈그림 8-1〉의 3단계로 진화하도록 도움을 주었다. 그래서 250대 글로벌 기업 중 "93%가 지속가능성 성과를 보고하고 있는데 그중 82%가 GRI 기준을 사용하고 있다."[73] 그 보고서 자료들은 GRI의 지속가능성 공시 데이터베이스에서 이용 가능하다(http://database.globalreporting.org/).

다양한 이해관계자 CSR 보고 체계

시간이 지나면서 CSR 보고와 감사를 통해 기업과 이해관계자 간에 보다 투명한 관계를 촉진하도록 도와주기 위해 다양한 조직들이 탄생하였다.[74]

- AccountAbility(https//www.accountability.org/)
- B Impact Assessment(https://www.bcorporation.net/)
- Carbon Disclosure Project(https://www.cdp.net/)
- Ceres Principles(https://www.ceres.org/)
- Corporate Human Rights Benchmark(https://corporatebenchmark.org/)
- Extractive Industry Transparency Initiative(https://eiti.org/)
- Fair Labor Association(http:///www.fairlabor.org/)
- Global Impact Investing Rating System(http://b-analytics.net/giirs-funds)
- Global Reporting Initiative(https://www.globalreporting.org/)
- Greenhouse Gas Protocol(https://www.ghgprotocol.org/)
- Higg Index(https://apparelcoalition.org/the-higg-index/)
- ILO Labour Standards(https://www.ilo.org/)
- International Integrated Reporting Council(http://integratedreporting.org/)

ISO 26000(https://www.iso.org/iso-26000-social-responsibility.html)
ISO 37001(https://www.iso.org/iso-37001-anti-bribery-management.html)
Natural Capital Protocol(https://naturalcapitalcoalition.org/)
OECD Responsible Business Conduct(http://mneguidelines.oecd.org/)
Reporting 3.0(https://reporting3.org/)
Social Accountability International(http://www.sa-intl.org/)
Sustainability Accounting Standards Board(https://www.sasb.org/)
Sustainable Development Goals(https://sustainabledevelopment.un.org/)
UN Global Compact(https://www.unglobalcompact.org/)
UN Guiding Principles on Business and Human Rights(https://www.business-human-rights.org/en/un-guiding-principles/)
Universal Declaration of Human Rights(http://www.un.org/en/universal-declaration-human-rights/index.html)

많은 복수의 이해관계자 플랫폼 및 측정 수단으로 GRI는 지표에 기반함으로써 진척 상황을 보다 효과적으로 추적할 잠재력을 갖고 있으며, 조직들과 산업들 간 비교 가능한 보고서를 생산해 내기 때문에 성공적이다. 또한 GRI는 "글로벌 체계를 성공적으로 만드는 데 필요한 확실한 신뢰와 믿음을 주는 위원회와 소위원회의 완전한 조합을 통해"[75] 개정이 이루어진다고 주장한다. 현재 GRI는 "많은 국가에서 법률에 의해서 또는 주식시장 상장 조건으로 요구될 정도로"[76] 확산되어 왔다.

그럼에도 GRI는 여전히 "지나치게 복잡하며, 하나의 문서로 모든 이해관계자와 효과적으로 소통할 수 있다는 자만심에 기초한 보고 모형을"[77] 창조하고 있다고 비난받고 있다. GRI가 현재 채택 기업의 수라는 양적 기준에서 보고의 질을 추구하는 방향으로 발전하고 있는 것처럼 보이지만 여전히 "GRI 보고서의 대부분이 거의 읽히지 않으며, 거의 변화를 일으키지 않는다"[78]는 것이 사실이다. 이러한 불만족 때문에 기업들이 성과를 평가하고 그 결과를 이해관계자와 소통하는 데 사용할 수 있는 B Lab과 B Impact Assessment(5장 참조)와 같은 경쟁 조직이 등장하였다. 또한 Extractive Industry Transparancy Initiative(https://eiti.org/)[79]가 발표한 원유, 가스 및 광물자원 산업에 특정한 기준이나 ISO 37001의 "반부패관리시스템 기준"[80]과 같은 특정 실무 기준 등이 있다. 그러나 현재 6개월간의 협의 끝에 SASB에 의해 2018년에 발표된 산업별 기준이 가장 흥미롭고 경쟁적인 GRI의 대안이다.

> 2018년 12월 SASB는 77개의 성문화된 기준을 발표하여 산업별로 재무적으로 중요한 지속가능성 주제와 그에 관련된 계량적 정보의 최소한 내용을 확인하기 위해 글로벌하게 적용가능한 기준을 제공하였다.[81]

SASB 기준은 한편으로 포괄적 특성과 산업 내 기업 간 비교가능성 때문에 중요한 진전을 나타내고 있다. 동시에 이는 SASB가 공식적인 감사과정의 중요성을 이해하는 기업들에게 수용가능성이 더 큰 회계기준 기구이기 때문이기도 하다. 이미 "GM, 나이키, 디아지오 같은 회사들이 2012년부터 도입된 잠정적 기준을 사용하기 시작하였다."[82]

2단계 : CSR 인증

보고 과정의 두 번째 단계는 외부 검증에 초점을 둔다. 투명하고 정직한 CSR 보고는 외부관찰자로 하여금 조직, 경영자, 정책의 모든 측면을 평가할 수 있게 한다. 그러나 기업 활동의 보고방식이 이용자를 오도할 수 있으며 그것이 발견되었을 때 그 조직의 외부적 인식에 부정적 영향을 미칠 수 있다. 과거 BP와 엑손에 대한 서로 다른 인식에서 교훈을 얻을 수 있다—BP가 "Beyond Petroleum"으로 자신의 이미지 변환을 위해 많은 돈을 지출한 반면, 엑손의 CEO는 오랫동안 기후변화를 부정해 왔기 때문에 CSR 공동체로부터 비난을 받았다.[83] 그럼에도 2010년 멕시코만 원유 누출 사례에서 알 수 있듯이 환경영향 측면에서의 성과가 이미지 변환보다 훨씬 중요하다.

> 1997년과 1998년 사이에만 해도 …… BP가 책임져야 할 104건의 원유 누출이 북극에서 일어났다. 그리고 2008년 BP는 미국의 화학안전 및 유해물질 조사위원회(Chemical Safety and Hazard Investigation Board) 역사상 가장 큰 벌금형을 받았다. 2005년 텍사스시 폭발에서 노출된 안전 위험을 보완하지 않은 데 대해 8,700만 달러 벌금형을 받았으며, 2010년 6월 현재 BP는 악의적인 안전 위반에 대해 760개의 OSHA 벌금형을 받았다. 그동안에 엑손의 위반 사례는 한 건밖에 없었다.[84]

달리 말하면 비록 CSR 보고가 오랜 발전을 해 왔지만 여전히 독립적 감사만이 제공해줄 수 있는 진정성의 결여와 잠재적 그린워싱으로 어려움을 겪고 있다. 그러한 우려에는 많은 원인이 있다.

> SASB는 …… 79개 산업의 700개 이상의 최상위 기업의 연차보고서를 분석하였다. 그들 중 81%가 사회 및 환경 이슈를 제기하였다. 그러나 52%의 기업이 경영자 대응전략을 자세히 언급하지 않고 애매하고 표준적 언어를 사용하여 위험을 안고 있었다.[85]

그와 같이 CSR 측정이 "triple bottom line"(기업 성과를 다양한 재무, 환경 그리고 사회적 측정치로 측정하는)[86]을 넘어서서 "통합보고"(기업 간 비교를 가능하게 해주는 자세하고 객관적이며 검증 가능한 기준)[87]로 발전해감에 따라 관찰자들로 하여금 기업 운영을 검증할 수 있게 할 새로운 도구가 되고 있으며, 그와 함께 CSR 감사 · 인증 또한 진화하고 있다. 이러한 과정은 특정 제품이 기준에서 정한 방법으로 생산되고 조달되었는지 감사하고 인증하는 특정 독립적 행위자(열대우림동맹, 그린피스 또는 국제삼림관리협의회 등의 NGO와 같은)로 구성되는 것이 이상적이다.[88] 기업들은 지나친 비용이나 시간을 요구하는 인증이 아니라면 인증이 제공하는 합법성 혜택을 잘 알고 있다. 이것이 맥도날드가 "자신들이 제공하는 생선이 환경적으로 지속가능한 방법으로 포획되었다는 것을 보여주기 위해"[89] 국제해양관리협회(MSC)와 파트너십을 맺을 것이라고 발표한 이유이며, 영국의 새인즈베리 슈퍼마켓이 "영국에서 가장 큰 MSC 인증을 받은 생선의 소매업체이며, …… 영국왕립동물학대방지협회의 자유음식인증(RSPCA Freedom Food)을 받은 연어를 취급하는 영국에서 가장 큰 소매업자"[90]인 이유이다.

물론 인증의 핵심요소는 검증의 품질과 관련이 있다. 예를 들면 공정무역국제연합이 어떤 제품에 대해 "무역 관계에서 권력의 불균형, 불안정한 시장 그리고 전통적 무역의 불공정 이슈를 제기하기 위해 고안된" 기준을 사용하여 생산 및 유통되었다고 인증해준 것이 무엇을 의미하는가?[91] 모든 측정치와 마찬가지로 공정무역 기준이 정확하고 일관성이 있는가? 달리 말하면, 그것이 측정대상을 제대로 측정하고 있으며 조직에 따라 일관성 있게 측정하고 있는가? 처음에 어떤 형태이든 제3자 인증이 공급망을 개선하는 것으로 나타났지만 "오늘날 인증만으로는 끊임없이 공급망을 불안정하게 만드는 저생산성, 빈약한 사회간접자본 및 아동노동의 문제를 해결하지 못한다는 것을 산업계는 더 잘 알고 있다."[92]

이 이슈는 한편으로 신뢰 그리고 다른 면에서 인식과 관련이 있다.[93] 즉, 소비자는 (궁극적으로 인증의 목적인) 라벨과 그 라벨의 인증기관을 알고 있는가? 그들은 그것이 무엇을 의미하는지 알고 있는가? 그리고 그들은 인증기관이 달성하려 하는 목표를 지지하고 있는가? 한 예로 공정무역 인증이 유용하기 위해서 소비자는 최소한 공급망 전체에 적정 급여와 근로조건 확보의 중요성에 동의할 필요가 있다. 그 결과 최종 소비자가격이 불가피하게 상승하는데 소비자가 이에 항상 동의할 것인지 확실하지 않다.

3단계 : CSR 라벨

기준과 인증 다음으로 보고과정에서 세 번째 고려 사항은 목표와 진척 상황을 외부 이해관계자(특히 소비자. 보통 CSR 보고서는 투자자를 겨냥한 것이다)에게 공시하는 것이다. 이 경우 인정받는 감사인 로고가 수반되는 제품 라벨을 포함하는 것이 이상적이며, 그것은 제품에 부착되거나 또는 판매 시점에 홍보된다. 5점 중에 5점, A등급, 골드 스타 또는 품질을 나타내기 위해 사용되는 어떤 종류의 라벨이든 그것을 획득하는 목적은 그 과정에서 표준을 준수한 것과 같은 인상을 전달하는 것이다. 홀푸드 마켓의 경우 지속가능한 해산물 제품을 평가하고 지지하기 위해 색깔로 등급 표시를 한다.

> 녹색 등급은 그 종이 상대적으로 풍부하며, 환경 친화적 방법으로 포획되었음을 나타낸다. 노란색은 그 종의 상황과 포획방법에 약간의 우려가 존재한다는 것을 의미한다. 그리고 빨간색 등급은 그 종이 남획으로 고통받고 있거나 그 포획방법이 다른 바다 생명이나 서식지를 해치고 있다는 것을 의미한다.[94]

때때로 이러한 등급 표시가 특정 회사의 계획 내에서 실시되고 있어 산업표준(그러한 산업표준이 존재하는 경우)을 지키지 않을 수도 있다.[95] 관리감독이 거의 이루어지지 않는 상황에서 환경영향 측면에서 이러한 라벨이 가진 문제점은 측정수단이 없다는 것이 아니라 너무 많다는 것이다.[96] 북미에서만도 최소한 88개의 에코라벨이 있다.[97] 식품은 특히 혼동을 주는 영역인데 "자연적"[98] 또는 "인도적인"[99] 라벨이 규제를 받지 않기 때문에 남용의 가능성이 있으며, 생선과 같은 특정 식품이 불법적 어획 사실을 모호하게 만들거나 저품질 생선[101]의 높은 가격을 정당화하기 위해 고안된 부정확한 설명[100]의 가능성에 노출된다.

이러한 라벨의 확산은 정기적으로, 강제적으로[102] 또는 자발적으로[103] 새롭게 생겨나서 상황을 더 나쁘게 만들고 있다. 그것은 소비자들(쉽게 혼동되는)뿐 아니라 점점 투명한 메시지 전달을 요구받고 있는 기업들에게도 문제이다. 더구나 제품 라벨 효과는 많은 여지가 남아 있지 않다. 그 예로 막스 앤 스펜서(M&S)가 인증받은 지속가능한 팜유의 사용을 홍보하지 않은 이유에 대해 지속가능발전 매니저는 다음과 같이 답변하였다. "우리는 유제품, 코코아, 영양식품, 콩, 영국에서의 조달, 공장 표준, 용수 사용, 삼림, 살충제, 무 글루텐, 공정무역 등등을 나열할 수 있다. …… 당신은 무엇이 고객들에게 가장 중요한지 결정해야 한다."[104] 그 결과는 명쾌함보다는 혼돈이다.

물론 만약 모든 기업이 사회적 책임을 지고 공급망에서 지속가능하지 않거나 해로운 실무를 없애려 노력한다면 이런 것들은 모두 필요 없을 것이다. 하룻밤 사이 모든 기업이 이러한 변환을 달성하지 않을 것이므로 경제학의 논리에 따라 시장기반 접근방법을 통해 모든 원가를 제품 가격에 부과함으로써 그 결과를 달성할 수 있다.

CSR 가격

이제 인간 행동을 뒷받침하는 동기와 기업에게 책임을 묻는 측정 수단의 가치를 이해하였으므로 CSR 가격으로 논의를 옮겨갈 수 있다. 이것은 아주 복잡한 이슈이기는 하지만(단순히 이중 계산을 피하는 것도 너무 어렵다) CSR 가격의 목표는 기업들이 대체로 외부화하고 있는 부정적 비용을 계산하는 것이다.[105] 이러한 비용을 통합(즉, 내부화)함으로써 소비자에게 부과될 최종가격에 진정한 제품과 서비스 가치를 포함할 수 있다.

전과정가격

그 가격 부과의 과정은 전과정가격(Lifecycle Pricing)으로 알려져 있다. 그것은 "만약 가격이 전 세대에 걸친 생태원가를 포함한 모든 원가를 반영한다면 최소한 이론적으로는 지속가능성 위기에 봉착하지 않을 것이기"[106] 때문에 중요하다. 이러한 통제 수단이 없으면 기업은 피할 수 있다고 생각하는 모든 원가를 외부화하는 경향이 있다. 특히 환경에 대한 압력은 가공할 만하다. 예를 들면 농업지표수(강과 바다로 흘러드는 비료와 같은 농업 부산물)가 "오늘날 전 세계적으로 550개 이상의 데드존(dead zone)을 만들어" 해양생물을 광범위하게 죽이고 있다.[107] 현재 이러한 부산물과 관련된 총원가는 대부분 알려져 있지 않으며(아무도 계산하지 않기 때문에), 누구도 지불하지 않는다(아무도 가격을 매기지 않기 때문에). 〈그림 8-2〉는 이러한 자원의 부적절한 배분을 바로잡을 체계를 제공한다.

〈그림 8-2〉는 제품 전과정 6단계를 제시한다. 추출 → 가공 → 제조 → 판매 → 소비 → 처분/재활용. 각 단계 사이에는 전후 공정에 사용되는 다른 자원과 에너지 투입, 원재료뿐만 아니라 운송과 저장이 있다. 각 단계는 폐기되는 원재료와 다른 형태의 오염과 같은 산출물을 생산해낸다. 폐루프(closed loop) 시스템은 가능한 많은 원재료를 재활용 또는 업사이클하는 순환경제를 나타낸다.

따라서 전과정가격은 소비자에게 부과될(즉, 피구세[Pigouvian taxes] — "경제학자들은 사회에 비용을 부과하는 모든 활동이 과세대상이 되어야 한다고 오랫동안 말해 왔다")[108] 제품 가격에 모든 단계의 비용을 포함시킴으로써 폐기물에 기반하지 않은 새로운 경제모형이 가능해진다. 달리 말하면 제품 가격은 생산원가뿐만 아니라 (외부효과를 포함하지 않는) 사용된 원재료 보충, 사용 후 폐기물 처리 또는 재활용

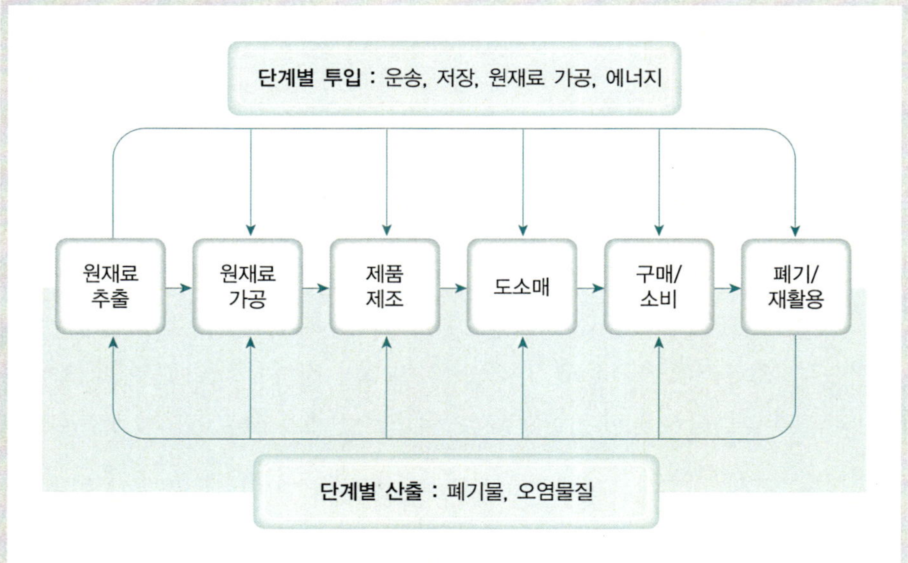

그림 8-2 제품 전과정

비용까지 아무리 먼 미래에 일어난다 하더라도 모두 포함해야 한다. 이론적으로 각 단계의 원가가 정확히 계산되고 총원가가 각 단계의 가격에 반영되면 미래 세대에게 전가하지 않고 오늘날 우리가 지불하게 될 것이다. 제품설계 단계에서의 전과정 분석이 가장 효과적이다.[109]

탄소에 가격을 매기려는 시도는 이런 과정을 반영하고 있으며(탄소세를 통하는 것이 가장 선호됨), 그 실행 수단이 특정 제품의 탄소발자국 개발이다. 스코프 1(직접 배출), 스코프 2(간접 배출, 에너지) 그리고 스코프 3(간접 배출, 전과정)을 구분하는 것이 핵심이다.[110] 그 목표는 기업의 통합 재무보고서에 별도 항목으로 포함시킬 수 있는 글로벌 가격(탄소의 사회 비용)[111]이다. 불행하게도 정치와 "인간의 나약함"[112]으로 그러한 해법은 여전히 "이론적으로 우아하지만 현실적으로 까다롭다."[113] 기껏해야 산발적인 진척을 가져왔을 뿐이다.

> 경제학자들은 온실가스 가격 부과(carbon pricing)를 감축을 위한 우아한 방법으로 보고 있다. 아마도 전 세계 온실가스 배출의 1/5을 차지하는 국가들은 70개 이상의 국가적 또는 지역적 제도를 운영하고 있다 …… 그러나 그러한 제도의 장점에 대해 아직 확신을 가지지 못하고 있는 국가들이 너무 많다. 회의론자들은 이미 탄소에 가격을 부과해 온 지역에서 보여준 그다지 높지 않은 탈탄소 성과를 지적한다. …… [지금까지] 탄소가격은 행동의 진정한 변화를 가져올 만큼 높지 않았다.[114]

그들 덕분에 많은 기업이 정치가들의 행동을 기다리지 않고 이미 탄소가격을 계획과 예산 모형에 통합시키고 있다. 가끔 이것은 발생한 모든 비용을 반영하려는 진심 어린 열망에 의해 추진된다. 다른 기업들은 미래에 올지 모를 예측된 법률에 대응하기 위해 이를 추진한다. 예를 들면 엑손은 "10년 동안 투자의사결정에 …… 톤당 80달러"[115]의 비용을 적용하고 있으며, 마이크로소프트는 "전 세계 기후목표 달성을 돕기 위해 비청정 에너지 1kwh당 그리고 임원들의 비행거리 1

마일당 탄소가격을 각 부서에 부과하고 있다."[116] 영국의 감시기관인 CDP에 따르면 "현재 607개 기업이 '내부 탄소가격제도'를 사용하고 있다 …… 그리고 782개 기업이 2년 이내에 이와 유사한 제도를 도입할 것이라고 말했다."[117]

다른 기업들은 의사결정에 보다 광범위한 전과정가격을 통합하고 있다. 파타고니아는 전 공급망에 걸친 포괄적 분석계획인 '발자국 연대기'[118]로 훌륭한 본보기를 제공한다. 이와 유사하게 포괄적 생산자책임제도(EPR) 기준의 법제화가 "제조업체와 [생산업체]가 제조 또는 판매하는 제품 그리고 포장의 폐기물에 대해 책임져야 한다"[119]는 것을 확실히 하고 있다. 그러한 전체적 평가 접근방법이 물가격[120], 도로 접근권[121], 심지어 인간의 생명[122]에도 적용되고 있다. 그러나 운영 전반에 걸쳐서 전과정 접근방법을 포괄적으로 통합하려는 시도를 한, 최선의 사례로 들 수 있는 기업은 카펫 제조업체인 인터페이스로 그 회사의 영감에 넘치는 창업자이자 CEO인 레이 앤더슨은 자신의 여정을 "지속가능성 등정(Mount Sustainability)"의 7개(+ 하나) 측면에서 설명하였다. (1) 폐기물 (2) 대기 배출 (3) 에너지 (4) 원재료 (5) 운송 (6) 문화 (7) 시장 그리고 (8) 사회 평등.[123] 앤더슨의 비전에 따르면 산 정상이 자신이 "아무것도 취하지 말고 아무런 해를 끼치지 말라"고 정의한 지속가능성을 나타낸다. 달리 말하면, 그의 목표는 제로 폐기물과 함께 '요람에서 요람으로' 개념과 폐루프 시스템이다.[124]

순환경제 vs 전과정가격

순환경제[125]와 전과정가격의 개념을 구분하는 것은 유용하다.

순환경제가 자원 활용과 폐기물 감소에 초점을 두는 반면(보다 높은 효율 또는 재사용, 수선 그리고 재활용을 통하여), 전과정가격은 제품에 부과될 최종 가격에 모든 비용을 통합한다. 다시 말해 순환경제가 기존의 왜곡된 시장의 한계 내에서 설득에 의존하는 반면, 전과정가격은 시장이 무시하는 비용을 설명하기 위해 보다 직접적 개입(때때로 조세)을 통하여 현존하는 왜곡을 수정하려 한다.

이러한 의미에서 전과정가격이 시장의 힘으로 효율 향상과 폐기물 감소를 가능하게 하는 직접적 방법을 추구하기 때문에 보다 순수한 수단이 된다. 폐기물이 발생하는 이유는 그렇게 하는 것이 경제적으로 효율적이기(또는 지나치게 비효율적이지 않기) 때문이다. 전과정가격은 모든 비용을 통합하여 폐기물을 엄두도 못 낼 정도로 비싸게 만듦으로써 보다 자원 효율적 대안의 창출을 위한 인센티브를 제공한다.

푸마는 환경손익계산서 아이디어를 도입하여 이러한 논쟁에 진전을 가져왔다.[126] 그것은 대략 "자연이 우리에게 공짜로 준 모든 것"으로 정의되는 자연자본에 가격을 매기려는 시도이다.[127] 물론 아주 모호한 무엇인가에 가치를 매기는 것은 도전적인 일이다. "결국 손상되지 않은 생태시스템과 멸종위기종의 시장가치는 존재하지 않는다."[128] 또한 그것을 통해 자연에 혜택을 주기보다 해를 끼칠 가능성도 있다.

> 첫째, 자연자본에 가격을 매기는 것은 아주 주관적이며, 논쟁의 여지가 많다. 수마트라 코뿔소에 나는 당신과 다른 가치를 부여할 것이며, 우리 둘 다 지구상 다른 지역에 있는 사람들이나 다음 세대와 다른 가치를 부여할 것이다. 둘째, 반대하는 사람들이 자연자본의 가치 부과에 제기하는 우려는 그것이 정확히 생태계를 위협하는 것, 즉 적절한 가격에 대체적인 용도로 소비되거나 이전될 수 있는 판매 가능한 상품으로 그것을 취급할 위험을 합법화할 수 있다는 것이다.[129]

그러나 첫 번째 논점은 모든 제품과 서비스에 적용될 수 있는 반면 시장이 희소한 자원에 매기는 가치를 신뢰할 수 있는가를 말하는 두 번째 논점에 대해서는 우리가 고안한 어떤 메커니즘보다 시장이 더 잘해 왔다는 것을 역사는 보여주고 있다. 그리고 시간이 많지 않기 때문에 시장에게 기회를 줄 가치가 있다. 극적인 효과를 얻을 수도 있다.[130] 예를 들면 모든 원가를 포함하고 모든 기존의 보조금을 제거하고 나면 휘발유 1갤론의 진정한 원가는 12달러에서 20달러 정도로 추정된다.[131] 오직 전과정가격 모델 내에서 산업 전반의 표준을 개발하는 것이 우리의 현재 경제시스템의 전체적 영향을 더 잘 이해하게 해주는 유일한 길이다. 소비자들이 이러한 정보를 얼마나 원하며, 그에 따라 행동할 것인가는 명백하지 않다.[132] 사회 전체가 행동해야 하며, 그것도 빨리 행동해야 한다는 것은 명백하다. 우리는 편리함과 폐기물에 기초한 경제시스템을 창조해 왔으며, 중요하지 않은 목적을 위해 원하지 않는 것에 우리 소유가 아닌 돈을 쓰고 있다.[133] 그 결과 "평균적으로 한 사람이 매일 4.5파운드를 버리고 있으며 그중 1.5파운드만이 재활용되고 있다."[134]

우리는 사용되지 않은 자원의 지속 불가능한 남용을 감소시킬 방법을 찾을 필요가 있다. 이런 점에서 정부의 탄소세는 경제학자들 사이에 "압도적 지지"를 받는 정책이며, 석유 · 가스 추출, 가공 및 소비의 완전한 환경원가를 포함하는 수단이다.[135] 달리 말하면 전과정가격은 시장 왜곡을 제거하는 수단이다. 일단 공정한 경쟁의 장이 만들어지면(제품가격에 통합되는 모든 효익 및 비용과 함께) 시장이 가용한 자원의 가장 적절한 배분을 결정할 것이다. 궁극적으로 "모든 사람이 자신의 행동에 따른 모든 결과를 반영한 가격을 지불할 때에만 시장이 진정으로 자유로워진다. …… 그것이 가장 근본적인 경제 교훈이며, 모든 진지한 환경론자들이 주의를 기울여야 할 교훈이다."[136]

전략적 CSR 논쟁

발제 제안 : 탄소세는 기후변화 대응에 가장 효과적인 방법이다.

토론과 검토를 위한 질문

1. 기업들이 CSR 관점을 자발적으로 통합하도록 설득해야 하는가? 아니면 강제로 그렇게 하도록 강요해야 하는가? 그 이유는? 이 두 가지 접근방법 중 어떤 것이 이상적인가? 어떤 것이 더 현실적인가?

2. 2008년에 노르웨이 정부가 공공기업의 이사회에 40%의 여성 이사를 선임하도록 요구하는 법률을 통과시켰다. 그 당시 "이사들의 6%만이 여성이었다." 오늘날 노르웨이는 "세계에서 가장 높은 여성 이사 비율을 갖고 있는데 …… 이사의 44%가 여성이다."[137] 이것은 2018년 "포춘 500기업의 이사 6,081명 중 10.6%인 643명만이 여성이며,"[138] "그중 12개 기업에는 여성 이사가 단 한 명도 없는" 것과 비교된다. 당신의 나라에서 여성이 임원과 이사로 일하는 것에 대해 어떻게 생각하는가? 노르웨이와 비슷한 법률이 상황을 개선할 것이라고 생각하는가?

3. 이기심과 자기이익추구의 관계는 무엇인가? 둘 사이에 의미 있는 차이가 있는가? 자기이익추구와 사회복지의 관계는 무엇인가? 더 많은 세금을 내는 것이 나의 이익을 위한 행동이 되는가?

4. 수십만 명을 고용하고 상당한 금액을 세금으로 내는 담배 회사가 식품을 판매하면서 종업원들에게 낮은 임금을 지급하는 슈퍼마켓보다 좋은 회사인가? 나쁜 회사인가?

5. 다음의 인증 로고를 살펴보라. 이 중 알고 있는 것이 있는가? 그 인증이 무엇을 측정하는지 알고 있는가? 만약 당신이 구매하고자 하는 제품에 이러한 로고가 붙어 있고 다른 브랜드는 그렇지 않다면 당신의 구매 의사결정이 영향을 받을 것인가?

FAIRTRADE	USDA ORGANIC
FTSE4Good	MARINE STEWARDSHIP COUNCIL
FSC	Better Cotton Initiative

사례연구

[Ⅳ]

투자

투자자는 퇴임 후를 위한 저축으로, 자녀 대학 학자금으로, 또는 스타 임원에 대한 비전 등 다양한 이유로 주식을 살 수 있다. 그러나 이 모든 이유들의 핵심이 되는 것은 기대 투자수익률이다. 투자자들은 주식을 샀을 때보다 팔 때 주가가 더 많이 올라 있길 바란다. 갈수록 투자자들은 그 수익률이 자신들의 가치와 윤리 원칙을 해치지 않고 달성되기를 원한다. 그 결과 사회책임투자(SRI)와 특히 영향투자(임팩트 투자)[1]가 기업과 투자자 간의 복잡한 관계에서 가장 동적인 측면이 되어 왔다. 그러나 정확히 무엇이 윤리적 투자인가를 둘러싼 정의와 측정의 문제 때문에 논란의 여지가 많다. 그럼에도 성장 속도만 봐도 그것은 기업이 대응해야만 하는 이슈라는 점을 시사한다. 투자자들은 더 많은 투명성을 요구하며 갈수록 기업이 기꺼이 책임투자 전략을 추구하는지 구분하고자 한다. 2018년 JP모건 보고서에 의하면

> 글로벌 SRI 시장은 거의 23조 달러에 이르는데 총자산의 약 절반이 유럽에서 관리되고 있으며, 1/3 이상이 미국에서 관리되고 있다. 미국 내 ESG(환경, 사회, 지배구조) 자산은 과거 10년 동안 200% 이상 성장하였으며, ESG ETFs(상장지수펀드)의 인기는 2016년부터 치솟아서 전 세계 120개 국가에서 관리자산이 110조 달러에 이른다.[2]

이러한 참여가 계속해서 힘을 얻어갔는데 이는 파이낸셜타임즈가 말한 "미국 기업에 대한 신뢰의 위기 속에서 행동주의를 향한 투자자 트렌드"[3]를 보여주고

있다. 많은 요인들이 그 위기를 부추기고 있는데 가끔 무분별한 원가 절감을 통한 높은 수익률에 대한 욕구도 적지 않으나[4] 그것은 단순한 금융현상 이상인 것으로 보인다. 오늘날 점점 많은 투자자들이 "단순히 돈을 버는 것에 만족하지 않고 자신들이 책임 있는 방법으로 돈을 번다는 확신을 갖고 싶어 한다."[5]

> 위임대리권 투표 기간은 오랫동안 노조와 행동주의 투자자들의 영역으로 인식되어 왔지만 이제 갈수록 호화판 급여 패키지와 의문스러운 기업 지배구조를 비난하는 것은 뮤추얼펀드와 다른 비교적 순화된 기관투자자들이다. 새로운 규제에 의해 강성화되었을 뿐 아니라 지지부진한 주가와 최근의 스캔들에 화가 난 이러한 새로운 행동주의자 집단이 기업 정책을 부결시키고 이사회 개혁을 위한 제안을 지지하고 있다.[6]

행동주의 투자자

일반적으로 2가지 유형의 행동주의 투자자가 있다.

- **전문적 행동주의 투자자** : 기업 주식의 대규모 블록을 관리하고(헷지, 연금 또는 뮤추얼펀드) 주로 주주가치 증가의 필요성에 의해 주도된 투자자. 좋은 사례가 칼 아이칸(Carl Icahn)이다. 그는 넷플릭스와 애플과 같은 기업과 최근 전투를 벌였으며, 정기적으로 뉴스의 전면을 장식하고 있다.[7]
- **사회적 행동주의 투자자** : NGO, 산업별 또는 종교적 연금펀드 그리고 다른 사회적 관심 투자자로 보통 상대적으로 작은 규모의 주식을 갖고 있지만 자신들과 구성원이 중요하게 생각하는 사회적 가치를 반영하는 특정 이슈에 대해 기업이 행동하도록 영향을 시도한다. 그러한 그룹의 사례에는 교사와 대학교수 연금기금인 TIAA-CREF(https://www.tiaa.org/)와 Interfaith Center on Corporate Responsibility(https://www.iccr.org/)뿐 아니라 Investors Against Genocide(https://www.investorsagainstgenocide.org/)도 포함된다.[8]

전형적으로 CSR 관점에서 사회적 행동주의 투자가가 다른 행동주의 투자가보다 더 적합한 그룹으로 간주되어 왔지만 갈수록 리스크 관리가 기업 관심의 주류가 되고 사회책임(SRI) 뮤추얼펀드와 상장지수펀드(ETFs)의 수와 규모가 성장함에 따라 두 그룹 간의 구분이 모호해졌다. 갈수록 이 두 그룹이 지배구조, 임원 보수 또는 심지어 기후변화와 같은 이슈에 대해서 투명성과 경영책임(accountability)을 요구하는 공동의 관심사를 가지고 있다.

오늘날 두 종류의 투자자 모두 자신들의 투자를 보호하지만 동시에 자신들의 가치에 맞는 행동을 추구하고 기대에 미치지 못하는 의사결정을 한 임원의 비난에 보다 목소리를 높이고 있다.[9] 주주총회에 상정된 주주 제안서의 수가 그 좋은 예이다. 이러한 제안서 중 많은 것이 소수의 주요 관심사 중심으로 통합되지만(예를 들면 "정치적 지출, 기후변화, 인종 및 성 다양성 및 보수와 관련된 투명성")[10] 투자자들이 행동하고자 하는 대상이 되는 이슈는 점점 다양해지고 있다.

> 인터페이스 기업책임센터는 …… 그 회원사가 2018년 제기한 266개 제안서에 대한 지침을 발간하였다. 그중 하나는 아마존이 어떻게 음식물 폐기물을 줄였는지 조사하도록 요구하는 것이었고 다른 하나는 브리스톨 마이어가 비싼 약값에 대한 공중의 우려를 어떻게 임원 보수에 통합하는지 고려하도록 요구하는 것이었다. 또 다른 하나는 원유송유관이 원주민 땅을 통과할 때 골드만삭스와 씨티그룹이 그들의 권리침해를 어떻게 예방할 것인가에 대해 입장을 밝히도록 요구하는 것이었다.[11]

행동주의 투자자들을 괴롭히는 이슈의 범위가 증가할 뿐만 아니라 각 의결에 대한 주주의 지지도 증가하고 있다. 이러한 추세는 넓은 범위의 이슈에 걸쳐 만연해 있으며 대기업이 간과하기 훨씬 더 어려워지고 있다. 예를 들면 2016년에 "환경 관련 제안서 58개 중 23개가 …… 26%의 지지를 받았는데 그것은 2015년 16%, 2006~2015년 기간 평균 14%에 비해 증가한 것이었다. 또한 5개의 환경관련 제안서는 기록적인 40% 이상의 지지를 받았다."[12]

임원 성과에 항의하는 투자자들이 점점 더 성가신 요구를 함에 따라 이사회 결정에 도전하는 의결이 50%에 육박하는 투표율과 함께[13] 점점 더 일반화될 것이다. 그에 대응하여 기업은 관심을 가진 주주(기업의 가장 중요한 이해관계자 중 하나)에게 손을 내미는 것이 민감한 이슈에 관한 저항을 최소화하는 길임을 자각하고 있다. 그러나 그 대화는 진실되어야 하며, 기업들은 심각한 이슈가 쉽게 개선될 것이라 생각해서는 안 된다. 투자자는 불만이 해소되지 않으면 그들의 가치에 맞는 다른 회사나 맞춤형 펀드로 쉽게 옮겨갈 것이다.

사회책임투자(SRI)

SRI[14]는 새로운 개념이 아니지만 최근에 들어 보다 사회적으로 책임 있는 행동을 요구하는 사회적 압력이 높아지고 투자자들이 이와 동일한 기준을 자신의 투자 종목에 적용함에 따라 빠르게 성장하고 있다.[15] 뮤츄얼펀드 산업이 1970년대 SRI 상품을 제공하기 시작하였으며,[16] 2018년 사회책임투자재단(SIF)이 SRI 투자규모가 12조 달러에 이른다고 보고하였다. "그것은 2016년 이후 38% 증가한 것이며, 전문 회사가 관리하는 미국 내 총자산 46조 6천억 달러의 …… 26%에 해당한다."[17]

> 기업이 행하고 있는 비즈니스의 성격에 따라 사회적 책임을 다하고 있는지 알 수 있다. 공통적으로 사회책임투자의 주제는 중독성 있는 물질(술, 도박 그리고 담배)을 생산 또는 판매하는 기업에 투자하지 않고 환경적 지속가능성과 대체 에너지 · 청정기술 개발에 참여하는 기업에 투자하는 것 등이다.[18]

SRI 용어

CSR 분야와 마찬가지로 각기 다른 사람에게 서로 다른 의미를 가지는 많은 용어들이 있다. 상당한 중복이 있기는 하지만[19] 동시에 핵심적 차이가 있다.

- **사회책임투자**(SRI) : 윤리적 또는 가치기반 목표를 추구하는 기업이나 프로젝트에 투자함으로써 투자수익을 추구하는 포트폴리오 투자전략.
- **환경, 사회, 지배구조**(ESG) : 광의의 SRI 정의와 동의어로서 환경, 사회 및 지배구조 측면의 성과를 추구하는 투자.
- **임팩트 투자**(impact investing) : 시장에서 이전에 제기되지 않았던 사회 문제를 해결하려 하는 여러 가지 금융 수단(예를 들면 뮤츄얼펀드, 저이자 대출 및 채권). 결과와 영향의 측정이 강조된다.
- **사회금융** : 투자 목표가 가치(예를 들면 신념, 성, 환경)에 의해 걸러지며 투자로부터의 사회적 수익률에 초점을 두는 금융의 접근방법.
- **사회영향채권**(SIBs) : 사회금융이나 가치기반 또는 임팩트 투자 영역의 목표를 달성하는 확정금리 투자.
- **미소금융** : 특정 빈곤층의 수요를 충족하거나 기업가정신을 촉진하기 위해 만들어진 소규모 개인 금융 서비스(예를 들면 대출, 계정, 보험 및 송금).

미국 외 지역에서도 SRI 산업은 성장하고 있다. 영국에서(http://uksif.org/) SRI는 긴 역사를 갖고 있으며("1834년 'Friends Provident Institution'을 뮤추얼 기반으로 시작한 두 명의 퀘이커교도로 거슬러 올라갈 수 있다"), 빠르게 성장하고 있다(2018년은 새로운 "윤리적 ETFs"와 소매 및 기관 투자의 "기록적인 해"였다).[20] 보다 넓게 보면 SRI는 유럽 전체로(http://www.eurosif.org/, 전 세계 SRI 투자의 "대략 절반"을 차지함)[21] 그리고 아시아[22]로 점점 확산되고 있다.

1960년대 :
"베트남 전쟁으로 많은 투자자들이 무기 관련 투자를 포기하였다."

1970년대 :
"Pax World and Drefus가 최초의 SRI를 출범하였다."

1982 :
"캘버트(Calvert)가 반인종차별펀드를 출범시키고" 남아프리카 공화국 투자를 배제하였다.

1985 :
ESG 투자 실무를 증진시키기 위해 Social Investment Forum이 창립되었다.

1990 :
"최초의 SRI 뮤츄얼펀드인 Domini Social Index가 만들어졌다."

1992 :
리우환경정상회의 후 UNEP FI가 만들어졌다.

2005 :
UN 보고서에서 "환경, 사회, 지배구조"(ESG)를 정의하였다.

2006 :
UN이 책임투자원칙(PRI)을 도입하였다.

2007 :
SSEF(The Sustainable Stock Exchange Initiative)가 출범하였다.

2010 :
영국에서 최초의 사회영향채권(SIBs)이 발행되었다.

2014 :
투자은행들이 자발적인 그린채권 원칙(Voluntary Green Bond Principles)을 발표하였다.

2015 :
노동청이 "ESG 투자가 수탁책임에 부합된다고" 선언하였다.

2018 :
블랙록(BlackRock)이 "총기 생산 및 유통 업자를 배제하는" 두 개의 ETFs를 조성하였다.

출처 : "Sustainable Investing," UBS, July 201, pp.4~5 ; Leslie Norton, "In Defense of Social Purpose," Barron's: Investing with Purpose, June 26, 2018, p.53 ; and George Kell, "The Remarkable Rise of ESG," Fores, July 11, 2018, https://www.forbes.com/sites/georgkell/2018/07/11/the-remarkable-rise-of-esg/.

그림 Ⅳ-1 SRI와 임팩트 투자의 연대표

이러한 성장의 주요 동인은 산업의 전문화인데 그것은 다시 다음의 두 가지 요인에 의해 주도된다. 첫째는 유엔의 책임투자원칙(UNPRI)이며, 둘째는 수익률에 대한 보다 큰 약속이다. 갈수록 "투자로부터 시장수익률을 요구하는 것이 거의 모든 사회적 투자의 정의에 공통된 특징이다."[23]

책임투자원칙

UNPRI(https://www.unpri.org/)는 빠르게 부상하는 책임투자 분야에 대한 지침으로 개발되었다. UNPRI는 서명기관이 지키겠다고 약속한 "투자자와 광범위한 사회적 목적을 보다 잘 일치시키기 위한" 6가지 원칙으로 구성되어 있다. 2019년 초 기준으로 UNPRI에 총 80조 달러를 관리하는 2천 개 이상의 기관이 서명하였다.[24]

UNPRI의 발표는 기존보다 한 단계 더 진보된 환영할 만한 조치였지만, 시장과 유사한 성과를 내겠다는 약속은 투자 포트폴리오에 어떤 기업을 포함할 것인가에 대한 노력을 하지 않도록 강요할 위험이 있다. 달리 말하면 SRI 펀드에 포함되는 기업의 구성이 시장 포트폴리오와 차별화되면서(이 경우 시장수익률과 다른 수익률을 가질 것이다) 동시에 전반적인 시장을 반영한 주식의 구성을 갖는 것은(그에 상응하는 수익률이지만 모든 나쁜 기업을 포함하는) 어려운 일이다. 따라서 SRI 산업이 더 넓은 시장을 따라잡는다는 주장을 할수록 투자주식 선정 기준이 SRI 투자자들이 추구하고 있는 사회적 최적 결과를 생성해 내기에 충분하지 못하다는 의혹이 커진다.

그와 관련된 이슈는 SRI 펀드가 일반 투자펀드와 동등한 수익률을 제공하는지이다. 만약 SRI 수익률이 높다면 CSR과 기업 성과 간에 긍정적 상관관계를 가져 투자자 지지와 기업 대응 간 선순환을 촉진한다는 것을 시사한다. 이를 지지하는 연구결과는 "1990년 이후 MSCI의 KLD 400 사회지수가 연평균 8.4%의 수익률을 실현하여 S&P500의 7.6%보다 높았다."[25] 이러한 주장을 비판하는 사람들은 정확하게 반대의 결과를 보여주는 연구결과를 제시한다. 즉, "지난 10년 동안

SRI 펀드는 평균 7.38%, S&P500은 7.88%의 수익률을 달성하였다."[26] 이러한 논쟁이 열정을 불러일으키지만[27] 객관적 연구가 제시하는 바는 SRI가 현저하게 높은 수익률을 제공하지 못할지 몰라도 최소한 "장기적으로"[28] 불리하지는 않다는 것이다. 그러나 "그것이 사실이라면 SRI의 전반적 요점은 무엇인가?"라고 주장하는 사람도 있다. 더구나 투자자들이 믿고 있는 명분이 SRI 펀드에 의해 증진되고 있는지에 대해 의문을 제기하는 사람도 있다.

> 사회책임투자는 세상을 지나치게 단순화하여 현실을 왜곡한다. 투자자들은 이로 인해 자신의 돈이 "좋은 기업"에만 투자되고 있다고 믿으며, 그러한 믿음 속에서 바보 같은 위안을 얻는다. 결국 완전히 좋거나 나쁘기만 한 회사는 거의 없다. 달리 표현하면 사회책임투자는 현실의 실제 색깔이 회색인데 세상이 검거나 희다는 환상을 만들어 낸다.[29]

환경, 사회, 지배구조

많은 사람들이 ESG 투자를 SRI과 동의어로 생각하지만[30] 투자자들이 단순한 필터(예를 들면 술, 도박 또는 담배 산업)를 넘어서서 전 산업에 걸쳐서 관심 있는 성과측정치로 모든 기업을 평가하는 방향으로 "그 용어는 진화되어 왔다"[31]고 말하는 것이 보다 정확하다. 환경에 초점을 두는(주로 ESG의 'S'를 측정하기 매우 어렵기 때문에)[32] ESG 펀드는 그를 위한 한 가지 방법이라 볼 수 있다. 즉, 빠른 속도로 SRI 투자 세상의 활발한 구성원이 되고 있다.

> 윤리적 · 도덕적 기준에 기초하여 주로 술, 담배 또는 무기에 투자하지 않는 부정적 스크리닝을 사용하는 SRI와 달리 ESG 투자는 ESG 요소가 재무적 적합성을 가지고 있다는 가정에 기초해서 이루어진다. 2018년 전 세계 수천 명의 전문가들이 "ESG 분석가"라는 직업을 가지고 있으며 ESG 투자는 세계적 신문의 금융 면의 새로운 기사의 주제이다.[33]

ESG는 큰 분야일 뿐 아니라 대규모의 펀드가 최근에 추가되는 등 빠르게 성장하고 있다. 예를 들면 모닝스타는 "204개의 회원사가 770억 달러의 집합적 자산을 보유한" ESG와 지속가능성 범주의 펀드를 가지고 있다. "모닝스타 그룹의 가장 오래된 펀드는 1971년으로 거슬러 올라간다. 그러나 거의 절반은 최근 3년 동안에 출범하였다."[34] 2018년까지 ESG 총투자금액은 1995년에 비해 "18배 증가"하였으며,[35] "유럽의 총관리 자산의 53%와 미국의 38%가 ESG 기준을 통합하고 있다."[36] 이러한 성장의 한 이유는 많은 증권거래소가 "현재 상장 기업의 ESG 공시를 의무화하거나 또는 ESG 이슈의 보고 방법에 관한 지침을 제공하고 있기 때문이다."[37] 그 분야가 보다 합법적이 되어감에 따라서 금융 회사는 특히 ETFs와 같은 소극적 펀드(passive fund) 영역에서 고객 유치 경쟁을 위한 혁신을 추진하고 있다. 〈그림 Ⅳ-2〉는 현재 "120개 펀드에 걸쳐 110억 달러의 관리자산"을 가진 미국의 ESG 주제 ETFs의 극적인 증가를 보여주고 있다.[38]

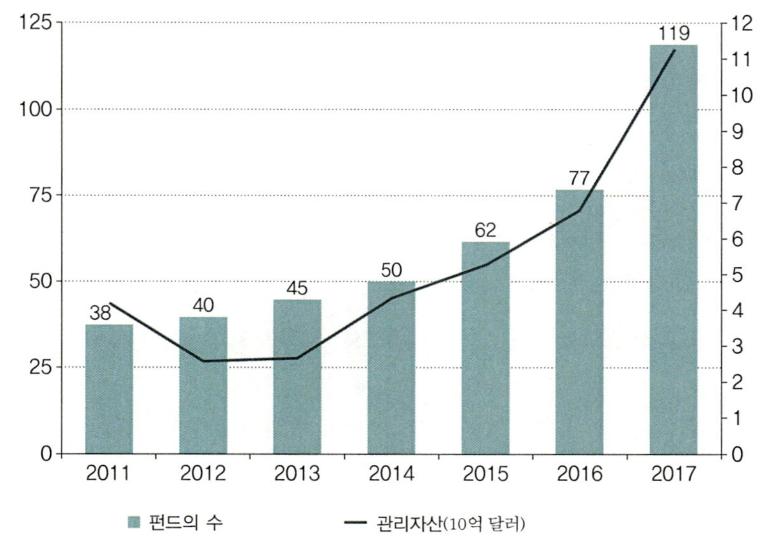

출처 : "Sustainable Investing is Moving Mainstream," JP Morgan, April 20, 2018, https://www.jpmorgan.com/global/research/esg.
주 : 데이터 기간은 4월 말까지 연간이다.

그림 Ⅳ-2 ESG 주제 ETFs의 글로벌 성장(2011 ~ 2017)

ESG가 점점 인기를 끌고 있음에도 불구하고 SRI의 다른 (그리고 일반적으로 CSR) 영역에서와 마찬가지로 정의와 측정이 이슈로 대두되고 있다. CSR이 통일된 정의를 갖지 못하고 있다고 비난받는 것과 같이 SRI도 누군가 원하는 대로 그 의미를 정의할 수 있으며,[39] "표준적 정의가 없어서 사회책임펀드라고 명칭을 붙이고 있지만 다양한 투자 전략을 사용하고 있는 펀드 또는 다른 투자 수단이 급증하고 있다."[40] 추가로 표준화된 측정방법이 없어서 기업들이 수없이 많은 접근방법을 놓고 씨름해야 한다. "사실상 거의 모든 것을 의미할 수 있는"[41] 사회적 영향 측정의 측면에서 어지러울 정도로 다양한 가능성이 있다는 것이 명백하다.

> 뉴욕대학의 스턴스쿨이 …… 가장 대표적인 12개의 접근방법을 조사하였다. 그 연구는 1,700개 이상의 다른 측정치를 추출하였다. [성과를 측정하는 외부 모니터링에] 대응하려는 기업들이 압도적인 도전에 직면하였다. 음식료업 기업에 대한 763개 질문과 추출산업에 대한 698개 질문에 대답하는 것이 그것이었다.[42]

그리고 아마도 중요한 것은 "기업이 '지속가능하다'고 보고하는 것을 평가할 감사 시스템이 없으며, 기업들의 ESG 활동과 그에 관련된 위험의 보고가 의무화되어 있지 않기"[43] 때문에 기업들이 행동을 정확하게 보고하고 있는지 그리고 그 행동들이 실제로 지속가능한지 확인할 방법이 없다는 것이다. 그 결과 ESG 투자자들에 대한 안전장치가 거의 없으며 그 제품의 타당성에 대한 보증도 거의 없이 "미국 기업에 의한 환경 보고는 '완전한 혼돈'으로 둘러싸여 있다."[44] 어느 분석가가 보고했듯이

> 같은 해에 한 데이터 제공 회사가 어떤 대기업을 ESG 상위 10위 기업 중 하나로 지정했는데 다른 회사는 그 대기업을 하위 10위 기업 중 하나로 선정하였다 …… 두 회사 모두 합법적인 고려를 하였는데 이는 대기업이 복잡하

고 동적이어서 절대적으로 평가할 수 없다는 것을 시사한다.[45]

한 가지 가능한 이유는 서로 다른 평가 회사가 각각의 ESG 차원에 대해 서로 다른 가중치를 준다는 것이다. 심지어 "심한 오염 기업이 훌륭한 지배구조와 종업원에 대한 대우로써 그것을 상쇄시킬 수 있어야 하는가?"와 같은 철학적 질문도 도전적인 것이다.[46] 물론 그 혼란이 동일한 회사에 다른 결과를 가져온다. 예를 들어 엑손의 ESG 점수를 다른 산업에 속한 4개의 기업과 비교하면

> 서스테널리틱스(Sustainalytics)사는 엑손이 잘 하고 있는 종업원, 공급망 및 지역사회 관계에 강력한 정책을 가지고 있는 사회적 이슈에 40%의 가중치를 주고 있기 때문에 전반적으로 5개 기업 중 최고의 점수를 준다. 모건스탠리캐피털인터내셔널(MSCI)은 환경에 51%의 가중치를 주는 반면 사회적 이슈에 17%의 가중치를 주기 때문에 4위로 평가한다.[47]

그렇지만 투자자들이 인정하는 최선의 실무를 가진 많은 사례기업들이 존재한다. 그와 같이 펀드들은 투자자들이 자신의 가치에 따라 투자할 수 있도록 보다 정밀한 수단을 창조해 내고 있다.[48] 단순한 스크리닝이나 넓은 성과측정치보다 다양한 금융 수단(예로서 신생기업에 대출이나 창업자금을 제공하거나 공공정책에 자금을 제공하는)에 의지하고 특수한 목표를 겨냥한 펀드들이 만들어지고 있다. 이러한 최근의 진화가 영향력을 가지려는 투자자의 열망과 가치 간에 보다 직접적 연계를 확실히 해준다. 그러나 통일적인 특성은 투자자 가치에 어필한다는 것이다.

가치기반 펀드

보다 넓게 정의하면 정치적 · 종교적 신념에 맞는 투자를 포함하는 가치기반 투자는 16세기부터 존재해 왔다. 현대적 형태의 윤리적 투자는 "술, 무기, 담배 그리고 다른 '죄악주'에 대한 투자를 회피하도록 교회가 권고했을 때" 도입되었다.[49]

그 연장선상에서 가치기반 펀드는 다양한 금융 수단을 활용하면서 많은 형태를 띨 수 있지만 SRI보다 임팩트 투자에 더 초점을 둔 형태로 알려져 있다. 그 펀드 성과에 대해 아직 상당한 논쟁이 있지만 다양한 투자 기회를 모색하는 투자자들 사이에 인기를 얻어가고 있다는 것은 명백하다.

투자의 동기

투자자들이 투자로부터 얻을 수 있는 3가지 혜택이 있으며, 그것이 결과적으로 투자의 사결정의 동기가 된다(의식적으로 또는 무의식적으로).[50]

- **실용주의적 혜택** : 수익을 제공할 능력(예를 들면 SRI 펀드가 죄악펀드(sin fund)보다 더 큰 또는 더 작은 수익을 발생시키는가?)
- **표현적 혜택** : 다른 사람들에게 투자자의 이미지를 전달하는 능력(예를 들면 도요타 프리우스는 환경에 대한 관심을 나타낸다)
- **정서적 혜택** : 투자자의 감정에 영향을 주는 능력(예를 들면 SRI는 우리 자신에 대해서 기분 좋게 느끼게 해준다)

가치기반 투자에서 인기 있는 영역 중 하나가 그린 채권(green bonds)이다. 이 확정금리 투자는 "2008년 세계은행에 의해" 처음으로 발행되었으며[51], "채권 발행금액과 환경친화적 투자를 연계시키도록" 설계되어 있다.[52] 초기의 그린 채권은 기대에 부응하지 않았지만[53] 그 이후 빠른 속도로 성장하였다. 2018년까지 "전 세계 채권 발행액의 2.5%를 차지하는 1,700억 달러 이상이 매년 발행되었다"고 추정되며[54], 잉글랜드 은행의 총재 마크 카니에 따르면 "연간 5천억 달러의 잠재력"이 있다.[55]

> 발행 금액의 40% 이상이 청정 에너지 금융으로 사용되고 거의 25%가 건물과 산업용으로 사용되며, 10% 이상이 운송에 사용된다. 그러나 "그린"으로 간주되는 것의 정의는 다양하다. 처음에 세계은행의 환경부서 또는 …… 발행기관 스스로에 의해 판단이 이루어졌다.[56]

그린 채권에서 녹색이 뜻하는 바를 보다 엄격하게 하려는 시도로서 자발적 그린 채권 원칙이 투자은행 컨소시엄에 의해 2014년에 만들어졌다.[57] 지금까지 "130개 이상의 세계에서 가장 큰 은행과 자산운용 회사가 …… 서명하였는데"[58] 지식과 지배구조가 향상됨에 따라 계속해서 개선되고 있다.[59] 그렇지만 기후채권계획("시장에 대한 사실상 감독기구 역할을 하는")이 2018년에 "1,142억 달러 발행 중 245억 달러의 인증을 거절하면서[61] 많은 사람들이 인증과 평가 기준이 여전히 "뒤죽박죽"[60]이라고 생각한다. 그럼에도 그린 채권의 빠른 성장을 보면 상당히 긍정적이라 할 수 있는데 특히 "미국에서 대략 1조 5천억 달러의 채무증권이 매년 발행되는 것과 비교해서 그린채권 시장이 아직 작다는 사실을 감안하면 더욱 고무적이다."[62] 이러한 목표를 증진시킨 두 가지 사건은 2016년 "룩셈부르크 증권시장이 출범시킨 "환경친화 증권 거래를 위한 세계 최초의 플랫폼"[63]과 애플이 발행하여(2016년 15억 달러와 2017년 10억 달러) "환경친화 채권 시장에서 달러화 표시 중 가장 대규모 발행"[64]이 된 두 건의 채권 발행이다.

양성평등투자[65] 역시 가치기반 투자의 동적인 영역이다. 여성 기업가와 여성 근로자를 지지하는 투자자를 위해 3가지 대안적 수단이 대두되고 있다. "그들은 여성 기업에 이용 가능한 자금을 제공하거나 여성 고용에 초점을 두거나 또는 여성에게 도움이 되는 제품과 서비스를 제공하는 기업에 투자할 수 있다."[66] 여성에게 어필하는 투자 수단은 "2010~2015년에 여성이 보유한 개인적 부가 34조 달러에서 51조 달러로 증가하였다는 점"과 "2020년까지 총자산의 32%인 72조 달러를 보유할 것으로 기대된다는 점"[67]을 생각하면 정말 설득력이 있다. 그리고 2017년 중반까지 "22개 공공 프로젝트 중 양성평등조항이 포함된 투자규모가 9억 백만 달러"[68]에 이른 점을 보면 미래가 밝아 보인다. 전형적 사례가 바클레이즈 은행의 Barclays' Women in Leadership ETF(주식표시 WIL)이며, "CEO가 여성이거나 또는 이사 중 여성이 최소 25%인 미국 기업으로" 구성되어 있다. 그러한 목적으로 설립된 펀드를 지원하는 연구 결과에 따르면 "서너 명의 여성 이사를 가진 Fortune 500 기업이 84% 더 높은 매출액이익률과 46% 더 높은 자본이익률을 달성하였다."[69]

가치기반 투자의 세 번째 사례는 금융위기 이후에 시작된 Stoxx Europe Christian Index(주식표시 SXCHP)와 같은 신념 기반 펀드이다.[70] 오늘날 이러한 신념기반 투자는 "우리가 신의 은총에 대한 충실한 수탁자가 되고 기독교 신념 공유에 대한 기본적 믿음을 존중할 수 있게 해주는 플랫폼"[71]을 제공함으로써 Christian Investment Forum이 "성서적 책임투자(BRI)"로 정의한 부문으로 확대되어 왔다. 다른 가치기반펀드와 함께 BRI는 최근 빠르게 성장하였다. "투자의 한 부분으로서 기독교 신념을 명시적으로 통합한 28개 범주의 펀드에서 최소한 100개의 서로 다른 뮤추얼펀드가 있다."[72]

그러나 이러한 가치기반펀드(환경, 성 또는 신념기반 투자 기준 중 어떤 것을 사용하는지 상관없이)가 몇 가지 단점을 가진다는 것을 언급할 필요가 있다. 첫째, 평균 이상의 관리수수료를 부과하는 뮤추얼펀드의 가치에 대한 논쟁이 아직 존재한다. 만약 그러한 펀드가 "전형적으로 시장보다 더 좋거나 나쁘지 않고 동등한 성과를 달성한다고 동의할 수 있다면"[73] 높은 관리수수료는 투자자에게 낮은 수익률로 귀결된다. 그리고 "투자자들은 공상적 박애주의자 ETFs에 평균적으로 15배의 수수료를 지불하는데" 느슨한 기준 때문에 그것은 "가장 가능성이 없어 보이는 기업인 엑손모빌과 말보로를 만드는 담배 회사인 필립모리스와 같은 회사"[74]를 포함할 수 있다. 둘째, 그러한 펀드의 성과를 정확한 맥락에 놓고 본다는 것이 중요하다. 몇몇 논평가들은 "여성 리더들이 기업 성과가 나쁜 시점에 지명되는 경우가 종종 있으며, 따라서 그들의 직위는 불안정하다"[75]고 말했다. 만약 그러한 기업(또는 펀드)이 미래에 나쁜 성과를 달성하면 그것은 그 여성 CEO의 능력과 상관없이 그녀가 물려받은 형편없는 성과 때문으로 생각될 것이다.[76] 셋째, SRI 분야의 모든 부문에서와 마찬가지로 아직 효과적인 "'도덕적 나침반'의 측정치"[77]가 없기 때문에 정의와 측정 이슈가 불가피해 보인다. 마지막으로, 틈새시장 펀드는 종종 경쟁을 위해 필요한 상당한 양적 규모를 확보하기 위해 투쟁한다. 엄격한 가치기반 펀드는 양성평등이나 산아제한과 같은 이슈에 대해서 "모든 미국 기업의 가치와 정면으로 대립하는"[78] 보수적 가치를 추구한다. 그 예로 "몇 년 전 페이스 쉐어가 신념지향 상품 세트를 내놓았는데 충분한 관심을 끌지 못하고 바로 접었다."[79]

이러한 우려에도 불구하고 가치기반 투자에 대한 증가하는 관심은 투자자 돈을 끌어들이려 경쟁하는 기업들 간에 모든 종류의 혁신을 만들고 있다. 예를 들면 이제 "바이오채권",[80] "블루채권",[81] "미소대출",[82] "지역사회지원농업",[83] 정치적 ETFs[84] 그리고 많은 종류의 자선 관련 펀드[85] 등이 있으며, 특히 "보편적 기본소득"[86] 사고를 둘러싼 상품도 있다. 흥미로운 것은 죄악주의 재부상과 함께 가치기반 펀드에 대한 반발도 역시 있다는 것이다.

죄악펀드

죄악펀드는 투자자에게 우월한 수익률을 제공할 목적으로 보통 윤리적 필터를 가진 펀드에서 제외된 기업에 투자한다. 이러한 반가치기반 투자 유형 중 가장 유명한 사례가 USA Mutuals' Vice Fund(주식표시 VICEX)인데 2002년에 처음 공개적으로 판매를 시작했으며, 오늘날 "사회적 무책임펀드"라고 홍보하고 있다.[87]

> Vice Fund는 국내 및 해외 시장에서 항공/국방, 게임, 담배 및 술 부문에 주로 투자한다. 우리의 견해로는 "죄악"산업은 최종 소비자 시장으로부터 수요가 예측가능하며, 폭넓은 경제적 우위를 통하여 경쟁을 제한할 수 있다.[88]

문헌에 따르면 원죄 주식에 투자할 이유가 존재한다. 부분적으로 이러한 산업들은 성숙 단계에 있는 경향이 있고 성장을 위한 거액의 비용이 필요 없어 더 나은 수익률을 보이며, 동시에 이 중 많은 제품이 항상 수요가 있는 인간의 기본적 욕구("상황이 어려워지면 사람들은 먹고, 담배 피고, 마시게 된다."[89])를 충족시키기 때문이다.

> 정부는 국방예산을 축소할 수 있을지 모르나 항상 무기에 투자할 것이다. 맥주 애호가는 프리미엄 브랜드에서 보다 싼 브랜드로 옮겨갈지는 모르나 술을 완전히 끊지는 않을 것이다. 한편 흡연은 감소하고 있지만 가격이 오르더라도 계속 담배를 살 것으로 기대된다고 분석가들이 말하는 핵심 고객층이 있다.[90]

그 결과 호황에 덜 동적이긴 하지만 불황에 잘 견뎌내며 꾸준한 성과를 올린다. 아마도 (고객이 제품에 중독되어 있기 때문에) 담배 기업이 특히 성과가 좋다는 것은 놀라운 일이 아니다. "판매되는 미국 담배 중 약 80%는 두 주요 담배회사 제품인데 그 매출액은 청량음료 및 맥주 산업을 합친 것"[91]보다 크다. 그것을 보여주는 최근의 연구는

> 1900년 데이터가 있는 산업 분석 결과 담배 산업의 성과가 제일 좋았는데 다른 산업의 연평균 9.6%에 비해 담배 산업은 14.6%의 연평균 수익률을 보였다. 1900년에 미국 담배 회사에 1달러를 투자하여 배당을 재투자했다면 [오늘날] 38,255달러로 성장했을 것이다. 만약 그 돈을 조선이나 항만 산업에 투자했다면 1,225달러라는 비참한 결과를 맛보았을 것이다.[92]

그렇지만 죄악펀드에 반대하고 착한 비즈니스를 찬성하는 모멘텀이 형성되고 있다. 더구나 골드만삭스가 베네수엘라의 소위 "기아 채권"[93]에 투자했을 때 깨달은 것처럼 인간의 불행으로부터 이익을 얻으려는 투자자에게 사람들은 저항한다. 이러한 추세가 증가함에 따라 SRI는 투자자 기대를 충족시키지 못하는 산업에 부과되는 영구적인 세금을 나타낸다. 새로운 연구에 의하면 "미국 기관투자자들은 갈수록 담배와 무기 생산과 연계된 증권을 투자대상에서 제외하고 있으며, 그 두 산업에 대한 4조 달러 투자자산을 차단하였다."[94] 그리고 SRI는 계속해서 진화하고 있다. 단순한 스크리닝에서 다양한 가치와 결과 측정에 이르기까지

임팩트 투자는 착한 행동에 보상을 제공하는 것을 넘어서 그러한 행동을 창조해 내는 방향으로 움직이고 있다.

임팩트 투자

임팩트 투자는 "사회문제에 대한 시장기반 해법을 지칭하기 위해 10년 전 록펠러 재단이 처음 만든" 용어이다.[95] 그처럼 임팩트 투자는 두 가지 측면에서 보통의 SRI이나 ESG와 다르다. 첫째, 그것은 단순히 양심적으로 퇴직 후를 준비하는 투자 수단이 아니다. 임팩트 투자는 적극적으로 다루기 힘든 사회 문제를 해결하려 노력한다. 달리 말하면 SRI가 투자는 해를 끼쳐서는 안 된다는 전제에 기반하고 있는 반면, 임팩트 투자는 선한 일이 행해지지 않으면 실패라고 간주된다. 그리고 둘째, 언제 성공적 결과가 달성되었는지 어떻게 알 것인지에 대해 잘 알고 있다. 측정가능한 결과에 초점을 맞춤으로써 임팩트 투자는 "사회에 대한 광범위한 영향을 측정, 보고할 뿐 아니라 긍정적 영향을 제공하고 증가시킬 책임을 지는"[96] 조직과 파트너가 되어 차이를 만들려고 노력한다.

이 영역에서 관심의 증가는 아주 다양한 투자 기회를 가져왔다. 예를 들면 SerenityShares(https://serenityshares.com/)는 환경, 물, 건강한 음식, 지역사회 구축 및 노인 돌봄에 "농업, 문화 통합, 권한 이양, 에너지 효율, 숲, 녹색기술, 해양, 오염 통제, 안전 그리고 노인 주택"[97]을 포함하여 "20가지 영향을 가져오는 방법"을 보고하였다. 그중 일부는 새로운 아이디어이며, 다른 일부는 오래된 것이다. 그것이 임팩트 투자인 이유는 측정된 결과를 강조한다는 점 때문이다. 이러한 영향을 측정하는 많은 방법이 개발되었지만 "임팩트 투자 산업의 절반 이상이"[98] UN의 SDGs와 관련시켜 진척 상황을 체크한다. 이러한 임팩트 목표의 충족을 가능하게 하는 하나의 투자 수단이 사회영향채권(SIB)이다.

사회영향채권

가치기반 투자가 보다 사회적 책임 있는 행동을 촉진함으로써 기업에 영향을 미치는데 그 이상으로 SIB("외주조달된 공공 서비스를 제공하기 위한 사회 기관과 사회적 동기를 가진 사적 금융을 결합한 결과에 기초한 지급 계약")[99]는 가치기반 투자가 공공정책에 미치는 영향력을 보여준다.[100]

> 2010년 Social Finance UK가 시작한 [SIB]는 금융위기가 촉발하는 값비싼 비용의 서비스가 더 이상 필요 없도록 예방과 조기개입 프로그램 개발에 자금을 제공할 수 있는 사적 투자를 유도한다(성공적인 결과를 도출한다는 전제하에). SIB 구조로 서비스 자금을 직접적으로 제공하고 사전에 정의된 결과의 궁극적 달성에 기반하여 이익을 지급받는 사적 투자자들에게 정부(또는 다른 지불 주체)가 위험을 전가시킬 수 있다. 만약 그 결과가 달성되지 않으면 정부는 투자자들에게 되갚을 필요가 없게 된다.[101]

간단히 말해서 "민간 투자자들이 ─ 전형적으로 재단 ─ 초기 단계에는 새 프로그램의 비용을 지급하며, 나중에 정부가 그 프로그램이 목표를 달성하는 만큼 때로는 보너스와 함께 투자자들에게 되갚는다. 만약 실패한다고 하더라도 납세자들은 아무것도 부담하지 않는다."[102] SIB는 과정에서 발생하는 서비스 공급자의 위험요소를 제거하고 사회 진보의 결과를 계량적으로 알리는 매체 역할을 한다는 점에서 흥미롭다. SIB와 잘 맞는 프로그램은 복지 제공, 교육, 헬스케어, 고용정책 그리고 죄수들 사이에 재범률 감소와 같은 목표를 포함한다. 2010년 영국에서 단기 죄수들의 재범률이 60%에 이르렀다.[103]

> 영국의 피터버러(Peterborough) 형무소는 전 세계에서 최초의 SIB를 발행하였다. 그 채권은 17명의 사회 투자자로부터 조달받은 500만 파운드를 단기 죄수들의 재범률 감소를 목적으로 하는 파일럿 프로그램에 사용하였다.

그 형무소에서 석방된 죄수들의 재범 또는 재기소율을 6년 동안 통제 집단의 재기소율과 비교한다. 만약 그 형무소의 재기소율이 최소한 통제 그룹에 비해 7.5% 낮으면 투자자들은 두 그룹 간의 재기소율의 차이에 직접적으로 비례하는 수익률을 받게 되며, 8년 동안에 연간 13%의 수익률을 초과할 수 없다.[104]

영국에서의 관심 확대에 이어[105] SIB는 미국과 다른 나라들에서도 성장하고 있다. 그 결과 "현재 누적 SIB 시장 규모는 5억 1,400만 달러(계약금액)과 2억 천만 달러(투자금액)로 추정되고 있다."[106] 2011년 "오바마 대통령이 2012년 예산계획에 SIB를 포함한 다양한 파일럿 프로그램을 위해 1억 달러를 배정"[107]했을 때 미국에서 관심이 부상하였다. SIB는 "만성적인 사회문제인 무주택자뿐만 아니라 젊은 청년들의 재범률 문제를 해결하기 위해" 매사추세츠주에서 처음 발행되었으며 그 직후 뉴욕시에서 골드만삭스가 "라이커스섬 형무소에 있는 젊은 재소자들의 재범률 감소를 목적으로 960만 달러 규모의 SIB를 발행하였다."[108]

블룸버그 자선재단(골드만삭스의 잠재적 손실에 대비하여 그 프로젝트에 600만 달러를 보증한)과 협업하여 골드만삭스는 죄수들의 재활(영국의 최초 SIB와 유사한) 프로그램에 초점을 맞추었다. 골드만삭스가 이 프로젝트에 참여하고 자신의 투자가 "자선적 기부가 아니다"[109]라고 천명하였지만 그 공공정책 실험의 결과는 실망스러웠다. 목표는 "10대의 재범률 10% 감소였지만 그 청소년 행동학습경험 프로젝트는 10대들이 라이커스섬으로 돌아가는 것을 전혀 막지 못한 것으로 드러났다."[110] 이러한 실패에도 불구하고 SIB 옹호론자들은 다른 지역에서의 성공(주로 영국) 사례를 보고 고무되었다. 또한 SIB는 납세자들의 돈을 쓰지 않고 공공정책을 혁신하는 장점도 있다. 가장 고무적인 것은 사회적 프로그램 성공의 평가에 엄격한 양적 평가 수단이 도입되었다는 것이다. 민간 자본의 영향이 없었으면 라이커스섬에서와 같이 공공 조달 자금에 의한 프로그램이 효과가 있는지 아무도 신경 쓰지 않는 상황이 몇 년 동안 계속됐을 것이다. 따라서 어떤 아이디어가 실패하는 경우에도 SIB가 긍정적인 사회적 결과를 가져올 수 있는 잠재력이 있다. 그후 2015년까지 미국에서 7건의 SIB가 발행되었다.

> 라이커스섬을 시작으로 골드만삭스는 시카고에서 취약 계층 어린이를 위해 1,700만 달러의 프리-K(pre-K) 프로그램을 포함하여 4개의 프로그램에 참여하였는데 특수교육을 받을 필요가 없어진 어린이 한 명당 매년 9,100달러 수익을 지급하며, …… 유치원에 취학할 준비가 된 어린이 한 명당 2,900달러 그리고 3학년 읽기 테스트에서 국가 전체 평균 이상의 점수를 딴 한 명당 750달러를 지급한다.[111]

그리고 골드만삭스와 같은 기업이 SIB에 대해 더 많이 알수록 수익을 올릴 수 있는 프로젝트를 더 잘 선정하게 될 것이다. 예를 들면 시카고의 pre-K 프로그램 외에도 골드만삭스는 유타주의 특수 교육을 받아야 하는 어린이들의 조기 교육 프로그램 자금을 제공하는 유사한 프로그램에 투자해 왔다.

> 학생들이 …… 1년 동안의 유치원 교육 후 시험을 통해 추가적 도움이 필요하지 않다고 판명되었을 때 유타주는 골드만삭스가 어린이들을 위한 특수교육에 지출한 대부분의 금액을 지급하였다. 그것은 미국에서 소위 사회영향채권이 투자자들에게 수익을 지불한 최초 사례였다.[112]

2010년 영국에서 최초의 SIB가 시작된 이후 전 세계에서 이제 총 61개가 도입되었다([표 Ⅳ-1] 참조). 이들 대부분은 영국과 미국에 있으며(네덜란드, 남아프리카공화국, 호주 및 이스라엘 등 13개국에 SIB가 있지만), 대부분은 사회복지와 고용 프로그램에 초점이 맞춰져 있다(나머지는 사법정의, 교육과 건강 관련 프로그램이 차지하고 있다).

표 Ⅳ-1 국가별 SIBs(2017)

국가	총합	평균 투자액
영국	32	$1,520,000
미국	10	$9,600,000
기타	19	$2,538,000

출처 : "Social Impact Bonds: An Overview of the Global Market for Commissioners and Policymakers," Center for Public Impact, April 2017, p.3.

SIB가 점점 인기를 얻어감에도 불구하고 이러한 "성공보수" 프로그램이 희망하는 잠재력을 현실화하기 위해서는 많은 도전이 남아 있다. 첫 번째는 이러한 종류의 자금 조달에 적합한 프로그램이 무엇인지 확인하는 것이다. "자산 종류의 선택"과 투자 기회의 제한은 성장을 계속해서 제한한다.[113] 두 번째는 성공을 어떻게 측정할 것인가이다. 많은 경우 이런 유형의 프로젝트는 선행 기간이 긴 데다(어떤 투자자들에게는 기대 수익을 위한 투자 기간에 맞지 않을 것이다) 측정 또한 쉽지 않아 만만치 않은 사회 문제를 다루고 있는 것이다. 이러한 이슈가 유타 주의 실험에서도 대두되었는데 오해의 소지가 있는 측정 문제 때문에 추후에 골드만삭스가 성공이라고 주장한 결과에 대해 의문이 제기되었다.[114] 세 번째는 제3자 평가 때문에 야기되는 고비용 문제인데 엄격한 평가를 위해 필수적이지만 "단순히 서비스를 직접적으로 제공하는 것보다" 많은 비용이 든다.[115] 그리고 네 번째는 공공정책 영역에 재무적 인센티브를 제공함으로써 개인이 특정 결과를 생산해 내도록 동기를 부여하고 동시에 그에 대한 책임을 지도록 하는 것이 개인의 행위를 왜곡할 것이라는 일반적 우려이다. 마지막으로 임팩트 투자가 현재 투자시장의 아주 작은 부분을 차지하고 있어서 의미 있는 진보를 이룰 것인가의 이슈가 있다. 예를 들면 "골드만삭스의 자산운용 부문에서 임팩트와 ESG 투자를 합쳐도 관리대상 총자산 1조 3,500억 달러 중 67억 달러를 차지할 뿐이다."[116]

그럼에도 성과측정 방법이 향상되고 이익지상주의 투자 모델에서 가치투자로 이동함에 따라 변화가 일어날 것이다. 그러는 사이 재단, 자선단체, NGO 그리고 정부가 "사회적 및 재무적 효익"[117]을 약속하는 사회적 기업과 공공정책 프로젝트에 투자하는 벤처캐피털 전술을 채택하면서 점점 더 "월스트리트와 실리콘밸리로부터 [자신들의] 영감을 얻고" 있기 때문에 지금이 바로 임팩트 투자를 위한 혁신적인 시점이다. 모든 SIB가 성공하기 어렵더라도 제대로 운영되면 그 효과는 매우 기대할 만하다. 예를 들면 국제적십자사는 SIB 체계를 확장하여 "인도주의 영향채권"을 개발하였는데, 그것은 분쟁지역인 "콩고민주공화국, 말리 및 나이지리아에서 세 개의 재활센터 건립과 운영에 지원할 돈을 마련하기 위해 "혼합 금융"을 활용한다.[118]

모든 SIB가 성공하지는 않을 것이지만 SIB 대표 사례의 결과가 그리 나쁘지는 않다. 앞에서 설명한 골드만삭스의 SIB는 청년 재범율을 낮추는 데 실패하였으며, 투자자들은 돈을 잃었는데도 "그 도시는 그 노력을 성공이라고 불렀다. 즉, 뉴욕은 비용부담을 지지 않으면서 소중한 경험을 하였다."[119] 궁극적으로 이 사례에서 논의된 임팩트 투자의 완전한 범위(SRI, ESG 그리고 가치기반펀드로부터 보다 최근에 가치기반 투자와 SIB)를 보면 최근 몇 년 동안 확실하지 않았던 금융 부문의 잠재적 · 사회적 가치를 알 수 있다.[120]

전략적 CSR 논쟁

발제 제안 : 임팩트 투자는 사회 문제 해결에 가장 효과적인 수단이다.

토론과 검토를 위한 질문

1. 당신은 어떤 회사의 주식을 소유하고 있는가? 만약 소유한다면 그 회사의 주주총회에서 투표하는가(직접 또는 대리권을 통하여)? 주주들이 주식을 소유하고 있는 회사에 적극적으로 관여하는 것이 중요한가? 그 이유는 무엇인가?
2. ETF나 뮤추얼펀드에 대한 투자를 고려할 때 그 펀드가 투자한 기업의 CSR 성과를 고려하겠는가? SRI 펀드에 대해서는 어떠한가? 그 이유는 무엇인가?
3. ESG의 세 가지 차원, 즉 환경, 사회 그리고 지배구조를 생각해 보라. 이 세 가지 차원에서 기업 성과를 측정하는 가장 좋은 방법은 무엇인가? 각 차원에 대해 두 가지 측정치를 생각할 수 있겠는가?
4. 죄악펀드의 역사적 수익률이 SRI 펀드보다 더 큰 성장 잠재력을 보여준다면 그 펀드에 투자하는 것에 대해서 재고할 것인가? 당신의 결정에 대한 정당성이 무엇인가?
5. 골드만삭스나 다른 투자자가 죄수, 복지 수급자, 미취학 아동 또는 다른 취약 인구들로부터 이익을 추구해도 되는가?

다음단계

본서의 IV부에서는 사회적 진보와 가치를 창조하기 위해 기업과 시장이 어떻게 작동하는지 이해하는 데 행동적 관점이 중심이 된다는 것을 보여주었다. 그와 같이 경제적 관점은 4장에서 자세히 설명한 이해관계자 책임 사고를 보완해준다. 영리기업과 자본주의 시장은 사회의 최선의 이익에 봉사하기에 필요한 유일한 수단이다. 이것을 달성하기 위해 가장 우선적으로 이해관계자들이 기업에 책임을 요구해야 한다. 즉, 이해관계자가 원하는 행위를 하는 기업에 보상을 제공하고 그렇지 않은 기업을 응징하는 것이다. 물론 이를 위해 이해관계자는 CSR을 명확하게 정의하고 측정할 수 있어야 한다. 그것이 효과적으로 실행되면 이해관계자의 기대 충족이 바로 기업 최선의 이익이 될 것이다.

그러나 기업이 그러한 요구를 어떻게 예측하고 대응할 것인가? 우선적으로 운영과 전략계획의 모든 측면에 CSR 관점을 통합시킴으로써 가능하다. 이러한 전략적 관점은 V부에서 다루어질 것이며 CSR 필터와 같은 수단과 CSR 문턱과 같은 개념이 소개될 것이다. V부에서는 또한 전략적 CSR을 자세히 정의함으로써 이러한 복잡한 개념을 기업들이 근본적으로 이해하고 있는지 알게 해줄 요인들을 명백하게 보여줄 것이다. V부에 기초하여 VI부에서는 핵심 이해관계자들의 요구와 관심사를 반영한 가치에 기초를 둔 지속가능한 관점을 구축함으로써 본서를 마감한다. 그것이 전략적 CSR의 궁극적 목표이다.

V부는 본서의 심장부라 할 수 있다. 본서에서 논의한 생각은 경영학의 모든 기능적 분야에 적합하지만 전략경영에 가장 적합하다. 전략의 목적이 지속가능한 경쟁우위의 창출이라면 오늘날 비즈니스 환경에서 그를 달성하기 위한 최선의 방법은 중장기에 걸쳐 가능한 많은 이해관계자들을 위해 가치를 창출하는 것, 즉 전략적 CSR이다.

9장에서는 전략의 3대 축, 즉 분석, 형성 및 실행을 고찰함으로써 전략과 CSR의 교차점에서 그 논의를 시작한다. 9장에서는 전통적 분석 도구(주로 자원 및 산업 관점)가 오늘날 비즈니스에 더 이상 충분하지 않은 이유와 CSR 관점이 갈수록 더 중심이 되는 이유를 논의한다. 나아가 전략 분석과 형성을 도와주는 CSR 문턱의 개념을 소개하고 어떻게 CSR 필터가 전략 실행의 일부분으로 의사결정을 가능하게 해주는지 설명한다. 10장에서는 전략적 CSR을 다섯 가지 기본적 구성요소 측면에서 정의함으로써 논의를 확장한다. 그리고 기업이 중장기에 광범위한 이해관계자 이익을 위해 가치가 최적화되게 경영될 수 있도록 전략계획과 핵심 운영에 전체적 CSR 관점을 통합한다.

V부는 운영 전반에 걸쳐 전략적 CSR을 실행함에 글로벌 공급망의 중요성을 강조하면서 스타벅스에 대한 자세한 사례연구로 마무리된다.

[V]

전략적 관점

제9장 **전략 + CSR**

제10장 **전략적 CSR**

사례연구 : 공급망

제 9 장

전략 + CSR

모든 기업은 환경에 어떻게 적응하는가에 따라 생존하거나 멸망한다. 본서 전반에서 논의된 바와 같이 이해관계자는 기업 환경을 결정한다. 그들은 기업을 구성하면서 기업의 생존능력을 결정한다. 기업이 창출해 내는 가치에 이해관계자가 의존하지만 기업은 영업을 계속하는 데 필요한 합법성을 포함하여 그 가치를 전달할 수 있도록 해주는 자원을 이해관계자에게 의존한다. 이러한 공생관계를 고려하면 기업에 대한 이해관계자의 지지 수준은 기업이 무엇을 하는지가 아니라 어떻게 하는지에 달려 있다. 이 '어떻게'를 주로 구성하는 것이 기업 전략이다.[1]

기업의 전략

"전략은 '어떻게'에 관한 것이다. 당신은 제한된 수단과 거대한 장애물에도 불구하고 어떻게 바람직한 목표를 향해 움직일 것인가?"[2]

전략은 지속가능한 비교우위를 추구한다. 그것은 외부 경쟁환경으로부터 수요에 조직의 내부 역량을 어떻게 맞추는가에 달려 있다. 그 등식의 양변에 중심이 되는 것이 기업의 내부 및 외부 이해관계자이다. 그와 같이 전통적 전략 관점이 기업의 경쟁적 비교우위 구축능력에 중요한 통찰력을 주지만 본서에서는 이해관계자 관점이 오늘날의 비즈니스 환경에 더 잘 맞는다고 주장한다. 그러한 관점은 때로는 서로 경쟁하는 이해관계자들의 수요에 우선순위를 부여하는 방법을 제공하면서 경영자로 하여금 기업 운영에 영향을 미칠 복수의 구성원을 확인할 수 있게 해준다. 그러나 이해관계자 관점은 기존의 수단을 대신하는 것이 아니라 포괄적 체계 속에 그것을 보완하고 확장하는 것을 목표로 한다.

지속가능한 비교우위

중장기적으로 시장에서 경쟁 기업과 차별화하는 역량, 자원 또는 구조적 포지셔닝

간단히 말해서 CSR 관점을 전략계획과 일상 운영에 통합함으로써 기업이 효과적이며 지속적인 전략을 갖도록 확신을 주고 동적인 환경에 보다 잘 적응할 수 있도록 대비할 수 있다. 반대로 만약 핵심 구성원이 무시된다면 기업전략은 지지를 받지 못하거나 적극적인 저항에 직면할 가능성이 있으며, 성과에 잠재적으로 부정적인 결과를 초래할 것이다.

비전, 미션, 전략, 전술

비록 비즈니스의 존재 이유는 많지만 그 성공 여부에 따라 기업의 생존이 좌우되며, 비즈니스에서의 성공은 이익과 같다. 기업은 종업원에 의해 생산된 재화와 서비스를 제공하고 그 가치에 만족하는 고객으로부터 이익을 얻는다.

그러나 이익 추구는 너무나 포괄적인 필수 항목이기 때문에 어디서 시작해야 할지 또는 무엇을 해야 할지에 관해 지침을 제공해주지 않는다. 그보다는 기업이 충족시키려 하는 사회의 요구에 대한 이해에서 그 답을 찾을 수 있다. 기업이 매진하여 달성하려는 요구가 열망과 비전의 기초를 형성한다. 이상적으로 비전이란 자신이 달성하고자 하는 것, 즉 존재 의의를 잘 표현한 문장이다. 기업이 비전을

무시한 채로 영업활동을 영위한다면 그것은 더 이상 고상하지도, 지속가능하지도 않을 것이다. 비전은 조직 종업원, 투자자, 고객, 공급업체, 보다 넓은 공동체를 포함한 복수의 이해관계자들에게 매력적이어야 한다. 그러나 그를 위해서는 진정성 있는 비전이 필요하다.

이러한 열망으로부터 비전을 달성하기 위해서 조직이 무엇을 할 것인가를 확인해주는 것이 바로 미션이다. 예를 들면 푸드뱅크는 "공동체에서 기아를 종식시키는 것"이라는 비전을 가질 수 있으며 "가난한 사람에게 음식을 제공하는 것"을 미션으로 할 수 있다. 자동차 회사는 "사회에 최상의 개인적 운송 수단을 제공하는 것"이 비전이며 "적당한 가격의 효율적인 차를 만드는 것"이 미션이다. 비전은 조직이 무엇을 향해 노력할 것인가를 확인해주는 반면에 미션은 그 비전을 달성하기 위해 무엇을 할 것인가를 말해준다. 두 가지 모두 기업의 이해관계자(내부와 외부)가 무엇을 용인하는가에 의해 제한된다.

기업의 비전, 미션, 전략, 전술

- **비전**은 기업의 존재 이유에 답을 준다. 그것은 기업이 다른 사람들을 위해 해결하고자 열망하는 요구를 확인해준다.
- **미션**은 비전을 달성하기 위해 조직이 무엇을 할 것인가를 말한다. 그것은 기업이 수행하고자 하는 활동의 유형을 제시한다.
- **전략**은 미션을 수행하기 위해 조직이 취해야 하는 일련의 행동이며, 시장에서 지속적인 비교우위를 구축한다.
- **전술**은 전략을 실행하기 위한 일상적 경영 의사결정이다.

기업의 전략은 비전과 미션을 어떻게 달성하려 하는가를 설명한다. 그것은 경쟁적 환경에서 조직의 대응을 정의해준다. 전략은 기업 수준에서 어떤 산업에서 어떤 비즈니스를 할 것인지 결정하며 다른 기업들과 파트너십(조인트벤처, 합병 또는 인수를 통하여)을 맺을 것인가를 결정한다. 따라서 푸드뱅크는 접근성과 유통능력을 향상시키기 위해서 정부기관과 기업 차원의 파트너십을 맺을 수 있고, 반면에 자동차 회사는 다른 시장에 브랜드를 노출시키고 위험을 최소화하기 위해 복수 브랜드를 확보하는 기업 차원의 전략을 구사할 수 있다. 사업 단위에서는 기업전략이 어떻게 경쟁자들과 다른 제품차별화를 이룰 것인지 결정한다. 따라서 푸드뱅크는 가난한 사람이 사는 지역에 음식을 운송할 이동식 부엌 차량을 사용하는 전략을 채택하는 반면, 자동차 회사는 경쟁제품에 비해 특정한 기술적 우위를 가진 자동차를 생산하는 전략을 채택할 수 있다.

기업의 전술은 전략을 실행하는 일상적 경영 의사결정이다. 전술은 조직 구성원들의 일상적 행동이다. 그 결과 전술은 가변적이며 기업의 운영 맥락에서 변화를 반영하기 위해 자주 변경될 수 있다. 그러나 이러한 일상적인 전술적 행동의 궁극적인 목적은 기업의 전략을 실현하는 것이다.

기업의 비전, 미션, 전략 그리고 전술을 일치시킴으로써 기업의 방향을 제시하고 종업원에 초점을 맞출 수 있지만 중요한 것은 전략이다. 전략이 지속가능한 비교우위 구축을 위해 기업이 취하는 일련의 행동이라면, 전략 분석은 내부의 강점과 약점, 외부의 기회와 위협을 확인하는 과정이며 전략 형성은 강점과 기회를 결합하게 해줄 행동을 선택하는 과정이다. 전략 실행은 그 계획을 실무에 적용하는 것이다. 이 세 가지 모두 기업의 성공에 중요하다.

전략 분석

전략계획 과정은 때때로 기업과 그 경쟁 맥락의 분석으로부터 시작된다. 이를 위해 임원들에게 이용 가능한 많은 종류의 수단과 개념이 존재한다. 그러나 가장 기본적 수준에서 기업은 SWOT 분석을 하는데 그것은 기업이 내부 강점과 약점을 확인하고 동시에 외부 기회와 위협을 분석하기 위한 수단이다. 이 분석에 기초하여 기업의 전략은 강점을 활용하여 환경에서 찾을 수 있는 기회와 일치시키며, 전략과 전술이 비전과 미션과 일관되도록 해야 한다. 내부의 약점이 전략의 효과를 저해하는 범위를 파악해야 하며, 외부 위협의 잠재적 파괴력을 감시해야 한다.

> 전통 산업 중 최소한 여섯 개는 과거 20년 동안 디지털 혁신에 의해 알맹이가 망가져 버렸다—음악, 비디오 대여, 서적, 택시, 신문 그리고 의류소매. …… 그들은 이전 모습을 알아볼 수 없을 만큼 변해버렸다. 뉴욕타임즈의 이익은 과거 최고치의 67%로 떨어졌다. 반즈엔노블(76%)과 유니버설 뮤직(약 40%)에서도 비슷한 일이 일어났다.[3]

SWOT 분석의 연장으로 전략에는 전통적으로 자원관점과 산업관점이라는 두 가지 경쟁적 관점의 접근이 있다. 이러한 두 가지 관점이 실증적으로 얼마나 지지되는지는 명백하지 않으나 이는 잘 정립되어 있는 이론이며, 일반적으로 강의실에서 가르치는 내용이다. 그 둘은 기업의 성공을 설명하는 요인이 무엇인가라는 동일한 질문에 본질적으로 다른 답을 제시하기 때문에 경쟁적이라 말한다. 그 질문에 대응하여 이 두가지 관점은 SWOT의 2 × 2 매트릭스, 즉 내부 강점과 약점 그리고 외부 기회와 위협이라는 서로 다른 측면에서 도출된다.

자원관점은 경쟁적 비교우위의 주요 결정 요인으로 기업의 독특한 자원(예를 들면 고도로 훈련된 종업원 또는 가치 있는 원재료에 대한 독점적 접근권)과 역량(예를 들면 효과적 연구 또는 효율적 생산 공정)을 가진 기업의 경쟁력을 강조하는 내부적 견해이다. 가치 있는 자원이나 혁신적 능력(집합적으로 역량이라 불리는)을 가진 기업들은 가치 있는 제품과 서비스를 효율적인 방법으로 생산한다. 그 결과 이러한 기업들은 경쟁에서 이길 경쟁적 비교우위를 구축하고 지속해 나갈 수 있다.

핵심 자원과 핵심 역량

- **핵심 자원**은 독특하며, 다른 기업이 복제하기 어려운 자산이다.
- **핵심 역량**은 기업이 잘할 뿐 아니라 경쟁자에 비해 우월한 운영과정이다.

예를 들면 승객항공 산업에서 사우스웨스트 항공의 오랜 성공의 원천은 조직문화(핵심 자원)와 빠른 회전율과 같은 혁신에 기인한, 현저하게 원가 효율적인 시스템에 기초한 항공기 운영능력(핵심 역량)의 결합이다.

대안적인 견해는 기업의 즉각적인 운영 맥락에 초점을 맞추는 산업관점이다. 이 외부적 관점은 기업 경영환경(특히 산업) 구조를 경쟁적 비교우위의 중요 결정 요인으로 생각한다. 이 관점은 시장에서의 성공이 기업 간에 개별적 차이보다는 산업의 구조와 더 많은 관계가 있다고 주장한다. 우호적인 산업구조에서 영업을 하는 기업들은 제약적인 산업에서 운영되는 기업들에 비해 잠재적으로 더욱 큰 이익을 누리게 될 것이다.

이러한 두 가지 관점 차이의 대립이 전략적 사고의 이론적 구성요소의 중심이므로 이에 대한 추가적인 자세한 설명이 필요하다.

자원관점

자원관점은 프라할라드(C. K. Prahalad)와 하멜(Gary Hamel)[4]이 1990년 『하버드 비즈니스 리뷰』에 게재한 논문에 자세히 소개되어 있다. 핵심 아이디어는 비즈니스 단위의 포트폴리오 중심으로 구축된 기업과 핵심 역량 포트폴리오 중심으로 구축된 기업의 구분이다. 서로 단절된 개별 비즈니스 단위가 기능적 반복과 비효율을 촉진하는 반면, 핵심 역량은 서로 다른 비즈니스 단위를 통하여 기업 전반에 걸친 다양한 상황에 적용 가능한 효율적 시스템을 개발해준다. 예를 들면 효율적 유통이라는 월마트의 핵심 역량은 모든 소매 운영 단계에 적용될 수 있다. 마찬가지로 정치한 알고리즘을 만드는 구글의 핵심 역량은 "세계의 정보를 조직화하는"[5] 미션을 추구하도록 해주며, 제품, 이미지, 학술 논문 그리고 많은 다른 주제의 검색에 적용될 수 있다. 더구나 최소한 이론적으로는 핵심 역량이 구축될 수 있다. 그 결과로 얻게 되는 기능은 다른 경쟁자들과 차별화시켜주며, 지속적인 비교우위를 갖게 해준다.

> 결국 경쟁력은 예측하지 못했던 제품을 경쟁자보다 더 싼 가격에 보다 빨리 개발하는 핵심 역량을 만드는 능력에서 온다. 비교우위의 진정한 원천은 빠르게 변화하는 기회의 조합에 잘 적응할 수 있게 개별 비즈니스에 권한을

부여하는 역량에 기업 전반의 기술과 생산능력을 통합하는 경영자의 능력이다.[6]

프라할라드와 하멜은 핵심 역량을 정의하기 위해 3가지 기준을 적용한다. 핵심 역량은 복수의 시장에 적용할 수 있고, 고객이 평가할 수 있어야 하며, 경쟁자가 모방하기 어려워야 한다. 자원관점에서는 기업이 다른 가치 있는 자원과 차별되는 독특한 능력을 갖고 있더라도 핵심 역량과 지속가능한 비교우위로 이어지기 위해서는 그 둘의 조합이 중요하다고 주장한다. 예를 들면 사우스웨스트 항공은 기업문화라는 가치 있는 자원(창립자인 허브 켈러허가 "기업의 정신"이라고 명명한)[7]과 회전율과 발권기술에서 독특한 능력을 갖고 있다. 그러나 그 회사의 지속적 비교우위를 구축한 것은 문화와 기술의 결합이다. 그 기업은 58,000명 이상을 고용하고 있으며, 1973년 이후 매년 이익을 내고 있다.[8]

VRIO(Value, Rarity, Imitability, Organization)

자원관점에 대한 예리한 반전 해법을 대표하는 VRIO는 바니(Jay Barney)의 연구로부터 비롯된다.[9] VRIO는 기업의 지속적 비교우위의 원천으로 자원이 사용되기 위해 반드시 대답해야 할 4가지 질문을 의미한다.

- 그 자원이 가치가 있는가(Valuable)?
- 그 자원이 희귀한가(Rare)?
- 그 자원이 흉내내기에 돈이 많이 드는가(Imitable)?
- 기업이 이러한 잠재적 가치를 획득하기 위해서 조직되어 있는가(Organized)?

만약 그 자원이 가치가 없다면 그 기업은 경쟁적 비교우위를 가질 수 없다. 만약 그 자원이 희귀하지 않으면 그 기업은 기껏해야 조그만 경쟁력을 가질 것이다. 만약 자원이 적은 돈을 들여 모방할 수 있거나 또는 잠재력을 자본화하기에 충분히 잘 조직되어 있지 않는 기업이라면 그 기업은 경쟁적 비교우위를 가질 수 있을지 모르나 그것은 일시적이기 쉽다. 바니에 따르면 기업의 장기적인 비교우위는 위의 4가지 조건이 다 충족될 때만 가능하다.

자원관점은 직관적인 가치를 갖지만 두 가지 중요한 한계를 가진다. 첫째, 비교우위의 원천으로 기업의 내부 특성에 주로 초점을 맞춤으로써 기업이 운영되는 외부적 맥락을 덜 강조하고 있다. 정의상 자원 또는 능력의 가치는 최소한 부분적으로 "외부 위협을 중립화하고 외부 기회를 활용하는" 잠재적 능력이지만 수익성의 원천은 자원과 능력 그 자체(기업의 내부적 특성)이다.[10] 그러나 외부 맥락이 기업의 핵심 역량 구축능력과 그 기량을 활용할 능력에 영향을 미칠 가능성이 매우 높다. 사우스웨스트 항공이 미국에서 9.11 테러 공격의 후유증을 경험한 후 연방정부는 항공사들의 운영능력에 대해 중요한 목소리를 내기 시작했다.[11] 따라서 자원관점은 전략 모형에 이러한 맥락을 포함시키지 않고 잠재적 제약요인을 인식하지 않음으로써 핵심 역량을 창조하는 과정에 대한 설명이 불완전하다는 단점을 가진다.

둘째, 자원관점은 기업에 관해 매우 신중하고 합리적인 그림을 그려 준다. 자원관점은 기업이 잠재적 핵심 역량을 확인하고 필요한 자원을 동원해 비즈니스 단위 간의 장애물을 제거하고 번영을 위해 필요한 과정을 설계할 능력이 있다고 제안한다. 그러나 조직에 관한 수십 년의 연구에 의하면 비록 경영자가 합리적으로 행동할 능력이 있다 하더라도(전혀 명백하지는 않지만) 의도된 목적 달성에 개입하여 방해를 하는 많은 다른 요소들(정치적 내분과 험악한 날씨에 이르기까지)이 있다. 이러한 한계들은 자원관점이 가치가 있기는 하지만 그것만으로는 기업의 성공능력에 대한 이해로서 불완전하다는 것을 말해준다.

산업관점

산업관점은 산업경제학에 이론적 뿌리를 두고 있다. 그 이론의 주요 지지자는 포터(Michael Porter)인데, 그의 5가지 세력 모형(Five Forces Model)은 전 세계 경영대학 전략경영 과목의 주요한 구성요소이다. 포터는 1979년 『하버드 비즈니스 리뷰』 논문에서 이 아이디어를 처음 설명하였다.[12] 그 후 그는 최초의 아이디어를 확장시켜 비즈니스 전략과 기업 수준 전략 간의 구분[13]과 가치사슬[14]을 소개하였다. 보다 최근인 2008년 포터는 『하버드 비즈니스 리뷰』 논문에서 최초 발간 이후 제기된 비난에 대응하여 모형을 업데이트하였다.[15]

산업관점은 경쟁적 비교우위의 가장 중요한 결정요인으로 기업의 운영 환경(특히 산업구조)에 초점을 맞춘다. 포터의 모형에는(〈그림 9-1〉에서 수정 인용된) 5가지 경쟁력 요소가 있다. 공급업체, 구매자, 신규진입자, 대체재 그리고 산업경쟁. 이러한 5가지 세력은 정해진 자원의 집합을 놓고 서로 경쟁하며, 산업 내에서 개별 기업의 이익창출 능력은 이러한 경쟁에 의해 결정된다. 이처럼 포터는 이러한 5가지 힘과 기업 간의 제로섬게임으로 경쟁을 바라본다. 각 세력의 힘은 기업의 힘에 비례하여 상대적으로 측정된다. 달리 말하면 이러한 5가지 세력 중 어떤 것이라도 힘이 강해지면 그만큼 상대적으로 기업의 힘이 약해져 손실로 이어진다. 이 모형의 적용 사례를 항공기 제조업과 항공사의 상호 관련된 산업의 경쟁적 구조를 살펴봄으로써 효과적으로 제시한다.

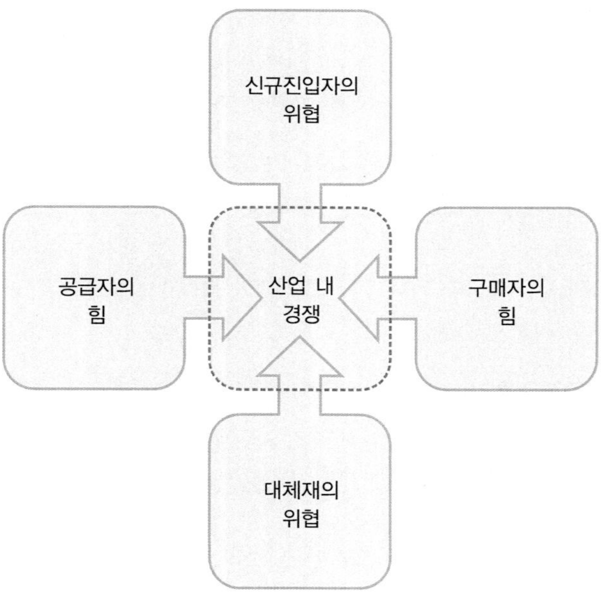

출처 : Michael E. Porter, "How Competitive Forces Shape Strategy," *Havard Business Review*, March/April 1979, p.141.

그림 9-1 포터의 5가지 세력모형

포터의 산업분석

항공기 제조업

이 산업은 보잉과 에어버스 두 기업이 지배하고 있다.[16]

- **공급업체의 힘** : 중간 정도. 이 산업에서는 비행기 제작에 필요한 투입물의 희소성이 가변적이다. 예를 들면 제트엔진 제조업체는 몇 개 없고 종업원은 숙련도가 높으며, 비행기 비행에 필요한 컴퓨터시스템은 전문화되어 있지만 철강이나 알루미늄 같은 다른 원재료는 값싸고 쉽게 구할 수 있다.
- **구매자의 힘** : 약함. 이 산업에서 구매자는 최종 소비자(승객)가 아니라 항공사이다. 항공사는 기본적으로 보잉과 에어버스로부터 필요한 비행기를 구매하는 방법 이외에 다른 선택이 거의 없다.
- **신규 진입자의 위협** : 낮음. 전문성, 정부계약, 글로벌 유통 네트워크 그리고 브랜드 인지도를 고려하면 보잉과 에어버스가 가까운 시일 내에 심각한 경쟁자를 만나게 될 확률은 낮다.
- **대체재의 위협** : 낮음. 이론적으로 만약 가격이 너무 오르게 되면 승객들은 여행을 위해 다른 대체 수단을 찾을 것이나(예를 들면 자동차, 스카이프, 비즈니스 콜) 현실에서의 항공사 승객 수는 계속해서 증가하고 있다(국제항공여행협회에 의하면 2034년까지 73억 명에 이를 것으로 예상).[17] 따라서 비행기 수송 수요는 항상 있을 것이다
- **산업 내 경쟁** : 중간 정도. 항공기 계약을 따기 위한 보잉과 에어버스 간에 약간의 경쟁이 있긴 하지만 경쟁에 따른 부담(이익 측면에서)은 대부분 항공사들에게 전가된다. 또한 중앙 정부로부터 받는 지원(미국과 EU) 때문에 두 회사는 업계에서 살아남기에 충분한 이익을 계속해서 얻을 것이다. 경쟁의 결과로 발생하는 주요 비용은 미래 항공기 개발을 위한 R&D에 소요되는 비용이다.

간단히 말해서 항공기 제조산업은 보잉과 에어버스에 대해 극도로 우호적이다. 두 회사가 과거에 뇌물, 비효율, 정부 개입 등의 문제를 갖고 있었음에도 불구하고 해당 산업은 이 두 개의 과점업체에게 안정적이고 고도의 수익성을 제공해준다.

여객 운송

항공기 제조산업과 반대로 여객항공 산업은 치열하게 경쟁하는 많은 기업들로 구성되어

있다.[18]

- **공급업체의 힘** : 높음. 항공기 제조산업에서는 상당한 합병이 이루어져 항공기 제조산업은 보잉과 에어버스, 두 주요 기업으로 구성되어 있다. 그 결과 항공사의 주요 투입물인 대형 항공기에 대한 대체적 원천이 많지 않다. 또한 핵심 종업원(조종사와 승무원)이 대체로 노조에 가입되어 있다.
- **구매자의 힘** : 낮음. 이것은 항공사에 유리하게 작용하는 요소이다. 구매자(즉, 항공여객)는 분산되어 있으며, 동일한 비행기 내의 다른 등급 좌석에 대해 승객들이 지불하려 하는 금액에는 큰 차이가 있다. 그러나 승객들이 가격 비교를 할 수 있도록 해주는 온라인 웹사이트가 증가함에 따라 항공사가 갖고 있는 혜택이 감소되었다.
- **신규진입자의 위협** : 높음. 낮은 수익성에도 불구하고 새로운 항공사가 이 산업에 진입하는 것은 흔한 일이다. 새로운 항공사는 유산비용(예를 들면 연금과 건강보험 혜택)이 없고 오래 영업한 항공사에서 나타나는 비효율로 인한 수익성 감소 없이 즉각적인 경쟁력을 갖기 때문에 위험을 추가로 발생시킨다.
- **대체재의 위협** ; 낮음. 이것은 또 다른 플러스 요인이다. 미국에서 장거리 공공운송 수단(기차와 같은)은 잘 구축되어 있지 않다. 그 결과 사람들은 항공사가 제공하는 서비스를 구매하는 것 외에 선택의 여지가 거의 없다.
- **산업 내 경쟁** : 중간 정도. 최근 수십 년 동안 느슨한 반독점 감독 때문에 합병으로 4개의 지배적인 항공 회사가 탄생하였으며, 수화물 검사 수수료의 도입으로 수익이 증대하였다. 그럼에도 승객이 높은 연료비와 비금전적 혜택에 지불을 꺼리기 때문에 수익성은 제한적이다.[19]

이러한 산업구조의 결과로 많은 항공사에게 경쟁 환경이 대체로 불리하다. 그 산업은 높은 수요와 적은 대체재를 갖고 있지만 지속적인 이익을 얻을 수는 없을 것으로 보인다.

산업관점에는 3가지 주요 한계가 내재되어 있으며, 그것이 기업의 성패에 대한 우리의 이해를 제한하고 있다. 첫 번째, 전투와 마찬가지로 정해진 이익을 놓고 벌이는 생존을 위한 제로섬게임으로 기업 경쟁을 본다는 것이다. 기업과 이해관계자와의 관계를 대립적으로 보고 생존을 위한 상대적 우위를 추구하기 위해 전투에서 이해관계자를 이길 필요가 있다고 말한다.

두 번째, 산업관점은 기업의 운영 환경에 대한 협소한 견해를 제시한다. 오직 5개의 세력만 포함되고 오직 3개의 이해관계자—구매업체, 공급업체, 경쟁자만을 대상으로 한다. 이러한 그림은 지역사회, 정부, 미디어와 같이 기업의 경쟁 환경과 수익성을 극적으로 변화시킬 잠재력을 가진 많은 이해관계자들을 간과한다.[20]

세 번째, 산업관점은 기업 간 특성 차이를 충분히 인식하지 못하여 기업의 성공을 예측할 수 없게 한다. 기업의 자원과 능력의 가치를 인식하는 전체적 모형은 기업이 자신의 운영 맥락(내부 및 외부 조건)을 분석하고 그에 따라 전략계획 수립에 사용할 수 있는 보다 포괄적인 수단을 제공해줄 수 있다.

CSR의 통합

자원관점과 산업관점은 기업과 그 운영 맥락에 통찰력을 제공해주는 가치 있는 개념적 수단이지만, 이러한 두 가지 관점은 명백히 각각 한계를 갖고 있다. 양자 모두 적용 범위가 좁으며, 직관적으로 기업의 전략과 그에 따른 성공에 기여할 수 있는 요소들을 배제하고 있다. 반대로 기업이 일상적 운영에서 직면하는 영향, 기대 그리고 책임의 총체적 개념을 통합하는 보다 넓은 이해관계자 관점이 대부분의 기업들에게 보다 현실적 전략수립에 도움을 주는 더 나은 분석 도구라고 본서는 제안한다.

자원관점과 산업관점의 핵심 지지자들이 암묵적으로 초기 작업들의 한계를 인식하고 있다는 것을 뒤이은 그들의 간행물로부터 유추할 수 있다. 두 가지 중요한 점에서 프라할라드와 포터는 최초 입장으로부터 진화된 작업을 출판해 왔다. 첫째, 내부(자원)와 외부(산업)관점을 통합시키는 것과 둘째, 보다 넓은 이해관계자 관점을 통합한 것이다. 그들의 진화된 아이디어는 일년에 2,000달러보다 적은 금액으로 살아가는 40억 명으로 추정되는 인구에 봉사하는 다국적 기업의 비즈니스 기회에 관해 자세히 설명한 프라할라드의 최신 저서에 명백히 나타난다.[21] 그 당시 이 그룹에 속하는 사람들을 BOP("the base of the pyramid")라고 불렀다.[22] 많은 다국적 기업들과는 반대로 프라할라드는 이 사람들이 잠재적 소비자로서 그들이 요구하는 제품과 서비스를 제공할 충분한 창의성을 가진 기업들에게 활기찬 시장을 제공할 것으로 보았다.

> 새로운 고객과 원가절감 기회 그리고 급진적 혁신의 가능성을 제공해주는 거대한 미개척 시장에 참여하는 것은 좋은 비즈니스 전략이다. BOP에 기꺼이 참여하고 배우려고 하는 모든 다국적 기업에게 실질적인 비즈니스 기회가 열려 있다.[23]

포터의 경우는 그가 크레이머(Mark Kramer)와 공저한 2002년("The Competitive Advantage of Corporate Philanthropy")[24], 2006년("Strategy & Society")[25] 그리고 2011년("Creating Shared Value")[26] 『하버드 비즈니스 리뷰』 논문에 그의 아이디어 진화 과정이 명백히 나타난다.

> 어떤 기업에게도 전략은 최선의 사례(best practice) 이상이어야 한다. 그것은 독특한 포지션을 선택하는 일이며 원가를 낮추거나 소비자 요구의 특별한 부분을 보다 잘 만족시키는 방법으로 경쟁자와 차별화된 일을 하는 것이다. 이러한 원칙은 고객과 경쟁자와의 관계에 적용되는 만큼이나 쉽게 기업과 사회의 관계에도 적용된다.[27]

그러므로 프라할라드와 포터는 최근 저서에서 보다 확장된 개념에 대해 말하고 있으며 그 과정에서 CSR 요소에 기초한 광범위한 토론의 틀 안에서 자원관점과 산업관점의 결합에 많이 가까워져 있다. 예를 들면 프라할라드는 BOP에서 기업의 잠재적 기회를 논의하면서 변화가 한정된 자원과 능력의 잠재력을 변화시킨다는 것을 인지하고 있다. 추가로 포터는 "기업과 사회의 상호의존"을 강조하는 전략적 환경 내에서 "외향적 연계(기업)"와 "내향적 연계(넓은 맥락)"를 "기업과 환경의 상호의존"을 강조하는 하나의 관점으로 통합하고 있다.[28] 프라할라드는 다국적 기업의 새로운 시장을 확인한 데 이어, 제품과 서비스의 효율적 제공을 통해 개도국에 제공할 수 있는 가치에 명백한 관심을 가졌다. 마찬가지로 포터는 "경제와 산업발전을 육성할 뿐 아니라 기업과 사회가 서로를 생각하는 방식에 변화를 가져올 잠재력을 가진 기업 운영과 경쟁의 사회적 맥락의 공유가치"에 관해 저술하고 있다.[29]

한편으로 CSR은 기업의 핵심 역량이다. 운영 전반에 걸쳐 CSR 관점을 효과적으로 통합하기 위해서 경영자는 가치 있고, 희소하며, 모방하기 어렵고, 대체불가능한 자원과 능력에 의존해야 한다.[30] 그러나 반면에 CSR은 주요이해관계자 그룹 측면에서 기업 환경을 평가하는 수단이며, 성공을 위한 우호적 기회를 제공하는 구조적인 구성요소를 확인시켜 준다. 그러나 중요한 질문이 여전히 남아 있다. 기업들이 사회적 책임 전략을 어떻게 구축할 것인가? 프라할라드와 포터가 그들의 저서에서 기업이 자신과 관련이 있는 전문영역에 초점을 맞춘 것은 옳은 일이다. 경제적 역량과 사회 진보 간에는 강한 연계가 있다. 그러나 전략적 CSR의 가장 중요한 특징은 전략적이면서 동시에 사회적 책임 있는 행동은 이해관계자에 의해 결정된다는 전제이다. 사회적 책임이 무엇인가와 그에 따라 전략이 무엇인지는 사회에 의해 결정된다.

전략 형성

일단 내부의 강점과 외부의 기회를 이해하고 나면 기업은 성과를 최적화할 전략을 구축할 수 있다. 좋은 전략은 기업의 운영방식과 보다 큰 목표 달성을 위한 청사진이다. 또한 전략은 기업이 하지 않을 것도 결정한다. 예를 들면 회계법인이 비행기를 만들지 않을 것이다. 더 구체적인 예로서 이케아의 전략에 의하면 주문제작 가구를 설계하지 않을 것이 확실하다. 좋은 전략에 의해 기업은 의사결정과 성과평가의 템플릿을 임원과 경영자에게 제공하면서 자신의 정체성과 함께 무엇을 해야 할지 알게 된다. 그것은 "비즈니스가 어떻게 목적을 달성할 것인지에 관한 중심적, 통합적, 외부지향적 개념이다."[31] 그러나 기업전략이 성공의 핵심이지만 좋은 전략이 무엇인지에 관해 합의가 있다는 것은 아니다.

좋은 전략

최소한 기업전략은 "어떤 비즈니스를 하고 어떻게 경쟁할 것인지"[32]를 결정해야 한다. 기업의 "경쟁전략"은 "산업 내 방어 가능한 위치를 만들어 내고 경쟁 상황을 성공적으로 대처함으로써 투자로부터 우월한 수익을 거두는 데" 도움을 준다.[33] 보다 구체적으로 기업의 전략은

> 기업 내에서 목적, 의도 또는 목표를 결정하여 공표하고, 그러한 목적 달성을 위한 주요 정책과 계획을 만들고, 기업이 추구하는 비즈니스의 범위, 의도하는 경제적·인간적 조직 그리고 주주, 종업원, 고객 및 지역사회에 대한 경제적·비경제적 기여를 정의하는 의사결정 패턴이다.[34]

따라서 기업의 경쟁전략은 운영뿐 아니라 우선순위에도 영향을 미친다. 그것은 시장 포지셔닝 이상의 것이며, 기업의 가치와 의도된 이해관계자 대응방식을 포함한다. 여러 가지 분류방식이 있기는 하지만,[35] 포괄적 전략은 다음의 4가지 질문에 대답할 것을 제안한다.[36]

1. 우리는 어디에서 경쟁하는가?
2. 어떤 독특한 가치를 가져다주는가?
3. 어떤 자원과 능력을 활용하는가?
4. 그 독특한 가치를 제공할 우리의 능력을 어떻게 유지할 것인가?

"단계화와 시간계획(staging and timing)"을 항목에 포함시키는 전략체계도 있으며,[37] 전략이 "계획"(의도한 바가 무엇인가)과 "출현"(어떻게 진화하였는가)을 거쳐 "실현"(결국 무엇이 되었는가)으로 어떻게 진화할 수 있는지를 강조하는 경우도 있다.[38] 전략체계에 따라서 강조하는 바가 다를 수 있지만 공통점은 전략이 기업 운영의 모든 측면에 영향을 미치는 큰 개념이라는 것이다. 전략이 모든 것이라는 의미는 아니다. 비전, 미션 및 전술은 전략과 다르다. 기업과 환경 분석 수단 중 많은 것 또한 전략이 아니다. 그들은 단순히 전략의 기초가 되는 수단일 뿐이다. 마찬가지로 기업 운영구조(예를 들면 급여

명단)의 많은 부분도 전략이 아니다. 전략이 전부는 아니지만 핵심이다. 그것은 전체 비즈니스에 관한 견해이다. 사실 좋은 전략과 나쁜 전략의 차이가 시장에서 성공과 실패를 가른다.

기업의 핵심 역량이나 산업구조를 이해하면 경쟁우위를 구축함으로써 전략을 정의하는 데 도움이 된다. 그러나 그 우위를 재정의하고 지속하게 도움을 주는 것은 이해관계자 기대에 대한 존중이다. 여기에 내재된 것은 그러한 기대에 벗어난 행위에 대해 이해관계자가 집합적으로 얼마나 용인할 것인지이다. 달리 말하면, 기업(임원들의 비즈니스 접근에 차이가 있음), 산업(이해관계자 반발에 보다 민감한 산업이 있음) 및 문화(사회에 따라 기대에 차이가 있음)에 따라서 문턱(threshold)이 다르다.

CSR 문턱

가변적인 CSR 문턱의 특성(또한 공공의 인식과 미디어 뉴스의 변화에 따라 성쇠를 겪을 수 있는)이 기업들이 CSR을 보다 더 중요하다고 인식하는 시점이 서로 다른 이유를 설명할 수 있다. 왜 각 기업이 서로 다른 문턱을 가지는 것인가? 그 질문에 대한 중요한 대답은 넓은 의미에서 저원가와 차별화로 구분되는 비즈니스 차원의 전략에서 찾을 수 있다.

CSR 문턱

광범위한 이해관계자에 대한 대응이 기업이나 산업의 생존에 핵심이 되는 지점

저원가 비즈니스 전략은 경쟁자에 비해 보다 효과적인 제품 및 서비스 제공 능력을 제공한다(때때로 고객에게 보다 낮은 가격으로 귀결된다). 예를 들면 월마트가 판매하는 제품은 경쟁사와 기본적으로 다르지 않다. 대신에 월마트는 혁신적

인 물류와 규모의 경제를 통한 원가 최소화 능력으로 경쟁우위를 확보한다. 그 결과 나온 전략 수단이 고객들이 "돈을 절약하고 보다 나은 삶을 살" 수 있도록 해주는 "매일의 낮은 가격(everyday low prices)"이다.

반면에 메르세디스 벤츠는 차별화 전략에 기반하여 경쟁한다. 안전, 품격, 내구성이 탁월한 고급차를 생산함으로써 벤츠(그리고 다른 고급차 생산업체들)는 차별화(실질적이거나 인식된)에 대한 소비자 가치로 가격 프리미엄을 누릴 수 있다. 애플은 가격이 아닌 다른 요소를 기초로 제품 차별화를 추구하는 또 다른 기업이다. 바디샵에게는 차별화 특성이 제품 품질이라기보다는 기업이 추구하는 사회적 의제이다. 그 회사 제품 소비자들이 가치를 두는 사회적 의제가 제품(개인 화장품과 세면도구)으로부터 얻는 기능적 가치에 더해져 소비자 열망가치에 어울리는 명분을 지지해준다. 이러한 가치는 기업의 화장품이나 세면도구로부터 얻는 기능적 가치에 부가적인 것이다. 차별화 포인트를 만들 수 있는 기업은 브랜드를 구축한다. 브랜드는 소비자에게 충성심을 불어넣고 제품에 가격 프리미엄을 부가할 수 있게 하므로 소중하다. 패션, 생활양식, 디자인, 기술적 품질, 제품의 기능성, 또는 사회적 책임 등 어디에 차이가 있든지 비즈니스 차원의 차별화 전략은 기업의 이익 잠재력을 증가시킨다.

비즈니스 차원 전략

기업의 비즈니스 차원 전략은 대략 저원가와 차별화 전략으로 구분된다.[39]

- **저원가** : 보다 효율적인 운영에 기초하여 자사 제품을 타사 제품과 구분하는 사업전략. 월마트나 엑손 같은 회사가 사업 차원에서 저원가 전략을 추구한다.
- **차별화** : 고객이 가치를 인정하고 가격 프리미엄을 기꺼이 지불하는 차원에서 가격 외의 요소에 근거하여 자사 제품을 타사 제품과 구분하는 사업전략. 애플과 홀푸드 슈퍼마켓 같은 기업이 차별화 사업전략을 추구한다.

이러한 두 가지 사업전략은 보통 서로 혼동해서는 안 되는 것으로 가르쳐 왔지만 실제로는 대부분의 기업이 경쟁우위를 얻기 위해 운영의 효과성과 전략적 포지셔닝에 초점을 맞춘 활동의 조합을 구사한다. 그와 같이 기업이 제품 수준에서 어떻게 경쟁하는지 이해하기 위한 보다 정확한 방법은 저가전략과 차별화 전략을 결합해서 보는 것이다. 아마존은 이러한 하이브리드 접근방법의 훌륭한 사례이다.

> 궁극적으로 기업 간 원가나 가격의 차이는 제품과 서비스를 창출, 생산, 판매 및 제공하는 데 필요한 수없이 많은 활동들로부터 도출된다 …… 따라서 경쟁우위의 기본단위는 활동이다. 전반적인 우위와 열위는 몇몇 활동이 아니라 기업의 모든 활동의 결과로 발생한다.[40]

이러한 저원가 및 차별화 전략은 보편적 전략(자동차 시장과 같은 거대한 시장 부문을 목표로 하는 경우)과 집중된 전략(고급차 구매를 추구하는 소비자만을 목표로 하는 경우)으로 추가로 구분할 수 있다. 따라서 전반적으로 벤츠의 비즈니스 전략은 고급차 틈새시장에 초점을 둔 차별화된 제품을 제공하는 반면, 월마트는 넓은 고객 기반에 걸쳐 원가 리더십(저원가)을 추구한다. 맥도날드는 혼합적 접근방법을 추구하고 있는데 저원가(값 싼 음식)에 초점을 맞춘 전략과 동시에 차별화(빠르고 간편한 서비스)를 동시에 추구하고 있다.[41] 그러나 기업이 저원가 또는 차별화(또는 양자의 결합) 중 어떤 것으로 경쟁하든 상관없이 전략의 목적은 지속가능한 경쟁우위를 구축하는 방법으로 이해관계자 가치를 창조하는 것이다.

이러한 구분을 〈그림 9 - 2〉에 비추어 생각해 보라. 월마트의 비즈니스 수준 전략은 CSR 문턱을 높일 것이다. 즉, 그 기업은 더 많은 CSR 재량권을 가지며, 그 기업의 가치 포지션이 저원가전략에 기초해 있기 때문에 CSR을 "피해 갈" 수 있다. 월마트는 월마트 쇼핑객들이 미국 노동자들이 생산한 높은 원가의 제품보다는 해외에서 저원가로 제조한 제품을 더 선호한다는 것을 알고 있다. 그러나 사회정의 이슈(동물 실험과 공정 무역과 같은)를 주로 지지함으로써 평판과 고객 기반을 구축해 온 바디샵과 같은 기업들은 고객, 미디어 그리고 사회가 반응을 보이기 시작하는 CSR 문턱이 보다 낮을 것이다. 따라서 바디샵 이해관계자는 인식된 CSR 위반 행위에 대해 용인 수준이 낮을 것이다. 다시 말하면 바디샵 고객은 처음부

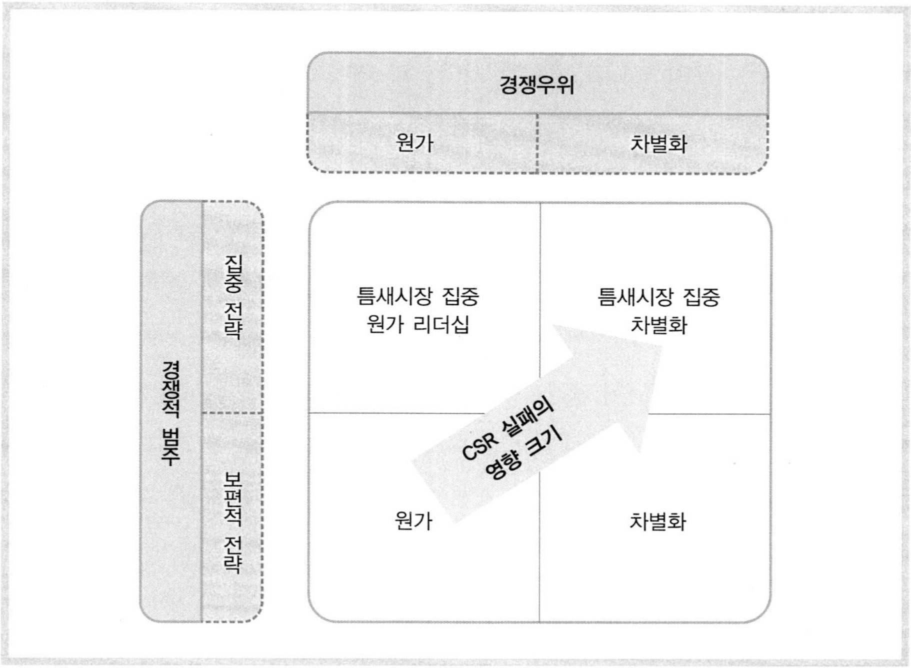

그림 9-2 비즈니스 차원 CSR 문턱

터 자신들을 끌어들였던 가치에 맞게 기업이 행동할 것을 기대할 것이며, 그것이 기업에게 보다 낮은 CSR 문턱으로 이어질 것이다. 예를 들면 바디샵이 저지른 단 하나의 잘못이 이해관계자 반발 측면에서 월마트가 저지른 다수의 CSR 실수와 동일한 영향을 미칠지 모른다.

라이프스타일 브랜드와 같이 특정 시장 부문이나 틈새시장을 목표로 하는 제품은 객관적 가격과 품질 비교보다는 변화하는 사회적 트렌드에 연계되어 있는 주관적 인식에 의존하는 경우가 많기 때문에 기업에게 특히 가치가 있다. 그 제품의 고객들은 제품에 더 큰 프리미엄을 기꺼이 지불한다. 그러나 역설적으로 이러한 프리미엄을 지불할 능력이 있는 사람들은 다른 선택을 할 충분한 자원을 갖고 있어서 아주 다양한 대안을 갖고 있는 사람들이다. 그러므로 라이프스타일 브랜드의 주장이 기초하고 있는 주관적 기반은 그 기업에 위험을 가져다줄 수 있다.

광범위한 원가기반 전략에 의존하는 기업에 제한된 해악을 끼칠 가치 관련 위반 행위가 집중된 차별화 전략에 의존한 기업에게 보다 큰 손상을 줄 수 있다.

〈그림 9-2〉에서와 같이(화살표 방향으로) 기업들이 2 × 2 매트릭스에서, 원가전략에서 차별화 전략으로 옮겨감에 따라 그들이 직면하는 CSR 문턱은 점점 낮아질 것이다. 즉, 비즈니스 수준의 차별화 전략은 그 기업들을 이해관계자 반발에 보다 취약하게 만들 것이다. 이 때문에 기업 전반에 걸친 효과적이고 잘 실행된 CSR 관점의 중요성이 커진다. 기업이 속해 있는 산업이나 문화의 분석에서도 비슷한 경향이 나타난다. CSR 문턱 모형은 많은 요소들에 따라 서로 다른 기업, 산업, 문화에서 선도기업의 레이더 화면에 CSR이 드러나게 되는 시점이 달라진다고 주장한다. 이러한 불확실성에 대응한 최선실무는 기업에게 경제적 혜택을 줄 뿐만 아니라 부정적 언론 노출과 반발을 회피하거나 최소화하는 수단을 제공해줄 전향적 접근방법이다.

전략적 CSR의 핵심 아이디어는 단기적 관점이 핵심 이해관계자들의 지지를 받지 못하는 행위로 귀결되고 그 이해관계자들이 기업의 행동에 책임을 묻고자 할 때 범인을 궁극적으로 잡아낼 것이라는 점이다. 그러나 앞의 사례가 보여주듯이 계속 진화하는 개인적 우선순위와 가용한 선택 수단의 독특한 조합에 따라 문턱은 달라질 것이다. 그것은 또한 상충하는 이해관계자 간의 동적인 경쟁을 반영한다. 기업이 효과적으로 실행할 수 있는 전략을 구축하는 일은 아주 도전적이긴 하지만 그렇게 함으로써 이해관계자의 관심사를 고려할 필요가 있다.

전략 실행

기업은 전략을 형성할 때 모든 요인이 어느 정도 고려된다는 가정하에 문서화를 하면서 다소 추상적 과정을 수행한다. 그러나 실행은 모든 사람이 "동일한 결론"[42]에 도달하게 만드는 데 필요한 인간 상호작용의 복잡성과 함께 기업 전반에 전략을 확산시키는 등 현실을 다룬다. 달리 말하면 전략은 보통 매년 소수의 임원과 컨설턴트로 이루어진 소수 그룹에 의해 분석되고 수립되지만 실행은 정기적인 운영을 통하여 일상적으로 종업원에 의해 이루어진다. 따라서 실행에서 가장 도전적인 과제는 모든 사람이 공동의 이익을 공유하고 그를 위해 기꺼이 노력하도록 이해관계를 일치시키는 것이다. 비록 기업의 전략 형성과 실행은 철저하게 다르지만 양자 모두 4가지 핵심 단계를 거친다(〈그림 9-3〉에 나타난 바와 같이).

전략 형성	전략 실행
1. **목표 설정**('성공'을 정의함)	1. **구조와 시스템 설계**(전략과 일치시킴)
2. **역량 파악**(내부 분석)	2. **문화 구축**(비전과 미션 강화)
3. **경쟁환경 평가**(외부 분석)	3. **사람 및 기능의 고용**(역량의 보충)
4. **정기적 재평가**(산업규범과 비즈니스 주기에 따라)	

그림 9-3 전략 형성과 전략 실행

기업 내부와 경쟁자 간에 현실의 복잡성으로 인하여 전략 실행은 전략 형성보다 현저하게 더 도전적이다. 더구나 기업에게는 본래의 의도보다 실행이 더 중요하기 때문에 전략의 실행이 보다 중대한 결과를 가져온다. 어떤 경우이든 성공적 전략 실행을 원하는 기업은 의사결정에 CSR 필터를 적용하는 것이 중요한데 그렇게 함으로써 이익추구와 장기 생존이 가능하고 보호를 받을 수 있다.

CSR 필터

앞에서 설명하였듯이 효과적 전략은 결과적으로 기업에게 경쟁우위를 제공한다. 그러나 이것이 지속되기 위해서는 기업의 집합적 이해관계자가 전략(그리고 더 넓게 비전과 미션)을 수행하기 위한 전술을 수용할 수 있어야 한다. 만약 수용되지 않는다면 정부가 대기 및 수질 오염에 대해 법률적 조치를 부과하거나 미디어가 비판적 기사를 게재하거나 종업원이 보다 나은 급여와 근로조건을 쟁취하기 위해 투쟁을 하는 것처럼 어떠한 이해관계자라도 기업의 운영능력에 위험이 되는 보복을 할 수 있을 것이다. 따라서 CSR과 전략은 기업 및 그 기업의 운영과 주로 관련이 있다. 전략이 어떻게 경쟁하는가를 다루는 반면에 CSR은 관련된 이해관계자에 대한 영향을 고려한다. 전략적 CSR은 그 두 가지의 교차점을 나타내준다. 따라서 운영 전반에 걸쳐 전략적 CSR 관점을 실행하기 위해서 기업의 환경을 규정하고 행동능력을 제약하는 이해관계자와 기업 및 전략의 상호의존적 관계를 임원들이 이해하는 것이 필수적이다.

〈그림 9-4〉가 예시하고 있듯이 기업의 비전, 미션, 전략과 전술은 3가지 포괄적 제약요인을 가진다—자원의 제약, 정책 제약, 환경의 제약.[43] 첫 번째, 기업

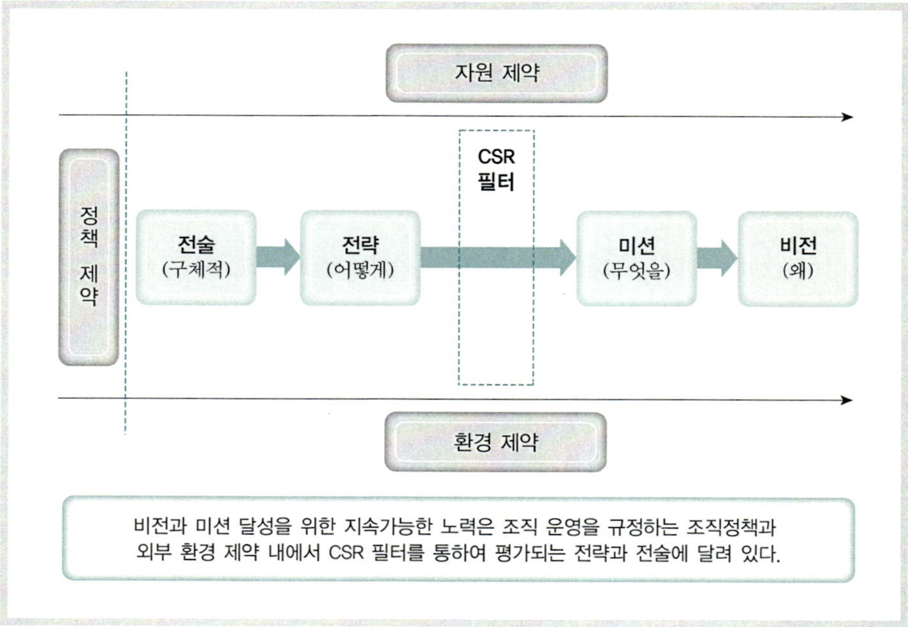

그림 9-4 운영상 제약과 CSR 필터

행동에 대한 심각한 한계는 기업의 생산능력을 결정하는 인적 자원, 사회적 자본과 재무적 자본과 같은 자원에 대한 접근이다. 두 번째, 제약요인은 특정 행동을 요구하거나 금지함으로써 문화를 형성하는 기업의 정책인데 그러한 정책은 보통 쉽게 변한다(점선에 의해 표시되는 융통성). 마지막으로 기업의 외부 환경 제약요인은 사회 문화적, 법률적 그리고 시장과 기술 영향과 같은 외부 요인의 복잡한 상호작용에 의해 생성된다. 이러한 제약요인들이 합쳐져서 기업이 전략적 목표를 추구하기 위해 전술을 실행하고 그것이 또 미션을 수행하고 비전을 향해 노력하도록 하게 해주는 끊임없이 진화하는 맥락을 결정한다.

달리 말하면 어떤 전략이든지 실행에서 한계에 부딪힌다. 〈그림 9-4〉에서와 같이 그것은 넓은 범주로 나타난다. 항상 그렇듯이 핵심은 세부 내역에 있고 비전, 미션, 전략, 전술 간의 연계에만 초점을 맞추는 것은 기업의 목표 달성을 위해 충분하지 못하다. 그러한 편협한 관점은 충분하지 못할 뿐만 아니라 잠재적 위험을 제기한다. 이해관계가 주어진 상황에서 이해관계자에 대한 잠재적 영향을 평가할 CSR 필터를 먼저 통과해야 한다. 이러한 이해관계에 반하는 전술적 또는 전략적 의사결정은 기업의 지속가능한 경쟁우위를 저해한다. 극단적인 경우 그러한 위반 행위가 기업을 파산으로 몰아넣거나(몰든 밀스나 엔론 사례처럼) 또는 존재에 위협이 될 수 있다(BP와 폭스바겐에서 일어난 것과 같이).

이것이 실무에 적용되는 사례를 보기 위해 보잉과 에어버스와 같은 항공기 제조업체를 생각해보자. 첫째, 실행 가능한 전략은 비전과 미션에 의해 제한된다. 보잉과 에어버스와 같은 항공기 제조업체가 자동차를 만들 가능성은 없는데 그 이유는 그러한 행위가 제트엔진 비행기를 만든다는 목적 달성에 도움이 되지 않기 때문이다. 둘째, 전략은 기업의 구조와 역량에 의해 추가적으로 제한되는데, 구조와 역량은 경쟁자와 차별화하는 조직의 특성이다. 보잉과 에어버스가 원한다면 자동차를 만들 수 있겠지만 두 기업 모두 트럭을 판매할 판매망과 같은 다른 자원을 갖고 있지 않다. 셋째, 기업이 어떤 전략을 개발하든 그것은 CSR 필터에 의해 가능해진다. 무엇보다도 보잉과 에어버스는 핵심 이해관계자들에게 해를 끼치지 않는 방법으로 비행기를 만들어야 한다. 따라서 CSR 필터를 이해하기 위해서는 우리는 기업의 (1) 구조, (2) 역량, (3) 전략 그리고 (4) 경쟁 맥락 간의 복잡한 상호작용을 파악해야 한다. CSR 필터 없이 전략을 실행하는 것은 기업이 계속적인 성공을 위해 의존해야 할 이해관계자 이익(내부와 외부)에 대한 고려 없이 실행하는 것이다.

첫째, 기업의 구조(조직 설계)는 전략을 지지하기 위해 존재한다. 건물에 관해서 건축가가 한 말은 기업구조에 대해 조직 설계자가 한 말과 같다—형식은 기능을 따른다. 따라서 전략을 가장 잘 지지하는 구조가 올바른 구조이다. 최적의 설계는 기업의 고유한 특성에 의존하므로 구조는 산업 내의 기업에 따라 다를 뿐 아니라 산업에 따라서도 다르다. 효율이 가장 관심사인 경우 사업장 위치, 건설 감독, 정보 시스템, 창고 보관, 유통, 점포 운영과 기타 관련된 행동이 공동의 기능에 의해 전문화된 부서로 함께 그룹화되는 기능적 조직설계에 전문성이 집중된다. 예를 들면 아마존과 같은 규모의 기업의 경우에는 사업부별로 다른 구조적 설계를 추구할지 모른다. 회계나 재무와 같은 지원활동은 기업 본사에서 기능별로 그룹화될 수 있으며, 다른 영역은 '북동부 창고사업부'와 같이 지역적으로 구조를 만들 수도 있다. 나이키에서는 CSR이 전략의 아주 중요한 구성요소이기 때문에 부사장이 이끄는 독립된 기업책임부서로서 기업의 구조 내에 구축되어 있다.[44]

둘째, 기업의 성공 잠재력을 쉽게 이해하기 위해서 능력, 역량, 핵심 자원, 핵심 역량 간에 명백한 구분이 요구된다. 기업의 장기적이고 지속가능한 경쟁우위의 기초를 형성하는 것은 핵심 역량(효율적 물류 운영과 같은 가치 있는 과정)과 핵심 자원(사람, 자본, 기술과 같은 가치 있는 자산)의 결합이다. 예를 들면 아마존은 우수한 종업원을 고용하는 능력을 보유하고 있으며, 핵심 시장 인근에 실행센터 위치를 찾는 역량과 로봇 기술과 특허라는 핵심 자원을 가지고 있다.[45] 그리고 공급망을 통하여 재고를 유지하고 유통시키는 핵심 역량을 보유하고 있다. 사실 아마존은 공급망 관리를 워낙 잘해서 재고보유량을 최소화할 뿐 아니라 종업원이 주문을 효율적으로 충족시킬 수 있다. 다른 기업들도 재고 유지 능력이 있으며 심지어 그 역량을 보유한 기업도 있지만 아마존의 경쟁자 중에서 핵심 자원과 핵심 역량을 아마존만큼 잘 활용하는 기업은 거의 없다.

셋째, 아마존의 비전은 소매업에서 최선의 고객 가치를 제공하는 것이며, 그것이 식료품과 다른 소비재를 효율적으로 제공해야 한다는 미션으로 이어진다.[46] 그 비전과 미션은 지속적인 원가절감으로 고객에게 절약금액을 넘겨주는 전략에 의해 달성된다. 결국 그 전략은 핵심 자원과 핵심 역량 위에 구축되고, 아마존은 그것을 다른 기업과 경쟁하는 무기로 사용한다. 궁극적으로 자원과 역량을 전략으로 엮어내는 방법에 따라 이해관계자가 기업을 가치 있고 신뢰할 수 있는 파트너로 볼 것인지 여부가 결정된다. 아마존은 고용을 하고 급여를 지급해야 한다. 그 외에 수백, 심지어 수천 가지의 활동을 하지만 경쟁우위는 재고를 혁신적 방법으로 관리하고(로봇) 전달하는(드론) 탁월한 능력에 의해 지원을 받는 실행센터 네트워크에서 온다는 것은 확실하다.[47] 이 목적을 위해서 자원과 역량이 상호작용하며 경험을 통해 기업이 일상 운영을 개선할 수 있게 해주면서 서로를 강화한다. 아마존에게 효율적 공급망 관리 능력이 없다면 아마존은 현재와 같은 지배적 위치를 가지지 못할 것이다. 그러나 이러한 자원과 역량이 있기 때문에 가격을 낮추고 보다 많은 고객을 끌어들여 매출액을 증가시키는 선순환을 만들어 낼 수 있었고 그것이 규모의 경제와 공급업체에게 보다 낮은 가격을 요구할 더 큰 수단으로 이어진다. 그 결과로 아마존은 고객에게 낮은 가격으로 상품을 제공할 수 있으며, 그것이 다시 선순환의 시작이 된다.

마지막으로 기업의 경영 환경을 형성하는 것은 고객, 경쟁업체, 경제, 기술, 정부, 사회 문화적 요인 그리고 다른 많은 요인들이다. 이들이 함께 효율적이며 동시에 수용가능한 전술과 행동을 규정한다. 기대가 변하면 기업의 기존 자원과 역량이 더 이상 충분하지 않게 될 수 있다. 예를 들면 아마존은 오랫동안 저임금 노동 착취로 비난받아 왔으며, 그 때문에 이해관계자들이 지지를 철회하였다.[48] 동적인 환경은 행동과 기대의 괴리를 최소화하기 위한 부단한 혁신을 요구한다. 변화가 필요할 때 리더들은 '제조 혹은 구매' 의사결정에 직면한다. 필요한 역량을 내부적으로 개발할 것인가(제조) 혹은 외부에서 획득할 것인가(구매)? 역사적으로 대부분 대기업들은 역량을 내부에서 개발할 수 있었다. 그러나 오늘날에는 환경이 너무 빨리 변화하고 있어 실행의 속도가 결정적으로 중요하기 때문에 필요한 기능을 외부에서 구매한다. 경영자가 구매하기로 결정하면 두 번째 결정, 즉 내부 조직에서 그것을 조달할 것인지 아니면 공급업체와 계약을 통해 외주조달할 것인지에 직면한다. 그 활동이 핵심 자원 또는 핵심 역량(예를 들면 아마존의 재고관리, 애플이나 나이키의 제품설계)이면 대부분 기업들이 그에 대한 통제력을 유지한다. 반면에 그것이 의류제조나 급여관리와 같은 주변적인 것이면 편의상 또는 효율을 위해 외부조달한다. 어떤 경우든 기업은 끊임없이 진화하는 기대가 주도하는 동적 환경에 지속적으로 적응해야 한다.

동일임금

이전에는 재량적이거나 윤리적이었던 행동들이 시간의 경과에 따라 법률 또는 규제로 법제화될 수 있으며, 궁극적으로 기업이 경쟁력을 유지하기 위해 고수해야 하는 경제적 필수품으로 변화할 수 있다.[49] 예를 들면 한때 미국의 많은 기업들이 동일한 노동에 대해 노골적으로 남자보다 여자에게 더 적은 급여를 지급하였다(산업에 따라 조금씩 정도 차가 있지만). 정당한 사유 여부와 상관없이 그것은 기업의 재량이었다. 그러나 갈수록 그러한 차별은 불공평하고 비윤리적이라고 간주되었다. 이 변화하는 가치에 대응하여 연방정부는 1963년에 동일임금법을 제정하여 종업원 성별에 기초한 급여 차이를 불법화하였다. 한때 재량적 경영의사결정 영역이었던 행위가 이해관계자 기대를 보다 잘 반영하는 경제적 필수 사항으로 간주되고 있다.

유사한 변화가 환경오염, 제품안전 기준, 재무적 기록 등 이전에 재량적이었던 다른 행위들에서도 확인된다. 일단 재량적 이슈가 법률적 제약으로 발전하게 되면 사회적 기대의 충족은 형사 또는 민사 조치에 의해 강제화되는 요구 사항이 된다. 아직 법률적 강제 사항은 아니지만 여전히 기업에 영향을 미칠 수 있는 이슈를 확인하는 것은 상대적으로 어렵다. 만약 리더들이 사용한 재량권이 사회적으로 무책임한 것으로 인식된다면(비록 법률적으로 허용되지만) 그 결과는 끔찍할 수도 있다.[50] 그러한 손상은 판매량 감소(고객), 사기 저하(종업원), 금융지원 상실(투자자), 다른 많은 중요한 관계에 대한 부정적 영향 등으로 나타난다.

역량이 전략에 맞춰져 있고 역량이 효율적 구조에 의해 지지되어야 한다는 것은 성공을 위한 최소한의 필요조건이다. 그러나 갈수록 그보다 많은 것이 요구된다. 기업은 전략과 운영이 이해관계자에게 주는 시사점을 필수적으로 고려해야 한다. CSR 필터는 전략과 전술적 의사결정이 다양한 이해관계자에 미치는 영향을 평가할 수 있는 개념적 스크린이다. CSR 필터의 의도는 실행 가능한 전략을 선택해서 그것을 전략 실행 환경에 최적화시키는 것이다.

CSR 필터 : 나이키

나이키는 가치 있는 브랜드를 갖고 그 브랜드를 잘 관리하는 기업이다. 나이키는 신발과 의류 그리고 다른 제품 라인 판매에 그 브랜드 가치의 효과를 적극적으로 활용하고 있다. 그러나 각각의 제품 라인은 아디다스, 푸마 그리고 언더 아머와 같은 기업들과의 격렬한 경쟁에 직면하고 있다. 만약 나이키의 해외계약 생산전략이 노동착취 공장(인식되었거나 실제의)에서의 고용주 남용으로 이어진다면 소비자들은 구매 선호대상을 다른 경쟁사로 옮겨갈지 모른다. 비록 나이키가 해외계약 공장을 소유하거나 관리하지 않는다 할지라도 부정적인 언론보도는 효과적 생활양식 차별화 전략에 위협이 될 수 있다.
따라서 나이키는 CSR 필터를 이용해 해외조달 전략을 계속적으로 면밀히 검토해야 한다. 그렇게 함으로써 그 브랜드의 핵심이 무엇인지 알 수 있다. 비록 제조가 나이키에게 주변적 기능이긴 하지만 그 브랜드 가치는 나이키 제품 소비자에게 제공하는 매력적인 생활양식에 기초하고 있다. 예를 들면 인권 남용에 대한 신문기사가 나이키 소비자들의 열망가치를 저해할 수 있으며, 따라서 직접적 위협이 될 수 있다. 1990년대 중반 이전의 나이키 전략은 CSR 필터 없이 구축되었다. 그러나 오늘날에는 전략의 핵심에 CSR 필터를 활용하고 있다.

본서 전반에 제시된 사례들은 CSR 필터에 압축된 많은 이슈를 보여주고 있다. 이들 모두 끊임없이 변화하는 사회적 기대에 의해 주도된 비즈니스 운영의 동적인 맥락에 관한 영감을 제공해준다. 비록 모든 기업이 아마존이나 나이키만큼 효과적인 경영전략을 창조해 내지는 못하지만 모든 기업이 지속가능한 경쟁우위를 구축하기 위해 노력해야 한다. CSR 필터는 그런 노력의 중심에 있다.

전략적 CSR 논쟁

발제 제안 : 맥도날드는 CSR 문턱을 지났다.

토론과 검토를 위한 질문

1. 기업이 지속가능한 경쟁우위를 가진다는 것의 의미는 무엇인가? 오늘날 비즈니스 환경에서 그것을 확보하는 최선의 방법은 무엇인가?

2. 자원관점을 개괄적으로 설명하라. 어떤 기업의 핵심 역량을 확인해 보라. 그 핵심 역량이 프라할라드와 하멜이 기업의 지속가능 경쟁우위라고 정의하면서 제안한 3가지 테스트를 어떻게 충족시키는가?

3. 5가지 세력모형을 이용하여 소셜 미디어 산업을 분석하라. 소셜 미디어 제품을 사용하는 일반 대중은 어디에 위치하는가? 우리는 고객인가 또는 공급업체(또는 노동자)인가? 우리는 때때로 자신을 페이스북, 구글, 인스타그램 그리고 다른 인터넷 서비스의 소비자라고 생각한다. 실제로 우리는 그 기업들의 공급업자이며, 보다 정확히 말하면 그들의 노동자이다.[51]

4. 비즈니스 차원에서 저원가전략과 차별화전략의 차이는 무엇인가? 이러한 전략의 차이가 CSR 문턱에는 어떤 영향을 미치는가?

5. 당신이 만약 기업의 CEO라면 CSR 필터를 어떻게 적용할 것인가? 어떠한 형태를 가질 것인가? 오늘날 CSR 필터를 성공적으로 활용하는 기업을 생각할 수 있는가?

제 10 장

전략적 CSR

기업과 이해관계자는 아주 밀접한 관계를 가진다. 사회 진보의 주역인 영리 기업의 경제적 힘으로부터 큰 혜택을 받는 이해관계자와 기업은 독립적이지 않다. 기업들은 경제적 · 사회적 · 도덕적 · 윤리적 측면을 가진 문제를 해결함으로써 사회 진보를 이루어 낸다. 이해관계자는 자신의 기대를 강요함으로써 그 기대를 충족시키는 것이 기업의 최선의 이익에 부합한다는 것을 확실히 한다. 그런 방식으로 기업의 목적인 이익이 창출된다.

기업과 이해관계자 간의 이러한 시너지 때문에 CSR이 비즈니스 전략의 핵심 요소가 된다. 이코노미스트지의 표현에 의하면 CSR은 "그냥 훌륭한 비즈니스"이다.[1] 이해관계자 요구를 들어주는 것은 기업을 수익성 있는 조직으로 만들고 사회 진보를 달성하는 방법이다. 반대로 이해관계자를 무시하는 기업은 심각한 위협을 초래한다. 예를 들면 20세기 초에 스탠다드 오일이 공급업체들에게 사회적 관점에서 부당한 방법으로 경쟁자들을 대할 것을 요구하였다. 그 결과 1911년 미국 대법원은 셔먼 반독점법 위반으로 스탠다드 오일에게 강제적 검사를 받도록 판결하였다(221 U.S. 1, 1911).[2]

오늘날 세계적인 기업들 중 강한 힘을 가진 기술 기업, 즉 페이스북, 구글, 애

플과 아마존에 대해 그와 유사한 반독점 조치를 취하라는 요구가 발생하고 있다.[3]

앞 장들에서 보았듯이 CSR은 단지 브랜드에 대한 잠재적 위협 회피 수단이 아니다. CSR을 포용함으로써 기업이 큰 혜택을 얻을 수도 있다.[4] 예를 들면 이전에 자신을 겨냥한 환경 캠페인에 잘 대응함으로써 씨티그룹은 적도 원칙의 출범에 선도적 역할을 할 수 있었다.[5] 이와 유사하게 유니레버가 "지속가능 생활 계획"[6]을 채택한 경우나 GE가 "에코매지네이션"에 몰입한 사례들이 시장에서 차별화를 위해 CSR을 채택한 기업이 경쟁우위를 누릴 수 있다는 것을 보여준다.

달리 말하면 CSR 관점은 기업 임원들이 이해관계자 관심사에 대응함으로써 전략적 가치를 얻을 수 있게 도와준다. 따라서 이런 의미에서 CSR은 고래 보호, 기아 종식 또는 정부나 비영리단체가 가치를 두는 활동 목표를 달성하고자 하는 것이 아니다. 그보다 CSR은 이해관계자가 기업의 계획과 활동에 직접적으로 관련이 있다고 생각하는 경제적 · 법률적 · 윤리적 · 재량적 이슈에 관한 것이다. 이러한 이슈에 대한 해법은 경제와 사회적 가치가 교차하는 지점에서 도출되며 모든 기업전략의 중심에 놓여 있다. 이러한 접근방법은 "전략적 자선행위" 사례에 예시되어 있으나 전략적 CSR에 동일한 논리를 적용할 수 있다.

> 바람직한 사회 변화가 기업에 큰 효익을 가져다주기 때문에 기업의 자선행위가 선한 의지에서 나온 것인지를 알기 위해서는 설령 아무도 알아주지 않더라도 그 변화를 추구하고자 하는 의지를 가지고 있는지를 보면 된다.[7]

따라서 바람직한 결과에 초점을 맞추기보다 그러한 목표를 달성하기 위해 채택된 전략이 중요하다. 목표(이익 극대화와 주가상승)가 수단(이해관계자의 기대를 무시하는 기업운영)을 정당화하는 경우가 너무 자주 일어난다. 대조적으로 전략적 효익을 갖는 CSR 관점을 실행하려는 기업은 경제적 수익성 목표뿐 아니라 그에 못지않게 중요한 이익 추구방법에 관심을 가진다. 이러한 수단과 목적의 연계는 전략적 CSR 개념의 중심이 된다.

전략적 CSR의 정의

본서의 목표는 지속가능성과 기업윤리 등 관련 개념들과 전략적 CSR을 구분하는 일련의 원칙에 따라 전략적 CSR을 규정하는 것이다. 지속가능성이 생태 보존에 초점을 두고 기업윤리가 옳고 그름에 대한 규범적 처방을 구축하려 노력하는 반면, 전략적 CSR은 기업의 일상 운영에 뿌리를 둔 실용적 철학이다. 그와 같이 전략적 CSR은 기업의 가치창출 과정의 중심이며, 궁극적으로 시장에서의 성공의 중심이 된다.

전략적 CSR

중장기적으로 가치 최적화를 위해 광범위한 이해관계자들의 이익에 맞게 기업이 경영될 수 있도록 기업의 전략계획과 핵심 운영 내에 CSR 관점을 통합하는 것.

전략적 CSR의 정의에는 다음의 5가지 구성요소가 필수적이다. (1) 기업의 문화와 전략계획 과정에 CSR 관점을 통합시킬 것, (2) 기업의 모든 행동이 핵심 운영과 관련 있을 것, (3) 이해관계자의 요구를 이해하고 그에 대응하기 위해 노력할 것, (4) 가치창출의 최적화를 목표로 할 것 그리고 (5) 자원과 이해관계자 관계에 대한 단기적 관점에서 벗어나 중장기 관점을 가질 것. 위의 5가지 구성요소를 결합함으로써 CSR을 전략계획과 일상 운영에 확실히 통합할 수 있다.

CSR 관점

모든 CSR 전략의 정의에 핵심이 되는 것은 조직문화와 전략계획 과정에 CSR을 통합시키는 것이다.

이것은 가능한 한 이해관계자들의 요구를 전달하고 그에 대응해야 하는 상호 책임을 가진 기업과 이해관계자 간의 반복적 관계를 상정한다. 이 경우 기업에 도움을 주는 중요한 수단이 CSR 필터인데(9장 참조) 그것은 전략과 전술적 의사결정이 기업의 다양한 이해관계자에 미치는 영향을 평가하는 스크린으로 정의된다. 경영자는 의사결정의 매개변수를 정하고 종업원에게 기업전략을 지도해주는 가치체계 내에 이익 유인을 내재화함으로써 일상 운영의 모든 측면에서 전략적 CSR을 실행할 수 있다.[8]

포터와 크레이머는 사회적 차원을 전략적 의사결정에 통합하는 방법에 관한 아이디어를 설명하면서 조직이 직면한 사회적 이슈의 평가와 우선순위 결정의 3단계 가이드라인을 제시하고 있다.[9]

- "일반적 사회 이슈"(기업 운영과 직접 관련이 없음)
- "가치사슬 사회적 영향"(기업 운영이 사회에 영향을 미치는 정도)
- "경쟁 맥락에서의 사회적 차원"(환경이 기업 운영을 제약하는 정도)

예를 들면 해외 아웃소싱으로 제품을 생산하는 의류 소매기업의 경우, 미국에서의 생활임금(최저임금과 반대로) 이슈는 일반적인 사회 이슈이다—그 이슈에 대해 기업이 재량권을 갖고 입장을 취할 수 있지만 운영과는 직접 관련성이 없다. 그러나 제품 생산에서 생활임금 이슈는 가치사슬상의 사회적 영향의 명백한 사례이며 기업 운영이 지역사회에 직접적으로 영향을 끼친다. 이 이슈에 대한 정부의 법제화 가능성이 기업 운영에 대한 제약요인으로 작용할 잠재력이 있기 때문에 그것이 사회적 차원의 경쟁 맥락을 형성한다.

〈그림 10-1〉에서 포터와 크레이머는 "반응적 CSR"과 "전략적 CSR"을 구분하면서 어떻게 사회적 이슈, 기업 운영 그리고 환경 제약 간의 상호작용을 활용할 것인지 예시해준다. 반응적 CSR은 기업이 부정적인 사회적 영향을 피하기 위해 운영이나 가치사슬 구조와 관련이 없는 일반적인 사회적 이슈에 관여할 때 발생

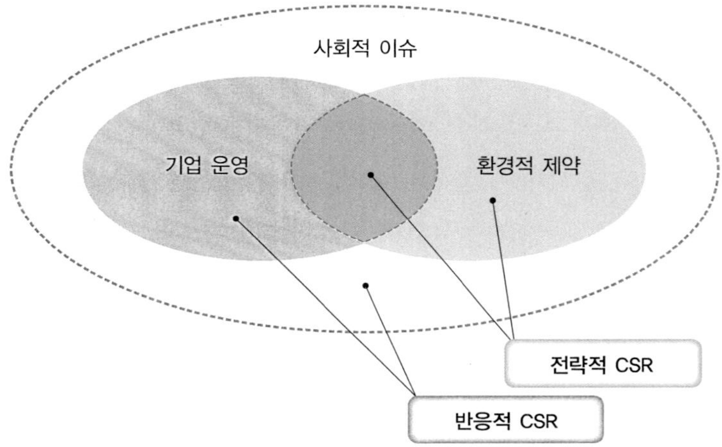

출처 : Michael E. Porter & Mark R. Kramer, "Strategy & Society," *Havard Business Review*, December 2006, p.89.

그림 10-1 포터와 크레이머의 전략적 사회모형

한다. 그러나 전략적 CSR은 가치사슬의 결과로 사회에 효익을 제공하거나 "전략적 자선활동"[10] 등을 통하여 경쟁 맥락에 영향을 미치고자 적극적으로 활동할 때 발생한다. 포터와 크레이머의 개념구조 내에서 전략적 CSR은 기업의 운영이 사회에 직접적 영향을 끼치거나 그 반대 방향일 때 발생하며, 기업으로 하여금 이슈와 자신들에게 영향을 미치는 이해관계자를 확인할 수 있게 해준다.

핵심 운영

전략적 CSR의 두 번째 구성요소는 기업이 행하는 모든 행동이 일상 운영과 직접적으로 관련이 있어야 한다는 것이다.

이러한 정의상 특성 때문에 동일한 행동이 기업의 전문성과 비전이나 미션에 비추어 본 이슈의 적합성에 따라서 전략적 CSR로 분류되는지 여부가 결정될 것이다. 기업이 가진 독특한 자원과 역량을 조합하여 그 직접적 결과로 가치가 창출된다는 인식에 기초하여 이러한 논리에 대한 동기부여가 가능하다. 기업은 전문

성과 목표 시장부문(그리고 많은 다른 차원)에서 서로 차이가 있는데 그렇게 함으로써 경쟁 환경에서 틈새시장을 정의하고 살아남을 수 있다. 그 결과 기업은 자신들이 가장 잘하는 일, 즉 핵심 역량에 초점을 맞춤으로써 가장 큰 가치를 창출해낸다. 예를 들면 델과 같은 회사가 제품 생애주기에 걸쳐 제품 인식 제고의 일환으로 컴퓨터 재활용 프로그램을 제공하는 것은 의미가 있다.[11] 그러나 델이 새로운 컴퓨터 생산과정에서 발생하는 온실가스를 상쇄하기 위해 소비자들에게 나무심기 프로그램을 제공하는 것은 별로 좋은 생각이 아니다.[12] 델은 컴퓨터에 대해서 잘 알고 있으며 가치체계 전반에 걸쳐 제품에 책임을 져야 한다. 그러나 나무심기에서 델은 전문성(어떤 나무를 심을 것인지, 어디에 심을 것인지, 어느 나무가 가장 많은 탄소를 흡수하는지는 별로 명백해 보이지 않는다.)을 갖고 있지 않다. 비록 델이 비영리 파트너(The Conservation Fund, http://www.conversationfund.org/)를 아웃소싱함으로써 이러한 책임을 수행한다 하더라도 어떻게 파트너를 구하고 그들의 행위와 성과를 모니터링할 수 있을지는 명확하지 않다.

전략적 CSR은 기업의 주변적 활동에 대한 것이 아니다. 그리고 자본주의의 재창조에 관한 것도 아니다. 그것은 기업의 일상적 운영 의사결정에 관한 것이다. 비즈니스의 모든 측면은 경제, 사회, 도덕과 윤리적 고려 사항들을 포함하고 있으며, 경영자의 첫 번째 역할은 다양한 이해관계자 간의 우선순위 결정에 있어서 여러 가지 요인을 균형 있게 고려하여 결정하는 것이다.

이해관계자 관점

전략적 CSR의 세 번째 구성요소는 기업이 모든 의사결정에서 이해관계자 관점을 통합하는 것이다.

그러나 이해관계자 관점 실행의 장애물은 현재 상당수 기업들이 주주의 이익을 가장 우선시하고 있다는 것이다. 그보다는 시각을 확대해 모든 이해관계자를 포함하여 고려할 필요가 있다. 이래관계자들은 그러한 법률적 보호를 받고 있다(제Ⅲ부 참조). 그를 통해 기업은 이해관계자 관심사에 반응할 뿐 아니라 가능한 범위 내에서 관심사를 예측하고자 한다. 기업은 이해관계자 기대에 가장 잘 부합되는 비즈니스를 적극적으로 수용하여 차별화함으로써 이해관계자 요구를 충족시킬 유인을 기꺼이 제공해야 한다. 광범위한 이해관계자들의 이익에 부합하는 의사결정을 통해 경영자는 보다 넓은 의미의 가치를 창조하고 지속가능한 경쟁우위를 구축할 기회를 향상시킨다.

이해관계자 모형으로 전환할 때 본질적 이슈는 우선순위 결정이다(3장 참조). 조직과 이해관계자를 확인하는 것은 중요하지만, 정말 어려운 것은 그러한 이해와 기대가 상충하는 경우가 종종 발생한다는 것이다. 제한적 자원을 고려하면 이해관계자 상충을 다루는 가장 효과적 수단은 우선순위 부여이다. 서로 다른 요구를 가진 상충관계에 있는 두 이해관계자 그룹이 있다면 한 그룹의 이익을 저해하지 않으면서 더 중요한 이해관계자 그룹에 진지하게 대응하는 것은 의미가 있다.

비평가들은 기업들이 항상 그렇게 해 왔다고 말할지 모른다. 기업이 항상 주주에게 최우선순위를 둔다는 것이다. 기업의 주주는 이해관계자 그룹 중 하나이며, 그만큼의 이해관계를 가진다. 그리고 주주의 요구가 최우선 순위가 되는 그런 이슈도 많다. 그러나 이슈에 따라서 이해관계자의 우선순위가 달라진다. 어떤 한 이해관계자 그룹에 맹목적으로 충성하는 것은 역효과를 낳는다.[13] 이것은 특히 다른 이해관계자보다 기업성과에 따른 위험에 더 크게 노출되거나 또는 다른 가치를 가진 "기업에 특화된 지식과 기능을 가진" 종업원과 같은 이해관계자에게 해당된다.[14] 달리 말하면, 주주지상주의는 각각의 다른 이해관계자의 기업 성공에 대한 상대적 기여를 반영하지 못한다.

> 대체로 주주는 종업원들이 다른 직업을 찾는 것보다 훨씬 더 쉽게 주식을 팔 수 있다. 실질적으로 종업원들은 주주보다 더 많은 위험에 노출되어 있다. 또한 그들의 지식, 기능 그리고 창업가 정신 기여는 전형적으로 과잉공급 상태의 순수 상품인 주주의 자본출자보다 더 중요하다.[15]

존슨앤존슨은 기업 신조(credo)로 유명한데 공식적으로 이해관계자들에 우선순위를 부여한 뛰어난 사례이다.[16] 중요한 것은 그 신조가 기업의 "최종적 책임"으로서 고객을 가장 우선시하고 주주를 마지막에 두고 있다는 것이다. 그 기업은 주주보다 고객(보건의료 종사자), 공급업체와 유통업체, 종업원 그리고 지역사회에 높은 우선순위를 둔다. 그리고 그 기업은 "이러한 원칙에 따라 우리가 기업을 운영"하는 한 "주주에게 실현된 수익률은 공평한 것이다"[17]라고 자신의 철학을 합리화한다.

사우스웨스트의 허브 켈러허와 콜린 바렛[18], 스타벅스의 하워드 슐츠[19], 월마트의 샘 월튼[20], 파타고니아의 이본 쉬나드[21] 등 다양한 리더들이 기업 운영에 더 즉각적인 관계를 가진 이해관계자(특히 종업원)가 동기부여와 충성심 그리고 고객에 대한 봉사 의지를 가질 때 주주가치가 가장 잘 지켜진다는 것을 인식하고 있다. 아마존은 이와 비슷한 "고객 우선" 비즈니스 접근방법을 택하고 있다.[22] 코스트코는 종업원 급여와 혜택을 삭감하라는 투자자들의 요구를 계속해서 거절하고 있다. 간단히 말해서 아무 생각 없이 주주를 가장 중요한 고려대상으로 생각해서는 안 되며, 특히 조직 전체의 이해관계를 위해 다양한 이해관계자를 고려하는 것이 더 적합할 때는 더욱 그러하다.

가치 최적화

전략적 CSR의 네 번째 구성요소는 넓게 정의된 가치 최적화 추진이다(최대화에 반대되는).

본질적으로 전략적 CSR의 목표는 집합적 이해관계자의 요구를 충족시킬 생활수준을 달성하고 사회 전체의 생산과 소비활동 간의 균형을 추구하는 것이다. 생산 측면에서 보면 기업은 비용을 외부화하기 원하는 반면, 소비 측면에서 보면 사회가 비용 부담을 회피하고자 한다. 만약 우리가 이 균형을 달성할 수 있고 혜택과 비용을 광범위한 이해관계자들에게 확산시킬 수 있다면 사회 전반에 걸쳐 가치 최적화에 현저히 가까워질 수 있을 것이다.

이익 극대화 달성은 그 자체로서 불가능하며, 의사결정을 왜곡한다. 때문에 이익 최적화가 자동적으로 경영자를 보다 넓은 구성원 집합의 이해관계로 방향을 재설정하게 만든다. 그것은 승자와 패자 간의 상충관계가 아니라 타협과 중재를 말한다. 극대화 사고가 절대적 상태(결정적인 금액)를 제안하지만 최적화는 보다 상대적인 상태를 제안한다. 그러나 그러한 구분이 단순한 미사여구가 아니라 기업의 모든 이해관계자들에게 가치를 창출하는 단기, 중기 그리고 장기 의사결정 간의 균형을 촉진하는 데 도움을 준다.

이해관계자 가치 : 월마트

월마트는 복잡한 이해관계자를 가진 잘 관리된 기업이다. 그러나 월마트가 가치파괴 기업이라는 일반적 생각과 달리 이해관계자들을 위해 큰 가치를 창출한다는 상당한 증거가 있다. 미국에서 소비되는 "식료품 구매의 1/4이 월마트에서 이루어지므로"[23] 고객뿐만 아니라 종업원에게도 가치를 준다고 할 수 있다.

월마트는 저임금의 일자리만을 창출한다는 것을 강력하게 부정한다.[24] 산업 내의 평균 임금 이상을 지불하고 "시간당 평균 임금이 국가가 정한 최저한을 초과하며, 때로는 초과 임금이 상당한 금액이다"라고 말한다.[25] 월마트는 내부 승진으로 잘 알려져 있으며, 내부의 서열을 통해 승진한 상위 경영자들 비율이 높다는 것을 강조한다. 더구나 만약 월마트가 보통 보고된 바와 같이 매력적이지 못한 고용관행을 갖고 있다면 구직자들로부터 그렇게 많은 관심을 끌 리가 없다—예를 들면 월마트가 시카고에서 점포를 개설했을 때 "325개의 일자리에 2만 5천 명이 지원했다."[26]

월마트는 다른 기업과의 경쟁 때문에 비난받는 경우가 종종 있다(마치 그것이 나쁜 일인 것처럼). 새로운 월마트 점포가 일부 소규모 기업을 업계에서 몰아내는 경우가 있는 것은 틀림없지만 그것은 새로운 점포에서 가능한 일자리와 비교해서 평가되어야 한다. 그러나 궁극적으로 이해관계자가 지지하기 때문에 월마트가 성공한 것이다. 월마트는 매일 의사결정(그중에 좋은 것도 나쁜 것도 있다)을 하는 수백만의 사람들로 이루어진 크고도 복잡한 조직이다. 만약 사회가 가치를 두는 그 무엇이 사회적 책임의 정의라면 월마트만큼 많은 가치를 창출하는 기업은 별로 없다.

전략적 CSR은 기업의 가치창출 과정의 모든 측면을 연결해준다. 궁극적으로 이해관계자는 기업 행위의 수용가능성을 결정할 힘을 갖고 있다. 기업이 이익 추구 과정에서 창출하는 혁신으로부터 사회가 큰 혜택을 받지만 최소한 다른 사람들에게 해를 끼치지 않고 사회문제를 제기하고 해결하는 전략의 추구가 기대된다. 이러한 계산이 아주 어려운 이유는 사회적 손상의 정의가 끊임없이 변화하기 때문이다. 그와 같이 이제 더 이상 재량적인 것은 거의 없다는 것이 전략적 CSR의 기본적 가정이다. 대신에 기업의 이해관계자는 책임 있는 행위가 어떤 것인지 결정할 것이다. 기업을 사회의 한 부문을 위한 이익창출 엔진으로 좁게 본 과거의 인식은 글로벌화와 증가하는 물질적 풍요에 의해 변화되어 왔다. 보다 풍요로운 사회가 더 많은 것을 요구할 수 있는 자원을 갖고 있지만 상호연결된 사회가 보다 많은 지식과 대안을 갖고 있다. 이해관계자는 기업과의 상호작용을 통해서 자신의 가치를 전달한다.

중장기 관점

마지막으로 아마도 전략적 CSR의 가장 중요한 구성요소는 기업의 자원과 이해관계자 관계 관리에 있어서 단기적 관점을 중장기 관점으로 전환하는 것이다. 이를 위해서는 기업들에게 성과를 주로 분기, 연간 또는 10년 기간으로 생각하는가를 물어보는 방법이 있다. 전략적 CSR 관점은 미래를 위해 오늘 투자할 필요성 때문에 발생되는 단기변동성을 인식하면서 장기적 관점을 강조한다. 만약 경영자가 의사결정 대상기간을 다음 분기 또는 다음 시즌에서 향후 10년 또는 그 이상으로 변경한다면 경영 우선순위가 즉각적으로 바뀔 것이며, 오늘의 의사결정의 성격을 변화시킬 것이다.[27] 만약 CEO가 다음 분기에만 관심이 있다면 전략적 CSR의 성공 사례를 만들기 어렵다. 그러나 만약 CEO가 지금으로부터 5, 10 또는 20년 동안의 기업 존속에 관심이 있다면 핵심 이해관계자들과 신뢰에 기초한 지속적인 관계를 구축하는 것이 엄청난 가치를 가질 것이다. 문제는 현재의 많은 인센티브 제도가 단기투자를 장려하고 있다는 것이다.

> 3년 시한부인 CEO는 단기 주가를 끌어 올림으로써 투자자를 기쁘게 하는 것이 보다 쉽다. …… 비슷한 규모의 공기업보다 사기업이 신기술, 근로자 훈련, 공장 개선 및 R&D 등에 두 배를 투자한다.[28]

본서 전반에 걸쳐 논의한 바와 같이 비즈니스가 존속하려면 기업이 이익을 내야 하고 그러기 위해서는 다양한 구성원들을 위한 가치를 창출해야 한다. 서로 다른 이해관계자들의 기대가 상충할 때 기업들은 이해관계자 간 또는 이해관계자 그룹 내에서 그 이해관계의 균형을 이룰 수 있어야 한다. 그러한 상충관계의 사례로 투자에 대해 서로 다른 합리적 기대수익률을 가진 투자자들을 생각해 보라.

장기투자 대 단기투기

주주 역할의 진화는 보다 다양한 이해관계자 접근방법을 택한 기업의 비즈니스 성공 가능성을 크게 강화해 왔다. 특히 오늘날 주식은 기업에 대한 장기투자라기보다 개인 이익을 위한 개별적 단기투기로 점점 인식되고 있다. 따라서 건전한 경제적 기초를 반영하여 주가가 형성되는 기업에 투자하는 사람과 달리 주가 상승의 합리적 이유나 공정가격에 상관없이 주가상승 기대만으로 주식을 사는 투기꾼도 있다.

이러한 변화는 "미국과 영국에서 평균 주식보유 기간이 1950년에 6년이었는데 오늘날 6개월 이하로 떨어졌다"[29]는 사실에서 알 수 있다. 뱅가드의 창립자 존 보글이 자신의 책 『문화의 충돌 : 투자 대 투기』에서 말했듯이, "단기적 투기문화가 난무해 왔다."[30] 그 결과는 "월스트리트의 1초당 300만 주가 거래되는 카지노"[31]라고 불리는 거래량과 회전율의 엄청난 증가이다.

> 너무 많은 돈이 단기적 투기를 겨냥하고 있으며, 미래에 대한 배려는 거의 없이 단기이익만을 추구하고 있다. 금융시스템은 단순히 초고속 거래, 마켓 타이밍, 근시안적 기업 운영만을 촉진하는, 소위 말하는 혁신의 홍수에 의해 상처를 받아 왔다.[32]

컴퓨터 프로그램이 개인의 초단기 포지션을 유지하며, 거래소 간에 주가의 미세한 차이를 구분할 때, 어떻게 우리가 그 주주와 기업 간의 관계를 생각해야 할 것인가? 초점이 점점 더 조직의 전반적 건강에서 벗어나 개인 투자의 보호로 향하고 있다. 이코노미스트가 말했듯이, "단타 거래자들은 기업의 미래 전망에 근거해서 의사결정을 하지 않는다.

그들은 아주 작은 가격 변화로부터 이익을 추구한다. 그들은 야구 카드마저도 거래할지 모른다."[33]
오늘날 주주들의 영향력이 기업의 주의를 산만하게 만드는 상황에 이르렀다. 경영자들은 주주를 만족시키기 위해 분기 성과, 배당금 수준과 주가에 상당한 시간을 쏟아야 한다. 이러한 단기 관점은 장기에 걸친 전략적 고려와 기업 이익의 희생을 불러온다.[34]
특히 투자자를 감시와 관여로부터 멀어지게 하는 상장지수펀드(ETFs)의 부상과 함께 주주가 기업의 중심이며, 최대 이해관계를 갖고 있다는 사고에 대한 방어가 점점 어려워지고 있다. 오늘날 비즈니스 환경에서 경영자가 보다 넓은 이해관계자 관점을 가지면 중장기에 걸친 조직의 생존 가능성을 달성할 최선의 경로 확보에 필요한 안정성을 제공해 준다. 이것은 투기꾼이 아니라 기업 투자자의 이익에 부합되는 것이다.

대리인 문제를 해결하고 주주와 경영자의 이해관계를 일치시키도록 고안된 스톡옵션과 기타 보상 수단의 개발이 이러한 추세를 더 악화시켜 왔으며, 의사결정 조건을 왜곡해 왔다.[35] 임원들이(의식적으로 또는 무의식적으로) 단기 투자자들의 요구를 수용함에 따라 그 효과가 기업의 행위에 영향을 미친다. 예를 들면 한 연구에 따르면 임원과 이사들은 단기 주가 상승을 위해 기업의 미래를 기꺼이 희생한다고 한다.

> 임원과 이사의 61%가 이익 감소의 위험을 피하기 위해 재량적 지출을 줄이며, 47%는 잠재적 가치 손상으로 이어지더라도 새로운 프로젝트를 연기할 수도 있고 …… 65%는 자신들이 직면하는 단기 압력이 지난 5년간 증가하였다고 말한다.[36]

이러한 역학관계를 변경하는 것은 복잡한데 그 이유는 "투자 세계에서 거의 모든 사람들이 기업의 장기적 시각에 대한 도전을 제기하고 있는 것으로 나타났기" 때문이다.[37] 비즈니스의 기본적 가치가 아니라 주주수익률 추구에 점점 더 초점이 맞춰진다.

어떤 CEO들은 이와 대조적으로 장기적 접근방법을 추구한다. 예를 들면 포르쉐의 전 CEO였던 웬들린 위데킹(Wendelin Wiedeking)은 주주의 요구에 한정되지 않도록 임원들의 주의를 전환시키는 보다 넓은 전략적 계획 관점을 주장하였다—주주는 "자신의 돈을 한 번만 출자한 반면, 종업원들은 매일 일을 한다."[38] 이와 유사하게 유니레버, 코카콜라, 맥도날드, AT&T와 같은 기업들은 "이익발표가 장기적으로 지속가능한 기업 창출을 방해하기 때문에"[39] 분기 이익보고서 발간을 중단하였다.

> 유니레버는 시장보다 앞서서 성장하기를 원한다고 말하는 것 외에는 연차 이익 또는 매출액 가이던스를 제공하지 않는다. 콜게이트 팔모리브는 연차매출과 이익 가이던스를 제공한다 …… 그러나 그 회사는 분기 예측치를 제공하지 않는다. 코카콜라는 일반적으로 특정 연차 가이던스 제공을 삼가는 대신에 판매량, 수익, 영업이익 그리고 주당이익 증가의 장기목표에 관한 투자자 가이드를 제공하고 있다.[40]

영국에서는 정부가 "기업의 비즈니스 의사결정 기간을 연장하기 위해 최근에 강제적 분기보고를 폐지하였다." 마찬가지로 미국에서는 "S&P500 기업 중 28%만이 분기이익 가이던스를 발간하지만"[42] "분기보고 대신에 반기보고를 선택하도록 해 달라"[41]는 이사회의 요구가 있다. 더 나아가서 다른 CEO들은 상장을 폐지하고 보다 장기적 관점을 채택하고 있으며, "장기간에 걸친 기업 성과를 저해할 수 있는 단기적 압력으로부터 자유로워지기 위해 주식시장을 회피한다."[43]

> 미국에서 최근 나타나는 큰 흐름은 상장 기업 수의 급격한 감소이다. 1996년 7,322개였지만 현재 3,671개로 줄었다. 신규상장(IPO) 기업 수는 2000년 연간 300건에서 그 이후 지난 20년 연간 100건으로 감소하였다.[44]

진정한 장기 관점

The Long Now Foundation(http://longnow.org/)은 우리가 살고 있는 "여기 그리고 지금" 문화와 싸우는 데 초점을 맞추며, 장기적 관점을 강조한다. 이러한 관점을 강화하기 위해 웹사이트에 모든 연도를 천년 단위가 아니라 만년 단위로 쓰고 있다(즉, 02020 = 2020).

The Long Now Foundation은 향후 만년의 사고체계에서 장기간 사고와 책임을 창조적으로 길러내기 위해서 01996년에 설립되었다. 그 조직의 주요 프로젝트는 컴퓨터 과학자인 다니엘 힐리스(Daniel Hillis)가 처음 제안한 만년시계이다.[45]

> 내가 어렸을 때 사람들은 02000년까지 무슨 일이 일어날 것인지에 대해 얘기하곤 했다. 지금은 아무도 미래 날짜에 대해서 언급하는 사람이 없다. 미래는 나의 전 생애를 통해서 1년에 1년씩 줄어들어 왔다. 나는 끊임없이 짧아지는 미래의 정신적 장애를 넘어서서 사람들이 생각할 수 있도록 하는 장기 프로젝트를 우리가 시작해야 될 때라고 생각한다. 나는 계절적 기온변화에 의해 동력을 얻어 움직이는(고인돌을 생각해 보라) 큰 기계적 원리로 움직이는 시계를 제안하고 싶다. 그것은 1년에 한 번 가고 1세기에 한 번 땡 소리를 내며, 천 년에 한 번 뻐꾸기가 튀어나온다.

본질적으로 전략적 CSR은 전통적 모델의 가치 창조에 대한 초점을 유지하면서 그보다 훨씬 다양한 이해관계자 기반과 장기적 시각을 가진 문명화된 경영 접근방법이다. 만약 경제학의 핵심 질문이 '희소한 자원을 어떻게 배분할 것인가?' 이라면 전략적 CSR의 핵심 질문은 '사회적으로 최적의 결과를 만들기 위해 어떻게 희소한 자원을 배분할 것인가?'이다. 따라서 전략적 CSR을 의미 있는 방법으로 실행하기 위해서 전문성이 있는 분야에서(핵심 운영과 관련된) 중장기에 걸친 가치 최적화에 초점을 두어야 한다. 기업의 이해관계와 거의 관련이 없는 투자자 중심의 분기이익 가이드라인에 휘둘리는 단기 초점경영은 전략적 CSR 실행의지를 갖고 있는 기업에게 가치가 없다(그리고 손상을 끼칠 가능성이 있다).[46]

전략적 CSR은 선택이 아니다

앞에서 상세히 설명한 대로 전략적 CSR은 기업에 특성을 불어넣는 경영철학이다. 그것은 주변적 활동이 아니라 기업이 하는 모든 일의 중심에 있다. 모든 경영 의사결정은 경제, 사회, 도덕 그리고 윤리적 차원을 가진다. 그처럼 모든 기업은 의식을 하지 않더라도 전략적 CSR을 하고 있다. 단지 어떤 기업이 다른 기업들보다 더 잘할 뿐이다. 그러나 그것을 잘하기 위해서 전략적 CSR이 무엇인지 이해하는 것만큼 중요한 것이 무엇이 아닌지를 이해하는 것이다.

자선이 아니다

전략적 CSR은 자선에 관한 것이 아니다. 그것은 일상 운영에 관한 것이다.[47] 기업의 전문 분야 외의 영역에 사용된 돈은 아무리 작은 금액이라도 효율적이라 할 수 없다. 그러나 만약 지출이 브랜드 인지도 제고라는 정당한 명분을 갖고 있고 기업이 그 지출과 관련하여 특정한 자선 또는 명분과 관련된 가치가 있다고 느낀다면(달리 말해서 명분을 지지해주는 가치가 기업의 이해관계자에 맞춰져 있다면) 그 투자는 이루어져야 한다. 그 경우에도 그에 대한 책임은 마케팅 부서에 귀속되어야 한다. 마케팅 부서는 브랜드를 가장 잘 관리하는 전문가를 보유하고 있다. 마찬가지로 기업이 명분을 위해 기부 또는 지원할 다른 비즈니스 관련 이유가 있다면 관련된 기능 영역의 담당자가 그 의사결정의 책임을 져야 한다. 그것이 기업의 핵심 기능이 되게 함으로써 적절한 전문성이 최적으로 실행될 수 있다. CSR과 자선 간의 연계는 기껏해야 경계선에서 겹칠 뿐이다. 비록 기부와 관련하여 특정 조세 혜택이 있지만 전략적 기부의 경우 그 지출의 혜택은 때때로 마케팅과 관련 있다. 그러나 비즈니스 운영과 직접 연계되지 않고 기업의 전문성이 낮은 영역에서 거액의 기부를 주장하기는 어렵다(가치 창조 측면에서). 그 주된 이유는 기업의 자선행위가 종종 비효율적이며 효과도 없기 때문이다. 탐스슈즈의 예에서 "한 켤레 구매하면 한 켤레를 주는" 비즈니스 모델이 효과가 없다고 오랫동안 비난을 받아

왔는데 원래의 의도는 도움을 주기 위한 것이었다.

> 탐스가 지원한 연구는 공짜 신발을 나누어주는 것이 전반적으로 신발이 없는 상황, 신발 소유 …… 일반 건강, 음식 건강 또는 자긍심 …… 등에 효과가 없다는 것을 발견하였다. 탐스슈즈 프로그램은 근본적 문제에 봉착하였다. 그 프로그램은 신발을 원했지만 너무 가난해서 탐스슈즈를 살 수 없는 어린이를 위한 것이었다. 그렇게 가난한 어린이에게는 다른 것이 더 도움이 될 것이다.[48]

기부행위를 내세우기 어려운 또 다른 이유는 이타주의가 때때로 타깃으로 하는 이해관계자들의 인정을 받지 못할 수 있기(심지어 인식되지 못하기) 때문이다.

> 월마트는 매년 10억 달러 이상의 현금과 제품을 기부할 정도로 지극히 관대하다 — 그러나 그 기업은 여전히 일반 대중들이 보기에는 지구상에서 가장 책임을 적게 지는 기업 중 하나이며, 끊임없이 불매운동과 저항의 대상이 되고 있다.[49]

만약 미국 기업들이 매년 기부하는 180억 달러 이상을[50] 기꺼이 떼어내서 그 기업들이 가장 전문성을 가진 비즈니스 운영에 투자한다면 어떨까?

> [월마트]가 올해 10억 달러를 기부하지 않고 대신에 그 돈으로 가격인상을 하지 않으면서 모든 종업원에게 생활임금으로 시간당 12달러를 지급했다고 가정해 보라 …… 그렇게 한다면 종업원과 가족들의 삶을 향상시키고 매년 수억 달러를 경제적으로 절약할 수 있어 월마트를 보는 일반 대중의 시각을 변화시킬 수 있었을 것이다.[51]

영리기업은 명백하게 시장에 기초한 해법이 있는 문제의 확인에 주안점을 두어야 하며, 모든 이해관계자 가치 창출을 목표로 가능한 한 효율적인 해법을 제공해야 한다. 전략적 CSR은 기업 운영의 전문성 영역에 초점을 두는 경영철학으로 시장 해법이 없거나 또는 해법 제공이 적절하지 않은 문제를 중요하게 생각하지 않는다.[52] 그것이 바로 중장기에 걸쳐 가치를 최적화하는 방법이다. 달리 말하면 비즈니스의 초점은 여전히 동일하다. 그것은 전략적 CSR 관점을 갖고 다른 기업과의 차별화를 달성하는 방법이다.

배려하는 자본주의가 아니다

전략적 CSR은 '배려하는 자본주의'가 아니라 시장 자본주의다. 금융위기 이후 자본주의 재창조를 위한 다양한 시도가 있어 왔다. 마이크로소프트의 빌 게이츠("창조적 자본주의")와 그라민뱅크의 무하마드 유누스("사회적 비즈니스"와 그 후 "제로 빈곤, 제로 실업, 제로 순탄소배출" 목표[53])와 같은 유명인사들이 이익에 초점을 두는 것 이상의 목표를 기업이 채택하도록 강조함으로써 시장 자본주의 이데올로기의 기본 원칙을 혁신하려고 노력해 왔다. 마찬가지로 "포용적 자본주의"는 "권력과 수단을 가진 사람들이 그렇지 못한 사람들을 위해 보다 강하고 포용적인 사회를 건설할 책임을 가진다"고 주장한다.[54]

본서 전반의 논의에서와 같이 전략적 CSR은 이러한 시도를 쓸데없을 뿐 아니라 반생산적인 것으로 치부한다. 자본주의의 목적은 그 목적을 추구하는 수단만큼 중요하지 않다.[55] 비록 자본주의의 목적을 변화시키려는 노력이 최선의 의도를 가진다 할지라도 그 생각을 조금 더 자세히 살펴보면 실행이 어렵다는 점이 금방 명백해진다. 예컨대 빌 게이츠는 다보스포럼 연설에서 자본주의의 "새로운 시스템"을 선언하였다. "정부, 비즈니스, 비영리조직이 세계의 불평등을 완화시킬 노력을 하면서 보다 많은 사람이 이익을 얻거나 인정을 받을 수 있게 시장의 힘을 더 널리 확산하도록 함께 노력하는 접근방법을 제안했다."[56] 얼핏 보면 매력적이나 빌 게이츠의 "창조적 자본주의"가 실제로 무엇을 뜻하는지 그리고 어떻게 실행할 수 있는지 명확하지 않다. 예를 들면 다음과 같이 말하는 것은 어렵지 않다.

> 나는 세계 경제권에서 소외된 사람들을 도와줄 이슈에 당신들 기업의 최고 혁신가들이 시간을 할애해줄 것을 권고한다. …… 그것은 창조적 자본주의의 위대한 한 형태인데 왜냐하면 가장 부유한 사람들의 삶을 더 낫게 만들고 그 외 모든 사람들의 삶의 질 향상에 헌신하기 위해서는 지적 능력이 필요하기 때문이다.[57]

그러나 현실적으로 기업의 의사결정이 시장의 힘에 기초하지 않는다면 가장 소중한 자원을 바칠 이슈의 우선순위를 어떻게 결정할 것인가? 이러한 "최고 혁신가"가 수요와 공급에 기초를 둔 문제 해결 대신에 자선(기업들의 특정 기능에 맞을 수도 있고 아닐 수도 있는)에 노력함으로써 얼마나 많은 가치를 희생하게 될 것인가? 기업들이 미리 잠재적인 "사회적 선"의 특정 수준을 계산할 필요가 있는가? 그것을 어떻게 할 것인가? 그것이 실현되지 않는다면 어떻게 할 것인가? 빌 게이츠는 상충하는 주장들 간의 우선순위 설정에 관한 명백한 지침을 제시하지 않았다. 그는 기업과 이해관계자의 이타적 측면에 호소하는 주장과 시장의 힘에 기초를 둔 주장 사이를 오락가락하면서 어떠한 질문에도 충분히 대답하지 못했다. 그를 지지하는 어떤 비평가가 말했듯이

> 빌 게이츠의 비전에 따르면 민간기업에게 혁신적 사고를 가진 직원이 마음대로 개도국 문제 해결에 매진할 수 있도록 구조를 다소 수정할 것을 권고해야 한다. 그것은 징벌이라기보다는 열성적 자선이다 …… 기업이나 개인들이 개도국에서 이러한 행동으로부터 궁극적인 이익을 얻을지 모르나 보상의 형태는 주로 인정과 즐거움이다.[58]

개인(미시) 차원에서 그러한 주장은 호소력이 있으며, 심지어 낭만적이기까지

하다. 그러나 사회(거시) 차원에서 그것은 금방 붕괴되고 만다. 시장은 불완전하지만 여전히 제한적 자원배분을 위해 사회가 갖는 최선의 수단이다. 한 비평가가 말했듯이

> "창조적 자본주의"에 반대하는 주장의 주요 논지는 진정한 자본주의가 훨씬 효과적이며 사회에 봉사하는 데서 이익이 발생한다는 것이다. 이익이 클수록 기업이 더 나은 과업을 수행했다고 말할 수 있다. 이익 극대화는 그 자체로 가치 있는 목적이다.[59]

보다 직설적으로 말하면 이해관계자 관점으로 중장기 가치창출에 초점을 두고 기업 전반에 걸쳐 실행된 전략적 CSR은 성과를 최적화한다.

> 그것은 확실하다. 존경하는 빌 게이츠가 선택한 바와 같이 자본주의 하에서 부자가 된 사람들로 하여금 가난한 사람들을 위한 선을 베풀게 만들자. 그러나 시장 유인과 기분 좋은 인정의 새 시대적 결합이 빈곤을 끝내지는 않을 것이다. 역사는 이익 동기에 기초한 자본주의가 가난한 사람들에게는 여전히 최선의 희망이라는 것을 보여 왔다.[60]

그와 비슷한 비판이 2006년 노벨평화상 수상자인 무하마드 유누스에 대해서도 제기될 수 있는데, 그의 "사회적 비즈니스" 개념은 빌 게이츠의 아이디어와 유사하다.[61] 현실적으로 그 두 사람이 표현하고 있는 것은 사회적 기업가정신의 한 형태인데 그것은 기업이 이익 추구를 대신하여 이타주의에 이르는 방법을 찾을 것을 요구하고 있다.

> 민간기업이지만 이익창출을 목표로 하지 않는 기업으로 구성된 새로운 경제 부문이다. 그것은 전통적 기업이 수익성이 없다고 생각하는 분야인 가

난한 사람을 위한 헬스케어, 영양, 주택 공급과 위생 등과 관련된 제품과 서비스에 초점을 맞춘다. 그것은 투자자들이 사회적 효익이라는 형태로 수익을 돌려받는다면 제로 수익률로도 행복해한다는 견해에 근거를 두고 있다.[62]

그러한 비즈니스 모델이 시장에 받아들여지는 정도는 제한적이다—일부 소비자들이 가격 프리미엄을 지불할 의사가 있을지 모르나 그와 같은 가치인식이 시장 전반에 걸쳐 발생한다고 가정해서는 안 된다는 것을 보여주는 강한 증거가 있다. 그러나 만약 그것이 사실이라 하더라도 다른 사람들이 말했듯이

> 시장시스템과 주류 경제학이 이기적 탐욕을 찬양한다고 비난하는 것은 아담 스미스의 보이지 않는 손에 대한 일반적 오해이다. 보이지 않은 손은 개인의 이기심이 아니라 개인의 선택에 특전을 부여하는 것이다. 만약 소비자가 사회적 가치를 가진 제품 구매를 선택하거나 또는 사회에 해를 끼치는 제품 구매를 거부한다 해도 자본주의 체제에서 그것을 금지하는 것은 아무것도 없다.[63]

우리가 알고 있는 경제 이론과 반대되는 철학을 지지하면서 유누스는 자신에게 노벨상을 안겨준 건전한 비즈니스 모델에 등을 돌리고 있다. 그라민뱅크가 효과적인 이유는 전통적인 금융 모델로는 충분히 서비스를 받지 못하고 주류 금융기관에 의해 무시되었던 소비자에게 시장을 확대하였기 때문이다. 그에게 필요한 것은 특정 시장 부문의 요구에 맞게 제품을 재단하는 것뿐이었다. 그러나 미소금융 비즈니스에 기초를 둔 사회적 비즈니스 모델의 단점은 낯선 사람의 친절에 의존하고 있다는 것이다.[64]

가치공유가 아니다

전략적 CSR은 또한 가치공유에 관한 것이 아니다—그것은 가치창출에 관한

것이다. "창조적 자본주의"와 "사회적 비즈니스'의 사고는 "공유가치"의 아이디어가 만든 것과 비슷한 신념과 논리의 분출을 제시하고 있다. 빌 게이츠와 유누스처럼 마이클 포터와 마크 크레이머가 그들의 아이디어로 엄청난 홍보효과를 누려왔는데, 그 아이디어는 "단순히 이익 그 자체가 아니라 공유가치를 창출함으로써" 기업의 목적을 재창조하기 위해 수년에 걸쳐 경제적 이론과 실무를 뒤집으려고 시도하였다.[65]

표면적으로 포터의 공유가치와 전략적 CSR은 유사한 행위를 초래하는 것처럼 보인다. 그러나 동기부여의 유인이 서로 다르며, 더욱 중요한 것은 그 모험적 시도의 궁극적 성패가 서로 다른 결과로 이어진다는 점이다. 그 차이는 기업의 초점과 현안 이슈와 핵심 운영의 적합성으로 귀결된다. 예를 들면 스타벅스는 과테말라의 농부가 자신의 사업이 실패하면(비운영목표) 가족 부양과 복지가 불확실해진다는 것을 인식하고 있다는 이유로 음지재배(Shade-grown) 커피 농부들과 파트너십을 맺어서는 안 된다. 그보다는 스타벅스는 고품질 원두의 안정적 공급을 확보할 필요가 있고 그렇게 할 수 있는 농부들을 지속가능한 방법으로 지원하는 것이 공급 확보를 위한 최선의 방법(운영목표)이기 때문에 파트너십을 맺어야 한다. 달리 말하면 스타벅스는 자선적 요구 충족을 추구하기 때문이 아니라 농부들이 비즈니스에 본질적 요소인 원재료를 생산하기 때문에 핵심 공급업자와 안정적이고 장기적인 파트너십을 맺어야 한다. 이것이 스타벅스가 원재료를 무자비하게 착취하는 대신 지속가능한 방법으로 보호할 유인을 제공한다. 만약 그 과테말라 농부들이 수요가 있는 제품을 생산하지 않는다면(즉, 만약 비즈니스 논리에 의한 관계가 없다면) 스타벅스가 관여해야 할 이유가 없다.

궁극적으로 비록 영리기업이 첫 번째 관점(배려하는 자본주의)으로 도움을 줄 수는 있지만 두 번째 관점(시장자본주의)에 영리기업은 훨씬 더 잘 맞춰져 있다. 정부와 비영리 부문은 시장이 무시하거나 또는 해결할 수 없는 그러한 문제들에 초점을 맞추는 것이 이상적이다. 반대로 포터와 크레이머는 자선적 목표를 운영목표와 동등하게 고려해야 한다고 주장한다. 기업이 두 가지 종류의 문제를 모두 해결하기 위해 전문성을 활용해야 한다. 달리 말하면 영리기업의 특성을 다소 벗어나서 보다 더 정부기관 또는 비영리 조직과 같아져야 한다고 그들은 주장한다.[66] 좋은 의도이기는 하지만 그것은 "어떻게 자본주의 문제를 해결할 것인가"에 대한 효과적 계획이 아니라 우리 사회에서 이익이 의미하는 바와 영리기업의 목적(그리고 그 최적의 목적 달성에 있어서의 전략적 CSR 관점의 역할)에 대한 오해이다. 자본주의 재창조의 이러한 시도에 대한 다른 비판가들이 제안한 바와 같이[67]

> 로자베스 칸터(Rosabeth Kanta)는 [그녀의 책 『수퍼콥』에서] "자원을 끌어들여 기업을 지속시키는 경제적 논리가 아닌 다른 사회적 약속"을 하는 기업의 위험에 대해 경고하였다. 보다 많은 기업들이 보다 넓은 사회적 가치를 지향하는 전략으로 상업적 혜택을 거둔다는 사실을 배우고 있다. 그러나 옳은 방향으로 자본주의를 다독거리는 기본적 작업은 이전부터 항상 있어 왔다. 사회의 요구를 기업의 이익 기회로 활용하는 방법을 찾고 그 양자가 함께하기를 희망하는 것이다.[68]

비즈니스에서 넓은 의미로 가치창출 사고가 중요하다는 것은 분명하지만 주로 이타주의 동기에서 문제 해결을 위해 모든 기업이 존재해야 한다는 주장은 순진한 것이다. 비즈니스는 시장의 힘에 의해 사회 문제에 대한 해법을 찾는 과정이다. 그 문제에 대한 해법으로 기업은 폭넓은 이해관계자들의 이익을 고려하고 중장기적으로 시장의 요구 충족을 위해 희소하고 가치 있는 자원을 결합함으로써 넓게 정의된 가치를 최적화하는 것이다. 기업들이 비운영목표의 충족을 위해 (특히 때로는 경계에 있는 이해관계자를 위한 가치 창조라면) 자신의 전문성을 사용하는 경우가 있으나 이것이 주관심사가 되어서는 안 된다.

따라서 조직 전반에 걸쳐(전략적 의사결정과 운영의 모든 측면을 포괄하여) 전략적 CSR을 완전히 통합한 기업과 전략적 CSR을 무시하는 기업의 차이는 자선활동에 기부를 하는지 여부가 아니라 기업이 비즈니스의 핵심 측면을 운영하는 방법에 있다. 보다 사회적으로 책임 있는 방법으로 공급업체를 대하고 종업원에게 급여를 지급하고 법규를 준수할 수도 있지만 이러한 모든 일들을 보다 덜 사회적으로 책임 있는 방법으로 수행할 수도 있다. 일상 운영을 책임 있고 지속가능한 방법으로 추구함으로써 기업들은 자선행위가 달성할 수 있는 어떠한 화폐금액보다 더 많은 가치를 창출해 내고 있다.

전략적 CSR은 비즈니스이다

앞에서의 토론을 내부화하면 CSR이 선택 사항이 아니라는 것을 알게 된다. 그것은 CSR이나 또는 최소한 전략적 CSR이 자선에 관한 것이 아니라 보다 더 브랜드 보험에 가깝고[69] "배려하는 자본주의"나 "가치공유"에 관한 것이 아니기 때문이다. 전략적 CSR은 비즈니스에 관한 것이다—시장에 기초하여 문제를 해결하기 위해 기업의 전문분야에 초점을 맞춤으로써 중장기적인 이익을 추구하면서 넓게 정의된 이해관계자 가치를 창출하는 것이다.

전략적 CSR은 그 규모와 범위가 핵심 운영과 일상적 의사결정 내에 철저하게 내재되어 있기 때문에 기업이 선택할 수 있는 것이 아니다. 그것은 비즈니스를 수행하는 방법이다. 종업원 고용, 공급업자 관리, 규제기관 대응, 제품 판매 등 일상적으로 행하는 수백 가지의 일에 예외 없이 전략적 CSR이 관여하고 있다. 이러한 모든 비즈니스 의사결정은 경제적, 사회적, 도덕적 그리고 윤리적 차원을 갖고 있다. 따라서 전략적 CSR을 무시하거나 그 중요성을 폄하하면 안 된다—그것은 기업이 하는 일 그 자체이다. 단지 어떤 기업이 다른 기업보다 더 잘하거나 더 계획적으로 할 뿐이다. 항상 주의를 게을리하지 않고 정보를 많이 가진 이해관계자가 기업으로 하여금 자신들의 가치와 우선순위에 주의를 기울이게 함으로써 성과측정(기업이 전략적 CSR을 더 잘하는 정도)이 시장에서의 성공에 대한 확실한 예측치가 되도록 만든다.

전략적 CSR의 본질을 정립하기 위한 이러한 논의는 주류 CSR 논의 및 정의(또는 지속가능성과 기업윤리와 관련된 이슈)와 구분된다. 이러한 차이는 〈그림 10-2〉에 요약되어 있다.

	CSR	전략적 CSR
기업	문제	해답
이익 동기	가치 파괴	가치 창조
기능	자선	핵심 운영
책임의 정의	하향식, 객관적	상향식, 주관적
행동의 동기	의무(강제)	자발적(자기이익 추구)

그림 10-2 CSR과 전략적 CSR의 차이

주류 CSR 토론에서 보통 영리기업은 문제이다. 그러나 전략적 CSR에서는 그것이 해결책이다. 비록 기업이 장기간 해를 끼쳐 왔지만 사회 진보를 추진해 왔으며, 현재 우리의 생활수준을 가능하게 하는 데 주로 기여했다. 이것을 이해하는 데 본질적인 것은 기업들은 단순히 집합적 이해관계자의 가치를 반영한다는 인식이다. 애플, 맥도날드, 월마트와 아마존은 지각이 있는 존재가 아니다. 그들은 스스로 생각할 수 없다. 맥도날드가 뭔가 잘못된 일을 하면 그 회사의 이해관계자를 비난해야 한다. 마찬가지로 맥도날드가 옳은 일을 하면 그것은 이해관계자가 그렇게 할 수 있도록 해주었기 때문이다. 맥도날드와 다른 어떤 기업이라도 이해관계자의 요구와 관심사를 충족시킴으로써 지속적으로 생존할 수 있다. 그 때문에 이익 동기가 주류 CSR 토론에서는 낯설어 보이지만 전략적 CSR(가치 창조를 나타내는)에서는 핵심이다. 마찬가지로 주류 CSR은 자선과 같은 주변적 활동에 초점을 맞추는 반면 전략적 CSR은 기업의 모든 활동인 핵심 운영에 초점을 둔다. 주류 CSR은 객관적 활동 (사전에 정해진) 측면에서 가치를 인식하는 반면 전략적 CSR은 옳고 그름이 사회(모든 이해관계자)에 의해 끊임없이 재정의된다고 이해한다. 마지막으로 주류 CSR이 소수가 이상적이라고 보는 것을 강제로 부과해야 한다고 주장하는 반면 전략적 CSR은 특정 시점에 사회가 원하는 것이면 무엇이든지 이상적인 것으로 이해한다. 이러한 차이는 수사적이거나 미묘한 것이 아니며, 지나치게 복잡한(그리고 대체로 비효과적인) 주류 CSR에서 기업, 경제 및 사회에 대한 독특하면서 근본적으로 다른 체계로 전략적 CSR을 구분하도록 만든다. 이러한 기본적 차이의 범위는 〈그림 10-3〉에 명백하게 나타난다.

기업들은 이해관계자들이 이해하는 바대로 가치를 정의하고 나아가 그 가치를 제공하기 위해 노력해야 한다. 달리 말하면 이해관계자들이 중요하다고 생각하는 것이면 무엇이든 주의를 기울여야 한다. 그렇다면 중요하다는 것을 어떻게 측정할 것인가? 전략적 CSR은 이해관계자가 기꺼이 기업에 책임을 지우는 것(자신들이 좋아하는 기업에 보상을 주고 그렇지 않은 기업에 불이익을 주는)이면 모두 중

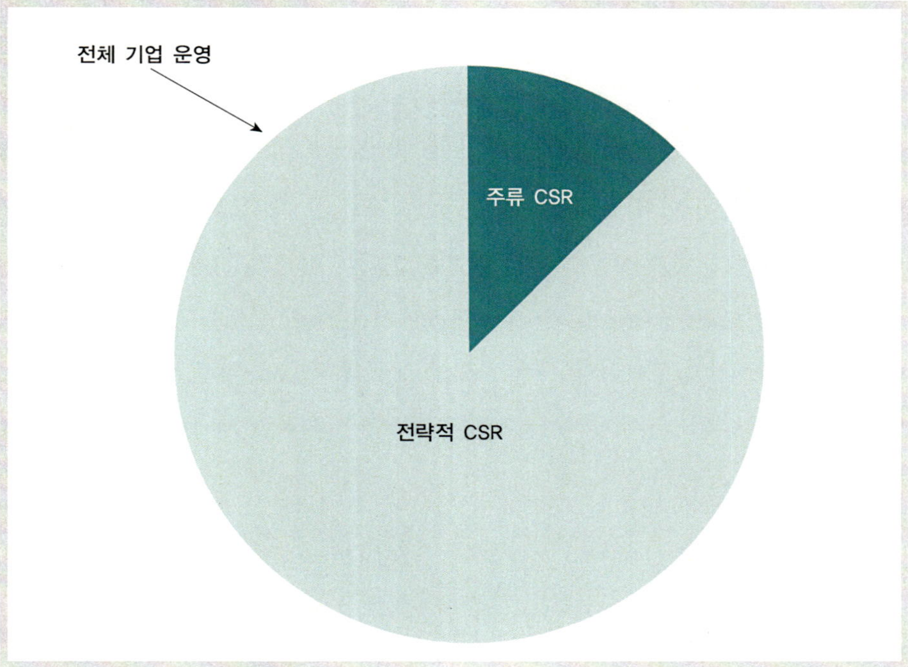

그림 10-3 주류 CSR과 전략적 CSR

요한 것이라 주장한다. 따라서 사회적 불평등이 기업의 책임이라고 사회가 생각한다면 기업은 그것에 책임을 기울여야 한다. 그러나 만약 이해관계자 중 아무도 이 주제에 관심이 없다면(즉, 기업에 대해 책임을 묻지 않는다면) 기업이 그 이슈 해결을 위해 중요한 자원을 투자한다는 것은 (그리고 그 결과 파산하게 된다면) 어리석은 일이 될 것이다. 사회가 특정 이슈에 대한 생각이 변화할(즉, 이해관계자가 가치를 부여하지 않다가 갑자기 가치를 부여할) 때 기업 입장에서 위험이 발생한다. 그러한 경우에 이전에 그 이슈를 무시했던 기업들은 가치, 정책 그리고 실무가 자신이 기반을 두고 있는 사회와 불일치하게 되는 함정에 빠지게 된다. 효과적 경영자들은 사회적 가치의 변화를 사전에 미리 예측하고 "옳은 쪽에" 서야 한다. 이상적으로 관심 있는 여러 가지 이슈들에 관해 끊임없이 진화하는 이해관계자보다 항상 조금 앞서서 의사결정과 입장을 가이드하는 강한 가치기반 문화를 미리 구축해 놓아야 한다.

기업이 생존과 번영을 위해 복잡한 이해관계자 네트워크에 내재되어 있는 관계를 효과적으로 관리할 필요가 있다는 것을 이해한다면 전략계획과 일상 운영이 복잡한 상충관계와 우선순위 설정을 관리하는 가장 효과적인 수단이 된다. 기업들이 이러한 관계의 관리에 유능할 수도, 무능할 수도 있으며 그들은 핵심 이해관계자들을 구분함에 있어 협의로(주주만) 또는 광의로(넓은 범위의 구성원) 선을 긋는다. 그러나 어떤 경우이든 전략적 CSR은 선택이 아니라 21세기 비즈니스에서 수행되어야 하는 필수적인 방법이다. 본서에서 상세히 설명한 원칙을 이해하고 적용하는 것은 기업의 보다 효과적인 전략 실행에 도움이 되고 경영자들이 모든 이해관계자를 위한 가치 창조를 통하여 지속가능한 조직을 보다 효과적으로 구축하는 데 도움을 준다.

전략적 CSR 논쟁

발제 제안 : 소비자는 CSR 가격 프리미엄을 지불할 의사가 있어야 한다.

토론과 검토를 위한 질문

1. 전략적 CSR을 나름의 용어를 사용하여 정의하라. 기업 활동이 전략적 CSR 관점의 실행인지를 알 수 있게 하는 징후는 무엇인가?
2. 전략적 CSR 정의에서 5가지 핵심 구성요소는 무엇인가? 이 중에서 경영자들에게 가장 큰 저항이나 어려움을 주는 것이 무엇이라고 생각하는가?
3. 주주는 투자자인가 또는 투기꾼인가? 또는 둘 다인가? 이 질문에 대한 대답이 주식시장에 대한 당신의 생각에 영향을 미치는가?
4. 전략적 CSR이 기업에게 왜 선택 사항이 아닌가?
5. 본 장에서 정의한 전략적 CSR을 현재 실행하고 있다고 생각하는 기업이 있는가? 있다면 그 기업이 다른 기업과 다른 점이 무엇인가? 아니라면 가장 가까운 기업은 무엇인가? 전략적 CSR의 완전한 실행을 위해 필요한 일은 무엇인가?

사례연구

[V]

공급망

비즈니스는 많은 국가와 문화로 이루어진 시장과 함께 점점 더 글로벌화하고 있다. 그것이 "16만 개 기업으로부터 제품과 서비스를 공급받는 가장 큰 공급망을 갖고 있다고 알려진" 유니레버와 같은 다국적 기업의 현실적인 복잡성을 보여주고 있다.[1] 그 결과 중 하나로 기업들이 생산기지를 점점 더 외국으로 재배치하는 경우가 있는데 이는 국내 일자리가 그들 국가로 옮겨간다는 것을 의미한다.

긍정적 측면은 글로벌화로 인해 최적의 비즈니스가 가능한 지역에서 기업 운영이 가능해진다는 것이다. 이러한 의사결정이 유통 물류(시장 접근성)나 단순한 효율(낮은 원가와 더 적은 규제) 측면에서 정당화될 수 있다. 이러한 결정 요인의 조합이 도요타 씨에나 자동차 부품의 90% 이상을 미국과 캐나다에서 조달하여 인디아나주에서 자동차를 조립하는 반면, 포드 무스탕을 주로 미국 외에서 제조된 부품을 사용하여 조립하는 특이한 상황을 만들어낼 수 있다.[2] 운송기술의 진보가 오늘날 "철광석 1톤을 단돈 10달러에 지구의 반 바퀴를 실어 나를 정도로" 효율적 외주조달을 가능하게 했다. "50달러짜리 위스키 한 병의 운송원가는 15센트이다."[3] 공급망이 길어질수록 상황이 더욱더 복잡해지며, "홍콩에서 미국으로 수입된 셔츠가 10개 국가나 되는 나라 노동자의 작업을 포함"하는 상황까지 이르게 된다.[4] 그 결과 "미국산" 또는 "중국산"과 같은 용어들이 사라지고 있다. 적절한 용어는 ……"세계산"이다. 점점 더 많은 제품들이 모든 국가에서 설계되고 판매되고 있다.[5]

점점 더 복잡해지는 글로벌 공급망의 부정적 측면은 생산 구성요소 중 가장 이동성이 적은 국내 종업원들에게 가장 극적으로 나타난다. 중국과 동남아에 보다 많은 블루컬러 공장이 생기고 인도에 보다 많은 화이트컬러 콜센터와 소프트웨어 일자리가 생긴 결과로 서구의 많은 노동자들이 글로벌화를 피부로 경험하고 있다. 구체적으로 "2000년 이후 미국에서 총 노동자 수의 30%인 약 500만 개의 제조업 일자리가 사라졌다. 미국 제조업은 밝은 미래를 가지고 있다. 다만 수백만 개의 새로운 일자리를 창출할 미래로 보이지는 않는다."[6] 그러나 서구의 종업원들만 글로벌 공급망의 부정적 측면을 경험하는 것은 아니다. 해외 노동착취 공장에서의 열악한 근로환경과 인권 남용에 대한 보고서가 언론에 자주 등장한다.[7] 그리고 가장 최악의 남용은 자신을 방어할 능력이 가장 적은 사람들에게 특히 많이 나타난다. "국제노동기구의 추정에 의하면 5세에서 14세까지 어린이 중 1억 2,200만 명이 아시아 태평양 지역에서 경제활동을 하고 있으며, 그중 4,400만 명을 차지하는 인도가 세계에서 가장 큰 아동 노동력을 제공하고 있다."[8]

해외 생산의 옹호자들이 개도국에서 일자리를 제공함으로써 노동자에게 가치를 제공한다고 말하고 있지만, 궁극적으로 이러한 종업원들이 혜택을 누릴 것인지(일자리 창출로)[9] 또는 고통을 당할 것인지(강제노동을 하는 작업환경 때문에)는 명확하지 않다.[10] 글로벌 경제시스템에서 이러한 변화는 비교적 짧은 기간에 극적인 효과를 가져왔다. 예를 들면 미국은 이제 "소비자가 구매하는 의류의 3%만을 국내에서 만들고 있으며 그것은 1990년의 약 50%에 비하면 크게감소한 수치이다."[11] 이러한 일자리의 일부는 기술진보의 결과인 자동화 때문에 어차피 없어질 것이었는지 모르지만 생산기지의 해외 이전 또한 변화의 중요한 동인이 되어 왔다.[12]

CSR 관점으로 볼 때 이러한 급격한 변화가 기업에 어떤 영향을 미쳐왔는가? 다른 가치와 규범을 가진 해외 환경에서 기업 운영으로 인하여 기업이 문화적 갈등에 얼마나 취약해졌는가?[13] 공급망 전반에 걸쳐 CSR 실행을 추구하는 기업에게 아웃소싱이 어떤 영향을 미쳤는가? "윤리적 구매로부터 최종 제품의 적절한 폐기에 이르기까지"[14] 윤리적 공급망 관리가 기업에게 어떤 자산이 되며, 긍정적인 사회 변화의 동력이 될 수 있는가?[15] 마찬가지로 국내 시장에 기반을 둔 기업의 이해관계자가 뉴스를 보고 현지의 문화가 아니라 국내 가치와 기대에 근거해 판단하는 경우, 비윤리적 공급망과 관련해 이해관계자가 어떻게 기업에게 손상을 줄 수 있을까?[16] 많은 국가에서 제품을 공급받지만 모든 이해관계자들을 만족시켜야 하는 다국적 기업이 공급망 전반에 걸쳐 CSR을 통합하는 것은 특히 도전적인 일이다.

윤리적 공급망

비록 전략적 CSR은 한편으로 단순히 기업의 효율적 운영과 원가 절감을 가능하게 해주는 훌륭한 관리 수단이지만 다른 측면에서 보면 최소한 단기적으로는 원가를 발생시킨다. 사회적으로 책임 있는 방법으로 운영한다는 것은 윤리적 운영(이해관계자들이 정의한 바대로)을 의미하지만 그것이 항상 쉽거나 저렴한 선택은 아니다. 불행하게도 소비자들은 윤리적이고 사회적 책임을 지는 기업으로부터 구매하기를 원한다고 말하는 경우가 종종 있지만[17] 그들이 가격 프리미엄을 지불할 의사가 있는지 항상 명확한 것은 아니다. 이러한 불확실성이 자연적으로 기업의 윤리적 공급망 운영에 대한 관심에 영향을 미친다. 현실적으로 기업이 시장에서 결정된 가격이 아니라 공정한 가격으로 공급업체로부터 제품을 확보한다면 기업에 가치를 주는 일인가?

공정무역

공정무역 운동은 "다양한 상품을 생산하는 소규모 농가를 협동농장으로 조직하여 보장된 최저가격을 지불하도록 구매자에게 압력을 가함으로써 농가소득을 향상시키기 위한 방법의 일환으로 1980년대 후반 네덜란드에서" 시작되었다.[18]

공정무역은 개도국 농부와 노동자들을 위한 보다 높은 가격, 쾌적한 근로조건, 지역의 지속가능성, 무역의 공정성에 관한 것이다. 기업에게 지속가능한 가격을 지불하도록 요구함으로써 공정무역은 극빈층과 가장 힘없는 생산자들을 차별해오던 전통적 무역의 불공정 문제를 제기한다.[19]

공정무역은 가격보장을 통하여 소규모 농가들이 광범위한 원재료를 포괄하는 글로벌 상품 무역의 특징인 불안정성을 극복하도록 도와준다. 그 한 가지 예로 커피는 공정무역 라벨 인증을 받은 최초의 소비자 제품이었다.[20] 그 결과 오늘날 "10개 차(tea) 브랜드 중 9개 그리고 13개 커피 브랜드 중 7개가 윤리인증을 받았다."[21] 전체적으로 공정무역국제연합(Fairtrade International)은 현재 "75개국에서 1,599개 제조업체에"[22] 인증을 주었다고 보고하고 있다.

> 이를 대표하고 있는 기관이 영국의 비영리기관이면서 자선단체로 등록되어 있는 공정무역재단이다. 그것은 또한 유럽, 일본, 북미, 멕시코 그리고 호주/뉴질랜드에 걸쳐 20개 기관으로 구성되어 있다. 가장 중요한 것은 그것이 아시아, 아프리카, 라틴아메리카 및 카라비아해의 3개 생산자조직 네트워크를 포함하며 천 6백만 명의 농부와 노동자를 대표하고 있다는 것이다 …… 공정무역국제연합이라 불리는 글로벌 조직은 이 3가지 조직들을 통괄, 글로벌 기준 수립과 적절한 준수를 포함하여 전 세계의 공정무역을 감시한다.[23]

공정무역의 기본적 의도는 개도국 노동자들의 생활수준 향상이지만 추가적인 목표는 "선진국 소비자들이 공급망의 한쪽 끝에 있는 사람들에 대해 보다 높은 의식을 갖도록" 교육시키는 것이다.[24] 이러한 교육이 공정무역 제품과 "일반적" 제품 간의 가격 차이를 설명하고 공정무역 기업이 소비자들에게 부가가치를 전달해주는 데 필수적 역할을 한다. 시장 판매액을 보면 "공정무역에 가격 프리미엄을 지불함으로써 나무를 심고 수확하고 포장하는 농부들이 높은 임금을 받게 된다는 것을 안다면 커피, 바나나 그리고 초콜릿과 같은 상품들에 시장가치 이상의 가격"을 지불할 의사를 가진 소비자가 있다는 것이 명백하다.[25] 그 결과 공정무역 제품의 글로벌 시장은 빠르게 확장되고 있다.

공정무역 제품의 글로벌 판매액은 2017년 8% 증가하여 거의 92억 달러에 이르렀으며, 농부와 노동자 조직에 1억 9,300만 달러 이상의 공정무역 프리미엄을 제공하였다. 미국은 이제 영국과 독일에 이어 3번째 큰 공정무역 시장이다. 미국에서 공정무역 제품의 소매판매는 10억 달러를 기록하였다. 2017년 75개국 160만 명 이상의 농부와 노동자가 공정무역과 관련해 일하고 있다. 전 세계 150개국에서 3만 개 이상의 제품이 공정무역 인증을 받았다. 미국에서 핵심 공정무역 제품이 현저하게 증가하였다. 코코아는 33% 증가하였다. 바나나와 아보카도는 각각 51%와 58% 성장을 기록하였다. 공정무역 커피농가는 24.5% 판매 증가로부터 혜택을 받았다.[26]

따라서 공정무역은 시장의 힘에 의해 추진되는, 광범위한 제품을 다루는 큰 비즈니스가 되었다. 1994년 공정무역이 도입된 이후 영국에서만 해도 그 산업은 "차, 커피, 코코아, 초콜릿, 바나나, 설탕, 면, 금, 화훼, 와인, 화장품을 포함하여 4,500개 이상의 공정무역 제품"으로 확장되었다.[27] 공정무역국제연합은 현재 "세계적으로 3만 개의 공정무역 제품이 있다"[28]고 주장한다. 〈그림 V-1〉은 2017년 최소한 1억 유로 이상의 판매를 기록한 공정무역 제품 데이터를 제시하고 있다.

공정무역 시장이 빠른 속도로 성장했음에도 불구하고 그것이 호소력을 갖는 시장 부문은 제한적이라는 것을 기억해야 한다. 일반적으로 "녹색 제품과 윤리적으로 생산된 제품의 구매 수준은 물질적 풍요 수준에 연계되어 있다. 〈그림 V-1〉이 제시하는 바와 같이 (대부분 공정무역 제품이 판매되는 곳은 선진국이다) 다수의 소비자들이 구매 의사결정을 할 때 가격이 핵심 요소가 되며, 이는 윤리적 고려를 앞선다."[29] 또한 제한적인 소비자 지지 외에도 공정무역에 대한 4가지 주요 비판이 있다. 첫째는 가격 매커니즘으로 공정무역이 경제적으로 지속가능하지 않은 제품의 과잉생산을 장려함으로써 시장을 왜곡한다는 것이다. 그러나

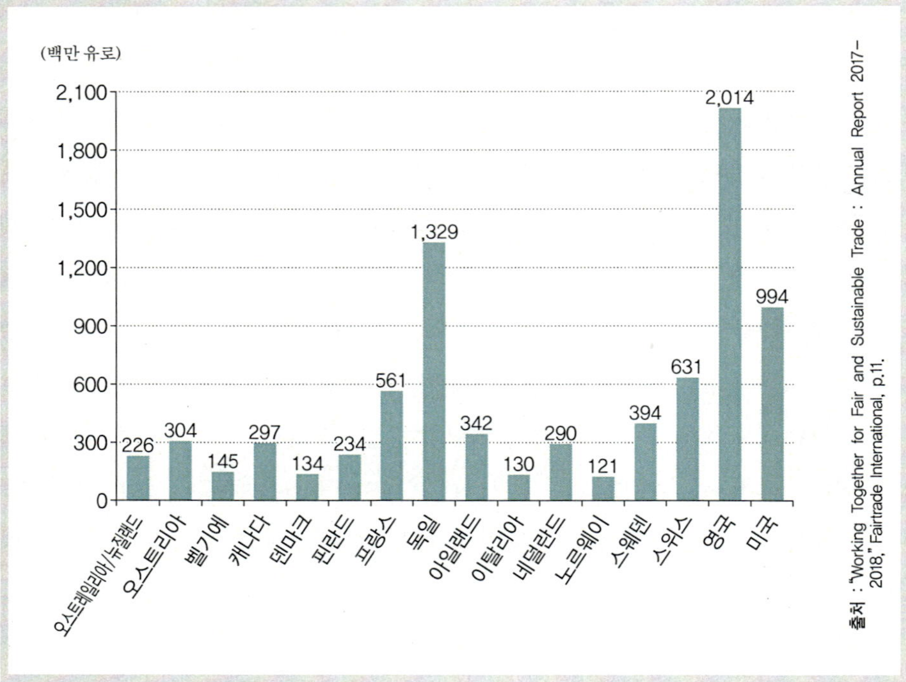

그림 V-1 국가별 공정무역 소매 판매액(2017)

이러한 주장은 그 제품을 구매하는 소비자들이 기꺼이 그 선택을 하고 있다는 사실을 무시한다.

> 공정무역 초콜릿 구매가 핸드백 시장에서의 루이비통 제품 구매보다 시장을 왜곡하지는 않는다. 두 경우 모두 구매자는 신호를 보내고 있다. 그들은 고급 라벨의 핸드백에 더 많은 돈을 쓰는 것과 마찬가지로 코코아 생산자들의 보다 나은 삶을 위해 커피에 더 많은 돈을 쓸 준비가 되어 있다.[30]

우리 시장경제 내에 많은 왜곡이 존재하고 있는데, 정부지원 산업에 대한 정부의 할당량과 경쟁국가에 대한 관세가 그 대표 사례이다. 그와 같이 공정무역에 반대하는 경제학자들의 궁극적 주장은 사실 자유무역을 옹호하는 것이다. 많은 공정무역 지지자들은 자유무역을 선호하는 사람들인데, 그들은 공정무역 대상 제품의 인위적 지정보다는 자유무역이 전 세계 농부들을 위하여 보다 광범위하고, 빠르고, 오래 지속되는 영향을 가질 것이라 믿고 있다.

공정무역에 대한 두 번째 비판은 이를 인증하는 과정과 관련이 있는데 무엇이 공정한 것인지 그리고 이 인증을 주는 과정과 소비자 홍보과정을 누가 결정할 것인가에 관한 것이다. 특별히 문제가 되는 것은 소비자들이 판독해야 하는 경쟁조직의 제품라벨이 너무 많다는 것이다.

> 영국에만 600개가 넘는 라벨이 있다. 이것이 공정무역의 정의를 애매하게 만든다. 그보다 더 나쁜 것은 공정무역이 많은 생산자들을 빈곤에서 구해냈다는 증거가 거의 없다는 것이다. 인증받은 대부분의 조직이 주로 단일 작물의 수출에 의존하는 가난한 나라가 아니라 멕시코와 남아공과 같은 보다 부유하고 다양화된 개도국으로부터 오는 경향이 있기 때문만은 아니다. 그리고 공정무역 제조업 부문이 잠재적으로 훨씬 더 많은 국가를 도와줄 수 있음에도 왜 농산물에만 초점을 맞추는가?[31]

이와 관련해서 공정무역에 대한 세 번째 비판은 공정무역 제품이 소비자들의 직관을 충족시키며 "구매자 자신과 제품에 대해 기분 좋게" 만들어주기 때문에[32] 실제 모습보다 더 사회적으로 책임 있는 기업으로 보이고 싶은 기업들에 의해 남용될 소지가 있다. 수퍼마켓과 다른 소매점들이 원재료 생산 농부들에게 이익의 작은 부분만 넘겨주면서 추가적 수익을 올리기 위해 공정무역을 사용한다는 비난이 있다.[33] 이러한 주장에는 일면 타당성이 있는데 연구에 의하면 "보통 평균적인 공정무역 제품의 가격 프리미엄 중 10% 내지 25%"가 그 제품을 생산한 농부에게 주어지는데[34] 그 금액이 너무 작아서 "공정무역으로 거래된 100g짜리 초콜릿바의 평균 원가인 3.1달러 중 약 9센트만이 아프리카나 가난한 나라로 간다."[35] 그러한 주장에 대응하여 "공정무역 폭리를 취하는 사람들"[36]이란 비난을 면하려는 기업들은 공정무역 제품의 가격이 높은 원인 중 하나가 공정무역 공급망의 초기 구축 비용이라고 주장한다. 공평무역(equitrade)의 아이디어도 "대부분 이익이 창출되는 단계인 가공운영이 가난한 나라에서 수행되도록 함으로써"[37] 윤리적 소매업의 경제적 혜택을 보다 공평하게 분배하는 방법으로 부각되어 왔다.

마지막으로 공정무역에 대한 네 번째 비판은 특정 명분을 지지하고 "식품 마일리지"[38]와 같은 이슈를 중요하게 생각하는 소비자들에게는 수천 마일 떨어져 있는 곳으로부터 조달하는 것보다 지역 제품을 구매하는 것이 종종 더 윤리적이고 지속가능하다는 것이다. 이 점이 사실이기도 하지만 최선의 선택은 우선순위 문제가 된다. 예를 들면 서구 사회에서 지역 농부를 지지하는 것이 아프리카의 가난한 농부에 대한 지지보다 더 많은 사회적 가치를 창출할 것인지 또는 반대인지는 개인적 판단의 문제이다.

이러한 비판에도 불구하고 보다 많은 기업들이 공정무역을 자선이 아니라 좋은 비즈니스로 보고 있으며, "공정무역 로고를 모든 뱃지 중 가장 사랑받는 것으로 보고 있다."[39] 소비자들 사이의 평판 향상을 넘어서서 공정무역은 공급업체와 장기적 관계 구축을 가능하게 하고 비즈니스의 핵심인 고품질 제품의 안정적 공급을 보장해준다. 허쉬는 2012년에 2020년까지 100% 공정무역 인증 코코아 구매를 결정하면서 농산물이 "노동, 환경 그리고 보다 나은 농사법에 관한 최상의 국제적으로 인증된 기준"에 따라 생산되도록 보장하였다.[40] 그러한 행동의 이점은 특정 기업뿐만 아니라 산업 전반에 걸쳐 다른 생산자와 소비자에게로 확산된다.

그러나 최근에 영국의 캐드베리가 코코아 조달에 공정무역 인증에 대한 의지를 포기하고 자체적 라벨 "코코아 라이프"로 대신하겠다고 결정한 것에 대한 논란이 있다. 그 회사의 결정은 공정무역이 최근에 성장하고 있음에도 불구하고 그에 대한 지지를 약화시킨다고 비난을 받았다. 그에 대응하여 캐드베리는 "그 변화로 인해 농부들은 잃을 것이 없으며, 사실 "캐드베리의 새로운 계획이 전사적으로 실시되며, 농업 공급망이 2022년까지 4억 달러의 투자를 받게 될 것이기"[41] 때문에 새 프로그램이 보다 지속가능한 공급망을 나타내고 있다고 말한다.

소비자 관점에서 캐드베리가 공급망에 대한 소유권을 쥐고 운영과 관련된 구체적 기준을 부과하는 것은 좋은 일이나 또 다른 윤리 · 환경적 기준이 어떻게 투명성을 높이고 보다 나은 소비 의사결정을 가능하게 할 것인지 알기 어렵다.[42] 영국의 씽크탱크 식품재단(Food Foundation)의 대표가 말했듯이 "만약 모든 기업이 자체적 마크를 가진다면 소비자들이 어떤 마크가 독립적으로 검증된 최선의 기준인지 결정하기가 지극히 어려울 것이다."[43] 이미 "네슬레와 배리 칼레보트(Barry Callebaut)는 각각 자체 계획인 코코아 플랜과 코코아 호라이즌을 가지고 있다."[44]

비윤리적 공급망

윤리적 공급망과 관련한 이점들이 있는 반면, 비윤리적 공급망은 공급 중단 또는 저품질 제품과 같은 위험을 제기한다. 만약 어떤 회사의 본국 이해관계자가 타국에 있는 파트너 회사의 비윤리적 운영을 인식하면 그 회사의 평판에 위협이 된다. 많은 경우에 이러한 인식은 문화적 차이에 의해 발생하는데 그것이 기업들에게 상반된 메시지로 이어질 수 있다. 예를 들면 "선진국 사람들은 노동착취 사업장을 가난한 사람들의 착취로 보고 이를 대체로 경멸하는 반면, 가난한 사람들은 오히려 노동착취 사업장을 기회로 보는 경향이 있다."[45] 개도국에서 많은 사람들이 직면한 대안과 비교할 때 다국적 기업의 공급업체인 공장 일자리는 개도국 주민들의 생활수준 향상을 위한 기회를 제공한다.

> 서양인들이 이러한 사실을 접하면 충격을 받을 수 있겠지만, 최빈국의 중요한 도전은 노동착취 공장이 너무 많은 사람들을 착취하는 것이 아니라, 충분히 착취하지 못한다는 것이다. [쓰레기 더미를 뒤지며 그곳에서 살고 있는] 가족들에게 얘기해 보라. 그러면 노동착취 공장의 일자리는 축복받은 꿈이며 가난에서 벗어날 신분 상승 수단이며, 모든 부모들이 자식을 위해 때로 꿈꾸는 희미하면서 아마도 비현실적인 야망과 같은 것이다.[46]

따라서 이러한 논의의 핵심 요소는 문화적 상대주의이다. 해외에서의 행동을 그 국가가 아니라 본국의 도덕적, 윤리적 그리고 종교적 기준으로 판단하는 것이 어느 정도 옳은 일인가? 특히 서구의 NGO들은 수용가능한 근로조건에 대한 서구식 생각에 근거해서 다국적 기업의 개도국 진출에 반대하는 캠페인을 벌이는 것으로 비난받고 있다.

> 악명 높게도 나이키는 서남아시아에서 운동화 공장을 운영하면서 지역 관행과 실무에 맞는 급여를 노동자에게 지불함으로써 노동착취 사업장을 운영한다는 비난을 받게 되었다 …… 비록 나이키가 지역 기준으로 보면 선행을 베풀었다고 항변하였지만 성난 미국 소비자들은 나이키가 미국 민간재단의 [기준]을 준수할 것을 기대한다는 것을 명백히 하였다.[47]

나이키 사례는 서구 기업들이 비도덕적 공급망 기업이라는 인식을 극복하기 위해 얼마나 오랜 기간이 걸렸는지 보여주는 교훈적 사례이다. 나이키는 오랫동안 해외공장에서 노동착취 사업장 근로조건으로 돈을 번다는 주장 – 그 공장이 나이키 소유이건 단순히 나이키를 대신해서 신발과 의류를 생산하는 계약 생산자인지에 상관없이 제기된 주장으로 고통받아 왔다.[48] 이러한 비난을 제기하는 사람들은 오늘날 우리가 많은 개도국에서 보는 근로조건이 150년 전 산업화된 국가(즉, 영국, 유럽과 미국)에서는 일상적인 일이었다는 것을 종종 잊어버린다. 예를 들면 "19세기 초 영국 면화 공장 노동자의 거의 절반은 어린이였다."[49] 그들은 "평균 …… 11.5세"부터 노동을 시작하였다."[50] 그리고 비록 법제화가 늦어져서 아동 노동이 허용된 측면도 있지만 "미국은 1938년에 이르러서야 비로소 아동노동을 불법화했다."[51]

물론 우리가 노동 남용을 무시해도 된다는 것은 아니다. 좋은 예로서 2015년에 영국 정부는 인권 남용 우려를 제기하고 공급망에 걸친 투명성을 제고하기 위해서 현대판 노예법(Modern Slavery Act)을 통과시켰다.[52] 그러나 보다 발전된 경제시스템을 위해 이러한 조건들이 필연적으로 거쳐야 할 단계인지 물어볼 필요가 있다. 비평가들은 본질적으로 오늘날 우리가 많은 것을 알고 있기 때문에 그 단계를 건너뛰어야 한다(그리고 우리가 그들을 의무적으로 도와야 한다)고 말하고 있다. 개도국들이 오늘날 선진국과 유사한 생활수준에 이르기까지 상대적으로 적은 시간이 걸릴 것이라는 것은 의심의 여지가 없지만 그 과정이 의지만큼 단순하지 않다. 많은 비효과적 해외 원조 사례가 저개발 국가가 급하게 현대식 제도를 구축할 때 직면하는 도전을 보여준다. 그와 같이 만약 개도국이 오늘날 삶의 수준 이상으로 진화하는 데 또다시 50년이 걸린다 해도 그것은 상대적으로 단기간의 놀라운 성취가 될 것이다. 그러나 강력한 관성의 법칙을 감안하더라도 오늘날 개혁을 요구하는 사람들을 그 주장으로 설득하기 어렵다.

> 2013년에 방글라데시에서 공업단지가 붕괴되었을 때 1,100명 이상의 사람이 매몰되었다. 희생자 중에는 [영국의 소매기업인] 프리마크를 위해 의류를 재단하는 노동자도 있었다. 그 기업은 희생자의 가족들에게 1,400만 달러를 지급하였다. 그 회사는 섬유공장에서 안전을 재고하기 위한 협정에 서명한 많은 기업들 중 하나이다. 그러나 슬프게도 대부분의 소비자들이 그 비극을 금방 잊어버렸다. 2014년에 …… 프리마크의 매출액은 20% 이상 급증하였다.[53]

오늘날 나이키는 공급망의 상하류에서 서로 경쟁하는 압력 간에 균형을 잡는 능력 측면에서 가장 진보적인 글로벌 기업 중 하나이다.[54] 기업의 과거 실수와 NGO의 공격의 결과로 나이키는 전 세계에서 운영 관련 남용 행위 근절을 추구하는 전략의 가치를 이해하고 있다. 책임 이슈에 대한 지속적인 브랜드 전환 프로그램과 투명성 제고("전 세계 거의 750개 공장의 글로벌 데이터베이스를 공개하여")[55]를 통하여 나이키는 "공급망 조건 향상을 위한 노력에서 기준을 만들어 나가는 기업으로 인식되고 있으며, 다른 기업들이 기업 책임에 관해 그 회사의 선례를 따를"[56] 정도로 인정받고 있다.

이러한 공급망 관리 접근방법이 계속해서 변화하는 이유는 기업과 연계된 모든 것을 외부 조달하는 전략의 가치가 지속적으로 재평가되고 있기 때문이다. 이는 부분적으로 외국에서의 인건비 상승에 기인하는데 중국의 예를 보면 평균 "공장 노동자의 평균 임금이 대략 만 달러이다 …… 대조적으로 캄보디아 의류업체 노동자의 최저임금은 그 금액의 약 1/5이다."[57] 그러나 동시에 또 다른 이유는 기업들이 보다 넓은 관점을 가지고 장기적으로 평판, 물류 및 시장 유연성에 대한 위협이라는 대가를 치르고서라도 단기적 원가절감에 초점을 맞추는 것이 말이 되는 일인지에 의문을 제기하고 있기 때문이다.[58] 기업들은 점점 더 공급망이 전략계획의 핵심이라는 것을 알고 있다.

애플

비록 아웃소싱의 가치를 재고하고 있는 기업들이 있지만 어떤 기업들에게 아웃소싱은 명백하게 비즈니스 가치가 있다. 이런 기업들 중 하나가 애플이며, 이런 제품 중 하나가 아이폰이다. 애플은 아주 복잡한 공급망을 가지고 있다.

> 애플의 아이폰은 역사상 가장 성공적인 소비자 제품 중 하나이며 동시에 가장 글로벌한 제품이다. 아이폰7의 카메라는 일본산, 메모리칩은 한국산, 전력관리칩은 영국산, 무선회로는 대만산, 사용자 인터페이스 프로세서는 네덜란드산 그리고 무선주파수 기기는 미국산이다.[59]

애플의 외주조달이 가능한 이유 중 하나는 오늘날 세계에서 최고의 전자 제품이 아시아(부품)에서 만들어지고 중국에서 조립되기 때문이다. 특히 다른 기업들보다 더 크고 더 잘 만드는 기업이 있다. 폭스콘(홍하이로도 알려진)은 "세계에서 가장 큰 규모의 계약 생산업체이며, …… 최고의 유연생산업체이다."[60] 이와 대조적으로 "전량의 아이폰을 미국에서 만든 부품으로 미국에서 만든다면 원가가 100

달러 더 들 것"[61]으로 추정된다. 그처럼 많은 다른 주요 소비자 가전 제품 회사와 함께 애플도 폭스콘 의존도가 높다. 폭스콘은 그처럼 애플의 아이폰과 아이패드의 많은 부분을 만들고 있다. 보고에 따르면 아이폰과 아이패드의 많은 부분과 함께(폭스콘 공장은 "하루에 13만 7천 개, 1분에 약 90개의 아이폰"을 찍어 내는 것으로 기록되고 있다)[63] "오늘날 전 세계에서 판매되는 소비자 전자제품의 절반 정도가 중국 센젠의 대형 [폭스콘] 공장에서 생산되고 있다."[62] 폭스콘은 이러한 제품들을 잘 만들 뿐만 아니라 지극히 효율적으로 만들 수 있다.

> 애플은 아이폰 스크린을 재설계하여 마지막 순간 조립 공정의 전반적 점검을 촉박하게 강요하였다. 새로운 스크린은 자정 무렵에 [중국] 공장에 도착하였다. 현장감독이 즉각적으로 공장 기숙사에 있는 8,000명의 노동자들을 깨우게 했다 …… 각 종업원에게 비스킷과 차 한 잔을 주고 작업장으로 불러 12시간 교대작업을 30분 이내에 시작하였다.[64]

이전에 나이키 사례에서처럼 폭스콘이 놀라울 만한 경제적 가치를 제공했음에도 언론은 애플의 아시아 공급망을 부정적으로 평가했다.[65] 특히 가장 큰 공급업체인 폭스콘 공장의 근로조건은 가장 많은 미디어의 관심을 끌었다.[66] 폭스콘 공장에서는 종업원의 파업[67], 폭동[68], 자살[69], 미성년자와 저임금 노동[70], 독성 피해[71]와 관련된 많은 종업원 관련 이슈들이 있었다. 이에 대응하여 팀 쿡이 이끄는 애플은 폭스콘 공장의 근로조건 개선을 통한 윤리적 공급망 약속으로 이해관계자 인식을 바꾸려는 조치를 취했다.[72] 첫째, 애플은 "원재료, 제조 및 구매 지출의 97%를 차지하는" 공장들의 노동조건에 대해 포괄적으로 평가한 보고서를 발간하였다—그것은 애플이 발간한 공급망에 관한 가장 자세한 보고서였다. 둘째, 폭스콘은 모든 종업원의 임금을 인상하고, 초과근무를 줄이고, 일반적인 노동조건을 향상시키겠다고 발표하였다.[73] 셋째, 애플은 "노동 및 인권 기준을 따르지 않는" 공급업체들과 더 이상 일하지 않겠다는 약속과 함께 모든 공급업체 공장에서 제3

자, 즉 공정라벨협회(FLA)의 감사를 받을 것에 동의하였다.[74] 마지막으로 FLA의 감사에 이어 애플과 폭스콘은 변화를 권고(특히 급여와 초과근무에 대해)받고 그 실행에 동의하였는데 그것은 "중국의 법률적 최대치에 맞게 근로시간을 최대 주당 40시간으로 낮추고 초과근무를 월 최대 36시간으로 제한하는 것을 포함한" 권고사항이었다.[75]

폭스콘의 억압적 공장 환경과 애플과의 관계에 대해서 서구사회 언론에 부각되어온 모든 부정적 이야기에도 불구하고 두 가지를 기억할 필요가 있다. 첫째, 이러한 이야기들이 애플에 대한 공공의 인식에 미친 영향에 관해 "그것이 애플의 명성에 전혀 영향을 미치지 않았다"[76]는 주장을 하는 사람들도 다양한 이해관계자들 중 대부분에게 그것이 이슈가 되지 않는다고 말하고 있다. 둘째, 폭스콘 종업원 중 많은 사람이 경제적 향상을 추구하기 위해 대도시로 옮겨온 사람들이다. "일주일에 9시간 이상의 초과근무를 더 이상 허용하지 않으며" 건강과 안전조건을 향상시키면서(그것이 이익을 감소시키고 일자리를 위협할 것이라고 우려하는 사람들이 있지만) 중국 법률에 맞게 초과근무에 관한 규정을 적용한다는 폭스콘의 약속에 종업원들이 반발하고 있다. 폭스콘의 센젠 공장 노동자와의 인터뷰에서 종업원 "대다수가" "자신들의 집을 멀리 떠나와 중국 남부의 신흥도시에서 돈을 벌기 위해 10~15시간 정도 초과근무를 하고 있으며 더 많이 일하기를 원하고 있다"는 것이 밝혀졌다.[77]

평판 보호를 위해 노력하는 애플 사례는 나이키와 같은 초기 공급망 선구자들이 시행착오로부터 교훈을 얻은 최근의 사례로 볼 수 있다. 이러한 기업들에게는 자신의 브랜드의 기초가 되는 평판과 가치가 보호되어야 할 핵심적 전략자산이다. 그리고 어떤 면에서는 "의류 산업에서 일반적인 3개월 계약기간"보다 더 긴 계약기간을 가진 소비자 전자제품 산업이라는 것을 감안하면 공급망은 애플에게 보다 더 전략적인 이슈이다. 이것이 필연적으로 "애플로 하여금 공급업체인 폭스콘의 장기적 성공에 훨씬 큰 이해관계를 갖게 만들며, 보다 싼 대안을 위한 관계 중단이 매력적이지 않은 이유이다."[78] 일반적으로 독립적 제3자에 의한 공장 감사는 이러한 평판 위협에 대한 보호장치로 작용하며, 다국적 기업이 저원가 환경에서 운영을 계속하게 해주면서 지역 종업원들에게 계속적인 혜택을 주고, 동시에 NGO에게 지역의 종업원이 착취되지 않는다는 확신을 준다. 나이키[79], 인텔[80] 및 리바이스[81](그리고 이제 애플)와 같은 기업이 만들어가는 최선의 실무에서는 계약업체와 파트너로서 같이 일하고 위반 사항이 발생하면 공급업체와 함께 해결해야 하며, 오직 지속적인 위반의 경우에만 관계를 단절할 것을 권고한다.[82]

전략적 공급망

많은 기업들의 놀랄 만한 노력에도 공급망 전반에 걸친 근로자 남용 보고는 계속되고 있다.[83] 이러한 계속된 남용 행위가 CSR 옹호론자들에게 어려운 질문을 제기한다. 기업의 책임이 공급망에 걸쳐 얼마나 확장되어야 하는가?[84]

만약 우리가 기업에게 공급망 책임을 지워야 한다면 우리의 요구가 미치는

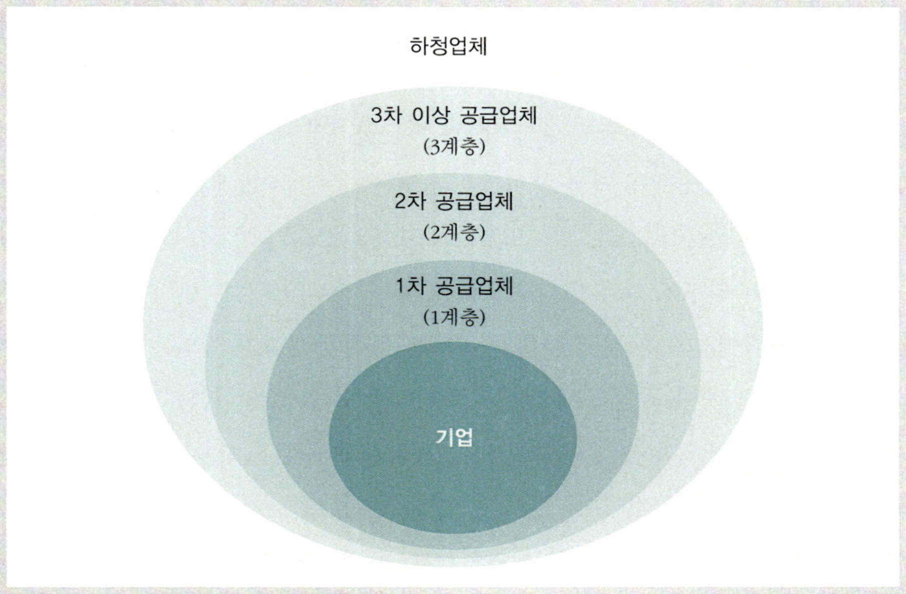

그림 V-2 공급사슬 전반에 걸친 책임의 파급효과

영향(그리고 관련된 원가)을 이해할 필요가 있다. 〈그림 V-2〉에서 보듯이 기업과 많은 공급업체들 간의 거리는 빠르게 멀어지고 있다. 달리 말하면 기업이 1차 공급업체에 책임을 진다는 것을 동의할 수 있을지 모르나 그 이상 어디까지 책임이 확대되어야 하는가? 월마트와 같은 회사는 "전 세계에 10만 개 이상의 공급업체를" 갖고 있다.[85] 보수적으로 생각해서 만약 각각의 기업들이 10개의 공급업체를 갖고 있고 월마트가 1차, 2차 공급업체 모두에 책임을 진다면 100만 개 기업의 운영을 추적할 필요가 있을 것이다. 합리적인 정기적 감사만으로도 이것이 가능하다고 주장할 수도 있다. 만약 공급업체들이 일년에 최소한 한 번 조사를 받는 것이 최선의 실무라면 월마트는 하루에 2,750개씩 365일 내내 조사를 해야 한다. 그리고 만약 우리가 월마트의 책임이 2차 공급업체를 넘어서서 3차 이상의 공급업체와 임시 하청업체들을 포함한다면 그 숫자는 기하급수적으로 증가한다.

영국 신문 옵저버의 조사 기사가 갭의 의류 제조에 미성년자 노동이 사용된 증거를 제시했을 때 그 이슈가 대두되었다.[86] 갭의 대응 속도와 범위는 진정성이 있어 보였지만 보다 흥미로운 질문은 그 문제가 어느 정도 회피될 수 있었던가(또는 회피되었어야 했던가)이다. 갭의 판매업자가 지방의 커뮤니티센터에게 자수작업 하청을 주었고 그 센터가 다시 델리의 더 작은 작업장에 재하청을 준 것으로 보인다. "공장에 대한 감사가 상대적으로 단순하지만 자수작업이 수작업으로 이루어지는 경우 수십 개의 작은 작업장으로 분배되는 경우가 종종 있기 때문에 작업장에 대한 비공식적 근로조건 점검은 더 어려운 일이다."[87] 이 주장은 기업에게 공급망 책임의 일부에 대한 면죄부를 주기 위한 것이 아니다. 만약 기업이 그 책임을 떠안는다면 그 결과로 발생하는 원가를 인식할 필요가 있다는 것이다. 우선 기업이 1차 공급업체의 비즈니스 실무에 대해서 책임을 져야 한다. 동시에 고려해야 될 것은 델리의 공장에 재하청을 준 하청업체(지방의 커뮤니티센터)에 대해서 갭이 알기를 기대하는 것이다—최초 주문에서 세 단계를 이미 거쳤다. 갭의 공급업체들이 사용하는 면 가공공장은 어떠한가? 갭의 재하청업체에 이르기 전에 면을 취급하는 많은 사람들과 면을 재배하는 농부들은 어떠한가? 그 당시 유니레버의 CEO인 폴 폴만이 말했듯이 "우리는 아마도 다른 어떤 기업보다 더 많은 20만 개의 공급업체를 갖고 있고 2만 개의 공급업체를 감사하고 있지만 우리에게는 그 역량이 있고 만약 그렇지 않다면 파산하게 될 것이다."[88]

유통업자

공급업체에 대한 기업의 책임 이슈는 잘 정립된 논쟁이지만 그 반대(유통업자에 대한 공급업체들의 책임)는 논의되고 있지 않다. 그러나 기업이 공급망 내에 선행하는 기업들의 행동에 책임을 져야 한다고 말하려 한다면 왜 후단의 기업들의 행동에 대해서 똑같은 말을 하기를 꺼리는 것일까? 이것이 전과정가격 책정과 소비 후 의무가 기업과 소비자 관계에 미친 좋은 영향을 감소시키지는 않는다.

광산업을 예를 들어보자. 왜 채굴업자들은 땅에서 자신들이 캐낸 원재료의 후속 사용에 대해 책임을 묻지 않는가? 분쟁 다이아몬드 · 광물에 대한 논의가 일부 있었지만 공급망에서의 책임은 부품을 판매한 회사보다는 최종 제품을 판매한 회사에 있는 것으로 보인다. 그러나 전자폐기물 문제에서 왜 우리는 델과 같은 회사에 독성 물질이 있는 컴퓨터 부품(귀금속과 광물)을 재활용할 책임을 지우면서 그러한 금속과 광물을 추출하고 델(그리고 다른 기업)에게 판매하는 기업들에게는 책임을 묻지 않는가? 추출 산업이 자신들의 제품을 소비하는 기업의 행동에 대해 책임을 지기 시작할 날이 올 것이라 상상하는 것은 어렵지 않다. 지금 이해관계자 관계에 민감한 진보적인 추출기업이 이러한 이슈를 이해하고 미래 위협을 방지하기 위한 행동을 해야 한다.

궁극적으로 아웃소싱은 없어지지 않을 것이므로 기업은 그 복잡한 이슈에 대해 커뮤니케이션을 보다 잘해야 한다. 효율적이며 윤리적인 공급망 구축은 전 세계 시장을 대상으로 하는 기업 운영의 핵심이다. 공급망이 길어짐에 따라 기업들은 점점 더 복잡한 이해관계자 갈등에 직면하게 된다. 그와 같이 다국적 기업은 국내와 해외에서 투명하고 수용가능한 방법으로 공급망의 지속가능성 우려에 대응하는 것이 명백한 전략적 필수 항목이다. 잘하기는 쉽지 않다. 심지어 파타고니아도 공급업체와 어려움에 봉착했었다. 창업자 이본 쉬나드가 말했듯이 "당신의 공급망을 바로잡기 위해서 얼마나 깊이 들어가야 하는지 믿을 수 없을 것이다."[89]

전략적 CSR 렌즈는 지역적 입지, 종업원 기능 그리고 원가의 최선의 조합을 제공하는 지역에서 운영하기를 원하는 기업에게 그 복잡성에 대한 길잡이 역할을 한다. 공급망에서 윤리적 행위가 기업의 전략적 가치와 일치하는 상황이 이상적이다. 하워드 슐츠에 의해 글로벌 브랜드가 된 스타벅스보다 이 상황을 더 효과적으로 보여주는 기업은 없다. 2018년 은퇴한[90] 하워드 슐츠는 이익에 대해 넓은 접근방법을 가져야 한다고 말했다. "영업과 사회적 책임 간에 균형이 필요하다 …… 그에 대해 진정성을 가진 기업들은 보다 많은 돈을 버는 기업이 될 것이다."[91]

스타벅스

전 세계 5위권 안에 드는 커피 구매업체인[92] 스타벅스는 75개국에서 영업하며, 238,000명의 종업원을 고용하고 "매주 대략 지구상 어디에선가 9천만 명의 사람들이 스타벅스 매장 중 하나를 거쳐 간다."[93] 그 결과 스타벅스는 그 산업에서 상당한 영향력을 가지고 있으나 그 행동 또한 비난을 받았다. 무엇보다도(인종 정보수집[94]과 매년 사용하는 "40억 개의 종이컵"을 재활용하지 않는 것[95]을 포함하여) 스타벅스는 재배농가를 희생시키고 돈을 번다는 비난을 받아 왔는데, 농부들의 삶은 생산원가 이하로 커피 구매 가격을 떨어뜨릴 수 있는 글로벌 커피시장의 변동성에 의존한다.[96]

> 커피는 세계에서 가장 인기 있는 음료이며, 80%가 2,500만 명의 소규모 농가에 의해 생산된다. 약 1억 2,500만 명의 삶이 커피에 의존한다. 커피는 가장 가치 있고 광범위하게 거래되는 열대 농산물이며 주로 소규모 농가에 의해 생산된다. 그러나 그들 중 많은 사람들이 커피 재배로는 안정적인 생활자금을 벌지 못하고 있다."[97]

이는 커피의 높은 수요를 생각하면 놀라운 일이다. 커피는 공정무역 제품으로 널리 구입 가능한 최초의 소비자 제품이었을 뿐만 아니라 가장 유명한 제품이

기도 하다. 예를 들면 영국에서 "공정무역 커피가 커피 판매의 25%"[98]를 차지하고 있고 미국에서 공정무역 커피가 2017년에 "24.5%"[99] 성장하였다. 공정무역에 대한 일반 대중의 인식이 높아지고 있고 특히 공정무역 커피의 인기가 높아짐에 따라서 스타벅스는 구매하는 공정무역 커피의 양을 증가시키겠다는 캠페인으로 많은 관심을 받아 왔다.

그에 대응하여 스타벅스는 커피 공급망의 지속가능성을 향상시키는 기업의 선봉에 서 왔다.[100] 오늘날 그 기업은 공급업체들을 도와 최선의 실무를 실행할 수 있게 긴밀하게 노력하고 장기구매계약을 인센티브로 제공하고 있다. 이를 통해 스타벅스가 구매하여 점포들에 되파는 커피의 질을 향상시킬 뿐만 아니라 공정무역 산업과 공동으로 일할 수 있다. 스타벅스는 자체적인 품질 기준을 개발하여 적용한다. 특히 스타벅스는 코스타리카에 본부를 둔 커피농경제 회사(Coffee Agronomy Company)[101]를 설립하였는데 그것이 "스타벅스의 지속가능한 공급망 약속의 대표적 수단"으로 자리매김하였다. 그 후 스타벅스는 커피농가공평실무(Coffee and Farmer Equity Practies ; C.A.F.E) 가이드라인을 출범시켰는데, 그것은 "경제, 사회 그리고 환경 이슈에 대해 스타벅스가 공급업체에게 기대하는 바를 적시하고 있다."[102]

스타벅스의 C.A.F.E 실무

스타벅스의 CAFE 실무는 농부들을 위한 4가지 지침을 포함하고 있다.[103]

- **제품 품질** : 모든 커피는 고품질을 위한 우리의 기준을 충족해야 한다.
- **경영책임과 투명성** : 경제적 투명성이 요구된다. 공급업체들은 우리가 생두에 지불하는 금액 중 얼마가 농부에게 돌아가는지 보여주기 위해 커피 공급망 전반에 걸쳐 지급된 금액에 대한 증거를 제출해야 한다.
- **사회적 책임** : 제3자가 검증한 측정치들이 노동자 권리를 보호하고 안전하고 공정하며, 인간적인 근로 및 삶의 조건들을 보장하는 데 도움을 준다. 최저임금 요구와 아동노동 및 강제노동 금지 규정을 준수하는 것은 의무이다.
- **환경 리더십** : 제3자가 검증한 측정치들은 폐기물 관리, 수질 보호, 수자원 및 에너지 보존, 생물다양성 보전과 농약 사용의 감소에 도움이 된다.

스타벅스는 환경 비영리단체인 국제보전협회(https://www.conservation.org/)와 공동으로 C.A.F.E를 개발하였다.[104] 공급 농가의 목표는 그 가이드라인을 준수하여 스타벅스의 우선 공급업체로 인증받아 특별 가격 보장의 혜택을 받는 것이다. 그러나 이러한 결정은 농가에 대한 동정보다는 농부들이 스타벅스에 제공해주는 전략적 가치에 대한 인식에서 비롯된 것이다.[105] 스타벅스는 이 핵심 상품에 대한 지속가능한 공급을 확실히 할 필요가 있었다.[106]

지속적으로 증가하는 커피 수요로[107] 스타벅스는 빠르게 진화하는 경쟁시장과 변동하는 상품가격에 직면해 왔다.[108] 스타벅스는 가격 경쟁에 직면해 왔지만(사람들은 항상 다른 곳에서 더 싼 커피를 살 수도 있다) 이제 맥도날드나 던킨도너츠와 같은 패스트푸드 기업들이 해외뿐 아니라 미국 내에서도 스타벅스의 핵심 시장을 잠식해 들어옴에 따라 실질적인 품질 경쟁에도 직면하고 있다.[109] 예를 들면 미국에서 던킨도너츠가 15년 동안 100% 공정무역 커피를 제공해오고 있으며,[110] 맥도날드는 "2020년까지 지속가능 생산을 지지하는 공급원으로부터 100% 커피를 조달하겠다고" 약속하였다.[111] 마찬가지로 영국에서도 막스 앤 스펜서가 모든 커피숍에서 제공하는 커피의 100%를 2006년 이후 공정무역에서만 조달하고 있고, 맥도날드는 영국에서 제공하는 커피를 2007년부터 공정무역과 지속가능한 원천으로부터 조달하기 시작했다. 독립적인 커피숍 수의 증가와 함께 스타벅스의 경쟁 환경은 최근 크게 바뀌고 있으며, 그것은 주로 고품질 커피 시장 때문이라고 말할 수 있다.[112] 스타벅스는 이에 대해 지금까지 공격적으로 대응해 왔다.

> 스타벅스는 지난 3년 동안 미국에서 2천 개 이상의 새 점포를 열었으며 그것이 커피숍의 공급초과를 가져왔다고 분석가들은 말한다. 스타벅스는 미국에 약 14,300점포를 갖고 있으며 현재 맥도날드보다 점포 수가 많다.[113]

이러한 경쟁 심화는 스타벅스 비즈니스 모델의 중심을 타격했다. 궁극적으로

스타벅스 제품이란 무엇인가? 그것은 품질 좋은 커피인가? 하워드 슐츠가 미국으로 가져오려 했던 1983년 이탈리아 밀라노 여행 시 커피숍의 경험인가? 또는 장소인가—집과 직장 사이의 제3의 장소? 경제가 악화된다면 스타벅스가 고객 경험에만 기초하여 부과하는 가격 프리미엄을 정당화할 수 있을까?(만약 경쟁자들이 품질을 따라잡고 여전히 더 낮은 가격으로 제품을 공급한다면?) 여기에 한 잔에 10달러 이상 가격의 새로운 로스터리(Roastery) 커피숍이 포함되는가?[114] 어떤 경우든 그 기업은 갈수록 혁신을 강요받으며, 스타벅스가 산업의 최선 실무를 계속해서 만들어낼 수 있는 영역은 공급망이다.[115] 오늘날 스타벅스는 "99%의 커피를 윤리적으로 구매하고 있다"[116]고 주장한다.

> 스타벅스는 …… 국제보전협회와 파트너십을 맺고 100% 윤리적으로 조달한 커피를 구매하겠다고 약속하였다 …… 스타벅스는 CAFE 실무, 농가지원센터, 농가대출 및 숲탄소(forest carbon) 프로젝트를 포함하여 커피농가 지역사회 지원에 총 1억 달러 이상을 투자해 왔다. 이 모든 프로그램이 농부들의 삶 개선과 고품질 커피 공급선의 장기적 확보를 직접적으로 지원한다.[117]

그렇다면 스타벅스의 공급망 중시 정책에 대한 전략적 CSR의 주장은 무엇인가? 스타벅스가 부적절한 복지 안전망을 가진 나라에서 충분한 임금을 벌지 못하는 농부들에 대해 도덕적 또는 윤리적 책임을 느끼기 때문에 고품질, 음지 재배 아라비카 원두 공급 회사에게 시장가보다 높은 가격을 지급하는가, 아니면 가장 중요한 원재료인 커피의 확실한 공급확보를 위해서인가? 스타벅스가 원재료에 높은 가격 지불을 즐기는 것은 아니다. 만약 커피 가격이 생산원가 이하로 떨어지면 고품질 원두를 생산하는 소규모 농가가 파산할 가능성이 높기 때문에 낮은 커피 가격이 스타벅스의 비즈니스에 위협이 된다는 것을 기억하라.[118] 이러한 일이 일어나지 않는 것이 스타벅스 비즈니스 모델에는 필수적이다.

당신이 스타벅스를 카페로 생각하든 집과 직장 사이의 "제3의 장소"로 생각하든 상관없이 만약 고품질 원두를 구입하지 못하면 그 기업의 핵심 비즈니스가 위험에 처하게 된다. 그와 같이 공급망에 세심한 주의를 기울이는 것은 스타벅스에게는 당연한 비즈니스 의사결정이다. 그것이 스타벅스에 대한 비판에 변화를 가져오고 공정무역 인증의 부가가치에 대한 지불의사가 있는 고객 확보에 도움을 주며, 가장 중요한 것은 비즈니스의 중심이 되는 고품질 원두의 공급업체를 확보하게 도와준다. 공정한 공급망을 통해 아직 정착하지 못한 시장으로 진출할 수 있으며, 이미 지배적인 시장에서 점유율을 유지할 수 있게 해주기 때문에 그것은 스타벅스의 경쟁우위 원천이다. 그와 같이 가장 소중한 원재료 생산자가 영업을 계속하고 장기적으로 공급할 수 있도록 유인을 확실히 제공하는 것이 스타벅스의 최선의 전략적 이익이다.

전략적 CSR 논쟁

발제 제안 : 노동착취 공장에서 일하는 것이 실직보다는 낫다.

토론과 검토를 위한 질문

1. 공정무역이라는 생각을 믿는가? 공정무역 상징이 어떻게 생겼는지 아는가? 최근에 구매한 공정무역 제품의 이름을 들 수 있는가? 샀다면 그 제품을 왜 샀는가? 아니라면 이 사례를 읽고 나서 미래에 살 가능성이 높아졌는가?
2. 공정임금이 무엇인가? 공정이 무엇을 의미하는가?[119] 당신이 기꺼이 일을 할 수 있는 시간당 임금은 얼마인가? 당신이 일해 본 일자리를 생각해 보라. 만약 더 많은 임금을 받았더라면 더 열심히 일했겠는가?
3. 애플이 좋은 회사인가? 그 이유는?
4. 이 사례를 읽기 전 스타벅스의 C.A.F.E 실무와 그 회사가 판매하는 공정무역 제품을 알고 있었는가? 이러한 제품을 아는 것이 그 제품의 구매 가능성을 높이는가? 이러한 노력을 기업이 홍보해야 한다고 생각하는가?
5. 현지 기준(법적, 경제적, 문화적 그리고 도덕적)으로 기업의 해외영업을 판단해야 하는가, 아니면 자국시장의 기준으로 판단해야 하는가? 기업이 자신의 공급망에 대해 책임을 져야 하는가? 그렇다면 그 책임이 어디까지 확장되는가—1차 공급업체, 그 공급업체의 공급업체 또는 그 이상인가?

다음단계

본서의 V부에서는 전략과 CSR의 관계에 대해서 자세히 서술하였다. CSR 문턱을 이용하여 전략을 분석 및 형성하고 운영 전반에 걸쳐 CSR 필터를 이용해 전략을 실행함으로써 갈수록 복잡해지는 비즈니스 환경에서 길을 찾아가는 가장 효과적인 수단을 발견할 수 있다. 그러한 복잡성 때문에 전략 형성이 어렵다. 그러나 기업이 전략적 CSR 관점의 혜택을 누리기 위해서 실행을 보다 더 강조해야 한다. 전략의 포괄적 · 효과적 실행 없이는 지속가능한 경쟁우위 구축 능력이 심각한 제약을 받게 될 것이다.

그와 같이 본서의 VI부 2개 장에서는 CSR의 지속가능성 관점을 자세히 설명한다. 구체적으로 이 장들은 전략적 CSR이 실무에서 어떻게 가능한지 질문을 제기한다. 11장에서는 지속가능성과 폐기물 감소의 본질적 이슈에 초점을 두며, 12장에서는 가치기반 비즈니스 모델을 제시한다. 마지막으로 부록에서 단기, 중기 그리고 장기에 걸쳐 기업 내에서 CSR 실행에 영향을 미치는 이슈들을 논의한다. 본서의 목적은 보다 더 가치에 기반을 둔 비즈니스 촉진이다. 기업은 운영과 전략계획을 통하여 전략적 CSR을 통합함으로써 광범위한 이해관계자를 위한 가치 창조(지속가능한 가치 창조)에 기반한 지속가능한 경쟁우위를 구축할 위치에 서게 된다. 21세기 글로벌 시장에서 경쟁하고 성공할 수 있는 최선의 위치에 있는 기업은 이러한 가치 창조를 효과적으로 할 능력이 있는 기업이다.

VI부에서는 광범위한 이해관계자들에게 봉사하는 가치기반 비즈니스를 수립함으로써 조직 전반에 걸쳐 CSR 관점을 내재화하는 방법을 보여줘 전략적 CSR의 결론을 제시한다.

11장에서는 지속가능성의 기원과 오늘날 기업에 대한 적합성을 고찰하고 자원 활용의 맥락에서 이 용어를 정의한 원래 UN보고서를 강조하면서 그 주제에 대한 논의를 시작한다. 또한 11장에서는 폐기물 이슈를 통하여 지속가능하지 않은 현재 우리 경제모형의 내재적 위험을 고찰한다. 우리는 현재 많은 생태적 도전에 직면해 있다. 이 장에서는 우리 경제에서 발생하는 폐기물의 양이 우리 모두와 어떻게 상호 관련되어 있으며, 그 문제의 범위가 얼마나 큰지 예시해준다. 12장에서는 본서에서 논의된 생각들을 전략적 CSR의 궁극적 결과인 지속가능한 가치 창조 측면에서 종합하여 결론을 맺는다. 기업이 지구 자원의 제약 내에서 운영하면서 완전한 이해관계자 조합에 초점을 두는 비즈니스 모델을 추진하는 것은 오늘날 글로벌 비즈니스 환경에서 경쟁력을 확보하는 가장 효과적인 방법이다.

VI부는 "사회에서 비즈니스의 역할은 무엇인가?"라는 질문을 제기하면서 본서의 지침을 제시하는 목적을 반영하는 '맺는 말'과 함께 마무리된다. 이 질문에 대한 전략적 CSR의 해답은 우리가 비즈니스를 이해하고 수행하며, 그것을 가르치는 방법에 깊은 시사점을 가진다.

[Ⅵ]

지속가능성 관점

제 11 장

지속가능성

지속가능성 이슈는 비즈니스와 사회가 다루고 있는 많은 문제들을 제기한다. 기업의 환경 책임 범위는 어디까지인가? 법률적 요구를 넘어서서 기업은 운영에서 환경 비용을 내부화해야 하는가(예를 들면 운영과정에서 생성되는 오염 정화)? 정부가 이러한 비용에 도움을 주는가? 기업이 현재 자신들이 보충하는 것보다 더 많은 자원을 사용하기 때문에 기업이 온실가스에 대해 최저가격(조세) 또는 시장가격(배출권거래)을 부과하는 법률을 지지해야 하는가?[1] 자동차와 같은 제품 가격이 소비과정(즉, 운전 중)에서 발생하는 환경 비용을 포함해야 하는가? 그렇다면 이러한 원가를 어떻게 계산할 것인가? 제품을 환경 친화적으로 생산하기 위해 소비자에게 가격 프리미엄을 지불해야 하는가? 생산의 전체 원가를 부담하는 방법을 찾는 기업에 가격 프리미엄을 지불하거나 보상을 지속적으로 제공할 것인가? 달리 말하면 지속가능성이 실무에서 의미하는 바는 무엇인가?

지속가능한 발전

"지속가능성"이라는 용어는 1987년 UN이 발간한 보고서에 의해 보편화되었다. 비록 공식적으로 "우리 공동의 미래"[2]로 명명되었지만 그 보고서는 주 저자인 노르웨이 수상이자 UN의 WCED(환경과 개발에 관한 세계위원회) 의장인 브룬트란트(Gro Harlem Brundtland)의 이름을 딴 브룬트란트 보고서로 알려져 있다.

브룬트란트 보고서의 정의

"지속가능한 발전이란 미래 세대가 자신의 요구를 충족시킬 능력을 저해시키지 않고 현재 세대의 요구를 충족시키는 발전이다."[3]

그 보고서의 핵심 공헌 중 하나는 지속가능한 발전이라는 용어를 정의하고 기업에서 자원 활용의 가치를 확인한 것이다.[4] 또한 그 보고서는 리우데자네이루에서 "190개 이상 국가"[5]가 서명한 1992년 UNFCCC(유엔기후변화협약)의 창립을 위한 영감을 제공하였다. 그 후속 조치로 1997년 교토의정서가 만들어졌으며, 2015년에는 파리의 COP21(21차 기후변화당사국회의)가 열렸는데 그것은 리우 회의 이후 21번째 UNFCCC 회의였다. 브룬트란트 보고서는 또한 환경보호와 관련한 비즈니스 성공 사례를 형성하는 데 선견지명이 있었다. 따라서 지속가능성은 특히 사회가 영리조직에게 요구하는 역할에 관해 대두되는 논의에서 핵심 쟁점이 되었다.

> "산업화된 많은 국가들의 발전 경로는 명백하게 지속가능하지 않다." 그러나 그 보고서는 문제가 아니라 해법의 일부로 선진 국가와 같은 삶의 기준을 향한 개발을 포용하는 확고한 입장을 유지하였다. "많은 글로벌 선진 국가가 경제적 · 사회적 · 환경적 재앙을 피하려면 글로벌 경제 성장의 재활성화가 필수적이다"라고 그 보고서는 말한다.[6]

본질적으로 브룬트란트 보고서는 지속가능성[7]이라는 용어를 유행시켰으며, 그것이 핵심적 정의가 되었다. 어떤 사람들은 그 용어를 CSR과 관련하여 보다 넓은 이슈를 포착하기 위해 사용하지만 지속가능성에 관한 토론은 자원 사용과 지속가능하지 않을 정도로 빠른 자원 추출의 속도 이슈에 대응하여 탄생하였다. 그와 같이 오늘날 대부분의 사람들은 지속가능성이라는 용어가 자연환경과 관련된 것으로 이해하고 있다. 그것은 중요한 개념으로서 기업 전체 운영에 걸쳐 있는 전략적 CSR의 한 부분이다(〈그림 11-1〉 참조).[8]

이 정의는 그 포괄적 특성 때문에 광범위하게 수용되었다. 그것은 모든 조직에 적용 가능하다는 장점을 갖고 있을 뿐 아니라 다양한 해석이 가능하다. 이것은 지구의 기후와 생물다양성을 인류의 삶을 지지하는 수단으로 보존하기 위해서 우리가 해야 할 (그리고 브룬트란트 보고서가 1987년에 동기를 부여한 것으로 보고된) 일이 극적인 행동이기 때문에 문제가 된다.[9] 행동 여부를 결정하는 것은 우리

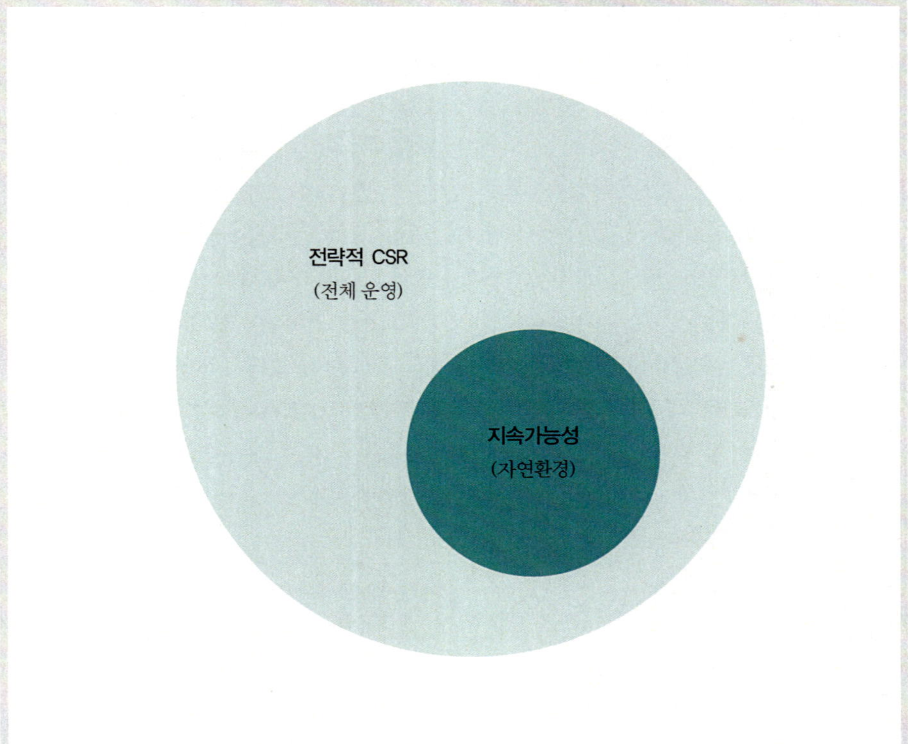

그림 11-1 지속가능성과 전략적 CSR

의 선택이지만 우리는 최소한 무지 탓을 해서는 안 된다.[10] 우리는 오래전부터 기후변화의 위험을 알고 있었다.

지구

2018년 8월 5일 일요일 뉴욕타임즈 잡지는[11] 전 지면을 기후변화 이슈에 할애하였다. 보다 구체적으로 표지 주제는 "30년 전 우리는 지구를 구할 수 있었다"였다. 그 기사는 우리가 지금 기후변화에 대해 알고 있는 사실상 모든 중요한 내용이 1979년에 이미 알려져 있었다는 사실과 그 이후 10년 동안 "탄소 배출 감소를 위한 구속력 있는 세계적 체제"를 위한 협상에 우리가 얼마나 가까워졌는지 얘기하고 있다. 그 잡지는 우리 입장에서 우리가 협상에 아주 가까워졌다는 것이 중요한 것이 아니라 불행하게도 전체로서 우리가 왜 행동할 기회를 놓쳤는지를 설명하고 있다. 그 결과로 우리는 새로운 현실을 맞고 있으며 서문에서의 인용 구절이 나타내는 바와 같이 상황이 좋아 보이지 않는다.

> 산업혁명 이후 지구 온도는 1℃ 이상 상승하였다. 파리 기후 협정은 …… 2℃로 제한하겠다는 희망을 가지고 있다. 현재의 배출 추세를 기초로 한 최근 연구에 따르면 성공 확률은 1/20이다. 기적적으로 2℃ 이하로 제한할 수 있다면 열대 산호의 소멸, 몇 미터에 이르는 해수면 상승 그리고 페르시아만 포기 등에 대해서만 협상하면 될 것이다. 기후 과학자 제임스 한센은 2℃ 경고를 "장기 재앙에 대한 처방"이라 불렀다. 장기적 재앙은 이제 최상의 시나리오이다. 3℃ 기온 상승에 대한 경고는 단기 재앙, 즉 북극의 삼림과 대부분 해안도시 소멸에 대한 처방이다. 유엔 IPCC의 전 이사 로버트 왓슨은 3℃ 기온 상승은 현실적인 최소한의 예측이라고 주장한다. 4℃ 상승의 경우 유럽은 영구적 가뭄을 그리고 중국, 인도, 방글라데시의 많은 토지는 사막화를 경험하게 되고, 바다가 폴리네시아를 삼켜버리고 콜로라도 강은 폭이 좁아지고 미국의 남서부 대부분 지역이 서식지를 잃게 된다. 5℃ 상승의 전망은 세계적인 선도적 기후과학자로 하여금 인류 문명의 종말을 예고하게 만들었다. 이 모든 것을 피할 수 있게 해줄 수 있었던 지식은 위로인가 저주인가?

불길하게도 서막이 계속되고 있다. 물론 가능한 결과를 확인하는 것은 중요하지만 더 중요한 것은 예방이다.

> 1.5도는 말할 것도 없고 2도 상승을 유지하기 위해서는 변혁적 행동이 요구된다. 그것은 선량한 일과 자발적 의지를 필요로 한다. 혁명을 필요로 한다.

우리의 집합적 반응은 기껏해야 무관심이다. 즉, 넘쳐나는 증거 앞에서도 행동하기를 꺼린다. 유엔 IPCC의 2018년 보고서는[12] 기후변화에 관해 전 세계 리더들에게 조언한 일단이 과학자들이 “이르면 전 세계 인구 중 많은 사람들이 아직 살아 있을 동안인 2040년에 악화되는 식량 부족과 산불 그리고 산호초 개체 수 격감을 겪는”[13] 세상을 묘사하면서 우리가 지금 재앙에 얼마나 가까워졌는지를 강조하였다. 최근 몇 년 동안 국제 협약에서 가장 괄목할 만한 진전은 파리의 COP21 협약(http://www.cop21paris.org/)이었는데, 그 협상에 수년이 걸렸으며 그 협약은 최소한 문제의 정도는 인식하고 있다.[14] 그러나 명확성과 시급성이 요구되는 상황에서 우리는 모호함과 시간지연으로 대응하였다. COP21이 문제 해결에 충분하지 못한 행동을 포함하고 있다는 것은 명백하지만 폴란드 카토비체의 COP24(https://cop24.gov.pl/)와 같은 세부 사항 추가를 위한 후속 회의가 더욱더 행동을 지연시켰다. 각국 정부와 유엔은 아직 전 세계 통일된 공생관계 유지를 위해 중대한 차이점을 은폐하고 싶어 한다.

COP21

리우와 교토에서의 UN기후협정과 달리 COP21은 모든 나라를 아우르고 있다는 것이 긍정적인 측면이다(부국과 빈국 모두). 교토의정서는 “전 세계 배출량의 12%에 불과한 35개 국가에 의해 비준된 반면, 총배출의 약 94%의 책임이 있는 167개 국가 정부가 발의 준비 과정에서 국가배출량 감축 목표를 제출하였다.”[15] 2019년 초까지 “기후변화 협약 197개국 중 185개국이 비준하였다.”[16] 그뿐 아니라 COP21은 배출량을 “21세기 후반까지 본질적으로 영(0)으로” 줄여서 지구온도 상승을 1.5℃(2.7°F) 이하로 유지하겠다는 보다 야심찬 결의를 하였다. 이 목표를 달성하기 위해서 개별 국가들은 구체적인 약속을 하였다.[17] 예를 들면 미국은 온실가스 배출을 “2025년까지 2005년 수준의 26%~28%로” 감소시키겠다고 약속했다. EU는 배출량을 “2030년까지 1990년 수준의 40% 이하로” 감소시키겠다고 약속했다. 멕시코는 개도국 중 가장 강력한 기후법안을 마련하였는데 “2030년까지 현재 추세선의 40% 이하로 감축하겠다"고 하였다. 그리고 중국은 "2030년까지 GDP 대비 이산화탄소 배출량을 최소한 2005년 수준의 60% 이하로 감소시킬 것을 약속하였다."[18]

파리협정이 기회를 제공하지만 동시에 많은 도전을 제기하고 있다. 첫째, 그 협정이 효력을 발생하기 위해서는 "전 세계 배출량의 최소 55%를 차지하는 최소 55개 국가가" 비준해야 하는데[19] 그것은 2016년에 충족되었다.[20] 보다 중요한 두 번째 도전은 그 협정이 실행되어야만 한다는 것이다.[21] 불행하게도 각국의 약속은 법률적으로 구속력이 없으며, "글로벌 탄소가격과 같은 국제적으로 합의된 단일의 정책"이라기보다는 각기 다른 약속들의 조합에 불과하다.[22] 따라서 측정(배출량)이나 강제이행(약속)과 같은 어려운 이슈는 여전히 남아 있다. 그러나 그 당시 COP21에 대한 가장 큰 우려는 감축이 너무 미미하며, 너무 늦다는 것이었다.

> 모든 약속이 실행된다 하더라도 2030년까지 전 세계 배출량이 567억 톤 상당으로 증가함을 뜻한다 …… [이것은] 약속을 이행하지 않았을 때에 비하여 거의 40억 톤 적은 수치이다. 그러나 문제는 산업화 이전에 비해 지구 온도 2℃ 상승을 막기 위해 필요하다고 UN[IPCC]의 최근 과학적 보고서가 제시한 것보다 여전히 백억 톤을 넘어서는 수치라는 것이다.[23]

지구 온도 상승을 2℃로 제한하는 지구 탄소예산 — 기후변화가 통제 불가능한 상태로 소용돌이치기 전에 우리가 배출할 수 있는 탄소의 양[24] — 에 대한 UN의 추정치를 충족시키기 위해서 탄소배출량은 "2030년보다 훨씬 이전에 정점을 이루고 2050년 이후 가능하면 빨리 제거되어야 할 것으로"[25] 추산된다. 오히려 현재 기온은 계속 오르고 있으며,[26] 파리에서 합의한 모든 약속들이 실행된다 하더라도 "인류는 2040년 이전까지는 탄소예산을 초과 지출할 것이다."[27] 이를 감안할 때 파리 협정에서 중요한 부분은 5년마다 이루어지는 이행 검토인데, 각국이 세계 기후변화 측면에서 성과를 평가하고 그에 따라 목표를 수정하도록 기대되고 있다. COP21의 성공(그리고 지구의 미래)은 이것의 달성 여부에 달려 있다. 그것은 또한 후속적인 유엔 기후변화 당사국 회의에서 지속적 진전을 촉진하기 위한 효과적 측정과 이행 메커니즘을 추가하고 그 진척을 검증하는지 여부에 달려 있다. 이것이 2018년 폴란드 카토비체에서 열린 23차 기후당사국회의의 주요 목적이었다.

COP24

COP24는 기후과학자들의 위기감 속에서 개최되었다. 모든 사람이 파리에서의 합의가 충분하지 못하다는 것을 알고 있었다. 최근의 자료에 의하면 우리는 그 목표 달성에 전혀 가까워지지 않았으며, 우리가 도달해야 할 곳까지는 매우 갈 길이 멀다.

> 산업화 전에 비해 2℃보다 "훨씬 낮은 수준으로" 기온 상승을 억제하겠다고 참가국들이 맹세한 지 3년 후 온실가스는 다시 증가하기 시작하였다. 석유 및 가스에 대한 투자도 증가하였다. 2017년 4년만에 처음으로 석탄 수요가 증가하였다. 풍력이나 태양에너지와 같은 신재생에너지 보조금은 여러 곳에서 줄어들고 있으며 투자는 제자리걸음을 하고 있다. 기후우호적인 핵에너지는 비용이 많이 들며, 인기가 없다. 이러한 현상이 일시적인 차질이며, 인류가 자기보호 본능으로 온난화를 그럭저럭 해결해 나갈 것이라 믿고 싶을지 모르나 사실은 인류는 이 전쟁에서 지고 있다.[28]

데이비드 아텐보로가 "문명의 붕괴"[29]라는 비전으로 소개하였듯이 COP24에 모인 "195개국의 거의 14,000명"[30]에 이르는 대표단의 목표는 회원국이 약속을 지키며 그보다 더 나아가 목표를 달성하도록 "파리 기후 협약의 규칙에 대해 타결을 보는" 것이었다.[31] 그 결과로 탄생한 합의는 4가지 주요 부분으로 이루어져 있다.[32]

- 온실가스 배출 측정 기준을 수립한다.
- 각국의 이전 배출량 약속을 넘어서는 배출 감축을 요구한다
- 개도국 기후변화 정책을 도울 세부적 계획을 요구한다.
- 약속을 지키지 못한 국가를 위한 대책을 수립한다.

불행하게도 문제의 심각성을 인정하기 거부하는 소수의 국가와 그것을 뒷받침하는 과학 때문에[33] 최종 공동선언문은 "점점 커지는 기후 위기를 다룰 절반의 조치"[34]와 논쟁적 이슈의 대부분을 미래 회의로 연기하는 것으로 제한되었다.

> 2주에 걸친 폴란드에서의 대화는 2015년의 파리 협정을 어떻게 행동으로 옮길지에 대한 "규정집"을 명백히 하는 것으로 끝났지만 중요한 질문인 어떻게 정부의 온실가스 배출 감소 목표를 높여 나갈 것인지에 대한 대답은 없었다.[35]

시간이 다 되어 간다는 실질적 우려와 느낌은 있지만 COP24가 최소한 그 과정을 유지하는 또 다른 걸음으로 이어질 것이라는 희망은 살아 있다. 최악의 결과는 미래의 대화를 위협할 협상 중단이었을 것이다. 그러나 동시에 모든 사람이 필요하다고 인식하는 행동을 결정하지 않은 상태에서 회의를 계속할 것에 동의하는 것도 바람직하지 않다. 중요한 다음 단계는 파리 협상 이후 최초 5년의 이행 검토인데 서명국들은 우리의 지속적인 기후변화에 관한 이해에 비추어 약속이행을 검토하고 평가하도록 요구받을 것이다. 이러한 과정이 2020년에 진행될 것이며, "과학자들이 인류 역사에 가장 큰 경제, 사회 및 자연의 붕괴를 가져올 것이라 예측하는 기후위기를 회피하기 위해 극적인 배출감소 계획을 도출할 것"[36]으로 기대된다.

실무에서의 지속가능성

실질적인 행동을 취하기 전에는 아무것도 변하지 않을 것이라는 점을 고려할 때 오늘날 지속가능성이 실무에서 기업들에게 무엇을 의미하는가? 왜 그들은 관심을 갖는가? 비즈니스가 관심을 가져야 하는 4가지 중요한 이유가 있다—기후변화, 복원, 자연자본 그리고 이해관계자.

기후변화

오늘날 기업들에게 지속가능성이 그토록 중요한 첫 번째 이유는 기후가 빠르게 변화하고 있다는 것이다. 그리고 인간이 주범이라는 것은 명백하다.

인류세(Anthropocene)

인간의 행동이 지구 생태계에 미치는 영향 때문에 1950년에 시작된 것으로 추정되는 지질학적 시기. 홀로세(Holocene)를 대체한다.[37]

영리기업이 이러한 변화의 큰 원인이므로 기후 변화의 규모와 속도 측면에서 기업들은 역시 무엇인가 하지 않으면 안 되는 상황에 처해 있다. 만약 기업이 자연환경과 상호작용하는 방식으로 변화하지 않는다면 이미 알려진 지구의 한계를 초과하게 만들 것이다. 토마스 프리드만이 말했듯이 "지구는 포화 상태이다." "우리는 현재 지구의 자원이 지속가능한 방식으로 보충될 수 있는 속도보다 훨씬 빠른 비율로 지구의 자원을 소모하는 성장을 하고 있다."[38] 구체적으로 우리의 현재 자원 소비 수준을 유지하기 위해서는 "1.7배의 지구가 필요하다."[39]

용량초과는 증가하는 인구와 평균 수요가 지속가능한 수준을 초과하는 소비를 촉진한 1970년대에 시작되었다. 그 이후 인류가 연간 지구예산(planetary budget)을 초과하는 날짜가 앞당겨지고 있다. 30년 전 용량초과는 10월

15일에 일어났다. 20년 전에는 9월 30일이었다. 10년 전에는 8월 15일 …… 지금 같은 추세라면 2019년에 처음으로 7월에 예산을 초과할 것이다.[40]

이러한 지구의 수용능력은 75억 명이 넘는 우리 인류가 이용 가능한 자원에 가하고 있는 부하와 직접 관련되어 있다. 이러한 부담은 UN의 추산에 의하면 세계 인구가 "2030년 86억 명, 2050년 98억 명 그리고 2100년 112억 명까지 이를 수 있기"[41] 때문에 개선될 시간도 없이 악화될 가능성이 크다. 그러나 인구 규모보다도 우리의 집합적 소비 비율이 더 문제이다. 지구상 모든 사람이 만약 전통적 인디언 부족과 같은 생활을 한다면 심지어 120억 인구도 지속가능한 인구라고 주장할 수 있을 것이다. 만약 모든 사람이 북미의 중산층과 같은 생활을 한다면 20억 인구도 지속가능하지 않을 것이다.[42] 우리가 지금 신속하게 행동을 하지 않는다면 지구의 기후 패턴에서 회복 불가능한 변화를 맞게 될 것이다.

우리의 경제시스템이 지속가능하지 않고 생활수준이 빠르게 확산된다는 점을 고려하면 우리 일상의 의사결정(에어컨을 켤 것인지와 같은)이 모여서 어떻게 전 지구의 문제가 되는지 쉽게 알 수 있다. 예를 들면 "미국은 모든 아프리카 국가가 사용하는 전기보다 냉방에 더 많은 전기를 쓰고 있는데"[43] 그 에너지 중 1/3이 여전히 석탄 화력 발전에 의해 만들어지고 있다.[44] 그것은 관리 가능할지도 모르나 "향후 10년 동안 에어컨이 1902년(에어컨이 발명된 해)과 2005년 사이에 설치된 수만큼 전 세계적으로 설치될 것이다."[45]

〈그림 11-2〉는 각국의 이러한 결정들의 누적적 영향을 보여주고 있다. 이전에는 미국 같은 나라나 유럽 같은 지역이 탄소의 주요 배출국이었지만 이젠 중국과 인도와 같은 나라들도 점점 더 에어컨과 같은 "사치품" 접근이 확산됨에 따라 이에 동참하고 있으며 그 국가들의 탄소배출이 놀라울 정도로 증가하고 있다.[46]

집합적으로 전 세계 인구가 "매년 대략 1,000억 메가와트시(Megawatt hour)의 에너지를 생산하고 있으며 지구 시스템이 360억 톤의 이산화탄소를 배출하고 있다."[47] 그 결과 2016년은 기록상 최고로 뜨거운 해였으며 "기록상 가장 더웠던

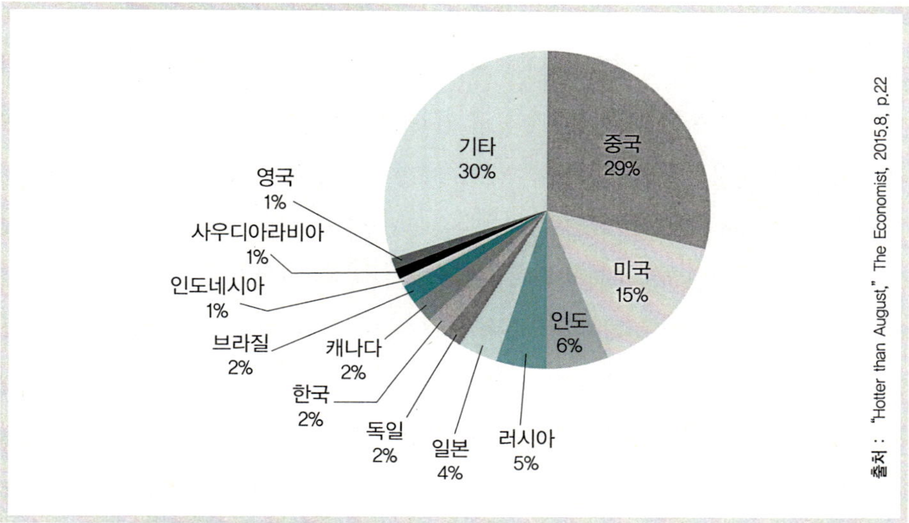

그림 11-2 국가별 총 탄소 배출량(2015)

5개년이 모두 2010년 이후 발생했다."[48] 놀랍게도 30세 이하 인구 중 누구도 20세기 평균 기온보다 더 낮은 온도에 살아보지 못했는데"[49] 그것은 우리가 지구에 끼친 손상 탓이다.

그러나 지속가능하지 않은 자원 사용 측면에서 보면 기후변화를 훨씬 넘어서서 다음과 같은 문제들을 포함할 정도로 심각하다.

> 해양 산성화, 오존층 파괴, 질소와 황 순환에의 인위적 개입(식물 성장에 필수적인), 야생부지의 농장 및 도시로의 전환, 생물종 멸종, 화학 오염원의 축적, 대기 중 오염입자 수준.[50]

확실히 말하지만 기후변화 과학에는 논란의 여지가 없다. 돌아올 수 없는 지점을 지났을 가능성[51] 그리고 기후모형이 예측하는 최악의 시나리오를 어떻게 가장 잘 피할 것인가 등의 기후변화 결과에 관해서는 논쟁의 여지가 있을 수 있다. 대응방식의 결정에서 현재의 원가에 대비해 미래의 효익을 평가하는 것은 도전적 과업이다. 스턴(Stern) 보고서는[52] 기후변화에 관해 이러한 선택에 내재되어 있는 상충관계를 잘 보여주고 있는데, 그 보고서는 사회가 "모든 현재와 미래 세대의 복지에 동등하게 가치를 부여해야 하고 현재의 유권자들에게 특별한 우선권을 주어서는 안 된다고" 주장했다.[53] 그러나 기술혁신(예를 들면 탄소 포집)[54]이나 미래 세대의 부(wealth)와 같은 알려지지 않은 일들을 어떻게 고려할 것인가? 그리고 그 결과 기후변화의 즉각적 비용을 과장할 가능성과 현재의 불필요한 희생을 야기시키는 것을 어떻게 피할 것인가? 본질적으로 "현재와 미래에 동등하게 비중을 두는 것의 문제점은 미래가 너무 많이 남았다는 점이다. 미래 세대의 수는 잠재적으로 너무나 많아서 그들에게 작지만 영구적인 혜택을 주기 위해 현 세대가 큰 희생을 감수하는 것이 정당화될 수 있다."[55] 이러한 매우 중요한 이슈에 효과적으로 대응하기 위해서 현재와 미래의 의무 간 정확한 균형을 찾는 것이 중요하다. 그러는 동안 우리는 회복력을 가져야 한다.

회복력

미래 세대에 대한 우리의 이타주의적 역량은 제한적이기 때문에 우리는 스스로를 구하기 위한 행동을 할 수 있다. 기후변화의 속도는 우리가 평생 동안 환경에 극적인 변화를 가져와야 한다는 것을 시사한다. 그렇다면 지속가능성은 현재에 반드시 이루어야 할 일이다. 이것이 바로 기업이 지속가능성에 관심을 가져야 하는 두 번째 이유이다. 기후변화는 오늘날 기업 운영에 극적인 영향을 끼치고 있으며, 따라서 어떤 형태로든지 반드시 적응(회복력)[56]해야 하기 때문이다.

회복력

"**회복력** : 예측 불가능한 붕괴 속에서 취약한 사람, 조직 그리고 시스템이 유지되거나 또는 번창할 수 있도록 어떻게 도와줄 것인가. 지속가능성이 세계를 균형 상태로 되돌리려 할 때 회복력은 불균형한 세계에서 그 가능한 방법을 모색한다."[57]

국가 수준에서 "2000년 이후 전 세계 이산화탄소 배출의 3분의 1을 차지하는" 중국이 최근 5개년 계획에서 "공산당의 의도를 담은 청사진"을 포함하여 적응의 필요성을 인식하고 있다.[58] 기업 측면에서 기후변화가 현재의 기업 운영 내의 매개변수를 변경시키고 있다는 것은 석유 회사가 아니더라도 알 수 있다. 비록 그것이 전기차 개발의 "판도를 뒤바꿀 그런 에너지"를 수용해야 하는 자동차 산업이든,[59] "탄소 농업"[60]을 통해 토양을 재활성화하는 방법을 배우는 농부들이든, 또는 환경을 손상시키는 프로젝트에 대한 자금지원을 피하려고 대출 실무를 조정하는 은행이든[61] 이해관계자의 관심사에 대응하는 (이상적으로 저항이 발생하기 전에) 기업은 성공할 것이나 그런 신호를 무시하는 기업은 실패할 것이다. 예를 들면 최근에 패션 기업 버버리는 시즌이 끝난 뒤 팔리지 않은 옷을 더 이상 소각하지 않을 것이라고 발표했다.

> 버버리의 발표는 환경을 의식한 것이며 점점 더 사치재 시장의 핵심 인구가 되어 가는 젊은 구매자를 겨냥한 것이다. 그 산업의 많은 브랜드들이 공급업체에게 동물복지 기준을 부과하면서 가죽제품을 포기하고 있으며 재활용 및 폐기물 정책을 홍보하고 있다.[62]

"향상되는 소득 및 생활 수준과 강한 상관관계를 가진 에너지 수요가 21세기 중반까지 약 50% 증가할 것으로 예상됨에 따라"[63] 환경 도전의 규모가 시사하는 바는 적응이 우리 미래 생존의 불가피한 부분이 될 것이라는 점이다. 이러한 사실을 인식한 주와 도시들은 국가의 지시를 기다리지 않고 행동하고 있다.[64] 미국 전역의 100개 도시에서 회복담당관(chief resilience officer)을 두는 계획이 진행되고 있으며[65], 콜로라도 불더(Boulder)와 같은 도시는 그 직책의 공무원을 이미 임명하였다.[66] 위협에 대한 노출을 줄이기 위해 많은 조치들이 취해질 수 있다.

> 주정부는 연방정부의 도움 없이 수없이 많은 방법으로 탄소 배출을 줄일

수 있다. 전기 사업자에게 더 많은 재생에너지를 사용하도록 요구하거나 건축 법규를 수정하거나 또는 전기용품에 더 엄격한 에너지 효율을 부과할 수 있다. 운송기반시설을 구축할 수도 있다.[67]

그러나 기업의 행동도 역시 중요한데 세계 최대의 카펫 제조업체인 인터페이스보다 더 기후변화에 대응하여 (또는 기후변화 대응의 재무적 혜택을 위해) 진보적인 운영방식의 변환을 위한 접근방법을 택한 기업은 없을 것이다. 인터페이스의 창립자 앤더슨(Ray Anderson)은 에코지수(ECO-Metrics)[68]를 사용하여 진척도를 측정하고 "식물성 재료 카펫공정(plant-based carpeting)"[69]을 개발하여 1990년대 중반에 지속가능성 등정(Mount-sustainability) 프로그램을 공격적으로 개시하였다. 10년 후 그 프로그램의 가치는 자명해졌다.

> 온실가스 배출의 절대량이 1995년 이후 92% 감소했으며, 용수 사용이 75% 감소하였고, 74,000톤의 사용 후 카펫을 매립지에서 회수하였다. 스크랩과 품질 미달 타일을 없앰으로써 매년 4억 달러를 절약하였는데 그 금액은 R&D와 공정 변경을 위한 지출보다 더 큰 금액이었다. 새로운 원재료의 25%가 "소비자 사용 후 재활용 제품으로부터 조달되었다" …… 그 변환 이후 매출액이 2/3 증가하였으며 이익은 2배로 뛰었다.[70]

앤더슨은 인터페이스와 같은 기업들이 지구에 미치는 해악에 대해 효과적으로 대응함으로써 새로운 이미지를 구축하길 원했다. 폴 호켄(Paul Hawken)의 1993년 저서 『상업생태학』(the ecology of commerce)[71]을 읽고 나서 앤더슨은 그 문제의 범위를 이해하였을 뿐 아니라 무언가가 달라지지 않으면 자신과 같은 비즈니스맨이 미래 세대들에 의해 "도둑이며 지구의 약탈자"[72]로 인식될 것이라는 걸 이해하게 되었다. 따라서 비즈니스 관점에서 기후변화를 규정하는 한 가지 방법은 위험관리의 측면에서 파악하는 것이다. 위험의 정도에 대한 인식과 행동의 필요성이 확산됨에 따라 비즈니스 성공을 위해 급속히 변화하는 생태적 맥락과 그에 따른 적응이 요구될 것이다. 이 과정에서 한 가지 중요한 절차는 자연자원의 가격부과이다.

자연자본

지속가능성을 설명하고 거기에 기업 운영을 적응시키는 것이 위험관리의 수단이 되지만 그 외에도 기업이 적응을 강요당하기 전에 자발적으로 행동해야 할 다른 긍정적 이유가 많다. 기업들이 인류 생존의 중심 이슈에 대해서 조기에 행동함으로써 누릴 수 있는 혜택은 갈수록 많아지고 있다. 따라서 정부가 제약을 가할 때까지 기다리기보다는 많은 기업들이 운영과정에서 자연자본을 고려하는 방법을 고안하면서 행동을 선택하고 있다.

자연자본

자연환경에 존재하는 모든 자원의 존재량

탄소가격(전과정가격 부과, 8장)이 자연자원에 가격을 부과하는 가장 명백한 방법이지만[73] 그 아이디어는 대보초(great barrier reef)("42억 달러")[74]와 같은 모든 자산에 확대 적용할 수 있다. 그리고 물과 전기와 같이 어떤 자원에는 가격이 부과되고 있으나 그 가격이 그 자원의 희소성(신선한 물)과 생산자에 대한 가치(전기 — 예를 들면 한 개의 비트코인 채굴에 네덜란드 한 가구의 한 달 평균 전기사용량이 소요된다.)[75]를 반영하지 못한다는 논쟁의 여지가 있다. 달리 말해서 소중한 자원에 대한 시장은 왜곡되어 있고 그것은 수정되어야 한다. 대보초의 가치 추정에 논쟁의 여지가 있는 가정이 포함되어 있다는 것은 의심할 여지가 없지만 중요한 것은 시도하는 것이다. 더 많이 해볼수록 더 잘하게 되며, 방법의 적절성에 대해서 동의할 가능성도 커진다. 현재 추출된 후 비즈니스에 의해 원가 이하에 사용되고 있는 자원의 진정한 원가를 추정하려 노력할 때 그 금액이 매우 크다는 것이 문제이다(일단 가해진 손상과 대체비용이 모두 포함된다면).

> 세계에서 가장 큰 1,200개 기업 중 거의 절반은 만약 사회적 비용과 자원 사용 및 오염비용인 3조 4천억 달러 중 당연히 부담해야 할 몫을 부담한다면 이익을 낼 수 없을 것이다.[76]

우리가 우리 주변의 자연환경 가치를 얼마나 존중하지 않는가는 "지구상의 모든 생물 중 0.01%에 불과한" 인간이 "83%의 포유류와 식물의 절반"[77]을 멸종시켰다는 사실을 생각하면 명백하다. 자연자본은 간단하다. 이러한 대량 멸종에서 현세대의 역할은 "인류가 1970년 이후 포유류, 조류, 어류와 파충류의 60%를 완전히 파괴했다"[78]는 것을 알면 명백하다. 종 다양성은 우리의 삶을 포함하여 지구상 모든 생명에 핵심이다. 우리는 지구상에 살고 있는 동료를 그렇게 많이 죽임으로써 더욱더 우리 자신을 위험에 빠트린다.

> 생물종과 자연 생태계의 전 세계적 멸종 …… 은 돌이킬 수 없다. 생물종이 일단 사라지면 영원히 돌아오지 못한다. 기후가 안정되더라도 생물종의 멸종은 10억 년 된 환경 지지 시스템인 지구의 기초를 붕괴시킬 것이다 …… 우리가 기후변화에 초점을 두고 있다면 아직 시간이 있을 때 우리의 살아 있는 세계를 보호하기 위해 단호하게 행동해야 한다. 그것이 우리 인류의 궁극적 성취가 될 것이다.[79]

따라서 자연자본의 가치를 계산하여 그 원가를 계획에 반영할 필요성이 기업이 지속가능성에 관심을 갖는 세 번째 이유가 된다. 8장에서 논의한 바와 같이 "만약 가격이 생태비용을 포함한 모든 비용을 반영하여 모든 세대에 걸쳐 분산된다면 최소한 이론적으로는 세계가 지속가능성 도전에 직면하지 않을 것"[80]이다. 이 "환경손익계산"(EP&L)[81] 개념을 가장 먼저 적용한 기업 중 하나가 푸마이다. 푸마는 2011년 처음으로 EP&L을 개발하여 발표하였는데 그 보고서에서 "온실가스 배출과 용수 사용에 대해 이전에 발표한 9,400만 유로에 더하여 가치사슬 전체에서 토지 사용, 대기오염 그리고 폐기물로부터 발생하는 5,100만 유로의 영향"[82]이 운영활동으로부터 발생했다고 결론지었다. 푸마의 사례에서와 같은 전사적인 분석을 꺼리는 기업들에게는 내부 예산계획 목적으로 탄소가격 계산이 중요한 첫 걸음이 된다.[83] 탄소공개프로젝트(CDP, https://www.cdp.net/)에 따르면 "전 세계적으로 1,800개의 미국 기업을 포함하여 7천 개 이상의 기업이 2018년 환경영향보고서를 제출하였다."[84] 보다 구체적으로 "디즈니와 마이크로소프트가 [현재] 탄소배출에 '잠재가격'을 부과하고 있다. 콜게이트와 에코랩(EcoLab)은 …… 물의 진정한 원가를 측정하기 위해 노력하고 있다. 그리고 인터페이스는 …… 카펫 타일 생산에 사용되는 자연자본의 가격을 매기고 있다."[85]

> 탄소에 가격을 매기는 것은 기후변화와 싸우고 위험 감소와 기회의 자본화를 위한 전략에 핵심적 부분이다. 내부 탄소가격 사용은 주요 다국적 기업에서 새로운 규범이 되고 있다. 2017년에 거의 1,700개 기업이 내부 탄소가격을 비즈니스 계획에 중요한 요소로 포함시키고 있으며, 이는 4년 동안 8배 증가한 수치이다.[86]

이와 유사하게 펩시는 카본트러스트(Carbon Trust)와 함께[87] 탄소발자국의 조기 채택자로 트로피카나 오렌지주스의 반 갤론 팩의 영향을 계산하고 있다.[88] 오렌지주스의 반 갤론 팩마다 이산화탄소 3.75파운드가 대기 중으로 배출된다. 대부분의 배출(60%)이 생산과정에서 발생한다는 사실은 주목할 만하다(〈그림 11-3〉에서 보듯이). 마찬가지로 캐드베리는 "캐드베리 밀크 초콜릿바에 들어가는 한 잔 반의 우유와 유리병이 그 제품의 온실가스 배출 중 60%를 차지한다"[89]는 것을 발견하였다. 따라서 이러한 실무를 행하는 것은 두 가지 가치를 가져다준다

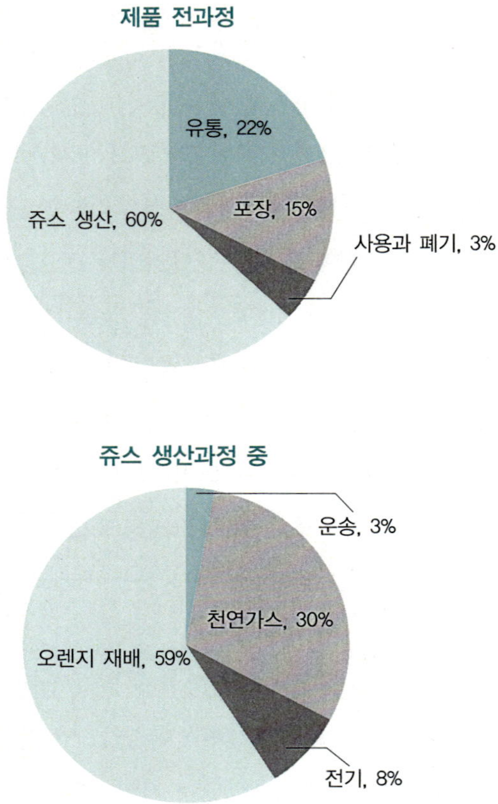

출처 : Adapted from Andrew Martin, "How Green Is My Orange," *The New York Times*, January 22, 2009, p.B1.
주 : 자료는 CO_2 3.75 파운드(1.7 kg)를 생산하는 0.5 갤론 팩 주스에 대한 것이다.

그림 11-3 트로피카나 오렌지의 탄소발자국

— 탄소 가격이 부과될 미래를 대비할(과세 또는 배출권거래 시장) 뿐만 아니라 가치사슬을 더 잘 이해하는 데 필요한 정보를 수집할 수도 있다. 이러한 자료는 비효율을 확인해주고 각각 다른 오염원을 구분해주며(예를 들면 스코프 1 직접배출과 스코프 2 간접배출), 그 정보를 이해관계자들과 소통하게 해준다.

이해관계자

기업이 지속가능성에 관심을 가져야 하는 네 번째 이유는 무엇인가 해야 할 필요성에 대한 공감대가 이루어져서 행동을 요구하는 이해관계자 압력이 증가할 가능성이다. 특히 소비자 행동은 기업 행동의 강력한 동인이 되며, 탄소 배출을 의미 있게 감소시키기 위해 변화가 필요하다. 예를 들면 굿이어(Goodyear)는 자사 제품인 타이어의 전과정 동안 배출한 전체 CO_2의 87%가 판매 후 소비자 사용 중에 발생한다는 것을 발견하였다(특히 각 타이어의 "구름저항(rolling resistance)").[90] 이와 마찬가지로 유니레버는 지속가능한 생활계획을 실행하면서 다음을 발견하였다.[91]

> 그 회사는 2,000개 제품에 대한 탄소발자국을 측정하였으며 평균적으로 제품 전과정 동안 68%의 온실가스가 제품이 소비자 손에 넘어간 후에 발생하였으며, 주로 물을 끓이는 에너지 집약적 과정에서 발생하였다(티백이나 세제 분말).[92]

그와 같이 이해관계자들이 환경성과를 위해 보다 큰 책임을 요구할 날이 올 것이라 기업들이 예상하기 시작했다. 그 예로서 GM은 "비매립"[93] 정책을 약속하였으며, 삼성은 2020년까지 200억 달러를 투자할 계획을 발표하였는데 그 이유는 "그 기업은 전자 산업이 20세기의 족적을 정의한 바와 같이 녹색기술이 …… 21세기에 중심이 될 것을 믿기"[94] 때문이다. 유니레버와 같은 회사에게는 "지속가능성이 이제 혁신의 핵심 동인이다."[95]

> 우리의 준비 여부와 상관없이 우리는 희소 자원의 세계로 옮겨가고 있으며 그 세계에서 기업은 …… 얼마나 많은 물, 토양 그리고 다른 자연자원이 사용되고 있는지와 그로부터 회수하는 자금이 얼마인지 모니터해야 한다. 이 방정식 계산을 못하는 기업들은 가격 상승, 변동성, 규제 및 사회적 압력의 제물이 될 것이지만 그것을 통달한 기업은 경쟁우위를 확보하고 시장점유율을 높일 것이다.[96]

기업들이 지속가능성에 관심을 갖는 이유

기업이 지속가능성에 관심을 가져야 하는 4가지 주요 이유가 있다.

- **기후변화** : 기후변화는 현실이다. 영리기업은 이 문제의 주요 원인이자 해결에 대한 희망이다.
- **회복력** : 변화하는 기후가 비즈니스 운영에 영향을 미칠 것이다. 위험을 관리하고 새로운 환경에 적응하는 것은 갈수록 비즈니스 성공의 한 측면이 될 것이다.
- **자연자본** : 기업이 사용한 자연자원(종종 공짜로)에 가격을 매기는 행동은 미래 법률에 대한 대비와 가치사슬에 대한 이해를 도와준다.
- **이해관계자** : 이해관계자들은 행동의 필요성이 분명해짐에 따라 점점 더 변화와 환경 성과에 대한 투명성을 요구할 것이다.

모든 기업에 내재된 비즈니스의 특성이자 동시에 지속가능성 제고를 위한 네 가지 행동의 구동력은 폐기물 감소 필요성이다. 기후변화를 고려하고 운영과정에서 그것에 적응하고 자연자원에 가격을 매기고 그 이슈에 대한 이해관계자의 진화하는 기대에 대응하는 것이 모두 필수적인 폐기물 감소 노력에 도움을 줄 것이다.

폐기물

본서의 핵심 목표는 기업의 신뢰를 회복하는 것이다. 모든 과오에 대해서 기업은 CSR 옹호론자들이 지지하고 있는 기업 목표를 제공하기 위한 최적의 위치에 놓여 있다. 정부와 비영리조직이 중요한 비시장적 역할을 수행할 수 있지만 기업은 혁신을 촉진하고 총가치를 최적화하는 방법으로 가치 있고 희소한 자원을 배분할 능력을 갖고 있다. 이해관계자들의 요구와 기대를 충족하기 위해 그들의 참여를 추구하면서 운영의 모든 측면에서 전략적 CSR을 포용하는 기업들은 중장기적으로 가장 큰 가치를 창출할 더 나은 위치에 있다. 자원 사용 측면에서 전 세계적으로 극적인 정치적 행동이 없다면 환경방어기금(Environmental Defense Fund)의 회장이 주장하였듯이 영리기업들이 우리의 유일한 희망일 가능성이 많다.

> 기후변화는 시장경제가 창출한 번영의 부산물이다 …… 이것이 비록 미국 산업계에 만만찮은 도전을 제기하지만 시장기반 정책이 보다 안전하고 번영할 미래 구축을 위해 노력할 투자자, 발명가, 기업가들에게 혁신의 고삐를 풀어줄 수 있다. 정확한 과학적 사실과 적절한 유인 수단으로 시장은 승리를 위한 해법을 찾을 것이다.[97]

만약 영리기업이 경제모형의 개혁을 선도하려 한다면 글로벌 경제의 중심 동인으로서 폐기물 배출량을 줄이는 것부터 시작하는 것이 좋다. 당신이 제품을 많이 사주면 사줄수록 기업의 성과가 좋아지며 경제는 빨리 성장하게 된다. 달리 말하면 대량 소비와 빠른 회전이 필수적이다. 우리가 제품을 필요로 하는가보다 우리가 그것을 원하는지가 더 중요하다. 그리고 우리가 제품을 구매한 후 빨리 그것을 버리고 하나 더 사면 GDP는 더 빨리 성장한다. 절제와 보전은 요점이 아니다. 스타벅스가 "매년 전 세계적으로 40억 개의 종이컵"[98]을 사용한다는 것을 알게 된 후 변화를 만들기 위해 얼마나 많은 행동이 필요한지를 생각하면 당신이 재사용컵을 매장에 갖고 가겠다는 결심이(비록 당신의 모든 친구가 같은 행동을 하도록 만들어도) 약해질 것이다.

현재의 경제모형의 중요한 가정은 세계의 자원이 무한하다는 것이다. 기업이 원재료를 추출해서 소비자가 구매하고 싶어할 무엇인가를 만들 때 소비자는 추출과 변환 과정에서 발생한 원가만을 지불한다. 대부분 자원을 보충하기 위한 원가(예, 재활용되지 않는 스마트폰에 사용된 귀금속을 영원히 잃어버리는 원가) 또는 소비과정에서 발생한 환경원가(예, 운전 중 배출한 오염물질)는 가격에 부과되지 않는다. 요약하면 우리 경제는 폐기물에 기반을 두고 있다 — 많이 버릴수록 경제는 더 강해진다. 그와 관련된 수치들은 놀랄 만하다.

> 전 세계의 쓰레기는 그 어느 때보다 많이 배출되고 있다. 가계와 기업에서 배출되는 쓰레기는 2016년에 20억 톤에 이른다. 지구상 모든 사람이 1일

평균 740g 배출하는 셈이다 …… 폐기물 산업에서 발생하는 온실가스 …… 오래된 매립지에서 발생하는 메탄가스는 2025년에 이르면 전 세계 탄소배출량의 1/10 만큼이나 차지하게 될 것이다.[99]

저개발 국가 사람들이 선진국 사람들이 오랫동안 누려온 라이프스타일을 추구함에 따라 쓰레기 총 배출량이 계속해서 늘고 있다.

세계 인구의 16%를 차지하고 있는 선진 경제가 쓰레기의 34%를 생산해낸다. 개도국도 빠르게 따라잡고 있다. 현재 추세라면 21세기 중반까지 유럽과 북미 국가들은 오늘날에 비해 1/4 더 많은 쓰레기를 생산할 것이다. 같은 기간 동아시아에서 그 양이 1.5배로 증가할 것이며, 동남아시아에서 2배, 사하라 남부 아프리카에서는 3배로 증가할 것이다. 연간 총량은 34억 톤에 이를 것이다.[100]

미국에서 "지역사회는 평균적으로 화재 예방, 공원과 여가, 도서관 또는 학교 서점보다 더 많은 돈을 폐기물 관리에 지출하고 있다."[101] …… 그리고 폐기물 중 많은 부분이 사실 폐기물이 아니다. 오히려 그것은 생산 중 (낭비적인 공정) 또는 소비과정(미판매 제품)에서의 비효율에 의한 부산물이다. 예를 들면 전 세계적으로 우리는 "연간 13억 톤의 식품을 버리는데 그것은 우리가 재배하는 모든 식량의 1/3에 해당한다." 그 양이 미국에서는 약 1,600억 달러 어치에 이른다.[102] 이러한 음식물 폐기물은 2030년에 21억 톤으로 증가할 것으로 추정되는데 "1초에 66톤"이 버려지는 셈이다.[103] "우리가 만약 원가 효율적인 회수기술만 갖고 있다면 매년 미국의 매립지에 묻는 물질에서 최소 200억 달러어치의 가치 있는 자원을 회수할 수 있을 것으로"[104] 추정된다.

폐기물 중 엄청난 양이 매립되기도 하지만, 많은 부분이 환경규제가 덜 엄격한 국가로 수출된다. 어느 나라보다 중국이 이러한 폐기물을 많이 받아서 그 중 많은 부분을 재활용한다. 미국과 다른 서구국가에게는 불행한 일이지만 중국이 2018년에 "종이와 플라스틱과 같은 24종류의 폐기물"을 포함하여 폐기물 수입 중 대부분을 금지시켰다.[105] 그에 따라 많은 폐기물관리업체와 재활용업체들이 쓰레기를 수출할 다른 장소를 찾으려 분투하고 있다. 수입금지 이전에는

> 영국이 만 개의 올림픽 수영장 크기에 해당하는 공간을 채울 만큼 많은 재활용품을 중국에 보냈다 …… 미국은 매년 1,320만 톤 이상의 폐지와 1,420만 톤의 폐플라스틱을 중국에 수출하였다 …… 그 품목들이 미국의 대중국 수출품 6위를 차지하였다.[106]

폐기물 수출(중국과 나이지리아와 같은 아프리카 국가에 대한)[107]의 큰 부분을 차지하는 것이 전자폐기물이다 — 컴퓨터와 스마트폰과 같은 소비자 전자제품과 관련된 폐기물.[108]

전자폐기물

대부분의 전자제품 케이스 내에는 부품을 구성하는 금속과 화학약품이 들어있으며, 납땜 재료는 유독성이다.[109] 많은 부분이 가치가 있기는 하지만 분리와 회수에 드는 노력과 비용을 감안하면 그 제품을 버리거나 다른 사람으로 하여금 재활용하도록 만드는 것이 보다 효과적인 경우가 종종 있다.

> 종종 납, 수은 또는 다른 독성물질이 포함되어 있지만 노트북과 이동전화기에는 금, 은, 동과 같은 가치 있는 물질도 들어 있다. 그러나 전 세계 전자폐기물 중 20%만이 수집되고 재활용된다 …… 전자폐기물에 들어 있는 원재료 물질의 가치는 2016년에 대략 610억 달러였다 …… 그 해에 전자폐기물에서 추출한 금이 전 세계에서 새로 채굴한 금의 1/10보다 많다 …… 전자폐기물 처리율에 기초해서 추정해보면 미국에서만 매년 600억 달러에 달하는 금과

은을 이동전화기와 함께 버리고 있다.[110]

이러한 소비자 전자제품이 갈수록 우리 삶의 중심이 되면서 우리가 생산하는 전자폐기물의 양은 빠른 속도로 증가하고 있으며[111], 이제 그것이 "지구에서 가장 빨리 증가하는 폐기물 흐름이 된"[112] 시점에 이르렀다.

> 지난 9년 동안 전 세계 누적 전자폐기물은 두 배 이상 증가하였다. 2016년까지 배출된 …… 연간 4억 9,300만 톤의 누적 전자폐기물은 뉴욕과 방콕을 왕복할 거리에 이르는, 18개 바퀴를 가진 대형트럭 백만 대를 채우기에 충분한 양이었다. 2021년까지 연간 총량은 5천 7백만 톤을 초과할 것으로 예측된다.[113]

우리의 소비자 지향적 경제모형은 기능적으로 아무 문제 없는 오래된 전화기를 바꾸게 하고 신제품이 나올 때마다 결과를 생각하지 않고 새로운 제품을 구매하도록 강요한다. 애플이 새로운 아이폰을 출시할 때마다 전 세계에서 수천만 개의 핸드폰이 새로운 아이폰으로 대체된다.[114] 그 결과 오염총량은 쌓여 간다. "애플의 가장 최근 지속가능보고서에 따르면 각각의 새로운 애플 기기 생산에 평균 90kg의 탄소가 배출된다."[115]

〈그림 11-4〉는 미국에서 버려진 전자폐기물의 무게(톤)와 총 개수를 소비자 전자제품별로 나타내고 있다.[116] 그러나 전자폐기물은 단순히 소비자에 대한 도전만이 아니다. 예를 들면 IBM과 같은 회사는 하루에 38,000개의 전자기기를 가공하며, 전 세계 22개 재활용 설비에서 전자폐기물 처리를 전담하는 250명의 직원을 보유하고 "수천 개의 추가적 계약업체"를 유지해야 한다.[117] 이러한 폐기물에 함유된 중금속의 양은 처리를 담당하는 사람들에게 심각한 문제를 일으킨다. 예를 들면 TV와 컴퓨터는 "수은, 카드뮴 그리고 부품 상태로 있을 땐 무해하지만 매립지에 버려지면 건강에 위험을 제기하는 자그마치 8파운드의 납과 다른 물질

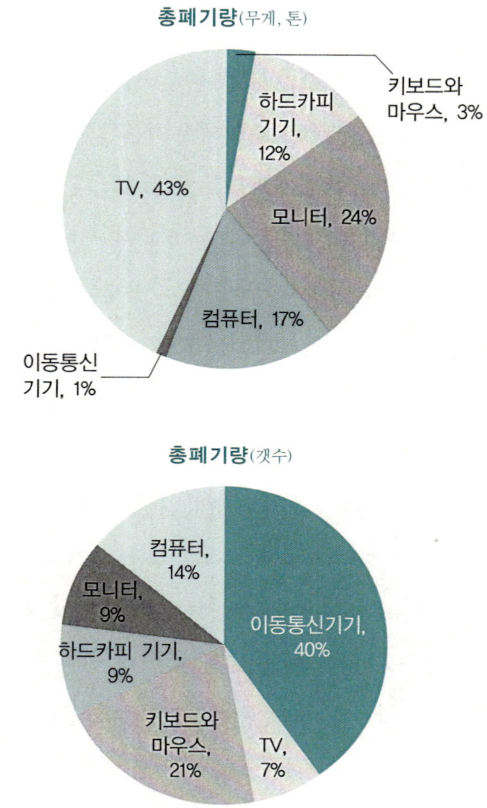

출처 : EPA, Electronics Takeback Coalition, "Fact and Figures on E-Waste and Recycling," June 25, 2014, P.2에서 발췌

그림 11-4 미국의 총 전자폐기물

을 함유하고 있을 수 있다."[118]

책임 있는 방법으로 전자제품을 처리하기 원하는 소비자들에게 좋은 선택이 거의 없다. 폐기물에 대한 최근의 금수조치 이전에 서구 사회의 전자폐기물 중 많은 부분이 "주로 아시아 국가로 조용히 수출되었다. 금수조치 이전에는 중국이 전 세계 전자폐기물 가공의 70%를 차지하는 것으로 추정되었다."[119] 그곳에서는 저임금을 받고 여성과 어린이가 보호장비나 옷 없이 맨손으로 분해하는 경우가 종종 있었다. 그 결과 중국의 특정 지역은 중국 노동자들이 우리의 전자폐기물을 재활용하는 노력과 비용을 절감해주느라 "쓰레기 땅"[120]이 되어 왔다. 노동자들은 거의 수동 공구만으로 "오래된 컴퓨터, 모니터, 프린터, 비디오와 DVD 플레이어, 복사기, 전화기와 충전기, 스피커, 자동차 배터리와 전자레인지를 분해하고 있다."[121] 중국의 어느 마을은 "중고 전자제품의 재활용에 특화되어 있는데 어린이 중 80%가 혈액 중 납 성분이 과다하게 검출되었다."[122] "다수의 어린이를 포함하여" 15만 명으로 추정되는 사람들이 중국의 구이유에서 전자폐기물 재활용에 종사하고 있다.[123] 그곳에서의 표준 실무는 스토브 위에 기판을 놓고 끓여서 플라스틱을 분리하고 나서 산으로 금속을 침출시키는 것이다. 노동자들은 화상, 연기 흡입, 납 및 다른 발암물질의 독성에 중독될 위험에 노출된다. 한 연구는 그 지역 여성들의 유산율이 높다는 사실을 발견하였다.[124]

전자폐기물 이동을 규제하기 위해 어떤 일이 진행되고 있는가? 독성 폐기물에 관한 UN의 바젤 협약(http://www.basel.int)과 전자전기 장비 폐기물에 대한 EU의 법규(http://ec.europa.eu/environment/waste/weee/)가 전자폐기물을 규제하는 중요한 두 가지 정부 차원의 계획이다. 이러한 국제적 규제 노력이 광범위하게 이루어지고 있으며, 노동자들에게 중요한 보호를 제공하고 있으나 법 집행의 문제가 있다.

> 미국은 전 세계 2위의 생산국임에도 불구하고(최근 중국이 제1 생산국이 되었다), 전자폐기물 수출을 제한하기 위해 186개국이 서명한 독성폐기물에 관한 바젤협약을 비준하지 않은 유일한 선진국이다. 더구나 미국은 폐기물관리에 관한 연방법 없이 각 주법에 맡기고 있다(15개 주가 아직 효력이 있는 전자폐기물법을 가지고 있지 않다). 대조적으로 EU는 세계에서 가장 강력한 전자폐기물법을 가지고 있으며, 개도국으로의 수출을 금지하고 제조업자들에게 재활용을 지원할 재원 마련을 강제화하고 있다.[125]

매립지가 한계에 다다르고 전자폐기물의 위험이 보다 명백해짐에 따라 소비자 행동을 변화시키고 폐기물의 양에 제한을 두기(또는 최소한 옳게 재활용하도록 하기) 위한 법규가 중요해졌다. 그러나 주와 지역의 법률이 제안되는 경우에도 비용을 개인(버린 양에 기초해서), 기업(수익에 기초해서) 또는 사회(폐기물 처리는 공공재라는 사고 기초해서) 중 누구에게 부담시킬 것인가에 관한 논쟁이 있다. 판매 시점에서 소비자 전자제품에 부과된 예치금의 일부는 고객에게 전가되고(높은 가격) 일부는 기업에 부담이 되고(낮은 이익) 일부는 국가에 전가되어(조세 수입) 그것이 최소한 부담의 공유를 보장해준다. 그것은 또한 우리가 직면한 환경 문제가 우리 모두의 공헌이 있을 때에만 해결될 것이라는 메시지를 강화하는 데 도움을 줄 것이다.

현재보다 훨씬 더 많은 양이 재활용되어야 하지만 오히려 주요 오염을 발생시키는 (특히 해양오염) 또 다른 문제 있는 원재료는 플라스틱이다.

플라스틱

플라스틱은 놀라운 물질이다. 20세기 초에 발명되고 1950년대에 상업화되어 우리 생활의 거의 모든 측면에서 사용되는 가장 다용도의 재료이다. 그것이 유용한 가장 중요한 이유는 넘치는 재료(즉, 원유)를 이용해 싸게 생산할 수 있기 때문이다. 그처럼 일회용으로 사용하기에 특별히 유용하며, 따라서 가계용(예를 들면 물병)으로 편리하고 위생이 생명인 병원용(예를 들면 주사기와 포장재)으로 중요하다. 그리고 그 유용성 때문에 엄청난 양의 제품이 만들어진다. "2015년에 약 3억 2,200만 톤의 플라스틱이 생산되었고 2025년에 그 수가 두 배가 될 것으로 예상된다."[126] 플라스틱의 또 다른 유용한 특성은 내구성이다. 너무 내구성이 강해서 사실 그것을 제거하기가 어렵다. 플라스틱은 유용성과 다용도성을 갖고 있어 대량으로 생산되며, 이론적으로는 재활용 가능하지만 우리가 재활용을 잘하는 것 같지는 않다. 예를 들면 1950년대 이후

83억 톤이 발생하였다. 그 무게는 코끼리 10억 마리에 달한다. 획기적인

> 연구에 따르면 …… 9%만이 재활용되고 12%는 소각되고 79%는 매립지나 또는 더 넓은 환경에 축적된다.[127]

이런 비율이라면 2050년까지 "매립지나 자연환경에 …… 버려진 플라스틱 폐기물이 120억 톤에"[128] 이를 것이며, "바다에 어류보다 더 무거운 플라스틱이 버려질 것이다."[129] 코카콜라가 최근에 연간 "10억 병 이상" 플라스틱병 생산을 증가시켰다는 것은 그 문제에 대한 가시적 느낌을 주기에 충분히 교훈적이다. 즉, 코카콜라는 10억 병보다 더 생산을 증가시켜 연간 총수량 "1,100억 병"을 달성하였다.[130] 이러한 플라스틱 중 많은 부분이 매립되지만(그것도 좋지 않은 일이지만) 많은 플라스틱이 바다로 흘러들어 해양생물(따라서 인간의) 생명에 심각한 결과를 초래한다.[131] 태평양의 거대 쓰레기 지대에서만 "87,000톤의 플라스틱"이 있는 것으로 추정되고 있다.[132] 그리고 〈그림 11-5〉에서 보듯이 우리는 현재 그 총량을 증가시키고 있는데 바다로 흘러가는 새로운 플라스틱의 최소 추정치가 연간 "8백만 톤"이다.[133] "매분 한 트럭 분량의 플라스틱이 바다로 들어간다 …… 매년 1,270만 톤의 플라스틱이 바다로 간다."[134]

그래서 우리는 그에 대해 무엇을 하는가? 별로 하는 일이 없다. EU는 일회 사용 플라스틱을 줄이고 "2030년까지 완전한 재활용을 확실히 하기 위한"[135] 조치를 제안하였으며, 그것은 2018년에 유럽 의회의 승인을 받았다.

> 그 조치의 결과로 …… 빨대, 면봉, 식사 도구, 일회용 낚시 도구를 포함하여 해변에서 가장 보편적으로 발견되는 상위 10위 플라스틱 생산과 소비가 감소하거나 변화하였다. 덴마크, 프랑스, 벨기에, 이탈리아 및 포르투갈과 같은 몇몇 유럽 국가들은 국가 차원에서 플라스틱 폐기물을 감소시키기 위한 조치를 최근에 이미 취하였으며, EU 설문조사에서 응답자의 85% 이상이 그 조치에 강력한 지지를 표시하였다.[136]

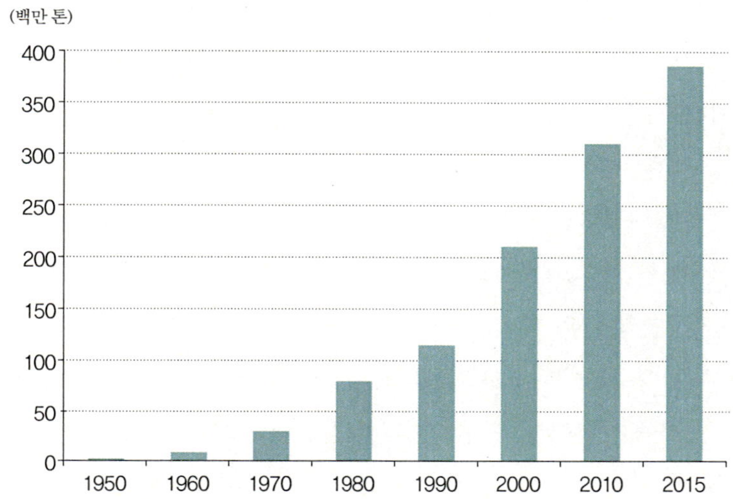

출처 : Adapted from Carol Ryan, "Plastic Is Big Food's Next Headache," The Wall Street Journal, December 31, 2018, p.B10.
주 : 연간 생산량, 백만 톤, 근사치

그림 11-5 연간 전 세계 플라스틱 생산(1950 ~ 2015)

그 이상으로 소비자를 가장 강하게 끌어들인 캠페인은 플라스틱 백(우리나라에서는 비닐백)에 반대한 것이었으며, 그것이 일반적 플라스틱 문제의 심각성에 대한 징후였다. 미국에서만 "우리는 1년에 3,800억 톤을 사용한다. 그중 5.2%가 재활용되는 것으로 추정된다. 그것은 매립지에서 1,000년간 머물 수 있다. 플라스틱 백은 원유에서 생산되며, 우리가 그 백을 사용하는 습관 때문에 매년 16억 갤런의 원유를 사용한다."[137] 그러나 기업, 도시 그리고 국가가 플라스틱 백에 작은 세금을 부과했을 때 소비자들은 빠르게 적응했다. 예를 들면 이케아가 6개월 내에 "플라스틱 백에 요금을 부과하겠다고 발표했을 때 미국에서 플라스틱 백 사용이 50% 이상 감소하였다. …… 영국에서 그 정책은 백 사용을 95% 감소시켰다."[138] 마찬가지로 아일랜드 정부가 모든 플라스틱에 33센트에 해당하는 세금 부과안을 통과시켰을 때[139] 사람들의 행동에 미친 영향은 극적이었다.

> 몇 주 내에 플라스틱 백 사용이 94% 감소하였다. 1년 내에 거의 모든 사람이 재사용가능한 천 가방을 사서 사무실이나 차에 두었다. 플라스틱 백은 불법은 아니었지만 그것을 들고 다니는 것은 가죽 코트를 입는 것이나 애완견의 뒤처리를 안 하는 것처럼 사회적으로 용납되지 않았다.[140]

전 세계적으로 매월 자그마치 "420억 개의 플라스틱 백이 사용되고 있으며"[141] "미국인이 평균 매주 약 10개의 1회용 플라스틱 백을 버린다."[142] 따라서 그 문제는 거대한 것이지만 해법은 적절하지 않아 보인다. 즉, 그 해법은 필요하지만 충분하지는 않다. 가장 최근 트렌드인 플라스틱 빨대를 금지하는 것도 이와 비슷하다. 압도적인 문제에 직면해서 우리는 어디서 시작해야 할지 모르고 따라서 우리의 생활양식을 중대하게 위협하지 않을 명분을 찾아낸다. 그것은 중요한 것이지만 실제로 실질적인 희생을 요구하지 않는다. 이것이 기념비적인 규모를 가지는 오염의 민낯이다.

> 미국에서만 1회용 플라스틱 빨대 사용 추정치가 매일 5억 개가 넘는다 …… 플라스틱 빨대는 재활용 플라스틱인 폴리프로필렌으로 만들어지지만 대부분의 재활용업자는 그것을 받아들이지 않을 것이다.[143]

그 캠페인은 영국에서 사용금지 약속[144], 네슬레, 유니레버 및 코카콜라의 "2025년까지 100% 재활용 가능한 포장재 사용"[145] 약속, 2020년까지 빨대를 없애겠다는 스타벅스의 약속("1년에 10억 개 이상의 빨대를 제거함")[146] 그리고 2018년 여름 미국에서 사용 금지의 확산 등의 결과를 가져왔다.

> 최근 몇 개월 동안 뉴욕, 샌프란시스코, 마이애미 비치, 산타바바라 및 포틀랜드와 같은 도시의 공무원들이 1회용 플라스틱 빨대 사용 금지를 제안하거나 통과시켰다. 7월에 시애틀은 실제로 금지조치를 실행한 미국 최초의 주

요 도시가 되었다.[147]

그렇지만 환경문제의 규모를 생각하면 우리의 반응은 소심해 보인다.[148] 우리에게 필요한 것은 지속가능성을 넘어서기 위한 단결된 노력이다.

지속가능성을 넘어서

전자폐기물과 플라스틱 같은 특정 문제에 대한 해결책 이상으로 본서는 영리기업의 가치 창조 역량에 의해 진화된 시스템 전반의 변화를 주장한다. 본서는 현 상태가 불안정하지만 동시에 가장 다루기 힘든 인류의 문제를 극복하고 혁신을 이루어 내는 시장의 힘을 인지하고 있다. 요약하면 자본주의 모형을 광범위하게 재평가할 필요가 있으나 총가치를 최적화하는 방법으로 가치 있고 희소한 자원을 동원하고 배분하는 가장 효과적인 시장의 힘을 보여주는 모형이 필요하다. 테라사이클(Terra Cycle)과 같은 기업이 "폐기물이라는 개념을 없애겠다"는 약속을 통하여 이러한 전반적인 변화를 일으키는 기업가정신과 혁신의 힘을 보여주고 있다.[149] 테라사이클은 운영과 전략계획의 모든 측면에서 이해관계자 관점을 실행하고 그 과정에서 "모든 것이 재활용 가능하다는 신념으로 2,400만 달러 비즈니스를 만들어 내었다."[150]

시장이 적절한 해법을 제공하지 못하는 경우, 기업들은 최적의 실무 해법을 확인하기 위해 정부기관이나 NGO와 손을 잡고 일을 해야 한다. 예를 들어 판매세가 모든 기업에 동등하게 적용된다면 보다 지속가능한 제품이나 보다 효율적인 재활용 공정을 창출하도록 인센티브를 제공할 수 있을 것이다. 중요한 것은 이러한 시스템 전반에 걸친 지속가능성 개념이다—전체로서 시스템에 초점을 둠으로써 비로소 의미 있는 지속가능한 변화를 일으킬 수 있다. 그리고 기후변화에 대응하기 위해 전 세계 사람들의 행동에 얼마나 큰 변화가 필요한지 생각하면 그것을 제공할 수 있는 것은 오직 대기업뿐이다.

궁극적인 질문은 다음과 같다. 우리는 의미 있는 변화에 관심이 있는가? 그렇다면 그 원천이 되는 것은 가장 규모가 큰 기업들(월마트, 코카콜라, 맥도날드 등)이다. 그렇다고 파타고니아, 치폴레 그리고 심지어 스타벅스의 놀라운 비즈니스 모델의 중요성이 감소되는 것은 아니다. 오히려 그들은 규모가 더 큰 기업이 성취해야 할 로드맵이다. 그러나 가장 큰 기업들이 전략적 CSR에 전적으로 투자하지 않으면 우리는 필요한 진보의 겉핥기만 하고 있는 것이다. 대기업들은 보통 우리 삶의 수준과 미래 안전에 모든 소기업을 합한 것보다 훨씬 더 큰 영향을 미친다. 클레이(Jason Clay)가 테드톡(TED Talk)에서 대형 브랜드가 생물다양성에 우호적으로 행동할 수 있는 방법에 대해 말했듯이 "100대 기업이 지구에서 가장 중요한 15개 상품 거래 중 25%를 통제한다 …… 왜 25%가 중요한가? 그것은 만약 이러한 기업들이 지속가능한 제품을 구매하면 40% 내지 50%의 생산을 견인할 것이기 때문이다."[151] 클레이에 의하면 그것은 모두 공급망에 관한 것이다. 공급업체들은 고객만큼이나 기업에게 중요한 이해관계자이다. 대기업이 다른 기업들의 개선을 위해 압력을 가하면 훨씬 더 빨리 그리고 실제로 중요한 변화를 가져올 것이다. 소비자 개개인이 자신의 소비 의사결정이 세계적으로 가져올 영향을 자각하게 될 때까지 기다릴 시간이 없다.

기후변화 문제는 중대한 행동만이 의미 있는 결과를 만들어 내고 우리는 그러한 행동이 미래에 부딪치게 될 재앙적 결과를 회피할 수 있도록 해주는 지점에 도달하였다. 이런 면에서 영리기업은 우리가 직면한 환경적 혼돈상태의 중요한 원인이지만 동시에 해결의 중요한 희망이며, 이에 필요한 변화를 촉진하는 것은 이해관계자 압력이다. 진정으로 지속가능한 경제시스템을 창출하기 위해 생산과 소비 두 가지 측면에서 해야 할 일이 많다.

전략적 CSR 논쟁

발제 제안 : 전자폐기물 세금은 모든 소비자 제품에 부과되어야 한다.

토론과 검토를 위한 질문

1. 구매 의사결정에 지속가능성 이슈를 고려하거나 또는 고려하지 않는 이유는 무엇인가?
2. 다음의 비디오를 보라 : https://storyofstuff.org/movies/story-of-stuff/. 그 비디오가 질문 1에 대한 당신의 답변을 변화시키는가? 이 비디오에서 제기된 주요 질문에 당신은 어떻게 답할 것인가? 우리는 어떻게 선형 경제시스템을 보다 지속가능하게 만들 수 있는가?
3. 지속가능성은 오늘날 비즈니스, 정치 그리고 사회에서 높은 우선순위를 가지고 있는가? 그 이유는? 아니라면 변화를 위해 무엇을 해야 하는가?
4. M&S의 Plan A 웹사이트(https://corporate.marksandspencer.com/plan-a)[152]를 보라. 이것이 진정한 노력이라는 생각을 갖고 있는가? 보다 중요한 질문으로서 그것이 충분한가?
5. 당신이 만들어 내는 전자폐기물의 양을 어떻게 최소화할 수 있는가? 당신은 스마트폰이나 컴퓨터를 얼마나 자주 바꾸는가? 개도국 노동자(아동 포함)가 우리의 전자폐기물을 처리하는 것이 정당한 것인가?

제 12 장

지속가능한 가치 창조

수십 년에 걸친 연구와 논쟁 후에도 "CSR에 대해 널리 인정된 정의는 존재하지 않는다."[1] 그럼에도 불구하고 이 분야는 "재무적 고려 이상의 것으로 기업의 책임을 확대하려는" 노력이란 점에서는 통일되어 있다.[2] CSR과 기업윤리 영역은 이익 추구가 행동에 대한 부패 요인이라고 제시하면서 오랫동안 비즈니스의 목적에 초점을 맞추어 왔다. 그 결과 우리는 많은 에너지를 낭비하였으며 성숙하지 못한 결론을 내려왔다. 하워드 보웬이 1953년 저서 『비즈니스맨의 사회적 책임』에서 낙관적으로 주장하였듯이

> 기업 경영자에 의한 약탈, 인간 착취, 교묘한 재무적 속임수 등의 시절은 지나갔다. 그리고 이익 극대화가 비즈니스 성공의 유일한 기준이었던 시절은 빠르게 사라지고 있다. 우리는 비즈니스가 일반적 복지에 대한 가시적인 공헌 여부에 따라 판단되는 시대로 진입하고 있다.[3]

기업 비즈니스 모델의 일부로 "재무적인 고려 이상의 것을 포함하도록" 기업을 밀어붙이는 것이 전략적 CSR의 목적이 아니다. 그보다 본서는 비즈니스를 행

하는 방법에 CSR 논의의 초점을 둔다. 경영자들에 대한 기업 목표 확장 요구는 자본주의의 목표(즉, 이익)와 관련된 문제를 제기한다. 반대로 전략적 CSR의 기본 원칙은 실무에서 이루어지는 자본주의의 모든 문제는 그 수단과 관련이 있다는 것이다. 이익의 추구(우리가 갖고 있는 장기적 부가가치의 가장 효과적인 측정치)가 문제가 아니다. 이익을 추구하는 방법이 문제일 수 있다. 규칙이 깨지면 원가가 외부화되고 핵심 이해관계자들이 무시되고(또는 심지어 남용되고) 가치가 크게 감소된다. 어떤 기업들은 그러한 실무로부터 단기적 혜택을 받겠지만 사회 전체가 원가를 부담하게 된다.[4] 그와 같이 전략적 CSR은 복잡한 주제에 대한 우리의 이해를 재정의하면서 논의를 확장한다. 그것은 CSR, 지속가능성과 기업윤리와 같은 개념과 관련이 있지만 그것과는 기본적으로 다르다. CSR이 자선과 관련이 있지만 지속가능성이 자원 사용과 보호에 초점을 두고 기업윤리는 옳고 그름에 대한 규범적 처방을 만들어 내는 반면, 전략적 CSR은 기업의 일상 운영에 기초를 둔 실무적 경영철학이다.

글로벌화가 심화되고 오류가 허용될 여지가 줄어듦에 따라서 비즈니스의 성격이 변화하고 있다. 포춘 500 기업의 평균 수명에서 알 수 있듯이 가치를 제공하지 못하는 회사는 빠르게 대체되고 있는데 "해당 기업의 평균 수명이 1930년대의 75년에서 오늘날 대략 15년으로 줄어들었다."[5] 전략적 CSR은 이러한 압력에 대한 해결책이 된다. 전략적 CSR은 경제적 교환과 인간 심리에 대한 우리의 지식에 바탕을 두고 시장이 어떻게 작동하는지 그리고 가치가 어떻게 창출되는지를 설명한다. 경영자가 기업의 지속가능한 경쟁우위를 구축하려면 이러한 과정을 이해해야 한다. 즉, 이해관계자들의 의사결정에 의해 정의된 규칙과 함께 이러한 동적 비즈니스 환경에서 넓게 정의된 이해관계자들이 자신들의 요구를 전달하고 강화할 때 가치가 최적화된다. 그러한 환경에서 외부 자극에 대응하는 것이 기업의 최선의 이익에 부합한다. 따라서 경제적 · 사회적 교환은 시점을 막론하고 사회에 만연한 집합적 가치를 둘러싸고 형성된 상호작용이다. 이러한 가치와의 적합성 정도가 영리기업의 성패를 직접적으로 결정한다.

가치, 도덕 그리고 기업윤리

본서의 목적은 기업이 전략계획과 일상 운영에 반드시 CSR을 통합해야 한다는 주장 근거를 제시하는 것이다. 이를 위해서는 기업들이 열린 태도로 주요 구성원들과 협력적 관계를 구축하는 것이 필수적이다. 달리 말하면 이해관계자 관점은 CSR에 대한 포괄적 · 전략적 접근방법의 중심이 된다. 이해관계자의 우선순위는 기업마다 다르며 그 순서는 이슈와 시간에 따라서 변화한다. 그렇지만 기업이 이해관계자들의 관심사를 알고 의사결정 시에 그것을 고려한다는 것이 중요하다. 경영자들이 의사결정 전에 이해관계자들을 고려하고 그들과 협의하는 만큼 그들을 위한 가치 창조 능력이 증가한다.

그러나 이해관계자 관점의 채택은 말하기는 쉽지만 실행하기는 어렵다. 정의상 이해관계자들의 관심사와 요구는 진화하며 서로 상충한다. 따라서 기업들이 항상 모든 이해관계자들을 만족시킬 수는 없을 것이다. 그러나 그 목표에 전략적 기획과정을 적응시킴으로써 잠재적 위협을 회피하고 보다 나은 의사결정을 하게 할 수 있다. 가능하다면 언제든지 이해관계자들을 끌어들이고 그들의 환멸을 최소화하는 것이 목표가 되어야 한다. 그것을 잘하는 기업은 많지 않으나 효과적인 기업들의 공통점은 그 과정에 대한 진정성 있는 약속이다. 그러한 기업 특성의 정의에는 배제하기보다 포용하는 문화와 이익을 광범위한 이해관계자들을 위한 가치창출 과정의 결과로 간주하는 조직문화와 가치체계를 포함한다ㅡ달리 말하면 진보적 경영이다. 간단히 말해서 그러한 비즈니스가 도덕적이고 윤리적이다.

기업 윤리, CSR 그리고 전략적 CSR

기업윤리는 CSR과 두 가지 차원에서 차이점을 보인다. 첫째, CSR이 보다 거시적인 관점을 취하는 경향을 갖고 기업 행위가 사회 전체에 미치는 정도를 평가하는 반면에, 기업윤리는 개인의 행위와 의사결정과 같은 보다 미시적인 이슈에 초점을 둔다. 둘째, CSR이 종종 외부에 초점을 두고 마케팅과 같은 기능에 보다 밀접하게 연계되어 있는 반면, 기업윤리는 윤리적 환경을 내부적으로 만들어 내는 데 초점을 두고 법률 준수에

뿌리를 두고 있다.[6]
전략적 CSR은 모든 이해관계자에 대한 기업의 포괄적 경영철학을 제시하기 위해 거시와 미시, 내부와 외부를 연결한다.

도덕과 윤리

우리가 어린이들에게 도둑질하지 말라고 가르치는 것은 도덕을 가르치는 것이다. 그 도덕이 요구하는 두 가지 이상의 일들 간에 상충관계가 있을 때 바로 윤리가 개입된다.[7]

따라서 다음과 같은 중요한 질문이 생긴다. 무엇이 기업을 윤리적이고 도덕적으로 만드는가? 이해관계자들은 진정성 있는 행동과 상징적 행동을 어떻게 구분하는가? 결국 CSR의 관찰 가능한 많은 구성요소(CSR 담당자, 윤리강령, CSR 보고서, 윤리 교육 등)로 보면 표면상으로는 두 행동 모두 같아 보일 수 있다. 이해관계자들이 95%의 소비자 제품 라벨이 "최소한 한 번은 '그린워싱'을 범한다는 것"[8] 또는 기업의 CEO가 부정적인[9] 이슈 또는 매일 뉴스에 나오는 다른 위반 사항들 때문에 해고된다는 것을 알게 된다 해도 그러한 사건이 기업 운영 전반을 나타내주는 것인지 아니면 잘 운영되는 조직에서 규칙에 대한 단순한 예외인지 어떻게 알 수 있겠는가? 기업은 본래 윤리적이며 위반 행위는 거의 없다고 가정해야 하는가 아니면 이해관계자들이 주시하거나 제한을 두지 않으면 할 수 있는 일도 피해 나가려 노력할 것이라고 가정해야 하는가?

> 다음과 같은 기업가치의 목록을 보라. 의사소통, 존중, 진정성, 우수성. 이들 모두 좋은 가치로 보이지 않는가? 이들은 강하고 명료하고 의미 있으며 당신 회사의 가치와 닮아 있을지 모른다 …… 만약에 그렇다면 당신은 긴장해야 한다. 그것들이 바로 엔론의 2000년 연차보고서에 제시되어 있는 기업가치이다. 그리고 그 사건이 보여주었듯이 그것들은 별 의미를 갖지 않는다. 정말 의미 없는 일이다.[10]

CSR에 대한 엔론의 접근방법은 모든 수준에서 잘못 정의되고 피상적으로 옹호되고 있었다. 그러나 기업에 따라 정도는 다르지만 모든 기업이 단점을 갖고 있다—"이익과 주가에 대한 집착, 탐욕, 다른 사람에 대한 관심 부족 그리고 법률과 규칙위반 성향."[11] 이런 행위를 하도록 만드는 요인은 무엇이며, 인간의 이러한 행동 경향을 어떻게 막을 수 있는가? 일반적으로 집단의 문화는 모든 구성원이 갖고 있는 가치 조합의 총합계이다. 그와 같이 조직의 윤리와 도덕은 개인의 윤리와 도덕에서 시작된다. 그렇지만 개인의 가치, 도덕 그리고 윤리기준이 직장에서 어떠한 행위로 나타나는지는 명백하지 않다. 예를 들면 자신을 윤리적이라고 생각하는 많은 사람들 역시 비윤리적 행위를 잘할 수 있다는 증거가 있다. "우리가 상황에 처하게 되면 옳은 일—심지어 영웅적인 일—을 할 것이라고 믿고 싶지만 그만큼이나 그것이 사실이 아니라는 것을 연구결과는 보여주고 있다."[12] 이것은 특히 직장에 적용된다.

분기이익이나 매출액 할당과 같은 공통의 조직 목표에 초점을 두고 바쁘게 지낼 때 중요한 의사결정의 윤리적 시사점은 우리 마음에서 사라져 버릴 수 있다. 윤리의식이 쇠퇴함에 따라 우리가 의식했더라면 절대 하지 않았을, 모르는 행위에 관여하거나 또는 그 행위를 용납하게 된다. 그 근저에 깔려 있는 심리를 생각하면 윤리적 일탈이 왜 기업들에 널리 만연해 있고 또 고치기 어려운지 설명이 된다.[13]

이것이 중요한 이유는 학생들은 이것을 이해하고 있으며 자신들의 경력 내내 그에 대한 도전을 받게 될 것이기 때문이다. "MBA 학생의 83%가 직장에서 자신의 가치와 충돌하는 행동을 해야 할 것으로 예상한다고 말한다."[14] 종업원이 자신의 업무와 직접 관련이 있는 이슈든 사회 전체의 관심사이든 구글[15]과 같은 고용주에 압력을 가하고 자신의 행위를 자신의 가치에 적응시킬 권한을 가지고 있다고 점점 더 느낀다는 점에서도 그것을 확인할 수 있다. 그에 대응하여 최소한 학생들에게는 MBA 서약이 기업의 잘못된 행위와 과도한 경영 행위에 대한 대항 수단으로 작용한다. 그것은 의학 전문가들의 히포크라테스 선서와 유사한 전문가

서약을 원했던 하버드 경영대학 학생들 집단에 의해 2009년에 시작되었다. MBA 서약은 "MBA 과정생과 졸업생들이 '책임감 있게 윤리적으로 가치를 창출한다는' 자발적 약속"[16]이다. 그것은 시장과 비즈니스의 힘을 선행으로 돌리고자 하는 욕망을 반영하고 있다—"사회를 위한 봉사로서 단순히 재무적 성공이 아닌 사회적 선을 조장하는 것."[17]

가치와 가치관

가치와 가치관의 차이는 무엇인가? 어떤 것이 가치 있는 것이라면 가치관에 기반해서 그것이 필요하다는 것을 의미하는가? 깊이 생각한 결과 서로 다른 종류의 가치가 있는 것처럼 보이는 것 중 어떤 것(예를 들면 기술 가치)은 가치관이 아니라 기능과 연계되어 있다. 다른 식으로 표현하면 제품과 서비스의 가치는 객관적 가치(내재된, 기술적인)와 주관적 가치(인식된, 정서적, 가치관에 기반한)로 분리할 수 있다. 이 두 가지 유형의 결합이 총가치이며 그것이 〈그림 12-1〉이 나타내듯이 우리가 제품과 서비스에 대해 기꺼이 지불하고자 하는 가격이다.

이 총가치는 두 개의 요인, 즉 각각의 가치에 대한 우리의 평가와 그에 적용하는 가중치에 따라 사람마다 다르다. 예를 들어 내가 차를 사는 경우 그 차의 가치를 객관적 가치(나를 한 장소에서 다른 장소로 이동시키는 능력)와 주관적 가치(배출가스를 제한하고 환경보전에 대한 나의 결의를 나타내주는)로 구분할 수 있다. 이러한 계산에 따라 내가 토요타 프리우스를 사게 될지도 모른다. 대신에 만약 내가 부와 사회적 지위(기술적 가치가 동일하다면)를 과시할 필요를 강조한다면 벤츠 E-클래스를 살지 모른다. 만약 내가 이동성을 주로 고려하면서 동시에 가능한 신뢰성 있는 차(재판매 가격을 유지하면서)를 원한

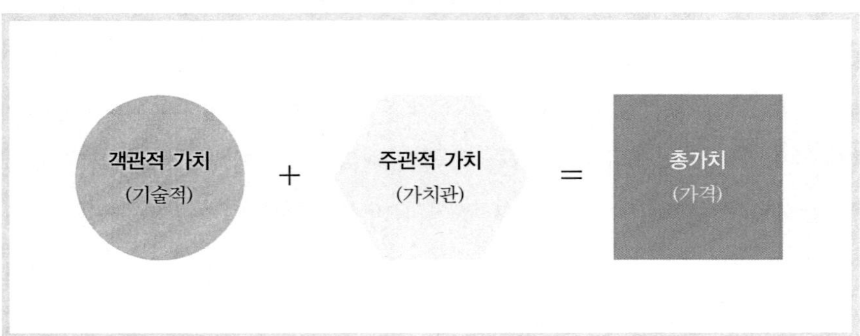

그림 12-1 객관적 가치와 주관적 가치의 합

다면 혼다 아코드를 살지 모른다. 이것이 바로 각 산업이 서로 다른 소비자에게 어필할 세분시장을 가지게 되는 이유이다.

기업들은 가치체계가 정의하는 문화의 중요성을 이해할 필요가 있다. 그러한 문화에 의해 최적화된 궁극적인 가치창출을 진지하게 고려하는 기업과 비즈니스를 좁고 근시안적인 시각으로 보는 기업은 차별화된다. 앞으로 기업들은 운영의 모든 측면(그리고 때로 다른 관계없는 이슈)에서 이해관계자들에게 책임을 지게 된다. 한편으로 가치기반 문화가 오늘날 이해관계자에게 기업을 매력적으로 보이게 할 뿐 아니라 6개월 후 무엇이 필요할지 예측하게 해준다. 다른 한편으로 피상적 약속으로 책임을 우회하려 하는 기업들은 항상 깨어 있는 미디어 세상에 노출될 위험을 가진다. 각각의 기업과 산업이 서로 다른 문턱을 갖고 있으나 효과적인 CSR 관점을 채택함으로써 문턱을 넘어서는 기업들은 장기적 생존 가능성을 훨씬 높이게 된다. 엔론과 같이 자신의 문턱을 무시하는 기업들은 궁극적으로 자신의 행동에 책임을 지게 된다. 그러나 이해관계자 관계를 포용하고 사회 변화에 헌신하는 조직문화에 녹아 있는 종업원을 통하여 진정성을 갖고 행동하는 기업은 시장에서 보상을 받을 것이다.

가치 창조

전략적 CSR은 운영상 이점과 전략적 이점을 기업에 가져다준다. 전략적 CSR은 기업의 1차적 목표인 가치 창조의 중심이 된다. 전략적 CSR은 우리 경제모형에서 미묘하지만 급진적인 수정을 가져오는 보다 진화된 경영 접근방법이다. 본질적으로 전략적 CSR은 여전히 전통적인 이익 중심의 비즈니스 모델이 강조하는 부가가치 창조에 초점을 갖고 있지만 기업의 광범위한 이해관계자의 요구나 관심사에 민감하게 대응한다.

CSR 전략의 포괄적 수행에서 또 한 가지 중요한 것은 기업이 전문성(핵심 운영과 관련된)을 가진 영역에서 행동함으로써 장기적 가치 최적화에 초점을 두어야 한다는 것이다. 이해관계자들이 자신이 지지하는 기업의 행위에 보상을 제공하거나 반대로 그렇지 않은 행위를 응징할 권한을 갖고 있는 오늘날 비즈니스 환경에서 지속가능한 경쟁우위를 가장 효과적으로 구축하기 위한 방법이 바로 전략적 CSR이다. 따라서 전략적 CSR은 이해관계자들이 정의한 바대로 책임 있는 방법으로 비즈니스 운영의 모든 측면을 실행하는 것인만큼 단순할 수도, 복잡할 수도 있다.

가치

개인이나 집단이 정의한 바대로 그들에게 인식된 혜택을 창출하는 것

전략적 CSR은 사람들의 행동과 비즈니스 방식을 압축하여 나타낸다. 그것은 기업의 목표(즉, 반생산적인 단기적 초점을 배제한 이익)를 바꾸거나 경제 이론(자신의 이익을 추구하는 시장 참여자들이 일반적 정의에 의한 가치 최적화를 달성할 수 있다)에 대한 우리의 이해를 변경시키지 않는다. 대신에 그것은 운영 및 전략적 의사결정을 만들어 내는 관점을 변경시킨다. 예를 들면 전략적 CSR은 기업의 경영자로 하여금 최저임금을 지불함으로써 성과를 최적화할 수 있다고 믿게 하는가(한 종업원이 떠나면 다른 사람을 고용할 수 있을 만큼 실업자가 많기 때문에)? 아니면 생활임금을 종업원에게 지급함으로써 자신의 성과가 최적화될 수 있다고 믿게 만드는가(왜냐하면 이직율을 줄이고 대체 근로자 고용 비용을 줄이면서 종업원 사기와 생산성을 높이기 때문에)? 비즈니스에 대한 이러한 입장들은 서로 다른 비즈니스 접근방법을 가지고 있다. 두 가지 모두가 훌륭한 근거를 갖지만 각자 근본적으로 다르며, 따라서 경영자들에게 서로 다른 선택지를 제공한다. 이러한 영역에서 전략적 CSR이 효과를 발휘할 수 있다. 광범위한 이해관계자들의 관심사를 기업의 전략적 의사결정 매트릭스 안에 두는 것이 진보적인 경영방식이다.[18]

따라서 전략적 CSR을 훌륭하게 수행하는 기업과 그렇지 않은 기업 간에는 오

늘, 내일 그리고 6개월 후 이해관계자들의 이해관계 민감도에서 본질적 차이를 보인다. 이는 기업의 운영 환경을 정의하는(이해관계자가 정의한) 규칙의 변화 시기와 전략적 우위를 위해 지식을 적용하는 체계를 이해하는 예리한 능력을 제공해준다. 그러한 변화는 계속 일어나고 있으며, 데이비드 브룩스가 말했듯이

> 문화는 피상적이면서 동시에 깊이를 가지고 변화한다. 수필가 조셉 엡스타인이 젊었을 때 약국에 갔는데 담배는 개방된 선반 위에 있는 반면 콘돔은 카운터 뒤에 있는 것을 보았다. 그러나 이제 콘돔이 선반 위에 그리고 담배가 카운터 뒤에 있다.[19]

그 변화에 보다 진정성 있게 대응하는(그리고 이상적으로 예측하는) 기업은 그러한 노력의 가치로 효과를 지속적으로 누릴 것이다. 따라서 분기이익에 의해 주도되며 조직의 장기적 생존에 거의 관심이 없는 투자자들을 위한 단기적 초점은 전략적 CSR 실행에 대한 기업의 의지에 해를 끼친다. 이와 같이 경제적 가치와 사회적 가치가 중복되지만 완전히 그런 것은 아니다. 그 결과로 나타나는 것이 외부효과와 위반 행위이다. 가치 개념이 그 갭을 메워주고 전략적 의사결정에 도움을 준다.[20] 이 경우 CSR 필터는 기회와 문제의 사전 확인과 그 가치의 전략계획과 일상 운영에의 적용 수단이 된다. 그 결과로 나타나는 것이 이익 극대화가 아닌 중장기에 걸친 이익 최적화이다.

〈그림 12-2〉는 기업경영자가 기업의 전략적 이익과 이해관계자의 이익 간에 균형을 맞추기 위해 어떻게 노력하는지를 보여주는데 그 둘은 제품과 서비스의 가격에서 겹친다. 이것이 창출된 가치에 대한 최선의 측정치이다. 따라서 전략적 CSR은 자본주의가 사회적 · 경제적 진보를 주도하는 경제시스템을 개선한다. 간단히 말해서, 전략적 CSR은 오늘날 동적인 환경에서의 가치 창조, 즉 지속가능한 가치 창조와 같은 의미이다. 이것이 실무에서 의미하는 바는 무엇인가? 가장 중요한 것은 전략적 CSR을 채택한 기업이 그 효익을 모르거나 무시하는 기업보

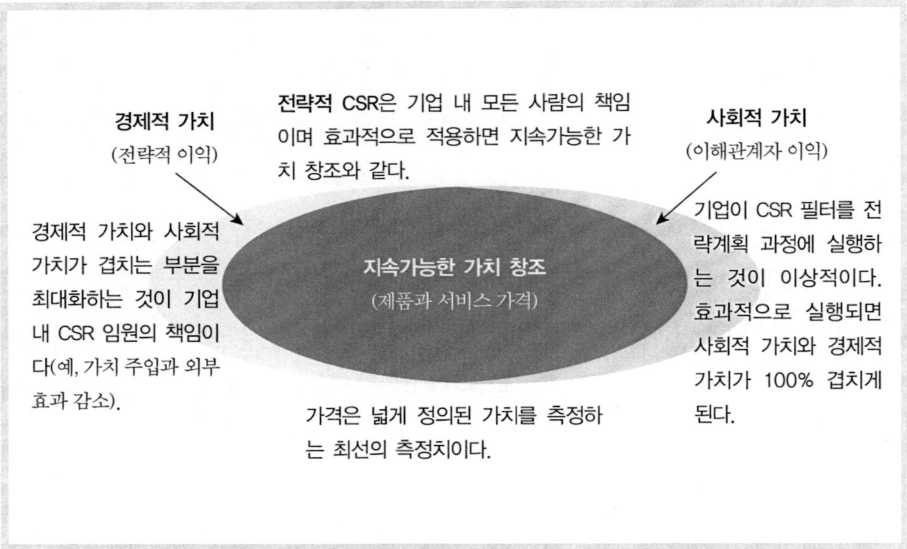

그림 12-2 전략적 CSR과 가치 창조

다 장기적으로 더 많은 가치를 창출할 수 있다는 것이다. 기업은 사회의 특정 부문에 어필하는 신념, 실무 그리고 규범 등의 가치체계를 지향함으로써 그러한 수준의 성과를 가장 잘 달성할 수 있다. 간단히 말해서 그러한 기업들은 사람들이 의식적 자본주의라고 표현하고 있는 경영철학을 실행한다.

의식적 자본주의

전략적 CSR 실행이 기업의 광범위한 영역에 확산될 때 지배적인 자본주의 경제모델의 진화[21]를 가져온다. 시장의 힘을 통해 인간의 빈곤과 고통 경감을 주도적으로 이룰 수 있다. "하루에 1달러로 생활하는 지구상의 인구 비율이 1970년대 이후 80% 감소하였다. 그것은 인류 역사에서 인간의 잠재력이 가장 크게 증가한 증거이다. 가장 중요한 원인은 글로벌화된 자본주의이다."[22] 전략적 CSR은 이러한 모델을 개선하려 노력한다. 기업은 단기적 주주가치에 대한 좁은 초점보다는 중장기에 걸쳐 넓게 정의된 이해관계자의 요구를 충족하기 위해 존재한다—가장 윤리적인 기업[23]과 가장 영감을 주는 기업[24]의 결합. 실무에서 이러한 개념과 가장 가까운 아이디어가 바로 의식적 자본주의(conscious capitalism)이다.

의식적 자본주의

전략적 CSR과 동의어로서 의식적 자본주의는 가치기반 비즈니스의 개발을 촉진하는 4가지 원칙, 즉 보다 높은 목적, 이해관계자 상호의존, 의식적 리더십 및 의식적 문화에 기초하고 있다.

> 의식적 자본주의는 세상에 긍정적 영향을 미칠 수 있는 비즈니스의 내적 잠재력을 더 잘 반영하여 자본주의와 비즈니스를 생각하는 방식이다. 의식적 비즈니스는 모든 주요 이해관계자의 이익을 위해 봉사하고 이해관계를 일치시키고 통합하는 보다 높은 목적을 가지고 활기를 띤다.[25]

홀푸드 마켓의 창업자이자 공동 CEO인 존 맥키는 의식적 자본주의의 선도적 옹호자이다.[26] 그는[27] 의식적 자본주의를 정의하는 4가지 주요 원칙을 소개했다. 보다 근본적인 차원의 존재 목적("기업이 왜 존재하는가?"), 이해관계자 상호의존("6개의 주요 이해관계자가 상호의존적이며 그들 모두를 위해 가치 창조가 최적화되도록 비즈니스를 경영한다"), 의식적 리더십("조직의 모든 수준에서 리더십의 질과 의지")과 의식적 문화("기업의 의지로부터 보다 높은 목적, 이해관계자 상호의존과 의식적 리더십으로 자연스럽게 진화한다").[28] 이처럼 의식적 자본주의는 전략적 CSR과 유사한 기초에 자리 잡고 있다. 존 맥키가 재차 확인하였듯이 "돈을 버는 것이 잘못은 아니며, 기업의 번영이 절대적으로 필요한 것은 사실이다. 그러나 그 자체가 많은 영감을 주는 기업 목적은 아니다."[29] 오히려 기업은 자본주의 원칙을 활용하여 문제를 해결하기 위해 존재한다고 그는 주장한다.

> 의식적 자본주의는 일차적으로 미덕 또는 "선행"에 관한 것이 아니다 …… 일상적인 비즈니스 교환은 내재적으로 고결한 것이다. 비즈니스는 교환 행위를 하는 모든 주요 이해관계자에게 가치를 창조하며, 이러한 가치 창조

행동은 "선한 것"이다. …… 일상적인 비즈니스 교환의 총합이 집합적으로 전 세계의 가치를 창조하며, 가치 창조가 "비즈니스 미덕"[30]의 원천이라는 주장을 믿는다.

윤리적이고 책임감 있는 기업, 즉 상호작용하는 이해관계자들에게 영감을 주고 이익을 내는 기업을 건설하는 것이 목표이다. 그처럼 "의식적 자본주의 원칙을 준수하는 기업들은 투자자들에게 상당한 이익을 창출해 왔다." 예를 들면 스타벅스가 공개되었을 때(1992년 6월 26일) 그 회사에 투자했더라면 같은 기간 동안 "S&P500 지수를 1,944% 초과 달성"하는 이익을 누릴 수 있었을 것이다.[31] 마찬가지로 "최근에 [파타고니아]는 운영 규모를 두 배로 늘였으며, 이익이 3배로 증가하였다." 그 기업은 "우리 옷을 사지 말라고 고객들에게 얘기하는" 마케팅 캠페인을 벌였음에도 불구하고 높은 이익을 달성하였다.[32]

전략적 CSR 옹호자들은 비즈니스 환경에서의 성공은 이해관계자 가치와 일치되고, 윤리적이며, 책임감 있고, 영감을 주는 행위와 높은 상관관계가 있다고 주장한다. 이해관계자 요구와 관심사에 대응함으로써 이해관계자들의 마음을 얻고 지속적으로 긍정적인 선순환 사이클을 달성하는 기업이 21세기 비즈니스를 정의해 나갈 것이다. 따라서 의식적 자본주의의 중심 구성요소는 시스템의 핵심 원칙, 즉 가치기반 비즈니스를 반영하는 기업이다.

가치기반 비즈니스

운영 전반에 걸친 진정성 있는 전략적 CSR의 실행은 가치기반 비즈니스의 기초이다. 가치기반 비즈니스는 조직을 정의하고 통일시키는 긍정적인 그 무엇을 의미하며, 광범위한 이해관계자의 가치를 반영한다.

가치기반 비즈니스

전략적 CSR 관점에 의해 정의된 비전과 미션에 기초를 둔 영리기업

가치는 “조직의 문화와 우선순위를 주도하고 의사결정 체계를 제공”[33]하는 공유된 신념이므로 매우 중요하다. 이는 기업의 근간을 이루며, 기업 활동과 미래 계획의 핵심이다. 가치기반 비즈니스는 “자신들에 대한 기대가 무엇이며, 무엇이 옳은 행위인지 그리고 서로에게 가지는 책임이 무엇인지 이해하는 사람들의 공동체에 기초한다.”[34] 달리 말하면 가치는 진보적인 기업에게 조직 관리의 대안적 방법을 제공한다.

> 종업원 입장에서 계층적 통제는 자신들이 통제받지 않으면 적절하게 행동하지 않을 것이며, 신뢰할 만한 가치도 없는 사람이라는 신호로 받아들여진다. 통제로 인식되는 감시는 개인적 자율성을 위협하고 내적 동기를 감소시킨다. 그리고 자아 인식을 해친다. 이러한 약화된 태도의 결과 능숙하고 자발적인 협력관계가 형식적인 준수로 변환될 수 있다.[35]

관료주의가 필요한 기능적 혜택(예를 들면 적시에 의사결정을 하는 것)을 주지만 동시에 그것은 통제 수단이다. 그와 같이 관료주의는 직접 간섭하는 기업 경영방식이다. 예를 들면 종업원들이 출장 가서 지출한 돈의 영수증을 제공하고 지출결의서를 작성하는 것은 그러한 증빙이 없으면 진정한 금액을 정직하게 보고할 것이라고 신뢰하지 못하기 때문이다. 달리 말하면 관료주의와 규칙은 자신들에게 명령할 상사가 없을 때 스스로 결정할 수 있는 자유를 제한하기 위해 존재한다.

이런 의미에서 가치체계는 통제와 같은 기능을 가지지만 통제라기보다 지침과 영감(의미와 목적 의식)으로서 기능을 가진다. 그와 같이 가치체계는 불간섭주의 경영방식이다. 가치체계는 종업원에 의해 내재화될 때 비로소 조직 내에 정착

된다. 그렇게 되면 가치체계(종종 역동적인 창업자에 의해 각인되는)는 종업원의 일상적 행동방식을 알려 주고 지침을 제공해준다. 그래서 그들이 새로운 상황에 직면해서 빠르게 의사결정해야 할 때 '우리 창업자는 같은 상황에서 무엇을 했을 것인가'라는 질문을 할 가능성이 높다. 관료주의를 줄이고 그 공백을 가치체계로 채우면 의사결정의 질을 높이고 종업원의 충성심을 고무시키는 신뢰의 수준이 높아질 것이다. 간단히 말해서 가치체계는 기업을 목적 의식으로 채운다. 피터 드러커가 말했듯이 "기업에게 이익은 사람에게 산소와 같다. 이익을 충분히 얻지 못하면 게임에서 탈퇴해야 한다. 그러나 만약 호흡하는 것이 당신의 삶이라면 당신은 정말로 무언가를 잃고 있다." 역사를 통하여 인류는 재무적 성공만으로 얻을 수 없는 인생의 보다 깊은 의미를 찾아왔다.[36] 그러한 성공은 보다 많은 공헌을 함으로써 삶의 의미를 찾아야 한다는 생각을 반영하고 있다. 가치기반 비즈니스는 이러한 요구를 대변한다.

> 거의 예외 없이 …… 성공한 사업가는 이익을 위해서 기업을 시작하지 않는다. 물론 돈을 벌기를 원하지만 이들 대부분을 정진하게 만드는 것은 돈이 아니다. 그들은 자신들의 책임과 사명에 의해 고무된다. 자유 기업 자본주의의 영웅적 이야기는 [모든 이해관계자들]을 위해 특별한 가치를 창조하기 위해 자신들의 꿈과 열정을 에너지로 사용하는 기업가들의 얘기이다.[37]

본질적으로 가치기반 비즈니스는 "끊임없이 증가하는 제품과 서비스의 판매에 의존하지 않는 새로운 성공 척도의 발견"[38]을 추구하는 파타고니아와 같은 기업이다. 설립자인 이본 쉬나드의 비즈니스 철학은 교훈적이다.

> 그는 제품의 교환주기를 길게 하여 폐기물을 줄이도록 내구성이 높고 사용 연한이 없는 제품을 만들겠다고 맹세하였다. 그는 자신의 회사에 의한 환경 손상의 완벽한 목록을 작성하여 자사의 웹사이트에 "탄소발자국 연대기"

라는 제목으로 올려 놓았다. 파타고니아는 지금까지 만든 모든 제품에 대해 소비자가 만족하지 않으면 교체해주거나 수선하거나(합리적인 수수료를 받고) 재판매하도록 도와주고 있으며(웹사이트를 통해 중고의류의 교환을 주선해주고 있다), 그 제품의 추가 사용이 불가능할 때 재활용할 책임을 진다.[39]

스타벅스[40]와 초바니[41] 그리고 데이브의 킬러브레드[42]와 같은 기업이 가치기반 비즈니스로 보인다. 핵심가치 재정의로 잘 알려진 자포스도 마찬가지이다.

자포스의 핵심 가치

기업이 성장함에 따라 우리의 문화, 브랜드 그리고 비즈니스 전략 개발의 기초가 되는 핵심 가치의 명시적 정의가 갈수록 중요해졌다. 다음은 우리가 지키는 10가지 핵심 가치이다.[43]

1. '서비스로 고객감동(WOW Through Service)'을 제공한다.
2. 변화를 수용하고 촉진한다.
3. 재미와 약간의 특이함을 창조한다.
4. 탐험하고 창조하고 열린 마음을 가진다.
5. 성장과 학습을 추구한다.
6. 공개적이고 정직한 관계를 갖고 의사소통한다.
7. 긍정적인 팀워크와 가족 정신을 구축한다.
8. 적은 자원으로 많은 일을 한다.
9. 열정적이고 단호하게 행동한다.
10. 겸손하게 행동한다.

가치에 기초를 둔 비즈니스 아이디어는 새로운 것이 아니다. 『도덕감정론』(Theory of Moral Sentiments)[44]에서 아담 스미스는 "공감과 양심에 기초를 둔 도덕성에 대해 설명하였으며", 그 과정에서 "경쟁과 윤리의식이 결합된 사회에 어떻게 질서를 유지할 것인지"[45]에 대한 위대한 도전을 제기하였다. 기업들은 비즈니스 실행방법을 개혁하기 위해 점점 더 이러한 목적을 채택하고 있다.

> 월마트가 세계 최대 소매업체로 성장해감에 따라 직원들은 자신들의 업무에서 해야 할 일과 해서는 안 되는 일의 긴 목록을 준수해야 했다. 그러나 월마트는 지금까지의 규칙기반의 문화에는 융통성이 결여되어 …… "가치기반" 문화를 주입하려 노력하고 있다. 가치기반 문화에서는 종업원들이 기업의 존재의의를 이해하고 있어서 옳은 일을 하고 있다고 신뢰받을 수 있다.[46]

전략적 CSR 주제 중 하나는 참여하는 이해관계자가 자신들의 가치를 영리기업에 요구하는 것이다. 시장의 힘에 의해 그러한 현상이 이미 발생하고 있지만 그것만으로는 충분하지 않다. 제프리 삭스는 아담 스미스의 보이지 않는 손 개념을 비판함으로써 이 논쟁의 포문을 열었다. 그는 원칙적으로 보이지 않는 손이 작동하지만 "자신의 이익 추구 역설이 지나치게 확산되면 붕괴한다"고 말한다. 보다 구체적으로 "성공적 자본주의는 자신의 이익 추구라는 도덕적 기초에 기반한 적이 한 번도 없으며, 오히려 보다 넓은 가치체계에 내재된 자신의 이익 추구 실무에 기초를 두었다."[47] 개인의 이익 추구가 보다 큰 가치에 내재될 때 자본주의가 성공한다는 생각은 전략적 CSR의 핵심이다. 많은 사회에서 종교가 가치시스템을 제공한다. 그러나 문명화된 형태의 제약이 없다면 제한받지 않는 자본주의는 원색적 이기주의와 결함 때문에 퇴화될 수 있다.

하버드 대학의 조셉 나이(Joseph Nye)는 "민간부문, 공공부문, 사회부문에 훌륭한" 리더인 "3개 부문 운동선수(tri-sector athlete)"로서의 CEO에 대해 이야기하면서 이와 유사한 말을 하였다.[48] 오늘날 그러한 리더들이 "문화 전사"로 찬사를 받는다.[49] 그러한 리더들은 기업의 집합적 목표 달성을 위해 전통적 구분을 넘어서서 어필함으로써 이해관계자들에게 동기를 부여할 수 있다. 이처럼 종업원은 가치기반 비즈니스의 핵심 요소이다. 사우스웨스트 항공[50]이나 홀푸드 마켓과 같은 기업은 이를 이해하고 있다. 그 기업들은 희생적 종업원이 비즈니스 성공의 핵심이라는 믿음에서 종업원을 소중하게 여기는 운영원칙을 내재적으로나 외적으로 기업의 활동과 존재 의의의 중심에 두고 있다. 존 맥키가 말했듯이 "행복한 팀

구성원이 행복한 고객을 만들고 그것이 다시 행복한 투자자를 만든다."[51]

〈그림 12-3〉은 가치기반 비즈니스의 전략적 의사결정 모델을 제시한다. 핵심 전략 과정은 여전히 같지만(전술이 전략 정보를 제공하고 전략이 미션과 비전 달성에 도움을 주는 역할을 한다) CSR 필터(9장)는 이해관계자 관심사가 의사결정 과정의 중심에 위치하도록 해준다. 조직문화를 정의하고 우선순위를 구조화하며 종업원들이 일상 운영에 지침을 주는 체계를 제공하는 '가치 길잡이'가 그 핵심을 둘러싸고 있다. 시간이 지남에 따라 그 가치를 강화하고 목적을 재정의하는 것, 즉 무엇을 위해 존재하는가, 어떤 행동을 할 것인가, 궁극적으로 실패할 것인가 또는 생존하고 번영할 것인가에 관해 종업원들은 매일 의사결정을 해야 한다.[52]

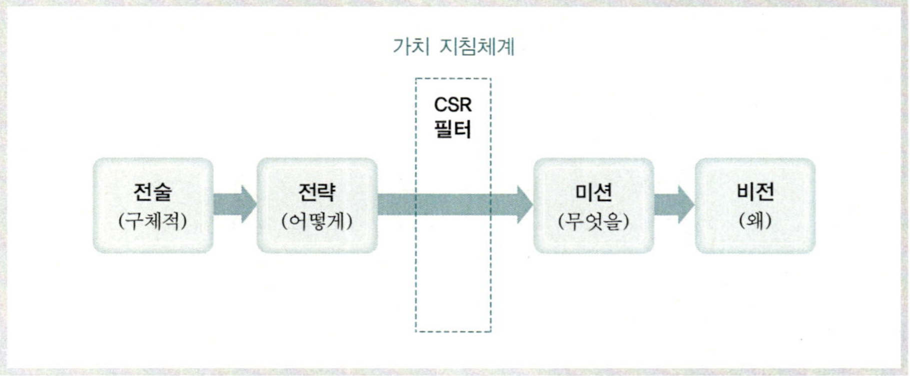

그림 12-3 가치기반 비즈니스에서 전략적 의사결정

CSR의 이면

어떤 기업이 당신이 동의할 수 없는 가치를 지지한다고 자랑스럽게 발표할 때 CSR에 대한 가치기반 접근의 도전은 명백하다. 이코노미스트[53]는 이에 대한 좋은 사례를 제시하면서 그 과정에서 CSR 논쟁의 중요한 비판을 요약하고 있다.

> CSR 운동에 대해 회의적인 보수주의자들은 CSR이 일상적인 정치적 통로를 통하여 관심 끌기에 실패한 자유주의 명분을 위한 구실이라고 종종 비난해 왔다. 기독교 영향을 받은 칙필레의 문화와 비즈니스 실무를 CSR의 사례로 보는(명백하게 사실이

> 지만) 미디어는 거의 없다는 사실에서 일부 사람들이 이러한 비난을 지지한다는 것을 알 수 있다고 생각한다. 기업이 이익 추구 외의 다른 방법으로 사회를 위해 책임감 있게 행동해야 한다는 요구가 동성결혼이 사회적으로 무책임한 일이라고 생각하는 기업 리더가 그것을 저지하기 위해 무엇인가 해야 한다는 것을 직접적으로 시사하지 않는가?[54]

만약 기업 임원이 기후변화를 우려하고 있기 때문에 그 임원에게 제로 폐기물 공장으로의 전환을 약속하라고 권고한다면 동시에 우리는 동성결혼에 대한 폭넓은 수용을 막기 위한 기업의 행동도 지지해야 한다. 두 가지 경우 모두 자신들의 입장 실현이 사회에 혜택을 줄 것이라고 믿는 열정적인 옹호론자들의 이슈이다.

> CSR은 윤리적 소비 규범과 결합되었을 때 불가피하게 문화 전쟁을 선동하게 된다. 정직한 도덕적 내용을 담은 CSR은 …… 생산과 판매의 정치화(politicization)를 위한 레시피이다.[55]

본서는 운영상의 적합성(위의 제로 폐기물 사례에 적용 가능하지만, 동성결혼 측면에서 덜 명백한)에 특별한 초점을 두고 CSR에 대한 경제적 주장 근거를 구축하려 노력한다. 그 체계의 중심이 되는 사고는 핵심 이해관계자의 요구와 필요를 충족시키려는 기업은 그들의 중요한 신념(다수가 그러한 신념을 지지하는 것과 상관없이)을 옹호해야 한다는 것이다. 불법이 아니라면 개인의 가치는 서로 다를 수 있으며, 어떤 입장에 대해 지지를 보내는 충분한 사람들이 있으면 기업은 그 입장을 지지하는 경제적 주장 근거를 만들 수 있다.

> 사람들은 자신이 선호하는 기업 운영의 원칙을 따를 자유가 있다. 자신들의 도덕과 정치를 공유하지 않는 사람들에게 제품과 서비스를 판매하려는 소유주와 경영자들은 단순히 어리석으며, 특히 소비자가 갈수록 지갑으로 투표할 것으로 기대되는 문화에서는 더욱 그러하다.[56]

달리 말하면 칙필레에게 유일한 위험은 빠르게 변화하는 사회적 이슈의 잘못된 편에 서 있다는 것이다. 그러나 불매운동을 지지하기 위해 그 기업의 점포에 나타난 사람들의 수를 고려하면 그 기업이 오늘날 이해관계자 지지를 받고 있다는 것이 명백하다. 결국 "도덕적 진실은 별개로 하고 커피와 관련하여 작은 사회 정의를 구매하는 것과 치킨과 관련하여 작은 기독교 전통주의를 구매하는 것의 차이가 무엇인가?"[57] 만약 우리가 기업들이 자신의 핵심 이해관계자에게 중요한 모든 이슈를 동등하게 지지할 수 있도록 허용하지 않는다면 우리는 위선자이다. 칙필레의 입장은 그 기업이 채택해 온 이전의 입장과 일관되며 많은 이해관계자에게 중요하다. 따라서 전략적 CSR 관점에서 보면 칙필레는 가치기반 비즈니스이다.

비록 경영자가 핵심 가치 위주로 기업을 리드하는 것이 효익을 준다는 것을 이해한다고 하더라도 시기를 놓치면 일이 더 어려워진다. 이해관계자들은 기업이나 산업이 가치 지향적으로 변화하기 위해 위반 행위에 대응하는 노력을 해도 그 노력을 피상적이라고 일축해 버릴지 모른다. 그 경우에 가치기반 문화를 주입시키려는 시도는 높은 장벽에 직면하게 될 것이다. 달리 말하면 물론 어떤 조직의 문화에 대한 진정한 시험은 역경 또는 비난에 대한 대응방식이다. 자신의 핵심 가치에 대한 계속적인 진정한 의지를 증명해 보인 사례로, 스타벅스는 2008년 창업자 하워드 슐츠의 구조(rescue)에 의존할 수밖에 없었다.

우리의 주식은 자유 낙하하였다. 어느 날 나는 대규모 기관 투자자의 전화를 받았다. 그는 오랫동안 지속되어 온 2억 5천만 달러 비용이 드는 종업원 건강보험에 대해 말하였다. 지금이 스타벅스와 내가 의료보험 혜택을 줄일 완벽한 때라고 말했다 …… 나는 브랜드의 핵심이 인간 존중이며, 우리의 문화는 우리가 누구인지를 정의하는 두 가지 기본적 혜택에 녹아 있다고 그에게 설명하였다. 즉, 사람들을 위한 포괄적 의료보험과 일주일에 20시간 이상 일하는 모든 종업원에게 주어지는 스톡옵션 형태의 지분이 그것이다. "당신이 우리 기업의 본질을 이해하지 못하기 때문이지만 그것은 모든 수준에서 재고할 가치가 없는 생각이다. 세월이 흐른 후 만약 당신이 금융위기 때문에 우리의 원칙과 핵심 목적을 변화시켜야 한다고 생각한다면 아마도 주식을 팔아야 할 것이다. 나는 주식을 건설하고 있는 것이 아니다. 나는 위대하고 지속적인 기업을 건설하려 노력하고 있다." 우리는 성과 중심 조직이지만 인간

존중의 렌즈를 통해 기업을 이끌어야 한다.[58]

가치기반 비즈니스의 또 다른 좋은 사례는 1981년 버몬트주에서 첫 번째 점포를 연 후 1984년 기업 공개를 한 벤앤제리스(Ben & Jerry's)이다.[59] 이 회사를 글로벌 브랜드로 키워나가면서 공동 창업자인 벤 코헨과 제리 그린필드는 책임감 있는 고용주 개념을 재정의하려고 노력하였다. 그 과업의 중심은 1989년 처음 발표한 획기적인 사회환경평가보고서(Social & Environmental Assessment Report)에 기업 설립 원칙을 성문화하는 것이었다.

> 이 사회감사인은 그 보고서를 "이해관계자 보고서"(이것이 이해관계자에 대한 최초의 보고서일 것이다)라고 부르기를 권고하였으며, 주요 이해관계자 범주(지역사회, …… 종업원, 고객, 공급업체, 투자자 ……)로 나눌 것을 제안하였다. 벤앤제리스는 그 개념을 개발하는 동안 사회감사인을 교체해가면서 연차 사회보고서를 계속 발간하였다.[60]

벤앤제리스는 기업 운영에 독립적인 사회감사를 허용한 최초의 기업이었다. 그 이후 벤앤제리스는 "우리의 비즈니스와 연결되어 있는 모든 사람, 즉 공급업체, 종업원, 농부, 프렌차이즈 업체, 고객 그리고 이웃들을 위해 번영을 창조할 목적으로 하는 3가지 미션에"[61] 반영된 입장인 이해관계자의 관심사를 비즈니스 모델의 핵심으로 삼는 기업 개념을 계속해서 개발해 왔다.

벤앤제리스의 미션 성명서

우리의 제품 미션은 그 자체로 훌륭한 아이스크림을 만들 것을 요구한다.
우리의 경제적 미션은 지속가능한 경제 성장을 위한 경영을 요구한다.
우리의 사회적 미션은 혁신적 방법으로 세상을 더 살기 좋은 곳으로 만들기를 요구한다.

벤앤제리스는 2000년에 유니레버에 합병되어 현재 대기업의 종속회사이다. 그러나 그 기업은 자신의 독특한 정체성을 유지하고 있다. "벤앤제리스는 2005년에 공정무역 인증재료를 사용한 최초의 아이스크림 회사였다. 유니레버는 2020년까지 모든 농산물 원재료를 지속가능하게 조달하겠다는 보다 넓은 목표를 갖고 있다."[62] 덧붙여서 벤앤제리스는 웹사이트에 인종 정의, 민주주의, GMO 라벨, LGBT(성소수자) 평등, 난민 그리고 기후정의에 대한 지지를 자랑스럽게 홍보한다. 그리고 "기후변화 인식을 제고하기 위해 'Save Our Swirled'"라는 맛의 아이스크림을 출시하였다.[63] 그리고 경영자들은 "전 비즈니스에 걸쳐 진보적 가치를 주도"하는 벤앤제리스의 운영방식을 주장하면서 강한 행동주의적 메시지를 계속해서 확인한다.[64] 다음은 버몬트에 위치한 "세상에서 가장 유명한 벤앤제리스 아이스크림 공장"의 방문객에게 CEO가 전달하는 메시지이다.

> 사회적 · 경제적 정의와 환경에 대한 우리의 약속은 이익에 대한 약속만큼 중요하다. 그것은 우리의 유산이며, …… 판매 증가를 위한 단기전략이 아니다. 그것은 우리 사회가 제기해야 할 중요한 이슈들이다.[65]

유니레버는 벤앤제리스가 광범위한 이해관계자에 초점을 맞추고, 가치기반 비즈니스 모델을 유지하도록 허용하는 것이 중요하다는 것을 명확히 알고 있다. 그것은 벤 코헨이 '월스트리트를 점령하라(Occupy Wall Street)' 캠페인의 자금조달에 관여하고 있는 것이나[66] 또는 그 기업이 "쳐비하비(Chubby Hobby) 아이스크림을 하비하비(Hobby Hobby)로 개명함으로써 미국에서 동성결혼의 합법화를 축하하기로"[67] 결정한 것을 보면 명백하다. 또한 벤앤제리스가 2012년에 "비콥(B-corp) 인증을 받은 최초의 100% 종속회사였다는 사실에서도 명백하게 나타난다. 그러한 움직임은 벤앤제리스의 핵심 가치와 미션이 유니레버 자신의 야심찬 지속가능성 의제와 완전히 일치하기 때문에 유니레버의 지지를 받았다."[68]

운영원칙의 기초를 전략적 관점에 두는 것은 벤앤제리스, 유니레버 그리고 스타벅스와 같은 기업들에게 생존능력을 강화시키고 오늘날 비즈니스 성공을 위한 중심이 된다.

전략적 CSR은 좋은 비즈니스이다

전략적 CSR은 기업을 위해 좋은 것이다—효과적인 비즈니스라는 점에서 좋을 뿐만 아니라 동시에 윤리적이고 도덕적이며, 가치기반이라는 점에서 유용하다. 전략적 CSR은 지속가능한 방법으로 광범위한 이해관계자를 위한 가치를 창조한다.

하워드 슐츠가 말했듯이 명백하게 정의되고 잘 알려진 일련의 원칙에 따라 운영되는 스타벅스의 성공 비결은 내부적으로나("우리는 우리의 가치에 맞게 살고 있다고 생각하는 특정 점포의 파트너 비율과 그 점포의 성과를 성공적으로 연계시켜 왔다") 외부적으로나("스타벅스는 브랜드에 대한 공공의 의견 중 1/4 이상이 점포에서 겪은 경험이나 커피 제품에 기초를 둔 것이 아니라 고객이 기관으로서 스타벅스를 어떻게 생각하는지에 좌우된다는 것을 발견하였다") 명백하다.

> 이것은 이타주의가 아니다. 이것은 비즈니스다. 가치는 스타벅스의 대차대조표나 손익계산서에서 큰 부분을 차지한다—그것은 성과의 배후에 있다 …… 사람들, 특히 젊은 사람들은 진정으로 위대하다고 생각하는 조직의 일부라는 소속감을 원하기 때문에 만약 돈을 버는 것이 당신의 유일한 목적이라면 위대한 사람들을 끌어들이고 유지할 수 없다.[69]

이해관계자들은 의식적으로 또는 다른 방법으로 항상 기업 운영 규칙을 만들어 왔으며 앞으로도 계속 그럴 것이다. 따라서 모든 경영자에게 본질적인 질문은 '오늘날 규칙이 무엇인가?'와 '내일 그것은 어떻게 될 것인가?'이다. 규칙은 항상 변하고 있으나 하루에 수백만 개의 의사결정을 하는 수백만 명의 사람들의 종합적 영향이 기업의 전반적인 환경을 결정한다. 이런 의미에서 이해관계자가 요구하는 바를 반영하는 것이 기업의 최선의 이익에 부합한다. 사회적 책임은 행위의 객관적 조합이 아니다. 그것은 기업의 집합적 이해관계자에 의해 매일 정의되고 재정의되는 것이다.

기업이 이해관계자에게 상호작용을 강요할 수 없다. 소비자들이 편의성과 저렴한 가격 이외에 다른 요인을 중요하게 생각하는 한, 기업들은 소비자들에게 자신들의 제품을 사도록 강요할 수 없다. 마찬가지로 정치가들이 기꺼이 캠페인 기부와 로비 압력에 우선순위를 두는 한, 기업들은 법안의 통과를 막을 수 없다. 그리고 근로자들이 높은 임금과 보다 나은 근로조건을 요구할 능력을 갖고 있다는 것을 보여주는 한, 기업들은 종업원들에게 낮은 임금을 받고 일하도록 강요할 수 없다. 이러한 각각의 의사결정이 이해관계자 중 누군가가 만드는 가치기반의 판단이다. 이러한 의사결정이 기업 운영에 영향을 미치기 때문에 경영자들은 그 의사결정의 바탕이 되는 가치를 이해할 필요가 있다. 규칙을 가장 완전하게 이해하는 경영자들은 기업 행동을 이해관계자들의 가치와 일치시킴으로써 기업 성공을 달성할 최적의 위치를 차지한다.

우리는 이상주의 차원에서 객관적으로 CSR을 정의할 수 있지만 주관적이고 현실적 차원에서의 논의가 보다 도움이 된다. 예를 들어 만약 우리가 특정 기업의 사회적 책임에 대해 얘기한다면 그것은 말 그대로 사회가 책임 있는 행동으로 간주하는 행위를 의미한다. 책임이 무엇인지는 이해관계자(총합적으로 사회)에 의해 정의된다. 기업이 이해관계자를 넓게 정의하고 이해관계자의 관심사에 대응해 행동하는 한 정의상 그것은 사회적으로 책임 있는 행동, 즉 사회의 기대를 충족시키는 행동이다. 기업이 왜 그렇게 행동하는지 이해하기 위해서 가치 창조 측면에서 생각할 필요가 있다. 이것은 CSR을 유용한 방법으로 운영할 수 있게 해줄 뿐 아니라 CSR을 기업 활동의 중심으로 가져다준다. CEO가 매일 하는 모든 행동은 가치를 창조하는 일이다. 만약 전략적 CSR이 가치 창조와 같은 말이라면 그것은 즉각적으로 CEO가 해야 할 일의 중심이 된다.

가장 사회적 책임을 다하는 기업

본질적으로 우리가 기업의 사회적 책임이라는 용어의 구성요소를 고려한다면 그 용어는 "사회가 원하는 것을 주는 기업"을 의미하는 것이라 이해할 수 있다. 그러나 이러한 논리를 자연스럽게 연장하면 사회적으로 가장 책임 있는 기업은 파타고니아와 같은 기업이 아니라 월마트와 같은 기업이다.

파타고니아가 미국이 원하는 것을 주지 않는다는 것은 명백하다. 만약 미국이 파타고니아의 제품을 원한다면 현재와 같은 미미한 시장점유율을 갖지 않았을 것이다. 반대로 월마트는 "전 세계에 11,700개 점포를 가지고 있으며, …… 미국에서 1억 4천만 명의 소비자가 매주 월마트를 방문하는데 그것은 미국 인구의 약 44%에 해당된다."[70] 그 정도의 사회적 지지를 받는 다른 기업을 생각하기 어렵다.

달리 말하면, 월마트는 명백하게 미국 사회가 원하는 바를 주는 기업이기 때문에 만약 어떤 사람이 월마트와 문제가 있으면 그 사람은 어떤 의미에서 미국 사회와 문제가 있는 것이다. 이것은 매우 복잡한 이슈를 반영하기에 지나치게 단순한 서술일지 모르나 사회와 경제가 작동하는 원리를 포착한 말이다. 우리가 우리 수준에 맞는 정치인을 갖는 것과 마찬가지로 우리 수준에 맞는 기업(그들은 우리의 집합적 가치 조합을 반영한다)을 가진다. 만약 우리가 뭔가 다른 것을 원했다고 말한다면 그것은 미국(그리고 전 세계)에게 더 좋은 것이었을지 모르나 개인의 주관적인 관점이며, 동시에 부차적 중요성을 지닌 것이다.

이제 사정이 바뀔 수도 있다. 파타고니아가 지배적인 기업이고 월마트가 니치(niche) 참가자가 될 수 있다. 그러나 현실은 그 반대이다. 그것이 집합적으로 사회적 책임의 측면에서 핵심을 찌를 무엇인가를 우리에게 말해준다. 100명으로부터 임금에 관한 의견을 들었을 때 만약 한 명이 생활임금을, 반면에 99명이 최저임금을 지급하는 것이 책임 있는 일이라고 생각한다면 생활임금이 보다 사회적으로 책임 있는 방법이라고 말하는 것이 옳은 일인가? 한 사람이 그렇게 생각하는 것은 명백하지만 사회적 책임의 핵심은 소수가 아니라 집단(사회)이 생각하는 것이다.

이러한 논리를 따르면 아마존은 가장 책임 있는 기업이 될 수도 있다. 제프 베조스가 계속해서 우리 삶의 모든 측면을 잠식함에 따라 (그리고 지배적 소매업자인 월마트에 도전함에 따라) 아마존은 그 명성에 맞는 더 큰 권리를 주장할 수 있다. 물론 다른 기업도 고려해볼 수 있다. 알리바바가 떠오르고, 사우디 아람코는 흥미로운 선택이며, 애플을 언급할 수도 있다. 그러나 최근까지 월마트의 왕관에 도전할 확정적 증거를 발견하는 것은 어려웠다.

> 가장 최근 CNBC의 전미경제조사에 따르면 현재 미국 시민 중 64%가 최소한 한 개의 애플 제품을 보유하고 있으며, 평균 미국 가계가 평균 2.6개의 애플 제품을 소유하고 있다 …… 더욱 인상적인 것은 소득 그룹별로 보면 애플 제품 소유 비율이 50% 이하인 그룹은 거의 없다는 사실이다.[71]

아마도 애플은 이제 가장 사회적으로 책임 있는 기업이라 할 수 있다. 요점은 우리가 진심으로 믿는 바대로 기업이 행동하도록 요구하는 것이 이해관계자로서 우리의 책임이라는 것이다. 우리는 소비자, 종업원, 언론인, 규제자, 공급업체, 유통업자로서 각자 다른 방법으로 기업과 상호작용하는 이해관계자이다. 만약 기업이 제공하는 것에 우리가 진정으로 가치를 부여한다면 그것을 지지해야 한다. 그리고 무엇 때문에 그 기업을 지지하는지 이해할 필요가 있다. 우리가 가치에 대한 그 기업의 입장을 매력적이라 생각하기 때문인가? 우리가 보다 지속가능한 경제와 사회를 만들고 싶으면 먼저 그 시스템이 어떻게 작동하는지 인식할 필요가 있다. 우리가 원하면 바꿀 수 있다. 최악의 상황은 우리가 관심을 가지는 문제를 오해하는 것이다. 우리가 그 원인에 대해 자신을 속이면 효과적 해법을 확인하고 보다 나은 사회를 건설하는 것이 불가능할 것이다.

CSR 논쟁을 재정의하는 과정에서 본서는 기업의 운영방식이 중요하다고 주장한다. 전략적 CSR은 기업이 무엇을 하는지(이익 창출)에 사로잡히기보다 어떻게 하는가에 초점을 맞춘다. 달리 말하면 그 주장 근거를 만드는 것이 핵심이며, 보다 낮은 원가와 중장기에 걸쳐 수익을 증가시키는 정책과 실무가 가장 중요하다. 그것은 이해관계자가 가치를 두는 것과 보상 또는 응징하려 하는 것에 따라 결정된다. 이에 대한 예시로 생활임금과 최저임금 사이의 논쟁으로 돌아가 보자. 종업원들이 더 나은 대우를 받을 자격이 있다고 생각하기 때문에 종업원들에게 생활임금을 지급하는가? 아니면 종업원에 대한 투자가 사기와 충성심 그리고 생산성을 높이고 높은 이직율에 따른 채용 및 훈련비용을 감소시키기 때문에 생활임금을 지급하는가? 유니레버의 CEO인 폴 폴만은 이렇게 말했다.

> 파키스탄 섬유 노동자에게 시간당 11센트를 지급하는 것은 훌륭한 비즈

니스 감각이 아니다 …… [내가 CEO가 되기 전에] 우리는 많은 파견 노동자를 쓰거나 외주를 주고 노동자를 돈으로 고용했는데 그 결과 엄청난 이직률을 경험하였다. 이제 우리가 더 많은 임금을 지급한 결과 보다 높은 충성심, 에너지와 생산성을 갖게 되었다.[72]

전략적 CSR은 좋은 비즈니스에 관한 것이다. 그것이 바로 기업이 21세기에 성공하기 위한 지침체계이다.

전략적 CSR 논쟁

발제 제안 : 모든 영리기업은 가치기반 비즈니스이다.

토론과 검토를 위한 질문

1. 조직이 윤리적이라는 것은 무엇을 의미하는가? 비윤리적인 행동과 불법적인 행동의 차이가 무엇인가?

2. MBA 서약을 살펴보라(http://mbaoath.org/). 어떻게 생각하는가? 당신은 이것을 받아들일 수 있는가? 이것이 모든 경영대학 학생 모두가 받아들여야 하는 것인가?

3. 당신의 견해에 가치기반 비즈니스는 어떤 것인가? 뉴스에서 당신이 보거나 읽은 사례를 생각해 보라. 그러한 기업에서 일하는 것이 어떻게 다르다고 생각하는가?

4. 벤앤제리스의 가치를 살펴보라(https://www.benjerry.com/values/). 그 기업의 제품 미션, 경제적 미션 그리고 사회적 미션에 대해 어떻게 생각하는가? 그 기업이 채택하고 있는 사회적 명분은 어떠한가? 이 정보가 그 기업의 아이스크림을 더 사도록 만드는가? 덜 사도록 만드는가? 이것이 영리기업이 해야 할 일인가?

5. 다음의 비디오를 보라. https://youtu.be/EseNAh9Uwjl. 당신은 비즈니스가 "도덕적 노력"이라는 데 동의하는가?

한편으로 본서는 CSR에 관한 책이다. 본서는 기업의 가치 창조 활동의 중심으로서 그 용어를 재정의한다. 그러나 또 다른 보다 중요한 차원에서 본서는 기업들이 오늘날 글로벌 비즈니스 환경에서 어떻게 비즈니스를 운영하는지 논의한다. 그리고 영리기업이 운영의 모든 측면에서 어떻게 비즈니스를 수행하고 온라인으로 상호 연결된 세상에서 어떻게 성과를 최적화할 수 있는지 논의한다.

그와 같이 본서는 대부분의 다른 CSR 책들이 제기하려 하는 문제들과 미묘하게 다른 질문을 제기한다. 본서는 기업의 사회적 책임이란 무엇인가라고 묻기보다 사회에서 기업의 역할이 무엇인가라고 질문한다. 달리 말하면 기업이 해결해야 한다고 생각되는 책임의 목록을 정리하려 노력하기보다는 전략적 CSR의 개념으로 영리기업이 사회의 광범위한 부문을 위해 어떻게 가장 큰 가치를 창조할 수 있는지 확인하려 노력한다.

이러한 이슈에 대해서 몇 년간 많은 고민을 거듭한 후에 이러한 미묘한 구분을 통해 기업이 어떻게 비즈니스를 하고 사회 진보에 공헌하는지 이해하는 데 매우 다른 접근방법을 촉진할 수 있다는 것을 발견하였다. 사회에서 기업의 역할이 무엇인지에 대한 질문은 우리가 비즈니스를 이해하고 수행하고 가르치는 방법에 깊은 시사점을 갖고 있다. CSR 관점을 적절히 이해하고 내부화하면 기업의 모든 활동에 생기를 불어넣는다. 마찬가지로 CSR 관점은 경영대학에서 가르치는 모든 주제들에 시사점을 가진다. 나는 전략경영 캡스톤 과목에서 전략적 CSR을 가르치지만 그것은 마케팅, 생산운영, 재무, 회계 등의 과목에도 마찬가지로 통합될 수 있다. 물론, 그것은 커뮤니케이션, 법학 그리고 공공정책 등의 비경영학 과목에도 직접 관련되어 있다.

이러한 관점 변화의 결과가 의미하는 바는 우리가 직면하는 가장 중요한 질문이 사회에서 비즈니스의 역할이 무엇인가라는 것이다. 그것이 인류의 미래, 즉 우리가 사는 방법, 우리가 상호작용하는 방법과 우리가 거주할 만한 지구를 미래 세대에 남겨줄 것인지 여부를 결정할 것이다. 따라서 사회에서 비즈니스의 역할이 무엇인가는 실존주의적 질문이다. 그리고 더 이상 미룰 수 없는 질문이다. 우리는 오늘 그 질문을 제기할 필요가 있으며, 지속가능한 경제시스템 창조에 필요한 정책과 실무의 실행을 시작해야 한다. 진보를 위해 우리는 현재 경제시스템의 많은 부분을 유지해야 한다. 현재의 시스템 덕분에 산업혁명 이후 선진국들이 경험한 믿을 수 없을 정도의 생활수준 상승이 가능했다. 그러나 명백하게 그것은 지속가능하지 않다. 따라서 우리가 가진 것의 좋은 점이 무엇인지와 동시에 무엇을 변화시켜야 할지 이해할 필요가 있다.

> 정치에 관해 비즈니스 리더들은 위험회피형이다. 그들은 안정성과 현상유지에 우선순위를 둔다. 변한 것은 현상유지의 정의이다 …… 이것이 원가–효익 계산을 변화시켰다. 별로 환영할 만한 상황은 아니지만 목소리를 높여서 논쟁에 끼어들거나 아니면 조용히 있으면서 고객, 종업원, 소셜 미디어, 그들의 가족과 양심으로부터 맹비난을 받을 것인지 결정해야 한다. 사람들은 시간이 지날수록 행동하지 않은 것이 보다 위험한 길이라고 결론 내렸다.[1]

그러나 어떤 행동을 위하고 어떤 변화를 가져올 것인가? 우리는 유한한 자원을 가진 지구에 살고 있기 때문에 희소성이 삶의 방식의 중심이 된다. 정의상 모든 가치 있는 자원은 희소하다. 재능 있는 종업원, 금 또는 클래식 영화, 그 무엇이든 그것을 원하는 모든 사람에게 충분하게 돌아가는 경우는 없다. 그 결과 인류를 위한 핵심 도전은 이러한 자원을 어떻게 가장 잘 배분할 것인가이다. 달리 말하면, 누가 무엇을 가질 것인가 또는 특정 자원을 어디에 투입할 것인지 어떻게 결정할 것인가?

경제시스템은 이 문제 해결을 위해 진화해 왔다. 그러나 그 문제는 복잡하며 해법이 명확하지 않은데 그것이 우리 정치에서 목격되는 대부분의 의견 불일치를 설명해준다. 정치인들은 정부보조금, 복지 제공 또는 세금 감면에 관해 논의할 때 여러 가지 주장을 한다. 그 말들은 사회마다 그리고 시기마다 다르지만 그 불일치의 본질은 같다. 서구 사회에서 자원배분 문제는 대체로 압도적인 시장의 지배력을 통해 해결되어 왔다. 자원에 대한 상대적 수요와 공급이 가격의 등락을 초래하며 자원에 가장 가치를 두는(이론적으로) 사람들에게 배분되도록 가격이 정해진다.[2]

이러한 시스템은 우리 대부분에게 충분히 잘 봉사해 왔기 때문에 지속되어 왔다. 그러나 그 시스템은 왜곡되어 있으며, 그 결과 위협을 받고 있다. 이런 상황은 잘 이해하기 어려운 많은 이유 때문에 발생하는데 그것은 그 이유들이 제안된 해결책에 적절하게 설명되어 있지 않다는 것을 의미한다. 이러한 현상은 현실적이 아닌 이상적 용어로 인간과 사회조직에 대해 말하는 경향이 있는 CSR 공동체에 특히 두드러진다. 이것이 기업의 기능에 대한 우리의 이해를 왜곡하고 그 결과 현재 시스템을 개혁할 우리의 능력을 왜곡한다. 본질적으로 그 문제를 이해하지 못한다면 우리가 제안하는 어떠한 해법도 잘못된 지침이 될 것이다. 전략적 CSR은 이러한 불균형을 바로잡기 위해 존재한다. 이 세상을 우리가 바라는 대로가 아니라 실제로 작용하는 대로 (인간을 우리가 원하는 대로가 아니고 있는 그대로) 바라봄으로써 우리가 원하는 목표를 향해 사회가 움직일 수 있도록 하는 현실적 해법을 제안할 수 있다.[3]

> 그래서 그 모든 것의 목적은 어디에 있는가? 우리는 조직을 일종의 집합으로서, 전체로서 자신의 정체성을 가진 그 무엇으로 생각하는 경향이 있다. 그것은 사실이 아니다. 조직은 그 내부의 개인들로 구성되어 있으며, 각각의 개인은 동기, 희망과 두려움, 불안정성, 자신의 욕구 등을 가지고 있다 …… 이러한 욕구는 자아실현 욕구, 세상에서의 역할, 개인의 목적 등에 관한 것이다.[4]

따라서 이것을 제대로 실현하기 위해서 각각의 이해관계자가 자신의 목적을 찾기 위한 노력의 일환으로 기업과 상호작용한다는 것을 이해해야 한다. 보다 구체적으로 이해관계자로서 역할을 어떻게 수행하는지에 따라 우리가 원하는 변화를 가져올 수 있다. 기업은 법률적 · 사회적 구조물이며 이해관계자로 구성되어 있다. 그들은 대리인이 없다. 우리는 대리인을 가질 수 있으며, 기업은 자신의 이름으로 독립적으로 행동하지만 실제 행동하는 것은 사람들이다. 그와 같이 문제는 기업이 아니다. 즉, 기업은 문제가 될 수 없다. 만약 문제가 있다면 비난받아야 할 사람은 우리이다. 따라서 변화가 가능하려면 집합적으로 기업의 이해관계자인 우리로부터 변화가 비롯되어야 한다.

> 전략적 CSR의 완전한 시사점에 대한 이해의 핵심은 기업들이 우리의 가치를 반영하고 있다는 생각이다. 기업들은 그러한 가치를 형성하지 않는다. 달리 말하면, 기업들은 집합적인 이해관계자들(내부와 외부)의 종합적 가치를 반영한다. 이것을 명쾌하게 표현하면 소형 슈퍼마켓을 망하게 만드는 것은 월마트가 아니다. 고객이 월마트에서 쇼핑하기를 선택함으로써, 종업원이 월마트에서 일하기를 선택함으로써, 정부가 월마트에게 조세혜택을 줌으로써 그리고 그와 유사한 다른 이유 등으로 그 결과가 초래된다.…… 이러한 사고를 확장하면 기업들은 문제가 아니라 오히려 해결책임을 알 수 있다. 영리기업은 희소하고 가치 있는 자원을 어떻게 배분할 것인가하는 구체적 문제를 해결하기 위해 우리가 고안한 단순한 도구이다. 우리가 사용할 수 있는 자원의 조합은 유한하다. 다수를 위한 최적 가치를 생산해 내기 위해 어떻게 이러한 자원을 배분할 것인가가 인류 역사상 항상 도전적 과제였다. 오늘날까지 우리가 발견한 최선의 해결책은 민주적 시장기반 자본주의 내에서 운영하는 영리기업이다. 기업이 단순히 도구라는 것을 이해한다면 당신은 기업이 우리가 요구하는 모든 것을 수행할 것이라는 것을 이해할 수 있다. 우리가 기업에게 지구를 오염시키기를 요구하면(현재 우리가 그렇듯이) 기업은 그것을 효율적으로 해낼 것이다. 만약 우리가 기업으로 하여금 지구를 보전하도록 요구하면 기업은 그 목적을 달성할 가장 효율적 방법을 찾아낼 것이다. 기업들은 우리가 원하는 일을 할 것이며 우리의 집합적 가치를 반영한다.[5]

본서에서는 이러한 변화를 가져오기 위해 필요한 토론의 로드맵을 제공한다. 이해관계자가 기꺼이 기업 활동에 책임을 물을 용의가 있어야 그만큼 광범위한 사회의 요구를 충족시키는 경제시스템 창조를 위해 이해관계자 관여의 근거를 제시한다. 우리는 자본주의가 단순히 사회를 조직화하는 한 가지 방법이며, 영리기업은 그 지도원칙을 수행하기 위한 주요 수단이라는 것을 이해하고 있다. 기업은 이러한 수단이 되며 다수의 이익을 위해 봉사한다. 자본주의는 그것이 가능하도록 유인과 제약의 시스템을 제공해주지만 우리 자신의 최선의 이익에 기여하는 결과를 만들기 위해 우리 모두의 적극적 참여가 필요하다.

전략적 CSR이 많은 것을 요구하는 것은 확실하다. 그것은 이해관계자에게 기업 행동을 규정할 노력을 하도록 요구한다. 또한 기업에게 이러한 요구에 대응하고 가능하다면 그것을 예측하기를 요구한다. 그러나 이해관계자가 가치와 신념을 강조한다면 그러한 기대에 부응하는 것은 항상 기업의 경제적 이익에 부합될 것이다. 전략적 CSR은 따라서 수동적이 아니라 적극적 철학이다. 또한 불가지론이 아니라 가치에 기반을 둔다. 결과적으로 사회는 스스로 만들어지는 것이 아니라 우리에 의해 형성되는 것이다. 만약 이해관계자가 광범위하게 정의된 가치를 증진하는 방법으로 규칙을 바꿀 동기를 가지고 있다면 그러한 진화하는 기준과 그에 대한 반응을 해석하는 최선의 수단이 영리기업이다. 그들이 우리 경제시스템 내의 다른 어떤 조직보다 더 빠르고 효율적으로 그 목적을 달성할 것이다.

따라서 본서에서는 해결책을 제시하기보다 올바른 질문을 제기하고자 한다. 그 대답은 개인이나 집단으로서 우리 모두에게 달려 있다. 경력을 쌓아 나가는 동안 이러한 질문들에 대답하려는 당신들의 노력에 본서가 수단을 제공해주기를 희망한다. 그러한 과정에서 전략적 CSR을 실행하려는 노력에 행운이 따르길 바란다.

부록

CSR 실행

본서의 처음 VI부까지는 기업이 전략계획과 운영의 모든 측면에 걸쳐서 CSR을 통합하는 사례를 보여주었다. 그러나 전략적 CSR의 중요성을 보여주는 사례가 반드시 이러한 경영철학을 실제로 어떻게 실행하는지에 대한 이해를 높여주지는 않는다. 기업이 한층 더 사회책임을 다하는 기업이 되기 위해서 어떻게 할 것인가? 본 부록은 이해관계자의 가치 창조를 위한 가치기반 비즈니스 구축과 관련한 도전을 포함해서 전략적 CSR의 개념을 확장함으로써 이 문제를 직접적으로 풀어본다. 특히 광범위한 행동계획을 뒷받침하는 데 필요한 핵심 정책, 실무 그리고 규범과 함께 주요 구조적 요소를 소개하면서 조직 전반에 걸친 전략적 CSR의 설계와 실행의 세부 내용을 설명한다.

전략계획

전략적 CSR의 실행은 기업 내부로부터 기인한다. 그것은 과거 성과를 측정하고, 이해관계자(내부와 외부)의 변화하는 요구를 이해하고 그러한 기대를 충족시킬 계획 추진을 위한 리더들의 준비과정이다. 일단 설계가 끝나면 계획이 실행되어야 한다. 달리 말하면 아무리 계획이 좋다 하더라도 바람직한 결과를 얻기 위해서는 효과적 실행이 필수적이다. 마찬가지로 기업 리더들의 의도가 무엇이든 간에 전략이 기업의 비전과 미션을 이해관계자 이익과 일치하도록 맞출 수가 없다면 최적의 결과를 얻지 못할 것이다. 따라서 어떻게 가치를 창출할 것인가가 기업 리더가 풀어야 할 핵심 문제이다. 그러나 전략적 CSR의 실행에서 보다 구체적인 질문은 다음과 같다. 누구를 위해 가치를 창출하는가? 이것은 이해관계자 이익 간의 충돌이 일어나는 상황에서 특히 적절한 질문이다.

전략적 CSR 실행은 기업의 경쟁우위 구축과 유지를 위한 전략적 계획과 함께 자연스럽게 시작된다. 이 과정에는 기업 목표의 확인, 경쟁 환경의 분석, 역량의 평가 그리고 목표 달성을 위한 자원 배분이 포함된다. 여기에는 전형적으로 산업에 따라 아주 다른 의미를 가질 수 있는 단기와 장기 계획이 포함된다. 전기 공급 사업을 예로 들어보자. 미래 전기 수요를 예측하고 고도의 전기 생산과 배전의 역량을 설계하고 허가받고 구축하는 복잡한 과정을 고려하면 10년이나 15년 또는 그 이상의 계획 기간이 소요된다. 그러나 소비자제품 생산 기업에게는 제품이 설계된 후 출시되기까지 몇 개월의 기간이 장기가 될 수도 있다. 예를 들면 스페인 의류 소매기업인 자라(Zara)와 같은 기업은 "짧게는 2주밖에 되지 않는 기간에"[1] 설계로부터 생산과 진열에 이르는 가치사슬을 구축한다. 그 기업의 생산 주기는 평균 산업 주기보다 훨씬 짧아 "패스트패션"이라는 새 산업을 창출하였다.[2] 계획 과정에서 기업의 미래 목표가 설정된다. 이를 위해 사업 목표(성장률, 시장점유율 등)의 큰 그림이 그려져야 한다. 이처럼 보다 장기적 목표는 이해관계자의 이익을 고려해야 하며, 이러한 장기적 전략이 생산, 자금조달 그리고 인적 자원에 이르기까지 각 사업 단위에서 운영과 지원을 위해 실현 가능한 목표로 구체화된다. 이러한 특정 단기 목적 달성은 물론 검증 가능해야 한다. 다음 단계로 그 목적의 실행에 필요한 자원이 배분된다. 자원배분에 대한 통일된 접근방법이 예산 과정이며, 그것은 보통 회계연도 말 또는 연말에 이루어진다.

가치사슬에서 전략적 CSR 실행

전략적 CSR 실행은 3가지 핵심 영역으로 나뉘어진다.

1. **공급망** : 원재료 채취, 공급업체 제조, 외주와 같은 가치사슬 상류의 생산
2. **운영** : 운송, 물류, 설계와 같은 가치사슬의 모든 측면을 포함한 내부 생산
3. **소비** : 가치사슬 하류의 생산 및 소비와 재활용

전략계획 과정은 전통적으로 객관적 근거에 의해(순현재가치 또는 ROI와 같은) 선택된 목표와 의사결정에 초점을 두기 때문에 계량화하기 어려운 목표(이해관계자 가치)를 무시할 수 있다. 이는 쉽게 일어나는 일이므로 CSR의 통일된 실행을 보장하는 접근방법 채택이 중요하다. 공급망, 운영, 소비라는 3가지 넓은 영역을 포괄하는 전체 프로세스는 두 가지 시간적 단계, 즉 단기에서 중기, 중기에서 장기로 나누어질 수 있다.

단기에서 중기에 걸친 실행

전략적 CSR은 오늘날 모든 기업에 적합하다. 즉, 모든 계속기업들은 현재 최소한 일부의 이해관계자를 위한 가치를 창조하고 있다. 그렇지 않다면 생존을 위한 충분한 수익을 창출하지 못할 것이다. 전략적 CSR을 이해하면 보다 다양한 이해관계자를 위해 더 나은 가치 창조가 가능해진다. 많은 이해관계자를 위해 더 많은 가치를 창조할수록(즉, 이해관계자 이익과 기업의 이익을 더 일치시킬수록) 기업의 생존가능성과 안정성은 커진다. 궁극적인 목표는 모든 종업원이 CSR 필터(11장)를 사용하여 업무에 접근하고 일상의 정책과 실무에 반영된 기업 문화의 중심 구성요소에 전략적 CSR이 자리 잡게 하는 것이다. 다음에 검토하는 각 단계에서 기업이 단기와 중기에 걸쳐 전략적 CSR을 어떻게 통합시킬 것인지 설명한다.

임원 리더십(Executive Leadership)

성공적 실행을 위해 CEO는 전략적 CSR을 이해하고 추진해야 한다. 즉, CEO는 주주의 이익을 위해 기업을 운영할 법적인 의무를 가지는 것이 아니라 오히려 광범위한 이해관계자 접근방법이 제안하는 바대로 기업 자체의 최선의 이익을 위한 의사결정을 해야 한다. 일단 이것을 이해하고 나면 임원의 의지가 전사에 걸친 이해관계자 접근방법의 제도화를 확실하게 만드는 핵심이 된다. 이상적으로는 CEO가 자신을 CSR 최고경영자로 생각해야 한다.[3] 최소한 CEO는 CSR 담당자로부터 이해관계자의 가치에 관한 정량적 수치와 함께 CSR 성과에 관해 직접 정기적으로 보고를 받아야 한다. 언어와 상징성은 중요하며, 그것이 행동을 형성하는 능력을 과소평가해서는 안 된다. 그러나 잘 쓰여진 선언서만으로 충분하지 않다는 것은 명백하다. 전략적 CSR에 대한 임원의 지지는 적극적이고 진정성이 있어야 하며, "알맹이 없는 미사여구"[4]라는 비난을 피하기 위해 매일 강화해야 한다.

최고윤리경영자

이러한 개념을 궁극적 최고윤리경영자(Chief Ethics Officer ; CEO)로 내재화하기 위해 기업의 상위 임원들이 서약을 하고 다음의 맹세를 하도록 제안한 사람들이 있다.

- 기업의 모든 이해관계자의 이익을 보호한다. 주주뿐만 아니라 고객, 종업원, 공급업체, 규제기관, 지역사회 및 채권자.
- 오늘날 빠르게 진화하고 점점 더 다양해지는 환경에서 기업을 경제적 그리고 사회적 기관으로 보라.
- 광범위한 양적 · 질적 수치를 분석하고 경제와 윤리의 균형을 맞추기 위해 그것을 모든 임원의 보수에 연계시켜라.[5]

전략적 CSR을 이해하는 CEO와 그렇지 않은 CEO의 차이는 폴 폴만(유니레버), 하워드 슐츠(스타벅스) 그리고 이본 쉬나드(파타고니아)와 같은 진보적 리더를 보면 명백한데, 그들은 사회적 책임이 법률적 명령일 뿐 아니라 윤리적, 도덕적,

합리적 및 경제적 동기임을 이해하고 있다. 지속가능한 비즈니스는 장기간을 고려하여 운영되며("자원의 희소성과 기후변동성에 대비하고 공급망 회복력을 확보하기 위해")[6], 충분히 대비하지 못하면 운영을 위험에 빠트리고 궁극적으로 생존가능성을 위협할 것이다.

이사회 지지

CEO와 임원들의 투자가 필수적이지만 그들이 기업의 유일한 리더는 아니다. 이사회 역시 전략적 CSR의 실행에 중요하다. 많은 국가에서 이사가 기업의 행동에 대해 보다 더 큰 법률적 책임을 지는 방향으로 변화하고 있다. 예를 들면 영국에서 민법이 기업의 두뇌와 손을 구분하고 있다.

> 기업은 인간의 신체와 같다. 행동을 통제하는 뇌와 신경 중추가 있다. 그리고 도구를 잡고 신경 중추의 지시에 따라 행동하는 손이 있다. 기업의 구성원 중 어떤 사람들은 일을 하는 손에 해당하며, …… 경영자와 이사와 같은 다른 사람들은 행동을 지시하는 마음과 의지를 나타내며, 행동을 통제한다. 그러한 임원과 경영자들의 마음 상태가 기업의 마음 상태이다.[7]

미국에서도 사베인 옥슬리법(2002)과 도드 프랭크법(2010)과 같은 최근의 법률이 임원 감독과 전략적 방향 제시라는 이사들의 핵심적 역할을 인식하고 있다. 따라서 이사들은 법규준수를 확실히 해야 한다. 이는 CSR 담당자가 이사회에 직접 보고해야 한다는 것을 의미한다. 이사회는 준수뿐만 아니라 위험관리 결정에 관여함으로써 올바른 분위기 설정에 도움을 주고 기업 운영의 가이드라인을 수립한다.[8] 윤리 교육훈련 또한 이사들에게 필수적이다.[9] 간단히 말해서 이사회는 새로운 관점을 촉진하기 위해 임기 제한을 강화하고 다양한 견해가 제시되도록 효과적 실행을 할 법률적 책임을 가지는데, 그것은 동질적 집단보다 이질적 집단이 더 나은 의사결정을 하기 때문이다. 예를 들어 한 연구에 따르면

> 여성 이사는 …… 그들이 합류하기 전에는 이사회 결정에 잘 반영되지 않았던 중요한 여섯 가지 기능을 제공한다. 그것은 위험관리, 인적 자원, 지속가능성, 정치 또는 정부, 법규준수 그리고 지배구조이다.[10]

이사회 외에도 모든 부서의 장들도 역시 정책의 성공에 핵심이 된다. 그리고 서로 다른 문화 간의 긴장을 관리해야 하는 다국적 기업에서 각국의 경영자들은 어떤 정책이 핵심 원칙(전사에 걸쳐 표준화된)으로 적용되어야 하며, 어떤 정책이 지역적 해석에 저촉을 받는지 결정하는 주체가 된다. 간단히 말해서 중간관리자의 리더십은 최고경영층의 어조(tone)만큼 중요하다.

CSR 담당자

CSR이 효과적이기 위해서는 가시적 행동과 후원을 필요로 한다. CEO의 지지는 후원과 같으며, 그 가시적 성과로 들 수 있는 것이 CEO와 이사회에 직접 보고하는 임원으로 충원된 CSR 담당자[11]를 두는 것이다.[12] 법규준수 담당 임원 직위가 "붐을 일으키고"[13] 있지만 이러한 보고관계는 반드시 진정성을 가져야 한다. 사장이 귀 기울여 들을 의사가 있고 심지어 정기적으로 임원의 의견을 듣고자 할 때에만 그 보고가 가치를 가진다. 스타벅스[14]와 나이키와 같은 회사에서 CSR 임원은 폭넓은 운영 및 전략적 영향력을 가진 부사장급 위치이다. 나이키의 경우 지속가능 비즈니스와 혁신 담당 부사장은 "노동법규 준수, 글로벌 공동체 업무, 이해관계자 관여와 기업책임 전략계획 그리고 비즈니스 통합"[15]을 포함한 광범위한 이슈에 관해 이사회에 보고한다.

넓은 의미에서 CSR 임원은 기업 내 윤리적 문화 구축을 책임진다. 구체적으로 기업운영의 기능 영역과 공급망 전반에 걸쳐서 적합한 정책을 수립, 실행 및 감사한다. 여기에는 법규준수와 이해관계자 관계에서 괴리를 발견하기 위한 폭넓은 감사 수행이 포함된다. 이 책무는 "40%의 조직이 새로운 M&A 거래가 일어나고 나서야 그와 관련된 준수 이슈를 발견했다고 보고하고 있다"[16]는 점을 고려하여 M&A 의사결정에 깊이 관여하는 데까지 확장된다. 그러나 법규준수가 중요하지만 CSR 담당 임원은 규칙기반 문화와 원칙기반 문화를 혼동하지 않아야 한다. 처방적 규칙이 수립되면 그것을 우회하는 방법을 찾아내는 것이 인간 본성이다. 행위에 대한 훨씬 나은 동기는 기초 원칙이다. 원칙기반 문화에서 핵심 원칙이 지켜지기만 하면 구체적인 의사결정 방법은 유동적이다. 달리 말해서 규칙기반 문화는 하향식이고 처방적인 반면, 원칙기반 문화는 보다 넓은 문화와 일관되는 적절한 의사결정을 종업원들이 할 수 있도록 권한을 부여한다.[17]

추가로 CSR 담당 임원은 혁신을 도입해야 한다. 혁신은 이해관계자 관계 부서를 대체하는 것으로 시작되어야 한다. 또 다른 방법은 기업의 CSR 의지를 강화하도록 조직을 설계하고 CEO가 같이 마주 앉을 수 있는 이사회 내 소위원회를 만드는 것이다. 그러나 가장 중요한 것은 CSR 담당임원이 전략 형성에 기여하고 핵심 운영위원회에 포함되어야 한다는 것이다. 나이키에서는 부사장이 구매부서와 공동으로 작업하여 높은 품질과 납품시기(전통적 운영성과 측정치)를 지킬 뿐만 아니라 기업의 CSR 기준에 맞게 생산이 이루어지도록 한다.[18] 운영 부문이야말로 CSR 담당임원이 전략적 CSR을 비즈니스의 모든 측면에 걸쳐 완전히 통합하여 진척을 가져올 수 있는 가능성이 큰 부문이다. 이러한 모든 정책의 효과적 실행, 투명성 및 경영책임을 보장하기 위해 기업 전반의 관점에서 바라볼 필요가 있다.

"만약 리더 중 한 사람만이 윤리의 수호자라고 생각되면 다른 모든 사람은 그 책임을 면제받기 때문에"[19] CSR 관점의 추진이 모든 사업부의 중기목표가 되도록 하는 것이 이상적이다. 그러나 단기적으로는 전문가 관점에서 의사결정을 통해 공헌하는 개인과 함께 이러한 노력이 시작되어야 한다. 시간이 갈수록 전략적 CSR은 모든 수준의 경영자가 기대되는 규범과 실무를 강화함으로써 전사에 걸쳐서 통합될 것이다.[20] 그러나 최소한 처음에는 CEO, 고위 임원 그리고 이사회의 지지를 받는 CSR 담당자의 집중적 리더십이 기업의 전략적 CSR 관점 강화에 필수적이다.

비전, 미션 및 가치

기업의 전략적 CSR 실행에 중요한 다른 요소는 이해관계자의 관심 이슈와 원칙을 반영하는 가치에 기초한 비전과 미션 성명서이다.[21] 이러한 공식적 발표가 기업의 근간이 되고 이해관계자들에게 기업이 어떤 종류의 비즈니스를 영위하는지에 관한 통찰력을 제공한다.[22]

예를 들면 스타벅스는 그 미션을 ("한 번에 한 사람, 한 컵 그리고 한 이웃씩 인간 정신을 고취하고 양성하기 위해") 핵심 가치와 함께 웹사이트에 확실히 공시하고 있다. 그 성명서는 기업이 강조하고자 하는 가치를 보여주는 것 외에도 스타벅스가 "투명성, 존엄성 및 존중"을 가지고 이해관계자를 대우한다고 약속하는 것을 의미하는 파트너십("우리 파트너, 우리 커피 그리고 우리 고객") 내에서 자신을 성찰함을 명백히 보여주기 때문에 효과적이다. 또한 그것은 영감을 주는 비전이 "인간성의 렌즈를 통한 성과 위주" 기업을 추구하기 때문에 "우리 자신이 결과에 대해 책임을 질 것을 기대한다고 말한다."[23]

CSR 비전 성명서

효과적인 CSR 비전 성명서는 다음과 같은 역할을 한다.

- 조직의 핵심 이해관계자들로 하여금 자신들의 관점을 결정할 수 있게 참여시킨다.
- 상호 호혜적 해법을 찾는 갈등 해소과정을 계획한다.
- CEO의 필요한 후원과 적극적 지지를 포함한다.
- 보상과 조치를 통하여 CSR의 중요성을 강화한다.
- 일상에서 CSR을 어떻게 실행할 것인지에 관한 정책을 제공한다.

모든 이해관계자(내부와 외부)는 기업의 가치체계와 그것이 자신에게 미치는 영향을 이해할 필요가 있다. 9장에서 자세히 설명하였듯이 기업의 비전과 미션 성명서는 이러한 인지과정의 일부로서 가치가 있지만 이는 시작에 불과하다.

경영책임은 조직 전반에 걸쳐 수립되고 적용될 필요가 있으며, 리더들은 기업이 그러한 가치들에 맞게 운영되고 있는지에 관해 모든 이해관계자에게 정직하게 보고해야 한다. 무엇보다 중요한 것은 성명서의 발표가 "여정의 결론이 아니라 지속적인 변환 과정"[24]의 일부여야 한다는 것이다. 이러한 접근법의 사례를 보여주는 (최근에 "판매직원 모두에게 윤리적이며 인간적인 기술 사용의 전략적 체계를 개발하기 위해 …… 윤리 및 인간경영 최고경영자"를 임명하는)[25] 세일즈포스(Salesforce)는 이러한 비전 성명서를 매우 심각하게 받아들인다.

> 비즈니스 중의 비즈니스는 세상을 나은 곳으로 만들고, 종업원, 고객, 파트너, 지역사회 및 환경과 같은 모든 이해관계자의 이익에 봉사하여 세일즈포스가 확실히 변화의 플랫폼이 되도록 하기 위해 일한다고 믿는다.[26]

우리 인생에서 일어나는 많은 일들에서와 같이 "고객과 종업원이 이해하고 고마워할 수 있는"[27] 언어로 포용적이고, 진정성 있으며, 투명하게 대하는 것이 핵심이다. 이해관계자가 전략적 CSR의 실행을 심각하게 받아들이기 위해 공감할 수 있는 가치체계에 기초해 미션과 비전 성명서를 가져야 한다.

성과

최고경영층과 이사회의 지지, 상위경영층 CSR 직위 창출 그리고 기업의 비전과 미션 성명서 작성은 전략적 CSR 실행의 중요한 요소인 인식 제고를 촉진한다. 그러나 기업의 의도가 고상하더라도 사람들은 "기대되는 것이 아니라 실제 조사된 내용"에 초점을 맞춘다.[28] 달리 말하면, 어떤 공공연한 가치라도 그것이 보상과 인센티브 구조에 내재되지 않으면 무시된다. 그것이 인간 본성이다. 만약 전략적 CSR 실행의 목표가 이해관계자를 존중하고 그들로 하여금 기업의 성공을 위해 일할 수 있도록 권한을 부여하는 문화와 신뢰를 구축하기 위한 것이라면 인센티브를 중요하게 활용해야 한다.[29]

예를 들면 초기 사우스웨스트 항공의 근로계약서에는 종업원에게 비행기를 회항시키기 위해 "무엇이든지 할 수 있는" 권한을 부여하는 조항이 있었다. 그리고 문제가 발생하면 비난할 개인을 찾기보다 그런 일이 미래에 재발되지 않도록 그 팀을 격려하는 데 초점을 둔다. 두 가지 정책은 사우스웨스트가 종업원이 훌륭한 결정을 내릴 것이라고 믿는다는 것을 의미하며, 이는 긍정적 문화 창조에 도움을 줄 것이다. 일단 이러한 문화가 기업의 효율적 운영능력과 결합되자 대부분의 다른 항공사가 큰 적자를 내고 있을 때에도 사우스웨스트는 성공할 수 있었다. 그 결과 수년 동안 그 기업의 수익성은 "세상의 어느 항공사도 따라올 수 없는 것이었다."[30]

물론 성과 측정을 위해서 종업원을 관찰할 수 있어야 한다. 빅데이터의 대두로 인해 종업원 관찰이 쉬워지기는 하였지만 "종업원의 출근 시간 추적을 위한 생체인식 기술에서 근로자의 근무 상태를 추적하는 카메라, 종업원들의 위치를 추적하는 카메라, 사외 근로자들을 감시하기 위한 GPS 시스템에 이르기까지 모든 것을 사용하는 경우"[31] 프라이버시와 불신이라는 윤리 이슈를 제기한다. 데이터 수집은 예를 들어 "양성 평등 목표"[32] 등과 같은 성과를 위한 인센티브 부여에 필요한 정도로만 최소한으로 제한되는 것이 이상적이다. 그리고 효과적인 성과측정치는 예를 들면 개별 보상 패키지와 기업의 전반적 운영 모두에 적용되어야 한다. 코스타리카 식음료 기업인 플로리다 아이스엔팜은 음료 생산에 사용될 물의 양에 대한 정확한 기준을 채택하였다. 브라질 화장품 회사인 내츄라는 환경에 미치는 영향 감소방법을 찾은 직원에게 보너스를 주고 있다.[33] 그러나 경제적 유인의 위험은 그것이 의도하지 않은 결과로 이어질 수 있다는 것이다. CSR 사회가 그 이슈에 직면하고 있다.

종업원들은 조직의 각기 다른 수준에서 좋은 의사결정을 위해 노력하지만 하향식 규칙과 목표에 의해 제한을 받기 때문에 많은 CSR 위반 사례가 발생한다. 예를 들면 사소한 오염 관련 규정을 위반할지 또는 주요 성과를 위한 시한을 지킬 것인지 사이의 상충관계에 직면하면 어떤 수준의 종업원이라 하더라도 전략

의도치 않은 결과

CSR 행위를 권장하기 위한 경제적 유인을 도입할 때 유인을 제공하는 행위의 의도가 확실히 전달되도록 하는 것이 중요하다. 달리 말하면, 좋은 의도가 자동적으로 좋은 결과를 가져오지 않는다는 것이다.

18세기에 영국 정부가 범죄자들을 배에 태워 호주로 보낼 때 선장들은 배에 태운 사람들 수에 기초하여 보수를 받았다. 그러나 경우에 따라서 1/3에 이르는 많은 재소자가 운송 중에 죽어 나간다는 것을 영국 정부가 발견하였다. 의사를 배에 태우거나 선장의 보수를 올렸지만 살아남은 죄수의 수는 증가하지 않았다. 영국 정부가 (영국을 떠난 사람의 수가 아니라) 호주에 도착한 사람의 수에 기초하여 보수를 지급하기 시작하자 비로소 생존율이 99%까지 크게 증가하였다.[34] 인도의 또 다른 사례에서 이와 유사한 효과가 명백히 나타났다.

> 영국 식민지 시절 인도 델리에서 뱀 문제를 해결하기 위해 시장이 코브라 가죽에 포상금을 도입하는 유인제도를 실시하였다. 코브라는 잡기가 까다로워서 포상금이 상당히 높았다. 그래서 뱀을 도시에서 포획하는 대신에 뱀 사육을 시작하는 것이 좋은 비즈니스가 되었다. 그 결과 갑자기 포상금 청구 건수가 현격하게 증가하였다. 지방정부는 잘못을 깨닫고 유인제도를 폐지하였다. 그리고 그 비즈니스로부터 더 이상 이익을 얻지 못하자 뱀을 사육하던 사람들이 코브라를 도시로 방류하여 최초의 문제를 더욱더 악화시켰다.[35]

뱀 개체 수 감소를 위해 채택한 제도였지만 실제로 뱀을 죽이는 일에 유인을 제공하였기 때문에 사람들은 더 많은 뱀을 죽일 수 있도록 더 많은 뱀을 사육하였다. 형편없이 계획된 경제적 유인 탓에 의도한 목표와 정확하게 반대되는 결과가 나타난 것이다. 의도하지 않은 결과의 위험은 아주 현실적이다.[36]

적 CSR에 반하는 결정을 할 유혹을 느낀다. 왜 그럴까? 대부분의 기업에서 보상(급여, 승진 그리고 보너스)은 단기 경제적 성과에 기초하고 있기 때문이다.[37] 전략적 CSR 성과가 측정되고 보상되지 않는다면 종업원들은 CSR이 부차적 중요성을 가진다고 결론을 내릴 수 있다. 이것을 피하기 위해 "당신이 만약 사람들이 좋은 일을 하기를 원하면 당신이 생각하는 성공이 무엇인지 얘기해주고 그들이 그것을 달성했다는 사실을 알고 있다고 말해주라."[38]

통합보고

기업의 재무자료와 통합된 공시자료에 대한 조직 전반에 걸친 CSR 감사는 전략적 CSR 의지와 관련해 이해관계자의 인식을 고취시킨다. 투자자들이 이 이슈에 대한 설명 책임을 보다 더 강하게 요구하거나 심지어 소송을 제기함에 따라 환경감사는 광범위하게 연차보고서에 문서화되어 있다.[39] 사실 기후변화가 중요한 비즈니스 위험이 되는 경우에는 그러한 환경감사가 법률적 요구 사항이 될 수 있다.[40] 환경감사는 이러한 정보를 투자자들에게 전달함으로써 기업 행동의 이유를 이해하게 만들 수 있다는 가치를 가진다. 과거의 설문조사에 의하면 "주가가 책임감 있는 비즈니스 계획을 반영하고 있다고 믿는 비즈니스 리더는 거의 없다."[41] 모든 이해관계자(특히 투자자)와의 더 나은 의사소통이 이러한 상황을 개선시킨다.

지난 10년 동안 영국("FTSE 100 기업의 81%가 기업 책임, 지속가능성, 환경 또는 그와 유사한 별도 보고서를 만들고 있었으며")[42]과 지난 5년 동안 미국에서(2013년 "[S&P500] 지수 포함 기업 중 기록적인 72%가 지속가능경영보고서를 제출하였으며 …… 그것은 2011년 20%와 2012년 53%에 비해 현저히 증가한 것이다")[43] 점점 더 증가하는 통합의 추세는 모든 비재무적 측정으로 확장되어야 하며, 그 추세가 정기적인 기업 전반의 위험평가에 의해 지지되는 것이 이상적이다. 전 세계 34개국 15개 산업 부문에 걸친 3,400개 기업을 분석한 결과, 이제 글로벌 포춘 250 기업(G250) 중 거의 모든 기업이 기업책임 활동을 보고하고 있다.[44] 점점 더 기업들이 (a) 현재 다양한 원가를 발생시키고 외부화하고 있으며, (b) 이러한 정보를 자발적으로 공개하기 꺼린다는 것을 정부가 인식함에 따라 보고에 관한 요구조건은 점점 더 엄격해질 것이다. 예를 들면 현재 미국 SEC는

> 표준화된 연차보고서를 제출하는 모든 기업이 이익에 "중대한" 영향을 끼

칠 기후변화 위험의 세부 사항을 보고서에 포함해야 한다고 말한다. 영국 정부는 영국에 기초를 둔 대규모 상장 기업이 주주들에게 이산화탄소 배출량을 공시할 것을 요구하고 있다. 그리고 EU는 500명 이상을 고용한 기업의 경영 보고서에 환경과 사회 데이터를 공시할 것을 강제화할 계획이다.[45]

그러한 보고를 강제화하는 EU의 움직임의 결과로 "약 6,000개 대기업이 공급망을 통한 영향을 포함하여 인권과 환경에 제기하는 위험뿐만 아니라 다양성, 사회적 이슈와 부패에 관한 정책을 보고할 것을 요구받게 될 것이다."[46] 성과기준이 잘 마련되어 있는 경우에도 기업들은 그 성과보고를 꺼리기 때문에 이러한 투명성이 필요하다. "현재 전 세계에서 가장 큰 상장 회사의 60% 이상이 온실가스 배출량을 공시하지 않고 있고, 3/4이 물 사용에 대해 투명하지 않으며, 88%는 종업원 이직률을 공개하지 않고 있다."[47]

그 정보가 자신들의 고유 정보라 생각하기 때문이든 또는 다른 이유이든 상관없이(또는 아마도 형편 없는 성과 때문에) 〈그림 A-1〉은 이해관계자에 대한 전략적 CSR 성과보고를 심각하게 생각하는 기업이라면 지켜야 할 최소한의 보고 기준을 제시하고 있다. TBL(triple bottom line)"[48]은 재무, 환경 및 사회적 측면에 걸쳐서 성과를 측정하도록 해준다(또는 이러한 모든 측면이 기업의 이익에 영향을 미치기 때문에 모든 성과를 재무보고서에 통합하는 것이 더 바람직하다). 그러한 보고서가 내부 구성원의 성과에 대한 벤치마크가 되며 효율성 제고에 도움이 된다. 또한 외부 이해관계자들에게 미래 의도를 나타내는 성명서와 함께 이전의 약속에 대한 피드백을 제공한다(8장 참조).

어떤 기업들은 혁신적 방법을 사용하여 다양한 제품의 탄소발자국을 측정하는 전과정 평가를 시작하고 있다(11장 참조). 그러한 시도의 운영상 장점은 명백하다. 경영자가 가치사슬을 이해하게 도와주고 자신들의 얘기가 미디어에 보도되기 전에 잠재적인 CSR 위반을 강조해준다. 나아가 이러한 분석은 폐기물을 확인함으로써 원가절감을 가능하게 해준다.[49]

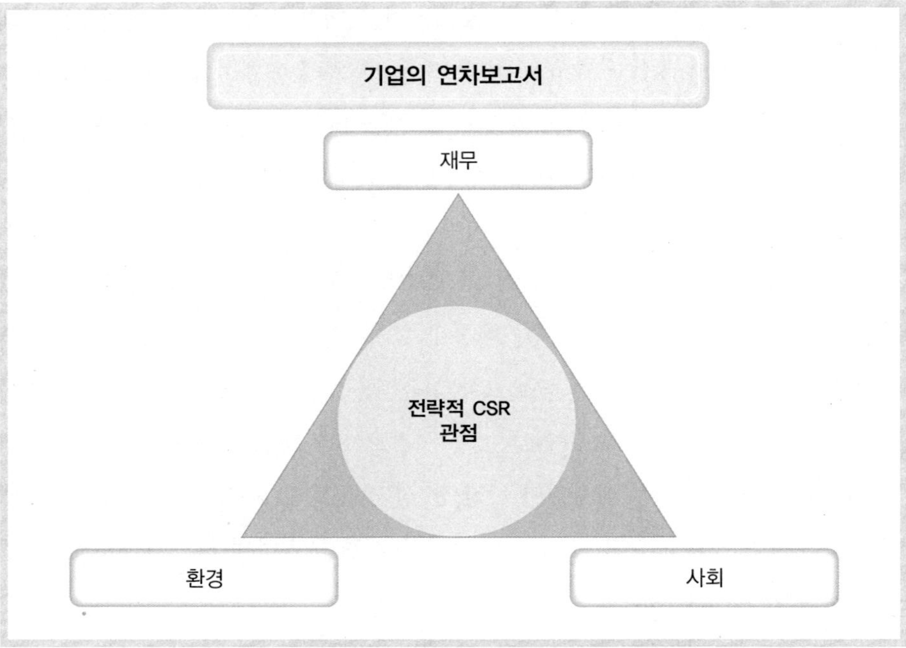

그림 A-1 트리플 바텀 라인(Triple Bottom Line)

감사를 실행하거나 최소한 재무보고를 기업이 검증하는 방법으로 독립적인 제3자 검증이 타당성을 위한 필수적인 절차이다.[50] 객관적 검증은 보고된 데이터에 신뢰성을 줄 수 있으며, 그 궁극적 목표는 산업표준을 설정하는 것이다(예를 들면 SASB, https://www.sasb.org/). 맬런 베이커에 따르면 CSR 또는 지속가능성 보고에 관한 질문은 사실 4가지밖에 없으며 나머지는 모두 부록에 넣어도 된다.[51]

1. 당신의 회사가 지속가능하기 위해서 어떻게 보일 것인가?
2. 그것을 달성하기 위해서 무엇이 필요한가?
3. 얼마나 많은 진척을 이루었는가?
4. 당신이 여전히 풀어야 하는 큰 문제는 무엇인가?

보고서를 발간하는 것이 한 가지 방법이다. 보고서의 정확한 정보를 보장하여 외부 감시자들에게 어떤 일이 일어나고 있는지를 이해시킬 수 있고 다른 기업과 산업들과의 성과 비교를 가능하게 함으로써 차원이 다른 투명성을 한꺼번에 제시할 수 있다.

윤리강령과 훈련

전사에 걸쳐서 바람직한 CSR 행위를 촉진하는 한 가지 방법은 윤리강령에 명문화하는 것이다. 이것이 종업원을 위한 규칙을 설정하며, 그를 통해 기업 운영의 모든 위치에서 책임 있는 실무에 대한 의지를 전달할 수 있다.[52] 그와 같이 윤리강령은 윤리와 준수 프로그램의 기초를 형성하는데 "기업의 81%"가 현재 그것을 실행하고 있는 것으로 추정된다.[53] 윤리강령에 추가하여 정기적 윤리 교육을 통해 조직 전반에 걸쳐 일관적인 문화를 촉진하기 위해 그 규칙과 규범을 강화하는 것이 필수적이다. 비전 또는 미션 성명서의 경우와 같이 윤리강령이 의미를 갖기 위해서는 진정성을 가져야 하며 실질적이어야 한다. 엔론의 붕괴에서 보듯이 어떤 일(옳은 일)을 말하는 것은 쉽지만 행동하는 것은 또 다른 일이다.

> 엔론은 …… 3년 동안 미국에서 최고로 일하기 좋은 100대 직장으로 선정되었다. 2000년에 그 기업은 6개의 환경상을 수상했다. 그리고 Triple Bottom Line 보고서를 발간했다. 엔론은 기후변화, 인권 그리고 (정말로) 반 부패에 대해 위대한 정책을 갖고 있었다. 그 회사의 CEO는 윤리 컨퍼런스에서 연설을 하였으며, "의사소통, 존경과 진정성"을 강조하는 가치 성명서를 발표하였다. 엔론이 망했을 때 그 회사의 주식은 많은 사회투자 뮤추얼펀드에 포함되어 있었다. 엔론이 우리를 속인 것이다.[54]

만약 어떤 기업의 CSR 공표가 실제 모습과 다르다고 믿는다면 그 기업의 행동을 이해관계자들이 어떻게 신뢰할 수 있겠는가? 케네스 레이는 엔론의 CEO로서 종업원을 대상으로 하는 윤리강령에 다음과 같이 썼다. "엔론의 관리자와 종업원으로서 …… 모든 적용 가능한 법률을 준수하고 도덕적이고 정직한 방법으로 모든 업무를 실행할 책임을 지고 있다."[55]

엔론의 윤리강령

엔론은 비전과 가치의 기초 위에 서 있다. 모든 종업원은 기업의 비전과 가치에 대해 교육을 받으며 다른 종업원, 파트너, 협력업체, 공급업체, 판매업체 그리고 고객들과 함께 존경, 진정성, 의사소통 그리고 우수성을 마음에 새기며 행동할 것으로 기대된다.[56]

> 우리가 하는 모든 일은 엔론의 비전과 가치 성명서에서 진화한 것이다. 우리는 모든 적용 가능한 지역 및 국제적 법률과 규제에 따라서 …… 그리고 최상의 전문적 · 윤리적 기준에 따른 비즈니스 실행에 헌신하고 있다.[57]

엔론의 종업원은 최상의 윤리 기준을 준수하여 비즈니스를 실행할 책임이 있다. 어떤 종업원도 기업의 최선의 이익을 직접 또는 간접적으로 저해하거나 또는 고용관계로부터 직접 도출된 별도의 경제적 이익을 자신이 취해서는 안 된다. 법률적 의무뿐 아니라 도덕적 의무를 공개적으로 신속하게 그리고 기업의 명성에 대한 자긍심을 반영하여 수행해야 한다.[58]

기업 자체적인 운영과 관련한 윤리강령뿐 아니라 가치체계 전반에 걸쳐 발생하는 일을 알아야 한다. 생산의 핵심 요소가 외부에서 조달될 때 특히 공급업체의 운영이 잠재적 위험이 될 수 있다. 기업들은 공급업체들(그리고 적절한 경우에 유통업체들)로 하여금 자신의 내부 윤리강령에 자세히 설명되어 있는 윤리 규칙과 규범을 지킬 것을 서명하게 함으로써 이러한 위험을 확인시킨다.[59] 그러나 이것이 오늘날 많은 기업들의 폭넓은 실무이긴 하지만 공급망 전반에 걸친 책임의 정도는 명백하지 않다(V부 마지막의 사례 참조). 공급망 책임은 아직 진화하고 있지만 전략적 CSR의 필수 영역이다. 왜냐하면 현재 공급망 이슈에서 미디어 노출에 대한 최선의 예측 수단은 이미 보고된 공격행위의 특성 분석이 아니라 브랜드 프로파일 분석이기 때문이다.

윤리 상담전화

윤리강령과 종업원들에 대한 정기적 훈련에 추가하여 효과적인 전략적 CSR 실행에 필요한 지속적인 내부 강화의 핵심 구성요소는 익명의 피드백, 불만 또는 내부고발 시스템(예를 들면 무료 전화 또는 이메일 상담라인)이다. 이러한 대안이 내부적으로 또는 제3자를 통하여 종업원이 윤리위반 행위를 보고할 수 있게 제공되어야 하며, 그것은 미국에서 사베인 옥슬리법(Sarbanes-Oxley Act(2002))[60]의 결과로 의무 사항이 되었다. 상담라인은 정책, 규제 또는 법률 준수 위반의 보고를 촉진하지만 때때로 기업정책 실행 상황을 가장 잘 평가할 수 있는 위치에 있는 종업원으로부터의 적극적 피드백을 받을 수 있는 유용한 수단이다. 독립적 제3자의 모니터링은 종업원의 신분을 보호함으로써 보통 인지된 위협에 대한 인간의 반응으로 간주되는 잠재적 보복을 감소시킨다.[61]

> 영국의 내부고발 자선단체인 'Public Concern at Work'가 2014년에 수행한 연구에 의하면 직장에서 잘못된 실무에 우려를 표시한 사람들 중 50%가 해고되거나 사직하였다. 추가로 28%는 동료들에게 협박을 당하거나 고용주에 의해 희생되거나 훈계를 받았다. 16%만이 감사 인사를 받는 등 내부고발의 긍정적 결과를 경험했다고 보고하였다.[62]

이와 유사하게 상사에게 잘못된 일을 보고한 종업원 5명 중 1명이 그 이후 보복을 당했다는 미국의 자료도 있다.[63] 예를 들면 "컨츄리와이드가 …… 결함이 있는 대출을 정부로 떠넘기는 직원의 사기 행위를 알게 되었을 때 그것을 공개적으로 밝힌 종업원을 해고했다."[64] 비슷한 보복 행위가 웰스파고에서 있었다는 증거가 있다.[65] 사례에서 보듯이 이사회나 고위 경영층이 종업원 또는 다른 잠재적 내부고발자의 우려를 청취하고 대응하는 시스템을 확실히 갖추는 것이 필수적이다. 심각한 손상이 발생하기 전에 잘못된 일을 아는 것이 기업의 이익에 도움이 되지만

> 영국 종업원들의 45%가 조직의 행위에 대해 여전히 문제를 제기하지 않는다. 목소리를 내는 사람들 중 39%만이 결과에 만족한다고 말했다 …… 독일, 프랑스, 스페인과 이탈리아도 크게 다르지 않았는데 54%가 시정조치가 취해질 거라고 믿지 않기 때문에 잘못된 행동에 대해 문제를 제기하지 않기로 했다고 말했다.[66]

설문조사 데이터에 따르면 기업은 현재 종업원이 나서기를 꺼린 탓에 보고되지 않고 지나치는 잘못된 일들 때문에 위험을 부담한다. 더구나 만약 종업원이 어떤 특정 선을 넘어서도록 강요당하고 내부적으로 자신들의 우려의 목소리를 낼 수 있는 생산적인 길이 없으면 참여하지 않거나 소셜 미디어에 올리거나 가장 심각한 경우에 미디어나 관련 규제기관(도드 프랭크법 이후 SEC가 만든 내부고발자 프로그램과 같은)에 정보를 흘릴 가능성이 있다.[67]

만약 위반을 발견한 경우 기꺼이 나서서 보고하는 종업원들을 보호하거나 나아가 보상하지 않으면 기업은 그 문제를 고칠 수 없을 것이다. 따라서 그러한 잘못된 행동이 기업의 부채를 증가시킬 뿐 아니라 종업원 사기를 저해하고 결과적으로 성과를 떨어뜨릴 것이다. 전략적 CSR 관점에서 종업원은 가장 중요한 이해관계자이다. 그들은 고객에게 제공되는 제품과 서비스의 품질을 결정한다. 이것을 인식하지 못하는 기업은 전략적 CSR를 효과적으로 수행한다고 주장할 수 없다.

중장기 실행

시작 단계의 최소한 정책 수립을 넘어서서 기업은 실질적인 전략적 CSR의 내용을 제도화하고 외부화해야 한다. 중장기에 걸쳐 기업은 자신의 과거 성과, 진화하는 기준 및 미래 의도를 이해관계자와 소통하고 그들로부터 정기적인 피드백을 추구해야 한다. 기간이 길수록 기업의 진정한 특성이 더욱 명백해질 것이다.

이해관계자 참여

모든 상장 대기업들의 IR(investor relations) 부서는 잘 조직되어 있다. 특히 서구 사회에서 경영자가 주주를 주요 이해관계자로 보고 있기 때문에 IR 부서는 규범이 되었다. 기업의 주가가 성공의 핵심 지표가 됨에 따라 투자자를 행복하게 만드는 것이 CEO가 지위를 유지하는 능력의 핵심이 되었다. 그 결과 의사결정을 내릴 때 지나치게 단기적인 초점을 갖게 되었다.[68] CSR이 기업전략의 핵심으로 자리 잡기 위해서 모든 이해관계자 사이에서 이러한 양방향 의사소통이 이루어질 수 있도록 확장되어야 한다. 한 가지 접근방법은 이 부서의 초점을 넓혀서 SR(stakeholder relations) 부서가 되도록 하는 것이다. 이 경우 이 부서는 SRO(Stakeholder Relation Officer)가 맡는 것이 바람직하다.[69]

로비

기업의 중요한 이해관계자는 정부이며, 로비는 선출직과 상호작용하는 유용한 방법이다. 그러나 로비가 사회적으로 책임 있는 행동이라고 간주되기 위해서는 경영자들이 일정 원칙을 따라야 한다.

좋은 원칙	나쁜 원칙
전향적	반응적
산업표준에 맞게 작업	개별 기업에 예외적으로 작업
과학적 연구에 대한 지출	후원 및 캠페인 기부
투명한	비밀스러운

정보의 정직하고 공개적인 교환이 민주적 절차를 파괴하고 왜곡하는 시도로 오해받지 않도록 확실히 이러한 원칙을 따르도록 해야 한다. 불행하게도 정치에서 돈의 영향력은 증가하고 있으며(〈그림 A-2〉 참조)[70] 로비가 법안의 통과를 가능하게 하기보다는 방해하는 의도를 가진 경우가 종종 있다. 그 예로 "엑손모빌, 로얄더치쉘과 3개의 다른 석유 그룹이 기후변화 정책을 막기 위해 설계된 로비활동에 공동으로 연간 1억 1,500만 달러를 지출한"[71] 사례가 있다. 또 다른 예로 코카콜라와 펩시가 "미국의 청량음료 섭취량을 줄일 공중건강법을 폐기하기 위해 수백만 달러를"[72] 지출한 것을 들 수 있다.

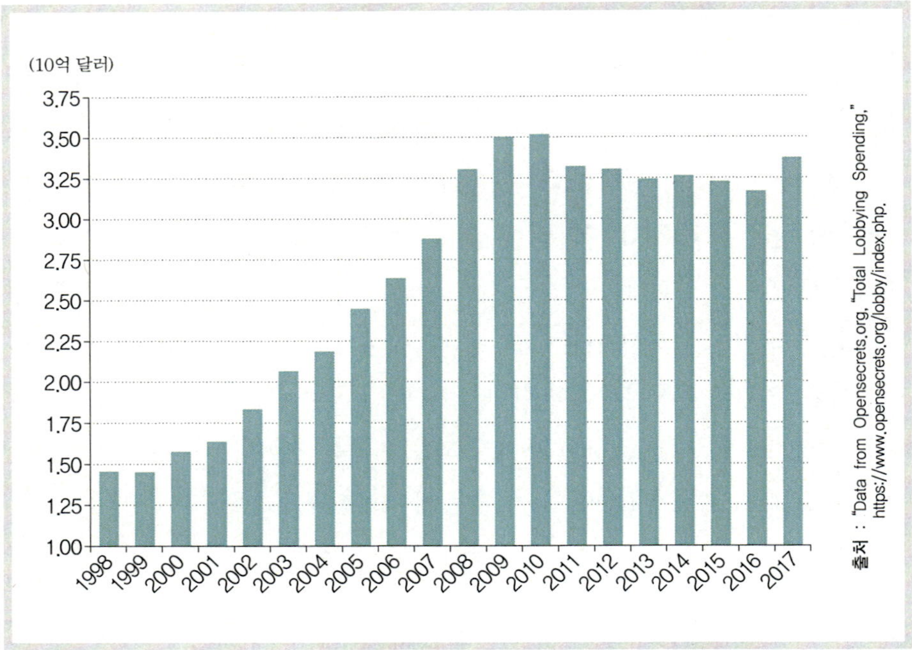

그림 A-2 미국에서 로비에 지출한 금액(1998 ~ 2017)

다른 이해관계자 참여에서와 마찬가지로 모든 이해관계자와 밀접한 연계를 형성하는 것이 목표가 되어야 한다. 수년간 이해관계자 관계를 구축해 온 기업은 자기도 모르는 사이 입소문에 의해 위험에 처하기보다는 솔직한 아이디어와 관심사를 교환함으로써 혜택을 얻고 최악의 갈등을 피할 수 있을 것이다. 동시에 그러한 기업은 기업 운영에 대한 최악의 영향을 경감시킬 수 있는 이슈나 제품개발에서 이해관계자들과 함께 일할 수 있는 잠재적 길을 열고 있는 것이다.

마케팅

진정성 있고 중대한 전략적 CSR은 이해관계자에게 전달될 필요가 있다. 마케팅 부서는 기업의 진척 상황에 대해 의사소통할 수 있는 중요한 채널이다. 그러나 그것은 민감한 영역이기 때문에 주의해야 한다. 이해관계자들은 기업이 자체적으로 수행하는 적극적인 행동을 실질적인 노력이 아니라 단순히 명성효과를 얻기 위한 것으로 해석하여 그린워싱을 위한 것으로 보아 냉소적인 시각을 갖게 된다.

상황을 그럴 듯하게 제시하는 듯한 인상을 피하는 것이 중요하지만 이해관계자의 참여가 가치가 있다는 것을 전달하는 것 또한 훌륭한 비즈니스이다. 보다 중요한 것은 기업은 미디어에서 다른 사람들에 의해 자신의 정체성이 정의되는 것을 원하지 않는다는 것이다. 그 목표는 기업의 약속과 현실을 일치시킴으로써 이해관계자 기대를 충족시키는 것이다. 특히 정보화 시대에 정보의 자유로운 흐름이 권력의 균형을 이동시킴에 따라 기업은 자신들이 선택한 미디어를 통해 이해관계자와 의사소통할 수 있는 능력을 개발해야 한다. "소셜 미디어의 36개 규칙" 중 하나로 "당신의 팬이 당신의 브랜드를 소유하고 있다"는 것을 기억하는 것이 보다 중요해졌다.[73] 오늘날 아주 명백하게 드러나고 있듯이 "브랜드 기업의 행동 정보가 빠르게 전파되며, 브랜드 관리자들은 전체 공급망에 걸쳐 브랜드 가치의 일관성을 확보하기 위해 더 열심히 일해야 한다."[74]

시장에서의 성공요인이자 CSR의 동인(2장 참조)으로서 오늘날 브랜드의 중요성을 생각하면 진보적 기업의 마케팅 부서가 전략적 CSR 실행을 결정하는 강력한 역할을 할 잠재력을 갖고 있다. 10장에서 논의했듯이 전략적 CSR은 자선이 아니라 운영에 관한 것이다. 미디어 전문가와 브랜드 관리의 지식을 가진 마케팅 부서가 항상 비즈니스에 대한 외부 인식을 형성할 책임을 져야 한다.

중요한 것은 기업이 제대로 평판을 만드는 것이다. 대중들이 어떤 기업에 대해 특정한 인식을 가지게 되면 그 인식을 바꾸기 어려운 경우가 종종 있다. 예를 들면 나이키가 처음에 외주 모형에 대한 이해관계자의 반발을 예상하지 못했기 때문에 최근의 진보적인 활동에도 불구하고 일부 이해관계자는 여전히 나이키가 노동착취 공장과 연계되어 있을 것이라고 확신하고 있다. 그러나 오늘날 나이키의 웹사이트[75]에 가보면 기업의 운영방식과 외부 세계로의 비전과 미션 전달방법이 재정의되었다는 것이 명백하다. 나이키는 과거의 위반 행위 때문에 쉽게 생각을 바꾸지 않는 일부 이해관계자의 인식을 바꾸기 위해 끊임없이 노력하고 있다.

기업 지배구조

기업 지배구조는 중요하며, 기업과 주주 간의 연결고리이다. 이사회는 전략과 주요 운영 의사결정에 대해 CEO에게 조언한다. 또한 이사회는 감시기능을 수행하여 성과에 유인을 제공하고 실패를 막아준다. 효과적 지배구조는 훌륭한 경영의 중심이다.

투명성과 책임경영은 좋은 지배구조의 좌우명이 되었으며, 동시에 전략적 CSR의 필수 요소가 되었다. 법적 요구가 증가함에 따라 가장 근시안적인 사람을 제외하고 이사회의 모든 구성원의 정서에 큰 변화가 일어났다. 주주 행동주의자들은 법률적 환경을 강화하고 준수 기대에 대응하며, 기업법과 기업 정책의 개혁을 추진한다. 기업의 절차와 실무를 투명하게 하고 경영자에게 외부 이해관계자들에 대한 책임을 요구하며, 민주적 이사 선임과정을 확보하는 것은 좋은 지배구조 유지에 중요하다.

이해관계자 이익에 충분히 주의를 기울이지 않으면 기업 지배구조가 점점 더 개혁의 대상이 될 것이다. 기업들은 금세기에 일어난 재무적 · 윤리적 스캔들 이후에 더 많은 보고 요구에 직면하고 있으며, 그 요구의 준수는 상당한 투자를 필요로 한다. 예를 들면 금융위기로 인해 전 세계 금융시스템의 거의 전체적인 붕괴를 가져온 남용 행위들이 드러났다. 그 결과로 미국에서 2010년 도드 프랭크법(Dodd-Frank Act)이 제정되었는데 그 법률은 기업 금융과 투자에 대한 감시와 이사회의 감시기능을 강화하였다.

이와 같은 입법은 기업에 의해 충분히 보호받지 못한 이해관계자들에 의해 시작된 반발에 지나지 않는다. 만약 이사회가 전략적 CSR을 보다 효과적으로 실행하였더라면 반발이 일어날 확률이 적었거나 덜 심각했을 것이다. 그와 같이 이러한 저항의 물결이 사회책임의 철칙을 예시해주고 있으며, 그 결과 기업의 지배방식에 대한 보다 큰 제약이 나타나고 있다. 미래에는 가장 효과적인 이사회가 CSR 위원회를 만들고, 윤리와 준수 기준을 이사(및 고위 임원)의 성과평가에 통합하고 CSR 담당임원으로부터 직접 보고라인을 만들 것이다. 본 부록에서 논의된 바와 같이 조직 설계를 통해 기업의 전략적 CSR 강화, 위험 최소화와 중장기적 성과 최적화를 달성하기 위한 구조개혁에 오랜 시간이 걸린다.

사회적 행동주의

사회적 행동주의는 기업이 이해관계자를 포용하고 미션과 비전을 수행할 정체성을 수립하는 매우 가시적인 방법이다. 그러나 바디샵과 벤앤제리스는 행동주의만으로는 장기적 생존 가능성을 꾀하기에는 불충분하다는 것을 발견하였다. 두 회사의 경우에 기업 경영이 점점 더 복잡해짐에 따라 설립자들이 운영 통제를 전문 경영인에게 맡길 수밖에 없었다.[76] 어떤 경우에도 사회적 행동주의는 생존 가능한 비즈니스를 지지해야 한다. 파산 법정에 서게 된다면 어떠한 기업도 이해관계자에게 혜택을 줄 수 없다. 경제적 생존 가능성과 법규준수가 생존을 위한 최소한의 조건이다.

그러나 비록 사회적 행동주의가 기업의 보전에 충분조건은 아닐지라도 비즈니스와 CEO, 즉 이코노미스트가 표현한 "행동주의 최고경영자(chief activist officer)"[77]의 역할에 점점 더 중심이 되고 있다. 이전부터 기업들은 항상 이해관계자 요구에 대응해야 했지만 이슈의 크기나 중요성 측면에서 오늘날은 많이 달라졌다.

> 2015년 인디애나주가 기업이나 비영리단체가 동성연애와 성전환자 차별을 허용할 수 있도록 하는 "종교적 자유" 법안을 고려하고 있다는 뉴스가 발표되었다. 애플은 그 주에 영업기반이 거의 없었지만 애플의 CEO인 팀 쿡은 …… 그 법을 비난하였다. 세일즈포스(Salesforce.com)는 …… 보다 엄중한 압력을 행사하였으며, 일자리를 철회하겠다고 위협하였다. [이와 유사한 차별법이] …… BOA(노스 캐롤라이나), 다우케미컬(미시건) 및 엑손모빌(텍사스) 등 미 전역에서 강한 반대를 불러 일으켰다.[78]

행동주의가 갈수록 직장에서 이슈가 될 뿐 아니라 기업들은 아주 논쟁적인 이슈들에 대해 입장을 밝히기를 요구받고 있는 것으로 보인다. 이에 대해 기업이 적절한 입장을 취함으로써 핵심 이해관계자들 간의 지지를 통합할 수 있다. 물론 다른 사람들을 소외시키는 것은 위험하다. 이러한 이슈들은 매일의 뉴스와 트윗의 지속적 힘에 의해 부침을 겪지만 Roundtable on Sustainable Palm Oil(RSPO, https://www.rspo.org/) 또는 Fair Labor Association(http://www.fairlabor.org/)과 같은 조직에 가입하는 것은 보다 응집력 있는 사례이다. 잘만 하면 행동주의는 기업의 경쟁우위를 가져주지만 잘못하면 엘론 머스크가 트윗을 할 때마다 발견하듯이 위협이 될 수 있다.[79]

나이키나 다른 라이프스타일 회사에게 사회적 행동주의는 기업 행동과 이해관계자 가치를 일치시키는 데 도움을 준다. 기업 옹호활동은 브랜드 보험의 일종인 잠재적 방어 수단이 되기도 한다.[80] 그러나 이해관계자의 지지를 얻기 위해서 기업이 하는 모든 일이 미션 및 비전과 일관되어야 하며, CSR 전문가를 통하여 기업 전반에 걸쳐 이사회와 고위 임원에게까지 확장되어야 한다.

사회적 책임기업

전략적 CSR 실행의 여러 가지 구성요소에 대한 본 부록의 설명이 〈그림 A-3〉에 제시되어 있다. 이런 구성요소를 통해 사회적 책임기업이 되기 위한 포괄적인 로드맵을 제시할 수 있다. 계획을 행동으로 옮기지 않는다면 의미가 없다. 미디어 보도자료, 종업원이나 동업자 단체 연설 또는 연차보고서의 야심적인 주장이 목표가 아니다. 이러한 활동들이 내·외부 이해관계자 사이에 인식을 높이겠지만 전략적 CSR이 의미를 가지기 위해서는 일상 운영 전체에 통합되어야 한다.

따라서 궁극적 실행 테스트는 행동이다. 전략적 CSR은 포괄적이고 진정성 있어야 한다. 목적뿐만 아니라 그러한 목적을 달성할 수단에도 초점을 맞추어야 한다. 기본적으로 기업과 이해관계자의 진화하는 이해관계를 최대한 수용하기 위해

기간	행동	요약
단기 또는 중기	임원 투자	CEO는 효과적 CSR 정책에 필요한 구성요소를 수립해야 하며 CSR이 일상 운영의 핵심 구성요소로서 기업 내부에 제도화될 수 있도록 확실히 해야 한다.
	CSR 담당자	CSR은 기업 내부의 가시성과 후원을 필요로 한다. CEO의 지원은 후원과 같으며 CSR 담당자 지위를 기업 임원 수준으로 높이는 것(그리고 이사회에 직접 보고하는 관계를 갖는)은 이러한 가시성을 만들어 낸다.
	CSR 비전	CSR 비전 설명서는 기업의 내·외부 이해관계자로 하여금 기업의 CSR 입장과 그러한 입장이 이해관계자들에게 미치는 영향을 이해하도록 해준다.
	성과측정치	기업의 생산과 사회책임 목표를 일치시키는 보상과 조치의 창출이 CSR에 대한 인식과 기업 내부에서의 성적을 향상시킨다.
	통합보고	기업의 재무제표와 통합된 공시 결과와 함께 진정성 있는 기업 전반의 감사가 CSR 활동에 대한 내·외부 이해관계자의 인식을 증진시킨다.
	윤리강령과 훈련	기업의 공급망 전반에 걸쳐 CSR을 권장하는 한 가지 방법은 허용되는 행위의 기대 수준과 경계를 윤리강령에 기록하고 모든 종업원에게 윤리 훈련을 제공하며 공급업체에 윤리강령을 제공하는 것이다.
	윤리 상담라인	보다 효과적인 CSR 정책을 위해 지속적으로 필요한 내부 강화의 핵심 구성요소는 모든 이해관계자에게 이용 가능한 익명의 내부고발 절차이다.
	조직 설계	이러한 모든 CSR 구성요소가 효과적으로 CSR 정책에 융합되기 위해서는 조직구조 내에서 CSR에 대한 가시적인 지지를 통해 기업의 진정성 있는 약속을 보여주어야 한다.
중기 또는 장기	이해관계자 참여	기업의 전략적인 전망의 중심에 CSR을 두기 위해서는 양방향 의사소통이 기업의 광범위한 이해관계자들에게 공개되어야 한다.
	메시지 관리	진정성 있고 실질적인 전략적 CSR이 모든 이해관계자에게 소통되어야 한다. 오늘날 기업이 효과적인 소셜 미디어 전략을 수립하는 것이 필수적이다.
	기업 지배구조	투명성과 경영책임이 효과적인 기업 지배구조에 필수적이지만 기업 전반에 걸쳐 CSR을 강화할 구조개혁에 몰입하는 이사회가 필요하다.
	행동주의와 옹호	비즈니스 기초를 대체하지는 않지만 행동주의와 옹호론은 다양한 이해관계자들과의 관계를 공고히 함으로써 기업의 정체성을 정의하는 데 도움을 준다.

그림 A-3 기업의 CSR 실행 계획

주기적으로 이러한 초점을 재조정해야 한다.

실행을 위한 5R

효과적인 전략적 CSR은 일련의 5 단계를 거쳐 달성되는데 각 단계는 이해관계자 이익을 전사적으로 내재화하는 데 도움을 준다.

- 위험 분석(Risk analysis, 기업 전반에 걸친 감사)
- 정책 성명서(Rules and policy, 작성과 공표)
- 위험 관리(Risk management, 실행을 감시하고 이슈에 대응)
- 보고(Reporting, 투명성과 이해관계자 상호작용)
- 위험 분석 업데이트를 통한 검토와 수정(Review and revision)

이 모든 단계를 간과하지 않고 지켜야 한다. 기업의 행동에 가장 영향을 많이 받는 사람들이 기업을 수용하는 방식을 보면 진정성 있는 기업이 행동 계획과 의도를 행동과 결과에 대응시키는 실행 과정이 성공할지 판단할 수 있다. 전략적 CSR의 목표는 모든 이해관계자를 위한 가치를 창조하는 비즈니스를 구축하는 과정에서 중요한 단계를 수행함으로써 진정성 문화를 만드는 것이다.

> 진정성 있는 문화의 달성은 최고경영자의 말에서 시작되지만 중간층의 분위기와 사원들의 목소리를 반영해야 한다. 문화는 사람들이 인정되거나 보상된다고 간주하는 그 무엇이다. 종업원들에게는 문화의 얼굴이 그들의 상사일지도 모른다. 문화의 목소리는 조직 전반에 걸쳐 전설처럼 얘기되어 기업이 상징하는 기본적 가치를 강화시킨다. 문화와 규제준수 사이의 투쟁에서 규제만큼이나 중요하고 핵심적인 문화가 항상 규제준수를 이기게 되어 있다.[81]

찾아보기

ㅊ

ㅋ

ㅌ

ㅍ

지은이에 대하여

데이비드 챈들러(David Chandler, david.chandler@ucdenver.edu)
콜로라도 대학의 경영학 부교수이다. 기업과 제도적 환경 간의 상호작용에 관해 연구하고 있다. *Administrative Science Quarterly*, *Organization Science*, *Academy of Management Review*, *Journal of Management* 그리고 *Strategic Organization* 등에 논문을 발표하였다. 관련된 저서로 *Corporate Social Responsibility : A Strategic Perspective*(Business Expert Press, 2014)가 있다. 텍사스 오스틴 대학에서 경영학 박사학위를 받았다.

옮긴이에 대하여

김종대
현재 인하대학교 경영대학 교수로 재직 중이며, 지속가능경영과 CSR 분야를 연구하고 있다. 국내 최초로 지속가능경영 대학원과정을 개설하여 운영하고 있으며 인하대학교 지속가능경영연구소 소장, 지속가능경영 대학원 주임교수, 경영대학 CSR 트랙 주임교수 직책을 가지고 있다. (사) Sustainability and Social Responsibility Academy 회장, Asian Journal of Sustainability and Social Responsibility (with Springer) 편집위원장, 인천녹색기후포럼 운영위원장을 맡고 있으며, 국민연금기금 책임투자분과 위원을 역임했다.
논문으로는 "The Effect of Carbon Risk on the Cost of Equity Capital"(*Journal of Cleaner Production*, 2015), "성공적 CSR 전략으로서 CSV에 대한 평가"(*KBR*, 2016), "Analysis of Korean Firms' Green Productivity Using the MML Model"(*Carbon Management*, 2020), "Mediators Linking Information Quality and the Cost of Capital"(*Asia-pacific Journal of Financial Studies*, 2020) 등 다수가 있으며, 저서로는 『기후변화와 비즈니스전략』(씨아이알, 2015), 『기후변화와 금융』(씨아이알, 2018) 등이 있다.

책임지고 돈 버는 기업들

전략적 CSR로 사회적 가치 창출하기

초판 1쇄 발행 2020년 4월 22일

초판 2쇄 발행 2021년 12월 20일

지은이 David Chandler

옮긴이 김종대

펴낸이 박기남

기획 · 영업 박정헌

펴낸곳 **율곡출판사**

08590 서울시 금천구 가산디지털1로 84(에이스하이엔드 8차), 803호

전화 (代) 02) 718-9872/3

팩스 02) 718-9874

홈페이지 http://www.yulgokbooks.co.kr

이메일 yulgokbook@naver.com

등록 1989.11.10. 제2014-000031호

ISBN 979-11-87897-86-6 93320

정가 28,000원

※옮긴이와의 협의 하에 인지는 생략합니다.

※ 파본 및 잘못된 책은 구입하신 서점에서 바꾸어 드립니다.

※ 이 책의 무단 전재 또는 복제행위에 대해서는 저작권법 제136조에 의거
5년 이하의 징역 또는 5,000만원 이하의 벌금에 처하게 됩니다.